JN418093

譯註 禮記集說大全

檀弓 上 ❶

編　陳澔(元)

附　正義·訓纂·集解

譯註 禮記集說大全

檀弓 上 ❶

編　陳澔(元)

附　正義·訓纂·集解

鄭秉燮 譯

學古房

역자서문

고대의 예제(禮制) 중 상례(喪禮)에 대한 규정은 가장 난해한 부분 중 하나이다. 관련 자료로는 『의례(儀禮)』에 「사상례(士喪禮)」, 「사우례(士虞禮)」, 「기석례(旣夕禮)」 등의 편들이 있지만, 이러한 기록들은 상례 중에서도 극히 일부에 지나지 않고, 상례를 치를 때 사용되는 각종 기물(器物)들은 현재로서 고증할 수 없는 것들이 많기 때문이다. 이번 역서인 「단궁상(檀弓上)」편은 「단궁(檀弓)」이라는 편의 분절 중 하나인데, 상례에 대해 집중적으로 다루고 있다. 따라서 이 내용은 고대의 상례에 대한 이해를 도울 수 있는 중요한 자료가 된다.

그런데 「단궁」편에는 몇 가지 특징이 존재한다. 첫 번째는 각 문장들의 내용이 서로 연결되지 않고, 단편적인 기록들로 이루어져 있으며, 그 순서 또한 뒤죽박죽이라는 점이다. 두 번째는 「단궁」편에서 기록하고 있는 상례의 규정들은 『예기』에 수록된 다른 편들의 기록 및 『의례』와 『주례』에 나타난 규정들과 동일한 점도 있지만, 상반되는 내용들도 나타난다는 점이다. 세 번째는 「단궁」편에는 수많은 인물들이 등장하고, 공자(孔子)의 제자들 및 재전(再傳) 제자 등도 나타난다는 점이다.

우선 첫 번째 특징으로 제시한 것은 「단궁」편에만 적용되는 특징은 아니다. 『예기』에 수록된 총 49개의 편들 중 일부의 편들을 제외하고, 대부분의 편들은 모두 단편적인 구문들이 일정한 순서도 없이 뒤죽박죽으로 기록되어 있다. 따라서 이러한 점은 『예기』를 구성하고 있는 각각의 편들이 특정 시기 및 특정 저작자에 의해 작성된 문헌이 아니고, 『예기』가 편찬되기 이전에 존재했던 수많은 문헌들 중에서, 단편적인 기록들이 『예기』의 각 편으로 삽입되었다는 사실을 나타낸다. 「단궁」편 또한 이러한 과정을 거쳐 하나의 편으로 완성된 것이다.

두 번째 특징은 『의례』 및 『주례』 등의 규정과 차이를 보이는 기록들이 있다는 점인데, 이 또한 「단궁」편에만 적용되는 특징은 아니다. 『예기』에 기록된 각종 관직명 및 제도들은 『의례』 및 『주례』와 차이를 보이는데, 역대 학자들은 삼례(三禮)를 통합적인 관점에서 해설하였기 때문에, 『의례』는 주로 사(士) 계층에 대한 내용이고, 『주례』는 천자(天子)의 전장제도(典章制度)를 기록한 것이므로, 『예기』의 기록과 차이를 보이는 것이라고 설명한다. 그런데 「단궁」편의 몇몇 기록에 대해서는 그 규정들이 『의례』 등의 규정과 상반되므로, 학자들은 「단궁」편의 기록이 잘못되었다고 설명한다. 그 이유는 상반된 규정을 이명(異名)이나 계층적 차등으로써 무마시키기에는 무리가 있기 때문이다. 그리고 「단궁」편의 내용이 잡다하고, 그 배열 또한 종잡을 수 없을 만큼 뒤죽박죽이므로, 「단궁」편의 기록이 후대의 잘못된 기록이라고 치부하게 된 것이다.

오경(五經)이라고 부르는 것들 중 『예(禮)』라고 하는 것에 대해서, 일반적으로는 『예기(禮記)』를 뜻한다고 오해하고 있다. 그러나 고대의 『예』라는 것은 현존하는 『의례』를 뜻하는 것이지, 오늘날의 『예기』를 뜻하는 것이 아니다. 분서갱유(焚書坑儒) 이후 한(漢)나라에서는 기존의 전적들을 수집하였는데, 오경(五經) 중 『예』는 노(魯)나라 출신인 고당생(高堂生)으로부터 비롯되어, 학관에 정립된다. 삼례(三禮) 중 『주례(周禮)』는 그 출처가 의심스럽지만, 유흠(劉歆) 등의 노력으로 인해, 학관에 정립되어, 경(經)으로써 영향력을 발휘하게 된다. 그러나 『예기』의 경우에는 끝내 학관에 들어가지 못했고, 경(經)으로 취급받지도 못했다. 사사오경(四書五經)이라고 할 때, 『예기』를 오경의 하나로 열거하는 것은 후대에 생겨난 풍조인데, 기존의 경(經)으로 취급받던 『의례』 및 『주례』에서는 예(禮)의 의미 및 사상 등을 도출하기 어렵고, 당시의 구체적인 의례절차와 관직제도 등을 설명하는 문헌이므로, 시효성이 없었기 때문이다. 따라서 후대에는 예(禮)의 의미 및 사상 등을 풍부하게 갖추고 있는 『예기』가 『의례』 및 『주례』 등을 제치고 경(經)의 반열로 편입된 것이다. 그리고 『예기』의 본래 명칭은 『기(記)』였고, 『한서(漢書)』「예문지(藝文志)」와 그 주석에 따르면, 『기』 131편이 존재했으며, 공자(孔子)의 제자들이 작성한 문헌이라고 전해진다. 따라서 고당생이 전수한 『의례』와 한나라 때 갑작스럽게 등장한 『주례』는 『예기』와 일정정도 관련성은 있지만, 그 출처 자체가 다르다. 따라서 『의례』 및 『주례』의 기록과 『예기』의 기록은 차이를 보일 수밖에 없는 것이다.

또 한나라 초기에는 전수되었던 『예』가 『의례』 뿐이었는데, 『의례』의 내용은 대부분 사(士) 계층에 국한된 것이었으므로, 전 계층에 적용할 수 있는 예제(禮制)가 아니었다. 따라서 한나라 때에는 전 계층에 적용할 수 있는 예제를 복원하거나 새롭게 만들어내는 작업들이 진행되었는데, 크게 두 가지 방향으로 진행되었다. 하나는 『의례』에 기록된 사(士) 계층의 예제를 기반으로, 가감(加減)을 통하여 그보다 상위에 속한 여러 계층의 예제를 제정하는 작업이다. 또 다른 하나는 소위 고문경전(古文經典)으로 지칭되는 문헌들을 통해서, 각 계층의 새로운 예제를 발굴하는 작업이다. 대표적으로 하간헌왕(河間獻王)은 고서(古書)들을 수집했고, 이를 통해 얻은 서적들을 조정에 헌상하였다고 했는데, 그 내용들은 주로 천자(天子) 및 제후(諸侯)와 관련된 고례(古禮)였다고 전해진다. 『예기』에 기록된 천자 및 제후에 대한 규정들은 하간헌왕 등이 발굴한 고서 속의 기록들에서 도출되었을 가능성이 높다. 실제로 『한서』에서는 『명당음양(明堂陰陽)』 33편, 『왕사씨(王史氏)』 21편, 『곡대후창(曲臺后倉)』 9편, 『중용설(中庸說)』 2편, 『명당음양설(明堂陰陽說)』 5편 등을 『기』와 함께 예경(禮經)으로 분류하고 있다. 이 문헌들의 전모는 현재 확인할 수 없으므로, 『예기』와의 비교는 불가능하다. 그러나 이러한 여러 저서들은 고문경전에 속하는 것들이며, 주로 천자 및 제후에 대한 제도들을 수록하고 있었다고 전해지므로, 『예기』에서 기술하고 있는 천자 및 제후에 대한 제도들은 이러한 기록들을 바탕으로 성립되었을 가능성이 높다. 뿐만 아니라 『예』의 전수자인 경사(經師)들도 『의례』에 대한 각종 해설서들을 남겼을 가능성이 높은데, 『한서』를 살펴보면, 『의례』의 전수자였던 후창(后倉)은 예(禮)에 대해 설명한 글을 수만 자나 남겼다고 하며, 그 책을 『후씨곡대기(后氏曲臺記)』라고 불렀다고 전해진다. 이 서적은 앞서 예경으로 분류되던 『곡대후창(曲臺后倉)』에 해당한다. 따라서 이러한 경사들의 해설서들 중 일부 기록이 『예기』의 기록으로 편입되었을 가능성도 높다. 실제로 『의례』의 기록을 살펴보면, 각 경문(經文)에서 기술한 뜻을 보충하기 위해서, 전문(傳文)과 기문(記文)이 수록되어 있다. 이 두 기록의 작성자에 대해서는 정확히 가늠할 수 없지만, 『예기』의 기록에도 이와 비슷한 기록들이 나타나므로, 『의례』의 전수 과정 속에 나타났던 각종 해설들이 『예기』의 기록으로 편입되었을 가능성이 매우 높다.

또한 『예기』에 대한 성서(成書) 과정에 대해서, 일반적으로는 대덕(戴德)이 기존의 『기』들을 정리하여 85편으로 간추렸는데, 이것이 현재의 『대대례기(大戴禮記)』이고, 대성(戴聖)이 재차 49편으로 간추렸는데, 이것이 『소대례기(小戴禮記)』이며, 현재의 『예기』라고 전해진다. 대성은 대덕이 정리한 85편의 『대대례기』를 재차 편집했다고 알려져 있지만, 현존하는 『대대례기』의 기록들은 반절 이상의 편들이 망실되어, 그 전모를 확인할 수 없다. 따라서 대성이 『대대례기』를 재차 편집해서 현재의 『예기』를 만들었던 것인지, 또는 기존의 다른 문헌들까지도 참고하여 『예기』를 만들었는지는 확인할 수 없다. 그런데 현재 남아있는 『대대례기』의 기록들을 살펴보면, 『예기』 속에 일부 기록들이 차용된 부분도 있고, 편 전체가 거의 동일한 부분도 있지만, 그 성향이 매우 다르다. 따라서 대성이 『대대례기』만을 기반으로 현재의 『예기』를 편찬했을 가능성은 매우 낮다. 그리고 현재의 『예기』는 정현(鄭玄)의 주본(注本)이 기반이 된 것인데, 정현이 『예기』에 대한 주석을 작성할 때 참고했던 판본은 대성이 편집한 『소대례기』 49편이 아니며, 후한(後漢) 때의 학자인 마융(馬融)과 노식(盧植)이 편집한 판본이다. 따라서 대성 이후 『예기』에 대한 가감(加減)이 이루어졌을 가능성 또한 높으므로, 후대의 첨삭이 이루어졌다는 가능성도 배제할 수 없다. 실제로 『수서(隋書)』「경적지(經籍志)」에서는 마융이 대성의 학문을 전수했으며, 또한 「월령(月令)」 1편, 「명당위(明堂位)」 1편, 「악기(樂記)」 1편을 추가하여, 총 49편으로 만들었다고 기록하고 있다. 이 기록에 대해서는 후대의 학자들이 그 신빙성에 대한 의심을 끊임없이 제기하여, 사실이 아니라는 쪽으로 결론을 내리는 것이 일반적인 견해가 되었다. 그러나 대성이 전수한 『소대례기』 판본 자체를 확인할 수 없으므로, 후대의 첨삭 가능성은 완전히 배제할 수 없다.

한편 대덕과 대성에 앞서, 유향과 유흠의 편집이 『예기』의 기록에도 영향을 끼쳤다. 한나라 때에는 여러 고서들을 수집하였지만, 이러한 서적들을 세간에 유통시켰던 것이 아니며, 후대의 왕조에서 편찬사업을 진행했던 것처럼, 확정 판본을 제작해서 반포했던 것도 아니다. 한나라 때 수집된 고서들은 왕실의 도서관이라고 할 수 있는 창고에 보관되었으며, 일반인 및 일반 학자들의 열람 자체가 어려웠다. 당시 이 서적들을 마음대로 볼 수 있었던 자는 대표적으로 유향과 유흠인데, 이들은 도서관을 담당하는 관리가 되었기 때문이다. 따라서 이들은 각종 기록들에 대한 편집을 감행했던 것으로 판단된다. 『수서』에서는 유향이 『기』 130편 이외에도 『명당음양기(明堂陰陽記)』 33편, 『공자삼조기(孔子三朝記)』 7편, 『왕사씨기(王史氏記)』 21편, 『악기(樂記)』 23편 등을 찾아내어, 214편을 교정했다고 기록하고 있고, 대덕이 편찬한 『대대례기』는 유향이 편집한 214편을 저본으로 삼은 것이라고 기록하고 있다. 따라서 현재의 『예기』 기록에 유향과 유흠의 편집이 일정정도 개입되었을 가능성이 높다.

이처럼 『예기』의 각 기록들은 그 출처가 특정 시기 또는 특정 저작자 및 학파에서 유래된 것이 아니며, 장구한 시기를 거쳐, 출처가 다른 개별적 문헌들의 기록이 『예기』로 유입된 것이다. 그렇기 때문에 그 내용이 잡다한 것이며, 『의례』 및 『주례』처럼 일련의 주제와 순서에 따라 작성된 문헌과 차이를 보일 수밖에 없는 것이다.

세 번째 특징은 「단궁」편에 공자의 제자 및 재전 제자에 대한 기록이 나온다는 점이다. 뿐만 아니라 「단궁」편에는 공자가 죽음을 맞이할 때의 기록과 공자의 장례를 치를 때의 기록, 또 공자 가문에서 일어났던 각종 상례들이 기록되어 있다. 그리고 공자의 아들인 백어(伯魚)와 손자인 자사(子思)에 대한 내용도 수록되어 있으며, 증자(曾子)의 아들을 비롯하여 공자의 직계 제자들의 아들들이 등장하기도 한다. 이러한 기록들은 공자 사후 노(魯)나라에 남아 있었던 공자의 학단에서 기록한 문헌들이 「단궁」편으로 유입되었을 가능성을 시사한다. 또 이러한 기록들은 공자 사후 노나라에 남아있었던 유가학파의 학풍을 단편으로 보여주는 기록들이라고 할 수 있으므로, 그 사료적 가치가 높다고 할 수 있다.

일반적으로 선진유가(先秦儒家)라고 지칭하게 되면, 공자·맹자·순자의 유가사상을 뜻하게 된다. 그 이유는 이 세 인물들에 대한 문헌인 『논어(論語)』·『맹자(孟子)』·『순자(荀子)』가 남아 있어서, 그 학문적 사상을 파악하기 쉽기 때문이며, 『논어』에 나타나는 공자의 수많은 제자들에 대해서는 확인할 수 있는 자료가 남아있지 않기 때문이다. 『한비자(韓非子)』 「현학(顯學)」편을 살펴보면, 공자 사후 유가의 여덟 학파를 기록하며, 자장씨(子張氏)·자사씨(子思氏)·안씨(顔氏)·맹씨(孟氏)·칠조씨(漆雕氏)·중량씨(仲良氏)·손씨(孫氏)·악정씨(樂正氏)를 지목하고 있다. 이중 맹씨(孟氏)는 맹자를 가리키고, 손씨(孫氏)는 순자를 가리킨다. 따라서 『한비자』에서 기록하고 있는 여덟 학파 중 그 학문적 성향을 분명히 확인할 수 있는 것은 두 학파에 불과하다. 맹자가 본인을 증자와 자사의 학문적 계보로 포함시키고 있지만, 『맹자』에 나타나는 사상들이 증자와 자사의 사상을 계승한 것인지에 대해서는 확인이 불가능하다. 그리고 『한비자』가 분류한 유가의 학파를 살펴보면, 자사와 맹자를 별도의 학파로 기록하고 있고, 증자의 학파는 기록되어 있지 않다. 증자의 학문을 자사가 계승한 것이라고 설명한다고 하더라도, 자사와 맹자를 별개의 학파로 기록하는 것으로 보아, 학문적 성향이 서로 달랐을 것으로 추정된다.

그리고 전통적으로는 『예기』에 수록된 「대학(大學)」과 「중용(中庸)」편이 증자와 자사의 저작이라고 일컬어지고 있지만, 이것은 어디까지나 전통적 학설에 불과하며, 실제로 증자와 자사가 이러한 편들을 저작했을 가능성은 매우 낮다. 실제로 「단궁」편에 기록된 자사에 대한 일화들을 살펴보면, 자사는 규정만을 준수하는 다소 고지식한 인물로 묘사되고 있다. 만약 「단궁」편의 기록이 신빙성이 있는 기록이라면, 이와 같은 모습을 보인 자사가 「중용」편을 저작했을 가능성은 매우 낮다. 그리고 「단궁」편에는 증자에 대한 기록이 여러 차례 나오는데, 대부분 세부적인 의례 절차들을 설명하거나 증자가 직접 시행했던 의례 규정들에 대한 기록이다. 『대대례기』에도 증자에 대한 여러 편들이 나오는데, 대부분 구체적인 예절 및 효(孝) 등에 대한 내용들이다. 따라서 「단궁」편과 『대대례기』의 기록 속에 나오는 증자의 모습이 실제의 증자에 가까운 기록들이라고 한다면, 국가의 교육제도와 교육을 통한 인성(人性) 등의 배양을 언급한 「대학」편을 증자가 기록했을 가능성은 매우 낮다.

또 「단궁」편에는 증자가 실례(失禮)를 범한 사안들이 수차례 기록되어 있고, 자유(子游) 등이 증자의 잘못을 지적하거나 자유의 모습을 보고 증자가 깨달았다는 등의 기록들이 나온다. 뿐만 아니라 자하(子夏)의 경우, 증자에게 호된 비판을 받는 기록이 나오기도 한다. 이러한 기록들은 공자 사후 노나라에 남아있던 유가들이 제각각의 분파를 형성하면서, 서로간의 논쟁이 발생했다는 것을 나타낸다. 『논어』에서도 이러한 점들을 살펴볼 수 있는데, 『논어』에는 증자가 병에 걸렸을 때, 자신의 제자들에게 손발을 보여주며, 효(孝)를 언급하는 대목이 기록되어 있다. 이것은 증자가 자신만의 제자들을 가지고 있었음을 나타낸다. 그리고 『논어』에는 자하의 문인(門人)들이라는 기록이 나오고, 자유는 자하의 문인들이 말단에만 치우쳐 있다고 비판하였다. 뿐만 아니라 자장은 자하의 문인들이 자하로부터 배운 내용이 잘못되었음을 지적하고, 그 의미를 재차 설명해주는 기록들도 나온다. 따라서 이러한 기록들을 살펴봤을 때, 공자가 죽은 이후 공자의 학단에서는 제자들에 따른 각각의 학파가 형성되었고, 예(禮)의 해석 및 각종 상황에 따른 의례 절차에 대해서 이견(異見)을 보이며, 논쟁을 벌였던 것으로 판단된다. 그러므로 「단궁」편에 기록된 각 제자들 사이의 이견들은 이러한 논쟁의 산물이라고 추정할 수 있다.

또 「단궁」편에는 공자의 학단에 속한 인물들 이외에도 수많은 인물들이 등장한다. 대표적으로 현자쇄(縣子瑣)와 같은 인물은 공자의 학단에 포함된 인물인지 확인할 수 없는 사람이며, 공자의 제자들로 일컬어지는 수많은 인물들과도 연관성을 찾을 수 없는 사람이다. 그런데 「단궁」편에서는 그에 대한 기록이 여러 차례 나타난다. 또 그 기록들을 살펴보면, 각 상황에 따른 예법의 적용을 설명해주기도 하고, 후목(后木)은 현자쇄에게서 자신이 들었던 내용을 조술하며, 자신의 아들에게 이러한 예법을 준수하라고 당부하기도 했고, 예법에 대해서 매우 뛰어난 인물로 기록된 자유에 대해, 현자쇄가 비판하는 내용도 수록되어 있으며, 노나라 무공(繆公)이 현자쇄를 초빙하여, 예법에 대해서 자문을 구하는 내용도 수록되어 있다. 만약 현자쇄가 공자의 학단에 속하지 않았던 인물이라고 한다면, 『예기』의 기록들이 모두 공자의 학단에서 나온 기록물로만 작성되었다고 판단할 수 없게 된다. 뿐만 아니라 「단궁」편에는 『춘추좌씨전』의 기록과 겹치는 부분들이 다수 나타나는데, 『좌전』의 기록과 상반되거나 전혀 다른 내용이 기술되어 있기도 하다. 따라서 이것은 춘추시대에 활동했던 다양한 인물들에 대한 사료들이 존재했을 가능성을 나타내며, 그 기록 중 일부가 『예기』로 편입되었을 것으로 추정된다.

이처럼 「단궁」편에 나타나는 몇 가지 특징들은 『예기』 전반에 나타나는 특징들이라고 할 수 있는데, 「단궁」편에 기록된 다양한 인물들의 행적과 일화는 당시의 시대상과 공자 사후 유가 학파의 발전 양상을 조망할 수 있는 자료적 가치가 있다.

이 책의 출판으로 『예기』에 대한 또 한 권의 번역서가 나오게 되었다. 「단궁상」편과 짝을 이루는 「단궁하」편은 현재 교정 중에 있으므로, 조만간 출간될 것이다. 「단궁하」편까지 출간하게 되면, 『예기』의 제 1편인 「곡례상」편부터 제 10편인 「예기」편까지 빠짐없이 출판하는 것이 되지만, 앞으로 39개의 편을 번역해야 하므로, 갈 길이 너무 멀다.

번역서를 낼 때마다 매번 듣는 얘기가 있다. 부족한 실력으로 번역서를 낸다는 우려의 목소리가 그 하나이고, 어떤 지원을 받아서 책을 내느냐는 질문이 그 하나이다. 대부분의 번역서들이 학술지원을 받아서 출판되기 때문에, 이러한 질문이 생기는 것인데, 이 책의 번역에 대해서는 전혀 지원이 없다. 『예기집설대전』 뿐 아니라, 『예기정의』, 『예기집해』, 『예기훈찬』의 주석들을 모두 망라한다는 계획을 잡은 터라, 학술지원 신청을 하기도 애매하고, 또 『예기』 자체의 방대함으로 인해 개인이 신청할 수 있는 것도 아니며, 대규모 사업을 신청하는 것은 다양한 연구진들을 보유할 수 있는 교수급에서 할 수 있는 일이므로, 나와는 상관없는 일이다. 또 어떤 분들은 인세를 얼마 받느냐고 질문을 하는데, 인문학 서적, 그 중에서도 잘 팔릴 리가 없는 『예기』에 대한 번역서이니, 인세 자체도 없다. 따라서 번역서를 출간하면서 생기는 경제적 이득은 전혀 없고, 투자하는 시간을 고려한다면 오히려 마이너스다.

그런데도 내가 번역에 매진하는 것은 내 욕심 때문이다. 『예기』를 완역하겠다는 단순한 욕심, 그 욕심 자체가 너무 단순하기 때문에, 더욱 매진하게 되고, 또 중도에 포기하겠다는 결심도 생기지 않는다. 그러나 내 욕심으로 인해 세상에 문자공해를 더한다는 걱정은 항상 떠올린다. 부족한 실력을 운운하는 우려의 목소리도 아마 그래서일 것이다. 부족한 실력이야 내 자신이 가장 잘 알고 있는 부분이므로, 나 자신조차도 그런 얘기를 들을 때마다 딱히 할 말은 없다. 다만 매번 출판을 할 때마다 하는 얘기이지만, 이 책을 통해서 더 좋은 번역서와 연구서들이 나왔으면 하는 것이 내 변명 아닌 변명이자, 바람이다. 그리고 『예기』 완역이 끝나면, 재차 오역과 부족한 부분을 보완하여, 새로 출간하겠다는 결심도 세우고 있다. 이런 핑계로 오역이 용서받을 수 없을 것이라는 점은 알지만, 너그러운 양해를 바란다.

이 자리를 통해, 대학원에 진학하여 경학사상(經學思想)을 전공할 수 있도록 지도해주신 서경요 선생님, 경서연구회(經書硏究會)를 만들어 후배들에게 경전에 대한 이해를 넓혀주신 임옥균 선생님과 김동민, 원용준 선배님께도 감사드린다. 또한 『예기』를 함께 읽고 있는 경서연구회 회원님들께도 감사를 드리고, 끝으로 「예기」편을 출판할 수 있도록 허락해주신 학고방의 하운근 사장님께도 감사를 전한다.

일러두기 ⋙

1. 본 책은 역주서(譯註書)로써, 『예기집설대전(禮記集說大全)』의 「단궁상(檀弓上)」편을 완역하고, 자세한 주석을 첨부했다. 송대(宋代) 이전의 주석을 포함하고자 하여, 『예기정의(禮記正義)』를 함께 수록하였다. 그리고 송대 이후의 주석인 청대(淸代)의 주석을 포함하고자 하여 『예기훈찬(禮記訓纂)』과 『예기집해(禮記集解)』를 함께 수록하였다.

2. 『예기』 경문(經文)의 경우, 의역으로만 번역하면 문장을 번역한 방식을 확인하기 어렵고, 보충 설명 없이 직역으로만 번역하면 내용을 이해하기 힘들다. 따라서 경문에 한하여 직역과 의역을 함께 수록하였다. 나머지 주석들에 대해서는 의역을 위주로 번역하였다.

3. 『예기』 경문에 대한 해석은 진호의 『예기집설』 주석에 근거하였다. 경문 해석에 있어서, 『예기정의』, 『예기훈찬』, 『예기집해』마다 이견(異見)이 많다. 『예기집섭대전』의 소주(小註) 또한 진호의 주장과 이견을 보이는 곳이 있고, 소주 사이에도 이견이 많다. 따라서 『예기』 경문 해석의 표준은 진호의 『예기집설』 주석에 근거했으며, 진호가 설명하지 않은 부분들은 『대전』의 소주를 참고하였다. 또한 경문 해석에 있어서 『예기정의』, 『예기훈찬』, 『예기집해』에 나타나는 이견들은 특별한 경우를 제외하고는 각각의 문장을 읽어보면, 경문에 대한 이견을 알 수 있기 때문에, 이러한 경우에는 주석 처리를 하지 않았다.

4. 본 역서가 저본으로 삼은 책은 다음과 같다.

- 『禮記』, 서울 : 保景文化社, 초판 1984 (5판 1995)
- 『禮記正義』 1～4(전4권, 『十三經注疏 整理本』 12～15), 北京 : 北京大學出版社, 초판 2000
- 朱彬 撰, 『禮記訓纂』 上・下(전2권), 北京 : 中華書局, 초판 1996 (2쇄 1998)
- 孫希旦 撰, 『禮記集解』 上・中・下(전3권), 北京 : 中華書局, 초판 1989 (4쇄 2007)

5. 본 책은 『예기』의 경문, 진호의 『집설』, 호광 등이 찬정한 『대전』의 세주, 정현의 주, 육덕명의 『경전석문』, 공영달의 소, 주빈(朱彬)의 『훈찬』, 손희단(孫希旦)의 『집해』 순으로 번역하였다.

6. 본래 『예기』「단궁상」편은 목차가 없으며, 내용 구분에 있어서도 학자들마다 의견차이가 있다. 또한 내용의 연관성으로 인하여, 장과 절을 나누기가 애매한 부분이 많다. 본 책의 목차는 역자가 임의대로 나눈 것이며, 세세하게 분절하여, 독자들이 관련내용들을 찾아보기 쉽게 하였다.

7. 본 책의 뒷부분에는 《禮記 檀弓上篇 人名 및 用語 辭典》을 수록하였다. 본문에 처음으로 등장하는 용어 및 인명에 대해서는 주석처리를 하였다. 이후에 같은 용어가 등장할 때마다 동일한 주석처리를 할 수 없어서, 뒷부분에 사전으로 수록한 것이다. 가나다순으로 기록하여, 번역문을 읽는 도중 앞부분에서 설명했던 고유명사나 인명 등에 대해서 쉽게 찾아볼 수 있도록 하였다.

【68a】

公儀仲子之喪, 檀弓免焉.

【68a】 등과 같이 【 】 안에 숫자가 기입되어 있는 것은 『예기』의 '경문'을 뜻한다. '68'은 보경문화사(保景文化社)판본의 페이지를 말한다. 'a'는 a단에 기록되어 있다는 표시이다. 밑의 그림은 보경문화사판본의 한 페이지 단락을 구분한 표시이다.

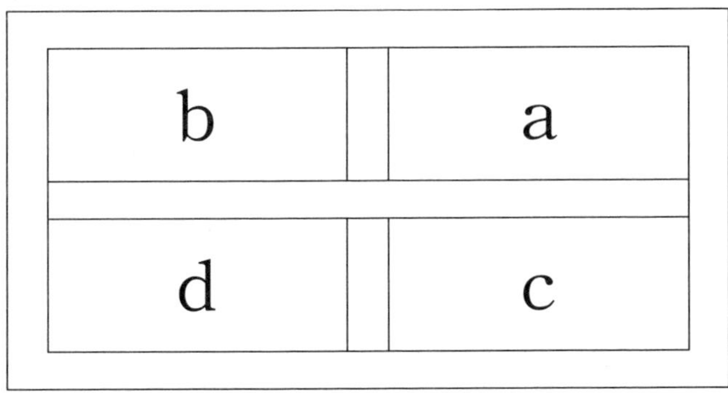

◆ 集說 公儀, 氏, 仲子, 字, 魯之同姓也.

"集說"로 표시된 것은 진호(陳澔)의 『예기집설(禮記集說)』 주석을 뜻한다.

◆ 大全 嚴陵方氏曰: 免之爲服, 特施於五世之親爾.

"大全" 으로 표시된 것은 호광(胡廣) 등이 찬정(撰定)한 『예기집설대전』의 세주(細註)를 뜻한다.

◆ **鄭注** 故爲非禮, 以非仲子也.

"**鄭注**"로 표시된 것은 『예기정의(禮記正義)』에 수록된 정현(鄭玄)의 주(注)를 뜻한다.

◆ **釋文** 公儀仲子, 公儀, 氏; 仲子, 字; 魯之同姓也, 其名未聞.

"**釋文**"으로 표시된 것은 『예기정의』에 수록된 육덕명(陸德明)의 『경전석문(經典釋文)』을 뜻한다. 『경전석문』의 내용은 글자들의 음을 설명하고, 간략한 풀이를 한 것인데, 육덕명 당시의 음가로 기록이 되었기 때문에, 현재의 음과는 맞지 않는 부분이 많다. 단순히 참고만 하기 바란다.

◆ **孔疏** ◎注"禮朋友"至"袒免". ○正義曰: 知者, 喪服記云: "若他邦來, 還家而無主, 猶爲之免."

"**孔疏**"로 표시된 것은 『예기정의』에 수록된 공영달(孔穎達)의 소(疏)를 뜻한다. 공영달의 주석은 경문과 정현의 주에 대해서 세분화하여 기록되어 있다. 따라서 '●'으로 표시된 부분은 공영달이 경문에 대해 주석을 한 부분이고, '◎'으로 표시된 부분은 정현의 주에 대해 주석을 한 부분이다. 한편 '○'으로 표시된 부분은 공영달의 주석 부분이다.

◆ **訓纂** 五經異義曰: 公羊說云, "質家立世子弟, 文家立世子子."

"**訓纂**"으로 표시된 것은 『예기훈찬(禮記訓纂)』에 수록된 주석이다. 『예기훈찬』 또한 기존 주석들을 종합한 책이므로, 『예기집설대전』 및 『예기정의』와 중복되는 부분은 생략하였다.

◆ **集解** 愚謂: 免者, 鄭註士喪禮, 謂"以布廣一寸, 從項中而前交於額上, 又卻向後而繞於髻"也.

"集解"로 표시된 것은 『예기집해(禮記集解)』에 수록된 주석이다. 『예기집해』 또한 기존 주석들을 종합한 책이므로, 『예기집설대전』 및 『예기정의』와 중복되는 부분은 생략하였다.

◆ 원문 및 번역문 중 '▼'로 표시된 부분은 한글로 표기할 수 없는 한자를 기록한 부분이다. 예를 들어 '▼(囧/皿)'의 경우 맹(盟)자의 이체자인데, '明'자 대신 '囧'자가 들어간 한자를 프로그램상 삽입할 수가 없어서, '▼(囧/皿)'으로 표시한 것이다. 즉 '▼(A/B)'의 형식으로 기록된 경우, A에 해당하는 글자가 한 글자의 상단 부분에 해당하고, B에 해당하는 글자가 한 글자의 하단 부분에 해당한다는 표시이다. 또한 '▼(A+B)'의 형식으로 기록된 경우, A에 해당하는 글자가 한 글자의 좌측 부분에 해당하고, B에 해당하는 글자가 한 글자의 우측 부분에 해당한다는 표시이다. 또한 '▼((A-B)/C)'의 형식으로 기록된 경우, A에 해당하는 글자에서 B 부분을 뺀 글자가 한 글자의 상단 부분에 해당하고, C에 해당하는 글자가 한 글자의 하단 부분에 해당한다는 표시이다.

1권 목차

그림목차

경문목차

2권 목차

그림목차

경문목차

【68a】

禮記集說大全卷之三 /『예기집설대전』 제3권
檀弓上 第三 /「단궁상」 제3편

集說 劉氏曰: 檀弓篇首言子游, 及篇內多言之, 疑是其門人所記.

번역 유씨[1)]가 말하길,「단궁(檀弓)」편의 첫 부분에서는 자유(子游)에 대해서 언급하고 있고, 이 편 안에는 그에 대해서 말한 내용이 많으므로, 아마도 이 글은 자유의 문인들이 기록한 편인 것 같다.

釋文 陸曰: 檀弓, 魯人. 檀, 大丹反, 姓也. 弓, 名. 以其善於禮, 故以名篇.

번역 육덕명(陸德明)[2)]이 말하길, 단궁(檀弓)은 노(魯)나라 사람이다. '檀'자는 '大(대)'자와 '丹(단)'자의 반절음이며, 성(姓)에 해당한다. 궁(弓)은 이름에 해당한다. 그는 예(禮)에 대해서 뛰어났기 때문에, 그의 이름으로 편명을 삼은 것이다.

孔疏 正義曰: 按鄭目錄云: "名曰檀弓者, 以其記人善於禮, 故著姓名以顯之. 姓檀名弓, 今山陽有檀氏. 此於別錄屬通論." 此檀弓在六國之時, 知者, 以仲梁子是六國時人, 此篇載仲梁子, 故知也. 按子游譏司寇惠子廢適立庶, 又檀弓亦譏仲子舍適孫而立庶子, 其事同, 不以子游名篇, 而以檀弓爲首者, 子游是孔門習禮之人, 未足可嘉, 檀弓非是門徒, 而能達禮, 故善之, 以爲篇目.

번역 정현[3)]의『목록(目錄)』[4)]을 살펴보면, "편명을 '단궁(檀弓)'으로 지

---

1) 유씨(劉氏 ? ~ ?) : =유맹야(劉孟冶). 자세한 이력이 남아 있지 않다.
2) 육덕명(陸德明, A.D.550 ~ A.D.630) : =육원랑(陸元朗). 당대(唐代)의 경학자이다. 이름은 원랑(元朗)이고, 자(字)는 덕명(德明)이다. 훈고학에 뛰어났으며,『경전석문(經典釋文)』등을 남겼다.

은 것은 그 사람이 예법에 뛰어났다고 기록하였기 때문에, 그의 성(姓)과 이름으로 편명을 정해서, 그를 드러낸 것이다. '성'은 단(檀)이고, 이름은 궁(弓)인데, 오늘날 산양(山陽) 지역에는 단씨(檀氏)의 집성촌이 있다. 「단궁」편은 『별록(別錄)』[5]에서 '통론(通論)'에 속해 있다."라고 했다. 단궁이라는 사람은 육국(六國)[6]시대에 생존했던 인물로, 이러한 사실을 알 수 있는 이유는 중량자(仲梁子)라는 인물이 바로 육국시대 때의 사람인데, 이곳 「단궁」편에서는 '중량자'에 대한 내용을 수록하고 있기 때문에,[7] 이러한 사실을 알 수 있는 것이다. 살펴보면, 사구(司寇)[8]인 혜자(惠子)가 적자(適子)를 폐위시키고 서자(庶子)를 후계자로 정한 일에 대해, 자유(子游)가 기

---

3) 정현(鄭玄, A.D.127 ~ A.D.200) : =정강성(鄭康成)·정씨(鄭氏). 한대(漢代)의 유학자이다. 자(字)는 강성(康成)이다. 『주역(周易)』, 『상서(尙書)』, 『모시(毛詩)』, 『주례(周禮)』, 『의례(儀禮)』, 『예기(禮記)』, 『논어(論語)』, 『효경(孝經)』 등에 주석을 하였다.

4) 『목록(目錄)』은 정현이 찬술했다고 전해지는 『삼례목록(三禮目錄)』을 가리킨다. 『십삼경주소(十三經注疏)』에서 인용되고 있지만, 이 책은 『수서(隋書)』가 편찬될 당시에 이미 일실되어 존재하지 않았다. 『수서』「경적지(經籍志)」에는 "三禮目錄一卷, 鄭玄撰, 梁有陶弘景注一卷, 亡."이라는 기록이 있다.

5) 『별록(別錄)』은 후한(後漢) 때 유향(劉向)이 찬(撰)했다고 전해지는 책이다. 현재는 일실되어 존재하지 않으며, 『한서(漢書)』「예문지(藝文志)」편을 통해서 대략적인 내용만을 추측해볼 수 있다.

6) 육국(六國)은 전국시대 때 함곡관(函谷關) 동쪽에 있었던 여섯 개의 나라를 뜻한다. 여섯 나라는 한(韓), 위(魏), 제(齊), 초(楚), 연(燕), 조(趙)나라를 가리킨다. 『전국책(戰國策)』「조책이(趙策二)」편에는 "故竊爲大王計, 莫如一韓·魏·齊·楚·燕·趙, 六國從親以儐畔秦."이라는 기록이 있다.

7) 『예기』「단궁상」【98a】: 曾子曰: "尸未設飾, 故帷堂, 小斂而徹帷." 仲梁子曰: "夫婦方亂, 故帷堂, 小斂而徹帷."

8) 사구(司寇)는 주(周)나라 때 설치되었던 관직이다. 하(夏)나라와 은(殷)나라 때에도 이미 존재했었다고 주장하기도 한다. 주나라 때에는 육경(六卿) 중 하나였으며, 대사구(大司寇)라고도 불렀다. 형벌이나 옥사에 관련된 일을 담당하였고, 감찰 임무를 맡기도 하였다. 춘추시대(春秋時代)에는 여러 제후국들에 이 관직이 설치되었으며, 공자(孔子) 또한 노(魯)나라에서 '사구'를 지냈다고 전해지기도 한다. 청(淸)나라 때에는 형부상서(刑部尙書)를 '대사구'로 불렀으며, 시랑(侍郎)을 소사구(少司寇)로 불렀다.

롱을 했는데,[9] 단궁 또한 중자(仲子)가 적손(嫡孫)을 버리고, 서자(庶子)를 후계자로 정한 일에 대해 기롱을 하였다.[10] 이처럼 그 사안이 동일한데도, '자유(子游)'라는 명칭으로 편명을 정하지 않고, '단궁(檀弓)'에 대한 내용을 가장 앞에 두고, 그 이름으로 편명을 정했다. 그 이유는 자유는 공자(孔子)의 문인들 중에서도 예(禮)에 뛰어났던 인물이니, 그가 예법에 대해서 잘 안다고 해도, 크게 칭찬할 만한 일이 아니다. 그러나 단궁은 공자의 문인이 아닌데도, 예법에 대해서 능통했었기 때문에, 그 일을 가상하게 여긴 것이다. 그래서 그의 이름으로 편명을 삼은 것이다.

集解 愚謂: 此篇蓋七十子之弟子所作, 篇首記檀弓事, 故以檀弓名篇, 非因其善禮著之也. 篇中多言喪事, 可以證士喪禮之所未備, 而天子諸侯之禮, 亦略有考焉. 然其中多傳聞失實之言, 亦不可以不知.

번역 내가 생각하기에, 이곳 「단궁」편은 아마도 공자(孔子)가 배출한 70명의 제자들이 기록한 것인데, 편의 첫 부분에서 단궁(檀弓)에 대한 일을 기록하고 있기 때문에, '단궁(檀弓)'이라는 이름으로 편명을 삼은 것이지, 그가 예법에 능통하여, 그 사실을 나타내고자 했던 것은 아니다. 이곳 「단궁」편에서는 대부분 상사(喪事)에 대한 내용을 언급하고 있는데, 이러한 내용을 통해서 『의례』「사상례(士喪禮)」편에서 언급하지 않은 내용들을 고증해볼 수 있고, 천자(天子)와 제후(諸侯)에 대한 예법 또한 대략적으로 고찰해 볼 수 있는 점이 있다. 그러나 그 내용 중에는 전해들은 내용을 전수하면서 실제 사실과 달라지게 된 말들이 많은데, 그렇다고 해도 실정을 전혀 모르는 말들이라고는 할 수 없다.

9) 『예기』「단궁상」【89b】: 司寇惠子之喪, 子游爲之麻衰, 牡麻絰. 文子辭曰: "子辱與彌牟之弟游, 又辱爲之服, 敢辭." 子游曰: "禮也."

10) 『예기』「단궁상」【68a】: 公儀仲子之喪, 檀弓免焉. 仲子舍其孫而立其子, 檀弓曰, "何居? 我未之前聞也." 趨而就子服伯子於門右.

그림 0-1 자유(子游)

▸ **출처:** 『삼재도회(三才圖會)』「인물(人物)」 4권

• 제 1 절 •

후계자를 정하는 법도

【68a】

公儀仲子之喪, 檀弓免焉. 仲子舍其孫而立其子, 檀弓曰, "何居? 我未之前聞也." 趨而就子服伯子於門右.

직역 公儀仲子의 喪에, 檀弓이 免이라. 仲子가 그 孫을 舍하고 그 子를 立하니, 檀弓이 曰, "何居? 我는 前聞을 未하니라." 趨하여 門右에서 子服伯子을 就하였다.

의역 공의중자(公儀仲子)의 상(喪)에 대해서, 단궁(檀弓)은 단면(袒免)을 하고 조문을 갔다. 그가 이처럼 예법에 어긋나는 행동을 한 이유는 공의중자가 적손(嫡孫)을 버려두고, 서자(庶子)를 후계자로 대신 세웠기 때문이니, 단궁은 "이 무슨 까닭인가? 나는 이처럼 따르는 도리를 들어보지 못했다."라고 했다. 그리고는 곧 종종걸음으로 나아가서 문 오른쪽에 있었던 자복백자(子服伯子)에게 다가갔다.

集說 公儀, 氏, 仲子, 字, 魯之同姓也. 檀弓, 魯人之知禮者. 袒免, 本五世之服, 而朋友之死於他邦而無主者, 亦爲之免, 其制以布, 廣一寸, 從項中而前交於額, 又却向後而繞於髻也. 適子死, 立適孫爲後, 禮也. 弓以仲子舍孫而立庶子, 故爲過禮之免以弔而譏之. 何居, 怪之之辭, 猶言何故也. 此時未小斂, 主人未居阼階下, 猶在西階下受其弔, 故弓弔畢而就子服伯子於門右而問之也.

번역 '공의(公儀)'는 씨(氏)이고, '중자(仲子)'는 자(字)이니, 노(魯)나라 공실(公室)과 동성(同姓)인 자이다. '단궁(檀弓)'은 노나라 사람들 중에서도 예법에 밝은 자이다. '단면(袒免)'[1]은 본래 자신과의 관계가 5세대가 넘은 친족이 죽었을 때, 그를 위해 입는 상복(喪服)이고,[2] 친구가 다른 나라에 머물러 있다가 죽었을 때, 그의 상(喪)을 치를 상주(喪主)가 없는 경우에도 또한 그를 위해서 면(免)을 하게 되니, 머리를 묶는 끈은 베로 만들며, 너비는 1촌(寸)으로 하고, 목 있는 곳으로부터 묶어서 이마 앞쪽에서 교차를 하며, 또한 뒤쪽으로 틀어서 머리를 두르게 된다. 적자(適子)가 죽게 되면, 적손(嫡孫)을 후계자로 세우는 것이 예법이다. 단궁은 중자가 적손을 버리고 서자(庶子)를 세웠기 때문에, 일부러 예법에서 벗어난 복식인 단면을 하고 조문을 가서, 그를 기롱했던 것이다. '하거(何居)'라는 말은 괴이하게 여길 때 쓰는 말이니, "이 무슨 까닭인가[何故]?"라고 말하는 것과 같다. 여기에서 말하는 시기는 아직 소렴(小斂)[3]을 하지 않은 때이므로, 주인(主人)이 아직 동쪽 계단 아래에 서 있지 않고, 여전히 서쪽 계단 아래에서 조문을 받게 되는 것이다. 그렇기 때문에 단궁이 조문을 끝내고서, 문의 오른쪽에 있었던 자복백자(子服伯子)에게 나아가 그 이유를 물어본 것이다.

大全 嚴陵方氏曰: 免之爲服, 特施於五世之親爾, 而朋友死於他邦者, 亦服之. 仲子之於檀弓, 旣非五世之親, 而其喪, 又非死於他邦者, 檀弓之免也, 蓋非所服而服之也. 服非所服之服, 所以譏立非所立之意爾.

번역 엄릉방씨[4]가 말하길, 단면(袒免)을 하여, 복장방식을 꾸미는 것은 단지 자신과의 관계가 5세대가 넘은 친족에 대해서만 할 따름이며, 친구가 다른 나라에 머물러 있다가 죽은 경우에도 또한 이러한 복장방식을 사용하

---

1) 단면(袒免)은 상의의 한쪽을 벗어 좌측 어깨를 드러내고, 관(冠)을 벗고 머리끈으로 머리를 묶는다는 뜻이다. 먼 친척이 죽었을 때, 해당하는 상복(喪服)이 없다면, 이처럼 '단면'을 해서 애도하는 마음을 표현하게 된다.

2) 『예기』「대전(大傳)」【426d】: 四世而緦. 服之窮也, 五世袒免.

3) 소렴(小斂)은 상례(喪禮) 절차 중 하나이다. 죽은 자의 시신을 목욕시키고, 의복을 착용시키며, 그 위에 이불 등으로 감싸는 절차를 뜻한다.

4) 엄릉방씨(嚴陵方氏, ? ~ ?) : =방각(方慤)·방씨(方氏)·방성부(方性夫). 송대(宋代)의 유학자이다. 이름은 각(慤)이다. 자(字)는 성부(性夫)이다. 『예기집해(禮記集解)』를 지었고, 『예기집설대전(禮記集說大全)』에는 그의 주장이 많이 인용되고 있다.

게 된다. 중자(仲子)는 단궁(檀弓)에 대해서, 5세대가 넘은 친족도 아니며, 그리고 그의 죽음 또한 다른 나라에서 죽은 경우가 아닌데도, 단궁이 단면을 한 것은 아마도 본래는 착용할 수 없는 복장을 착용한 것이다. 즉 본래는 착용할 수 없는 복장을 착용하여, 이를 통해 그가 세우지 말아야 할 대상을 후계자로 삼은 것에 대해서 기롱을 하려는 뜻을 나타낸 것이다.

鄭注 故爲非禮, 以非仲子也. 禮: "朋友皆在他邦, 乃袒免." 此其所立非也. 公儀蓋魯同姓. 周禮適子死, 立適孫爲後. 居, 讀爲姬姓之姬, 齊魯之間語助也. 前猶故也.

번역 일부러 비례(非禮)에 해당하는 단면(袒免)을 하고서, 이것을 통해 중자(仲子)를 비난한 것이다. 『예』에서는 "친구들과 그의 식솔들이 모두 다른 나라에 머물러 있다가 죽은 경우에는 곧 단면을 한다."5)라고 했다. 서자(庶子)를 세웠다는 말은 후계자로 삼은 자가 잘못되었다는 뜻이다. 공의(公儀)는 아마도 노(魯)나라의 공실(公室)과 동성(同姓)일 것이다. 주(周)나라 때의 예법에서는 적자(適子)가 죽게 되면, 적손(嫡孫)을 세워서 후계자로 삼는다. '거(居)'자는 '희성(姬姓)'이라고 할 때의 '희(姬)'자로 풀이하니, 제(齊)나라와 노(魯)나라 사이에서 사용되었던 어조사이다. '전(前)'자는 '옛날[故]'이라는 뜻이다.

釋文 公儀仲子, 公儀, 氏; 仲子, 字; 魯之同姓也, 其名未聞. 免音問, 注同, 以布廣一寸, 從項中而前, 交於額上, 又却向後繞於髻. 袒音但. 舍音捨, 下皆同. 適, 多歷反, 下皆同. 居音毆, 下同.

번역 '公儀仲子'에서 '公儀'는 씨(氏)에 해당하고, '仲子'는 자(字)에 해당하는데, 노(魯)나라의 성씨와 동성인 자이지만, 그 자의 이름에 대해서는 확인할 수 없다. '免'자의 음은 '問(문)'이며, 정현의 주에 나온 글자도 그 음이 같고, 베로 제작을 하며 너비는 1촌(寸)으로, 목에서 앞으로 둘러서

---

5) 『의례』「상복(喪服)」: 朋友皆在他邦, 袒免, 歸則已.

이마에서 교차를 하며, 또한 뒤로 둘러서 머리를 감싼다. '袒'자의 음은 '但(단)'이다. '舍'자의 음은 '捨(사)'이며, 아래 문장에 나오는 글자도 모두 그 음이 이와 같다. '適'자는 '多(다)'자와 '歷(력)'자의 반절음이며, 아래 문장에 나오는 글자들도 그 음이 모두 이와 같다. '居'자의 음은 '毆(구)'이며, 아래 문장에 나온 글자도 그 음이 이와 같다.

孔疏 ◎注"禮朋友"至"袒免". ○正義曰: 知者, 喪服記云: "若他邦來, 還家而無主, 猶爲之免." 故鄭注云: "歸有主人乃已, 明無主猶袒免也. 若朋友俱在家, 則弔服加麻. 加麻者, 素弁上加緦之環絰, 若一在一否亦然." 知者, 以云"皆在他邦, 乃袒免", 明不皆在者則否.

번역 ◎鄭注: "禮朋友"~"袒免". ○정현이 말한 내용이 사실임을 알 수 있는 이유는 『의례』「상복(喪服)」편의 기문(記文)에서 "만약 다른 나라에서 영구(靈柩)가 돌아와서, 자신의 본가로 돌아왔는데, 상주(喪主)가 없는 경우라면, 그를 위해 단면(袒免)을 하게 된다."라고 했다. 그렇기 때문에 이 문장에 대한 정현의 주에서, "영구가 돌아왔는데, 상주가 있는 경우라면, 곧 단면의 복장방식을 그만두게 되니, 이 말은 곧 상주가 없는 경우에는 단면을 하게 된다는 사실을 나타내고 있다. 만약 친구와 그의 식솔들이 그의 집안에 있는 상태에서 친구가 죽게 되었다면, 조문하는 복장에 마(麻)를 덧대게 된다. 마(麻)를 덧댄다는 말은 흰색의 변(弁) 모자에, 시마복(緦麻服)[6]을 착용할 때의 환질(環絰)을 두르는 것인데, 만약 친구와 식솔들 중 어느 한쪽이 본가에 남아 있고, 다른 한쪽이 떠나 있는 경우라면, 또한 이처럼 한다."라고 했다. 이 말이 사실임을 알 수 있는 이유는 "모두 다른 나라에 머물러 있는 경우에는 곧 단면을 한다."라고 했기 때문이니, 이 말은 곧 모두 다른 나라에 머물러 있는 경우가 아니라면, 단면을 하지 않는다는 뜻을 나타낸다.

---

6) 시마복(緦麻服)은 상복(喪服) 중 하나로, 오복(五服)에 속한다. 가장 조밀한 삼베를 사용해서 만든다. 이 복장을 입게 되는 기간은 상황에 따라서 차이가 있지만, 일반적으로 3개월이 된다. 친족의 백숙부모(伯叔父母)나 친족의 형제(兄弟)들 및 혼인하지 않은 친족의 자매(姊妹) 등을 위해서 입는다.

그림 1-1 주(周)나라 때의 변(弁)

▸ **출처:** 『삼례도집주(三禮圖集注)』 3권

그림 1-2 시마복(緦麻服) 각부 명칭

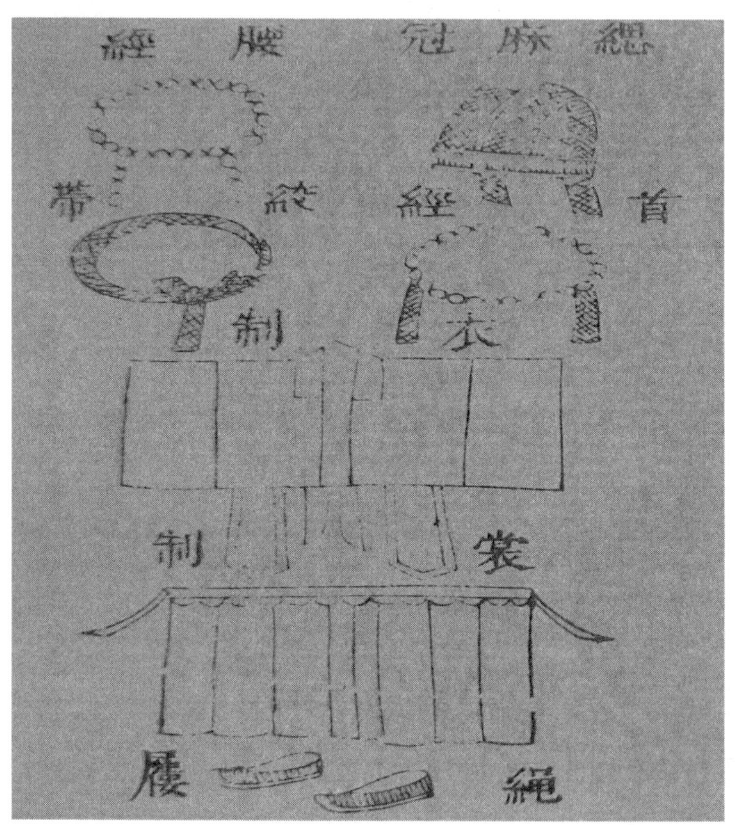

▸ **출처:** 『삼재도회(三才圖會)』「의복(衣服)」 3권

孔疏 ◎注"公儀蓋魯同姓". ○正義曰: 知者, 按史記魯相公儀休, 此云子服伯子是魯人, 故疑魯同姓也. 知同姓者, 以春秋有公鳥・公若, 公儀, 同稱公, 故知同姓也.

번역 ◎鄭注: "公儀蓋魯同姓". ○정현의 말이 사실임을 알 수 있는 이유는 『사기(史記)』를 살펴보면, 노(魯)나라 재상 중에는 공의휴(公儀休)라는 사람이 있었고,[7] 이곳 경문에서 말하는 자복백자(子服伯子) 또한 노나라 사람이기 때문에, 아마도 노나라의 공실(公室)과 동성(同姓)일 것이라고 추측했던 것이다. 그가 노나라 공실과 동성이라는 사실을 알 수 있는 이유는 『춘추(春秋)』에는 공조(公鳥)・공약(公若)이라는 인물이 등장하는데,[8] 공의(公儀)와 마찬가지로, 모두 동일하게 '공(公)'이라고 지칭하고 있으니, 이 사실을 통해서 군주와 같은 성씨가 된다는 사실을 알 수 있다.

訓纂 免, 音問. 舍, 音捨. 居, 音姬.

번역 '免'자의 음은 '問(문)'이다. '舍'자의 음은 '사(捨)'이다. '居'자의 음은 '姬(희)'이다.

訓纂 五經異義曰: 公羊說云, "質家立世子弟, 文家立世子子."

번역 『오경이의(五經異義)』[9]에서 말하길, 공양가(公羊家)들이 주장하길, "질박한 왕조[은(殷)나라]에서는 세자(世子)가 죽었을 경우, 그의 동생을 후계자로 세웠고, 문식을 꾸민 왕조[주(周)나라]에서는 세자가 죽었을 경우, 그의 자식을 후계자로 세웠다."라고 했다.

---

7) 『사기(史記)』「순리열전(循吏列傳)」: 公儀休者, 魯博士也. 以高弟爲魯相. 奉法循理, 無所變更, 百官自正. 使食祿者不得與下民爭利, 受大者不得取小.

8) 『춘추좌씨전』「소공(昭公) 25년」: 初, 季公鳥娶妻於齊鮑文子, 生甲. …… 公若欲使余, 余不可而抶余.

9) 『오경이의(五經異義)』는 후한(後漢) 때의 학자인 허신(許愼)이 지은 책이다. 유실되었는데, 송대(宋代) 때 학자들이 다시 모아서 엮었다. 오경(五經)에 관한 고금(古今)의 유설(遺說)과 이의(異義)를 싣고, 그에 대한 시비(是非)를 판별한 내용들이다.

【68b~c】

曰, "仲子舍其孫而立其子, 何也?" 伯子曰, "仲子亦猶行古之道也. 昔者文王舍伯邑考而立武王, 微子舍其孫腯而立衍也. 夫仲子亦猶行古之道也." 子游問諸孔子, 孔子曰, "否! 立孫."

직역 曰, "仲子가 그 孫을 舍하고 그 子를 立함은 何야오?" 伯子가 曰, "仲子는 亦히 猶히 古의 道를 行함이다. 昔者에 文王도 伯邑考를 舍하고 武王을 立하였고, 微子도 그 孫인 腯을 舍하고 衍을 立하였다. 夫히 仲子도 亦히 猶히 古의 道를 行함이다." 子游가 孔子에게 問하니, 孔子가 曰, "否라! 孫을 立함이다."

의역 단궁(檀弓)이 묻기를, "공의중자(公儀仲子)가 적손(嫡孫)을 버려두고, 서자(庶子)를 후계자로 삼은 것은 무슨 까닭인가?"라고 하였다. 그러자 자복백자(子服伯子)가 대답하길, "공의중자 또한 고대의 도리를 시행하려고 했을 것이다. 옛날에 문왕(文王)도 적장자인 백읍고(伯邑考)를 폐하고, 무왕(武王)을 후계자로 삼았었고, 미자(微子)도 적손인 돈(腯)을 폐하고, 동생인 연(衍)을 후계자로 삼았었다. 따라서 공의중자 또한 고대의 도리를 시행하려고 했었던 것이다."라고 했다. 자유(子游)는 이러한 일화를 전해 듣고, 공자(孔子)에게 이것이 맞는 말인지를 질문하였는데, 공자는 "아니다! 자복백자의 말은 틀렸다. 단궁의 말처럼 적손을 세우는 것이 올바른 예법이다."라고 했다.

集說 曰, 弓之問也. 猶, 尙也. 亦猶, 擬議未定之辭. 伯邑考, 文王長子. 微子舍孫立衍, 或是殷禮, 文王之立武王, 先儒以爲權, 或亦以爲遵殷制, 皆未可知, 否則以德不以長, 亦如太王傳位季歷之意歟.

번역 '왈(曰)'이라는 것은 단궁(檀弓)의 질문에 해당한다. '유(猶)'자는 '오히려[尙]'라는 뜻이다. 따라서 '역유(亦猶)'라는 말은 추측으로 헤아렸으나, 확정을 하지 못했을 때 쓰는 말이다. '백읍고(伯邑考)'는 문왕(文王)의 장자(長子)이다. 미자(微子)가 적손(嫡孫)을 폐하고, 동생인 연(衍)을 세웠던 것에 대해서, 어떤 자들은 은(殷)나라 때의 예법이 그러했기 때문일 것이라고 하였고, 문왕이 무왕(武王)을 후계자로 삼았던 것에 대해서, 선대 유학자들은 권도(權道)를 발휘하여 불가피하게 했던 일이라고 여겼으며, 어떤 자들은 또한 은나라 때의 제도에 따른 것이라고 여겼는데, 이 모든 일에 대해서는 정확한 사실을 알 수 없다. 그러나 만약 이러한 이유가 아니었다면, 후계자를 선발할 때 덕성을 기준으로 뽑고, 나이 서열에만 따르지 않았기 때문일 것이니, 또한 태왕(太王)이 계력(季歷)에게 지위를 전수하려고 했던 뜻과 같았을 것이다.

그림 1-3 주(周)나라 세계도(世系圖) : 후직(后稷)부터 강왕(康王)까지

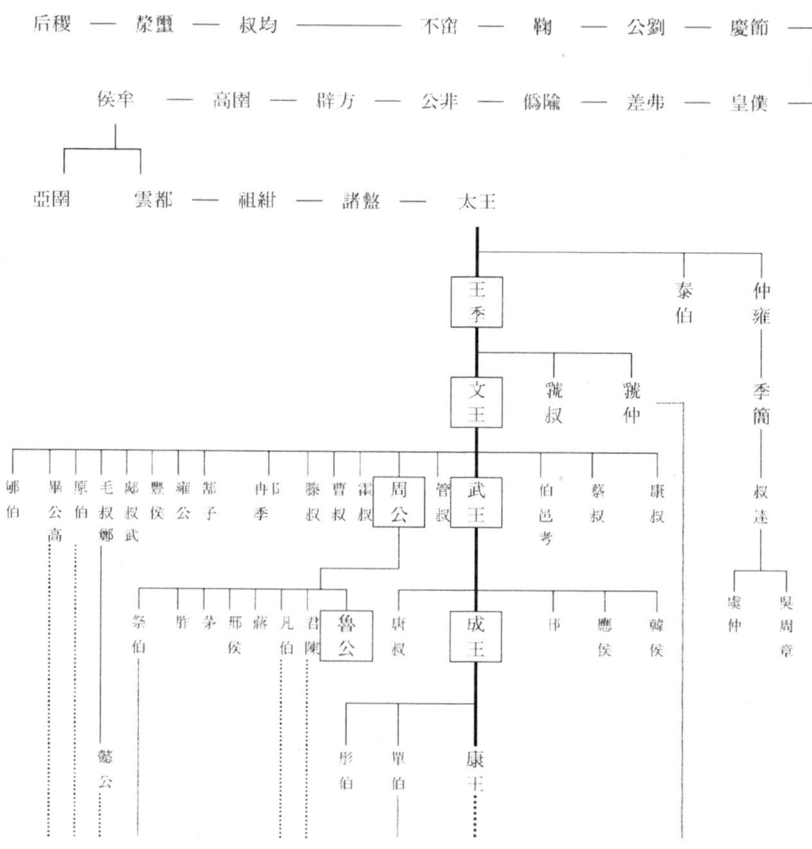

▸ **출처:** 『역사(繹史)』 1권 「역사세계도(繹史世系圖)」

그림 1-4 송(宋)나라 세계도(世系圖)

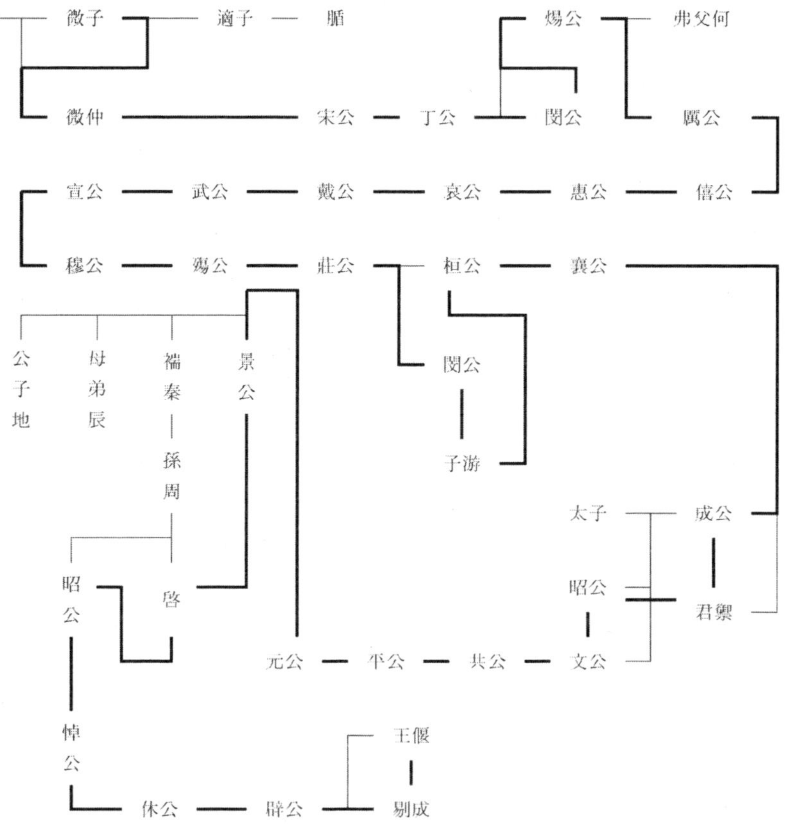

集說 應氏曰: 檀弓默而不復言, 子游疑而復求正, 非夫子明辨以示之, 孰知舍孫立子之爲非乎?

번역 응씨[10]가 말하길, 단궁(檀弓)은 대답을 듣고 묵묵히 있었고, 재차 언급을 하지 않았으므로, 자유(子游)는 어느 것이 맞는지 의심이 들어서, 재차 올바른 도리가 무엇인지를 찾고자 했던 것인데, 공자(孔子)가 명확하게 분별하여, 올바른 도리를 보여주지 않았다면, 그 누가 적손(嫡孫)을 폐위하고 서자(庶子)를 세우는 것이 잘못되었다는 사실을 알 수 있었겠는가?

大全 長樂陳氏曰: 木之正出爲本, 旁出爲枝, 子之正出爲嫡, 旁出爲庶, 故伐枝不足以傷木, 伐其本, 則木弊矣, 廢庶, 不足以傷宗, 廢其嫡, 則其宗絶矣. 本固而枝必茂, 嫡正而庶必寧, 此天地自然之理也. 先王知其然, 於是貴嫡而賤庶, 使名分正而不亂, 爭奪息而不爭, 故子生, 冢子接以太牢, 庶子少牢, 冢子未食而見, 庶子已食而見, 冠則嫡子於阼, 庶子於房外, 死則嫡子斬, 庶子期, 其禮之重輕隆殺如此, 豈有他哉, 以其傳重與不傳重之故也. 禮曰"庶子不祭祖, 明其宗也." 又曰"庶子不祭禰, 明其宗也." 史曰"父不祭於支庶之宅", 此嫡庶之分, 不可不辨也. 昔公儀仲子, 舍孫立子, 而檀弓弔以免, 司寇惠子, 舍嫡立庶, 而子游弔以麻衰, 皆重其服以譏之, 欲其辨嫡庶之分而已. 春秋之時, 宋宣公舍子與夷立弟, 穆公又舍子馮立與夷, 而與夷卒見殺. 莒紀公黜太子僕愛季佗而卒於召禍, 晉獻公殺世子申生, 立奚齊, 而卒至於亂晉, 齊靈公廢太子光, 立公子牙, 而卒以亂齊, 蓋嫡一而已, 立之足以尊正統而一人之情, 庶則衆矣, 立之則亂正統而啓覬覦之心, 宋莒齊晉之君, 不察乎此, 每每趨禍, 良可悼也.

번역 장락진씨[11]가 말하길, 나무의 본줄기에서 나온 것은 몸통이 되고,

---

10) 금화응씨(金華應氏, ? ~ ?) : =응용(應鏞) · 응씨(應氏) · 응자화(應子和). 이름은 용(鏞)이다. 자(字)는 자화(子和)이다. 『예기찬의(禮記纂義)』를 지었다.

11) 진상도(陳祥道, A.D.1159 ~ A.D.1223) : =장락진씨(長樂陳氏) · 진씨(陳氏) · 진용지(陳用之). 북송대(北宋代)의 유학자이다. 자(字)는 용지(用之)이다.

곁에서 나온 것은 가지가 되는데, 자식들 중에서도 정실(正室)로부터 나온 자가 적자(嫡子)가 되고, 방계에서 나온 자가 서자(庶子)가 된다. 그렇기 때문에 가지를 자른다고 하더라도, 나무 자체를 죽이기에는 부족하지만, 그 몸통을 자르게 된다면, 나무 자체가 죽게 되는 것이며, 서자를 폐위시키더라도, 종가(宗家) 자체에 손상을 입히기에는 부족하지만, 적자를 폐위시킨다면, 종가의 맥이 끊기게 되는 것이다. 나무의 몸통이 굳건해야만 가지도 무성하게 되는 것이며, 적자의 지위가 바르게 서야만 서자들도 편안하게 되는 것이니, 이것이 바로 천지자연의 이치인 것이다. 선왕(先王)은 이러한 이치를 알고 있었기에, 적자를 귀하게 여기고, 서자를 상대적으로 천하게 여김으로써, 명분을 바르게 만들어서, 혼란이 일어나지 않게 한 것이며, 서로의 지위를 빼앗는 싸움을 종식시켜서, 다툼이 일어나지 않게끔 한 것이다. 그렇기 때문에 자식이 태어났을 때, 총자(冢子)[12]인 경우라면, 태뢰(太牢)[13]를 베풀어서 산모의 회복을 돕고, 서자인 경우에는 태뢰 대신 소뢰(少牢)[14]를 사용하며,[15] 산모가 출산한 이후 3개월째에 부인과 식사를 하게 되는데, 총자의 경우에는 식사를 하기 이전에 부친이 총자를 보며, 서자인 경우에는 식사를 한 이후에야 보는 것이고,[16] 관례(冠禮)를 치를

장락(長樂) 지역 출신으로, 1067년에 과거에 급제하여 태상박사(太常博士) 등을 지냈다. 왕안석(王安石)의 제자로, 그의 학문을 전파하는데 공헌하였다. 저서에는 『예서(禮書)』, 『논어전해(論語全解)』 등이 있다.

12) 총자(冢子)는 적장자를 뜻한다. 『예기』「내칙(內則)」편에는 "父沒母存, 冢子御食."이라는 기록이 있는데, 이에 대한 정현의 주에서는 "御, 侍也, 謂長子侍母食也."라고 풀이했다.

13) 태뢰(太牢)는 제사에서 소[牛], 양(羊), 돼지[豕] 3가지 희생물을 갖춘 것을 뜻한다. 『장자』「지악(至樂)」편에는 "具太牢以爲膳."이라는 기록이 있는데, 이에 대한 성현영(成玄英)의 소(疏)에서는 "太牢, 牛羊豕也."라고 풀이하였다.

14) 소뢰(少牢)는 제사에서 양(羊)과 돼지[豕] 두 가지 희생물을 사용하는 것을 뜻한다. 『춘추좌씨전』「양공(襄公) 22年」에는 "祭以特羊, 殷以少牢."라는 기록이 있는데, 이에 대한 두예(杜預)의 주에서는 "四時祀以一羊, 三年盛祭以羊豕. 殷, 盛也."라고 풀이하였다.

15) 『예기』「내칙(內則)」【364c】: 凡接子擇日. 冢子則大牢, 庶人特豚, 士特豕, 大夫少牢, 國君世子大牢. 其非冢子則皆降一等.

16) 『예기』「내칙(內則)」【367d】: 冢子未食而見, 必執其右手. 適子庶子已食而見,

때에도, 적자는 주인(主人)이 사용하는 동쪽 계단에서 관례를 치르는 것이며,[17] 서자인 경우에는 방 밖에서 관례를 치르는 것이고,[18] 죽었을 경우에도, 적자를 위해서는 참최복(斬衰服)[19]을 입고, 서자인 경우에는 기년복(期年服)[20]을 입는데, 그 예법의 무겁고 가벼움 또 그것의 융성함과 낮춤이 이와 같으니, 어찌 다른 까닭이 있어서이겠는가? 가문의 지위를 전수하느냐 전수하지 않느냐의 차이 때문이다. 『예』에서는 "서자는 조부에 대한 제사를 주관하지 않으니, 종가(宗家)의 위상을 밝히기 위해서이다."[21]라고 했다. 또한 "서자는 부친에 대한 제사를 주관하지 않으니, 종가의 위상을 밝히기 위해서이다."[22]라고 했다. 역사서에서는 "부친에 대해서는 적장자 이외의 집에서 제사를 지내지 않는다."[23]라고 했다. 이러한 기록들은 적자와 서자의 구분은 명확하게 분별하지 않을 수가 없다는 뜻을 나타낸다. 예전 공의중자(公儀仲子)는 적손(嫡孫)을 버려두고, 서자(庶子)를 대신 후계자로 삼았기 때문에, 단궁(檀弓)이 단면(袒免)을 하고 조문을 갔던 것이며, 사구(司寇)였던 혜자(惠子)도 적자(適子)를 버려두고, 서자(庶子)를 대신 후계자로 삼았기 때문에, 자유(子游)가 마최(麻衰)[24]를 입고서 조문을 갔

必循其首.

17) 『의례』「사관례(士冠禮)」: 適子冠於阼, 以著代也. 醮於客位, 加有成也.

18) 『의례』「사관례(士冠禮)」: 若庶子, 則冠于房外, 南面, 遂醮焉.

19) 참최복(斬衰服)은 상복(喪服) 중 하나로, 오복(五服)에 속한다. 상복 중에서도 가장 수위가 높은 상복이다. 거친 삼베를 사용해서 만들며, 자른 부위를 꿰매지 않기 때문에 참최(斬衰)라고 부른다. 이 복장을 입게 되는 기간은 일반적으로 3년에 해당하며, 죽은 부모를 위해 입거나, 처 또는 첩이 죽은 남편을 위해 입는다.

20) 기년복(期年服)은 1년 동안 상복(喪服)을 입는다는 뜻이다. 또는 그 기간 동안 입게 되는 상복을 뜻하기도 하는데, 일반적으로 자최복(齊衰服)을 가리키는 용어로 사용된다. '기년복'이라고 할 때의 '기년(期年)'은 1년을 뜻하는데, '자최복'은 일반적으로 1년 동안 입게 되는 상복이 되기 때문이다.

21) 『예기』「상복소기(喪服小記)」【409d】: 庶子不祭祖者, 明其宗也.

22) 『예기』「상복소기(喪服小記)」【410c】: 庶子不祭禰者, 明其宗也.

23) 『한서(漢書)』「위현전(韋賢傳)」: 春秋之義, 父不祭於支庶之宅, 君不祭於臣僕之家, 王不祭於下土諸侯.

24) 마최(麻衰)는 가는 삼[麻]으로 짠 포(布)를 사용하여 만든 상복(喪服)이다.

던 것이니,[25] 이 두 경우는 모두 상복을 본래의 수위보다 무겁게 함으로써 그 사실을 기롱하여, 그들로 하여금 적자와 서자의 구분을 확실히 하게끔 했던 것일 뿐이다. 춘추시대(春秋時代)에는 송(宋)나라 선공(宣公)이 자신의 아들 여이(與夷)를 내치고, 동생인 목공(穆公)을 후계자로 삼았고, 목공(穆公)은 재차 자신의 아들 풍(馮)을 내치고, 여이(與夷)를 후계자로 삼았지만,[26] 여이(與夷)는 결국 살해를 당하였다.[27] 거(莒)나라 군주 기공(紀公)도 자신의 태자(太子) 복(僕)을 내치고, 다른 아들 계타(季佗)를 총애하여, 결국 화를 불러일으켜 살해를 당하였고,[28] 진(晉)나라 헌공(獻公)도 자신의 세자(世子)인 신생(申生)을 죽이고,[29] 해제(奚齊)를 후계자로 삼았지만,[30] 끝내는 진나라를 혼란스럽게 만들었으며,[31] 제(齊)나라 영공(靈公)

'마최'의 '마(麻)'자는 재질을 뜻하는 글자이며, '최(衰)'자는 상복을 뜻하는 글자이다. 『예기』「단궁상(檀弓上)」편에는 "司寇惠子之喪, 子游爲之麻衰, 牡麻絰."이라는 기록이 있는데, 이에 대한 정현의 주에서는 "麻衰, 以吉服之布爲衰."라고 풀이했다. 즉 가는 삼으로 짠 포는 길복(吉服)에 사용하는 것이다. 따라서 '마최'의 복장을 조복(弔服)으로 착용할 경우, 정상적인 조복과는 거리가 먼 것이다.

25) 『예기』「단궁상」【89b】: 司寇惠子之喪, 子游爲之麻衰牡麻絰. 文子辭, 曰, "子辱與彌牟之弟游, 又辱爲之服, 敢辭." 子游曰, "禮也."

26) 『춘추좌씨전』「은공(隱公) 3년」: 宋穆公疾, 召大司馬孔父而屬殤公焉, 曰, 先君舍與夷而立寡人, 寡人弗敢忘. …… 對曰, 群臣願奉馮也. 公曰, 不可. 先君以寡人爲賢, 使主社稷. 若棄德不讓, 是廢先君之擧也, 豈曰能賢? 光昭先君之令德, 可不務乎? 吾子其無廢先君之功! 使公子馮出居于鄭. 八月庚辰, 宋穆公卒, 殤公卽位.

27) 『춘추좌씨전』「환공(桓公) 2년」: 二年春, 宋督攻孔氏, 殺孔父而取其妻. 公怒, 督懼, 遂弑殤公.

28) 『춘추좌씨전』「문공(文公) 18년」: 莒紀公生大子僕, 又生季佗, 愛季佗而黜僕, 且多行無禮於國. 僕因國人以弑紀公, 以其寶玉來奔, 納諸宣公.

29) 『춘추좌씨전』「희공(僖公) 5년」: 晉侯使以殺大子申生之故來告. / 『예기』「단궁상」【73c~d】: 晉獻公將殺世子申生其, 公子重耳謂之曰, "子蓋言子之志於公乎?" 世子曰, "不可. 君安驪姬, 是我傷公之心也."

30) 『춘추좌씨전』「희공(僖公) 4년」: 初, 晉獻公欲以驪姬爲夫人, 卜之, 不吉. …… 及將立奚齊, 旣與中大夫成謀, 姬謂大子曰, "君夢齊姜, 必速祭之!" 大子祭于曲沃, 歸胙于公.

31) 『춘추』「희공(僖公) 9년」: 冬, 晉里克殺其君之子奚齊. / 『예기』「방기(坊記)」

도 태자(太子) 광(光)을 폐위시키고, 공자(公子) 아(牙)를 후계자로 삼았지만, 끝내 제나라를 혼란스럽게 만들었다.[32] 무릇 적자는 한 사람만 있일 따름이다. 따라서 그 사람을 후계자로 세우게 되면, 정통(正統)을 세워서 존숭하게 되고, 사람의 정감을 하나로 모으기에 충분하다. 그러나 서자는 여러 사람이니, 서자들 중 한 사람을 후계자로 세우게 되면, 정통을 문란하게 만들고, 분수에 넘치게 행동하려는 마음을 날뛰게 만든다. 송(宋)·거(莒)·제(齊)·진(晉)나라의 군주들은 이러한 점을 간과하여, 늘 재난을 초래했으니, 진실로 서글퍼할 만한 일이구나!

鄭注 去賓位, 就主人兄弟之賢者而問之. 子服伯子, 蓋仲孫蔑之玄孫子服景伯. 蔑, 魯大夫. 伯子爲親者隱耳, 立子非也. 文之立武王, 權也. 微子適子死, 立其弟衍, 殷禮也. 據周禮.

번역 조문객의 자리를 떠나서, 주인(主人)의 형제들 중 현명한 자에게 나아가 질문을 한 것이다. 이곳에 언급하고 있는 '자복백자(子服伯子)'는 아마도 중손멸(仲孫蔑)의 현손인 자복경백(子服景伯)에 해당하는 것 같다. 중손멸은 노(魯)나라의 대부(大夫)이다. 자복백자는 자신의 친족을 위해서, 잘못을 은폐하려고 해서, 이러한 말을 했던 것일 뿐이니, 서자(庶子)를 세우는 것은 잘못된 일이다. 문왕(文王)이 무왕(武王)을 후계자로 삼았던 것은 권도(權道)에 따른 것이다. 미자(微子)의 적장자는 죽었기 때문에, 그의 동생인 연(衍)을 후계자로 삼았던 것인데, 이것은 은(殷)나라 때의 예법에 해당한다. 공자(孔子)의 대답은 주(周)나라 때의 예법에 근거를 한 것이다.

【617b】: 子云, "升自客階, 受弔於賓位, 教民追孝也. 未沒喪不稱君, 示民不爭也. 故魯春秋記晉喪, 曰'殺其君之子奚齊及其君卓.' 以此坊民, 子猶有弑其父者."

32) 『춘추좌씨전』「양공(襄公) 19년」: 齊侯娶于魯, 曰顏懿姬, 無子. 其姪鬷聲姬, 生光, 以爲大子. …… 夏五月壬辰晦, 齊靈公卒. 莊公卽位. 執公子牙於句瀆之丘, 以夙沙衛易己, 衛奔高唐以叛.

釋文 蔑音芒結反. 腯, 徐本作遁, 徒本反, 又徒遜反. 衍, 以善反. 爲, 于僞反, 下“爲晉”・“禮爲”・“爲師”同. 孔子曰否, 絶句.

번역 ‘蔑’자의 음은 ‘芒(망)’자와 ‘結(결)’자의 반절음이다. ‘腯’자는 서씨(徐氏)의 판본에서는 ‘遁’자로 기록하고 있는데, ‘徒(도)’자와 ‘本(본)’자의 반절음이며, 또한 그 음은 ‘徒(도)’자와 ‘遜(손)’자의 반절음도 된다. ‘衍’자는 ‘以(이)’자와 ‘善(선)’자의 반절음이다. ‘爲’자는 ‘于(우)’자와 ‘僞(위)’자의 반절음이며, 아래문장에 나오는 ‘爲晉’・‘禮爲’・‘爲師’에서의 ‘爲’자도 그 음이 모두 이와 같다. ‘공자왈부(孔子曰否)’에서 구문을 끊어서 해석한다.

孔疏 ●“公儀”至“立孫”. ○正義曰: 此一節論仲子廢適立庶, 爲檀弓所譏之事. 公儀仲子而身今喪亡, 檀弓與之爲友, 又非處他邦, 爲之著免, 故爲重服. 譏其失禮. 所以譏者, 仲子適子旣死, 舍其適孫而立其庶子. 檀弓居在賓位而言曰“何居?” 居是語辭, 言仲子舍適孫立庶子, 是何道理乎? “我未之前聞”, 前猶故也. 言我未聞故昔有此事. 旣言之後, 乃從賓位趨而就子服伯子於門右, 問之曰: “仲子舍其適孫而立庶子, 是何禮也?” 伯子爲仲子隱諱, 乃言曰: “仲子雖生周世, 猶上行古之道也.” 言“亦”者, 餘人有行古之道, 仲子亦如餘人, 故云“亦”也. 卽引文王・微子之事, 爲古之道也. 更繼之云“仲子亦猶行古之道”, 與文王・微子無異. 子游以此爲疑, 問諸孔子. 孔子以仲子周人, 當從周禮, 不得立庶子, 當立孫也.

번역 ●經文: “公儀”~“立孫”. ○이곳 문단은 공의중자(公儀仲子)가 적손(適孫)를 폐위시키고, 서자(庶子)를 후계자로 삼게 되어, 단궁(檀弓)에게 기롱을 당한 사안을 논의하고 있다. 공의중자(公儀仲子) 본인이 현재 사망한 상황인데, 단궁은 그의 친구였으며, 또한 다른 나라에 머물러 있다가 죽은 경우가 아닌데도, 그를 위해 단면(袒免)을 착용했기 때문에, 상복(喪服)을 과도하게 착용한 경우가 된다. 이와 같은 복식을 한 것은 공의중자가 예법을 어긴 사실에 대해서 기롱을 하기 위해서이다. 기롱을 한 이유는 공의중자의 적자(適子)는 이미 죽은 상태인데, 적손(嫡孫)을 폐위시키고, 서자(庶子)를 후계자로 삼았기 때문이다. 단궁은 조문객의 자리에 위치하면서, "이 무슨 까닭인가?"라고 하였는데, '하거(何居)'의 '거(居)'자는 어조사이니, 이 말은 곧 "공의중자가 적손을 폐위시키고, 서자를 옹립한 것은 무슨 도리에 따른 것인가?"라는 의미이다. 경문의 "我未之前聞"에 대하여, '전(前)'자는 옛날[故]이라는 뜻이다. 따라서 이 말은 곧 "나는 옛날에도 이러한 일이 있었는지에 대해서는 들어보지 못했다."라는 의미이다. 단궁은 이러한 말을 하고 난 이후, 곧 조문객의 위치에서 종종걸음으로 이동하여, 문의 오른쪽에 있었던 자복백자(子服伯子)에게 다가가서, 질문을 하며, "공의중자가 적손을 폐위하고, 서자를 세운 것은 어떠한 예법인가?"라고 하였다. 자복백자는 공의중자를 위해 그 사안을 감추려고 했다. 그래서 곧 "공의중자는 비록 주(周)나라 때 태어났지만, 오히려 그 이전에 시행되었던 고대의 도리를 따른 것입니다."라고 한 것이다. 자복백자가 '또한[亦]'이라고 말한 이유는 다른 사람들도 고대의 도리에 따라서 행동했던 경우가 있으므로, 공의중자 또한 다른 사람들처럼 그러한 도리에 따랐다는 뜻이다. 그래서 '역(亦)'이라고 말한 것이다. 그는 문왕(文王)과 미자(微子)의 일화를 인용하여서, 그것이 고대의 도리가 된다고 하였다. 그리고 그 말에 이어서, "공의중자 또한 고대의 도리에 따라서 시행한 경우이다."라고 재차 언급하여, 문왕과 미자의 일과 차이가 없다고 하였다. 자유(子游)는 이러한 말에 의문이 들어서, 공자(孔子)에게 질문을 한 것이다. 공자는 공의중자는 주나라 사람이므로, 마땅히 주나라의 예법에 따라야 하니, 서자를 세워서는 안 되고, 적손을 세워야 한다고 했다.

孔疏 ◎注"去賓"至"大夫". 正義曰: 按賓位之法, 隨主人而變. 小斂之前, 主人未忍在主位, 有事在西階下, 則賓亦入門西, 弔於西階下, 故士喪禮, 君使人襚, 主人拜送, 拜賓, 卽位西階下東面. 鄭云: "未忍卽主人位也". 小斂之後, 尸則出堂廉, 然後有飾主人位, 則在阼階下西面, 賓弔者入門東, 於東階下弔也. 故士喪禮小斂訖, "故士擧, 男女奉尸侇於堂. 主人降自西階, 卽位踊, 襲絰于序東". 鄭云: "卽位踊, 東方位也." 則衆主人不接賓, 發初在東耳. 而檀弓之來者, 當在小斂之前, 初于西階行禮, 弔而主人未覺, 後乃趨嚮門右, 問伯子焉. 必知小斂前者, 以仲子初喪卽正適庶之位故也. 未小斂而著免者, 故爲非禮之弔, 亦異常也. 然則子游之弔惠子, 是小斂後也. 故服衰而在門東, 故鄭云: "大夫家臣, 位在賓後." 又云: "在門內北面." 云"子服伯子, 蓋仲孫蔑之玄孫子服景伯"者, 按世本, 獻子蔑生孝伯, 孝伯生惠伯, 惠伯生昭伯, 昭伯生景伯. 云"蓋"者, 彼云子服景伯, 此云子服伯子, 不同, 故云"蓋". 景是諡, 伯是字也.

번역 ◎鄭注: "去賓"~"大夫". ○조문객이 위치하는 예법에 대해서 살펴보자면, 주인(主人)의 위치에 따라서 자리가 변하게 된다. 소렴(小斂)을 치르기 이전에는 상주가 차마 주인이 서는 위치에 있을 수 없고, 처리할 일이 있을 때, 서쪽 계단 밑에 위치하게 되니, 조문객 또한 문의 서쪽으로 들어서게 되고, 서쪽 계단 밑에서 조문을 하게 된다. 그렇기 때문에 『의례』「사상례(士喪禮)」편에서도 군주가 사람을 시켜서 상례(喪禮) 때 필요한 의복류 등을 보내면, 주인은 절을 하며 전송을 하고, 조문객들에게 절을 하며, 서쪽 계단 아래에서 동쪽을 바라보게 된다.[33] 이 문장에 대한 정현의 주에서는 "본래 주인이 서야 하는 위치에 차마 있을 수 없기 때문이다."라고 했다. 그리고 소렴을 치른 이후, 시신은 당(堂)의 측면으로 나가게 되고, 그런 뒤에는 주인이 위치하는 장소에 대한 표식이 있게 되므로, 주인은 이 시기부터 동쪽 계단 아래에서 서쪽을 바라보게 되어, 조문객들은 문으로 들어와서 동쪽으로 이동하여, 동쪽 계단 아래에서 조문을 하게 된다. 그렇기 때문에 『의례』「사상례」편에서는 소렴을 모두 끝낸 뒤에, "사(士)가 거행을 하고, 남녀가 시신을 들어서 당(堂)으로 옮겨둔다. 주인은 서쪽 계단을 통해 내려가서, 자신의 자리로 나아가 용(踊)[34]을 하며, 서(序)의 동쪽에서 질대(絰帶)를 찬다."[35]라고 했던 것이고, 이 문장에 대한 정현의 주에서는

33) 『의례』「사상례(士喪禮)」 : 君使人襚. 徹帷. 主人如初. 襚者左執領, 右執要, 入升致命. 主人拜如初. 襚者入, 衣尸, 出. 主人拜送如初. 唯君命出, 升降自西階, 遂拜賓. 有大夫則特拜之, 卽位于西階下, 東面, 不踊.

34) 용(踊)은 상중(喪中)에 취하는 행동으로, 곡(哭)에 맞춰서 발을 구르는 행위이다.

35) 『의례』「사상례(士喪禮)」 : 士擧, 男女奉尸, 侇于堂, 幠用夷衾. 男女如室位,

"자리에 나아가 용(踊)을 한다고 했는데, 이때의 자리는 동쪽 편에 있는 자리를 뜻한다."라고 했던 것이다. 따라서 중주인(衆主人)들은 조문객과 접촉을 하지 않고, 시신이 옮겨지는 초기에는 동쪽에 있게 될 따름이다. 그리고 단궁(檀弓)이 조문을 온 시기는 소렴을 치르기 이전이 되는데, 애초부터 서쪽 계단으로 다가가서 기롱을 했던 것이며, 이처럼 조문을 했는데도, 주인이 그러한 사실을 깨닫지 못한 것이고, 이후에 곧 종종걸음으로 문의 오른쪽으로 다가가 자복백자(子服伯子)에게 질문을 했던 것이다. 단궁이 찾아온 시기가 소렴 이전이 된다는 사실을 확신할 수 있는 이유는 공의중자에 대한 초상(初喪) 때부터 적자(適子)와 서자(庶子)의 자리를 확정하기 때문이다. 그리고 소렴을 치르지 않았는데도, 단면(袒免)을 착용하였기 때문에, 예법에 맞지 않은 조문 복장이 된 것이며, 이 또한 일상적인 경우와는 다르게 한 것이다. 그런데 자유(子游)가 혜자(惠子)를 조문한 것은 소렴을 치른 이후에 해당한다.[36] 그렇기 때문에 상복을 입고서 문의 동쪽에 있었던 것이며, 이러한 까닭으로 정현은 "대부(大夫)의 가신(家臣)들이 서 있는 위치는 조문객의 뒤쪽이 된다."라고 했던 것이고, 또 "문의 안쪽에서 북쪽을 바라본다."라고 했던 것이다. 정현이 "'자복백자(子服伯子)'는 아마도 중손멸(仲孫蔑)의 현손인 자복경백(子服景伯)에 해당하는 것 같다."라고 했는데, 『세본』[37]을 살펴보면, 헌자멸(獻子蔑)은 효백(孝伯)을 낳았고, 효백(孝伯)은 혜백(惠伯)을 낳았으며, 혜백(惠伯)은 소백(昭伯)을 낳았고, 소백

踊無筭. <u>主人</u>出于足, <u>降自西階</u>. 衆主人東卽位. 婦人阼階上, 西面. 主人拜賓, 大夫特拜, 士旅之. <u>卽位踊, 襲絰于序東</u>, 復位.

36) 『예기』「단궁상」【89b】: 司寇惠子之喪, 子游爲之麻衰牡麻絰. 文子辭, 曰, "子辱與彌牟之弟游, 又辱爲之服, 敢辭." 子游曰, "禮也."

37) 『세본(世本)』은 『세(世)』·『세계(世系)』 등으로 일컬어지기도 한다. 선진시대(先秦時代) 때의 사관(史官)이 기록한 문헌이라고 전해지지만, 진위여부를 확인할 수 없다. 『세본』은 고대의 제왕(帝王), 제후(諸侯) 및 경대부(卿大夫)들의 세계도(世系圖)를 기록한 서적이다. 일실되어 현존하지 않지만, 후대 학자들이 다른 문헌 속에 남아 있는 기록들을 수집하여, 일집본(佚輯本)을 남겼다. 이러한 일집본에는 여덟 종류의 주요 판본이 있는데, 각 판본마다 내용상의 차이를 보이고 있다. 1959년에는 상무인서관(商務印書館)에서 이러한 여덟 종류의 판본을 모아서 『세본팔종(世本八種)』을 출판하였다.

(昭伯)은 경백(景伯)을 낳았다고 했다. 정현이 '아마도[蓋]'라고 덧붙인 이유는 『세본』에서는 자복경백(子服景伯)이라고 하였는데, 이곳 문장에서는 자복백자(子服伯子)라고 기록하여, 글자에서 차이를 보이기 때문에, '개(蓋)'자를 덧붙인 것이다. '경(景)'자는 시호(諡號)에 해당하고, '백(伯)'자는 자(字)에 해당한다.

孔疏 ◎注"文王之立武王, 權也". ○正義曰: 按文王在殷之世, 殷禮: 自得舍伯邑考而立武王. 而言權者, 殷禮若適子死, 得立弟也. 今伯邑考見在而立武王, 故云"權"也. 故中候云: "發行誅紂, 且弘道也, 是七百年之基驗也."

번역 ◎鄭注: "文王之立武王, 權也". ○살펴보니, 문왕(文王)은 은(殷)나라 때 생존했던 인물이며, 은나라의 예법에 따른다면, 문왕은 제 스스로 백읍고(伯邑考)를 물러나게 하고, 무왕(武王)을 후계자로 삼을 수가 있었던 것이다. 그런데 이러한 처사를 두고 권도(權道)에 따른 것이라고 말한 이유는 은나라 때의 예법에서는 만약 적자(適子)가 죽은 경우라면, 동생을 후계자로 세울 수 있다고 했기 때문이다. 문왕의 경우에는 백읍고가 살아 있었음에도, 무왕을 후계자로 세운 경우에 해당한다. 그렇기 때문에 권도에 따른 것이라고 말한 것이다. 따라서 『상서중후(尚書中候)』[38]에서는 "무왕(武王) 발(發)은 주(紂)임금을 주살하여, 도를 넓혔으니, 이것은 700여년의 기틀과 효험이 되었다."라고 했던 것이다.

訓纂 腯, 徐本作遁, 徒本反, 又徒遜反. 衍, 以善反.

번역 '腯'자를 서씨(徐氏)의 판본에서는 '遁'자로 기록하였고, 그 음은 '徒(도)'자와 '本(본)'자의 반절음이고, 또한 '徒(도)'자와 '遜(손)'자의 반절

38) 『상서중후(尚書中候)』는 위서(緯書) 중 하나이다. '위서'는 경서(經書)의 부족한 내용을 보충하기 위해 위작된 것으로, 서한(西漢) 말기에 유행하기 시작하여, 동한(東漢) 시기에 크게 성행하였으며, 남조(南朝) 송나라 때가 되어서야 비로소 금지되기 시작하였다.

음도 된다. '衍'자는 '以(이)'자와 '善(선)'자의 반절음이다.

集解 愚謂: 免者, 鄭註士喪禮, 謂"以布廣一寸, 從項中而前交於額上, 又卻向後而繞於髻"也. 喪禮, 既小斂, 自齊衰以下皆免, 無服而免者, 惟同姓五世及朋友皆在他邦者耳. 檀弓於仲子, 乃不當免者, 未知其所以免之意. 鄭氏謂檀弓以仲子廢適立庶, 故爲非禮之服以非之, 蓋以子游之弔司寇惠子者推之. 然記文上言"檀弓免焉", 下言"仲子舍孫立子", 則似檀弓既弔方見仲子立子而怪之, 註說亦未知是否也. 舍其孫而立其子者, 仲子適子死, 舍適孫而立庶子也. 禮, 適子死, 立適孫爲後, 所以重正統也. 門右, 門內之東, 卿大夫弔位之所在. 士喪禮"卿大夫在主人之南", 是也. 檀弓, 魯之士, 其弔位在西方東面, 見仲子之子爲喪主而拜賓, 怪其非禮, 故趨就伯子而問之. 伯邑考早死無後, 武王自當立耳. 微子適子死, 立其弟衍者, 殷法也. 伯子不欲斥言仲子之非, 遷就而爲之說, 非夫子正言以質之, 則人孰知夫禮之當立孫哉!

번역 내가 생각하기에, '면(免)'에 대해서, 『의례』「사상례(士喪禮)」편에 대한 정현(鄭玄)의 주(注)에서는 "폭이 1촌(寸)인 포(布)를 이용하여, 목에서부터 앞으로 매어 이마에서 교차하며, 또한 머리 뒤로 빼내어 머리를 감싼다."[39]라고 했다. 상례(喪禮)의 절차에 따르면, 소렴(小斂)을 치른 이후에는 자최복(齊衰服)으로부터 그 이하의 복장을 착용하는 자들은 모두 면(免)을 하는 것이며, 상복(喪服)을 입어야 하는 관계가 아닌데도, 면(免)을 하는 경우는 오직 동성(同姓)이지만 친족 관계가 5세대가 지난 자와 친구와 식솔들이 다른 나라에 머물다가 죽은 자에 한정될 따름이다. 따라서 단궁(檀弓)은 중자(仲子)에 대해서 마땅히 면(免)을 해서는 안 되는데, 그가 왜 면(免)을 했는지에 대해서는 정확히 알 수 없다. 정현은 중자가 적손(嫡孫)을 폐위시키고 서자(庶子)를 후계자로 세웠기 때문에, 단궁이 예법에 맞지 않은 복장을 착용하여, 그 사실을 비난한 것이라고 여겼는데, 아마도 자유(子游)가 사구(司寇)인 혜자(惠子)를 조문한 사안을 토대로 이처럼 추

39) 이 문장은 『의례』「사상례(士喪禮)」편의 "主人髻髮袒, 衆主人免于房."에 대한 정현의 주이다.

론을 한 것 같다. 그러나 『예기』의 기록은 앞 구문에서 "단궁이 면(免)을 했다."라고 기록했고, 그 뒤에 "중자가 적손을 폐위시키고, 서자를 후계자로 세웠다."라고 기록하고 있다. 따라서 내 생각으로는 단궁은 조문을 온 상황에서, 중자가 서자를 세운 것을 보고, 그제야 괴이하게 생각했던 것 같다. 그러므로 정현의 주에서 설명하는 내용이 옳은 주장인지, 잘못된 주장인지 잘 모르겠다. 적손을 내치고, 서자를 세웠다는 말은 중자의 적자가 이미 죽은 상황에서, 적손을 내치고, 서자를 세웠다는 뜻이다. 예법에 따르면, 적자가 죽은 경우, 적손을 후계자로 삼는 것이니, 이것은 정통(正統)을 중시하기 때문이다. '문의 오른쪽[門右]'이라는 말은 문 안의 동쪽을 뜻하니, 경(卿)과 대부(大夫)들이 조문을 할 때 위치하는 장소이다. 「사상례」편에서 "경과 대부들은 주인(主人)의 남쪽에 위치한다."[40]라고 한 말이 바로 이러한 사실을 나타낸다. '단궁(檀弓)'은 노(魯)나라의 사(士) 신분이니, 그가 조문하는 장소는 서쪽에서 동쪽을 바라보는 장소이다. 그런데 그곳에서 중자의 서자가 상주(喪主)가 되어, 조문객들에게 절을 하는 것을 보고, 예법에 맞지 않게 시행하는 것을 괴이하게 여긴 것이다. 그렇기 때문에 종종걸음으로 백자(伯子)에게 다가가서 질문을 한 것이다. 백읍고(伯邑考)는 젊은 나이에 죽어서 후손이 없었으므로, 무왕(武王)은 자연히 후계자가 될 수 있었던 것일 뿐이다. 미자(微子)의 적자도 죽었기 때문에, 본인의 동생인 연(衍)을 후계자로 세웠던 것인데, 이것은 은(殷)나라 때의 예법이다. 백자(伯子)는 중자(仲子)의 잘못을 지적하고 싶지 않았기 때문에, 자리를 옮겨서 단궁에게 이러한 말을 해준 것인데, 공자(孔子)가 올바른 예법으로 그의 대답을 바로잡아주지 않았다면, 그 누가 예법에서는 마땅히 적손을 세워야 한다는 사실을 알 수 있었겠는가!

40) 『의례』「사상례(士喪禮)」 : 主人堂下直東序, 西面. 兄弟皆卽位, 如外位. 卿大夫在主人之南. 諸公門東, 少進. 他國之異爵者門西, 少進.

그림 1-5 종묘(宗廟) 건물의 각부 명칭

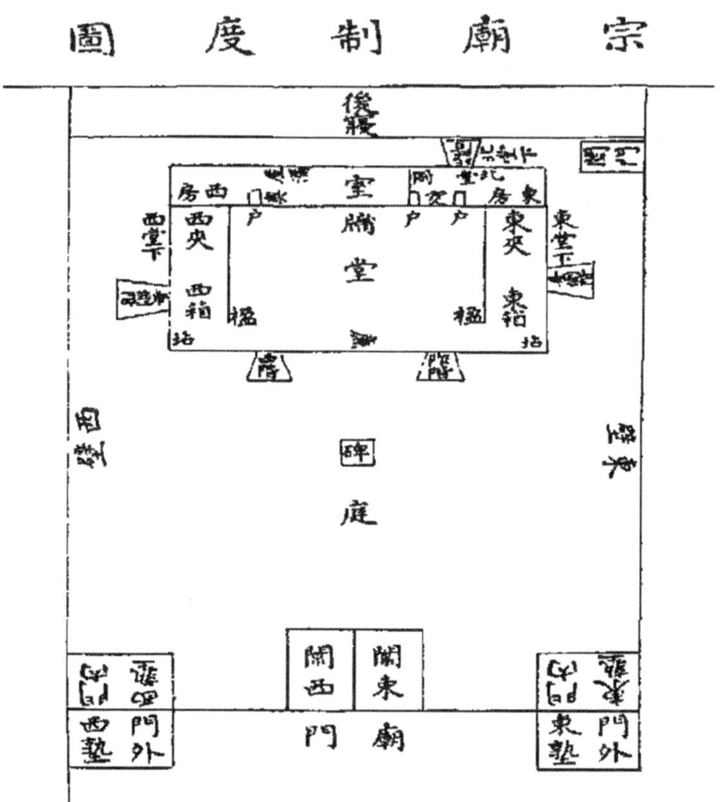

▸ 출처: 『향당도고(鄕黨圖考)』 1권

集解 愚謂: 疏說非也. 小斂前無免法, 檀弓非當免之人而免, 卽足以示譏矣, 不待小斂前著免也. 士之弔位, 自在門西東面, 不以小斂前後而異也. 若謂仲子初喪卽正適・庶之位, 故知檀弓弔在小斂前, 則司寇惠子亦初喪卽正適・庶者也, 何害於子游於旣小斂而行譏弔乎?

번역 내가 생각하기에, 공영달(孔穎達)의 소(疏)에서 설명한 내용은 잘못된 말이다. 소렴(小斂) 이전에는 면(免)을 하는 법도가 없고, 단궁(檀弓)은 마땅히 면(免)을 해서는 안 되는 사람인데도, 면(免)을 했는데, 이것을 통해서 기롱의 뜻을 나타내기에 충분했던 것이라면, 소렴을 치르지 이전 시기를 맞춰서, 면(免)을 착용할 필요가 없다. 그리고 사(士)가 조문할 때 위치하는 장소는 문의 서쪽에서 동쪽을 바라보는 곳이며, 소렴을 치른 이전과 이후에 따라서 달라지지 않는다. 만약 중자(仲子)의 초상(初喪) 때 곧바로 적자(適子)와 서자(庶子)의 자리를 정하기 때문에, 단궁이 조문한 시기가 소렴 이전이 된다는 사실을 알 수 있었던 것이라면, 사구(司寇)인 혜자(惠子) 또한 초상(初喪) 때 적자와 서자의 자리를 바로잡았을 것인데, 자유(子游)가 이미 소렴을 치른 이후의 시기에 잘못된 복장으로 조문을 가서, 조문 자체를 기롱한 것에 무슨 잘못이 있는가?

• 제2절 •

부모 · 군주 · 스승에 대한 법도

【69a】

事親有隱而無犯, 左右就養無方, 服勤至死, 致喪三年. 事君有犯而無隱, 左右就養有方, 服勤至死, 方喪三年. 事師無犯無隱, 左右就養無方, 服勤至死, 心喪三年.

직역 親을 事함에 隱이 有하고 犯이 無하며, 左右로 就하여 養함에 方이 無하고, 勤에 服함에 死에 至하고, 喪을 致하여 三年이다. 君을 事함에 犯이 有하고 隱이 無하며, 左右로 就하여 養함에 方이 有하고, 勤에 服함에 死에 至하고, 喪을 方하여 三年이다. 師을 事함에는 犯이 無하고 隱이 無하며, 左右로 就하여 養함에도 方이 無하고, 勤에 服함에 死에 至하고, 心喪하여 三年이다.

의역 부모를 섬길 때에는 허물을 덮어두고 면전에서 허물을 직접적으로 지적함이 없으며, 좌우로 나아가 봉양을 함에 특별히 정해진 제한이 없고, 힘든 일에 복무하며 목숨을 바쳐서 하고, 부모가 돌아가셨을 때에는 상례(喪禮)의 법도를 지극히 하여 삼년상을 치른다. 군주를 섬길 때에는 면전에서 허물을 직접적으로 지적하고 허물을 덮어주는 일이 없으며, 좌우로 나아가 봉양을 할 때에는 특별히 정해진 제한이 있고, 힘든 일에 복무하며 목숨을 바쳐서 하고, 군주가 돌아가셨을 때에는 부모에 대한 상례에 견주어서 삼년상을 치른다. 스승을 섬길 때에는 면전에서 허물을 지적하는 일도 없고 허물을 덮어주는 일도 없으며, 좌우로 나아가 봉양을 할 때에는 부모에 대한 경우와 마찬가지로 특별히 정해진 제한이 없고, 힘든 일에 복무하며 목숨을 바쳐서 하고, 스승이 돌아가셨을 때에는 심상(心喪)의 방법으로 삼년상을 치른다.

集說 饒氏曰: 左右, 音佐佑, 非也. 左右, 卽是方. 養, 不止飮食之養, 言或左或右無一定之方. 子之於親, 不分職守, 事事皆當理會, 無可推托; 事師如事父, 故皆無方. 有方, 言左不得越右, 右不得越左, 有一定之方. 臣之事君, 當各盡職守, 故曰有方.

번역 요씨[1]가 말하길, '좌우(左右)'라는 글자의 음을 '좌우(佐佑)'로 읽는 것은 잘못되었다. '좌우(佐佑)'는 곧 이곳[是方]이라는 뜻이다. '양(養)'이라는 것은 음식으로 봉양[養]한다는 뜻에만 그치는 것이 아니니, '좌우취양무방(左右就養無方)'이라는 말은 어떤 때는 좌측에서, 또 어떤 때는 우측에서 봉양을 하여, 일정한 방향이 없다는 뜻이다. 자식은 부모에 대해서, 신하가 군주를 대하듯 직분과 임무를 분간하지 않으니, 모든 일에 대해서 마땅히 도리에 합치되도록 해야 하며, 회피할 수가 없다. 그리고 스승을 섬기는 일은 부모를 섬기는 일과 같기 때문에, 특별히 정해진 방향이 없는 것이다. "방향이 있다[有方]."는 말은 좌측에 있어서는 우측으로 넘어갈 수 없고, 우측에 있어서는 좌측으로 넘어갈 수 없으며, 일정하게 정해진 방향이 있다는 뜻이다. 신하는 군주에 대해서, 마땅히 각자 자신의 직분과 임무를 다해야 한다. 그렇기 때문에 '유방(有方)'이라고 말한 것이다.

集說 朱氏曰: 親者, 仁之所在, 故有隱而無犯; 君者, 義之所在, 故有犯而無隱; 師者, 道之所在, 故無犯無隱也.

번역 주씨가 말하길, 부모와의 관계에는 인(仁)이 포함되어 있다. 그렇기 때문에 허물을 덮어줌은 있으나 면전에서 허물을 탓함이 없는 것이다. 군주와의 관계에는 의(義)가 포함되어 있다. 그렇기 때문에 면전에서 허물을 탓함은 있으나 허물을 덮어줌은 없는 것이다. 스승과의 관계에는 도(道)

---

1) 요로(饒魯, A.D.1194 ~ A.D.1264) : =쌍봉요씨(雙峰饒氏)·요씨(饒氏). 송(宋)나라 때의 학자이다. 호(號)는 쌍봉(雙峰)이고, 자(字)는 백여(伯輿)·중원(仲元)이다. 저서로는 『오경강의(五經講義)』·『근사록주(近思錄注)』 등이 있다.

가 포함되어 있다. 그렇기 때문에 허물을 탓함도 없고, 허물을 덮어줌도 없는 것이다.

集說 劉氏曰: 隱皆以諫言. 父子主恩, 犯則爲責善而傷恩, 故幾諫而不可以犯顔; 君臣主義, 隱則是畏威阿容而害義, 故匡救其惡, 勿欺也而犯之. 師生處恩義之間, 而師者道之所在, 諫必不見拒, 不必犯也; 過則當疑問, 不必隱也. 隱非掩惡之謂, 若掩惡而不可揚於人, 則三者皆當然也. 惟秉史筆者不在此限. 就養, 近就而奉養之也. 致喪, 極其哀毁之節也. 方喪, 比方於親喪而以義並恩也. 心喪, 身無衰麻之服, 而心有哀戚之情, 所謂若喪父而無服也.

번역 유씨가 말하길, 이곳에 기록된 '은(隱)'자는 모두 "간언을 한다[諫]."는 것을 기준으로 말한 것이다. 부자관계에서는 은혜로움[恩]을 위주로 하니, 면전에서 허물을 탓하게 된다면, 친구사이에서나 하듯 선(善)함을 권면하게 되어, 은혜로움에 해를 끼치게 된다.[2] 그렇기 때문에 은미한 말로 조심스럽게 간언을 하되, 부모가 싫은 안색을 나타내도록 할 수 없는 것이다.[3] 군신관계에서는 의로움[義]을 위주로 하니, 은미한 말로만 간언을 하게 된다면, 군주를 두려워하며 그의 잘못에 대해서 받아들이기만 하게 되어, 의로움을 해치게 된다. 그렇기 때문에 그의 잘못된 점을 바로잡으며,[4] 속이지 말고 허물을 직접적으로 드러내야 하는 것이다.[5] 스승과 학생의 관계는 은혜로움과 의로움 사이에 놓이게 되고, 스승에게는 도(道)가 포함되어 있으니, 간언을 하더라도 반드시 거절을 당하지 않게 되므로, 허물을 직접적으로 드러낼 필요는 없다. 그리고 허물이 있다면, 마땅히 질의를 해야 하므로, 은미한 말로 간언을 할 필요도 없다. '은(隱)'이라는 것은 "악함

---

2) 『맹자』「이루하(離婁下)」: 夫章子, 子父責善而不相遇也. 責善, 朋友之道也, 父子責善, 賊恩之大者.

3) 『논어』「이인(里仁)」: 子曰, "事父母幾諫, 見志不從, 又敬不違, 勞而不怨."

4) 『효경』「사군장(事君章)」: 子曰, 君子之事上也. 進思盡忠. 退思補過. 將順其美. 匡救其惡. 故上不能相親也.

5) 『논어』「헌문(憲問)」: 子路問事君. 子曰, "勿欺也, 而犯之."

을 감춘다[掩惡].”는 뜻이 아니니, 만약 악함을 감추고, 사람들에게 그 사실을 드러낼 수 없다고 한다면, 부자 · 군신 · 사제 관계에서는 모두 이처럼 해야 할 것이다. 그리고 오직 역사를 기록하는 사관만이 이러한 제한에서 자유로울 수 있게 된다. ‘취양(就養)’은 가까이 다가가서 봉양을 한다는 뜻이다. ‘치상(致喪)’은 슬퍼하고 애통해하는 법도를 지극히 나타낸다는 뜻이다. ‘방상(方喪)’은 부모에 대한 상(喪)에 견주어 치러서, 군신관계에 적용되는 의로움으로 부자관계에 적용되는 은혜로움을 포섭하는 것이다. ‘심상(心喪)’은 자신의 몸에 직접적으로 상복(喪服)을 걸치지는 않고, 마음으로만 슬퍼하는 감정을 나타낸다는 뜻이니, 이른바 부친에 대한 상(喪)처럼 치르되, 상복은 없다는 뜻이다.[6)]

大全 長樂陳氏曰: 親育我, 報之以仁, 有隱至致喪, 皆仁也. 君覆我, 報之以義, 有犯至方喪, 皆義也. 師之成我, 同乎仁而不全乎仁, 同乎義而不全乎義, 故無犯與親同, 無隱則與親異, 無隱與君同, 無犯則與君異, 喪三年與君親同, 無服則與君親異.

번역 장락진씨가 말하길, 부모는 나를 길러주셨으니, 인(仁)으로써 보답을 한다. 그래서 허물을 감춘다는 것으로부터 상례(喪禮)의 법도를 지극히 실천한다는 것까지는 모두 인(仁)으로써 실천하는 것이다. 군주는 나를 감싸주었으니, 의(義)로써 보답을 한다. 그래서 허물을 직접적으로 지적한다는 것으로부터 부모의 상례에 견주어서 치른다는 것까지는 모두 의(義)로써 실천하는 것이다. 스승은 나를 완성해주는 분이니, 인(仁)의 덕목에 해당하지만, 전적으로 인(仁)에만 해당하는 것은 아니며, 의(義)의 덕목에도 해당하지만, 전적으로 의(義)에만 해당하는 것은 아니다. 그렇기 때문에 허물을 직접적으로 지적하는 일이 없는 것은 부모에 대한 경우와 같지만, 허물을 감춤이 없다는 측면에서는 부모에 대한 경우와 다른 것이다. 그리

---

6) 『예기』「단궁상」【85c】: 孔子之喪, 門人疑所服. 子貢曰, “昔者夫子之喪顔淵, 若喪子而無服, 喪子路亦然, 請喪夫子若喪父而無服.”

고 허물을 감추는 일이 없다는 것은 군주에 대한 경우와 같지만, 허물을 직접적으로 지적하는 일이 없다는 측면에서는 군주에 대한 경우와 다른 것이다. 그리고 상(喪)을 치를 때 삼년상으로 치른다는 점에서는 군주 및 부모에 대한 경우와 동일하지만, 상복(喪服)을 입지 않는다는 측면에서는 군주 및 부모에 대한 경우와 다른 것이다.

大全 張子曰: 古不制師服, 師服, 無定體也, 見彼之善而已. 效之亦師也, 故有得其一言一義而如朋友者, 有親炙如兄弟者, 有成就己身而恩如天地父母者, 此豈可一概服之? 故聖人不制其服, 心喪之可也. 孔子死, 門人一時心喪, 又豈可責其一概? 以傳道久近而各盡其哀之隆殺, 如子貢獨居三年而后歸.

번역 장자[7]가 말하길, 고대에는 스승을 위한 상복(喪服) 규정을 제정하지 않았으니, 스승을 위해 상(喪)을 치를 때에는 고정된 규범이 없고, 스승의 좋은 면모를 드러낼 따름이다. 본받는 대상 또한 스승이 된다. 그렇기 때문에 좋은 말씀 좋은 도리를 얻음이 있다는 측면에서는 벗과 비슷한 점이 있고, 가까운 곳에서 몸소 가르침을 받는다는 측면에서는 형제와 비슷한 점이 있으며, 자신을 완성시켜주며 은혜로움을 베푼다는 측면에서는 천지(天地) 및 부모와 비슷한 점이 있으니, 어찌 이러한 관계를 일괄하여, 하나의 기준에 따라 상(喪)을 치르겠는가? 그렇기 때문에 성인(聖人)은 스승에 대한 상복을 제정하지 않은 것이니, 심상(心喪)으로 치르는 것이 옳은 것이다. 공자(孔子)가 죽었을 때, 그의 문인들은 모두 심상으로 상(喪)을 치렀는데, 또한 어떻게 이 일을 두고 일괄적으로 의무를 부여할 수 있겠는가? 도(道)를 전수받은 시기적 차이를 기준으로 각자가 가지고 있는 슬픔을 다 드러내게 되니, 예를 들어 자공(子貢)은 공자에 대한 상(喪)을 치르며, 홀로 3년을 더 머물다가 떠났다.

---

7) 장재(張載, A.D.1020 ~ A.D.1077) : =장자(張子)·장횡거(張橫渠). 북송(北宋) 때의 유학자이다. 북송오자(北宋五子) 중 한 사람으로 칭해진다. 자(字)는 자후(子厚)이다. 횡거진(橫渠鎭) 출신으로, 이곳에서 장기간 강학을 했기 때문에 횡거선생(橫渠先生)으로 일컬어지기도 한다.

鄭注 隱, 謂不稱揚其過失也. 無犯, 不犯顔而諫. 論語曰: "事父母, 幾諫." 左右, 謂扶持之. 方, 猶常也. 子則然, 無常人. 勤, 勞辱之事也. 致謂戚容稱其服也. 凡此以恩爲制. 旣諫, 人有問其國政者, 可以語其得失, 若齊晏子爲晉叔向言之. 不可侵官. 方喪, 資於事父. 凡此以義爲制. 心喪, 戚容如父而無服也. 凡此以恩義之間爲制.

번역 '은(隱)'자는 그의 과실을 드러내고 지적하지 않는다는 뜻이다. '무범(無犯)'은 면전에서 잘못을 지적하며 간언을 하지 않는다는 뜻이다. 『논어』에서는 "부모를 섬길 때에는 은미한 말로 조심스럽게 간언을 올린다."[8] 라고 하였다. '좌우(左右)'는 부축을 한다는 뜻이다. '방(方)'자는 항상[常]이라는 뜻이다. 자식의 경우에는 이처럼 해야 하며, 부모의 곁에 고정적으로 두게 되는 사람은 없다. '근(勤)'은 수고로운 일을 뜻한다. '치(致)'자는 슬퍼하는 모습을 자신이 입는 상복(喪服)의 수위에 맞춘다는 뜻이다.[9] 무릇 부모에 대한 이러한 규정들은 은혜로움[恩]을 기준으로 제도로 정한 것이다. 간언을 끝낸 뒤에, 사람들 중에 그 나라의 정사에 대해서 질문을 하는 자가 있다면, 그 득실에 대해서 말을 할 수 있으니, 제(齊)나라의 안자(晏子)와 같은 자는 진(晉)나라의 숙향(叔向)에게 그러한 말을 하였다. '유방(有方)'은 다른 관직의 직분을 침범할 수 없다는 뜻이다. '방상(方喪)'은 부모를 섬기는 규정에 바탕을 둔다는 뜻이다. 무릇 군주에 대한 이러한 규정들은 의로움[義]을 기준으로 제도로 정한 것이다. '심상(心喪)'은 슬퍼하는 모습이 부친에 대한 경우와 같지만, 상복(喪服)을 입지 않고 치르는 것이다. 무릇 스승에 대한 이러한 규정들은 은혜로움과 의로움의 두 측면에 기준을 두고 제도로 정한 것이다.

釋文 左右, 徐上音佐, 下音佑, 今並如字, 下同. 養, 以尙反, 下同. 稱, 尺證反. 語, 魚據反, 又如字. 向, 香亮反; 叔向, 羊舌肹.

---

8) 『논어』「이인(里仁)」: 子曰, "事父母幾諫, 見志不從, 又敬不違, 勞而不怨."
9) 『예기』「잡기하(雜記下)」【509b】: 子貢問喪, 子曰, "敬爲上, 哀次之, 瘠爲下. 顔色稱其情, 戚容稱其服."

번역 '左右'의 서음(徐音)은 '左'자는 '佐(좌)'이고, '右'자는 '佑(우)'인데, 현재는 모두 글자대로 읽으며, 아래에 나온 글자들도 모두 그 음이 이와 같다. '養'자는 '以(이)'자와 '尙(상)'자의 반절음이며, 아래문장에 나오는 글자들도 모두 그 음이 이와 같다. '稱'자는 '尺(척)'자와 '證(증)'자의 반절음이다. '語'자는 '魚(어)'자와 '據(거)'자의 반절음이며, 또한 글자대로 읽기도 한다. '向'자는 '香(향)'자와 '亮(량)'자의 반절음이며; 숙향(叔向)은 진(晉)나라의 대부(大夫)인 양설힐(羊舌肹)이다.

孔疏 ●"事親"至"三年". ○正義曰: 此一節論事親事君及事師之法, 臣子著服之義, 各依文解之.

번역 ●經文: "事親"~"三年". ○이곳 문단은 부모를 섬기고, 군주를 섬기며, 스승을 섬기는 법도와 신하 및 자식이 착용하는 상복(喪服)의 의미를 논의하고 있으니, 각각의 문장에 따라서 풀이하겠다.

孔疏 ◎注"無犯"至"幾諫". ○正義曰: 據親有尋常之過, 故無犯. 若有大惡, 亦當犯顔, 故孝經云"父有爭子, 則身不陷於不義", 是也. 論語曰: "事父母幾諫." 是尋常之諫也.

번역 ◎鄭注: "無犯"~"幾諫". ○부모가 일상생활에서 범한 대수롭지 않은 과실이 있다는 것에 기준을 둔 기록이다. 그렇기 때문에 면전에서 허물을 지적하는 일이 없는 것이다. 만약 큰 잘못이 있다면, 또한 면전에서 그 허물을 지적해야만 한다. 그렇기 때문에 『효경』에서 "부친에게 진심어린 간언을 해주는 자식이 있다면, 부모 본인은 불의에 빠지지 않게 된다."[10]라고 한 말이 바로 이러한 사실을 나타낸다. 『논어』에서 "부모를 섬길 때에는 은미한 말로 조심스럽게 간언을 올린다."[11]라고 한 말은 일상생활에서 범

---

10) 『효경』「간쟁장(諫諍章)」: 父有爭子, 則身不陷於不義. 故當不義, 則子不可以不爭於父, 臣不可以不爭於君. 故當不義則爭之, 從父之令, 又焉得爲孝乎.

11) 『논어』「이인(里仁)」: 子曰, "事父母幾諫, 見志不從, 又敬不違, 勞而不怨."

한 대수롭지 않은 과실에 대해 간언을 올리는 방법이다.

孔疏 ◎注"左右"至"常人". ○正義曰: 凡言"左右"者, 據僕從之臣, 故立有左右僕從之官位. 此左右言"扶持之", 謂子在親左相右相而奉持之. 云"子則然, 無常人", 然猶如是也. 但是子則須如是, 或左右奉持, 不常遣一人在左, 一人在右, 故云"無常人".

번역 ◎鄭注: "左右"～"常人". ○무릇 '좌우(左右)'라고 한 말은 시중을 드는 관리에 기준을 둔 말이다. 그렇기 때문에 서 있을 때 좌우가 있다는 것은 곧 시중을 드는 관리가 서 있는 위치가 된다. 그런데 정현은 이 구문에 나온 '좌우(左右)'에 대해서, "부축을 한다."라고 풀이하였다. 즉 자식이 부모가 계신 곳에 있게 된다면, 좌측에서 돕고 우측에서 도우며 부축을 한다는 뜻이다. 정현이 "자식의 경우에는 이처럼 해야 하며, 부모의 곁에 고정적으로 두게 되는 사람은 없다."라고 하였는데, '연(然)'자는 "이처럼 한다[如是]."는 뜻이다. 즉 자식의 경우에만 모름지기 이처럼 해야 하므로, 좌측이나 우측에서 부모를 부축해야 하고, 한 사람을 항상 부모의 좌측에 남겨두거나 다른 한 사람을 우측에 남겨두지 않는다는 뜻이다. 그렇기 때문에 "고정된 사람은 없다."라고 말한 것이다.

孔疏 ◎注"勤勞"至"爲制". ○正義曰: 言"服勤"者, 謂服持勤苦勞辱之事. 故云"致謂戚容稱其服也"者, 致之言至也, 謂哀情至極而居喪禮, 故云"致謂戚容稱其服也". 上曲禮云: "五十不致毁", 與此同. 云"凡此以恩爲制"者, 凡上三事對下君與師, 故云"以恩爲制".

번역 ◎鄭注: "勤勞"～"爲制". ○'복근(服勤)'이라고 한 말은 수고롭고 고된 일에 종사한다는 뜻이다. 그렇기 때문에 "'치(致)'자는 슬퍼하는 모습을 자신이 입는 상복(喪服)의 수위에 맞춘다는 뜻이다."라고 한 것인데, 이때의 '치(致)'자는 "지극하게 하다[至]."라는 뜻이니, 곧 애달픈 감정을 지극히 나타내며, 상례(喪禮)를 치른다는 뜻이다. 그렇기 때문에 정현이 "'치(致)'자는 슬퍼하는 모습을 자신이 입는 상복(喪服)의 수위에 맞춘다는 뜻이다."라고 풀이한 것이다. 앞의 『예기』「곡례(曲禮)」편에서는 "50세가 된 자는 상(喪)을 치르되, 몸을 크게 훼손시켜서는 안 된다."[12)]라고 하였는데, 이때의 '치(致)'자도 이곳에 나온 '치(致)'자의 뜻과 같다. 정현이 "무릇 부모에 대한 이러한 규정들은 은혜로움[恩]을 기준으로 제도로 정한 것이다."라고 하였는데, 앞서 언급한 세 가지 사안을 그 뒤에 기록된 군주 및 스승에 대한 사안과 대비시켰기 때문에, "은혜로움을 기준으로 제도로 정한다."라고 말한 것이다.

孔疏 ◎注"既諫"至"言之". ○正義曰: 知既諫而後, 人有問其國政, 可以語其得失者, 昭三年左傳云: "晏子謂景公曰: '小人近市, 朝夕得所求.' 景公曰: '子近市, 何貴何賤?' 於是景公繁於刑, 有鬻踊者. 故對曰: '踊貴屨賤.'" 諫景公重刑. 後及其聘晉, 與叔向言齊國之政將歸陳氏, 景公厚斂焉, 陳氏厚施焉. 是既諫得言君之過. 若其未諫而言君過, 則不可, 故昭三年子大叔如晉, 張趯與子大叔言云: "火星中而寒暑退. 此其極也, 能無退乎?" 未曾諫君, 輒言君德之退, 故傳云: "張趯有知, 其由在君子之後乎!" 是其被譏也. 魯昭公取同姓, 孔子不仕昭公, 既先諫, 所以論語稱孔子爲昭公諱而稱丘也過者, 聖人含弘勸獎, 攬過歸己, 非實事也. 若史策書, 理則不一, 若其良史, 直筆不隱君過, 董狐書趙盾弒君, 及丹楹刻桷之屬是也. 若忠順臣, 則諱君親之惡者, 春秋辟諱皆是, 故僖元年左傳云: "諱國惡, 禮也."

번역 ◎鄭注: "既諫"~"言之". ○간언을 올린 이후에 그 나라의 정사에 대해서 묻는 자가 있으면, 그 득실에 대해서 말해줄 수 있다는 사실을 알 수 있는데, 그 이유는 소공(昭公) 3년에 대한 『좌전』의 기록에서 "안자(晏子)는 경공(景公)에게 '소인(小人)들은 시장과 가까운 곳에 살며, 조석으로

12) 『예기』「곡례상(曲禮上)」【36a】: 五十不致毁, 六十不毁. 七十唯衰麻在身, 飮酒食肉, 處於內.

필요한 것들을 얻습니다.'라고 하였고, 경공은 '그대는 시장과 가까운 곳에서 사는데, 어떤 것이 귀한 물건이고 어떤 것이 천한 물건인가?'라고 하였다. 이때 경공은 형벌을 남용해서, 한쪽 발을 자르는 형벌을 시행하여, 시장에는 한쪽 발이 잘린 자를 위해 신발을 파는 자가 있었다. 그렇기 때문에 안자는 '한쪽만 나오는 신발은 귀한 물건이고, 양쪽이 한 쌍으로 된 신발은 천합니다.'라고 대답했다."라고 했다.[13] 이 말은 곧 경공의 과중한 형벌에 대해서 간언을 한 것이다. 이후 진(晉)나라로 빙문(聘問)을 갔을 때, 안자는 숙향(叔向)과 함께 제(齊)나라의 정사가 장차 진씨(陳氏)에게로 귀속될 것이라고 말하며, 그 이유로 경공은 너무 과하게 거둬들이고, 진씨는 후하게 베푼다고 했다.[14] 이것은 곧 간언을 끝낸 뒤에 군주의 과실에 대해서 언급할 수 있다는 사실을 나타낸다. 만약 아직 간언을 하지도 않았는데, 군주의 과실을 언급하는 경우라면, 불가한 일이다. 그렇기 때문에 소공 3년에 공자(公子) 대숙(大叔)이 진(晉)나라에 갔을 때, 장적(張趯)은 공자 대숙과 함께 말을 하며, "화성(火星)이 남중을 하게 되면 추위와 더위가 물러납니다. 우리나라는 이미 극성함에 달했는데, 물러남이 없을 수 있겠습니까?"라고 했는데,[15] 이러한 경우는 일찍이 군주에게 간언을 올리지도 않았는데, 갑작스럽게 군주의 덕이 쇠퇴할 것이라고 언급한 경우이다. 그렇기 때문에 전문(傳文)에서는 "장적은 지혜를 갖추고 있으니, 그는 군자의 뒤에 있게 될 것이다!"라고 한 것인데,[16] 이것은 그를 기롱한 말이다. 노(魯)나라 소공은

---

13) 『춘추좌씨전』「소공(昭公) 3년」: 初, 景公欲更晏子之宅, 曰, "子之宅近市, 湫隘囂塵, 不可以居, 請更諸爽塏者." 辭曰, "君之先臣容焉, 臣不足以嗣之, 於臣侈矣. 且小人近市, 朝夕得所求, 小人之利也, 敢煩里旅?" 公笑曰, "子近市, 識貴賤乎?" 對曰, "旣利之, 敢不識乎?" 公曰, "何貴?何賤?" 於是景公繁於刑, 有鬻踊者, 故對曰, "踊貴, 屨賤."

14) 『춘추좌씨전』「소공(昭公) 26년」: 齊侯與晏子坐于路寢. 公歎曰, "美哉室!其誰有此乎?" 晏子曰, "敢問, 何謂也?" 公曰, "吾以爲在德." 對曰, "如君之言, 其陳氏乎! 陳氏雖無大德, 而有施於民. 豆·區·釜·鍾之數, 其取之公也薄, 其施之民也厚. 公厚斂焉, 陳氏厚施焉, 民歸之矣. 詩曰, '雖無德與女, 式歌且舞.' 陳公之施, 民歌舞之矣. 後世若少惰, 陳氏而不亡, 則國其國也已."

15) 『춘추좌씨전』「소공(昭公) 3년」: 三年春王正月, 鄭游吉如晉, 送少姜之葬. …… 張趯曰, "善哉, 吾得聞此數也! 然自今吾子其無事矣. 譬如火焉, 火中, 寒暑乃退. 此其極也, 能無退乎? 晉將失諸侯, 諸侯求煩不獲."

동성(同姓)의 여자를 아내로 맞이하였기 때문에, 공자(孔子)는 소공의 조정에서 벼슬살이를 하지 않았는데, 이미 그 일보다 앞서서 간언을 했기 때문으로, 공자가 소공(昭公)을 위해 피휘를 하고, 자신에게 허물이 있다[17]고 말한 이유는 성인(聖人)은 관대하게 포용을 하고 잘하도록 독려하며, 과실을 자신에게 귀속시켰기 때문이니, 실제로 공자에게 과실이 있었다는 말이 아니다. 만약 사관(史官)이 역사서를 기록하게 된다면, 그 이치는 일률적이지 않으니, 어진 사관이라고 한다면, 직접적으로 기록하여, 군주의 과실을 숨기지 않았을 것이니, 동호(董狐)가 조순(趙盾)이 그의 군주를 시해한 일을 기록하고,[18] 붉은 색의 기둥을 두고,[19] 각(桷)을 조각하는[20] 부류가 바로 이러한 경우에 해당한다. 만약 충성스럽고 유순한 신하라면, 군주와 부친의 잘못에 대해서 피휘를 해서 기록하게 되니, 『춘추』에서 피휘를 한 경우가 모두 이러한 경우에 해당한다. 그렇기 때문에 희공(僖公) 1년에 대한 『좌전』의 기록에서는 "나라의 잘못에 대해서 피휘를 하는 것이 예법이다."[21]라고 한 것이다.

孔疏 ◎注"不可侵官". ○正義曰: 按成十六年左傳云, 晉楚戰于鄢陵, 時欒書將中軍, 欒鍼爲晉侯車右, 晉侯陷於淖. "欒書將載晉侯, 鍼曰: '書退! 侵官, 冒也. 失官, 慢也. 離局, 姦也.'" 時欒書棄元帥之任, 欲載晉侯, 是侵官也. 故云"不可侵官". 此謂君有平常小事, 若有危難當致死, 故論語云: "事君能致其身."

---

16) 『춘추좌씨전』「소공(昭公) 3년」: 二大夫退. 子大叔告人曰, "張趯有知, 其猶在君子之後乎!"

17) 『논어』「술이(述而)」: 陳司敗問昭公知禮乎, 孔子曰, "知禮." 孔子退, 揖巫馬期而進之, 曰, "吾聞君子不黨, 君子亦黨乎? 君取於吳爲同姓, 謂之吳孟子. 君而知禮, 孰不知禮?" 巫馬期以告. 子曰, "丘也幸, 苟有過, 人必知之."

18) 『춘추』「선공(宣公) 6년」: 六年, 春, 晉趙盾·衛孫免·侵陳, 趙盾弑君.

19) 『춘추』「장공(莊公) 23년」: 秋, 丹桓宮楹.

20) 『춘추』「장공(莊公) 24년」: 二十有四年, 春, 王三月, 刻桓宮桷.

21) 『춘추좌씨전』「희공(僖公) 1년」: 元年春, 不稱卽位, 公出故也. 公出復入, 不書, 諱之也. 諱國惡, 禮也.

번역 ◎鄭注: "不可侵官". ○성공(成公) 16년에 대한『좌전』의 기록을 살펴보면, 진(晉)나라와 초(楚)나라는 언릉(鄢陵) 땅에서 전쟁을 했는데, 당시 난서(欒書)는 중군(中軍)의 장수가 되었고, 난침(欒鍼)은 진나라 후작의 거우(車右)[22]를 맡았는데, 진나라 후작의 수레가 진흙탕에 빠졌다. 그 때 "난서는 진나라 후작을 자신의 수레에 태우려고 했는데, 난침은 '난서는 물러나시오! 다른 관리의 일을 침범하는 것은 그 자를 모독하는 일이며, 자신이 맡은 일을 하지 않는 것은 태만한 일이고, 자신이 맡은 자리를 떠나는 것은 간사한 일이오.'"라고 했다.[23] 당시 난서는 원수(元帥)의 임무를 저버리고, 진나라 후작을 자신의 수레에 태우고자 하였으니, 이것은 다른 관리의 일을 침범한 경우에 해당한다. 그렇기 때문에 "다른 관리의 일을 침범할 수 없다."라고 말한 것이다. 그런데 이것은 군주가 평상시에 행하는 소소한 사안에 대한 경우를 뜻하니, 만약 위급한 상황이 발생한다면, 마땅히 목숨을 바쳐야 한다. 그렇기 때문에『논어』에서는 "군주를 섬길 때에는 자신의 몸을 다 바친다."[24]라고 말한 것이다.

孔疏 ◎注"方喪, 資於事父". ○正義曰: 方謂比方也, 謂比方父喪禮以喪君, 故云"資於事父". 資, 取也. 取事父之喪禮以喪君, 但居處飮食同耳, 不能戚容稱其服.

번역 ◎鄭注: "方喪, 資於事父". ○'방(方)'자는 "견주다[比方]."는 뜻이니, 이 말은 부친에 대한 상례(喪禮)에 견주어서, 군주에 대한 상(喪)을 치른다는 뜻이다. 그렇기 때문에 "부모를 섬기는 규정에 바탕을 둔다."라고

---

22) 거우(車右)는 수레에 함께 타는 호위무사를 뜻한다. 수레의 우측에 위치하였기 때문에 '거우'라고 부르는 것이다.

23)『춘추좌씨전』「성공(成公) 16년」: 六月, 晉·楚遇於鄢陵. …… 步毅御晉厲公, 欒鍼爲右. 彭名御楚共王, 潘黨爲右. 石首御鄭成公, 唐苟爲右. 欒·范以其族夾公行. 陷於淖. 欒書將載晉侯. 鍼曰, "書退!國有大任, 焉得專之? 且侵官, 冒也; 失官, 慢也; 離局, 姦也. 有三罪焉, 不可犯也."

24)『논어』「학이(學而)」: 子夏曰, "賢賢易色, 事父母, 能竭其力, <u>事君, 能致其身</u>, 與朋友交, 言而有信. 雖曰未學, 吾必謂之學矣."

말한 것이다. '자(資)'자는 "취한다[取]."는 뜻이다. 즉 부모를 섬길 때의 상례에서 그 규정을 취하여, 군주에 대한 상(喪)을 치르게 되는데, 단지 거처지를 마련하고 먹는 음식 등이 같다는 뜻일 뿐이며, 슬퍼하는 감정에 따라 상복(喪服)의 수위를 맞추는 일은 할 수 없다.

孔疏 ◎注"心喪"至"爲制". ○正義曰: 凡親有冥造之功, 又有生育之惠, 故懷哀戚之痛, 同君衰服之限. 君則徒有榮身顯親之事, 而無冥造生育之功, 故唯服麤衰, 表盡哀戚. 師則以恩愛成己, 有同於親, 故不爲制服, 故云"心喪, 戚容如喪父", 爲恩愛成己故也. 云"而無服"者, 旣無親之冥造, 又無君之榮顯, 故無服也. 云"以恩義之間爲制"者, 無犯是同親之恩, 無隱是同君之義, 兼有親恩君義, 故言"恩義之間爲制". 但子之事親, 本主恩愛, 不欲聞親有過惡, 故有隱, 不欲違親顏色, 故無犯. 臣之事君, 利在功義, 若有惡不諫, 社稷傾亡, 故有犯. 君之過惡, 衆所同知, 故云"無隱"也.

번역 ◎鄭注: "心喪"~"爲制". ○무릇 부모에게는 자신을 태어나게 해준 공덕이 포함되어 있고, 또 성장할 수 있도록 양육을 해준 은혜로움이 포함되어 있다. 그렇기 때문에 애달프고 슬퍼하는 아픔을 품게 되므로, 군주를 위해 입는 상복(喪服)의 제한과 동일하게 된다. 군주의 경우에는 자신을 영화롭게 하고 부모의 이름을 드날리게 해주지만, 자신을 태어나게 하거나 양육을 해준 공덕은 없다. 그렇기 때문에 군주를 위해서는 오직 추최(麤衰)[25]를 착용해서, 애달프고 슬퍼하는 감정을 모두 나타내는 것이다. 스승의 경우에는 은혜로움과 사랑하는 마음으로 자신을 완성시켜주니, 부모와 동일한 점이 있다. 그렇기 때문에 상복에 대한 규정을 제정하지 않은 것이다. 그래서 정현은 "'심상(心喪)'은 슬퍼하는 모습이 부친에 대한 경우와 같다."라고 말한 것이니, 은혜로움과 사랑하는 마음으로 자신을 완성시켜주었기 때문이다. 정현이 "그러나 상복(喪服)을 입지 않고 치른다."라고

25) 추최(麤衰)는 상복(喪服) 중에서 가장 수위가 높은 상복을 뜻한다. 가장 거친 마(麻)로 제단을 하여 만든다.

하였는데, 스승에게는 부친처럼 자신을 태어나게 해준 공덕이 없고, 또 군주처럼 자신을 영화롭게 해준 일도 없다. 그렇기 때문에 상복이 없는 것이다. 정현이 "은혜로움과 의로움의 두 측면에 기준을 두고 제도로 정한 것이다."라고 하였는데, 면전에서 허물을 직접적으로 지적하는 일이 없는 것은 부모의 은혜로움과 동일하게 맞추는 것이며, 허물을 덮어두는 일이 없는 것은 군주의 의로움과 동일하게 맞추는 것이니, 스승은 부모의 은혜로움과 군주의 의로움을 함께 가지고 있다. 그렇기 때문에 "은혜로움과 의로움의 두 측면에 기준을 두고 제도로 정한 것이다."라고 말한 것이다. 다만 자식이 부모를 섬길 때에는 본래부터 은혜로움과 사랑하는 마음을 위주로 하고, 부모에게 과실과 잘못이 있다는 것을 알리고 싶어 하지 않는다. 그렇기 때문에 허물을 덮어주는 일이 생기는 것이다. 그리고 자식은 부모의 뜻을 위배하여 안색이 변화도록 하고 싶어 하지 않는다. 그렇기 때문에 면전에서 직접적으로 허물을 드러내는 일이 없는 것이다. 한편 신하가 군주를 섬길 때에는 그 이로움은 공적인 도의에 달려 있으니, 만약 잘못이 있는데도 간언을 하지 않는다면, 사직(社稷)이 패망하게 된다. 그렇기 때문에 면전에서 직접적으로 허물을 지적하는 일이 있게 되는 것이다. 군주가 범한 과실과 잘못은 대중들이 모두 알고 있는 점이다. 그렇기 때문에 "허물을 덮어두는 일이 없다."라고 말한 것이다.

訓纂 饒雙峰曰: 養不止飮食之養, 言或左或右無一定之方.

번역 요쌍봉이 말하길, 봉양을 한다는 것은 단지 음식을 봉양하는 것에 그치지 않으니, 어떤 때에는 좌측에서 보좌하고 또 어떤 때에는 우측에서 보좌하여, 일정하게 고정된 장소가 없다는 뜻이다.

訓纂 王氏懋竑曰: 隱・犯皆以諫爭, 言隱則不犯, 犯則不隱. 事君者, 道合則服從, 不合則去. 記謂"服勤至死", 亦大概指合者言之, 非謂與親一例也.

번역 왕무횡[26]이 말하길, '은(隱)'과 '범(犯)'은 모두 간언을 올려서 잘잘못을 따진다는 뜻이니, '은(隱)'이라고 말한다면, '범(犯)'을 하지 않는 것이고, '범(犯)'이라고 말한다면, '은(隱)'을 하지 않는 것이다. 군주를 섬긴다는 것은 도(道)가 합치되면 따르고, 합치되지 않으면 신하가 떠나가는 것이다. 『예기』에서 "수고로운 일에 복무하며 목숨을 바친다."고 한 말 또한 대체적으로 도(道)가 합치되는 경우를 가리켜서 언급한 말이니, 부친에 대한 경우와 동일하다는 뜻이 아니다.

集解 朱子曰: 事親者致喪三年, 情之至, 義之盡者也. 事師者心喪三年, 其哀如父母而無服, 情之至而義有不得盡者也. 事君者方喪三年, 其服如父母, 而情有親疏, 此義之至而情或有不至於其盡者也.

번역 주자가 말하길, 부모를 섬길 때 상례(喪禮)의 규범을 지극히 하여 삼년상을 치르는 것은 감정을 지극히 나타냄이며, 의로움을 극진히 하는 것이다. 스승을 섬길 때 심상(心喪)으로 삼년상을 치르는 것은 그 애달픈 마음이 부모에 대한 경우와 같은 것이지만, 정해진 상복(喪服)이 없고, 감정을 지극히 나타내는 것이지만, 의로움의 측면에서는 극진히 할 수 없는 점이 포함되어 있다. 군주를 섬길 때, 부모에 대한 상례에 견주어서 삼년상을 치르며, 군주를 위해 입는 상복의 경우에도 부모에 대한 경우와 같지만, 감정에 있어서는 친하고 소원한 차이가 있는 것이니, 이것은 의로움을 지극히 발휘한 것이지만, 정감에 있어서는 극진함에 도달하지 못하는 점도 있게 되는 것이다.

集解 方氏慤曰: 君·親與師, 相須而成我之身, 喪之雖各不同, 所以盡三年之隆一也.

번역 방각이 말하길, 군주·부모·스승은 서로 도우며 나 자신을 완성시켜 주는데, 그들에 대한 상례(喪禮)를 치를 때에는 비록 각각의 대상에

26) 왕무횡(王懋竑, A.D.1668 ~ A.D.1741) : 청(淸) 나라 때의 경학자이다. 자(字)는 여중(予中)·여중(輿中)이며, 호(號)는 백전(白田)이다.

대한 차이가 있지만, 모두 삼년상으로 지내며, 그들에 대해 극진히 한다는 측면은 동일하다.

集解 愚謂: 幾諫謂之隱, 直諫謂之犯. 父子主恩, 犯則恐其責善而傷於恩, 故有幾諫而無犯顔. 君臣主義, 隱則恐其阿諛而傷於義, 故必勿欺也而犯之. 師者道之所在, 有敎則率, 有疑則問, 無所謂隱, 亦無所謂犯也. 就養者, 近就而奉養之也. 左右無方, 言或左或右而無定所也. 致, 極也. 致喪, 謂極其哀戚, 以在喪也. 曾子曰, "人未有自致者也, 必也親喪乎!"

번역 내가 생각하기에, "조심스럽게 간언을 올린다[幾諫]."는 것을 '은(隱)'이라고 부르며, "직접적으로 간언을 올린다[直諫]."는 것을 '범(犯)'이라고 부른다. 부자관계에서는 은혜로움을 위주로 하니, 범(犯)을 하게 된다면, 아마도 부모에게 선(善)하게 될 것을 책망하여, 은혜로움에 해를 끼치게 된다. 그렇기 때문에 조심스럽게 간언을 올리는 경우는 있어도, 면전에서 직접적으로 허물을 지적하는 일은 없는 것이다. 군신관계에서는 의로움을 위주로 하니, 은(隱)을 하게 된다면, 아마도 자신의 뜻을 왜곡하여 아부를 하게 되어, 의로움에 해를 끼치게 된다. 그렇기 때문에 속이지 말고 직접적으로 그 허물을 드러내야만 하는 것이다. 스승은 도(道)를 가지고 있는 자이니, 가르침이 있으면 따르게 되고, 의문이 들게 되면 질문을 하게 되니, '은(隱)'이라고 하는 것들이 없게 되고, 또한 '범(犯)'이라고 하는 것들도 없게 된다. '취양(就養)'이라는 것은 가까이 다가가서 봉양을 한다는 뜻이다. '좌우무방(左右無方)'은 어떤 경우에는 좌측에서 봉양하고, 또 어떤 경우에는 우측에서 봉양하여, 고정적으로 정해진 장소가 없다는 뜻이다. '치(致)'자는 "지극하다[極]."는 뜻이다. 따라서 '치상(致喪)'이라는 말은 애달프고 슬퍼하는 감정을 지극히 발휘하여, 상례(喪禮)를 치른다는 뜻이다. 증자(曾子)는 "사람들은 제 스스로 지극함을 발휘하는 경우가 매우 드물지만, 반드시 부모의 상례에 있어서는 지극함을 발휘하게 된다!"[27]라고 했다.

---

27) 『논어』「자장(子張)」: 曾子曰, "吾聞諸夫子, 人未有自致者也, 必也親喪乎!"

• 제3절 •

합장(合葬)의 법도

【69c~d】

季武子成寢, 杜氏之葬在西階之下, 請合葬焉, 許之. 入宮而不敢哭. 武子曰: "合葬, 非古也, 自周公以來, 未之有改也. 吾許其大而不許其細. 何居?" 命之哭.

직역 季武子가 寢을 成하자, 杜氏의 葬이 西階의 下에 在하여, 合葬을 請하여, 許했다. 宮에 入이나 哭을 不敢했다. 武子가 曰, "合葬은 非古니, 周公으로부터 來로, 改가 未之有라. 吾가 그 大를 許했으나 그 細를 不許했다. 何히 居리오?"之에게 哭하길 命했다.

의역 계무자(季武子)가 자신의 침(寢)을 지었는데, 두씨(杜氏)의 무덤이 침(寢)의 서쪽 계단 아래에 놓이게 되었다. 그래서 두씨는 무덤을 합장(合葬)하길 청원하였고, 계무자가 그 일을 허락했다. 두씨가 궁(宮)에 들어섰는데도 감히 곡(哭)을 하지 않았다. 그러자 계무자는 "합장을 하는 것은 고대의 예법이 아니며, 주공(周公)으로부터 그 이래로 이것을 고친 자가 아직까지 없었다. 그런데도 내가 합장이라는 커다란 사안에 대해서 허락을 했는데, 곡(哭)을 하는 것처럼 사소한 사안에 대해서 허락하지 않을 리가 있겠소?"라고 말하고, 두씨에게 곡(哭)을 하도록 명령했다.

集說 劉氏曰: 成寢而夷人之墓, 不仁也; 不改葬而又請合焉, 亦非孝也; 許其合而又命之哭焉, 矯僞以文過也. 且寢者, 所以安其家, 乃處其家於人之冢上, 於汝安乎? 墓者, 所以安其先, 乃處其先於人之階下, 其能安乎? 皆不近人情, 非禮明矣.

번역 유씨가 말하길, 침(寢)을 지으면서, 남의 묘(墓)를 평평하게 만들어버리는 것은 인(仁)하지 못한 일이다. 그리고 장례(葬禮)를 치른 장소를 바꾸지 않고, 또 합장(合葬)을 청원하는 것 또한 효(孝)가 아니다. 합장에 대해서 허락을 하고, 또 곡(哭)을 하도록 명령하는 것은 거짓과 속임수를 써서 자신의 잘못이 드러나지 않도록 꾸미는 것이다. 또 '침(寢)'이라는 것은 자신의 집에서도 편안하게 거주하는 건축물인데, 곧 남의 무덤 위에 그 집을 짓게 된다면, 본인이 편안하겠는가? '묘(墓)'라는 것은 그의 선조를 편안하게 머물도록 하는 곳인데, 곧 남의 계단 아래에 그 선조를 머물게 한다면, 편안하게 머물 수 있겠는가? 이 모두는 인정과 거리가 머니, 비례(非禮)가 됨이 분명하다.

大全 嚴陵方氏曰: 周官墓大夫之職, 凡爭墓地者, 聽其獄訟, 當是時, 豈有夷人之墓以成寢者哉? 而季子乃有是事者, 以周官之法壞故也.

번역 엄릉방씨가 말하길, 『주례』에 기록된 묘대부(墓大夫)의 직무에서는 무릇 묘지(墓地)에 대한 쟁송에 대해서, 그 옥사(獄事)와 송사(訟事)를 해결한다고 했는데,[1] 당시에 어찌하여 남의 무덤을 뭉개고 침(寢)을 짓는 일이 발생할 수 있는가? 계무자가 이러한 일들을 하게 된 것은 『주례』의 법도가 붕괴되었기 때문이다.

鄭注 武子, 魯公子季友之曾孫季孫夙. 自見夷人冢墓以爲寢, 欲文過[2]. 記

1) 『주례』「춘관(春官)・묘대부(墓大夫)」: 凡爭墓地者, 聽其獄訟. 帥其屬而巡墓厲, 居其中之室以守之.

2) '침욕문과(寢欲文過)'에 대하여. 『십삼경주소(十三經注疏)』 북경대 출판본에서는 "과(過)자 뒤에는 본래 지(之)자가 기록되어 있었는데, 완원(阮元)의 『교감기(校勘記)』에서는 '『민본(閩本)』・『감본(監本)』・『모본(毛本)』에는 동일하게 기록되어 있다. 『가정본(嘉靖本)』에는 침(寢)자를 택(宅)자로 기록하고 있으며, 『악본(岳本)』도 동일하게 기록하고 있고, 『송감본(宋監本)』

此者, 善其不奪人之恩.

번역 '무자(武子)'는 노(魯)나라 공자(公子) 계우(季友)의 증손자인 계손숙(季孫夙)이다. 제 스스로 남의 무덤을 뭉개고서 침(寢)을 만들었다는 것을 보고, 과실이 드러나지 않도록 꾸미고자 한 것이다. 이 사실을 기록한 것은 남의 은정을 빼앗지 않은 것을 옳게 여겼기 때문이다.

釋文 葬, 徐才浪反, 又如字. 合如字, 徐音閤, 後"合葬"皆同. 文如字, 徐音問.

번역 '葬'자의 서음(徐音)은 '才(재)'자와 '浪(랑)'자의 반절음이며, 또한 글자대로 읽기도 한다. '合'자는 글자대로 읽고, 서음은 '閤(합)'이며, 뒤에 나오는 '合葬'에서의 '合'자도 모두 그 음이 이와 같다. '文'자는 글자대로 읽고, 서음은 '問(문)'이다.

孔疏 ●"季武"至"之哭". ○正義曰: 此一節明不奪人之恩, 兼論夷人冢墓爲寢, 欲文過之事, 各隨文解之.

번역 ●經文: "季武"~"之哭". ○이 문단은 남의 은정을 빼앗지 않는다는 사실을 나타내고 있으며, 아울러 남의 무덤을 뭉개고서 침(寢)을 짓게 되자, 과실을 감추고자 꾸미려고 했던 사안을 논의하고 있으니, 각각의 문장에 따라서 풀이하겠다.

孔疏 ◎注"武子"至"孫夙". ○正義曰: 按世本公子友生齊仲, 齊仲生無逸, 無逸生行父, 行父生夙. 夙是公子友曾孫也.

도 동일하게 기록하고 있다. 위씨(衛氏)의 『집설(集說)』에도 또한 지(之)자가 없고, 택(宅)자를 침(寢)자로 기록하고 있다. 소(疏)의 기록에도 지(之)자가 없다.'라고 했다. 살펴보니, 문맥에 따르면 지(之)자가 없는 것이 옳으므로, 글자를 삭제하였다."라고 했다.

번역 ◎鄭注: "武子"~"孫夙". ○『세본』을 살펴보면, 공자(公子) 우(友)는 제중(齊仲)을 낳았고, 제중(齊仲)은 무일(無逸)을 낳았으며, 무일(無逸)은 행보(行父)를 낳았고, 행보(行父)는 숙(夙)을 낳았다고 했다. 따라서 숙(夙)은 공자 우(友)의 증손자가 된다.

孔疏 ◎注"自見"至"文過". ○正義曰: 言"文過"者, 武子自云, 合葬之禮, 非古昔之法, 從周公以來, 始有合葬, 至今未改. 我成寢之時, 謂此冢墓是周公以前之事, 不須合葬, 故我夷平之以爲寢. 不肯服理, 是文飾其過. 先儒皆以杜氏喪從外來, 就武子之寢合葬, 與孔子合葬於防同. 又按晏子春秋景公成路寢之臺, 逢於阿盆成逆[3]後喪, 並得附葬景公寢中. 與此同也.

번역 ◎鄭注: "自見"~"文過". ○'문과(文過)'라고 했는데, 무자(武子)는 제 스스로 다음과 같이 말했다. 합장(合葬)을 하는 예(禮)는 고대의 법도가 아니며, 주공(周公) 때부터 처음으로 합장을 하는 예(禮)가 생겼으며, 지금에 이르러서도 그것을 고치지 않았다. 내가 침(寢)을 지을 때라는 것은 곧 이 무덤이 주공 이전에 만들어진 것이므로, 합장을 할 필요가 없다. 그렇기 때문에 내가 그곳을 평평하게 다지고서 침(寢)을 만들게 되었다는 뜻이다. 이러한 이치에 대해서는 기꺼이 수긍하지 못하므로, 그 과실에 대해서 수식을 더하게 된 것이다. 선대 유학자들은 모두들 두씨(杜氏)의 상(喪)은 외부로부터 온 것이므로, 무자의 침(寢)에 나아가서 합장을 해야 하며, 공자(孔子)가 방(防)에 합장을 했던 일[4]과 동일한 것으로 여겼다. 또 『안자춘추

---

3) '아분성역(阿盆成逆)'에 대하여. 『십삼경주소(十三經注疏)』 북경대 출판본에서는 "『민본(閩本)』과 혜동(惠棟)의 『교송본(校宋本)』에도 동일하게 기록하고 있다. 아(阿)자를 『감본(監本)』·『모본(毛本)』에서는 하(何)자로 잘못 기록하였다. 역(逆)자를 『감본(監本)』에서는 조(造)자로 잘못 기록하였고, 『모본(毛本)』에서는 괄(适)자로 잘못 기록하였다. 손이양(孫詒讓)의 『교기(校記)』에서는 '현행본 『안자춘추(晏子春秋)』에서는 봉어아분성괄(逢於阿盆成适)로 기록하고 있으니, 이곳 판본은 아마도 잘못 기록된 것 같다.'"라고 했다.

4) 『예기』「단궁상」【70d~71a】: 孔子旣得合葬於防, 曰: "吾聞之, 古也墓而不

(晏子春秋)』를 살펴보면, 경공(景公)은 노침(路寢)[5]의 대(臺)를 만들면서, 분성괄(盆成适)의 말을 들은 이후에 상례(喪禮)를 치렀고, 아울러 경공의 노침 안에서 부장을 할 수 있었으니, 이곳의 경우와 동일한 것이다.

孔疏 ●"吾許"至"何居". ○"吾許其大"者, 聽之將喪而入葬, 是許其大. "不許其細", 哭是細也. "何居", "居", 語辭. 旣許其大, 而不許其細, 是何道理, 故云"何居".

번역 ●經文: "吾許"~"何居". ○경문의 "吾許其大"에 대하여. 상례(喪禮)에 따라 이곳에 들어와서 장례(葬禮)를 치르는 것을 허락했다는 뜻이니, 이것은 큰 사안에 대해서 허락해준 것이다. 경문의 "不許其細"에 대하여. 곡(哭)을 하는 일은 세세한 사안에 해당한다. '하거(何居)'에서의 '거(居)'자는 어조사이다. 이미 큰 사안에 대해서 허락을 했는데, 세세한 사안에 대해서 허락하지 않는 것은 어떠한 도리인가? 그렇기 때문에 '하거(何居)'라고 말한 것이다.

訓纂 江氏永曰: 檀弓記事, 在戰國之初, 距季武子已遠, 此事蓋得之傳聞. 意武子作別宅, 其地先有杜氏之葬, 傳聞失實, 遂謂武子之居寢耳. 居寢之階下, 許人合葬, 情理所無者也.

번역 강영[6]이 말하길, 「단궁(檀弓)」편에 기록된 일화들은 전국초기(戰

墳. 今丘也東西南北之人也, 不可以弗識也." 於是封之, 崇四尺.

5) 노침(路寢)은 천자나 제후가 정무를 처리하던 정전(正殿)이다. 『시』「노송(魯頌)·민궁(閟宮)」편에는 "松桷有舃, 路寢孔碩."이라는 기록이 있는데, 이에 대한 모전(毛傳)에서는 "路寢, 正寢也."라고 풀이했고, 『문선(文選)』에 수록된 장형(張衡)의 '서경부(西京賦)'에는 "正殿路寢, 用朝群辟."이라는 기록이 있는데, 이에 대한 설종(薛綜)의 주에서는"周曰路寢, 漢曰正殿."이라고 하여, 주(周)나라에서는 '정전'을 '노침'으로 불렀다고 풀이했다.

6) 강영(江永, A.D.1681 ~ A.D.1762) : 청(淸)나라 때의 경학자이다. 자(字)는 신수(愼修)이다. 『십삼경주소(十三經注疏)』에 대한 연구를 했으며, 특히 삼

國初期)에 있었던 일들에 해당하니, 계무자(季武子)와는 이미 상당한 시간적 차이가 있으므로, 이곳에 기록된 일화는 아마도 전해들은 말을 기록한 것이다. 이 기록을 작성한 의도는 계무자가 별도로 집 건물을 지었는데, 그 땅은 그보다 앞서서 두씨(杜氏)가 장례를 치른 곳이었다. 그러나 그 무덤이 누구의 것인지에 대해서는 알려지지 않아서, 결국 무자가 그곳에 침(寢)을 만들게 되었다는 뜻일 뿐이다. 침(寢)에 있는 계단 밑에 무덤이 위치하게 되어, 그 자손이 합장(合葬)을 하겠다는 것에 대해 허락해준 것은 정감과 이치상 어찌할 수 없는 점이기 때문이다.

集解 愚謂: 言合葬非古, 以見不必合葬, 解己所以夷墓之意, 又言周公以來有合葬之禮, 解己今日許之之意, 皆文過之辭也. 然古者葬於國北, 季武子成寢必在國中, 而乃有杜氏之墓, 亦事之未必然者.

번역 내가 생각하기에, 합장(合葬)을 하는 것이 고대의 예법이 아니라고 한 말은 이를 통해 반드시 합장을 할 필요가 없다는 뜻을 나타내어, 자신이 남의 묘(墓)를 뭉개게 된 뜻을 해명한 것이다. 또 주공(周公) 이래로 합장의 예법이 생기게 되었다고 한 말은 현재 자신이 그 일을 허락한 뜻에 대해서 해명한 말이니, 이 모두는 자신의 과실을 치장하는 말들에 해당한다. 그런데 고대에는 국성(國城) 밖의 북쪽 땅에서 장례를 치렀다고 했고, 계무자가 침(寢)을 만든 곳은 반드시 국성 안쪽의 땅에 해당하는데도, 이곳에 곧 두씨(杜氏)의 묘(墓)가 있었다고 하니, 또한 반드시 실제로 그러했던 것만은 아니다.

례(三禮)에 대해 해박했다.

• 제4절 •

출모(出母)에 대한 상례(喪禮) Ⅰ

【69d~70a】

子上之母死而不喪, 門人問諸子思曰: "昔者子之先君子喪出母乎?" 曰: "然." "子之不使白也喪之, 何也?" 子思曰: "昔者吾先君子無所失道, 道隆則從而隆, 道汚則從而汚, 伋則安能! 爲伋也妻者, 是爲白也母; 不爲伋也妻者, 是不爲白也母." 故孔氏之不喪出母, 自子思始也.

직역 子上의 母가 死하나 不喪하여, 門人이 子思에게 問하여 曰, "昔者에 子의 先君子는 出母를 喪했습니까?" 曰, "然하다." "子는 白으로 使하여 喪하길 不하니, 何입니까?" 子思가 曰, "昔者에 吾의 先君子는 失道한 바가 無하고, 道가 隆하면 從하여 隆하고, 道가 汚하면 從하여 汚이나, 伋은 安能이리오! 伋의 妻가 爲한 者는 是는 白의 母가 爲하고; 伋의 妻가 不爲한 者는 是는 白의 母가 不爲한다." 故로 孔氏가 出母에 대해 不喪함은 子思로부터 始이다.

의역 자사(子思)의 아들 자상(子上)의 모친이 죽었는데, 그녀에 대한 상례(喪禮)를 치르지 않아서, 문인들은 의혹이 들어 자사에게 질문을 하였다. "옛날에 선생님의 부친이신 백어(伯魚)께서는 집에서 쫓겨난 모친에 대해서 상(喪)을 치르시지 않았습니까?" 그러자 자사가 말하길, "상례를 치르셨다." 문인들이 재차 말하길, "선생님께서는 아들이신 백(白)으로 하여금 상례를 치르지 않게끔 하셨는데, 이것은 무슨 이유입니까?" 자사가 대답하길, "옛날에 나의 부친께서는 도(道)에서 벗어나는 일을 한 적이 없으셨고, 단지 도(道)에 따라 융성하게 해야 하면, 그에 따라 융성하게 시행하셨고, 도(道)에 따라 낮춰서 해야 하면, 그에 따라 낮춰서 시행하셨으나, 내가 어찌 이러한 일을 잘 할 수 있겠는가! 나의 처가 된 자는 내 아들인

백(白)의 모친이 되고, 나의 처가 아닌 자는 백(白)의 모친도 아니다."라고 했다. 그러므로 공씨(孔氏)의 가문에서 출모(出母)를 위해 상(喪)을 치르지 않았던 것은 자사로부터 시작된 것이다.

集說 子上之母, 子思出妻也. 禮爲出母齊衰杖期, 而爲父後者無服, 心喪而已. 伯魚子上皆爲父後, 禮當不服者, 而伯魚乃期而猶哭, 夫子聞之曰"甚", 而後除之, 此賢者過之之事也. 子思不使白喪出母, 正欲用禮耳, 而門人以先君子之事爲問, 則子思難乎言伯魚之過禮也, 故以聖人無所失道爲對, 謂聖人之聽伯魚喪出母者, 以道揆禮而爲之隆殺也. 惟聖人能於道之所當加隆者, 則從而隆之; 於道之所當降殺者, 則從而殺之. 汚, 猶殺也. 是於先王之禮有所斟酌, 而隨時隆殺以從於中道也, 我則安能如是哉? 但爲我妻, 則白當爲母服; 今旣不爲我妻, 則白爲父後而不當服矣. 子思是欲守常禮, 而不欲使如伯魚之加隆也.

번역 자상(子上)의 모친은 쫓겨난 자사(子思)의 아내이다. 예법에 따르면 출모(出母)[1]가 죽었을 때에는 그녀를 위해서 자최복(齊衰服)을 입고 지팡이를 잡고서 기년상(期年喪)을 치른다고 했으며, 만약 부친의 후계자가 된 자라면, 출모를 위해서는 상복(喪服)을 입지 않고, 심상(心喪)으로만 치를 뿐이라고 했다. 백어(伯魚)와 자상(子上)은 모두 부친의 후계자가 된 자들이므로, 예법에 따르면 마땅히 상복을 입어서는 안 되는 자들이다. 그런데 백어는 곧 기년상을 치르고, 오히려 곡(哭)까지도 했다. 그래서 공자(孔子)는 그 소리를 듣고서, "너무 지나치다."라고 말했고,[2] 그 이후에는 이러한 일들을 시행하지 않았으니, 이것은 현명한 자가 예법을 너무 지나치게 시행한 일에 해당한다. 자사가 아들인 백(白)으로 하여금 출모를 위해서 상(喪)을 치르지 못하게 한 것은 바로 예법에 따르고자 했을 따름인데, 문인들이 자사의 돌아가신 부친 백어의 일을 가지고 질문을 하게 되자, 자사

1) 출모(出母)는 부친에게 버림을 받은 자신의 생모(生母)를 뜻한다. 또한 부친이 죽은 이후 다른 집으로 재차 시집을 간 자신의 생모를 뜻하기도 한다.
2) 『예기』「단궁상」【78d~79a】: 伯魚之母死, 期而猶哭. 夫子聞之, 曰, "誰與哭者?" 門人曰, "鯉也." 夫子曰, "嘻, 其甚也!" 伯魚聞之, 遂除之.

는 백어가 예법을 지나치게 적용한 일에 대해서 말하기가 어려웠다. 그렇기 때문에 성인(聖人)은 도(道)에서 벗어나는 일이 없다는 것으로 대답을 하게 된 것이니, 이 말은 성인이 백어가 출모(出母)에 대해서 상례를 치르는 것을 듣고서, 도(道)에 따라 예법을 바로잡아서, 그것에 따른 예법의 융성하게 함과 낮춤을 정했다는 뜻이다. 오직 성인만이 도(道)에 따라 마땅히 융성하게 해야 할 것에 대해, 그것에 따라 융성하게 할 수 있고, 도(道)에 따라 마땅히 낮춰야 할 것에 대해, 그것에 따라 낮출 수 있는 것이다. '오(汚)'자는 "낮추다[殺]."는 뜻이다. 이것은 곧 선왕(先王)이 제정한 예법에는 부족하거나 지나친 점들이 포함되어 있으므로, 그 시기에 따라 융성하게 하고 또 낮춰서 하여 중도(中道)에 따라야 하는데, 내가 어떻게 이처럼 할 수 있겠는가? 단지 나의 처가 된다는 입장에서 본다면, 백(白)은 마땅히 모친을 위해 상복을 입어야 하지만, 현재 그녀는 이미 나의 처가 아니고, 백(白)은 부친의 후계자가 된 자이므로, 마땅히 상복을 입어서는 안 된다. 자사는 상례(常禮)를 고수하고자 하였고, 백어처럼 융성하게 예법을 적용하지 않게끔 하고자 했던 것이다.

大全 張子曰: 道隆則從而隆, 道汚則從而汚, 亦就其出母以定汚隆. 聖人則處情, 子思則守禮, 出妻不當使子喪之禮也, 子於母則不可忘. 若父不使之喪, 子固不可違父, 當默持心喪, 亦禮也. 若父使之喪而喪之, 亦禮也. 子思以爲我不至於聖人, 不敢不循禮, 而孔子使喪出母, 乃聖人處權, 子思自以爲不敢處權, 唯循禮而已. 不敢學孔子也, 故曰道隆則從而隆, 道汚則從而汚.

번역 장자가 말하길, 도(道)에 따라 융성하게 해야 하면, 그에 따라 융성하게 치르고, 도(道)에 따라 낮춰서 해야 하면, 그에 따라 낮춰서 치른다는 말 또한 출모(出母)에 대한 사안에 따라서, 낮추거나 융성하게 해야 하는 정도를 확정한다는 뜻이다. 공자(孔子)의 경우에는 자식의 감정에 따라 판단을 한 것이고, 자사(子思)의 경우에는 예(禮)를 고수하는 입장을 따른 것이다. 집에서 쫓겨난 처에 대해서는 자식으로 하여금 상례(喪禮)를 치르도록 해서는 안 된다. 그러나 자식은 자신의 친모에 대해서 잊을 수가 없다.

따라서 만약 부친이 자식으로 하여금 상례를 치르지 않게끔 한다면, 자식은 진실로 부친의 뜻을 위배해서는 안 되므로, 마땅히 묵묵히 그 뜻을 따르며, 심상(心喪)을 치르는 것이 또한 예법에 맞는 것이다. 만약 부친이 자식으로 하여금 상례를 치르게 하여, 그녀에 대한 상례를 치른다면, 이 또한 예법에 맞는 것이다. 자사는 본인이 공자의 경지에는 미치지 못한다고 여겨서, 감히 예법에 따르지 않을 수가 없다고 한 것이고, 공자가 백어(伯魚)로 하여금 출모(出母)에 대해서 상례를 치르게 한 것은 곧 성인이 권도(權道)에 따라 결정한 것이지만, 자사는 제 스스로 감히 권도에 따라 결정을 할 수 없다고 여겨서, 오직 예법에만 따랐던 것일 뿐이다. 그리고 자사는 감히 공자의 경지를 따를 수 없었기 때문에, 도(道)에 따라 융성하게 해야 하면, 그에 따라 융성하게 하고, 도(道)에 따라 낮춰야 하면, 그에 따라 낮춰서 한다고 말한 것이다.

鄭注 子上, 孔子曾孫, 子思伋之子, 名白, 其母出. 禮, 爲出母期. 父卒, 爲父後者不服耳. 汚猶殺也. 有隆有殺, 進退如禮. 自予不能及. 記禮所由廢, 非之.

번역 '자상(子上)'는 공자(孔子)의 증손자로, 자사(子思)인 급(伋)의 아들이며, 이름은 백(白)이고, 그의 생모는 그 집에서 쫓겨났었다. 예법에 따르면, 출모(出母)를 위해서는 기년상(期年喪)을 치르게 된다. 부친이 돌아가셔서, 부친의 후계자가 된 자는 출모를 위해 상복(喪服)을 착용하지 않을 따름이다. '오(汚)'자는 "낮춘다[殺]."는 뜻이다. 융성하게 함도 있고 낮춰서 함도 있는데, 나아가고 물러나는 일들은 예(禮)에 따르는 것이다. 자사는 제 스스로 공자의 경지에는 미칠 수 없다는 사실을 인정한 것이다. 이것은 관련 예법이 폐지된 이유를 기록하여, 이 사실을 비난하고 있는 것이다.

釋文 不喪, 如字, 下同, 徐息浪反, 下放此. 伋音急, 子思名也, 孔子之孫. 期, 居宜反, 本又作朞, 後放此. 隆, 力中反, 盛也. 汚音烏, 下同. 殺, 所戒反, 又所例反, 下同. 予, 羊許反, 許也; 一云我也, 又音餘.

번역 '不喪'의 '喪'자는 글자대로 읽으며, 아래문장에 나오는 글자들도 모두 이와 같은데, 서음(徐音)은 '息(식)'자와 '浪(랑)'자의 반절음이 되고, 이후에 나오는 이 글자는 모두 이와 같다. '伋'자의 음은 '急(급)'이며, 자사(子思)의 이름이고, 자사는 공자(孔子)의 손자이다. '期'자는 '居(거)'자와 '宜(의)'자의 반절음이고, 판본에 따라서는 '朞'자로 기록하기도 하며, 이후에 나오는 이 글자는 모두 이와 같다. '隆'자는 '力(력)'자와 '中(중)'자의 반절음이고, 융성하다는 뜻이다. '汚'자의 음은 '烏(오)'이며, 아래문장에 나오는 글자도 그 음이 이와 같다. '殺'자는 '所(소)'자와 '戒(계)'자의 반절음이고, 또한 '所(소)'자와 '例(례)'자의 반절음도 되며, 아래문장에 나오는 글자도 그 음이 이와 같다. '予'자는 '羊(양)'자와 '許(허)'자의 반절음이며, 허락한다는 뜻이고, 한편에서는 나 자신을 뜻하며, 또한 그 음은 '餘(여)'도 된다.

孔疏 ●"子上"至"始也". ○正義曰: 此一節論子上不喪出母之事, 各隨文解之.

번역 ●經文: "子上"~"始也". ○이 문단은 자상(子上)이 출모(出母)에 대한 상(喪)을 치르지 않았던 사안에 대해서 논의하고 있으니, 각각의 문장에 따라서 풀이하겠다.

孔疏 ◎注"禮爲"至"服耳". ○正義曰: 按喪服齊衰杖期章: "出妻之子爲母." 又云: "出妻之子爲父後者, 則爲出母無服. 傳云, 與尊者爲一體, 不敢服其私親." 是也. 子思旣在, 子上當爲出母有服, 故門人疑而問之. 云"子之先君子", 謂孔子也, 令子喪出母乎? 子思曰: "然." 然猶如是也, 言是喪出母故也. 伯魚之母被出, 死, 期而猶哭, 是喪出母也.

번역 ◎鄭注: "禮爲"~"服耳". ○『의례』「상복(喪服)」편의 '자최장기장(齊衰杖期章)'을 살펴보면, "출처(出妻)[3]의 자식이 모친에 대해서 착용한다."라는 문장이 기록되어 있고, 또 "출처의 자식 중 부친의 후계자가 된

3) 출처(出妻)는 남편이 버린 아내를 뜻한다. 즉 남편의 집에서 쫓겨난 여자를 가리킨다.

자라면, 출모(出母)를 위해서 상복(喪服)을 착용하지 않는다. 전문(傳文)에서는 존귀한 부친과 일체가 되므로, 감히 개인적으로 친애하는 자를 위해서 상복을 입지 않는 것이다."라고 했는데,[4] 이 기록이 바로 위에서 말한 내용에 해당한다. 자사(子思)가 생존해 있었던 시기이므로, 그의 아들 자상(子上)은 마땅히 출모(出母)를 위해서 상복을 입어야 했다. 그렇기 때문에 문인들은 의문이 들어서 질문을 했던 것이다. '선생님의 선군자(先君子)'라고 했는데, '선군자(先君子)'는 공자(孔子)를 가리키니, 이 말은 곧 공자가 자식으로 하여금 출모(出母)에 대한 상(喪)을 치르도록 하지 않았느냐는 뜻이다. 자사는 "그렇다."라고 했는데, '연(然)'자는 "이처럼 했다[如是]."는 뜻으로, 이 말은 곧 출모(出母)에 대해서 상(喪)을 치렀다는 뜻이다. 백어(伯魚)의 모친은 집에서 쫓겨났는데, 그녀가 죽자 기년상(期年喪)을 치르고, 또 곡(哭)까지도 하였는데, 이것은 곧 출모(出母)에 대한 상(喪)을 치렀다는 사실을 나타낸다.

孔疏 ●"子思"至"而污". ○道猶禮也, 言吾之先君子無所失道, 道有可隆, 則從而隆. 謂父在, 爲出母宜加隆厚, 爲之著服. "道污"者, 污猶殺也, 若禮可殺則從而殺. 謂父卒, 子爲父後, 上繼至尊, 不敢私爲出母禮. 當減殺, 則不爲之著服. "伋則安能"者, 子思自以才能淺薄, 不及聖祖, 故云伋則何能. 鄭云: "自予不能及", 予猶許也. 自許不能及也.

번역 ●經文: "子思"~"而污". ○'도(道)'자는 예(禮)를 뜻하니, 나의 선군자인 공자(孔子)는 도(道)에서 벗어난 일이 없었으며, 도(道)에 따라 융성하게 할 수 있다면, 그에 따라 융성하게 했다는 의미이다. 즉 부친이 생존해 있을 때에는 출모(出母)를 위해서는 마땅히 예법을 융성하게 높이고 후하게 해야 해서, 그녀를 위해 상복(喪服)을 착용하게 된다는 뜻이다. 경문의 "道污"에 대하여. '오(污)'자는 "낮춘다[殺]."는 뜻이니, 만약 예법에 따라

---

4) 『의례』「상복(喪服)」: 出妻之子爲母. 傳曰, 出妻之子爲母期, 則爲外祖母無服. 傳曰, 絶族無施服, 親者屬. 出妻之子爲父後者, 則爲出母無服. 傳曰, 與尊者爲一體, 不敢服其私親也.

서 낮출 수 있다면, 그에 따라 낮춰야 한다는 뜻으로, 즉 부친이 돌아가신 상황에서, 자식이 부친의 후계자가 되었다면, 위로는 지극히 존귀한 부친의 지위를 계승하였으므로, 감히 개인적으로 출모(出母)에 대한 상례(喪禮)를 시행할 수 없다는 의미이다. 따라서 이러한 상황에서는 마땅히 예법을 낮춰야 하므로, 그녀를 위해서 상복을 착용하지 않는다. 경문의 "伋則安能"에 대하여. 자사(子思)는 제 스스로 자신의 재능이 낮으므로, 성인(聖人)인 공자에 미칠 수 없다고 한 것이다. 그렇기 때문에 "내가 어찌 할 수 있겠는가?"라고 말한 것이다. 정현은 "제 스스로 미칠 수 없음을 인정한 것이다."라고 하였는데, '여(予)'자는 "인정한다[許]."는 뜻이다. 즉 이 말은 제 스스로 미칠 수 없다는 사실을 인정했다는 의미이다.

集解 今按: 汚當音洿, 烏瓜反.

번역 내가 살펴보니, '汚'자는 마땅히 그 음이 '洿'로, '烏(오)'자와 '瓜(과)'자의 반절음이 된다.

集解 愚謂: 隆, 高也. 汚讀爲洿, 下也. 道之隆·汚, 謂禮之隆·殺. 妻當出則出之, 是禮宜汚而汚也. 出母當服, 則使其子服之, 是禮宜隆而隆也. 言隨時隆·殺以合理者, 惟聖人能之, 而己則不能也. 蓋伯魚之母出而在父室者也, 子上之母出而已嫁者也. 喪服惟有母嫁而從者之服, 而無母嫁不從者之服, 則出母之嫁者, 其無服可知矣. 子思於門人之問, 不欲斥言, 而但爲遜辭以答之, 忠厚之道也. 然其言"不爲伋也妻, 則不爲白也母", 則固有微示其意者. 蓋妻出而未嫁, 猶有可反之義; 出而嫁, 則彼此皆絶矣. 以其義絶於其夫也, 故曰"不爲伋也妻"; 以其義幷絶於其子也, 故曰"不爲白也母". 不然, 以天屬之恩, 而於禮之宜爲服者强奪之而使不服, 豈所以處其子哉! 記者不察其實, 遂謂"孔氏不喪出母, 自子思始", 其亦誤矣.

번역 내가 생각하기에, '융(隆)'자는 "높인다[高]."는 뜻이다. '오(汚)'자는 '오(洿)'자로 해석하니, "낮춘다[下]."는 뜻이다. 도(道)의 높임과 낮춤이라는 것은 예(禮)의 높임과 낮춤을 뜻한다. 처가 쫓겨날 만한 행실을 보이면, 내쳐야 하는데, 이러한 경우는 예법에 따라 마땅히 낮춰야 하므로, 낮춘 것이다. 출모(出母)에 대해서 마땅히 상복(喪服)을 입어야 한다면, 그의 자식으로 하여금 상복을 입도록 하니, 이것은 예법에 따라 마땅히 높여야 하므로, 높인 것이다. 즉 이 말은 각각의 시기에 따라서 높이고 낮추는 방법을 택하여, 이치에 합치되도록 하는 것은 성인(聖人)만이 가능하며, 자신의 경우에는 불가능하다는 뜻이다. 무릇 백어(伯魚)의 모친은 집에서 쫓겨났지만, 부친이 계신 곳에 머물러 있던 경우이고, 자상(子上)의 모친은 집에서 쫓겨났고, 이미 다른 집으로 시집을 간 경우이다. 『의례』「상복(喪服)」편에서는 부친이 돌아가신 뒤 모친이 다른 집으로 시집을 갔고, 그녀를 따라간 자식이 입는 상복에 대해서만 기록하고 있고, 모친이 시집을 간 뒤, 그녀를 따라가지 않은 자식에 대한 상복 기록은 없으니, 다른 집으로 시집을 간 출모에 대해서는 상복을 입지 않는다는 사실을 알 수 있는 것이다. 자사(子思)는 문인들의 질문에 대해서, 직접적으로 변론을 하고자 하지 않았고, 단지 말을 돌려서 대답을 했으니, 이것은 충심이 깊은 도리에 해당한다. 그런데 그의 말 중에 "나의 처가 아니라면, 내 아들인 백(白)의 모친이 아니다."라는 말이 나오므로, 진실로 그 말 속에는 은미하게 그 뜻을 드러냄이 있는 것이다. 무릇 처가 집에서 쫓겨났는데도 아직 다른 집으로 시집을 가지 않은 상태라면, 여전히 다시 돌아올 수 있는 도의가 있게 되고, 집에서 쫓겨나서 이미 다른 집으로 시집을 간 경우라면, 피차간의 관계는 모두 끊어진 상태가 된다. 그녀의 도의가 그녀의 이전 남편에 대해서 끊어졌기 때문에, "나의 처가 아니다."라고 말한 것이며, 그녀의 도의가 그녀의 자식에 대해서 끊어졌기 때문에, "백(白)의 모친이 아니다."라고 말한 것이다. 만약 이러한 경우가 아니라면, 하늘이 맺어진 은혜로운 관계에 해당하고, 또 예법에 따라서도 마땅히 상복을 입어야 하는데, 강제로 그 관계를 빼앗아서, 아들로 하여금 상복을 입지 못하도록 한 것이 된다. 따라서 어찌 이것이 자식에 대한 올바른 대처라고 할 수 있겠는가! 『예기』를 기록한 자는 이러한 사실을 자세히 고찰해보지 않고, 마침내 "공씨(孔氏)의 가문에서 출모(出母)에 대한 상(喪)을 치르지 않은 것은 자사로부터 시작되었다."라고 했으니, 이 말 또한 잘못된 기록이다.

• 제5절 •

상(喪)에서 절하는 법도

【70c】

孔子曰: "拜而后稽顙, 頹乎其順也; 稽顙而后拜, 頎乎其至也. 三年之喪, 吾從其至者."

직역 孔子가 曰, "拜한 后에 顙을 稽함은 그 順에 頹함이며; 顙을 稽한 后에 拜함은 그 至를 頎함이다. 三年의 喪에, 吾는 그 至한 者를 從하겠다."

의역 공자(孔子)가 말하길, "절을 한 이후에 머리를 땅에 닿도록 하는 것은 예법의 순서에 따르는 것이다. 그 반대로 머리를 땅에 닿도록 한 이후에 절을 하는 것은 자신의 애달픈 감정을 지극히 나타내는 것이다. 삼년상을 치르는 경우라면, 나는 자신의 애달픈 감정을 지극히 나타내는 방법을 따르겠다."라고 했다.

集說 此言喪拜之次序也. 拜, 拜賓也. 稽顙者, 以頭觸地, 哀痛之至也. 拜以禮賓, 稽顙以自致, 謂之順者, 以其先加敬於人, 而後盡哀於己, 爲得其序也. 頎者, 惻隱之發也, 謂之至者, 以其哀常在於親, 而敬暫施於人, 爲極自盡之道也. 夫子從其至者, 亦與其易也, 寧戚之意.

번역 이곳에서는 상례(喪禮)를 치를 때 절을 하는 순서에 대해서 언급하고 있다. '배(拜)'라는 것은 빈객(賓客)에게 절을 한다는 뜻이다. '계상(稽顙)'이라는 것은 머리가 땅에 닿도록 하는 것으로, 애통함이 지극하기 때문이다. 절을 하여 빈객에게 예법에 맞게 대우하고, 이마를 땅에 닿도록 하여, 제 스스로 지극한 감정을 드러내는 것을 '순(順)'이라고 부른 것은 앞서 타인에게 공경함을 나타내고, 그 이후에 자신의 슬픔을 극진하게 나타내므로,

이것은 그 순서에 알맞은 것이 된다. '기(頎)'라는 것은 측은한 마음을 나타내는 것인데, 이것을 지(至)라고 부른 이유는 애통한 마음이 항상 돌아가신 부모를 향해 있고, 공경하는 마음이 잠시 타인에게 베풀어지게 되니, 제스스로 극진히 하는 도리를 지극하게 실천한 것이 된다. 공자(孔子)가 그 지극함을 따르겠다고 한 것은 또한 수월하게 치르기 보다는 차라리 슬퍼하는 것이 낫다[1]는 뜻에 해당한다.

集說 朱子曰: 拜而后稽顙, 先以兩手伏地如常, 然後引首向前扣地也. 稽顙而后拜者, 開兩手而先以首扣地, 却交手如常也.

번역 주자가 말하길, 절을 한 이후에 머리를 땅에 닿도록 할 때에는 먼저 일상적인 경우와 마찬가지로 양쪽 손을 모아서 땅에 대고 엎드린 이후에, 머리를 앞으로 숙이며 땅에 닿도록 하는 것이다. 머리를 땅에 닿도록 한 이후에 절을 할 때에는 양쪽 손을 벌려서 먼저 머리를 숙여 땅에 닿도록 하고, 그런 뒤에 평상시 절을 할 때처럼 손을 교차시켜 모으는 것이다.

大全 長樂陳氏曰: 拜而后稽顙, 先致敬也, 稽顙而後拜, 先致哀也. 禮廢滋久, 天下不知先稽顙之爲重, 而或以輕爲重, 是猶不知拜下之爲禮, 拜上之爲泰, 故孔子救拜之弊, 則曰吾從其至, 救泰之弊, 則曰吾從下也.

번역 장락진씨가 말하길, 절을 한 이후에 머리를 땅에 닿도록 하는 것은 공경함에 대해서 지극히 하는 것을 우선시하는 방법이고, 머리를 땅에 닿도록 한 이후에 절을 하는 것은 애달픈 마음을 지극히 하는 것을 우선시하는 방법이다. 예(禮)가 폐지된 것이 매우 오래되어, 천하의 모든 사람들은 먼저 머리를 땅에 닿도록 하는 것이 중대한 예법임을 알지 못했고, 혹은 그보다 가벼운 예법을 중대한 예법으로 오해하였으니, 이것은 곧 당하(堂下)에서 절을 하는 것이 예법이 됨과 당상(堂上)에서 절을 하는 것이 거만

---

1) 『논어』「팔일(八佾)」: 林放問禮之本. 子曰, "大哉問! 禮, 與其奢也寧儉, 喪, 與其易也寧戚."

함이 됨을 몰랐던 것과 같다.[2] 그렇기 때문에 공자(孔子)는 절에서의 폐단을 구원하고자 해서, "나는 그 지극함에 따르겠다."라고 말한 것이고, 거만함의 폐단을 구원하고자 해서, "나는 당하에서 절을 하는 예법에 따르겠다."라고 말한 것이다.

鄭注 此殷之喪拜也. 頹, 順也. 先拜賓, 順於事也. 此周之喪拜也. 頎, 至也. 先觸地無容, 哀之至. 重者尙哀戚, 自期如殷可.

번역 이것은 은(殷)나라 때 상례(喪禮)를 치르며 했던 절하는 절차이다. '퇴(頹)'자는 "따른다[順]."는 뜻이다. 앞서 빈객(賓客)에게 절을 하는 것은 그 사안에 따르는 것이다. 이것은 주(周)나라 때 상례를 치르며 했던 절하는 절차이다. '기(頎)'자는 "지극히 한다[至]."는 뜻이다. 먼저 땅에 머리를 대어, 예법에 따른 행동거지를 갖추지 않는 것은 애통함이 지극하기 때문이다. 중대한 상(喪)에 대해서는 애달프고 슬퍼하는 감정을 우선시하므로, 기년상(期年喪)으로부터는 은나라 때의 예법처럼 해야 하는 것이다.

釋文 顙, 素黨反, 稽顙, 觸地無容. 頹, 徒回反. 頎音懇, 惻隱之貌, 又音畿. 觸音昌欲反.

번역 '顙'자는 '素(소)'자와 '黨(당)'자의 반절음이며, '稽顙'은 땅에 머리를 대고 예법에 따른 행동거지를 갖춤이 없는 것이다. '頹'자는 '徒(도)'자와 '回(회)'자의 반절음이다. '頎'자의 음은 '懇(간)'이며, 측은함을 나타내는 모습이고, 또 그 음은 '畿(기)'도 된다. '觸'자의 음은 '昌(창)'자와 '欲(욕)'자의 반절음이다.

孔疏 ●"孔子"至"至者". ○正義曰: 此一節論殷·周喪拜之異也. 拜者, 主人孝子拜賓也. 稽顙者, 觸地無容也, 頹然不逆之意也. 拜是爲賓, 稽顙爲己,

---

2) 『논어』「자한(子罕)」: 子曰, "麻冕, 禮也, 今也純, 儉, 吾從衆. 拜下, 禮也, 今拜乎上, 泰也. 雖違衆, 吾從下."

前賓後己, 各以爲頹然而順序也.

번역 ●經文: "孔子"~"至者". ○이곳 문단은 은(殷)나라와 주(周)나라에서 상례(喪禮)를 치르며 절을 했던 예법이 다르다는 사실을 논의하고 있다. '배(拜)'라는 것은 상주(喪主)인 아들이 빈객(賓客)들에게 절을 한다는 뜻이다. '계상(稽顙)'이라는 것은 땅에 머리를 대고 예법에 따른 행동거지를 갖춤이 없는 것을 뜻하니, 순리에 따르며 거스르지 않는다는 의미이다. 절을 하는 것은 빈객을 위한 것이고, 머리를 땅에 대는 것은 자신을 위한 것인데, 빈객에 대한 일을 앞세우고 자신에 대한 일을 뒤로 하는 것은 각각 순리에 따라서 그 순서를 좇기 때문이다.

孔疏 ●"稽顙而后拜, 頎乎其至也"者, 頎, 惻隱貌也. 先觸地無容, 後乃拜賓也. 是爲親痛深貌, 惻隱之至也.

번역 ●經文: "稽顙而后拜, 頎乎其至也". ○'기(頎)'자는 측은한 마음이 나타나는 모습을 뜻한다. 먼저 땅에 머리를 대고 예법에 따른 행동거지를 갖추지 않고, 그 이후에야 빈객(賓客)에게 절을 하는 것이다. 이것은 곧 부모를 위해 매우 애통해하는 마음을 드러낸 모습이 되니, 측은함이 지극히 나타난 것이다.

孔疏 ●"三年之喪, 吾從其至"者, 孔子評二代所拜也. 至者, 謂先稽顙後拜也. 重喪, 主貌惻隱, 故三年喪則從其頎至者也.

번역 ●經文: "三年之喪, 吾從其至". ○공자(孔子)가 은(殷)나라와 주(周)나라에서 절을 했던 방법을 평가한 것이다. '지(至)'라는 것은 먼저 땅에 머리를 대고 그 이후에 절을 하는 것을 뜻한다. 중대한 상(喪)에서는 측은한 마음을 표출하는 모습을 위주로 한다. 그렇기 때문에 삼년상을 치르는 경우라면, 애통함을 지극히 나타내는 방법에 따르겠다고 한 것이다.

孔疏 ◎注"重者"至"殷可". ○正義曰: 三年之喪, 尙哀戚則從周. 自期以下如殷可. 此經直云"拜而后稽顙", "稽顙而后拜", 鄭知拜而後稽顙是"殷之喪拜", 稽顙而后拜是"周之喪拜"者, 於孔子所論, 每以二代相對, 故下檀弓云: "殷人旣封而弔, 周人反哭而弔, 殷以慤, 吾從周." 又云: "殷朝而殯於祖, 周朝而遂葬." 皆以殷·周相對, 故知此亦殷·周相對也. 知並是殷·周喪拜者, 此云"三年之喪, 吾從其至", 明非三年喪者, 則從其順, 故知並是喪拜. 但殷之喪拜, 自斬衰以下, 緦麻以上, 皆拜而后稽顙, 以其質故也. 周則杖期以上, 皆先稽顙而后拜, 不期杖以下, 乃作殷之喪拜. 鄭知殷先拜而后稽顙, 周先稽顙而后拜者, 以孔子所論皆先殷而後周; 今"拜而后稽顙", 文在其上, 故爲殷也; "稽顙而后拜", 文在其下, 故爲周也. 且下檀弓云, 秦穆公使人弔公子重耳, 重耳稽顙而不拜, 示不爲後也. 若爲後, 當稽顙而後拜也. 重耳旣在周時, 明知先稽顙而後拜者. 若然, 士喪禮旣是周禮, 所以主人拜稽顙, 似亦先拜而後稽顙者, 士喪禮云"拜稽顙"者, 謂爲拜之時先稽顙. 其喪大記每拜稽顙者, 與士喪禮同. 按晉語云, 秦穆公弔重耳, 重耳再拜不稽顙. 與下篇重耳稽顙不拜文異者, 國語之文, 不可用此稽顙而後拜. 卽大祝"凶拜"之下, 鄭注: "稽顙而後拜, 謂三年服者." 此拜而後稽顙, 卽大祝吉拜. 鄭注云: "謂齊衰不杖以下者." 鄭知凶拜是三年服者, 以雜記云: "三年之喪, 以其喪拜." 喪拜卽凶拜. 鄭又云: "吉拜, 齊衰不杖以下." 則齊衰杖者, 亦用凶拜者. 知齊衰杖用凶拜者, 以雜記云: "父母在, 爲妻不杖不稽顙." 明父母歿, 爲妻杖得稽顙也. 是知杖齊衰得爲凶拜. 若然, 雜記云: "三年之喪, 以其喪拜. 非三年之喪, 以吉拜." 則杖期以下, 皆用吉拜. 今此杖期得用凶拜者, 雜記所云, 大判而言, 雖有杖期, 總屬三年之內. 熊氏以爲雜記所論, 是拜問拜賜, 故杖期亦屬吉拜. 必知然者, 以鄭注大祝"凶拜" 云"三年服者", 是用雜記之文, 解以凶拜之義, 則拜賓·拜問·拜賜不得殊也. 且雜記"問"與"賜"與於"拜"文, 上下不相接次, 不可用也. 周禮·大祝"一曰稽首", 鄭云: "頭至地." 按中候: "我應云王, 再拜稽首." 鄭云: "稽首, 頭至手也." 此卽臣拜君之拜, 故左傳云: "天子在, 寡君無所稽首." 大夫於諸侯亦稽首, 故下曲禮云: "大夫之臣不稽首." 則大夫於君得稽首. "二曰頓首", 鄭曰: "頭叩地不停留也." 此平敵以下拜也, 諸侯相拜則然, 以其不稽首, 唯頓首也. "三曰空首", 鄭云: "頭至手, 所謂拜手也." 以其與拜手是一, 故爲頭至手也. 此答臣下之拜, 其敵者既用頓首, 故知不敵者用空首. "四曰振動", 鄭云: "戰栗變動之拜." 謂有敬懼, 故爲振動, 故尙書・泰誓火流爲烏・王動色變是也. "五曰吉拜"者, 謂先作頓首拜, 後作稽顙, 故鄭康成注與頓首相近. "六曰凶拜"者, 旣重於吉拜, 當先作稽顙, 而後稽首. "七曰奇拜", 鄭大夫云: "奇拜謂一拜也." 鄭康成云: "一拜答臣下." 然燕禮・大射公答再拜者, 爲初敬之, 爲賓尊之, 故再拜. 燕末無筭爵之後, 唯止一拜而已. "八曰褒拜"者, 鄭大夫云: "褒讀爲報, 報[3]拜, 再拜也." 鄭康成云: "再拜, 拜神與尸." "九曰肅拜"者, 鄭司農云: "但俯下手, 今時撎是也. 介者不拜." 引成十六年"爲事故, 敢肅使者[4]". 此禮拜, 體爲空首一拜而已, 其餘皆再拜也. 其肅拜或至再, 故成十六年晉郤至三肅使者. 此肅又謂婦人之拜, 故少儀云"婦人吉事, 雖有君賜, 肅拜", 是也.

번역 ◎鄭注: "重者"~"殷可". ○삼년상을 치를 때 애달프고 슬퍼하는 마음을 숭상하게 된다면, 이것은 주(周)나라 때의 예법에 따르는 것이다. 기년상(期年喪)으로부터 그 이하의 경우에는 은(殷)나라 때의 예법대로 하는 것도 괜찮다. 이곳 경문에서는 단지 "절을 한 이후에 머리를 땅에 댄다."라고 하였고, 또 "머리를 땅에 댄 이후에 절을 한다."라고 하였는데, 정현이 절을 한 이후에 머리를 땅에 닿도록 한다는 것이 은나라 때 상례(喪禮)를 치르며 하는 절의 방법이 됨을 알았고, 또 머리를 땅에 닿게 한 이후에 절을 하는 것이 주나라 때 상례를 치르며 하는 절의 방법이 됨을 알았던 이유는 공자가 논평을 한 부분에 있어서는 매번 은나라와 주나라를 서로 상대적으로 비교를 했었기 때문이다. 그래서 아래 「단궁(檀弓)」편의 문장에서도 "은나라 때에는 하관(下棺)을 하고 나서 조문을 했고, 주나라 때에는 반곡(反哭)을 하고 나서 조문을 했으니, 은나라는 진실된 감정에 따랐던 것이지만, 나는 주나라 때의 예법에 따르겠다."[5]라고 한 것이고, 또 "은나라 때에는

3) '보(報)'자에 대하여. '보'자는 본래 없던 글자인데, 완원(阮元)의 『교감기(校勘記)』에서는 "혜동(惠棟)의 『교송본(校宋本)』에는 '보'자가 기록되어 있다."라고 했다.

4) '자(者)'자에 대하여. '자'자는 본래 없던 글자인데, 완원(阮元)의 『교감기(校勘記)』에서는 "『고문(考文)』에서는 송(宋)나라 때의 판본을 인용하여, 사(使)자 뒤에 '자'자를 기록하고 있다."라고 했다.

종묘(宗廟)로 영구(靈柩)를 옮겨 아뢰고 나서, 조묘(祖廟)에 빈소를 마련했고, 주(周)나라 때에는 종묘로 영구를 옮겨 아뢰고 나서, 장례(葬禮)를 치렀다."[6]라고 했는데, 이러한 기록에서는 모두 은나라와 주나라를 서로 대비시키고 있다. 그렇기 때문에 이 문장 또한 은나라와 주나라 때의 예법을 서로 대비시켜서 말한 것임을 알 수 있다. 아울러 은나라와 주나라 때 상례를 치르며 했던 절의 방법이라는 사실을 알 수 있는 이유는 이곳 문장에서 "삼년상을 치르는 경우라면, 나는 그 지극함에 따르겠다."라고 했기 때문이니, 이 말은 곧 삼년상이 아니라면, 순차에 따르겠다는 뜻을 나타낸다. 그렇기 때문에 이 모두가 상례를 치르며 절을 하는 방법임을 알 수 있었던 것이다. 다만 은나라 때 상례를 치르며 절을 했던 방법은 참최복(斬衰服) 이하부터 시마복(緦麻服) 이상의 경우에 모두 절을 한 이후에 머리를 땅에 대었으니, 질박함을 숭상했기 때문이다. 주나라의 경우에는 지팡이를 잡고 치르는 기년상(期年喪) 이상은 모든 경우에 있어서 먼저 머리를 땅에 대고 그 이후에 절을 했으니, 지팡이를 잡고 치르는 기년상이 아닌 경우부터는 곧 은(殷)나라 때의 상례 규정에 따라 절을 했던 것이다. 정현이 은나라 때에는 먼저 절을 한 이후에 머리를 땅에 대었다는 사실과 주나라 때에는 먼저 머리를 땅에 대고 그 이후에 절을 했다는 사실을 알 수 있었던 이유는 공자가 논변을 할 때에는 모든 경우에 있어서 먼저 은나라에 대한 경우를 제시하고, 그 이후에 주나라에 대한 경우를 제시했기 때문이다. 따라서 이곳 문장에서 "절을 한 이후에 머리를 땅에 댄다."라는 구문은 앞에 기록되어 있기 때문에, 은나라 때의 예법에 해당한다는 사실을 알 수 있는 것이고, "머리를 땅에 댄 이후에 절을 한다."는 구문은 그 뒤에 기록되어 있기 때문에, 주나라 때의 예법에 해당한다는 사실을 알 수 있는 것이다. 또 아래 「단궁」편의 문장에서는 진(秦)나라 목공(穆公)은 사람을 시켜 공자(公子) 중이(重耳)에게 조문을 하도록 했는데,[7] 중이는 머리를 땅에 대었지만, 절

---

5) 『예기』「단궁하(檀弓下)」【115b】: 殷旣封而弔, 周反哭而弔. 孔子曰, "殷已慤, 吾從周."

6) 『예기』「단궁하(檀弓下)」【117b】: 喪之朝也, 順死者之孝心也. 其哀, 離其室也, 故至於祖考之廟而后行. 殷朝而殯於祖, 周朝而遂葬.

을 하지 않아서, 자신이 후계자가 되지 못함을 드러낸 것이라고 했다.[8] 따라서 만약 후계자가 된 자라면, 마땅히 머리를 땅에 댄 이후에 절을 해야 하는 것이다. 중이 본인은 주나라 때 생존했던 인물이므로, 먼저 머리를 땅에 댄 이후에 절을 해야 한다는 사실을 분명히 알고 있었던 것이다. 만약 이와 같다면, 『의례』「사상례(士喪禮)」편의 내용은 주나라 때의 예법에 해당하는데, 상주(喪主)가 절을 하며 머리를 땅에 댄다고 했던 말이 또한 먼저 절을 한 이후에 머리를 땅에 댄다고 했던 것과 유사해보이지만, 「사상례」편에서 말한 '배계상(拜稽顙)'이라는 말은 절을 할 때에는 먼저 머리를 땅에 댄다는 뜻이다. 그리고 『예기』「상대기(喪大記)」편에서 매번 '배계상(拜稽顙)'이라고 한 말도 「사상례」편의 의미와 동일하다. 『국어(國語)』「진어(晉語)」편을 살펴보면, 진나라 목공이 중이에게 조문을 했을 때, 중이는 재배(再拜)를 했지만, 머리를 땅에 대지는 않았다고 했다.[9] 그런데 이 기록은 「단궁하(檀弓下)」편에서 머리를 땅에 대고 절을 하지 않았다고 한 기록과 차이를 보인다. 그 이유는 『국어』의 문장은 이곳에서 말한 머리를 땅에 댄 이후에 절을 한다는 방법을 사용할 수 없다는데 초점을 맞추고 있기 때문이다. 『주례』「대축(大祝)」편에서는 '흉배(凶拜)' 이하의 절하는 방법[10] 등

---

7) 『예기』「단궁하(檀弓下)」【111b】: 晉獻公之喪, 秦穆公使人弔公子重耳, 且曰, "寡人聞之, 亡國恒於斯, 得國恒於斯. 雖吾子儼然在憂服之中, 喪亦不可久也, 時亦不可失也. 孺子其圖之!"

8) 『예기』「단궁하(檀弓下)」【112a】: 子顯以致命於穆公, 穆公曰, "仁夫, 公子重耳! 夫稽顙而不拜, 則未爲後也, 故不成拜. 哭而起, 則愛父也. 起而不私, 則遠利也."

9) 『국어(國語)』「진어이(晉語二)」: 公子重耳出見使者, 曰, "君惠弔亡臣, 又重有命. 重耳身亡, 父死不得與於哭泣之位, 又何敢有他志以辱君義?" 再拜不稽首, 起而哭, 退而不私.

10) 구배(九拜)는 제사를 지낼 때 사용하게 되는 아홉 종류의 절하는 형식을 뜻한다. 계수(稽首), 돈수(頓首), 공수(空首), 진동(振動), 길배(吉拜), 흉배(凶拜), 기배(奇拜), 포배(褒拜), 숙배(肅拜)에 해당한다. '계수'는 절을 하며 머리가 지면에 닿도록 하는 것이며, '돈수'는 절을 하며 머리가 땅을 두드리듯이 꾸벅거리는 것이고, '공수'는 절을 하며 머리가 손을 포갠 곳에 닿도록 하는 것이니, '배수(拜手)'라고 부르는 것에 해당한다. '길배'는 절을 한 이후에 이마를 땅에 닿게 하는 것이며, '흉배'는 이마를 땅에 닿게 한

을 기술하고 있는데,[11] 정현의 주에서는 "머리를 땅에 댄 이후에 절을 하는 것은 삼년상을 치를 때 절하는 방법을 뜻한다."라고 했으니, 이곳에서 절을 한 이후에 머리를 땅에 댄다고 했던 것은 곧 「대축」편에서 말한 길배(吉拜)가 된다. 정현의 주에서 "자최복(齊衰服)을 입고 지팡이를 잡지 않는 경우로부터 그 이하의 상례 수위에 해당한다."라고 하였는데, 정현은 흉배(凶拜)가 삼년상을 치를 때 절하는 방법임을 알고 있었다. 그 이유는 『예기』「잡기(雜記)」편에서 "삼년상에서는 상배(喪拜)로써 한다."[12]라고 했는데, '상배(喪拜)'는 곧 흉배(凶拜)에 해당하기 때문이다. 정현은 또한 "길배(吉拜)는 자최복을 입고 지팡이를 잡지 않는 경우로부터 그 이하의 상례 수위에 해당한다."라고 하였으니, 자최복을 입고 지팡이를 잡게 되는 상례에서는 또한 흉배(凶拜)의 방법을 따르는 것이다. 자최복을 입고 지팡이를 잡는 상례에서 흉배(凶拜)의 방법을 따른다는 사실을 알 수 있는 이유는 「잡기」편에서

이후에 절을 하는 것이다. '진동'의 경우 애통하게 울면서 절을 하는 것을 뜻하기도 하고, 양손을 서로 부딪치는 것을 뜻하기도 하며, 위엄을 갖추고 절을 하는 것을 뜻하기도 한다. '기배'는 절하는 횟수를 홀수로 하는 것을 뜻하기도 하며, 한쪽 무릎만 굽히고 하는 절이나 손에 쥐고 있는 물건 등에 의지해서 절하는 것을 뜻하기도 하고, 한 번 절하는 것을 뜻하기도 한다. '포배'는 답배를 뜻하기도 하니, 재배(再拜)에 해당하고, 또 손에 물건을 쥐고 절하는 것을 뜻하기도 한다. '숙배'는 단지 손을 아래로 내려서 몸에 붙이는 것에 해당한다. 『주례』「춘관(春官)·대축(大祝)」편에는 "辨九拜, 一曰稽首, 二曰頓首, 三曰空首, 四曰振動, 五曰吉拜, 六曰凶拜, 七曰奇拜, 八曰褒拜, 九曰肅拜, 以享右祭祀."라는 기록이 있고, 이에 대한 정현의 주에서는 "稽首, 拜頭至地也. 頓首, 拜頭叩地也. 空首, 拜頭至手, 所謂拜手也. 吉拜, 拜而后稽顙, 謂齊衰不杖以下者. 言吉者, 此殷之凶拜, 周以其拜與頓首相通, 故謂之吉拜云. 凶拜, 稽顙而后拜, 謂三年服者. 杜子春云, '振讀爲振鐸之振, 動讀爲哀慟之慟, 奇讀爲奇偶之奇, 謂先屈一膝, 今雅拜是也. 或云, 奇讀曰倚, 倚拜謂持節·持戟拜, 身倚之以拜.' 鄭大夫云, '動讀爲董, 書亦或爲董. 振董, 以兩手相擊也. 奇拜, 謂一拜也. 褒讀爲報, 報拜, 再拜是也.' 鄭司農云, '褒拜, 今時持節拜是也. 肅拜, 但俯下手, 今時揖是也. 介者不拜, 故曰爲事故, 敢肅使者.' 玄謂振動戰栗變動之拜. 書曰王動色變. 一拜, 答臣下拜. 再拜, 拜神與尸. 享, 獻也, 謂朝獻饋獻也. 右讀爲侑. 侑勸尸食而拜."라고 풀이했다.

11) 『주례』「춘관(春官)·대축(大祝)」: 辨九拜, 一曰稽首, 二曰頓首, 三曰空首, 四曰振動, 五曰吉拜, 六曰凶拜, 七曰奇拜, 八曰褒拜, 九曰肅拜, 以享右祭祀.

12) 『예기』「잡기하(雜記下)」【512d】: 三年之喪, 以其喪拜, 非三年之喪, 以吉拜.

"부모가 생존해 계시면, 죽은 처를 위해서 지팡이를 잡지 않고, 머리를 땅에 대지 않는다."13)라고 했으니, 이 말은 부모가 돌아가신 이후에는 죽은 처를 위해서 지팡이를 잡게 되고, 머리를 땅에 댈 수 있다는 사실을 나타내기 때문이다. 따라서 이 기록을 통해서 지팡이를 잡고 자최복을 입는 상(喪)에서는 흉배(凶拜)를 할 수 있다는 사실을 알 수 있다. 만약 그렇다면 「잡기」편에서 "삼년상을 치를 때에는 상배(喪拜)의 방법으로써 한다. 삼년상이 아닌 경우에는 길배(吉拜)의 방법으로써 한다."라고 했으니, 지팡이를 잡고 기년상을 치르는 경우로부터 그 이하의 상(喪)에서는 모두 길배(吉拜)의 방법을 따르는 것이다. 그런데 이곳 문장에서는 지팡이를 잡고 기년상을 치르는 경우에도 흉배(凶拜)의 방법을 사용할 수 있다고 했다. 그 이유는 「잡기」편에서 말한 내용은 대체적으로 구분하여 기록을 한 것이니, 비록 지팡이를 잡고 기년상을 치르는 경우가 있다고 하더라도, 총괄적으로 삼년상의 범위로 포함시켰던 것이다. 웅안생은 「잡기」편에서 논의한 내용은 빙문(聘問)에 대해서 절을 하고 하사품을 받았을 때 절을 하는 예법에 해당한다고 여겼다. 그렇기 때문에 지팡이를 잡고 기년상을 치를 때 절을 하는 방법 또한 길배(吉拜)에 속한다고 말한 것이다. 이처럼 한다는 사실을 분명히 알 수 있는 이유는 「대축」편에서 '흉배(凶拜)'라고 한 기록에 대해, 정현의 주에서는 "삼년상을 치르는 경우이다."라고 했으니, 이것은 곧 「잡기」편의 문장을 인용하여, 흉배(凶拜)의 뜻을 풀이한 것이 된다. 그러므로 빈객에게 절을 하고, 빙문에 대해서 절을 하며, 하사품에 대해서 절을 하는 것들을 구분할 수 없었던 것이다. 또 「잡기」편에서는 빙문·하사품에 대한 항목과 절을 하는 항목의 기록은 서로 연접해서 순차적으로 기록되어 있지 않으니, 이 방법을 사용할 수 없는 것이다. 『주례』「대축」편에서는 "첫 번째는 계수(稽首)이다."라고 하였는데, 이 문장에 대해 정현은 "머리를 지면에 대는 것이다."라고 했다. 『상서중후(尙書中候)』에서는 "나는 응당 왕이라 일컬어지니, 재배를 하며 머리를 조아려야 한다."라고 했고, 정현은 "'계수(稽首)'는 머리를 손등에 대는 것이다."라고 했다. 이것은 신하가 군주에게

---

13) 『예기』「잡기상(雜記上)」【498b】: 爲妻, 父母在不杖不稽顙.

절을 할 때의 절하는 법도에 해당한다. 그렇기 때문에 『좌전』에서는 "천자(天子)가 아니라면, 저희 군주께는 머리를 땅에 대는 법도를 시행할 곳이 없다."[14]라고 한 것이다. 대부(大夫)는 제후(諸侯)에 대해서 또한 머리를 땅에 대는 방법을 따른다. 그렇기 때문에 「곡례」편에서는 "대부에게 속한 가신(家臣)들은 머리를 땅에 대며 절을 하지 않는다."라고 했던 것이니,[15] 이 말은 곧 대부는 자신의 군주에 대해서 머리를 땅에 대고 절을 할 수 있다는 뜻이 된다. 그리고 『주례』에서는 "두 번째는 돈수(頓首)이다."라고 하였는데, 이 문장에 대해 정현은 "절을 하며 머리가 땅을 두드리듯이 꾸벅거리지만, 땅에 댄 상태로 있지 않는다."라고 하였다. 이것은 서로 신분이 대등하거나 그 이하의 계층에서 시행하는 절하는 법도이니, 제후들끼리 서로 절을 하는 경우라면 이처럼 하는데, 머리를 땅에 댈 수 없기 때문에, 단지 머리를 꾸벅거리는 것이다. 『주례』에서는 "세 번째는 공수(空首)이다."라고 하였는데, 이 문장에 대해서 정현은 "절을 하며 머리가 손을 포갠 곳에 닿도록 하는 것이니, '배수(拜手)'라고 부르는 것에 해당한다."라고 하였다. 즉 이처럼 절하는 방법은 '배수(拜手)'를 하는 것과 동일하기 때문에, 머리를 손을 포갠 곳에 대는 행위가 된다. 그리고 이러한 방법은 신하들이 절을 한 것에 대해서 답배를 할 때의 절하는 법도이며, 신분이 대등한 자들끼리는 이미 돈수(頓首)의 방법에 따른다고 하였기 때문에, 신분이 서로 대등하지 않았을 때, 공수(空首)의 방법을 사용한다는 사실을 알 수 있는 것이다. 『주례』에서는 "네 번째는 진동(振動)이다."라고 하였는데, 이 문장에 대해서 정현은 "몸을 떨며 하는 절이다."라고 했으니, 공경하고 두려워하는 마음을 갖추고 있기 때문에, 몸을 떨게 된다는 뜻이다. 그래서 『상서(尙書)』「태서(泰誓)」편에서, 길조(吉兆)를 나타내는 붉은 색의 새가 나타나고, 왕이 움직이자 낯빛이 변했다고 한 것이 바로 이것을 가리킨다. 『주례』에서는 "다섯 번째는 길배(吉拜)이다."라고 했는데, 이것은 먼저 돈수(頓

---

14) 『춘추좌씨전』「애공(哀公) 17년」: 齊侯稽首, 公拜. 齊人怒. 武伯曰, "非天子, 寡君無所稽首."

15) 이 문장은 「곡례(曲禮)」편이 아닌 「교특생(郊特牲)」편에 기록되어 있다. 『예기』「교특생」【323d】: 大夫之臣不稽首, 非尊家臣, 以辟君也.

首)를 하여 절을 하고, 이후에 계상(稽顙)을 한다는 뜻이다. 그렇기 때문에 정현의 주에서는 돈수(頓首)의 방법과 흡사하다고 한 것이다. 『주례』에서는 "여섯 번째는 흉배(凶拜)이다."라고 했는데, 이 방법 자체가 길배(吉拜)보다도 중대하므로, 마땅히 먼저 계상(稽顙)을 하고, 그 이후에 계수(稽首)를 해야 하는 것이다. 『주례』에서는 "일곱 번째는 기배(奇拜)이다."라고 했는데, 정사농(鄭司農)은 "기배(奇拜)는 한 차례 절을 한다는 뜻이다."라고 했고, 정현은 "한 차례 절을 하여 신하에게 답배를 하는 것이다."라고 했다. 그런데 『의례』「연례(燕禮)」편과 「대사(大射)」편을 살펴보면, 제후는 답배를 할 때, 재배(再拜)를 한다고 했다. 이것은 최초 절을 하며 공경의 뜻을 표시하고, 빈객이 재차 그를 존귀하게 높이기 때문에, '재배(再拜)'를 하는 것이다. 연회에서는 말미에 무산작(無筭爵)[16]을 하게 되면, 그 이후에는 단지 한 차례만 절을 할 따름이다. 『주례』에서는 "여덟 번째는 포배(褒拜)이다."라고 했는데, 정사농은 "'포(褒)'자는 보(報)자로 해석하니, 보배(報拜)라는 것은 재배(再拜)를 뜻한다."라고 했고, 정현은 "재배는 신(神)과 시동에게 절을 한다는 뜻이다."라고 했다. 『주례』에서는 "아홉 번째는 숙배(肅拜)이다."라고 했는데, 정사농은 "단지 손을 아래로 내려서 몸에 붙이는 것이며, 오늘날 시행하는 의(撎)의 방법이 여기에 해당하며, 개(介)[17]는 절을 하지 않는다."라고 했다. 그리고 정사농은 성공(成公) 16년 기사에 기록된 "일을 시행하기 때문에, 감히 사신에게 숙배를 한다."[18]라는 말을 인용하였

---

16) 무산작(無筭爵)은 술잔의 수를 헤아리지 않는다는 뜻이다. 여수(旅酬)를 한 이후에, 빈객들의 제자들과 형제들의 자제들은 각각 그들의 수장에게 술을 따르고, 잔을 들어 올리는 것도 각각 그들의 수장에게 한다. 그리고 빈객들이 잔을 가져다가, 형제들 집단에 술을 권하고, 장형제(長兄弟)들은 잔을 가져다가 빈객의 무리들에게 술을 권하게 된다. 이처럼 여러 차례 술을 따르고 권하기 때문에, 이러한 절차를 '무산작'이라고 부르는 것이다.

17) 개(介)는 부관을 뜻한다. 빈객(賓客)이 방문했을 때 주인(主人)과 빈객 사이에서 진행되는 절차들을 보좌했던 자들이다. 계급에 따라서 '개'를 두는 숫자에도 차이가 났다. 가령 상공(上公)은 7명의 '개'를 두었고, 후작이나 백작은 5명을 두었으며, 자작과 남작은 3명의 개를 두었다. 『예기』「빙의(聘義)」편에는 "上公七介, 侯伯五介, 子男三介."라는 기록이 있다.

18) 『춘추좌씨전』「성공(成公) 16년」 : 曰, "君之外臣至從寡君之戎事, 以君之靈,

다. 이것은 예법에 따라 절하는 절차인데, 그 자신은 공수(空首)를 하며 한 차례 절을 할 따름이며, 나머지 경우에서는 모두 재배(再拜)를 하게 된다. 숙배(肅拜)의 경우에도 간혹 재배를 하기도 한다. 그렇기 때문에 성공 16년의 기록에서, 진(晉)나라 극지(郤至)는 사신에 대해서 세 차례 숙배를 했던 것이다. 여기에서 말하는 숙배에 대해서는 또한 부인들이 하는 절이라고도 한다. 그렇기 때문에 『예기』「소의(少儀)」편에서 "부인들은 길사(吉事)에 대해서, 비록 군주가 은덕을 베풀더라도, 숙배를 한다."[19]라고 한 말이 바로 이러한 사실을 가리킨다.

集解 愚謂: 拜者, 以首加手而拜也. 稽顙者, 觸地無容也. 蓋拜所以禮賓, 稽顙所以致哀. 故先拜者於禮爲順, 而先稽顙者於情爲至, 蓋當時喪拜有此二法, 而孔子欲從其至者. 鄭·孔以二者爲殷·周喪拜之異, 非也. 士喪禮·雜記每言"拜稽顙", 皆據周禮也, 則拜而后稽顙非專爲殷法明矣.

번역 내가 생각하기에, '배(拜)'라는 것은 머리를 손에 대고 절을 하는 것이다. '계상(稽顙)'이라는 것은 머리를 땅에 대며 예법에 따른 행동거지를 갖추지 않는 것이다. 무릇 배(拜)는 빈객(賓客)들에게 예우를 할 때 사용하는 방법이며, 계상(稽顙)은 애달픈 마음을 지극히 나타내는 방법이다. 그렇기 때문에 우선적으로 배(拜)를 하는 것은 예법에 대해서 그 질서를 지키는 것이며, 우선적으로 계상(稽顙)을 하는 것은 자신의 정감을 지극히 나타내는 것인데, 무릇 당시에는 상례(喪禮)를 치르며 절을 하는 방식에 이러한 두 가지 예법이 있었던 것이지만, 공자(孔子)는 감정을 지극히 나타내는 방법을 따르고자 했던 것이다. 정현(鄭玄)과 공영달(孔穎達)은 이 두 가지 방법이 은(殷)나라와 주(周)나라 때 상례(喪禮)를 치르며 절을 했던 방식의 차이점이라고 여겼는데, 이것은 잘못된 주장이다. 『의례』「사상례(士喪禮)」편과 『예기』「잡기(雜記)」편에서 매번 '배계상(拜稽顙)'이라고 기록하고 있

閒蒙甲冑, 不敢拜命. 敢告不寧, 君命之辱. 爲事之故, 敢肅使者."

19) 『예기』「소의(少儀)」【437b】: 婦人, 吉事雖有君賜, 肅拜. 爲尸坐則不手拜, 肅拜. 爲喪主則不手拜.

는데, 이것들은 모두 주나라 때의 예법을 기준으로 작성한 문장들이니, 배(拜)를 한 이후에 계상(稽顙)을 하는 것은 전적으로 은나라 때의 법도가 되지 않는다는 사실이 분명하다.

集解 周禮大祝"辨九拜": 一曰稽首, 先拱兩手至地, 加首於手, 又引首至地, 稽留而後起也. 二曰頓首, 如稽首之爲, 但以首叩地而不稽留也. 三曰空首, 加首於手, 首不至地, 故曰空首. 四曰振動, 謂長跪而不拜手者. 蓋凡人有所敬則竦身而跪, 以致其變動之意, 若秦王於范雎, 跪而請教是也. 五曰吉拜, 如頓首爲之, 而尙右手者也. 六曰凶拜, 卽拜而後稽顙, 稽顙而後拜是也. 拜而後稽顙者, 亦如稽首之爲. 但稽首尙左手, 稽顙尙右手; 稽首以首平至於地, 稽顙但引其顙以觸地也. 若稽顙而後拜, 則先以顙觸地, 而後以首加手, 爲空首之拜也. 七曰奇拜, 謂一拜也. 八曰褒拜, 謂再拜也. 凡稽首皆再拜, 稽顙皆一拜, 頓首・空首則或一拜, 或再拜, 各視其輕重而爲之. 九曰肅拜, 跪引手而下之也. 吉拜以稽首爲至重, 頓首次之, 空首爲輕. 稽首者, 臣拜君之法. 故左傳孟武伯曰, "非天子, 寡君無所稽首." 自敵以上用頓首, 尊者答卑者之拜則空首. 若振動, 則因事爲之, 非常禮也. 喪拜以凶拜爲重, 吉拜爲輕. 凶拜惟施於三年, 自期以下皆吉拜耳. 婦人吉事皆肅拜, 凶拜則稽顙爲重, 手拜爲輕. 手拜, 卽空首也. 但婦人之肅拜, 施於吉事則尙右手, 稽顙空首, 施於喪事則尙左手, 與男子相反耳. 肅拜惟婦人有之, 男子則或肅而已, 不肅拜也. 立而下手曰肅, 跪而下手曰肅拜. 介胄之士不拜, 而郤至三肅使者, 故知但肅者不名肅拜也. 凡拜皆跪, 凡再拜者, 皆跪而一拜, 興而又跪一拜. 婦人有俠拜, 無再拜.

번역 『주례』「대축(大祝)」편에서는 "구배(九拜)를 변별한다."라고 말하며, 다음과 같이 기록하고 있다. 첫 번째는 '계수(稽首)'라고 하였는데, 이것은 우선적으로 두 손을 공손하게 모아서 땅으로 향하며, 두 손 위에 머리를 올리고, 또 머리를 앞으로 숙여서 땅으로 향하며, 그 상태에서 잠시 머물러 있다가 이후에 일어나는 방법이다. 두 번째는 '돈수(頓首)'라고 하였는데, 이것은 계수(稽首)를 할 때의 행동과 비슷하지만, 단지 머리를 땅으로 숙이기만 하며, 그 상태로 멈춰있지는 않는다. 세 번째는 '공수(空首)'라고 하였는데, 손 위에 머리를 올리지만, 머리를 땅으로 향해서 숙이지 않는 것이다. 그렇기 때문에 머리를 땅에 대지 않는다는 뜻에서, '공수(空首)'라고 부르는 것이다. 네 번째는 '진동(振動)'이라고 하였는데, 이것은 몸을 꼿꼿이 세우고 무릎을 꿇지만, 손으로 절하는 동작을 하지 않는 것이다. 무릇 일반인들이 공경의 뜻을 표해야 하는 경우가 발생하면, 몸을 조심스럽게 움직여 무릎을 꿇는데, 이것을 통해서 크게 놀라 주의를 기울인다는 뜻을 지극히 나타내게 되니, 마치 진(秦)나라 왕이 범휴(范睢)에 대해서 무릎을 꿇고서 가르침을 청원했던 일이 이러한 방식에 해당한다. 다섯 번째는 '길배(吉拜)'라고 하였는데, 돈수(頓首)를 할 때의 행동방식과 비슷하지만, 오른쪽 손을 왼쪽 손 위에 올려두게 된다. 여섯 번째는 '흉배(凶拜)'라고 하였는데, 이곳 문장에서 절을 한 이후에 이마를 땅에 댄다는 것과 이마를 땅에 댄 이후에 절을 한다는 것이 바로 여기에 해당한다. 절을 한 이후에 이마를 땅에 댄다는 것 또한 계수(稽首)의 행동방식과 비슷하다. 다만 계수(稽首)를 할 때에는 왼쪽 손을 오른쪽 손 위에 올려두게 되고, 계상(稽顙)을 할 때에는 오른쪽 손을 왼쪽 손 위에 올려두게 된다. 그리고 계수(稽首)를 할 때에는 머리를 지면과 수평이 되도록 하지만, 계상(稽顙)을 할 때에는 단지 그 이마를 숙여서 땅에 대기만 할 따름이다. 만약 계상(稽顙)을 한 이후에 절을 하는 경우라면, 먼저 이마를 숙여서 땅에 대고, 그 이후에 머리를 두 손 위에 올려서, 공수(空首)를 할 때의 절하는 방식을 따르게 된다. 일곱 번째는 '기배(奇拜)'라고 하였는데, 이것은 한 차례만 절을 한다는 뜻이다. 여덟 번째는 '포배(褒拜)'라고 하였는데, 이것은 재배(再拜)를 한다는 뜻이다. 무릇 계수(稽首)를 할 때에는 모든 경우에 있어서 재배(再拜)를 하게 되고, 계상(稽顙)을 할 때에는 모든 경우에 있어서 일배(一拜)를 하게 되는데, 돈수(頓首)와 공수(空首)의 경우에는 어떤 경우에는 일배(一拜)를 하고, 또 어떤 경우에는 재배(再拜)를 하니, 각각 해당 예절의 경중(輕重)을 따져서 시행하게 된다. 아홉 번째는 '숙배(肅拜)'라고 하였는데, 무릎을 꿇고서 손을 끌어다가 밑으로 내리는 것이다. 길배(吉拜)에서는 계수(稽首)의 방법을 지극히 중대한 예절로 삼게 되고, 돈수(頓首)의 방법을 그 다음으로 중대한 예절로 삼게 되며, 공수(空首)를 가장 가벼운 예절로 삼게 된다. '계수(稽首)'라는 것은 신하가 군주에게 절을 할 때의 법도에 해당한다. 그렇기 때문에

『좌전』의 기록에서 맹무백(孟武伯)은 "천자(天子)가 아니라면, 저희 군주께서는 계수(稽首)할 대상이 없습니다."라고 말한 것이다. 신분이 대등한 경우와 그 이상의 상대에 대해서는 돈수(頓首)의 방법을 사용하고, 신분이 존귀한 자가 신분이 낮은 자의 절에 대해서 답배를 하는 경우라면, 공수(空首)를 하게 된다. 진동(振動)과 같은 경우는 해당 사안에 따라서 시행하는 것이며, 일상적인 예법이 아니다. 상례에서 절을 할 때에는 흉배(凶拜)를 가장 중대한 예절로 삼게 되고, 길배(吉拜)를 가장 가벼운 예절로 삼게 된다. 흉배(凶拜)는 오직 삼년상을 치를 때에만 시행하게 되고, 기년상(期年喪)으로부터 그 이하의 상(喪)에서는 모두 길배(吉拜)를 시행할 따름이다. 부인들은 길사(吉事)에 대해서 모두 숙배(肅拜)를 하게 되고, 흉배(凶拜)를 하는 경우라면, 계상(稽顙)을 가장 중대한 예절로 삼으며, 수배(手拜)를 가장 가벼운 예절로 삼는다. 여기에서 말하는 수배(手拜)라는 것은 곧 공수(空首)에 해당한다. 다만 부인들이 시행하는 숙배(肅拜)를 길사(吉事)에서 시행하는 경우라면, 오른쪽 손을 왼쪽 손 위에 올리게 되고, 계상(稽顙)과 공수(空首)를 상사(喪事)에서 시행하는 경우라면, 왼쪽 손을 오른쪽 손 위에 올리게 되어, 남자와 서로 반대가 될 따름이다. 숙배(肅拜)는 오직 부인만이 시행하는 것이고, 남자의 경우에는 상황에 따라 이러한 경우가 있더라도, 숙(肅)만 하게 될 따름이며 숙배(肅拜)를 하지는 않는다. 반듯하게 서서 손을 밑으로 내리는 것을 '숙(肅)'이라고 부르며, 무릎을 꿇고서 손을 밑으로 내리는 것을 '숙배(肅拜)'라고 부른다. 갑옷을 착용한 사(士)들은 배(拜)를 하지 않는데, 극지(郤至)가 사신에게 세 차례 숙(肅)을 했다고 기록했기 때문에, 단지 숙(肅)이라고만 한 것이니, 이것을 숙배(肅拜)라고 할 수 없다는 사실을 알 수 있다. 무릇 배(拜)를 하는 경우에는 모든 경우에 있어서 무릎을 꿇게 되고, 재배(再拜)를 하는 경우에는 모두 무릎을 꿇고서 일배(一拜)를 하며, 몸을 세웠다가 재차 무릎을 꿇고 다시 일배(一拜)를 하게 된다. 부인들의 경우에는 협배(俠拜)[20]가 있을 뿐이며, 재배(再拜)를 하는 경우가 없다.

---

20) 협배(俠拜)는 고대에 절을 하는 방법 중의 하나이다. 여자가 먼저 남자에게 절을 하면, 남자는 답배를 하게 되고, 여자는 재차 절을 하는데, 이것을 '협배'라고 부른다.

• 제6절 •

봉분을 만드는 법도

【70d~71a】

孔子旣得合葬於防, 曰: "吾聞之, 古也墓而不墳. 今丘也東西南北之人也, 不可以弗識也." 於是封之, 崇四尺.

직역 孔子는 旣히 防에 合葬을 得하고, 曰, "吾는 聞하니, 古에는 墓하고 不墳이라. 今에 丘는 東西南北의 人이니, 弗識이 不可하다." 是에 封하니, 崇이 四尺이다.

의역 공자(孔子)는 부친의 묘(墓)가 있는 방(防) 땅에 모친의 영구(靈柩)를 합장(合葬)하였다. 그런 뒤에 말하길, "내가 듣기로 고대에는 묘(墓)를 만들면서, 흙을 쌓아서 높이 솟은 모양으로 만들지 않았다고 했다. 그런데 현재 나는 이곳저곳을 돌아다니며 유세를 하는 입장이므로, 이곳이 무덤이라는 것을 표시하지 않을 수가 없다."라고 했다. 그런 뒤에 이곳에 흙을 높이 쌓아올려서, 그 높이를 4척(尺)으로 만들었다.

集說 孔子父墓在防, 故奉母喪以合葬. 墓, 塋域也. 封土爲壟曰墳. 東西南北之人, 言其宦遊無定居也. 識, 記也. 爲壟, 所以爲記識. 一則恐人不知而誤犯, 一則恐己或忘而難尋, 故封之高四尺也.

번역 공자(孔子)의 부친 묘(墓)는 방(防) 땅에 있었다. 그렇기 때문에 모친의 상(喪)이 발생하게 되자, 영구(靈柩)를 모셔다가 합장(合葬)을 한 것이다. '묘(墓)'자는 묘역[塋域]을 뜻한다. 흙을 쌓아서 언덕[壟]처럼 만드는 것을 '분(墳)'이라고 부른다. '동서남북지인(東西南北之人)'이라는 말은 자신이 벼슬살이를 하기 위해 여기저기 떠돌게 되어, 정해진 거처가 없다는 뜻이다. '식(識)'자는 "기록하다[記]."는 뜻이다. 무덤을 언덕처럼 만든 것은 표시를 해두기 위해서이다. 그 이유는 한편으로는 사람들이 그곳이 무덤인지 알지 못하여 무례를 범하게 될까를 염려해서이고, 다른 한편으로는 본인이 혹시 그곳을 잊게 되어 찾기 어렵게 될까를 염려했기 때문이다. 그래서 흙을 높이 쌓아서, 그 높이를 4척(尺)으로 만든 것이다.

鄭注 言旣得者, 少孤不知其墓. 墓謂兆域, 今之封塋也. 古謂殷時也. 土之高者曰墳. 東西南北, 言居無常處也. 聚土曰封, 封之, 周禮也. 周禮曰: "以爵等爲丘封之度." 崇, 高也. 高四尺, 蓋周之士制.

번역 '기득(旣得)'이라고 기록한 이유는 공자(孔子)는 어렸을 때 부친을 여의어서, 그 묘(墓)가 어디에 있는지 알 수 없었기 때문이다. '묘(墓)'라는 것은 묘역[兆域]을 뜻하는 말이며, 현재의 '봉영(封塋)'에 해당한다. '고(古)'라는 것은 은(殷)나라 때를 뜻한다. 흙을 높이 쌓은 것을 '분(墳)'이라고 부른다. '동서남북(東西南北)'이라는 말은 거처지에 고정적인 장소가 없다는 뜻이다. 흙을 긁어모아서 쌓는 것을 '봉(封)'이라고 부르는데, 봉(封)을 하는 것은 주(周)나라 때의 예법에 해당한다. 『주례』에서는 "작위의 등급에 따라서 봉분을 쌓는 치수를 정한다."[1]라고 하였다. '숭(崇)'자는 높이[高]를 뜻한다. 높이를 4척(尺)으로 하는 것은 아마도 주나라 때 사(士)에게 적용되었던 제도일 것이다.

釋文 少, 詩召反, 下文同. 墳, 扶云反. 識, 式志反, 又如字. 處, 昌慮反. 之度, 本又作"之數".

번역 '少'자는 '詩(시)'자와 '召(소)'자의 반절음이며, 아래문장에 나오는 글자도 그 음이 이와 같다. '墳'자는 '扶(부)'자와 '云(운)'자의 반절음이다.

---

1) 『주례』「춘관(春官)·총인(冢人)」: 以爵等爲丘封之度與其樹數.

'識'자는 '式(식)'자와 '志(지)'자의 반절음이며, 또한 글자대로 읽기도 한다. '處'자는 '昌(창)'자와 '慮(려)'자의 반절음이다. '之度'를 판본에 따라서는 또한 '之數'로 기록하기도 한다.

孔疏 ●"孔子"至"修墓". ○正義曰: 此一節論古者不修墓之事, 各依文解之.

번역 ●經文: "孔子"~"修墓". ○이곳 문단은 고대에는 묘(墓)를 보수하지 않았던 사안에 대해서 논의하고 있으니, 각각의 문장에 따라서 풀이하겠다.

孔疏 ○天子之墓一丈, 諸侯八尺, 其次降差以兩.

번역 ○천자(天子)의 묘(墓)는 그 높이를 1장(丈)으로 만들고, 제후(諸侯)는 8척(尺)으로 만들며, 차례대로 2만큼씩 줄이게 된다.

孔疏 ●"今丘也, 東西南北之人也, 不可以弗識也". ○今旣東西南北, 不但在鄕, 若久乃歸還, 不知葬之處所, 故云不可以不作封墳, 記識其處.

번역 ●經文: "今丘也, 東西南北之人也, 不可以弗識也". ○공자(孔子)는 현재 이곳저곳으로 떠돌아다니던 입장이었고, 고향에만 있었던 것이 아니니, 만약 떠난 지가 오래된 상태에서 되돌아오게 된다면, 장례(葬禮)를 치른 장소를 알지 못하게 된다. 그렇기 때문에 봉분을 만들지 않을 수가 없다고 말한 것이니, 그 장소를 표시하기 위해서이다.

孔疏 ◎注"周禮"至"士制". ○正義曰: 引周禮·冢人, 云"高四尺[2], 蓋周

2) '고사척(高四尺)'에 대하여. 손이양(孫詒讓)의 『교기(校記)』에서는 "사(士)의 무덤을 4척(尺)의 높이로 만든다고 하였는데, 정현은 『춘추(春秋)』의 위서(緯書)에 근거해서 주장을 한 것이니, 『주례』「몽인(冢人)」편에 대한 가공언(賈公彦)의 소(疏)에 이러한 사실이 나타난다."라고 했다.

之士制”者, 其父梁紇雖爲大夫, 周禮公侯伯之大夫再命, 與天子中士同, 云“周之士制”者, 謂天子之士也.

번역 ◎鄭注: “周禮”~“士制”. ○정현은 『주례』「몽인(冢人)」편의 문장을 인용하고 있는데, 정현이 “높이를 4척(尺)으로 하는 것은 아마도 주나라 때 사(士)에게 적용되었던 제도일 것이다.”라고 하였다. 그 이유는 공자(孔子)의 부친인 숙양흘(叔梁紇)은 비록 대부(大夫)의 신분이었지만, 『주례』의 체제에 따른다면, 공작[公]·후작[侯]·백작[伯]에게 속해 있는 대부(大夫)는 2명[再命]의 등급이므로, 천자(天子)에게 속해 있는 중사(中士)의 등급과 동일하다. 그렇기 때문에 정현이 “주나라 때 사(士)에게 적용되었던 제도이다.”라고 한 것이니, 이때의 ‘사(士)’는 천자에게 속해 있는 사(士) 계급을 가리킨다.

그림 6-1 신하들의 명(命) 등급

	천자(天子) 신하	대국(大國) 신하	차국(次國) 신하	소국(小國) 신하
9명 (九命)	상공(上公=二伯) 하(夏)의 후손 은(殷)의 후손			
8명 (八命)	삼공(三公) 주목(州牧)			
7명 (七命)	후작[侯] 백작[伯]			
6명 (六命)	경(卿)			
5명 (五命)	자작[子] 남작[男]			
4명 (四命)	부용군(附庸君) 대부(大夫)	고(孤)		
3명 (三命)	원사(元士=上士)	경(卿)	경(卿)	
2명 (再命)	중사(中士)	대부(大夫)	대부(大夫)	경(卿)
1명 (一命)	하사(下士)	사(士)	사(士)	대부(大夫)
0명 (不命)				사(士)

▸ **참조:** 『주례』「춘관(春官)·전명(典命)」 및 『예기』「왕제(王制)」
◎ 『예기』와 『주례』의 기록에는 다소 차이가 있다.

【71a】

孔子先反, 門人後, 雨甚, 至, 孔子問焉, 曰: "爾來何遲也?" 曰: "防墓崩." 孔子不應. 三, 孔子泫然流涕曰: "吾聞之, 古不脩墓."

직역 孔子는 先히 反하고, 門人은 後한데, 雨가 甚하고, 至하니, 孔子가 問하길, 曰, "爾의 來가 何히 遲오?" 曰, "防의 墓가 崩이니이다." 孔子가 不應하다. 三하니, 孔子가 泫然히 涕를 流하며, 曰, "吾가 聞하니, 古에는 墓를 不脩라."

의역 공자(孔子)는 무덤을 쌓은 이후에 제자들보다 먼저 돌아왔고, 제자들은 늦게 출발했는데, 비가 매우 많이 내렸다. 이후 제자들이 도착하니, 공자가 묻기를 "너희들은 어찌하여 이처럼 더디게 돌아왔는가?"라고 했다. 그러자 제자들은 "방(防) 땅에 조성했던 묘(墓)가 큰 비로 인해 무너졌습니다. 그래서 그것을 보수하느라 늦었습니다."라고 대답했다. 공자는 제자들의 대답을 듣고도 아무런 말을 하지 않았다. 그러자 제자들은 공자가 무덤이 무너진 사실을 알아듣지 못한 것으로 생각하여, 이 일을 세 차례나 아뢰었다. 그러자 공자는 묵묵히 눈물을 흘리며, "내가 듣기로 고대에는 무덤을 쌓을 때, 신중을 거듭하여 무너질 일이 없었으므로, 무덤을 보수하는 일이 없었다."라고 대답했다.

集說 雨甚而墓崩, 門人修築而後反. 孔子流涕者, 自傷其不能謹之於封築之時, 以致崩圮. 且言古人之所以不修墓者, 敬謹之至, 無事於修也.

번역 비가 많이 와서 묘(墓)가 무너졌고, 문인들이 묘(墓)를 보수한 이후에야 돌아온 것이다. 공자(孔子)가 눈물을 흘린 이유는 제 스스로 무덤을 쌓을 때 신중을 기하지 못하여, 붕괴가 되도록 만들었다는 것에 상심을 했기 때문이다. 또 고대 사람들이 묘(墓)를 보수하지 않았던 이유는 공경함과 신중함을 지극히 발휘하여, 보수할 일이 없었기 때문이라고 말한 것이다.

大全 廬陵胡氏曰: 作墓時, 當爲堅久之計, 不可令崩壞而加治.

번역 여릉호씨[3]가 말하길, 묘(墓)를 조성할 때에는 마땅히 견고하고 오래도록 버틸 수 있도록 계획하니, 무덤이 붕괴되도록 허술하게 만들어서 재차 보수하는 일이 있어서는 안 된다.

鄭注 當脩虞事. 後, 待封也. 言所以遲者, 脩之而來. 以其非禮. 三言之, 以孔子不聞. 脩, 猶治也.

번역 공자(孔子)가 먼저 되돌아온 이유는 우제(虞祭)의 일을 치러야 하기 때문이다. '후(後)'라는 것은 봉분을 쌓는 곳에서 대기했다는 뜻이다. 제자들이 늦게 되돌아온 이유는 무덤을 보수하고서 돌아왔기 때문이라는 뜻이다. 공자가 대답을 하지 않은 이유는 무덤을 보수한 일 자체가 비례(非禮)에 해당하기 때문이다. '삼(三)'이라는 것은 세 차례나 그 일에 대해서 언급했다는 뜻으로, 공자가 제대로 듣지 못했다고 판단했기 때문이다. '수(脩)'자는 "보수하다[治]."는 뜻이다.

釋文 防墓, 防地之墓也. 庾云: "防衛墓崩." 應, 應對之應. 三, 息暫反, 又如字. 泫, 胡犬反. 涕音體.

번역 '防墓'는 방(防) 땅에 조성한 묘(墓)를 뜻한다. 유울[4]은 "무덤이 무너지는 것을 견고하게 방비했다."라고 풀이했다. '應'자는 '응대(應對)'라고 할 때의 '應'자이다. '三'자는 '息(식)'자와 '暫(잠)'자의 반절음이며, 또한 글자대로 읽기도 한다. 泫자는 '胡(호)'자와 '犬(견)'자의 반절음이다. '涕'자의 음은 '體(체)'이다.

---

3) 호전(胡銓, A.D.1102 ~ A.D.1180) : =여릉호씨(廬陵胡氏)·호방형(胡邦衡). 남송(南宋) 때의 정치가이자 문학가이다. 자(字)는 방형(邦衡)이고, 호(號)는 담암(澹庵)이다. 충신으로 명성이 높았다.

4) 유울(庾蔚, ? ~ ?) : =유씨(庾氏). 남조(南朝) 때 송(宋)나라 학자이다. 저서로는 『예기약해(禮記略解)』, 『예론초(禮論鈔)』, 『상복(喪服)』, 『상복세요(喪服世要)』, 『상복요기주(喪服要記注)』 등을 남겼다.

孔疏 ●"曰, 防墓崩". ○防地之墓新始積土, 遇甚雨而崩. 庾蔚云: "防守其墓, 備擬其崩." 若如庾之言, 墓實不崩, 鄭何以言"修之而來"? 孔子何以言"古不修墓"? 違經背注, 妄說異同, 非也.

번역 ●經文: "曰, 防墓崩". ○방(防) 땅에 조성한 묘(墓)는 새롭게 흙을 쌓아서 만든 것인데, 큰 비가 내리게 되어 무너진 것이다. 유울은 "묘(墓)를 튼튼하게 방비하여, 무너질 것을 대비한다."라고 풀이했다. 만약 유울의 말대로라면, 묘(墓)는 실제로 무너지지 않은 것인데, 정현은 어떻게 "보수를 하고서 돌아왔다."라고 말할 수 있겠는가? 또 공자는 어떻게 "고대에는 묘(墓)를 보수하지 않았다."라고 말할 수 있겠는가? 따라서 유울의 풀이는 경문의 기록에 위배되며, 정현의 주와도 상반되니, 망령된 주장으로, 사실과 다르니, 잘못된 설명이다.

孔疏 ●"孔子泫然流涕". ○自傷修墓違古, 致令今崩, 弟子重修, 故流涕也.

번역 ●經文: "孔子泫然流涕". ○묘(墓)를 보수하는 일은 고대의 법도에 위배되는데, 현재 무덤이 붕괴되도록 만들어서, 제자들이 재차 보수를 하게 되었기 때문에, 공자(孔子) 스스로 상심을 하여, 눈물을 흘린 것이다.

訓纂 江氏永曰: 古人略於墓, 而詳於廟. 殷人於墓不墳, 則無崩壞之虞, 無修墓之事, 順地道安靜, 不欲驚其體魄也. 又曰: 夫子泫然流涕, 蓋自悼其不能從殷, 致有違禮之事. 若夫新墳之崩, 由於雨甚, 此非人事之咎也.

번역 강영이 말하길, 고대인들은 묘(墓)에 대해서는 관련 제도를 간소하게 제정하였고, 묘(廟)에 대해서는 상세하게 제정하였다. 은(殷)나라 때에는 묘(墓)에 대해서 봉분을 쌓지 않았으니, 봉문이 무너지는 우려 자체가 없었고, 묘(墓)를 보수하는 일 자체 또한 없었으며, 묘(墓)는 땅의 지세에 따라 편안하고 조용한 장소에 만들어서, 조상의 몸[體]과 백(魄)이 놀라지 않도록 하고자 했다. 또 말하길, 공자(孔子)가 묵묵히 눈물을 흘린 이유는 아마도 제 스스로 은나라 때의 법도를 좇지 못해서, 예법을 위배하게 만든 일에 대해 상심을 했기 때문이다. 만약 새로 흙을 쌓아 만든 봉문이 무너지게 되었는데, 그것이 큰 비로 인한 것이라면, 이것은 사람을 탓할 일이 아니다.

集解 愚謂: 古不修墓, 蓋亦喪事即遠之意. 喪服四制曰, "苴衰不補, 墳墓不培, 示民有終也." 言此者, 自傷其不能謹之於始, 以致違禮而脩墓也.

번역 내가 생각하기에, 고대에는 묘(墓)를 보수하지 않았는데, 그 이유는 아마도 상사(喪事)에는 또한 먼 곳으로 떠나보낸다는 뜻이 포함되어 있기 때문일 것이다. 『예기』「상복사제(喪服四制)」편에서는 "저최(苴衰)[5]는 보수하지 않고, 봉분은 흙을 더 얹지 않으니, 백성들에게 끝마침이 있다는 뜻을 보이기 위해서이다."[6]라고 했다. 따라서 이곳에서 언급하는 내용들은 공자(孔子) 스스로 무덤을 만드는 초반부에 신중을 기하지 못하여, 예법을 위배해서 무덤을 보수하게 된 일에 상심을 했다는 뜻이다.

---

5) 저최(苴衰)는 대마(大麻)의 포(布)로 제작한 상복(喪服)을 뜻한다.

6) 『예기』「상복사제(喪服四制)」【721b】: 三日而食, 三月而沐, 期而練, 毁不滅性, 不以死傷生也. 喪不過三年, 苴衰不補, 墳墓不培. 祥之日鼓素琴, 告民有終也, 以節制者也.

• 제7절 •

곡(哭)을 하는 법도 Ⅰ

【71b】

孔子哭子路於中庭, 有人弔者, 而夫子拜之. 旣哭, 進使者而問故. 使者曰: "醢之矣!" 遂命覆醢.

직역 孔子가 中庭에서 子路를 위해 哭한데, 人이 弔하는 者가 有하여, 夫子가 拜했다. 旣히 哭하고, 使者에게 進하여 故를 問하였다. 使者가 曰, "醢했습니다!" 遂히 命하여 醢를 覆했다.

의역 공자(孔子)는 자로(子路)가 죽었다는 소식을 듣고서, 마당 가운데에서 자로를 위해 곡(哭)을 하였다. 자로를 조문하기 위해 찾아온 자가 있어서, 공자는 그에게 절을 하였다. 곡(哭)하는 일을 끝내고, 찾아온 자에게 나아가서 자로가 죽은 연유에 대해서 물었다. 그러자 조문하러 찾아온 자는 "자로가 죽은 뒤에, 사람들은 그의 시체를 젓갈로 담갔습니다!"라고 말해주었다. 그러자 공자는 제자들에게 명령하여 집안에 있던 젓갈을 모두 내다버리게 했다.

集說 子路死於孔悝之難, 遂爲衛人所醢. 孔子哭之中庭, 師友之禮也. 聞使者之言而覆棄家醢, 蓋痛子路之禍, 而不忍食其似也.

번역 자로(子路)는 공리(孔悝)의 변란 때 죽었으며, 결국 위(衛)나라 사람들에 의해 젓갈로 담기게 되었다. 공자(孔子)가 마당 가운데에서 그를 위해 곡(哭)을 했는데, 이것은 스승이자 벗으로써 취했던 예법이다. 사신으로 찾아온 자의 말을 듣고서, 집안에 있던 젓갈을 뒤엎어 버린 것은 자로가 당한 재앙을 통탄하여, 차마 그 비슷한 것들을 먹을 수 없었기 때문이다.

集說 朱子曰: 子路仕衛之失, 前輩論之多矣. 然子路却是見不到, 非知其非義而苟爲也.

번역 주자가 말하길, 자로(子路)가 위(衛)나라에서 벼슬살이를 한 실수에 대해서는 이전의 학자들이 수차례 논의를 하였다. 그러나 자로가 실수를 범한 것은 도(道)에 이르지 못했음을 드러내는 것이지, 그가 의(義)가 아님을 알고서도 구차하게 행동을 했던 것이 아니다.

大全 山陰陸氏曰: 哭以師友之間進之也.

번역 산음육씨[1)]가 말하길, 곡(哭)을 하길, 스승을 대하고 벗을 대하는 그 중간 위치로 나아가서 한 것이다.

大全 臨川吳氏曰: 哭師於寢, 哭朋友於寢門外, 中庭在寢之外, 寢門外之內, 故陸氏謂之師友之間.

번역 임천오씨[2)]가 말하길, 스승에 대해서 곡(哭)을 할 때에는 침(寢)에서 하고, 벗을 위해 곡(哭)을 할 때에는 침문(寢門) 밖에서 하는데, 중정(中庭)은 침(寢)의 바깥쪽이 되고, 침문(寢門) 밖에서도 안쪽이 된다. 그렇기 때문에 육전은 '스승을 대하고 벗을 대하는 그 중간 위치'라고 말한 것이다.

大全 長樂陳氏曰: 遂命覆醢者, 非特不忍食之, 又不忍見之也.

번역 장락진씨가 말하길, "마침내 명령을 하여 젓갈을 뒤엎어버렸다."

---

1) 산음육씨(山陰陸氏, A.D.1042 ~ A.D.1102) : =육농사(陸農師)·육전(陸佃). 북송(北宋) 때의 유학자이다. 자(字)는 농사(農師)이며, 호(號)는 도산(陶山)이다. 어려서 집안이 매우 가난했다고 전해지며, 왕안석(王安石)에게 수학하였으나 왕안석의 신법에 대해서는 반대하였다. 저서로는 『비아(埤雅)』, 『춘추후전(春秋後傳)』, 『도산집(陶山集)』 등이 있다.

2) 오징(吳澄, A.D.1249 ~ A.D.1333) : =임천오씨(臨川吳氏)·오유청(吳幼淸). 송원대(宋元代)의 유학자이다. 이름은 징(澄)이다. 자(字)는 유청(幼淸)이다. 저서로 『예기해(禮記解)』가 있다.

는 것은 그것을 차마 먹지 못해서만이 아니라, 또한 그것 자체도 차마 볼 수 없었기 때문이다.

鄭注 寢中庭也. 與哭師同, 親之. 爲之主也. 使者, 自衛來赴者. 故, 謂死之意狀. 時衛世子蒯聵簒輒而立, 子路死之. 醢之者, 示欲啗食以怖衆. 覆, 棄之. 不忍食.

번역 '침(寢)'에 있는 마당 가운데를 뜻한다. 스승을 위해서 곡(哭)을 하는 것과 동일한 행동이니, 자로를 친근하게 대했기 때문이다. 공자(孔子)가 직접 조문객에게 절을 한 것은 자로를 위해 상주(喪主)의 역할을 자임했기 때문이다. '시자(使者)'는 위(衛)나라에서 찾아와서 부고를 알린 자이다. '고(故)'라는 것은 자로의 죽음에 대한 정황을 뜻한다. 당시 위나라 세자(世子)였던 괴외(蒯聵)는 첩(輒)의 지위를 찬탈하고, 군주로 등극하였고, 자로는 죽임을 당했다. '해지(醢之)'라는 말은 음식처럼 소금에 절여서, 대중들에게 공포심을 유발시키고자 했다는 뜻이다. '복(覆)'자는 버렸다는 뜻이다. 차마 그 음식을 먹을 수 없었기 때문이다.

釋文 使, 色吏反, 下及注同. 醢音海. 蒯, 苦怪反. 聵, 五怪反. 蒯聵, 衛靈公之太子出公輒之父莊公也. 簒輒, 初患反; 輒, 出公名也. 啗, 本又作"啖", 待敢反. 怖, 普故反. 覆, 芳服反, 注同.

번역 '使'자는 '色(색)'자와 '吏(리)'자의 반절음이며, 아래문장 및 정현의 주에 나온 글자도 그 음이 이와 같다. '醢'자의 음은 '海(해)'이다. '蒯'자는 '苦(고)'자와 '怪(괴)'자의 반절음이다. '聵'자는 '五(오)'자와 '怪(괴)'자의 반절음이다. '蒯聵'는 위(衛)나라 영공(靈公)의 태자(太子)이며, 출공(出公)인 첩(輒)의 부친 장공(莊公)이다. '簒輒'에서의 '簒'자는 '初(초)'자와 '患(환)'자의 반절음이며, '輒'은 출공(出公)의 이름이다. '啗'자는 판본에 따라서 또한 '啖'자로도 기록하며, 그 음은 '待(대)'자와 '敢(감)'자의 반절음이다. '怖'자는 '普(보)'자와 '故(고)'자의 반절음이다. '覆'자는 '芳(방)'자와 '服(복)'자의 반절음이며, 정현의 주에 나온 글자도 그 음이 이와 같다.

孔疏 ●"孔子"至"覆醢". ○正義曰: 此一節論師資之恩, 兼明子路死之意狀.

번역 ●經文: "孔子"~"覆醢". ○이 문단은 스승의 은혜로움에 대해서 논의하고 있으며, 아울러 자로(子路)가 죽게 된 정황에 대해서 밝히고 있다.

孔疏 ◎注"寢中"至"親之". ○正義曰: 下文云"師, 吾哭諸寢", 今"哭子路於中庭", 故云"與哭師同, 親之". 若其不親, 當哭於寢門外, 與朋友同, 故下云"朋友, 哭諸寢門外". 按奔喪云"師於廟門外"者, 謂周禮也. 下文據殷法也.

번역 ◎鄭注: "寢中"~"親之". ○아래문장에서는 "스승에 대해서 나는 침(寢)에서 곡(哭)을 한다."[3]라고 하였고, 이곳 문장에서는 "중정(中庭)에서 자로(子路)를 위해 곡(哭)을 했다."라고 하였다. 그렇기 때문에 정현이 "스승을 위해서 곡(哭)을 하는 것과 동일한 행동이니, 자로를 친근하게 대했기 때문이다."라고 말한 것이다. 만약 자로를 친근하게 대하지 않았다면, 마땅히 침문(寢門) 밖에서 곡(哭)을 해서, 벗을 대하는 행동과 동일하게 해야 한다. 그렇기 때문에 아래문장에서는 "벗을 위해서는 침문(寢門) 밖에서 곡(哭)을 한다."라고 말한 것이다. 『예기』「분상(奔喪)」편에서는 "스승에 대해서는 묘문(廟門) 밖에서 곡(哭)을 한다."[4]라고 하였는데, 이것은 주(周)나라 때의 예법을 뜻한다. 아래문장은 은(殷)나라 때의 예법에 기준을 둔 기록이다.

孔疏 ◎注"故, 謂死之意狀". ○正義曰: 按哀十五年左傳云: "孔子聞衛亂, 曰: '柴也其來, 由也其死矣.'" 則是預知, 所以進使者問故者, 以子路忠而好勇,

---

3) 『예기』「단궁상」【81d】: 伯高之喪, 孔氏之使者未至, 冉子攝束帛乘馬而將之. …… 兄弟, 吾哭諸廟, 父之友, 吾哭諸廟門之外, 師, 吾哭諸寢. 朋友, 吾哭諸寢門之外. 所知, 吾哭諸野.

4) 『예기』「분상(奔喪)」【656b】: 哭父之黨於廟, 母妻之黨於寢, 師於廟門外, 朋友於寢門外, 所識於野張帷. 凡爲位不奠.

必知其死難, 但不知其死之委曲, 更問之也.

번역 ◎鄭注: "故, 謂死之意狀". ○애공(哀公) 15년에 대한 『좌전』의 기록을 살펴보면, "공자(孔子)가 위(衛)나라에 변란이 일어났다는 소식을 듣고서, '시(柴)는 돌아올 것이지만, 유(由)는 죽을 것이다.'"[5]라고 했으니, 이것은 자로(子路)의 죽음에 대해서 미리 예견했던 것이다. 그런데도 부고를 알리러 온 자에게 다가가서 그 정황을 물어본 이유는 자로는 충심이 두텁고 용맹하여, 변란을 막기 위해 목숨을 바쳤을 것이라는 사실을 확실히 알고 있었지만, 그가 어떻게 죽었는지에 대해서는 알 수 없었기 때문에, 재차 그 정황을 물어본 것이다.

孔疏 ◎注"時衛"至"怖衆". ○正義曰: 按哀十五年左傳云, 蒯聵潛入孔悝之家, 與伯姬"迫孔悝於厠, 强盟之, 遂劫以登臺. 子路入, 逐之至臺下, 且曰: '大子無勇, 若燔臺半, 必舍孔叔.' 大子聞之, 懼, 下石乞·盂黶敵子路, 以戈擊之, 斷纓. 子路曰: '君子死, 冠不免.'" 注云: "不使冠在地." 遂絶[6]纓而死.

번역 ◎鄭注: "時衛"~"怖衆". ○애공(哀公) 15년에 대한 『좌전』의 기록을 살펴보면, 괴귀(蒯聵)는 공리(孔悝)의 집으로 잠입하여, 백희(伯姬)와 함께 "측간에 있는 공리를 겁박하여, 강제로 맹약을 맺고, 마침내 위협을 하여 함께 대(臺)에 올랐다. 자로(子路)가 들어서자, 그를 쫓아서 대(臺) 아래까지 당도하여, '태자는 용기가 없으니, 만약 대(臺)를 태워서 반쯤 타들어가게 되면, 반드시 공숙(孔叔)을 풀어줄 것입니다.'라고 했다. 태자가 그 말을 듣고서 두려워하여, 석걸(石乞)과 우염(盂黶)을 내려 보내서 자로를 대적하게 했고, 이들이 자로를 공격하여, 자로의 갓끈이 끊어졌다. 자로는 '군자는

---

5) 『춘추좌씨전』「애공(哀公) 15년」: 衛孔圉取大子蒯聵之姊, 生悝. 孔氏之豎渾良夫長而美, 孔文子卒, 通於內. …… 孔子聞衛亂, 曰, "柴也其來, 由也死矣." 孔悝立莊公. 莊公害故政, 欲盡去之, 先謂司徒瞞成曰, "寡人離病於外久矣, 子請亦嘗之."

6) '절(絶)'자에 대하여. '절'자는 『춘추좌씨전』의 원문에 따라 '결(結)'자로 고쳐야 할 것 같다.

죽어도 갓을 벗지 않는다.'라고 말했다."[7]라고 했고, 이 문장에 대한 주에서는 "갓이 땅에 떨어지지 않게끔 한 것이다."라고 했다. 그리고 결국에는 갓끈을 고쳐 매고 죽었다.

訓纂 彬謂: 古者食必有醬, 皆兼醯醢言之. 儀禮正饌有葅醢, 則每食有醢, 明矣. 孔子聞子路之故, 適食坐設醢, 故不忍食也.

번역 내가 생각하기에, 고대에는 밥을 먹을 때 반드시 젓갈[醬]을 차려두었는데, 모든 경우에 있어서, '장(醬)'이라는 것은 젓갈류인 '혜(醯)'와 '해(醢)'를 포함해서 한 말이다. 『의례』에 기록된 정찬(正饌)에는 '저해(葅醢)'가 포함되어 있으니, 매 식사마다 '해(醢)'가 포함된다는 사실이 명백하다. 공자(孔子)는 자로(子路)의 죽음에 대한 정황을 들었고, 때마침 식사를 하는 자리에 나아갔는데, 해(醢)를 차려놓은 상태였다. 그렇기 때문에 차마 그것을 먹을 수가 없었던 것이다.

集解 王氏安石曰: 孔子哭子路, 與哭師同, 或者哭弟子之禮當如師, 猶服之有報乎?

번역 왕안석[8]이 말하길, 공자(孔子)는 자로(子路)를 위해서 곡(哭)을

---

7) 『춘추좌씨전』「애공(哀公) 15년」: 衛孔圉取大子蒯聵之姊, 生悝. 孔氏之豎渾良夫長而美, 孔文子卒, 通於內. …… 閏月, 良夫與大子入, 舍於孔氏之外圃. 昏, 二人蒙衣而乘, 寺人羅御, 如孔氏. 孔氏之老欒寧問之, 稱姻妾以告, 遂入, 適伯姬氏. 旣食, 孔伯姬杖戈而先, 大子與五人介, 輿豭從之. 迫孔悝於厠, 强盟之, 遂劫以登臺. …… 子路入. 及門, 公孫敢門焉, 曰, "無入爲也." 季子曰, "是公孫也, 求利焉, 而逃其難. 由不然, 利其祿, 必救其患." 有使者出, 乃入, 曰, "大子焉用孔悝? 雖殺之, 必或繼之." 且曰, "大子無勇, 若燔臺, 半, 必舍孔叔." 大子聞之, 懼, 下石乞·盂黶適子路, 以戈擊之, 斷纓. 子路, "君子死, 冠不免." 結纓而死.

8) 왕안석(王安石, A.D.1021 ~ A.D.1086) : =금릉왕씨(金陵王氏)·왕개보(王介甫)·왕문공(王文公)·임천왕씨(臨川王氏). 북송(北宋) 때의 정치가이자 학자이다. 자(字)는 개보(介甫)이고, 호는 반산(半山)이다. 저서로는 『주관신의(周官新義)』 등이 있다.

했는데, 스승에 대해 곡(哭)을 하는 행위와 동일하게 했다. 혹자는 이것을 두고 제자에 대해 곡(哭)을 하는 예법은 마땅히 스승에 대해 곡(哭)을 하는 예법과 같아야 한다고 주장한다. 그렇다면 제자를 위해 상(喪)을 치르는데, 보답함의 도리가 포함되어 있단 말인가?

集解 愚謂: 子路死於衛孔悝之難, 事見左傳. 哭於中庭, 於中庭南面而哭也. 不於阼階下者, 別於兄弟之喪也. 凡於異姓之喪而哭之於寢者, 其位皆如此, 故鄭氏謂"與哭師同". 陸氏・吳氏謂"哭以師友之間", 非也.

번역 내가 생각하기에, 자로(子路)는 위(衛)나라 공리(孔悝)의 난리 때 죽었는데, 그 일화는 『좌전』에 기록되어 있다. 중정(中庭)에서 곡(哭)을 했다는 것은 중정(中庭)에서 남쪽을 바라보고 곡(哭)을 했다는 뜻이다. 동쪽 계단 아래에서 곡(哭)을 하지 않은 이유는 형제(兄弟)들의 상(喪)과 구별하기 위해서이다. 무릇 이성(異姓)에 대한 상(喪)에 있어서, 침(寢)에서 곡(哭)을 하는 경우에는 그 위치가 모두 이와 같다. 그렇기 때문에 정현은 "스승에 대해 곡(哭)을 하는 것과 동일하게 한 것이다."라고 말한 것이다. 육전과 오징은 "스승에게 곡(哭)을 하고 벗에게 곡(哭)을 하는 중간 위치에서 곡(哭)을 했다."라고 풀이했는데, 이것은 잘못된 주장이다.

그림 7-1 사(士)의 침(寢)

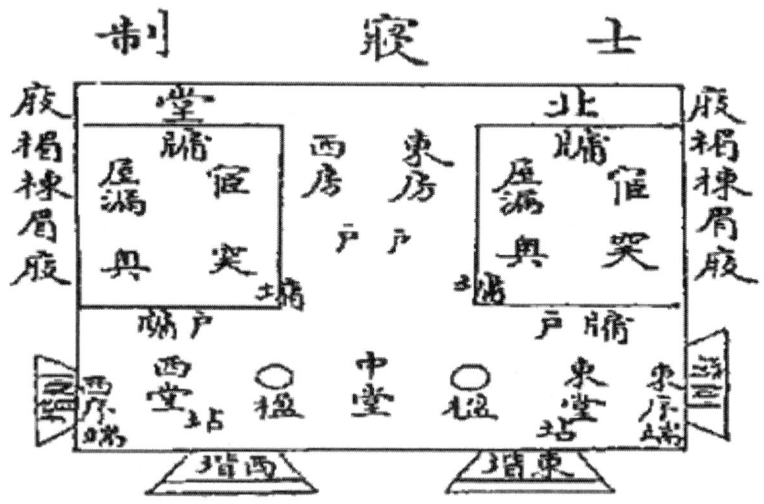

▸ **출처:** 『삼례도(三禮圖)』 2권

【71c】

曾子曰: "朋友之墓, 有宿草而不哭焉."

직역 曾子가 曰, "朋友의 墓에, 宿草有하면 不哭한다."

의역 증자(曾子)가 말하길, "벗의 무덤에, 다년생 풀이 피어나게 되면, 상(喪)을 치른 지 1년이 넘었으므로, 곡(哭)을 하지 않는다."라고 했다.

集說 草根陳宿, 是期年之外, 可無哭矣.

번역 풀의 뿌리가 오래되었다는 것은 상(喪)을 치른 지 1년이 넘었다는 뜻이니, 곡(哭)을 하지 않아도 괜찮은 것이다.

大全 嚴陵方氏曰: 師猶父, 朋友相視猶兄弟, 旣以喪父之義處喪師, 則以喪兄弟之義處喪朋友, 不亦可乎? 墓有宿草, 則期年矣, 是以兄弟之義喪之也. 然必以墓草爲節者, 蓋生物旣變, 而慕心可已故也.

번역 엄릉방씨가 말하길, 스승은 부친과 같으니, 벗을 또한 형제로 간주할 수 있고, 이미 부친에 대해 상(喪)을 치르는 도의에 따라 스승에 대한 상(喪)을 치르게 된다면, 형제에 대해 상(喪)을 치르는 도의에 따라 벗에 대한 상(喪)을 치르는 것이 또한 마땅한 것이 아니겠는가? 묘(墓)에 숙초(宿草)가 있다면, 1년이 경과한 것이니, 이것은 형제에 대한 도의에 따라 그에 대한 상(喪)을 치른 것이다. 그러나 반드시 묘(墓)에 피어나는 풀을 기준으로 그 기한을 삼은 이유는 무릇 생물이 이미 변화하게 되어, 벗을 그리워하는 마음 또한 접을 수 있게 되기 때문이다.

鄭注 宿草, 謂陳根也. 爲師心喪三年, 於朋友期可.

번역 '숙초(宿草)'는 여러해살이풀[陳根]을 뜻한다. 스승을 위해서는 심상(心喪)으로 삼년상을 치르는데, 벗에 대해서는 1년상을 치러도 괜찮다.

釋文 期音朞.

번역 '期'자의 음은 '朞(기)'이다.

孔疏 ●"曾子"至"哭焉". ○正義曰: 曾子, 孔子弟子, 姓曾名參, 字子輿, 魯人也. 宿草, 陳根也. 草經一年陳, 根陳也. 朋友相爲哭一期, 草根陳, 乃不哭也. 所以然者, 朋友雖無親, 而有同道之恩. 言朋友期而猶哭者, 非謂在家立哭位, 以終期年. 張敷云: "謂於一期[9]之內, 如聞朋友之喪, 或經過朋友之墓及事故須哭, 如此則哭焉. 若期之外, 則不哭也."

번역 ●經文: "曾子"~"哭焉". ○'증자(曾子)'는 공자(孔子)의 제자로, 성(姓)은 증(曾)이며, 이름은 삼(參)이고, 자(字)는 자여(子輿)이며, 노(魯)나라 출신이다. '숙초(宿草)'는 여러해살이풀[陳根]을 뜻한다. 풀은 1년을 경과하게 되면, 늘어지게 퍼지게 되니, 그 뿌리가 여러 갈래로 퍼진 것이다. 벗은 서로를 위해 1년 동안 곡(哭)을 하니, 여러해살이풀의 뿌리가 퍼지게 되면, 1년이 경과한 것이므로, 곧 곡(哭)을 하지 않는다. 이처럼 하는 이유는 벗은 비록 친척관계가 아니지만, 둘의 관계에는 도(道)를 함께 하는 은정이 포함되어 있다. 벗을 위해 1년 동안 계속하여 곡(哭)을 한다는 말은 자신의 집에 곡(哭)을 하는 자리를 마련하여, 1년 동안 지속적으로 한다는 뜻이 아니다. 장부(張敷)가 말하길, "1년 이내의 기간 중에, 만일 벗의 상(喪)에 대한 소식을 듣게 되었다면, 간혹 벗의 묘(墓) 및 그와 함께 했던 장소를 지나치게 되기 때문에, 곡(哭)을 해야 하는 것이다. 이와 같다면 곡(哭)을 하는 것이다. 만약 1년을 경과하게 된다면, 곡(哭)을 하지 않는다."라고 했다.

---

9) '기(期)'자에 대하여. '기'자는 본래 '성(成)'자로 기록되어 있었는데, 완원(阮元)의 『교감기(校勘記)』에서는 "『민본(閩本)』·『감본(監本)』·『모본(毛本)』에는 '세(歲)'자로 기록하고 있으니, 이곳 판본에는 잘못하여 '성(成)'자로 기록한 것이다. 『고문(考文)』에서 인용하고 있는 송(宋)나라 때의 판본에서는 '세'자를 '기'자로 기록하였다. 살펴보니, '기'자로 기록하는 것이 옳다." 라고 했다.

• 제8절 •

상례(喪禮)의 일반적 법도

【71c】

子思曰: "喪三日而殯, 凡附於身者, 必誠必信, 勿之有悔焉耳矣. 三月而葬, 凡附於棺者, 必誠必信, 勿之有悔焉耳矣."

직역 子思가 曰, "喪에는 三日하고 殯하며, 凡히 身에게 附한 者는 必히 誠하고 必히 信하며, 悔가 有함을 勿할 따름이다. 三月하고 葬하며, 凡히 棺에 附한 者는 必히 誠하고 必히 信하며, 悔가 有함을 勿할 따름이다.

의역 자사(子思)가 말하길, "상(喪)을 당하게 되면 3일이 지난 뒤에 빈소를 차리며, 시신에게 입히는 의복이나 이불 등에 대해서는 반드시 성심과 신의를 다해서, 후한이 될 것을 남겨서는 안 될 따름이다. 3개월이 지난 뒤에 장례(葬禮)를 치르며, 관(棺)에 부장하는 물건들에 대해서는 반드시 성심과 신의를 다해서, 후한이 될 것을 남겨서는 안 될 따름이다."라고 했다.

集說 附於身者, 襲斂衣衾之具; 附於棺者, 明器用器之屬也.

번역 '부어신자(附於身者)'라는 것은 염(殮)과 습(襲)을 할 때 사용되는 옷들과 이불 등의 도구들을 뜻하며, '부어관자(附於棺者)'라는 것은 명기(明器)[1]와 용기(用器) 등의 부류를 뜻한다.

---

1) 명기(明器)는 명기(冥器)라고도 부른다. 장례(葬禮) 때 시신과 함께 매장하는 순장품을 뜻한다.

그림 8-1 명기(明器)를 운반하는 모습

▸ **출처:** 『삼재도회(三才圖會)』「의제(儀制)」 7권

集說 方氏曰: 必誠, 謂於死者無所欺; 必信, 謂于生者無所疑.

번역 방씨가 말하길, '필성(必誠)'이라는 말은 죽은 자에 대해서 속이는 바가 없다는 뜻이다. '필신(必信)'이라는 말은 산 자에 대해서 의혹되게 할 바가 없다는 뜻이다.

大全 金華應氏曰: 附于棺者, 若卜其宅兆邱封壤樹之事, 不獨明器之屬也.

번역 금화응씨가 말하길, '부우관자(附于棺者)'라는 것은 묘지로 사용될 땅에 대해서 점을 치고, 구릉을 조성하며, 나무를 심는 등의 일들도 해당하니, 명기(明器) 등의 부류에만 한정되는 것은 아니다.

鄭注 言其日月, 欲以盡心脩備之. 附於身, 謂衣衾. 附於棺, 謂明器之屬.

번역 장례(葬禮)의 절차에 따른 날과 달의 시한을 언급한 것으로, 마음을 다하여, 잘 준비하고자 한 것이다. '부어신(附於身)'이라는 것은 의복이나 이불 등을 뜻한다. '부어관(附於棺)'이라는 것은 명기(明器) 등의 부류를 뜻한다.

釋文 衾音欽.

번역 '衾'자의 음은 '欽(흠)'이다.

孔疏 ●"子思"至"不樂". ○正義曰: 此一節論喪之初死及葬送終之具, 須盡孝子之情, 及思念父母不忘之事, 今各隨文解之.

번역 ●經文: "子思"~"不樂". ○이곳 문단은 상(喪)의 절차에서 초상(初喪)이 났을 때와 장례(葬禮)를 치르며 시신을 전송할 때 사용하는 도구들에 대해서, 자식된 마음을 다해야 하고, 부모를 항상 생각하여 잊을 수 없다는 사안을 논의하고 있으니, 각각의 문장에 따라서 풀이하겠다.

孔疏 ●"三日而殯"者, 據大夫士禮, 故云三日也.

번역 ●經文: "三日而殯". ○대부(大夫)와 사(士) 계층에게 적용되는 예법을 기준으로 한 문장이다. 그렇기 때문에 '3일[三日]'이라고 말한 것이다.

孔疏 ●"凡附於身"者, 謂衣衾也. 夫祀必求仁者之粟, 故送終之物, 悉用誠信, 必令合禮, 不使少有非法, 後追悔咎. "焉耳矣"者, 助句之辭.

번역 ●經文: "凡附於身". ○의복과 이불 등을 뜻한다. 무릇 제사에서는 반드시 인(仁)한 자에게서 얻은 곡식을 사용하게 된다.[2] 그렇기 때문에 마지막을 전송할 때 사용하는 물건들에 대해서는 모두 성심과 신의를 다하여, 반드시 예법에 맞도록 하고, 조금이라도 어긋나는 일이 발생하여, 회한이 남도록 해서는 안 된다. 경문의 "焉耳矣"에 대하여. 구문의 종결을 맺어주는 말이다.

孔疏 ●"三月而葬, 凡附於棺者, 必誠必信, 勿之有悔焉耳矣"者, 三月而葬, 亦大夫士禮也. 附謂明器之屬, 亦當必誠信, 不追悔也.

번역 ●經文: "三月而葬, 凡附於棺者, 必誠必信, 勿之有悔焉耳矣". ○3개월이 지난 뒤에 장례(葬禮)를 치른다는 것 또한 대부(大夫)와 사(士) 계층에게 적용되는 예법이다. '부(附)'라는 것은 명기(明器) 등의 부류를 뜻하니, 이것들에 대해서도 또한 마땅히 성심과 신의를 다하여, 회한을 남겨서는 안 된다.

---

2) 『예기』「제의(祭義)」【567b~c】: 孝有三, 小孝用力, 中孝用勞, 大孝不匱. …… 父母旣沒, 必求仁者之粟以祀之. 此之謂禮終.

孔疏 ◎注“言其”至“之屬”. ○正義曰: 此“言其日月, 欲以盡心修備之”, 鄭意但言凡附身附棺自足, 又更云“三日”·“三月”, 言棺中物少者, 三日之期, 家計可使量度, 則必中, 棺外物多, 三月之賒, 思忖必就, 故言日月, 欲見宜愼也. 云“謂明器之屬”者, 按旣夕禮除明器之外, 有用器弓矢·耒耜·兩敦·兩杅·盤匜·燕樂器·甲·冑·干·笮·杖·笠·翣等, 故云“之屬”也.

번역 ◎鄭注: “言其”~“之屬”. ○정현은 이곳 문장에 대해서, “장례(葬禮)의 절차에 따른 날과 달의 시한을 언급한 것으로, 마음을 다하여, 잘 준비하고자 한 것이다.”라고 했는데, 정현의 의중은 단지 시신에 부장하고 관(棺)에 부장하는 것들에 대해서만 설명하고자 했던 것이다. 그런데 재차 ‘3일’, ‘3개월’ 등을 언급한 것은 관(棺)에 부장하는 물건들 중 적은 것들은 3일이라는 기한 이내에, 가산(家産)에 따라 치수를 헤아린다면, 반드시 예법에 맞출 수 있게 되고, 관(棺) 외부에 부장하는 물건들은 많으므로, 3개월의 여유로운 기간 동안 헤아려본다면 반드시 맞출 수 있게 된다. 그렇기 때문에 날과 달에 대해서 언급하여, 마땅히 신중하게 해야 함을 나타내고자 한 것이다. 정현이 “명기(明器) 등의 부류를 뜻한다.”라고 하였는데, 『의례』「기석례(旣夕禮)」편을 살펴보면, 명기(明器)를 제외하고도, 용기(用器)에는 활[弓]·화살[矢]·쟁기와 보습[耒耜]·한 쌍의 돈[兩敦]·한 쌍의 잔[兩杅]·대야와 주전자[盤匜]·연회 때 사용하는 악기[燕樂器]·갑옷[甲]·투구[冑]·방패[干]·화살 통[笮]·지팡이[杖]·갓[笠]·삽[翣] 등의 부류가 있다. 그렇기 때문에 ‘등의 부류[之屬]’라고 말한 것이다.

그림 8-2 용기(用器) : 뇌사(耒耜)와 간(干)

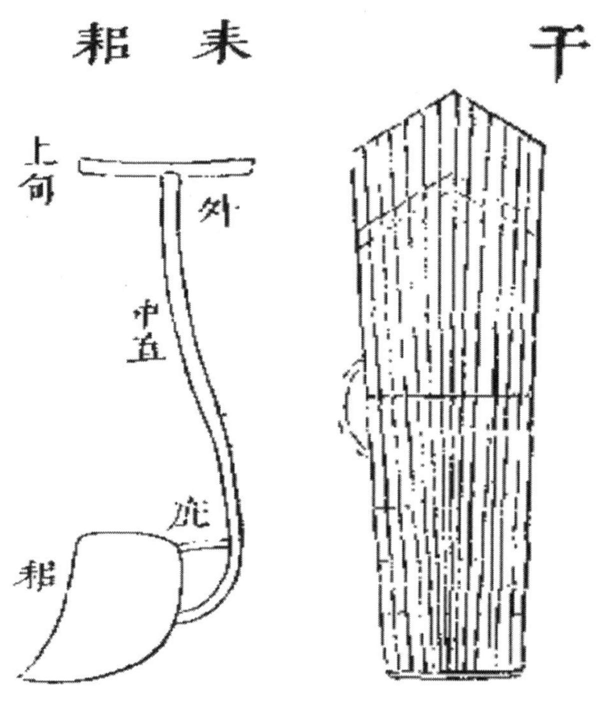

▸ **출처:** 『삼재도회(三才圖會)』「기용(器用)」 11권; 6권

그림 8-3 용기(用器) : 돈(敦)

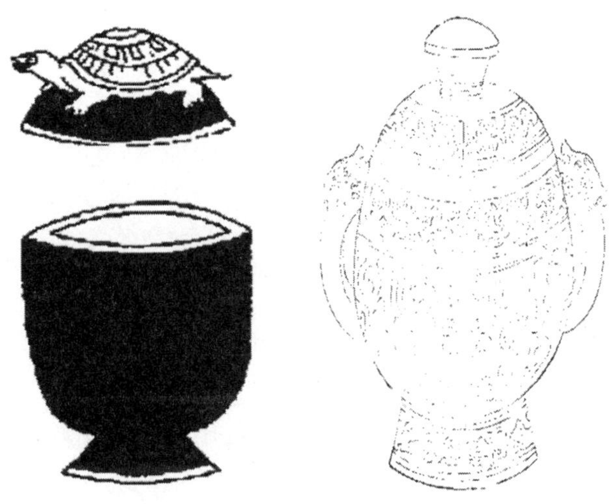

▸ **출처:**

좌-『삼례도집주(三禮圖集注)』 13권

우-『삼재도회(三才圖會)』「기용(器用)」 1권

그림 8-4 용기(用器) : 우(杅)·이(匜)·이반(匜盤)

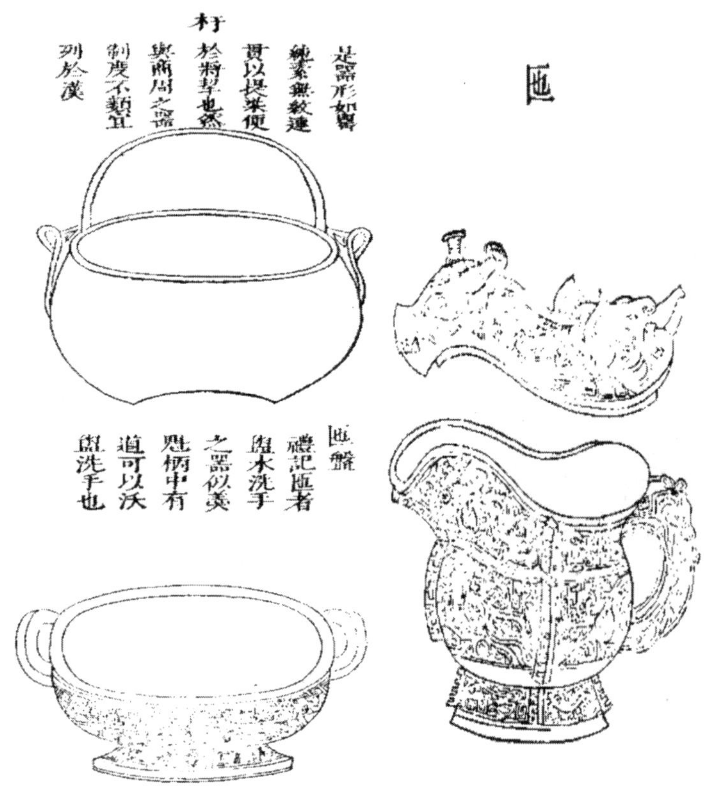

▸ **출처:** 『삼재도회(三才圖會)』「기용(器用)」 1권

그림 8-5 용기(用器) : 갑옷[甲]과 투구[冑]

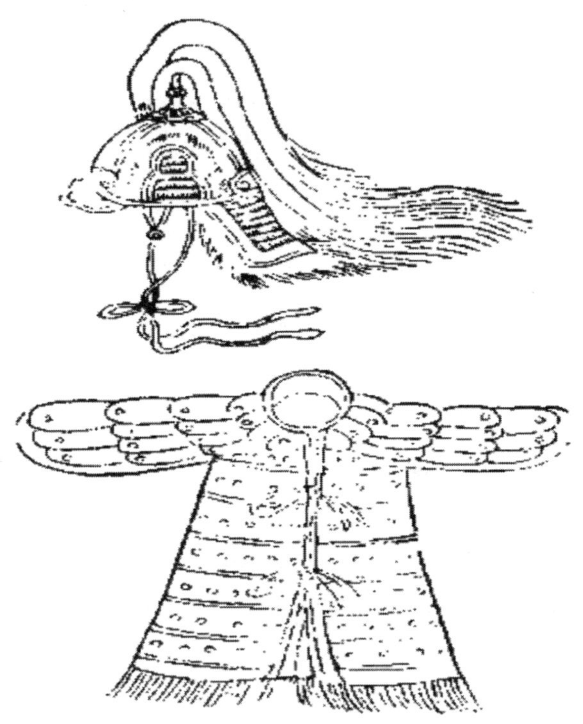

▸ **출처:** 『삼재도회(三才圖會)』「의복(衣服)」 3권

그림 8-6 용기(用器) : 지팡이[杖]와 갓[笠]

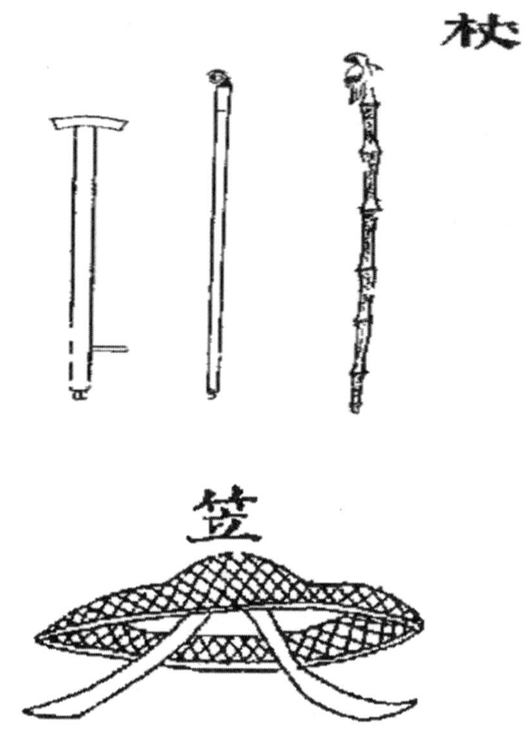

▸ **출처:**

장(杖)-『삼재도회(三才圖會)』「기용(器用)」 12권

갓[笠]-『삼례도집주(三禮圖集注)』 18권

그림 8-7 삽(翣) : 보삽(黼翣)·불삽(黻翣)·운삽(雲翣)

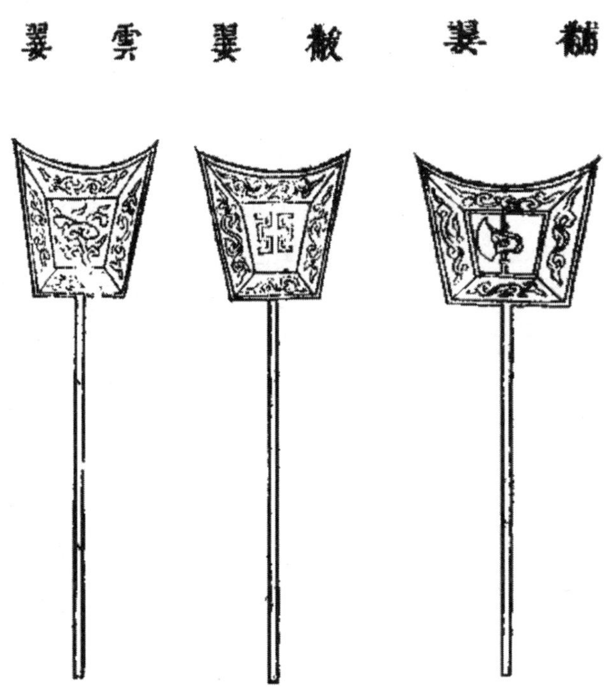

▸ **출처:** 『삼재도회(三才圖會)』「의제(儀制)」 7권

【71d】

"喪三年以爲極, 亡則弗之忘矣. 故君子有終身之憂, 而無一朝之患. 故忌日不樂."

직역 "喪은 三年하여 이로써 極을 爲하며, 亡이라도 忘을 弗한다. 故로 君子는 終身의 憂가 有하더라도, 一朝의 患이 無라. 故로 忌日에는 不樂한다."

의역 자사(子思)가 계속해서 말하길, "상(喪)에서는 삼년상을 치르는 것을 가장 지극하다고 여기며, 장례(葬禮)를 치르게 되더라도 부모를 잊을 수가 없는 것이다. 그렇기 때문에 군자(君子)는 종신토록 품게 되는 근심이 있다고 하더라도, 하루 아침에 발생하는 우환은 없는 것이다. 그래서 부모의 기일(忌日)에는 음악을 연주하지 않는 것이다."라고 했다.

集說 喪莫重於三年. 旣葬曰亡. 中庸曰: "事亡如事存." 雖已葬而不忘其親, 所以爲終身之憂而忌日不樂也. 祭義曰: "君子有終身之喪, 忌日之謂也." 冢宅崩毁, 出於不意, 所謂一朝之患. 惟其必誠必信, 故無一朝之患也. 或曰: 殯葬皆一時事, 於此一時而不謹, 則有悔; 惟其誠信, 故無此一時不謹之患.

번역 상(喪)에서는 삼년상보다 중대한 것이 없다. 이미 장례(葬禮)를 치른 상태를 '망(亡)'이라고 부른다. 『중용』에서는 "망(亡)한 자를 섬기길 생존한 자를 섬기듯이 한다."[3]라고 했다. 비록 장례(葬禮)를 끝냈다고 하더라도 부모를 잊을 수가 없으니, 종신토록 우환이 되어, 기일(忌日)에는 음악을 연주하지 않는 것이다. 『예기』「제의(祭義)」편에서는 "군자(君子)는 종신토록 지내는 상(喪)이 있으니, 부모의 기일(忌日)을 뜻한다."[4]라고 했다.

---

3) 『중용』「19장」: 踐其位, 行其禮, 奏其樂, 敬其所尊, 愛其所親, 事死如事生, 事亡如事存, 孝之至也.

4) 『예기』「제의(祭義)」【554d】: 君子有終身之喪, 忌日之謂也. 忌日不用, 非不祥也, 言夫日, 志有所至, 而不敢盡其私也.

의도치 못한 상태에서 묘역이 붕괴된 것은 이른바 '하루아침의 우환'에 해당한다. 오직 성심을 다하고 신의를 다하기 때문에, 하루아침의 우환도 없게 되는 것이다. 혹자는 다음과 같이 풀이한다. 빈소를 차리고 장례를 치르는 것은 모두 특정한 시기에 치르는 일들인데, 이러한 시기에 신중을 기하지 못한다면, 후회가 된다. 따라서 오직 성심을 다하고 신의를 다하기 때문에, 특정 시기에 신중을 기하지 못한 우환이 없게 되는 것이다.

大全 馬氏曰: 君子之事親, 無所不用誠信, 而至於明器則備物, 而不可用者, 亦可以爲誠信乎! 蓋之死而致死之, 不仁而不可爲也, 之死而致生之, 不知而不可爲也. 明器之用・仁知之道, 誠信之至者也, 知此則可以無悔也.

번역 마씨가 말하길, 군자(君子)는 부모를 섬길 때, 성심과 신의를 다하지 않는 바가 없고, 명기(明器) 등에 대해서는 기물을 모두 갖추게 되지만, 실제로 사용할 수 없는 것들로 준비하니, 이 또한 성심과 신의를 다했다고 할 수 있다![5] 무릇 죽은 자를 전송할 때 죽은 자를 대하는 방법으로만 전송한다면, 인(仁)하지 못한 일이 되어, 그처럼 할 수 없고, 죽은 자를 전송할 때 산 자를 대하는 방법으로만 전송한다면, 지혜롭지 못한 일이 되어, 그처럼 할 수 없다.[6] 명기를 사용하고, 인(仁)과 지(知)의 도리에 따르는 것은 성심과 신의를 지극히 발휘한 것이다. 이와 같은 사실을 안다면, 회한이 없도록 할 수 있다.

大全 長樂陳氏曰: 君子之於親, 有終制之喪, 有終身之喪, 終制之喪, 三年是也, 終身之喪, 忌日是也. 文王之於親, 忌日必哀而不樂, 豈非能全終身之憂乎? 有終身之憂, 仁也, 無一朝之患, 義也.

---

5) 『예기』「단궁하(檀弓下)」【117c】: 孔子謂, 爲明器者知喪道矣, 備物而不可用也.

6) 『예기』「단궁상」【94b~c】: 孔子曰, "之死而致死之, 不仁而不可爲也. 之死而致生之, 不知而不可爲也. 是故竹不成用, 瓦不成味, 木不成斲, 琴瑟張而不平, 竽笙備而不和, 有鐘磬而無簨虡, 其曰明器, 神明之也."

번역 장락진씨가 말하길, 군자(君子)는 부모에 대해서, 종제(終制)의 상(喪)을 치러야 하고, 또 종신(終身)의 상(喪)을 치러야 하니, 종제(終制)의 상(喪)은 삼년상을 가리키며, 종신(終身)의 상(喪)은 기일(忌日)에 대한 제사를 뜻한다. 문왕(文王)은 부모에 대해서, 기일(忌日)에는 반드시 슬픈 감정에 빠져서, 음악을 연주하지 않았는데,[7] 이것을 어찌 종신토록 가지게 되는 근심을 온전히 나타낸 것이 아니라 하겠는가? 종신토록 근심을 지니는 것은 인(仁)에 해당하고, 하루아침의 우환도 없는 것은 의(義)에 해당한다.

鄭注 去已久遠, 而除其喪. 則之言曾. 念其親. 毁不滅性. 謂死日, 言忌日不用擧吉事.

번역 부모를 떠나보낸 시기가 이미 오래되어, 그 상(喪)을 끝냈다는 뜻이다. '즉(則)'자는 일찍이[曾]라는 뜻이다. 종신토록 근심하는 점이 있다는 것은 부모에 대한 생각을 품고 있다는 뜻이다. 하루아침의 우환이 없다는 것은 몸이 수척하게 되더라도 생명을 해치지 않는다는 뜻이다. 기일(忌日)은 부모가 돌아가신 날을 뜻하니, 기일에는 길사(吉事)를 시행할 수 없다는 뜻이다.

釋文 以爲極亡, 並如字; 極, 已也, 徐紀力反; 王以"極"字絶句, 亡作"忘", 向下讀; 孫依鄭作"亡", 而如王分句. 樂如字, 又音洛.

번역 '以爲極亡'자들은 모두 글자대로 읽는데, '極'자는, 이미[已]라는 뜻이며, 서음(徐音)은 '紀(기)'자와 '力(력)'자의 반절음이다. 왕숙은 '極'자에서 구문을 끊었고, '亡'자를 '忘'자로 기록했으며, 그 뒤의 글자도 이처럼 해석하였다. 손염은 정현의 주에 의거해서 이 글자를 '亡'자로 기록하였지

---

7) 『예기』「제의(祭義)」【555b~c】: 文王之祭也, 事死者如事生, 思死者如不欲生, 忌日必哀, 稱諱如見親, 祀之忠也. 如見親之所愛, 如欲色然, 其文王與. 詩云, "明發不寐, 有懷二人." 文王之詩也. 祭之明日, 明發不寐, 饗而致之, 又從而思之. 祭之日樂與哀半, 饗之必樂, 已至必哀.

만, 왕숙처럼 구문을 끊었다. '樂'자는 글자대로 읽으며, 또한 그 음은 '洛(낙)'도 된다.

孔疏 ●"喪三年以爲極亡". ○此亦子思語辭也. 言服親之喪, 以經三年, 以爲極亡, 可以棄忘, 而孝子有終身之痛, 曾不暫忘於心也. 注云"則之言曾", 故君子有終竟己身, 恒慘念親. 此則是不忘之事. 雖終身念親, 而不得有一朝之間有滅性禍患, 恐其常毁, 故唯忌日不爲樂事, 他日則可, 防其滅性故也. 所以不滅性者, 父母生己, 欲其存寧, 若滅性, 傷親之志, 又身已絶滅, 無可祭祀故也.

번역 ●經文: "喪三年以爲極亡". ○이 문장 또한 자사(子思)가 한 말이다. 부모에 대한 상(喪)을 치를 때, 3년이 경과하게 되면, 부모가 돌아가신지 매우 긴 기간이 흘렀으므로, 부모에 대한 생각을 잊을 수도 있지만, 자식에게는 평생토록 한스럽게 여기는 점이 있게 되어, 마음속에서 잠시라도 잊지 못하게 된다. 정현의 주에서는 "'즉(則)'자는 일찍이[曾]라는 뜻이다."라고 하였다. 그렇기 때문에 군자(君子)는 자신이 죽을 때까지 항상 부모에 대해 애처롭게 생각하게 되는 것이다. 이처럼 한다면, 이것은 부모를 잊지 못하는 사안에 해당한다. 비록 평생토록 부모에 대해 생각하게 되지만, 창졸간에 생명을 잃게 되는 화근이 있어서는 안 되니, 평상시에도 부모에 대한 생각 때문에, 몸을 상하게 될까를 염려한 것이다. 그래서 오직 기일(忌日)에만 경사스러운 일을 시행할 수 없고, 다른 날에는 가능하니, 그가 자신의 목숨을 잃게 될 것을 방지한 것이다. 자신의 생명을 잃지 말아야 하는 이유는 부모가 자신을 낳아주었던 것은 자식의 안존과 안녕을 바라고자 한 것인데, 만약 자신의 생명을 잃게 된다면, 부모의 뜻을 해치게 되고, 또 자신이 생명을 잃게 되면, 제사를 모실 수 없기 때문이다.

孔疏 ◎注"謂死"至"吉事". ○正義曰: 下篇子卯爲人君忌日, 恐此忌日亦爲子卯, 故云"謂死日"也. 言"忌"者, 以其親亡忌難, 吉事不擧之.

번역 ◎鄭注: "謂死"~"吉事". ○다음 편에서는 주(紂)가 죽은 자일(子日)과 걸(桀)이 죽은 묘일(卯日)을 언급했는데,[8] 이것은 군주의 기일(忌日)이 되므로, 이곳에 나온 '기일(忌日)'을 또한 자일(子日)과 묘일(卯日)로 오해할 수도 있다. 이러한 점을 염려했기 때문에, "부모가 돌아가신 날을 뜻한다."라고 말한 것이다. '기(忌)'라고 말한 것은 부모가 돌아가신 날은 꺼려지고 두려운 시기이기 때문이니, 길사(吉事)를 거행하지 않는 것이다.

訓纂 劉氏台拱曰: 王說是也, 猶云以云忘, 則未嘗忘也.

번역 유태공[9]이 말하길, 왕숙의 주장이 옳다. 그런데도 오히려 "'망(忘)'으로 해석한다."고 말한 것은 일찍이 잊을 수가 없기 때문이다.

訓纂 朱氏軾曰: 蓋喪有盡而哀無窮, 雖親死已久, 而追慕之情, 終身弗忘. 於何見之? 於忌日不樂見之也. 一朝之患, 不重, 蓋古有是語, 連引及之. 注以患爲滅性, 未是.

번역 주식[10]이 말하길, 무릇 상(喪)에서는 진심을 다하여, 애달픔에 끝이 없으니, 비록 부친이 돌아가신지 이미 오래되었더라도, 사모하고 그리워하는 감정은 종신토록 잊을 수가 없는 것이다. 어디에서 이러한 점을 확인할 수 있는가? 기일(忌日)에 음악을 연주하지 않는 것을 통해, 이러한 사실을 확인할 수 있다. 하루아침의 우환이라는 것은 중대하지 않은데, 아마도 고대에는 이러한 말이 있었기 때문에, 연이어서 이 말을 인용했던 것이다. 정현(鄭玄)의 주에서 '환(患)'이라는 것을 자신의 생명을 잃는다는 것으로

---

8) 『예기』「단궁하(檀弓下)」【123a】: 平公呼而進之, 曰, "蕢, 曩者爾心或開予, 是以不與爾言." "爾飮曠何也?" 曰, "子卯不樂. 知悼子在堂, 斯其爲子卯也大矣. 曠也大師也, 不以詔, 是以飮之也."

9) 유태공(劉台拱, A.D.1751 ~ A.D.1805) : 청(淸)나라 때의 경학자이다. 천문학(天文學), 율려학(律呂學), 문자학(文字學) 등에 조예가 깊었다.

10) 주식(朱軾, A.D.1665 ~ A.D.1735) : 청(淸)나라 때의 명신(名臣)이다. 자(字)는 약섬(若贍)·백소(伯蘇)이고, 호(號)는 가정(可亭)이다.

해석했는데, 이것은 옳은 해석이 아니다.

訓纂 王氏引之曰: 釋文如字讀, 是也. 忌日不作樂者, 哀之徵也. 唯居喪不聽樂, 忌日如之. 故祭義謂之終身之喪. 古者謂作樂爲樂, 下文"是月禫, 徙月樂", 注曰, "明月可以用樂." "孟獻子禫, 縣而不樂." 又曰, "子卯不樂." 注曰, "不以擧樂爲吉事."

번역 왕인지[11]가 말하길, 『경전석문』[12]에서는 글자들을 각 글자대로 음독하여 풀이했는데, 이것은 옳은 주장이다. 기일(忌日)에 음악을 연주하지 않는다는 것은 슬픔을 나타내는 것이다. 오직 상(喪)에 처했을 때에는 음악을 듣지 않으므로, 기일에도 이처럼 하는 것이다. 그렇기 때문에 『예기』「제의(祭義)」편에서는 종신토록 지내야 하는 상(喪)을 언급했던 것이다. 고대에는 음악을 연주하는 것을 '악(樂)'이라고 기록하였으니, 아래문장에서 "이번 달에 담(禫)제사[13]를 지냈다면, 그 달을 넘겨서야 음악을 연주한다."[14] 라고 했고, 이 문장에 대한 정현의 주에서는 "다음 달에는 음악을 연주할 수 있다."라고 풀이했다. 또 "맹헌자(孟獻子)는 담제사를 지내며, 악기를 걸어두기만 하고 연주를 하지 않았다."[15]라고 했고, 또 "자(子)자가 들어가

---

11) 왕인지(王引之, A.D.1766 ~ A.D.1834) : 청(淸)나라 때의 훈고학자이다. 자(字)는 백신(伯申)이고, 호(號)는 만경(曼卿)이며, 시호(諡號)는 문간(文簡)이다. 왕념손(王念孫)의 아들이다. 대진(戴震), 단옥재(段玉裁), 부친과 함께 대단이왕(戴段二王)이라고 일컬어졌다. 『경전석사(經傳釋詞)』, 『경의술문(經義述聞)』 등의 저술이 있다.

12) 『경전석문(經典釋文)』은 석문(釋文)이라고도 부른다. 당(唐)나라 때의 학자인 육덕명(陸德明)이 지은 책이다. 문자(文字)의 동이(同異) 및 음과 뜻에 대해서 풀이한 서적이다. 전체 30권으로 구성되어 있으며, 『역(易)』, 『서(書)』, 『시(詩)』, 『주례(周禮)』, 『의례(儀禮)』, 『예기(禮記)』 등 주요 유가경전(儒家經典)들에 대해 풀이하고 있다. 한편 노장사상(老莊思想)이 유행했던 당시의 영향으로, 『노자(老子)』와 『장자(莊子)』에 대한 내용 또한 수록되어 있다.

13) 담제(禫祭)는 상복(喪服)을 벗을 때 지내는 제사이다.

14) 『예기』「단궁상」【106c】: 祥而縞, <u>是月禫, 徙月樂</u>.

15) 『예기』「단궁상」【77b】: <u>孟獻子禫, 縣而不樂</u>, 比御而不入. 夫子曰, "獻子加

는 날과 유(卯)자가 들어가는 날에는 음악을 연주하지 않았다."[16]라고 했는데, 이 문장에 대한 정현의 주에서는 "음악을 연주하여, 길사(吉事)처럼 지내지 않는 것이다."라고 풀이했다.

集解 今按: 極字句絶, 亡當如字, 屬下讀, 孫氏得之.

번역 내가 살펴보니, '극(極)'자에서 구문을 끊는 것이고, '망(亡)'자는 마땅히 글자대로 풀이해야 하며, 뒷문장과 연결해서 풀이해야 하니, 손염의 주장이 옳다.

集解 愚謂: 殯, 謂斂尸於棺而塗之也. 言"三日"·"三月"者, 謂其時足以治其殯葬之事也. 誠者, 盡其心而無所苟; 信者, 當於禮而無所違. 蓋送死大事, 人子之心之所能自盡者, 惟在此時, 苟有幾微之失, 將有悔之, 而無可悔者矣. 喪三年以爲極者, 送死有已, 復生有節也. 亡, 猶"反而亡焉"之亡, 亡則弗之忘者, 言親雖亡, 而子之心則不能忘也. 春霜秋露, 悽愴怵惕, 如將見之, 故有終身之憂; 不敢以父母之遺體行殆, 故無一朝之患. 此皆由不忘親, 故能如此. 忌日不樂, 亦終身不忘親之一端也.

번역 내가 생각하기에, '빈(殯)'은 대렴(大斂)을 하여 시신을 관(棺)에 안치하고, 가매장을 한다는 뜻이다. '3일[三日]'·'3개월[三月]'이라고 기록한 것은 그 기간이 빈(殯)을 하고 장례(葬禮)의 일들을 치르기에 충분하다는 뜻이다. '성(誠)'이라는 것은 자신의 마음을 다하여, 구차한 점이 없다는 뜻이고, '신(信)'이라는 것은 예법에 합당하여, 위배되는 점이 없다는 뜻이다. 무릇 죽은 자를 전송하는 일은 중대한 일이며, 자식된 마음에서 제 스스로 그 마음을 다할 수 있는 것은 오직 이 시기에 한정되어 있으니, 만약

於人一等矣."

16) 『예기』「단궁하(檀弓下)」【123a】: 平公呼而進之, 曰, "蕢, 曩者爾心或開予, 是以不與爾言." "爾飮曠何也?" 曰, "子卯不樂. 知悼子在堂, 斯其爲子卯也大矣. 曠也大師也, 不以詔, 是以飮之也."

작은 실수라도 발생한다면, 장차 그것을 후회하게 되므로, 후회할 만한 일이 없도록 해야 한다. 삼년상을 치르는 것을 지극하다고 한 이유는 죽은 자를 전송하는 일이 이미 끝이 났으므로, 생시(生時)로 돌아오는 일에 절도가 있기 때문이다.[17] '망(亡)'이라는 것은 "매장을 마치고 돌아오니, 부모가 없구나."[18]라고 할 때의 '망(亡)'자와 같으니, 부모가 없어졌는데도 잊을 수가 없다는 말은 부모가 이미 돌아가시고 없지만, 자식된 마음의 입장에서는 잊을 수가 없다는 뜻이다. 봄에 이슬을 밟고 가을에 서리를 밟게 되면, 몹시 슬프고 애달픈 마음과 섬뜩한 느낌이 들게 되어, 마치 돌아가신 부모를 직접 보는 것처럼 느껴지게 된다.[19] 그렇기 때문에 종신토록 품게 되는 근심이 있게 되는 것이다. 그리고 부모가 남겨주신 자신의 몸에 대해서 감히 위태롭게 할 수 없다.[20] 그렇기 때문에 하루아침의 우환도 없어야 하는 것이다. 이러한 일들은 모두 부모를 잊을 수 없다는 것으로부터 연유하므로, 이처럼 할 수 있는 것이다. 기일(忌日)에 음악을 연주하지 않는 일 또한 종신토록 부모를 잊을 수 없다는 것의 한 단면이다.

---

17) 『예기』「삼년문(三年問)」【669d】: 創鉅者其日久, 痛甚者其愈遲. …… 三年之喪, 二十五月而畢, 哀痛未盡, 思慕未忘, 然而服以是斷之者, 豈不送死有已, 復生有節也哉!

18) 『예기』「단궁하(檀弓下)」【115a】: 反哭之弔也, 哀之至也. 反而亡焉失之矣, 於是爲甚.

19) 『예기』「제의(祭義)」【553b】: 祭不欲數, 數則煩, 煩則不敬. 祭不欲疏, 疏則怠, 怠則忘. 是故君子合諸天道, 春禘, 秋嘗. 霜露旣降, 君子履之, 必有悽愴之心, 非其寒之謂也. 春雨露旣濡, 君子履之, 必有怵惕之心, 如將見之. 樂以迎來, 哀以送往, 故禘有樂而嘗無樂.

20) 『예기』「제의(祭義)」【567d~568a】: 樂正子春下堂而傷其足, 數月不出, 猶有憂色. …… 壹擧足而不敢忘父母, 是故道而不徑, 舟而不游, 不敢以先父母之遺體行殆.

【72a~b】

孔子少孤, 不知其墓, 殯於五父之衢. 人之見之者, 皆以爲葬也. 其愼也, 蓋殯也. 問於郰曼父之母, 然後得合葬於防.

직역 孔子는 少히 孤하여, 그 墓를 不知하여, 五父의 衢에 殯하였다. 人의 見한 者는 皆히 葬이라 여겼다. 그 愼은 蓋히 殯이라. 郰曼父의 母에게 問한 然後에야 防에서 合葬을 得하였다.

의역 공자(孔子)는 어렸을 때 부친을 여의어서 고아가 되었기 때문에, 부친의 묘(墓)가 어디에 있는지 알 수 없었다. 그래서 모친이 돌아가셨을 때, 오보(五父)의 길가에 가매장을 하였다. 사람들 중 이 모습을 본 자들은 모두들 공자가 모친의 장례(葬禮)를 치르는 것이라고 여겼다. 그러나 관(棺)에 매단 끈은 가매장을 할 때 다는 끈이었다. 추만보(郰曼父)의 모친에게 부친의 묘가 어디에 있는지 물어본 이후에야, 그 장소를 알게 되어서, 부친의 묘가 있는 방(防) 땅에서 모친의 영구를 합장할 수 있었다.

集說 不知其墓者, 不知父墓所在也. 殯於五父之衢者, 殯母喪也. 禮無殯於外者, 今乃在衢, 先儒謂欲致人疑問, 或有知者告之也. 人見柩行於路, 皆以爲葬, 然以引觀之, 殯引飾棺以輴, 葬引飾棺以柳翣, 此則殯引耳. 按家語孔子生三歲而叔梁紇死, 是少孤也. 然顏氏之死, 夫子成立久矣, 聖人人倫之至, 豈有終母之世, 不尋求父葬之地, 至母殯而猶不知父墓乎? 且母死而殯於衢路, 必無室廬而死於道路者, 不得已之爲耳. 聖人禮法之宗主, 而忍爲之乎? 馬遷爲野合之誣, 謂顏氏諱而不告, 鄭註因之以滋後世之惑, 且如堯舜瞽瞍之事, 世俗不勝異論, 非孟子辭而闢之, 後世謂何? 此經雜出諸子所記, 其間不可據以爲實者多矣. 孟子曰: "主癰疽與侍人瘠環, 何以爲孔子?" 愚亦謂終身不知父墓, 何以爲孔子乎? 其不然審矣. 此非細, 故不得不辨.

번역 "그 묘(墓)를 알 수 없었다."는 말은 부친의 묘가 어디에 있는지 알 수 없었다는 뜻이다. "오보(五父)의 길가[衢]에 빈(殯)을 했다."는 말은 모친의 상례(喪禮)를 치르며, 대렴(大斂)을 한 이후 가매장을 했다는 뜻이다. 예법에 따르면, 외지에 가매장을 하는 경우가 없는데, 이곳 기록에서는 공자(孔子)가 길가에 가매장을 했다고 언급하였다. 선대 유학자들은 이 문제에 대해서, 사람들이 의혹을 품도록 하여, 혹시라도 부친의 묘를 알고 있는 자가 있다면, 일러주기를 바랐기 때문이라고 풀이했다. 사람들은 도로에서 시신을 실은 영구가 행차하는 것을 보고, 모두들 그 절차가 장례(葬禮)의 단계라고 여겼다. 그러나 관(棺)을 끄는 줄[引]을 기준으로 살펴보면, 가매장을 할 때 관(棺)에 연결하는 끈은 천(輤)으로 만들고, 장례(葬禮)를 치르며 발인을 할 때에는 유삽(柳翣)으로 관(棺)을 치장하니, 여기에서 말한 것은 가매장을 할 때 매단 끈일 따름이다. 『공자가어』[21]를 살펴보면, 공자가 태어난 후 3살이 되었을 때, 부친 숙량흘(叔梁紇)이 죽었다고 했으니,[22] 이것이 바로 어려서 고아가 되었다는 사실을 나타낸다. 그런데 모친 안씨(顏氏)가 죽은 것은 공자가 이미 성인(成人)이 된 후 한참이 지난 뒤였다. 성인(聖人)은 인륜(人倫)의 지극함을 실천하는 자인데, 어떻게 모친이 돌아가시기 전까지도 부친의 장례를 치른 장소를 찾지 않고, 모친의 시신을 가매장할 때가 되어서도, 여전히 부친의 묘가 어디에 있는지 알지 못할 수가 있는가? 또 모친이 죽었을 때, 길가에 가매장을 했다고 했는데, 이처럼 하는 것은 반드시 거처지가 없이 길가에서 죽은 경우에만 부득이하게 시행하는 방법일 따름이다. 성인은 예법을 창시한 종주(宗主)가 되는데, 어떻게 이러한 행위를 참아낼 수 있는가? 사마천[23]은 숙량흘과 안씨의 야합

---

21) 『공자가어(孔子家語)』는 공자(孔子)의 언행 및 제자들과의 일화를 기록한 문헌이다. 전한(前漢) 초기에 공안국(孔安國)이 이 책을 편집했다는 학설도 있지만, 현존하는 『공자가어』는 일반적으로 왕숙(王肅)의 위작으로 인식된다.

22) 『공자가어(孔子家語)』「본성해(本姓解)」: 而私禱尼丘之山以祈焉, 生孔子, 故名丘, 字仲尼. <u>孔子三歲而叔梁紇卒</u>, 葬於防.

23) 사마천(司馬遷, B.C.145? ~ B.C.86): 전한(前漢) 때의 사학자이다. 자(字)는 자장(子長)이다. 부친은 사마담(司馬談)이다. 저서로는 『사기(史記)』가 있다.

(野合)을 통해 공자가 태어났다는 망령된 말을 만들어 내고, 안씨가 부친의 묘가 있는 장소를 숨기고 공자에게 알려주지 않았다고 했다.[24] 정현의 주에서는 이러한 기록에 따랐기 때문에, 후세의 의혹을 증폭시켰고, 또 요(堯)·순(舜) 및 고수(瞽瞍) 사이에 있었던 일화와 같이, 세간에서는 끝없는 이설들이 만들어지게 되었는데, 맹자(孟子)가 설파를 하여 이러한 이설들을 물리치지 않았다면, 후세에서는 무어라 했겠는가? 이곳 경문은 제자백가들이 기록한 것 중에서 뒤섞여 나온 것으로, 그 기록들 중에는 실제 사실이라고 할 수 없는 것들이 많다. 맹자는 "옹저(癰疽)의 집과 시인(侍人)인 척환(瘠環)의 집에 머물렀다면, 어떻게 공자라고 할 수 있는가?"[25]라고 했다. 내 생각에도 또한 종신토록 부친의 묘를 알지 못했다면, 어떻게 공자라고 할 수 있는가? 따라서 실제 사실은 이곳 기록과 같이 않았음이 분명하다. 이러한 문제는 사소한 문제가 아니므로, 부득이하게 변론한 것이다.

鄭注 孔子之父郰叔梁紇與顔氏之女徵在野合而生孔子, 徵[26]在恥焉, 不告. 欲有所就而問之. 孔子亦爲隱焉, 殯於家, 則知之者無由怪己, 欲發問端. 五父, 衢名, 蓋郰曼父之鄰. 見柩行於路. 愼, 當爲引, 禮家讀然, 聲之誤也. 殯引, 飾棺以輤, 葬引, 飾棺以柳翣. 孔子是時以殯引, 不以葬引, 時人見者, 謂不知禮. 曼父之母, 與徵在爲鄰, 相善.

번역 공자(孔子)의 부친인 추(郰) 땅의 숙량흘(叔梁紇)과 모친 안씨(顔氏)의 여식 징재(徵在)는 야합(野合)을 하여 공자를 출생하였다. 그러나 안

---

24) 『사기(史記)』「공자세가(孔子世家)」: 紇與顔氏女野合而生孔子, 禱於尼丘得孔子. 魯襄公二十二年而孔子生. 生而首上圩頂, 故因名曰丘云. 字仲尼, 姓孔氏. 丘生而叔梁紇死, 葬於防山. 防山在魯東, 由是孔子疑其父墓處, 母諱之也.

25) 『맹자』「만장상(萬章上)」: 吾聞觀近臣, 以其所爲主, 觀遠臣, 以其所主. 若孔子主癰疽與侍人瘠環, 何以爲孔子?

26) '징(徵)'자에 대하여. 완원(阮元)의 『교감기(校勘記)』에서는 "'징'자 앞의 문장들은 『통전(通典)』에서도 인용하고 있는데, '후숙량흘망(後叔梁紇亡)'이라는 다섯 글자가 더 기록되어 있다. 이것은 아마도 두우(杜佑)가 문맥에 따라 보충한 글자에 해당하는 것 같다."라고 했다.

징재는 이 사실을 부끄럽게 여겨서, 부친의 묘(墓)에 대해서 알려주지 않았다. 공자는 길가에서 가매장을 하여 장례(葬禮)를 취할 장소를 묻고자 했던 것이다. 공자가 만약 자신에게 부친이 없다는 사실을 숨기고자 해서, 자신의 집에서 가매장을 했다면, 예법을 잘 알고 있는 자들이 자신을 괴이하게 여길 일이 없게 된다. 그런데도 공자가 이처럼 행동했던 것은 그들의 의문을 이끌어내고자 했기 때문이다. '오보(五父)'는 도로의 이름으로, 아마도 추(郰) 땅 만보(曼父)가 살고 있는 인근이었을 것이다. 사람들이 장례(葬禮)를 치르는 것이라고 오해한 이유는 도로에서 영구(靈柩)가 움직이는 것을 보았기 때문이다. '신(愼)'자는 마땅히 '인(引)'자가 되어야 하니, 예학자들도 모두 이처럼 해석하고, 소리가 비슷한 데에서 비롯된 오자이다. '빈인(殯引)'은 관(棺)의 치장을 '천(輤)'으로 한 것이며, '장인(葬引)'은 관(棺)의 치장을 유삽(柳翣)으로 한 것이다. 공자는 당시 빈인(殯引)으로써 했고, 장인(葬引)으로써 하지 않았는데, 당시 사람들 중에 이것을 본 자들은 공자가 예(禮)를 알지 못한다고 여겼다. 만보(曼父)의 모친과 안징재는 이웃사람으로, 서로를 잘 알고 있던 자이다.

釋文 郰, 側留反, 又作鄒. 紇, 恨發反, 徐胡切反, 又胡沒反. 父音甫, 注及下同. 衢, 求于反. 爲如字, 又于僞反. 曼音萬. 愼, 依注作引, 羊刃反. 輤, 七見反. 翣, 所甲反.

번역 '郰'자는 '側(측)'자와 '留(류)'자의 반절음이며, 또한 '鄒'자로도 기록한다. '紇'자는 '恨(한)'자와 '發(발)'자의 반절음이며, 서음(徐音)은 '胡(호)'자와 '切(절)'자의 반절음이 되고, 또한 '胡(호)'자와 '沒(몰)'자의 반절음도 된다. '父'자의 음은 '甫(보)'이며, 정현의 주 및 아래문장에 나오는 글자도 그 음이 모두 이와 같다. '衢'자는 '求(구)'자와 '于(우)'자의 반절음이다. '爲'자는 글자대로 읽으며, 또한 '于(우)'자와 '僞(위)'자의 반절음도 된다. '曼'자의 음은 '萬(만)'이다. '愼'자는 정현의 주에 따르면 '引'자로 기록하는데, 그 음은 '羊(양)'자와 '刃(인)'자의 반절음이다. '輤'자는 '七(칠)'자와 '見(견)'자의 반절음이다. '翣'자는 '所(소)'자와 '甲(갑)'자의 반절음이다.

孔疏 ●"孔子"至"於防". ○正義曰: 此一節論孔子訪父墓之事. 云孔子旣少孤失父, 其母不告父墓之處. 今母旣死, 欲將合葬, 不知父墓所在, 意欲問人, 故若殯母於家, 則禮之常事, 他人無由怪己. 故殯於五父之衢, 欲使他人怪而致問於己. 外人見柩行路, 皆以爲葬. 但葬引柩之時, 飾棺以柳翣, 其殯引之禮, 飾棺以輤. 當夫子飾其所引之棺以輤, 故云其引也蓋殯也. 殯不應在外, 故稱"蓋", 爲不定之辭. 於時郰曼父之母, 素與孔子母相善, 見孔子殯母於外, 怪問孔子. 孔子因其所怪, 遂問郰曼父之母, 始知父墓所在, 然後得以父母尸柩合葬於防.

번역 ●經文: "孔子"~"於防". ○이 문단은 공자(孔子)가 부친의 묘(墓)를 수소문하게 된 일화를 논의하고 있다. 공자는 어렸을 때 고아가 되어 부친을 여의었는데, 공자의 모친이 부친의 묘가 있는 장소를 알려주지 않았다는 뜻이다. 현재 공자의 모친이 돌아가시게 되자, 공자는 합장(合葬)을 하고자 했지만, 부친의 묘가 있는 장소를 알지 못했다. 그래서 공자는 사람들에게 그 장소를 물어보고자 의도했던 것이다. 그러므로 만약 모친의 영구(靈柩)를 자신의 집에서 가매장하였다면, 예법에 따른 일이 되어, 다른 사람들이 자신을 괴이하게 생각하는 일도 없었을 것이다. 그런데도 굳이 오보(五父)의 길가에 가매장을 했던 것은 다른 사람들로 하여금 자신의 행동을 괴이하게 생각하도록 만들어서, 자신에게 그 연유를 물어오도록 했던 것이다. 공자의 사정을 알지 못했던 자들은 도로에서 영구가 움직이는 것을 보고, 모두 장례(葬禮)를 치르는 절차라고 여겼다. 다만 장례를 치르며 영구를 끌고 가는 때라고 한다면, 관에는 유삽(柳翣)으로 치장을 하게 된다. 그러나 공자가 시행했던 것은 가매장을 하기 위해 영구를 끌고 가는 예법에 해당하므로, 관(棺)에는 천(輤)으로 치장을 했던 것이다. 공자는 끌고 가는 관(棺)을 천(輤)으로 치장했기 때문에, "그 인(引)은 아마도 가매장을 하는 것이다."라고 말한 것이다. 그런데 가매장을 하는 장소는 집밖으로 정할 수가 없다. 그렇기 때문에 '아마도[蓋]'라는 말을 붙였던 것이니, '개(蓋)'자는 확정할 수 없을 때 쓰는 말이다. 당시 추(郰) 땅에 사는 만보(曼父)의 모친은 평소부터 공자의 모친과 서로 잘 아는 사이였다. 그런데 공자가 모친에 대한 가매장을 밖에서 하는 것을 보고, 괴이한 생각이 들어서 공자에게 질문을 했던 것이다. 공자는 자신을 괴이하게 여기게 했던 일 때문에, 결국에는 추만보의 모친에게 질문을 할 수 있었고, 드디어 부친의 묘가 있는 장소를 알게 되었으며, 그런 뒤에는 부친과 모친의 시신을 방(防) 땅에서 합장할 수 있었다.

孔疏 ◎注"孔子"至"不告". ○正義曰: 按史記·孔子世家云: "叔梁紇與顔氏女野合而生孔子." 鄭用世家之文, 故注言"野合", 不備於禮也, 若論語云: "先進於禮樂, 野人也". 及"野哉! 由也." 非謂草野而合也. 但徵在恥其與夫不備禮爲妻, 見孔子知禮, 故不告. 言"不知其墓"者, 謂不委曲適知柩之所在, 不是全不知墓之去處. 其或出辭入告, 總望本處而拜. 今將欲合葬, 須正知處所, 故云"不知其墓". 今古不知墓處, 於事大有, 而講者諠諠, 競爲異說, 恐非經記之旨. 按家語云: "叔梁紇年餘七十無妻, 顔父有三女. 顔父謂其三女曰: '鄹大夫身長七尺, 武力絶倫, 年餘七十, 誰能與之爲妻?' 二女莫對, 徵在進曰: '從父所制, 將何問焉?' 父曰: '卽爾能矣.' 遂以妻之, 爲妻而生孔子, 三歲而叔梁紇卒." 王肅據家語之文以爲禮記之妄. 又論語緯·撰考云: "叔梁紇與徵在禱尼丘山, 感黑龍之精以生仲尼." 今鄭云"叔梁紇與顔氏之女徵在野合", 於家語文義亦無殊, 何者? 七十之男, 始取徵在, 灼然不能備禮, 亦名野合. 又徵在幼少之女而嫁七十之夫, 是以羞慙, 不能告子. 又叔梁紇生子三歲而後卒, 是孔子少孤. 又與撰考之文禱尼丘山而生孔子, 於野合之說, 亦義理無妨, 鄭與家語·史記並悉符同. 王肅妄生疑難, 於義非也.

번역 ◎鄭注: "孔子"~"不告". ○『사기(史記)』「공자세가(孔子世家)」편을 살펴보면, "숙량흘(叔梁紇)과 안씨(顔氏)의 여식은 야합(野合)을 하여, 공자(孔子)를 낳았다."라고 했다. 정현은 「공자세가」의 기록을 인용하여 주를 달았기 때문에, 그의 주에서도 '야합(野合)'이라고 기록한 것인데, '야합(野合)'이라는 것은 정식 혼례의 예법을 갖추지 않은 것으로, 마치 『논어』에서 "예악(禮樂)에 대해서 앞서 배웠던 자들은 야인(野人)스럽다."[27]라고 했고, 또 "야인(野人)스럽구나! 유(由)여."[28]라고 할 때의 '야(野)'자의 의미와 같다. 따라서 이 말은 들판에서 교합을 했다는 뜻이 아니다. 다만 안징재는 남편과 정식 예법을 갖춰서, 그의 부인이 된 것이 아니라는 사실을 부끄럽게 여겼고, 공자가 예법에 대해서 잘 알고 있다는 사실을 알아보았기 때문에, 알리지 않은 것이다. "그 묘(墓)를 알 수 없었다."라고 한 말은 영구가 매장된 장소를 자세하게 알지 못했다는 뜻이지, 묘(墓)가 있는 장소를 어렴풋하게라도 알지 못했다는 뜻이 아니다. 간혹 공자가 타지로 나가거나 다시 돌아왔을 때, 부친에게 아뢰게 되면, 묘가 있을 것으로 추정되는 일대의 장소를 바라보며 절을 했다. 그런데 현재 상황에서는 합장(合葬)을 하고자 하여, 묘가 있는 정확한 장소를 알아야만 했다. 그렇기 때문에 "그 묘가 있는 장소를 정확히 몰랐다."라고 말한 것이다. 지금이나 옛날이나 묘가 있는 장소를 모른다는 것은 그 사안에 중대한 이유가 있는 것이므로, 이러한 말을 강의했던 자들은 분분하게 서로 다투어 이설들을 만들어냈지만, 아마도 경문을 기록한 자의 본래 뜻은 아니었을 것이다. 『공자가어』를 살펴보면, "숙량흘은 나이가 70세가 넘었는데 아내가 없었고, 안보(顔父)에게는 3명의 딸이 있었다. 안보는 자신의 딸들에게 말하길, '추(鄒) 땅의 대부(大夫)는 그 몸이 7척(尺)이나 되고, 무력을 당해낼 자가 없는데, 그의 나이는 벌써 70세가 넘었다. 누가 그의 처가 될 수 있겠느냐?'라고 했다. 그러자 다른 두 명의 딸들은 대답을 하지 못했고, 안징재만이 부친에게 나아가서, '부친께서 정하신 일인데, 장차 무엇을 묻겠습니까?'라고 했다. 부친은 '너라면 할 수 있겠구나.'라고 말하고, 결국은 안징재를 숙량흘의 아내로 보냈으며, 숙량흘의 아내가 되어서 공자를 낳았지만, 공자가 3세 때 숙량흘이 죽었다."라고 했다. 왕숙은 『공자가어』의 기록에 의거해서, 『예기』의 기록이 망령된 기록이라고 여겼다. 또 위서(緯書) 『논어』의 「찬고(撰考)」에서는 "숙량흘과 안징재는 니구산(尼丘山)에서 기도를 하여, 흑룡(黑龍)의 정

---

27) 『논어』「선진(先進)」: 子曰, "先進於禮樂, 野人也, 後進於禮樂, 君子也. 如用之, 則吾從先進."

28) 『논어』「자로(子路)」: 子曰, "野哉, 由也! 君子於其所不知, 蓋闕如也. 名不正, 則言不順, 言不順, 則事不成, 事不成, 則禮樂不興, 禮樂不興, 則刑罰不中, 刑罰不中, 則民無所錯手足. 故君子名之必可言也, 言之必可行也. 君子於其言, 無所苟而已矣."

기에 감응해서, 중니(仲尼)를 낳았다."라고 했다. 그런데 정현은 "숙량흘과 안씨의 여식 징재는 야합(野合)을 했다."라고 하여, 『공자가어』의 기록과 별다른 차이가 없는데, 이것은 무슨 이유인가? 70세가 넘은 남자가 애초에 안징재를 아내로 맞이하게 되어, 예법대로 갖출 수가 없었음이 분명하니, 이것을 또한 '야합(野合)'이라고 부른 것이다. 또 안징재는 매우 어린 여자였는데, 70세가 넘은 남편에게 시집을 갔으므로, 이것을 부끄럽게 여겼다. 그래서 아들에게 자세한 사정을 알릴 수 없었던 것이다. 또 숙량흘은 자식을 낳고 나서, 공자가 3세가 된 이후에 죽었으니, 이것이 바로 공자가 어려서 고아가 되었다는 뜻이다. 또 「찬고」의 문장에서는 니구산에서 기도를 하여 공자를 낳았다고 했는데, 이러한 기록은 야합(野合)을 했다는 주장과도 의미가 서로 저해되지 않으므로, 정현은 『공자가어』와 『사기』의 기록에 대해서 함께 부합시켰던 것이다. 왕숙은 망령되게 의문점을 제시하며 비난을 했지만, 의미상 그의 주장은 잘못되었다.

孔疏 ◎注"愼當"至"知禮". ○正義曰: 挽柩爲引, 無名愼者, 以愼・引聲相近, 故云"愼"當爲引. 云"禮家讀然"者, "然"猶如是也, 言禮家讀如是引字. 故大司徒云: "大喪屬其六引." 是讀引也. 云"殯引, 飾棺以輤"者, 按雜記云, 諸侯行而死於道, 其輤有裧, 緇布裳帷. 輤爲赤色, 大夫布裳帷, 士葦席以爲屋, 蒲席以爲裳帷. 大夫以下雖無輤, 取諸侯輤同名, 故飾棺以輤. 云"葬引[29], 飾棺以輤"者, 按喪大記云, 君龍帷・黼荒・黼翣二・黻翣二・畫翣二, 大夫畫帷・畫荒・黻翣二・畫翣二, 士布帷・布荒・畫翣二. 在上曰荒, 在旁曰帷, 總謂之柳, 故云"飾棺以柳翣".

번역 ◎鄭注: "愼當"~"知禮". ○영구(靈柩)를 끌어당기는 것을 '인(引)'이라고 부르며, 상례(喪禮)와 관련해서는 '신(愼)'이라고 부르는 것이 없다.

---

29) '장인(葬引)'에 대하여. '장인'은 본래 '인장(引葬)'으로 기록되어 있었는데, 완원(阮元)의 『교감기(校勘記)』에서는 "혜동(惠棟)의 『교송본(校宋本)』에는 '인장'을 '장인'으로 기록하고 있는데, 이 기록이 정현의 주와도 합치된다."라고 했다.

그리고 '신(愼)'자와 '인(引)'자는 소리가 서로 비슷하기 때문에, '신(愼)'자는 마땅히 '인(引)'자가 되어야 하는 것이다. 정현이 "예학자들도 모두 이처럼 해석한다."라고 하였는데, '연(然)'자는 "이와 같다[如是]."는 뜻이니, 즉 이 말은 예학자들이 이 글자를 해석할 때에도, '인(引)'자로 해석한다는 뜻이다. 그렇기 때문에 『주례』「대사도(大司徒)」편에서는 "대상(大喪)[30]에서는 상거(喪車)에 다는 여섯 개의 인(引)을 잡게 한다."[31]라고 했으니, 이것이 바로 '인(引)'자로 해석해야 하는 증거가 된다. 정현이 "'빈인(殯引)'은 '천(輤)'으로 관(棺)을 치장한 것이다."라고 했는데, 『예기』「잡기(雜記)」편을 살펴보면, 제후가 타국으로 행차를 하여, 도중에 죽게 되었다면, 천(輤)은 가장자리를 늘어트리고, 검은색의 포(布)로 주변을 두른다고 했다.[32] '천(輤)'은 적색이며, 대부(大夫)는 포(布)로 상유(裳帷: 주변을 두르는 휘장)를 만들고,[33] 사(士)는 위석(葦席)을 옥(屋: 상거의 위를 가리는 천)으로 삼으며, 포석(蒲席)을 상유(裳帷)로 삼는다.[34] 대부이하의 계층에는 비록 천(輤)이 없지만, 제후가 사용하는 천(輤)의 예법에 따라서, 같은 이름으로 부른다. 그렇기 때문에 관(棺)을 천(輤)으로 장식하는 것이다. 정현이 "'장

---

30) 대상(大喪)은 천자(天子)·왕후(王后)·세자(世子) 등의 상(喪)을 가리킨다. 이들은 가장 존귀한 자들에 해당하기 때문에, 그들에 대한 상(喪) 또한 '대(大)'자를 붙여서, '대상'이라고 부르는 것이다. 『주례』「천관(天官)·재부(宰夫)」편에는 "大喪小喪, 掌小官之戒令, 帥執事而治之."라는 기록이 있는데, 이에 대한 정현의 주에서는 "大喪, 王·后·世子之喪也."라고 풀이했다. 한편 '대상'은 부모의 상(喪)을 가리키기도 한다. 부모는 자식의 입장에서 가장 중대한 대상에 해당하기 때문에, 부모의 상(喪)을 '대상'이라고 부르는 것이다. 『춘추공양전』「선공(宣公) 1년」편에는 "古者臣有大喪, 則君三年不呼其門."이라는 용례가 있다.

31) 『주례』「지관(地官)·대사도(大司徒)」: 大喪, 帥六鄕之衆庶, 屬其六引, 而治其政令.

32) 『예기』「잡기상(雜記上)」【491a~b】: 諸侯行而死於館, 則其復如於其國. 如於道, 則升其乘車之左轂, 以其綏復. 其輤有裧, 緇布裳帷, 素錦以爲屋, 而行.

33) 『예기』「잡기상(雜記上)」【491c~d】: 大夫士死於道, 則升其乘車之左轂, 以其綏復. …… 大夫以布爲輤而行, 至於家而說輤, 載以輲車, 入自門, 至於阼階下而說車, 擧自阼階, 升適所殯.

34) 『예기』「잡기상(雜記上)」【492a】: 士輤, 葦席以爲屋, 蒲席以爲裳帷.

인(葬引)'은 유삽(柳翣)으로 관을 치장한 것이다."라고 했는데, 『예기』「상대기(喪大記)」편을 살펴보면, 군주는 용유(龍帷)·보황(黼荒)·보삽(黼翣) 2개·불삽(黻翣) 2개·화삽(畫翣) 2개를 사용하고, 대부는 화유(畫帷)·화황(畫荒)·불삽(黻翣) 2개·화삽(畫翣) 2개를 사용하며, 사(士)는 포유(布帷)·포황(布荒)·화삽(畫翣) 2개를 사용한다.[35] 윗면을 가리는 것을 '황(荒)'이라고 부르고, 측면을 가리는 것을 '유(帷)'라고 부르는데, 이것들을 총괄하여 '유(柳)'라고 부른다. 그렇기 때문에 "관을 치장하길 유삽(柳翣)으로써 한다."라고 말한 것이다.

訓纂 江氏永曰: 此章爲後世大疑, 由讀者不知其句讀而誤也. 近世高郵孫邃人謂"不知其墓殯于五父之衢"十字當連讀爲句. 而"蓋殯也, 問于郰曼父之母"爲倒句, 有裨于禮經不淺. 蓋古人埋棺于坎爲殯, 殯淺葬深. 孔子父墓實淺葬于五父之衢, 因少孤不得其詳. 至是母卒, 欲從周人合葬之禮, 卜兆於防. 惟以父墓淺深爲疑. 如其殯而淺也, 則可啓而遷之; 若其葬而深, 則疑體魄已安, 不敢輕動. 其愼也, 謂夫子再三審愼, 不敢輕啓父墓也. 後知其爲殯, 蓋由問于郰曼父之母而得之. 或疑五父衢爲城中四達之道, 其上不得有墓. 按襄十一年左傳杜注, "道名, 在魯國東南." 不云"魯城內". 又定八年"陽氏敗, 陽虎取寶玉大弓以出, 舍於五父之衢". 虎戰不勝而出, 可知必在城外也. 或又疑夫子父墓不知其詳, 豈夫子之母亦不知其爲殯歟? 曰, 當其父之殯也, 夫子幼, 而顔氏少, 不親見其實土之淺深, 是以遂謂爲已葬也. 郰曼父者, 意其爲郰人. 殯郰大夫, 郰人親其役, 是以曼父之母得其詳耳.

번역 강영이 말하길, 이곳 문장에 대해 후세 사람들은 큰 의혹을 품었는데, 읽는 자들이 구문을 어디에서 끊어서 읽는지 몰랐던 데에서 오류가 발

35) 『예기』「상대기(喪大記)」【543b~544d】: 飾棺, 君龍帷, 三池, 振容, 黼荒, 火三列, 黼三列, 素錦褚, 加僞荒, 纁紐六, 齊, 五采, 五貝, 黼翣二, 黻翣二, 畫翣二, 皆戴圭, 魚躍拂池. 君纁戴六, 纁披六. 大夫畫帷, 二池, 不振容, 畫荒, 火三列, 黻三列, 素錦褚, 纁紐二, 玄紐二, 齊三采, 三貝, 黻翣二, 畫翣二, 皆戴綏, 魚躍拂池. 大夫戴前纁後玄, 披亦如之. 士布帷, 布荒, 一池. 揄絞, 纁紐二, 緇紐二, 齊三采, 一貝, 畫翣二, 皆戴綏. 士戴前纁後緇, 二披, 用纁.

생하였다. 근세에 고우(高郵) 출신인 손수인(孫邃人)은 '부지기묘빈우오부지구(不知其墓殯于五父之衢)'라는 10개의 글자를 연속해서 해석하고, 이곳에서 구문을 끊었다. 그리고 '개빈야, 문우추만부지모(蓋殯也, 問于郰曼父之母)'라는 구문을 도치시켰는데, 『예』의 경문을 이해하는데 적지 않은 보탬이 되었다. 무릇 고대인들은 구덩이에 관(棺)을 매장하여 '빈(殯)'으로 삼았는데, '빈(殯)'을 만들 때에는 그 깊이를 얕게 팠고, 장례(葬禮)를 치를 때에는 깊게 팠다. 공자(孔子)의 부친 묘(墓)는 실제로 오보(五父)의 길가에 깊이를 얕게 파서 장례를 치렀는데, 공자는 어려서 고아가 되었기 때문에, 자세한 사정을 알 수 없었다. 모친이 돌아가셨을 때, 공자는 주(周)나라 사람들이 따랐던 합장(合葬)의 예법을 쫓고자 하여, 방(防) 땅을 대상으로 묘지로 쓸 장소를 점쳤다. 다만 부친의 묘를 조성할 때, 땅을 판 깊이에 대해서는 의문을 품었다. 즉 만약 빈(殯)처럼 만들어서 얕게 팠다면, 개복을 하여 옮길 수가 있는데, 만약 장례를 치를 때처럼 깊게 팠다면, 죽은 자의 몸과 백(魄)이 이미 안정을 찾았으므로, 감히 경솔하게 옮길 수가 없을 것이라고 의문을 품은 것이다. '기신야(其愼也)'라는 것은 공자가 두세 차례나 심사숙고하여, 감히 경솔하게 부친의 묘를 개복하지 않았다는 뜻이다. 이후에는 부친의 묘가 빈(殯)처럼 조성되었다는 사실을 알았는데, 아마도 추만보(郰曼父)의 모친에게 질문을 하여, 이러한 사실을 알게 되었을 것이다. 혹자는 오보(五父)의 길가는 성(城) 안에 있는 사거리이므로, 그 위에 묘를 세울 수가 없을 것이라고 의문을 품는다. 양공(襄公) 11년에 대한 『좌전』의 기록에서, 두예[36]의 주를 살펴보면, "도로 이름으로, 노(魯)나라 동남쪽에 있다."[37]라고 했고, '노나라 국성(國城) 안쪽'이라고 말하지 않았다. 또 정공(定公) 8년에는 "양씨(陽氏)가 패하자, 양호(陽虎)는 보옥과

---

36) 두예(杜預, A.D.222 ~ A.D.284) : 서진(西晉) 때의 유학자이다. 경조(京兆) 두릉(杜陵) 출신이다. 자(字)는 원개(元凱)이다. 『춘추경전집해(春秋經典集解)』를 저술하였는데, 이 책은 현존하는 『춘추(春秋)』의 주석서 중 가장 오래된 것이며, 『십삼경주소(十三經注疏)』의 『춘추좌씨전정의(春秋左氏傳正義)』에도 채택되어 수록되었다.

37) 이 문장은 『춘추좌씨전』「양공(襄公) 11년」편의 "詛諸五父之衢."라는 문장에 대한 두예의 주이다.

대궁(大弓)을 가지고 나라를 빠져나갔고, 오보(五父)의 길가에 머물렀다."[38]라고 했다. 양호는 전쟁에서 패배하여 국경을 벗어났으므로, 오보(五父)의 길이라는 것은 분명히 국성 밖에 있었다는 사실을 알 수 있다. 혹자들은 또한 공자가 부친 묘에 대해서 그 자세한 실정을 몰랐다고 했는데, 어떻게 공자의 모친에 대해서도 이처럼 하는 것이 빈(殯)을 만드는 것임을 알지 못할 수가 있느냐고 의문을 품는다. 대답해보자면, 공자의 부친에 대해서 그 묘를 빈(殯)처럼 조성했을 당시, 공자는 나이가 어렸고, 모친인 안씨 또한 젊었으며, 직접 그 흙을 파묻은 깊이를 보지 못했기 때문에, 결국에는 이미 장례를 치른 것이라고 여겼던 것이다. 추만보(郰曼父)라는 자는 아마도 추(郰) 땅에 사는 사람이었을 것이다. 추(郰) 땅의 대부(大夫)였던 공자의 부친에 대해서 빈(殯)을 할 때, 추(郰) 땅의 사람들은 직접 그 노역에 참여했을 것이다. 이러한 까닭으로 만보의 모친이 그 자세한 실정을 알 수 있었던 것일 뿐이다.

集解 愚謂: 野合者, 謂不備禮而婚耳, 未足深恥也. 且野合與葬地, 事不相涉, 恥野合而諱葬地, 豈人情哉! 孔子成立時, 當時送葬之人必多有在者, 卽顔氏不告, 豈不可訪問而得之? 旣殯之後, 孝子廬於中門之外, 朝夕不離殯宮, 其愼之如此. 若殯於五父之衢, 則與棄於道路何異? 此記所言, 蓋事理之所必無者.

번역 내가 생각하기에, '야합(野合)'이라는 말은 정식적인 예법을 갖춰서 혼인을 하지 않았다는 뜻일 뿐이니, 매우 수치스럽게 여길 것이 못 된다. 또 야합을 했다는 것과 장례(葬禮)를 치른 땅이라는 두 사안은 서로 상관이 없는데, 야합을 했다는 것이 부끄러워서, 장례를 치른 장소에 대해 입에 담지 않았던 것이 어찌 사람의 정감이겠는가! 공자(孔子)가 성인(成人)이 되었을 때, 당시에는 부친의 장례에 참여했던 자들이 여전히 많이 남아있

38) 『춘추좌씨전』「정공(定公) 8년」: 公斂處父帥成人自上東門入, 與陽氏戰于南門之內, 弗勝; 又戰于棘下, 陽氏敗. 陽虎說甲如公宮, 取寶玉·大弓以出, 舍于五父之衢, 寢而爲食.

었을 것이니, 안씨(顏氏)가 알려주지 않았다고 하더라도, 어찌 수소문하여 알지 못했겠는가? 이미 빈(殯)을 한 이후에, 자식은 중문(中門) 밖에 임시 거처지를 마련하고, 조석으로 빈궁(殯宮)을 떠나지 않으니, 신중을 기함이 이와 같은 것이다. 만약 오보(五父)의 길가에 빈궁을 마련했다면, 도로에 시신을 내버리는 것과 무슨 차이가 있겠는가? 이곳에서 언급하는 내용들은 사리(事理)로 따져봤을 때, 아마도 결코 일어나지 않았을 것이다.

【72c】

鄰有喪, 舂不相; 里有殯, 不巷歌.

직역 鄰에 喪이 有하면, 舂에 不相하고; 里에 殯이 有하면, 巷에서 歌를 不한다.

의역 이웃에 상(喪)이 발생하면, 절구질을 할 때, 노래를 부르며 서로 박자를 맞추는 일을 하지 않는다. 또 마을에 빈소가 차려지게 되면, 거리에서 노래를 부르지 않는다.

集說 說見曲禮.

번역 자세한 설명은 『예기』「곡례(曲禮)」편에 나온다.[39)]

---

39) 『예기』「곡례상(曲禮上)」【37a~b】: 鄰有喪, 舂不相, 里有殯, 不巷歌. 適墓不歌, 哭日不歌. / 이 문장에 대한 진호(陳澔)의 『집설(集說)』에서는 "五家爲鄰. 相者, 以音聲相勸相. 蓋舂人歌以助舂也. 二十五家爲里. 巷歌, 歌於巷也."라고 풀이했다. 즉 "다섯 집을 묶어서, '린(鄰)'으로 삼는다. '돕는다[相].'는 말은 노래를 불러서, 서로 열심히 하도록 권면하며 돕는 것이다. 무릇 절구를 찧는 사람들은 노래를 불러서, 절구 찧는 일을 열심히 하도록 서로 도왔을 것이다. 스물다섯 집을 묶어서, '리(里)'로 삼았다. '항가(巷歌)'는 거리에서 노래를 부른다는 뜻이다."라는 뜻이다.

鄭注 皆所以助哀也. 相, 謂以音聲相勸.

번역 이러한 조치들은 모두 상(喪)을 당한 자에게 협조하는 방법들이다. '상(相)'은 노랫가락에 맞춰서 서로를 독려한다는 뜻이다.

釋文 相, 息亮反, 注同.

번역 '相'자는 '息(식)'자와 '亮(량)'자의 반절음이며, 정현의 주에 나온 글자도 그 음이 이와 같다.

【72d】

喪冠不緌.

직역 喪冠은 不緌한다.

의역 상(喪)을 당했을 때 쓰는 관(冠)은 턱 끈의 남은 부분을 앞으로 늘어트리지 않는다.

集說 冠必有笄以貫之, 以紘繫笄, 順頤而下結之曰纓, 垂其餘於前者, 謂之緌. 喪冠不緌, 蓋去飾也.

번역 관(冠)에는 반드시 비녀를 두어서 관을 꿰어, '관에 달린 끈[紘]'을 비녀와 연결하고, 그 끈은 턱을 따라 밑으로 내려서 묶게 되니, 이것을 '영(纓)'이라고 부르고, 묶고 난 나머지 끈을 앞으로 늘어트리는 것을 '유(緌)'라고 부른다. 상(喪)을 치를 때 쓰는 관에 유(緌)의 방식을 취하지 않는 것은 아마도 치장의 요소를 제거하기 위해서일 것이다.

鄭注 去飾.

번역 치장을 제거하기 때문이다.

釋文 緌, 本又作綏, 同, 耳佳反. 去, 起呂反.

번역 '緌'자는 판본에 따라서 또한 '綏'자로도 기록하는데, 두 글자의 음은 모두 '耳(이)'자와 '佳(가)'자의 반절음이다. '去'자는 '起(기)'자와 '呂(려)'자의 반절음이다.

訓纂 說文: 緌, 系冠纓也.

번역 『설문해자』[40]에서 말하길, '유(緌)'는 관에 매달린 '영(纓)'이다.

集解 愚謂: 冠纓結於頤下, 而垂其餘以爲飾, 謂之緌. 喪冠不緌, 去飾也. 五服之冠悉然. 雜記曰"委武玄縞而后蕤", 則大祥冠乃有緌.

번역 내가 생각하기에, 관(冠)의 영(纓)은 턱 아래에서 결속을 하고, 그 나머지를 늘어트려서 치장을 하니, 그것을 '유(緌)'라고 부른다. 상(喪)을 치를 때 쓰는 관(冠)에는 유(緌)의 방법을 따르지 않으니, 치장한 부분을 제거하기 때문이다. 오복(五服)[41]에 쓰게 되는 관(冠)들은 모두 이처럼 한

---

40) 『설문해자(說文解字)』는 후한(後漢) 때의 학자인 허신(許愼, ? ~ ?)이 찬(撰)했다고 전해지는 자서(字書)이다. 『설문(說文)』이라고도 칭해진다. A.D.100년경에 완성되었다고 전해진다. 글자의 형태, 뜻, 음운(音韻)을 수록하고 있다.

41) 오복(五服)은 죽은 자와 친하고 소원한 관계에 따라 입게 되는 다섯 가지 상복(喪服)을 뜻한다. 참최복(斬衰服), 자최복(齊衰服), 대공복(大功服), 소공복(小功服), 시마복(緦麻服)을 가리킨다. 『예기』「학기(學記)」편에는 "師無當於五服, 五服弗得不親."이라는 기록이 있는데, 이에 대한 공영달(孔穎達)의 소(疏)에서는 "五服, 斬衰也, 齊衰也, 大功也, 小功也, 緦麻也."라고 풀이했다. 또한 '오복'에 있어서는 죽은 자와 가까운 관계일수록 중대한 상복을

다. 『예기』「잡기(雜記)」편에서는 "위무(委武)를 한 현관(玄冠)이나 호관(縞冠)을 쓰게 된 이후에는 끈을 내리게 된다."[42]라고 했으니, 대상(大祥)[43]이 되어 관(冠)을 쓰게 되면, 끈을 늘어트리게 되는 것이다.

입고, 복상(服喪) 기간도 늘어난다. 위의 '오복' 중 참최복이 가장 중대한 상복에 속하며, 그 다음은 자최복이고, 대공복, 소공복, 시마복 순으로 내려간다.

42) 『예기』「잡기상(雜記上)」【500b】: 大白冠, 緇布之冠, 皆不蕤. 委武玄縞而后蕤.

43) 대상(大祥)은 부모의 상(喪)에서, 부모가 죽은 지 만 2년 만에 탈상을 하며 지내는 제사이다.

• 제9절 •

관곽(棺槨) 등에 대한 법도 Ⅰ

【72d】

有虞氏瓦棺, 夏后氏堲周, 殷人棺槨, 周人牆置翣.

직역 有虞氏는 瓦棺했고, 夏后氏는 堲周했으며, 殷人은 棺槨했고, 周人은 牆에 翣을 置했다.

의역 유우씨(有虞氏) 때에는 와관(瓦棺)의 방법을 사용했고, 하후씨(夏后氏) 때에는 즐주(堲周)의 방법을 사용했으며, 은(殷)나라 때에는 관(棺)과 곽(槨)을 사용했고, 주(周)나라 때에는 영구를 가릴 때 삽(翣)을 두었다.

集說 瓦棺, 始不衣薪也. 堲周, 或謂之土周; 堲者, 火之餘燼, 蓋治土爲甎而四周於棺之坎也. 殷世始爲棺槨, 周人又爲飾棺之具, 蓋彌文矣. 牆, 柳衣也. 柳者, 聚也, 諸飾之所聚也. 以此障柩, 猶垣墻之障家, 故謂之牆. 翣, 如扇之狀, 有畵爲黼者, 有畵爲黻者, 有畵雲氣者, 多寡之數, 隨貴賤之等.

번역 '와관(瓦棺)'은 애초부터 섶을 두르지 않은 것이다. '즐주(堲周)'는 '토주(土周)'라고도 부르는데, '즐(堲)'이라는 것은 불을 피우고 남은 불씨이니, 흙을 구워서 벽돌을 만들고, 관(冠)을 안치하는 구덩이 네 벽면을 벽돌로 두르게 된다. 은(殷)나라 때에는 처음으로 관(棺)과 외관인 곽(槨)을 만들었으며, 주(周)나라 사람들은 또한 관(棺)을 치장하는 도구들을 만들었으니, 아마도 문식을 확장했기 때문일 것이다. '장(牆)'은 유의(柳衣)를 뜻하는데, '유(柳)'라는 것은 "모으다[聚]."는 뜻이며, 장식을 하는 여러 물건들이 모여진 것을 뜻한다. 이러한 장식물로써 영구를 가리는 것이 마치 담장으로 집을 가리는 것과 같기 때문에, 이것을 '장(牆)'이라고 부르는 것이다. '삽(翣)'이라는 것은 부채[扇]의 모습과 비슷한데, 보(黼) 모양을 그림으로 그린 것도 있고, 불(黻) 모양을 그림으로 그린 것도 있으며, 구름을 그림으로 그린 것도 있는데, 그 수량은 신분의 등급에 따른다.

大全 馬氏曰: 自虞氏瓦棺而至夏后氏堲周, 堲周有槨之象. 商人以瓦棺堲周, 皆陶冶之器, 而陶冶出於土, 及其久也, 必復於土, 不能無使土親膚, 遂以木易之, 木足以勝土, 而仁人孝子所以深慮長思者, 未有易此. 聖人之法相待而後備, 故周人則緣商人之棺槨, 飾之以牆置翣, 棺槨以比化, 牆置翣以爲觀美, 皆所以盡孝子之心, 無使之惡於死而已.

번역 마씨가 말하길, 유우씨(有虞氏) 때 와관(瓦棺)을 사용했다는 것으로부터 하후씨(夏后氏) 때 즐주(堲周)를 사용했다는 것에 있어서, 즐주에는 외관[槨]과 유사한 형상이 포함되어 있고, 상(商)나라 때에는 와관과 즐주를 모두 흙을 구운 옹기로 만들었고, 옹기는 흙[土]에서 나오는 것이므로, 그것이 오래되면, 반드시 흙으로 되돌아가게 된다. 그러나 흙을 부모의 살에 직접적으로 닿게 하는 것을 없앨 수가 없었기 때문에, 결국에는 나무로 바꾸게 되었는데, 나무는 충분히 흙을 이겨낼 수 있지만, 인자한 자와 자식들은 심사숙고를 하기 때문에, 이것으로 대체하지 못하였다. 성인(聖人)의 법도는 상호 갖춰진 이후에야 완비가 된다. 그렇기 때문에 주(周)나라의 경우에는 상나라에서 만든 관곽(棺槨)에 대한 방법을 따르면서도, 그것에 대해 장식을 하며, 삽(翣)을 둘러 가렸으니, 관곽을 두어서 조화를 이루고, 삽을 둘러 가림으로써 외적인 아름다움을 추구하였으니, 이 모두는 자식된 자의 마음을 다하여, 그로 하여금 죽은 자에게 잘못을 범하는 일이 없게끔 하는 방법일 따름이다.

鄭注 始不用薪也. 有虞氏上陶. 火熟[1]曰堲, 燒土冶以周於棺也. 或謂之土周, 由是也. 弟子職曰: "右手折堲." 槨, 大也. 以木爲之, 言槨大於棺也. 殷人上梓. 牆, 柳衣也. 凡此言後王之制文.

번역 유우씨(有虞氏) 때에는 애초부터 섶을 사용하지 않은 것이다. 유우씨는 도기[陶]를 숭상하였다.[2] 불로 구운 것을 '즐(堲)'이라고 부르며, 흙을 구워서 관(棺)의 사면을 두른 것을 뜻한다. '즐주(堲周)'를 '토주(土周)'라고도 부르는 이유는 바로 이러한 이유 때문이다. 『관자(管子)』「제자직(弟子職)」편에서는 "오른쪽 손으로 즐(堲)을 절단한다."라고 했다. '곽(槨)'은 크기가 큰 것이다. 나무로 그것을 만들게 되니, '곽(槨)'이 관(棺)보다도 크다는 뜻이다. 은(殷)나라 때에는 가래나무[梓]를 숭상하였다. '장(牆)'은 유의(柳衣)를 뜻한다. 무릇 이것들은 후대 왕들이 제정한 형식이다.

釋文 陶, 大刁反. 卽周, 本又作堲, 同, 子栗反, 又音稷, 注下同. 何云: "冶土爲塼, 四周於棺." 燒, 叔招反. 折, 之設反, 管子云: "左手執燭, 右手折堲." 卽, 燭頭燼也. 弟子職, 其篇名. 棺音官. 槨音郭. 梓音子. 牆, 在良反.

번역 '陶'자는 '大(대)'자와 '刁(조)'자의 반절음이다. '卽周'에서의 '卽'자는 판본에 따라서 또한 '堲'자로도 기록하는데, 두 글자는 모두 '子(자)'자와 '栗(률)'자의 반절음이며, 또한 그 음은 '稷(직)'도 되고, 아래 정현의 주에 나오는 글자도 그 음이 이와 같다. 하윤은 "흙을 구워서 벽돌을 만들고, 관(棺)의 사면을 두른다."라고 했다. '燒'자는 '叔(숙)'자와 '招(초)'자의 반절음이다. '折'자는 '之(지)'자와 '設(설)'자의 반절음이며, 『관자(管子)』에서는 "왼쪽 손으로 등불을 잡고, 오른쪽 손으로 즐(堲)을 절단한다."라고 했다. '卽'은 등불 끝에 있는 타고 남은 재이다. '제자직(弟子職)'은 『관자』의 편명

---

1) '숙(熟)'자에 대하여. 『십삼경주소(十三經注疏)』 북경대 출판본에서는 "'숙'자를 『민본(閩本)』·『감본(監本)』·『모본(毛本)』 및 위씨(衛氏)의 『집설(集說)』에서는 동일하게 기록하였는데, 혜동(惠棟)의 『교송본(校宋本)』에는 '숙(孰)'자로 기록하고 있으며, 『송감본(宋監本)』·『악본(岳本)』·『가정본(嘉靖本)』에서도 이처럼 기록하였다. 완원(阮元)의 『교감기(校勘記)』에서는 '살펴보니, 숙(熟)자는 후대에 나타난 글자이다.'"라고 했다.

2) 『주례』「동관고공기(冬官考工記)」: 有虞氏上陶, 夏后氏上匠, 殷人上梓, 周人上輿.

이다. '棺'자의 음은 '官(관)'이다. '槨'자의 음은 '郭(곽)'이다. '梓'자의 음은 '子(자)'이다. '牆'자는 '在(재)'자와 '良(량)'자의 반절음이다.

孔疏 ●"有虞"至"之殯". ○正義曰: 此一節論棺槨所起及用棺槨之事, 各隨文解之.

번역 ●經文: "有虞"~"之殯". ○이 문단은 관곽(棺槨)이 기원하게 된 일 및 관곽을 사용하는 사안에 대해서 논의하고 있으니, 각각의 문장에 따라서 풀이하겠다.

孔疏 ◎注"始不"至"上陶". ○正義曰: 按易·下繫辭云: "古之葬者, 厚衣之以薪, 葬之中野, 不封不樹, 喪期無數. 後世聖人易之以棺槨, 蓋取諸大過." 大過者, 巽下兌上之卦. 初六在巽體, 巽爲木, 上六位在巳, 巳當巽位. 巽又爲木, 二木在外, 以夾四陽. 四陽互體爲二乾, 乾爲君爲父, 二木夾君父, 是棺槨之象. 今虞氏旣造瓦棺, 故云"始不用薪". 然虞氏瓦棺, 則未有槨也, 繫辭何以云"後世聖人易之以棺槨", 連言"槨"者? 以後世聖人其文開廣, 遠探殷·周. 而言喪期, 有虞氏則然, 故尙書云: "三載, 四海遏密八音." 云"有虞氏上陶"者, 按考工記陶人造瓦器, 故引之證瓦棺.

번역 ◎鄭注: "始不"~"上陶". ○『역』「계사하(繫辭下)」편을 살펴보면, "고대에 장례(葬禮)를 치를 때에는 옷을 두껍게 입히고 섶으로 두르며, 들판에서 장례를 치렀고, 흙을 높이 쌓지 않고 나무도 심지 않았으며, 상을 치르는 기간에도 정해진 시기가 없었다. 후세의 성인(聖人)은 이것을 관곽(棺槨)으로 바꿨으니, 무릇 대과괘(大過卦)에서 취한 것이다."[3]라고 했다. 대과괘(大過卦)라는 것은 손(巽: ☴)이 밑에 있고, 태(兌: ☱)가 위에 있는 형상의 괘(卦)이다. 초륙(初六: --)은 손(巽)의 형체에 포함되어 있는데, 손

3) 『역』「계사하(繫辭下)」: 古之葬者, 厚衣之以薪, 葬之中野, 不封不樹, 喪期无數, 後世聖人易之以棺槨, 蓋取諸大過. 上古結繩而治, 後世聖人易之以書契, 百官以治, 萬民以察, 蓋取諸夬.

(巽)은 목(木)이 되며, 상륙(上六: --)의 위치는 사(巳)에 있고, 사(巳)는 손(巽)의 위치에 해당한다. 손(巽) 또한 목(木)이 되므로, 두 개의 목(木)이 밖에 있으면서, 4개의 양(陽: —)을 끼고 있는 형상이다. 4개의 양(陽)은 상호 몸체가 되어, 2개의 건(乾)이 되는데, 건(乾)은 군주[君]가 되고 부친[父]이 되므로, 2개의 목(木)이 군주와 부친을 끼고 있는 것은 바로 관곽(棺槨)의 형상에 해당한다. 유우씨(有虞氏) 때에는 이미 와관(瓦棺)을 만들어서 사용했기 때문에, "애초부터 섶을 사용하지 않았다."라고 했던 것이다. 그런데 유우씨가 만든 와관의 경우에는 외관[槨]이 포함되지 않았는데도, 「계사전」에서는 어떻게 "후세의 성인이 관곽으로 바꿨다."고 하여, 곽(槨)을 관(棺)과 연이어서 말할 수 있는가? 후세 성인은 그 형식을 광대하게 확장시켜서, 멀리로는 은(殷)나라와 주(周)나라 때의 것을 탐구하였기 때문이다. '상기(喪期)'를 언급한 것은 유우씨 때 이처럼 했다는 뜻이다. 그렇기 때문에 『상서』에서는 "3년 동안 사해 이내에서는 온갖 음악소리가 멎었다."[4]라고 한 것이다. 정현이 "유우씨는 도기[陶]를 숭상하였다."라고 했는데, 『고공기(考工記)』를 살펴보면, 도인(陶人)은 와기(瓦器)를 만들었다고 했다. 그렇기 때문에 이 기록을 인용하여서, 와관(瓦棺)에 대해 증명한 것이다.

孔疏 ◎注"火熟"至"折堲". ○正義曰: "火熟"者, 以弟子職云: "折燭之炎燼, 名之曰堲." 故知堲是火熟者. 云"燒土冶以周於棺也"者, 謂鑿土爲陶冶之形, 大小得容棺, 故云"燒土冶以周於棺"也. 云"或謂之土周, 由是也"者, 曾子問云: "下殤土周葬於園." 云"由是"者, 燒土周棺, 得喚作土周. 引弟子職者, 證火熟曰堲之意. 按管子書有弟子職篇, 云"左手秉燭, 右手正堲". 鄭云: "折堲者, 卽是正除之義."

번역 ◎鄭注: "火熟"~"折堲". ○정현이 '화숙(火熟)'이라고 한 이유는 『관자(管子)』「제자직(弟子職)」편에서 "등불의 타고 남은 부분을 절단하는

---

4) 『서』「우서(虞書)·순전(舜典)」: 二十有八載, 帝乃殂落, 百姓如喪考妣, 三載, 四海遏密八音.

것을 '즐(堲)'이라고 부른다."라고 했기 때문이다. 그래서 '즐(堲)'이 불로 구운 것이 됨을 알 수 있었던 것이다. 정현이 "흙을 구워서 관(棺)의 사면을 두른 것을 뜻한다."라고 하였는데, 이 말은 흙에 구멍을 내어서 도기의 형태를 만들고, 그 크기는 관(棺)을 집어넣을 수 있도록 했다. 그렇기 때문에 "흙을 구워서 관(棺)의 사면을 두른 것을 뜻한다."라고 말한 것이다. 정현이 "'토주(土周)'라고도 부르는 이유는 바로 이러한 이유 때문이다."라고 하였는데, 『예기』「증자문(曾子問)」편에서는 "하상(下殤)한 자에 대해서는 토주(土周)의 방식을 따라서, 가까운 동산에서 장례(葬禮)를 치렀다."[5]라고 하였다. 정현이 "이러한 이유 때문이다."라고 하였는데, 흙을 구워서 관(棺)의 사면을 두르는 것을 '토주(土周)'라고 부를 수 있기 때문이다. 정현이 「제자직」편을 인용하였는데, 불로 구운 것을 '즐(堲)'자로 부른다는 뜻을 증명하기 위해서이다. 살펴보면 『관자』에는 「제자직」편이 포함되어 있는데, "왼쪽 손으로 등불을 잡고, 오른쪽 손으로 즐(堲)을 절단한다."라고 했다. 정현은 "절즐(折堲)이라는 것은 반듯하게 제거한다는 뜻이다."라고 했다.

孔疏 ◎注"槨大"至"上梓". ○正義曰: 槨聲與寬廓相近, 故云"大於棺"也. "殷人上梓", 亦考工記文, 引之以證槨也. 考工記又云: "夏后氏上匠." 於"堲周", 不引之者, 以匠無所不爲, 非獨堲周而已, 故不引也. 考工記又云: "周人上輿." 輿非牆之事, 故於"周人牆置翣", 亦不引之也.

번역 ◎鄭注: "槨大"~"上梓". ○'곽(槨)'자의 음은 '관곽(寬廓)'과 서로 유사하다. 그렇기 때문에 "관(棺)보다 큰 것이다."라고 말한 것이다. 정현이 "은(殷)나라 때에는 가래나무[梓]를 숭상하였다."라고 하였는데, 이 또한 『고공기(考工記)』에 기록된 문장으로, 정현이 이 문장을 인용한 것은 곽(槨)에 대해 증명하기 위해서이다. 『고공기』에서는 또한 "하후씨(夏后氏)는 장인[匠]을 숭상하였다."라고 하였다. 그런데 '즐주(堲周)'라는 기록에 대해서, 정현은 『고공기』의 기록을 인용하지 않았다. 그 이유는 장인은 하지 못하

---

5) 『예기』「증자문(曾子問)」【244b】: 曾子問曰, <u>下殤, 土周, 葬于園</u>, 遂輿機而往, 塗邇故也, 今墓遠, 則其葬也, 如之何.

는 일이 없기 때문에, 비단 즐주(堲周)를 만드는 일에만 한정되지 않는다. 그러므로 인용하지 않은 것이다. 『고공기』에서는 또한 "주(周)나라 때에는 수레[輿]를 숭상하였다."라고 했는데, 수레와 관련된 것은 장(牆)에 포함된 일이 아니다. 그렇기 때문에 "주나라 때에는 영구를 가릴 때 삽(翣)을 둘렀다."라는 기록에 대해서도, 또한 『고공기』의 기록을 인용하지 않은 것이다.

孔疏 ◎注"牆柳"至"制文". ○正義曰: 按喪大記注云: "在旁曰帷, 在上曰荒." 帷荒所以衣柳, 則以帷荒之內木材爲柳, 其實帷荒及木材等總名曰柳. 故縫人云: "衣翣柳之材." 注云: "柳之言聚, 諸飾之所聚." 是帷荒總稱柳也. 云"凡此言後王之制文"者, "凡", 謂虞·夏·殷·周. 有虞氏唯有瓦棺, 夏后氏瓦棺之外加堲周, 殷則梓棺替瓦棺, 又有木爲椁替堲周, 周人棺椁, 又更於椁傍置柳·置翣扇, 是後王之制, 以漸加文也. 夏言"后"者, 白虎通云: "以揖讓受於君, 故稱后. 殷·周稱人者, 以行仁義, 人所歸往, 故稱人." 夏對殷·周稱人, 故言后, 見受之於君. 虞則不對殷·周. 自五帝之內, 雖受於君, 不須稱后也.

번역 ◎鄭注: "牆柳"~"制文". ○『예기』「상대기(喪大記)」편에 대한 정현의 주를 살펴보면, "측면을 가리는 것을 '유(帷)'라고 부르며, 윗면을 가리는 것을 '황(荒)'이라고 부른다."[6]라고 했다. 유(帷)와 황(荒)은 유(柳)에 옷을 입히는 것들인데, 유(帷)와 황(荒) 안에 목재로 된 부분을 '유(柳)'라고 부르며, 실제로는 유(帷)와 황(荒) 및 목재로 만들어진 부분까지도 총칭하여, '유(柳)'라고 부른다. 그렇기 때문에 『주례』「봉인(縫人)」편에서는 '삽류(翣柳)에 입히는 재료'[7]라는 기록이 있는 것이고, 이 문장에 대한 정현의 주에서는 "'유(柳)'자는 '모으다[聚]'는 뜻으로, 여러 장식들이 모여진 것을 뜻한다."라고 한 것이니, 이것이 바로 유(帷)와 황(荒)을 총칭하여, '유(柳)'라고 부른다는 사실을 나타낸다. 정현이 "무릇 이것들은 후대 왕들이 제정한 형식이다."라고 하였는데, '범(凡)'자는 우(虞)·하(夏)·은(殷)·주(周)

---

6) 이 문장은 『예기』「상대기(喪大記)」편의 "飾棺, 君龍帷, 三池, 振容, 黼荒, …… 士戴前纁後緇, 二披, 用纁."이라는 기록에 대한 정현의 주이다.

7) 『주례』「천관(天官)·봉인(縫人)」: 喪縫棺飾焉. <u>衣翣柳之材</u>. 掌凡內之縫事.

를 가리킨다. 유우씨(有虞氏) 때에는 오직 와관(瓦棺)만 있었고, 하후씨(夏后氏) 때에는 와관(瓦棺) 겉에 즐주(堲周)의 방법을 더하게 되었으며, 은나라 때에는 가래나무로 만든 관(棺)으로 와관(瓦棺)을 대체하였고, 또 나무로 곽(槨)을 만들어서 즐주(堲周)를 대체하였다. 주나라 때에는 관곽(棺槨)을 두고, 또 곽(槨) 옆에 유(柳)를 설치하고, 삽(翣)을 설치하였으니, 이것은 후왕들의 제도에서 점진적으로 문식을 더하게 된다는 사실을 나타낸다. 하(夏)나라에 대해서는 '후(后)'자를 붙여서 기록하였는데, 그 이유에 대해서 『백호통』[8]에서는 "겸양으로 양보하여 군주에게서 제위를 받았기 때문에, '후(后)'자를 붙여서 부르는 것이다. 은(殷)나라와 주(周)나라에 대해서는 '인(人)'자를 붙여서 불렀는데, 그 이유는 인의(仁義)의 도리를 실천하여, 사람들이 귀의하였기 때문이다. 그래서 '인(人)'자를 붙여서 부른 것이다." 라고 했다. 하(夏)나라는 은(殷)나라나 주(周)나라에 대해서 '인(人)'자를 붙여서 부르는 것과 대비가 되기 때문에, '후(后)'자를 붙여서 불렀으며, 이것을 통해서 군주에게서 제위를 선양받았음을 나타낸 것이다. 우(虞)의 경우에는 은(殷)나라나 주(周)나라에 대비가 되지 않는다. 우(虞) 자체가 오제(五帝)[9]의 범주 속에 포함되기 때문에, 비록 군주에게서 제위를 선양받았

8) 『백호통(白虎通)』은 후한(後漢) 때 편찬된 서적이다. 『백호통의(白虎通義)』라고도 부른다. 후한의 장제(章帝)가 학자들을 불러 모아서, 백호관(白虎觀)에서 토론을 시키고, 각 경전 해석의 차이점을 기록한 서적이다.

9) 오제(五帝)는 전설시대에 존재했다고 전해지는 다섯 명의 제왕(帝王)을 뜻한다. 그러나 다섯 명이 누구였는지에 대해서는 이설(異說)이 많다. 첫 번째 주장은 황제(黃帝: =軒轅), 전욱(顓頊: =高陽), 제곡(帝嚳: =高辛), 당요(唐堯), 우순(虞舜)으로 보는 견해이다. 『사기정의(史記正義)』「오제본기(五帝本紀)」편에는 "太史公依世本・大戴禮, 以黃帝・顓頊・帝嚳・唐堯・虞舜爲五帝. 譙周・應劭・宋均皆同."이라는 기록이 있고, 『백호통(白虎通)』「호(號)」편에도 "五帝者, 何謂也? 禮曰, 黃帝・顓頊・帝嚳・帝堯・帝舜也."라는 기록이 있다. 두 번째 주장은 태호(太昊: =伏羲), 염제(炎帝: =神農), 황제(黃帝), 소호(少昊: =摯), 전욱(顓頊)으로 보는 견해이다. 이 주장은 『예기』「월령(月令)」편에 나타난 각 계절별 수호신들의 내용을 종합한 것이다. 세 번째 주장은 소호(少昊), 전욱(顓頊), 고신(高辛), 당요(唐堯), 우순(虞舜)으로 보는 견해이다. 『서서(書序)』에는 "少昊・顓頊・高辛・唐・虞之書, 謂之五典, 言常道也."라는 기록이 있다. 또 『제왕세기(帝王世紀)』에는 "伏羲

지만, ‘후(后)’라고 지칭할 필요가 없었던 것이다.

訓纂 盧注: 牆, 載棺車箱.

번역 노식의 주에서 말하길, ‘장(牆)’자는 관(棺)을 수레의 상(箱)에 싣는다는 뜻이다.

集解 愚謂: 棺外之材, 蓋以柳木爲之, 故謂之柳, 因又以爲柳衣之總名也. 以其在棺外, 若牆圍然, 故又謂之牆. 古時喪制質略, 至後世而漸備, 爲之棺槨而無使土親膚, 爲之牆·翣而使人勿惡, 凡以盡人子之心, 而非徒爲觀美而已.

번역 내가 생각하기에, 관(棺) 밖에 설치하는 목재들은 아마도 유목(柳木)으로 만들었기 때문에, ‘유(柳)’라고 부르는 것이며, 또 이러한 이유 때문에, 유의(柳衣)의 총칭으로도 사용했던 것이다. 관(棺) 밖에 있는 것들은 마치 담장으로 두르는 것과 같기 때문에, 또한 이것들을 ‘장(牆)’이라고도 부르는 것이다. 고대의 상례(喪禮)에서는 그 예법이 질박하고 간략하였으며, 후세에 이르러서야 점진적으로 격식을 갖추게 되었다. 따라서 관곽(棺槨)을 만들어서, 흙이 시신의 몸에 직접 닿지 못하도록 하였고, 장(牆)과 삽(翣)을 만들어서, 사람들이 영구(靈柩)를 보고 꺼려하지 못하도록 했던 것이니, 무릇 이것들을 통해서 자식된 자의 마음을 다하도록 한 것으로, 단지 외관상의 아름다움을 꾸미기 위한 것뿐만이 아니다.

·神農·黃帝爲三皇, 少昊·高陽·高辛·唐·虞爲五帝."라는 기록이 있다. 네 번째 주장은 복희(伏羲), 신농(神農), 황제(黃帝), 당요(唐堯), 우순(虞舜)으로 보는 견해이다. 이 주장은 『역』「계사하(繫辭下)」편의 내용에 근거한 주장이다.

【73a】

周人以殷人之棺槨葬長殤, 以夏后氏之堲周葬中殤·下殤, 以有虞氏之瓦棺葬無服之殤.

직역 周人은 殷人의 棺槨으로써 長殤을 葬했고, 夏后氏의 堲周로써 中殤과 下殤을 葬했으며, 有虞氏의 瓦棺로써 無服의 殤을 葬했다.

의역 주(周)나라에서는 은(殷)나라 때 사용했던 관곽(棺槨)을 이용해서, 장상(長殤)인 자들을 장례(葬禮)지냈고, 하후씨(夏后氏) 때 사용했던 즐주(堲周)를 이용해서, 중상(中殤)과 하상(下殤)인 자들을 장례지냈으며, 유우씨(有虞氏) 때 사용했던 와관(瓦棺)을 이용해서, 아직 상복(喪服) 관계가 성립되지 않은 채 죽은 자를 장례지냈다.

集說 十六至十九爲長殤, 十二至十五爲中殤, 八歲至十一爲下殤, 七歲以下爲無服之殤, 生未三月不爲殤.

번역 16세로부터 19세 사이에 요절한 자를 '장상(長殤)'이라고 하며, 12세로부터 15세 사이에 요절한 자를 '중상(中殤)'이라고 하고, 8세로부터 11세 사이에 요절한 자를 '하상(下殤)'이라고 하며, 7세 이하의 나이에 요절한 자를 '상복 관계가 없이 요절한 자[無服之殤]'라고 하는데, 태어난 후 3개월도 되지 않아 죽은 자에 대해서는 요절[殤]한 것으로 여기지 않는다.

大全 嚴陵方氏曰: 槨之於棺, 如城之有郭也. 牆以帷柩而周圍如牆, 翣以飾柩而翼蔽如羽, 蓋世愈久而禮愈備故也. 長殤而下死者, 愈少則禮愈殺也.

번역 엄릉방씨가 말하길, 외관[槨]은 내관[棺]에 대해서, 마치 성(城)에 외곽[郭]이 있는 것과 같다. 유(帷)로 영구(靈柩)를 가려서 주변을 두르는 것은 마치 담장[牆]과 같고, 삽(翣)으로 영구를 장식하여 천으로 가리는 것은 마치 새의 날개와 같다. 이처럼 치장이 늘어나는 것은 세대가 더욱 내려갈수록 예법 또한 더욱 갖춰졌기 때문이다. 장상(長殤)인 자로부터 그 이하의 요절한 자의 경우, 나이가 어릴수록 예법 또한 더욱 낮춰진다.

鄭注 略未成人.

번역 아직 성인(成人)이 되지 못한 자에 대해서는 간략히 치르는 것이다.

釋文 長殤, 丁丈反, 下式羊反; 十六至十九爲長殤, 十二至十五爲中殤, 八歲至十一爲下殤, 七歲已下爲無服之殤, 生未三月不爲殤.

번역 '長殤'에서의 '長'자는 '丁(정)'자와 '丈(장)'자의 반절음이며, '殤'자는 '式(식)'자와 '羊(양)'자의 반절이다. 16세로부터 19세 사이에 요절한 자를 '장상(長殤)'이라고 하며, 12세로부터 15세 사이에 요절한 자를 '중상(中殤)'이라고 하고, 8세로부터 11세 사이에 요절한 자를 '하상(下殤)'이라고 하며, 7세 이하의 나이에 요절한 자를 '무복지상(無服之殤)'이라고 하고, 태어난 지 아직 3개월이 지나지 않아 죽은 자는 요절[殤]로 여기지 않는다.

集解 愚謂: 周人以夏后氏之堲周葬中殤下殤, 謂內有瓦棺而外又有堲周也; 以有虞氏之瓦棺葬無服之殤, 則但用瓦棺而已. 周人葬殤如此, 則周以前殤與成人, 其葬蓋未甚別與. 喪服小記曰, "男子冠而不爲殤, 女子笄而不爲殤."

번역 내가 생각하기에, 주(周)나라에서 하후씨(夏后氏) 때의 즐주(堲周)라는 방법으로 중상(中殤)과 하상(下殤)인 자들을 장례(葬禮)지낸다고 했는데, 이 말은 안쪽에는 와관(瓦棺)을 두고, 외부에는 또한 즐주(堲周)의 방법을 적용한다는 뜻이다. 그리고 유우씨(有虞氏) 때의 와관(瓦棺)으로 '무복지상(無服之殤)'인 자들을 장례지낸다고 했다면, 이때에는 단지 와관(瓦棺)만 사용할 따름이다. 주나라에서 요절한 자들을 장례지내며 이처럼 하였다면, 주나라 이전에는 요절한 자와 성인(成人)인 자들에 대해서 장례를 치를 때, 아마도 이와 같은 철저한 구별이 없었을 것이다. 『예기』「상복소기(喪服小記)」편에서는 "남자는 관례(冠禮)를 치르게 되면, 그가 죽게 되더라도 요절한 자로 여기지 않으며, 여자는 계례(笄禮)를 치르게 되면, 그녀가 죽게 되더라도 요절한 자로 여기지 않는다."[10]라고 했다.

---

10) 『예기』「상복소기(喪服小記)」【417d】: 丈夫冠而不爲殤, 婦人笄而不爲殤. 爲殤後者, 以其服服之.

• 제 10 절 •

왕조별 예제(禮制)의 차이

【73b】

夏后氏尚黑，大事斂用昏，戎事乘驪，牲用玄．殷人尚白，大事斂用日中，戎事乘翰，牲用白．周人尚赤，大事斂用日出，戎事乘騵，牲用騂．

직역 夏后氏는 黑을 尙하여, 大事의 斂에는 昏을 用했고, 戎事에는 驪를 乘했으며, 牲은 玄을 用했다. 殷人은 白을 尙하여, 大事의 斂에는 日中을 用했고, 戎事에는 翰을 乘했으며, 牲은 白을 用했다. 周人은 赤을 尙하여, 大事의 斂에는 日出을 用했고, 戎事에는 騵을 乘했으며, 牲은 騂을 用했다.

의역 하후씨(夏后氏) 때에는 흑색을 숭상하여, 상사(喪事)에서 염(斂)을 할 때에는 해가 저물녘에 했고, 전쟁과 관련된 일에서는 검은 말에 멍에를 메게 했으며, 제사 때 사용한 희생물은 검은색의 것들을 사용했다. 은(殷)나라 때에는 백색을 숭상하여, 상사에서 염을 할 때에는 한낮에 했고, 전쟁과 관련된 일에서는 백색의 말에 멍에를 메게 했으며, 제사 때 사용한 희생물은 백색의 것들을 사용했다. 주(周)나라 때에는 적색을 숭상하여, 상사에서 염을 할 때에는 일출 때 했고, 전쟁과 관련된 일에서는 적색의 털빛에 검은색의 갈기를 가진 말에 멍에를 메게 했으며, 제사 때에는 적색의 것들을 사용했다.

集說 禹以治水之功得天下，故尚水之色；湯以征伐得天下，故尚金之色．周之尚赤，取火之勝金也．大事，喪事也．驪，黑色．翰，白色．易曰："白馬翰如．" 騵，赤馬而黑鬣尾也．

번역 우(禹)임금은 치수(治水)를 했던 공덕으로 천하를 얻었다. 그렇기 때문의 수(水)의 색깔을 숭상했던 것이다. 탕(湯)임금은 정벌을 통해 천하를 얻었다. 그렇기 때문에 금(金)의 색깔을 숭상했던 것이다. 주(周)나라는 적색을 숭상했는데, 이것은 화(火)가 금(金)을 이기는 뜻에서 취한 것이다. '대사(大事)'는 상사(喪事)를 뜻한다. '려(驪)'는 흑색의 말이다. '한(翰)'은 백색의 말이다. 『역』에서는 "백마가 나는 듯이 달린다."[1]라고 했다. '원(騵)'은 몸통이 적색인 말이며, 흑색으로 된 말갈기와 꼬리털을 가지고 있다.

鄭注 以建寅之月爲正, 物生色黑. 昏時亦黑. 此大事謂喪事也. 戎, 兵也. 馬黑色曰驪. 爾雅曰: "騋, 牝驪, 牡玄." 玄, 黑類也. 以建丑之月爲正, 物牙色白. 日中時亦白. 翰, 白色馬也. 易曰: "白馬翰如."以建子之月爲正, 物萌色赤. 日出時亦赤. 騵, 騮馬, 白腹. 騂, 赤類.

번역 하후씨(夏后氏) 때에는 북두칠성의 자루가 인(寅)의 자리에 오는 달을 정월(正月)로 삼았는데, 사물이 태어나면 그 색깔이 흑색이기 때문이다. 저물녘[昏時]에도 또한 하늘의 색깔은 흑색이 된다. 여기에서 말하는 '대사(大事)'는 상사(喪事)를 가리킨다. '융(戎)'자는 전쟁[兵]을 뜻한다. 말이 흑색인 것을 '려(驪)'라고 부른다. 『이아』에서는 "'래(騋)'는 암컷의 려(驪)를 뜻하고, 수컷의 현(玄)을 뜻한다."[2]라고 했다. '현(玄)'은 흑색의 부류이다. 은(殷)나라는 북두칠성의 자루가 축(丑)의 자리에 오는 달을 정월로 삼았는데, 사물이 맹아일 때 그 색깔이 백색이기 때문이다. 한낮[日中時]에도 또한 하늘의 색깔은 백색이 된다. '한(翰)'은 백색의 말이다. 『역』에서는 "백마가 나는 듯이 달린다."라고 했다. 주(周)나라는 북두칠성의 자루가 자(子)의 자리에 오는 달을 정월로 삼았는데, 사물이 발아할 때 그 색깔이 적색이기 때문이다. 일출 때에도 또한 하늘의 색깔은 적색이 된다. '원(騵)'은 털빛이 붉고 갈기가 검은 말인데, 복부는 백색으로 되어 있다. '성(騂)'은 적색의 부류이다.

---

1) 『역』「분괘(賁卦)」: 六四, 賁如, 皤如, 白馬翰如, 匪寇, 婚媾.
2) 『이아』「석축(釋畜)」: 騋, 牝驪. 牡玄. 駒, 褭驂. / 『이아』의 이 문장은 해석하는 자에 따라 구문을 다르게 끊는다. 『십삼경주소』 북경대 출판본에 속한 『이아』에서는 "騋牝驪牡. 玄駒, 褭驂."으로 구문을 끊었다.

그림 10-1 초요축월추이도(招搖逐月推移圖)

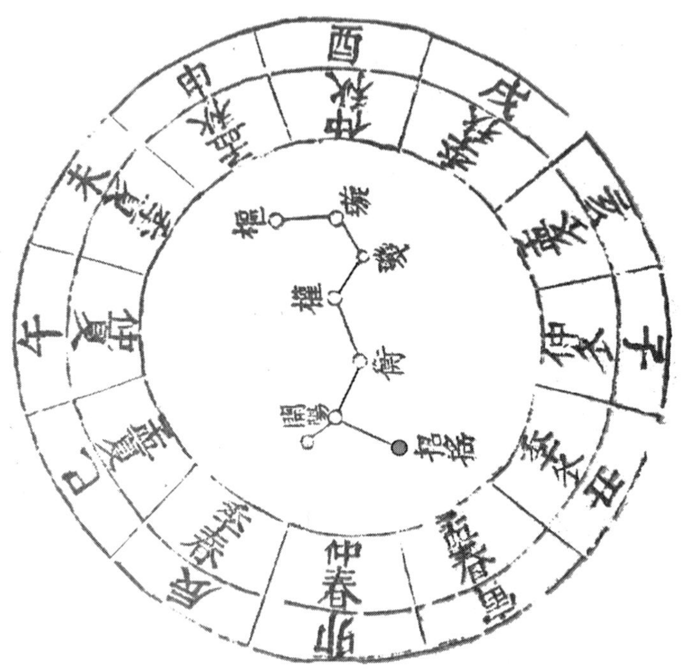

▸ **출처:** 『삼재도회(三才圖會)』「천문(天門)」 3권

釋文 正音征, 下同, 又如字. 斂, 力驗反, 下皆同. 驪, 力知反, 徐郎志反, 純黑色馬. 騋音來, 馬七尺已上爲騋. 翰, 字又作韓, 胡旦反, 又音寒. 萌, 亡耕反. 騵音原. 騮, 力求反, 赤馬, 黑鬣尾. 騂, 息營反, 徐呼營反, 純赤色也. 一云赤黃色.

번역 '正'자의 음은 '征(정)'이며, 아래문장에 나오는 글자도 그 음이 이와 같고, 또한 글자대로 읽기도 한다. '斂'자는 '力(력)'자와 '驗(험)'자의 반절음이고, 아래문장에 나오는 글자들도 모두 그 음이 이와 같다. '驪'자는 '力(력)'자와 '知(지)'자의 반절음이고, 서음(徐音)은 '郎(랑)'자와 '志(지)'자의 반절음이며, 순전히 흑색으로 된 말을 뜻한다. '騋'자의 음은 '來(래)'이며, 말의 몸체가 7척(尺) 이상이 되는 것을 '騋'라고 한다. '翰'자는 또한 '韓'자로도 기록하는데, 그 음은 '胡(호)'자와 '旦(단)'자의 반절음이고, 또한 그 음은 '寒(한)'도 된다. '萌'자는 '亡(망)'자와 '耕(경)'자의 반절음이다. '騵'자의 음은 '原(원)'이다. '騮'자는 '力(력)'자와 '求(구)'자의 반절음이고, 적색의 몸통에, 흑색의 갈기와 꼬리털을 가진 말을 뜻한다. '騂'자는 '息(식)'자와 '營(영)'자의 반절음이고, 서음은 '呼(호)'자와 '營(영)'자의 반절음이 되고, 순전히 적색으로 된 것을 뜻한다. 한편에서는 적황색으로 된 것을 뜻한다고 풀이하기도 한다.

孔疏 ●"夏后"至"用騂". ○正義曰: 此一節論三代正朔所尙色不同, 各依文解之.

번역 ●經文: "夏后"~"用騂". ○이 문단은 삼대(三代) 때 역법에 따라 숭상했던 색깔이 다르다는 사실을 논의하고 있으니, 각각의 문장에 따라서 풀이하겠다.

孔疏 ○夏尙黑, 殷尙白, 周尙赤, 此之謂三統, 故書傳略說云: "天有三統, 物有三變, 故正色有三. 天有三生三死, 故土有三王, 王特一生死." 又春秋緯

・元命苞及樂緯・稽耀嘉云: "夏以十三月爲正, 息卦受泰." 注云: "物之始, 其色尚黑, 以寅爲朔." "殷以十二月爲正, 息卦受臨." 注云: "物之牙, 其色尚白, 以雞鳴爲朔." "周以十一月爲正, 息卦受復, 其色尙赤, 以夜半爲朔." 又三正記云: "正朔三而改, 文質再而復." 以此推之, 自夏以上皆正朔三而改也. 鄭注尙書: "三帛, 高陽氏之後用赤繒, 高辛氏之後用黑繒, 其餘諸侯用白繒." 如鄭此意, 却而推之, 舜以十一月爲正, 尙赤. 堯以十二月爲正, 尙白, 故曰: "其餘諸侯用白繒." 高辛氏以十二月爲正, 尙黑. 故云: "高辛氏之後用黑繒." 高陽氏以十一月爲正, 尙赤, 故云: "高陽氏之後用赤繒." 帝少皥以十二月爲正, 尙白. 黃帝以十三月爲正, 尙黑. 神農以十一月爲正, 尙赤. 女媧以十二月爲正, 尙白. 伏犧以上, 未有聞焉. 易・說卦云"帝出乎震", 則伏羲也. 建寅之月, 又木之始. 其三正當從伏羲, 以下文質再而復者, 文質法天地, 文法天, 質法地. 周文法地而爲天正, 殷質法天而爲地正者, 正朔文質不相須, 正朔以三而改, 文質以二而復, 各自爲義, 不相須也. 建子之月爲正者, 謂之天統. 以天之陽氣始生, 爲百[3]物得陽氣微, 稍動變, 故爲天統. 建丑之月爲地統者, 以其物已吐牙, 不爲天氣始動, 物又未出, 不得爲人所施功, 唯在地中含養萌牙, 故爲地統. 建寅之月爲人統者, 以其物出於地, 人功當須修理, 故謂之人統. 統者, 本也, 謂天地人之本也. 然王者必以此三月爲正者, 以其此月物生微細, 又是歲之始生, 王者繼天理物, 含養微細, 又取其歲初爲正朔之始. 旣天地人之三者所繼不同, 故各改正朔, 不相襲也. 所尙旣異, 符命亦隨所尙而來, 故禮緯・稽命徵云: "其天命以黑, 故夏有玄珪. 天命以赤, 故周有赤雀銜書. 天命以白, 故殷有白狼銜鉤." 是天之所命, 亦各隨人所尙. 符命雖逐所尙, 不必皆然. 故天命禹觀河, 見白面長人. 洛予命云: "湯觀於洛, 沈璧, 而黑龜與之書, 黃魚雙躍." 泰誓言武王伐紂, 而白魚入於王舟. 是符命不皆逐正色也. 鄭康成之義, 自古以來, 皆改正朔. 若孔安國則改正朔殷・周二代, 故注尙書湯承堯舜禪代之後, 革命創制, 改正易服, 是從湯始改正朔也.

---

3) '백(百)'자는 본래 '하(下)'자로 기록되어 있었는데, 완원(阮元)의 『교감기(校勘記)』에서는 "포당(浦鏜)은 『논어』의 소(疏) 기록에 따라서 '백'자가 '하'자로 잘못 기록되어 있다고 했는데, 그 주장이 옳다."라고 했다.

번역 ○하(夏)나라는 흑색을 숭상했고, 은(殷)나라는 백색을 숭상했으며, 주(周)나라는 적색을 숭상했는데, 이것을 '삼통(三統)'이라고 부른다. 그렇기 때문에 『서전략설(書傳略說)』에서는 "하늘에는 삼통(三統)이 있고, 만물에는 삼변(三變)이 있다. 그렇기 때문에 정색(正色)에도 세 가지가 있는 것이다. 하늘에는 세 번의 태어남과 세 번의 죽음이 있기 때문에, 땅에도 삼왕(三王)이 있는 것이며, 왕(王)은 단지 한 번만 태어나고 죽게 된다."라고 했던 것이다. 또 『춘추』의 위서(緯書) 『원명포(元命苞)』 및 『악』의 위서 『계요가(稽耀嘉)』에서는 "하나라는 13월을 정월(正月)로 삼았으니, 12소식괘(消息卦)[4]가 태괘(泰卦: 乾下坤上☷☰)를 받아들인 것이다."라고 했고, 이 문장에 대한 주에서는 "만물의 시초가 되니, 그 색깔은 흑색을 숭상하여, 인(寅)의 자리를 삭(朔)으로 삼은 것이다."라고 했다. 그리고 "은나라는 12월을 정월로 삼았으니, 12소식괘가 임괘(臨卦: 兌下坤上☷☱)를 받아들인 것이다."라고 했고, 이 문장에 대한 주에서는 "만물의 맹아가 되니, 그 색깔은 백색을 숭상하여, 계명(雞鳴)을 삭(朔)으로 삼은 것이다."라고 했다. 그리고 "주나라는 11월을 정월로 삼았으니, 12소식괘가 복괘(復卦: 震下坤上☷☳)를 받아들인 것이며, 그 색깔은 적색을 숭상하고, 야반(夜半)을 삭(朔)으로 삼은 것이다."라고 했다. 또 『삼정기(三正記)』에서는 "정월은 세 차례 고쳐졌고, 문질(文質)이 두 차례 교대하여 회귀하였다."라고 했는데, 이 기록을 통해 추론해보면, 하(夏)나라 이전에는 모두 역법을 세 차례나 고쳤던 것이다. 『상서』에 대한 정현의 주에서는 "'삼백(三帛)'은 고양씨(高陽氏)[5]

---

4) 소식괘(消息卦)는 복(復)·임(臨)·태(泰)·대장(大壯)·괘(夬)·건(乾)·구(姤)·돈(遯)·부(否)·관(觀)·박(剝)·곤(坤) 등의 12괘(卦)를 통해 음양(陰陽)의 순환을 열두 달로 나타낸 것을 뜻한다.

5) 전욱(顓頊)은 고양씨(高陽氏)라고도 부른다. '전욱'은 고대 오제(五帝) 중 하나이다. 『산해경(山海經)』「해내경(海內經)」편에는 "黃帝妻雷祖, 生昌意, 昌意降處若水, 生韓流. 韓流, …… 取淖子曰阿女, 生帝顓頊."이라는 기록이 있다. 즉 황제(黃帝)의 처인 뇌조(雷祖)가 창의(昌意)를 낳았는데, 창의가 약수(若水)에 강림하여 거처하다가, 한류(韓流)를 낳았다. 다시 한류는 아녀(阿女)를 부인으로 맞이하여 '전욱'을 낳았다. 또한 『회남자(淮南子)』「천문훈(天文訓)」편에는 "北方, 水也, 其帝顓頊, 其佐玄冥, 執權而治冬."이라는 기록이 있다. 즉 북방(北方)은 오행(五行)으로 배열하면 수(水)에 속하는데,

의 후손들은 적색의 비단을 사용했고, 고신씨(高辛氏)[6]의 후손들은 흑색의 비단을 사용했으며, 나머지 제후들은 백색의 비단을 사용했다."라고 했다. 만약 정현의 주장대로라면, 이것을 거꾸로 추론해보면, 순(舜)임금은 11월을 정월로 삼아서, 적색을 숭상했던 것이다. 그리고 요(堯)임금은 12월을 정월로 삼아서, 백색을 숭상했던 것이다. 그렇기 때문에 "그 나머지 제후들은 백색의 비단을 사용한다."라고 말한 것이다. 고신씨는 12월을 정월로 삼아서, 흑색을 숭상했다. 그렇기 때문에 "고신씨의 후손들은 흑색의 비단을 사용했다."라고 말한 것이다. 고양씨는 11월을 정월로 삼아서, 적색을 숭상했다. 그렇기 때문에 "고양씨의 후손들은 적색의 비단을 사용했다."라고 말한 것이다. 오제(五帝) 중 하나인 소호(少皞)[7]는 12월을 정월로 삼아서, 백색을 숭상했다. 황제(黃帝)[8]는 13월을 정월로 삼아서, 흑색을 숭상했

이곳의 상제(上帝)는 '전욱'이고, 상제를 보좌하는 신(神)은 현명(玄冥)이다. 이들은 겨울을 다스린다. 또한 '전욱'과 관련하여 『수경주(水經注)』「호자하(瓠子河)」편에는 "河水舊東決, 逕濮陽城東北, 故衛也, 帝顓頊之墟. 昔顓頊自窮桑徙此, 號曰商丘, 或謂之帝丘."라는 기록이 있다. 즉 황하의 물길은 옛날에 동쪽으로 흘러서, 복양성(濮陽城)의 동북쪽을 경유하였는데, 이곳은 옛 위(衛) 지역으로, '전욱'이 거처하던 터이며, 예전에 '전욱'이 궁상(窮桑) 땅으로부터 이곳으로 옮겨왔기 때문에, 이곳을 상구(商丘) 또는 제구(帝丘)라고도 부른다.

6) 고신씨(高辛氏)는 곧 제곡(帝嚳)을 가리킨다. 제곡은 최초 신(辛)이라는 땅을 분봉 받았다가, 이후에 제(帝)가 되었으므로, 제곡을 '고신씨'라고도 부르는 것이다.

7) 소호씨(少皞氏)는 전설상의 인물이다. 고대 동이족의 제왕으로, 황제(黃帝)의 아들이었다고도 전해진다. 이름은 지(摯)인데, 질(質)이었다고도 한다. 호(號)는 금천씨(金天氏)이다. 소호(少皞)는 새의 이름으로 관직명을 지었다고 전해지며, 사후에는 서방(西方)의 신(神)이 되었다고 전해진다. 『춘추좌씨전』「소공(昭公) 17년」편에는 "郯子曰 我高祖少皞摯之立也, 鳳鳥適至, 故紀於鳥, 爲鳥師而鳥名."이라는 기록이 있는데, 이에 대한 두예(杜預)의 주에서는 "少皞, 金天氏, 黃帝之子, 己姓之祖也."라고 풀이했다.

8) 황제(黃帝)는 헌원씨(軒轅氏), 유웅씨(有熊氏)이라고도 부른다. 전설시대에 존재했다고 전해지는 고대 제왕(帝王)이다. 소전(少典)의 아들이고, 성(姓)은 공손(公孫)이다. 헌원(軒轅)이라는 땅의 구릉 지역에 거주하였기 때문에, 그를 '헌원씨'라고도 부르는 것이다. 또한 '황제'는 희수(姬水) 지역에도 거주를 하였기 때문에, 이 지역의 이름을 따서 성(姓)을 희(姬)로 고치기도

다. 신농(神農)[9]은 11월을 정월로 삼아서, 적색을 숭상했다. 여왜(女媧)[10]는 12월을 정월로 삼아서, 백색을 숭상했다. 복희(伏犧)[11] 이상의 제왕들에 대해서는 그 제도를 확인할 수 없었다. 『역』「설괘전(說卦傳)」편에서는 "제(帝)가 진(震: ☳)에서 나온다."[12]라고 했으니, 여기에서 말한 '제(帝)'는 복

하였다. 그리고 수도를 유웅(有熊) 땅에 마련하였기 때문에, 그를 '유웅씨'라고도 부르는 것이다. 한편 오행(五行) 관념에 따라서, 그는 토덕(土德)을 바탕으로 제왕이 되었다고 여겼는데, 흙[土]이 상징하는 색깔은 황(黃)이므로, 그를 '황제'라고 부르는 것이다. 『역』「계사하(繫辭下)」편에는 "神農氏沒, 黃帝・堯・舜氏作, 通其變, 使民不倦."이라는 기록이 있는데, 이에 대한 공영달(孔穎達)의 소(疏)에서는 "黃帝, 有熊氏少典之子, 姬姓也."라고 풀이했다. 한편 '황제'는 오제(五帝) 중 하나를 뜻한다. 오행(五行)으로 구분했을 때 토(土)를 주관하며, 계절로 따지면 중앙 계절을 주관하고, 방위로 따지면 중앙을 주관하는 신(神)이다. 『여씨춘추(呂氏春秋)』「계하기(季夏紀)」편에는 "其帝黃帝, 其神后土."라는 기록이 있고, 이에 대한 고유(高誘)의 주에서는 "黃帝, 少典之子, 以土德王天下, 號軒轅氏, 死託祀爲中央之帝."라고 풀이했다.

9) 신농씨(神農氏)는 신농(神農)이라고도 부른다. 전설시대에 존재했다고 전해지는 고대 제왕(帝王)의 이름이다. 처음으로 백성들에게 농사짓는 방법을 가르쳤다는 뜻에서, '신농'이라고 부르게 되었다. 또한 약초를 발견하고 재배하여 사람들의 병을 치료했었다고 전해진다. 또한 '신농'은 염제(炎帝)라고도 부르는데, 그 이유는 오행(五行) 중 하나인 화(火)의 덕(德)을 통해서 제왕이 되었다고 믿었기 때문이다. 『회남자(淮南子)』「주술훈(主述訓)」편에는 "昔者, 神農之治天下也, 神不馳於胸中, 智不出於四域, 懷其仁誠之心, 甘雨時降, 五穀蕃植."이라는 기록이 있다. 한편 '신농'은 토신(土神)을 뜻하는 용어로도 사용되었다. 이것은 농사와 땅과의 관계가 밀접하기 때문이며, 이러한 뜻에서 농사를 주관했던 관리를 또한 '신농'으로 칭하기도 하였다.

10) 여왜씨(女媧氏)는 전설시대에 존재했다고 전해지는 고대 제왕(帝王)의 이름이다. 인류의 시조(始祖)라고도 전해진다. 복희(伏犧)와 혼인하여 인류를 낳았다고 하며, 또한 흙으로 인간을 빚어서 인류를 만들었다고도 전해진다. 또한 '여왜씨'는 하(夏)나라 우(禹)임금의 부인이자, 도산씨(塗山氏)의 딸을 가리킨다. '여왜씨'를 우임금의 부인을 뜻하는 용어로 사용할 때에는 '여왜'를 또한 여교(女嬌), 여교(女趫)라고도 지칭한다.

11) 복희(伏羲)는 곧 복희씨(宓戲氏)・복희씨(伏羲氏)를 가리킨다. 전설시대에 존재했다고 전해지는 고대 제왕 중 한 명이다. 복(伏)자와 복(宓)자, 그리고 희(羲)자와 희(戲)자는 음이 같아서 통용되었다. 『한서(漢書)』「고금인표(古今人表)」편에는 "太昊帝宓羲氏."라는 기록이 있는데, 이에 대한 안사고(顏師古)의 주에서는 "宓, 音伏, 字本作戲, 其音同."이라고 풀이했다.

희(伏犧)를 뜻한다. 건인(建寅)의 달은 또한 목(木)의 기운이 시작되는 시기가 된다. 삼정(三正)은 마땅히 복희(伏犧)를 따르므로, 그 이하의 제도에서는 문질(文質)이 재차 교대하며 회귀하는 것으로, 문질(文質)은 천지(天地)를 본받는 것인데, 그 중 문(文)은 하늘을 본받는 것이고, 질(質)은 땅을 본받는 것이다. 주나라에서는 문(文)을 강조하여 땅을 본받고, 천정(天正)으로 삼았으며, 은나라에서는 질(質)을 강조하여 하늘을 본받고, 지정(地正)으로 삼았는데, 정삭(正朔)과 문질(文質)은 서로 따를 필요가 없다. 그 이유는 정삭(正朔)은 3이라는 숫자를 기준으로 바뀌고, 문질(文質)은 2라는 숫자를 기준으로 회귀하므로, 각각 제 나름대로의 도의에 따르게 되어, 서로 따를 필요가 없는 것이다. 건자(建子)의 달을 정월로 삼은 것을 '천통(天統)'이라고 부른다. 하늘의 양기(陽氣)가 처음으로 생겨나서, 만물이 양기(陽氣)의 은미한 기운을 얻어서, 점진적으로 활동하고 변화하기 때문에, '천통(天統)'이 되는 것이다. 건축(建丑)의 달을 정월로 삼은 것을 '지통(地統)'이라고 부르니, 그 이유는 만물이 이미 맹아를 드러내어, 천기(天氣)가 처음으로 움직인 것이 아니며, 만물 또한 아직 완전히 나온 것이 아니고, 사람이 노력을 해서 이룰 수 있는 것도 아니며, 오직 땅속에서 맹아를 머금어 배양해주어야 하기 때문에, '지통(地統)'이 되는 것이다. 건인(建寅)의 달을 정월로 삼은 것을 '인통(人統)'이라고 부르니, 그 이유는 만물이 땅을 뚫고 나오므로, 사람의 노력은 마땅히 조리에 따라 발휘해야만 하기 때문에, '인통(人統)'이라고 부르는 것이다. '통(統)'이라는 것은 근본[本]을 뜻하니, 천(天)·지(地)·인(人)의 근본이 된다는 뜻이다. 그런데 천자가 된 자가 반드시 이러한 세 개의 달을 정월로 삼게 되는 이유는 이러한 달이 만물이 생겨나는 미묘한 기운의 시작이 되고, 또 한 해의 기운이 처음으로 생겨나는 시기도 되기 때문이니, 천자가 된 자는 하늘의 뜻을 계승하여 만물을 다스리며, 미묘한 기운을 함양하고, 또 한 해의 시작을 취하여, 정삭(正朔)의 시초로 삼는 것이다. 이미 천(天)·지(地)·인(人)이라는 세 계통은 계승하는 점이 다르기 때문에, 각각 정삭(正朔)을 고쳐서, 서로 답습하지 않

---

12) 『역』「설괘전(說卦傳)」: 帝出乎震, 齊乎巽, 相見乎離, 致役乎坤, 說言乎兌, 戰乎乾, 勞乎坎, 成言乎艮.

았던 것이다. 숭상하던 것도 이미 다르므로, 하늘의 명을 받은 징표 또한 숭상하는 것에 따라 도출된다. 그렇기 때문에 『예』의 위서인 『계명징(稽命徵)』에서는 "하늘은 흑색으로 명령을 내려주었기 때문에, 하나라에는 현규(玄珪)를 부여받음이 있었다. 하늘은 적색으로 명령을 내려주었기 때문에, 주나라에는 적작(赤雀)이 함서(銜書)를 물고 온 일이 있었다. 하늘은 백색으로 명령을 내려주었기 때문에, 은나라에는 백랑(白狼)이 함구(銜鉤)를 물고 온 일이 있었다."라고 했던 것이다. 이것은 곧 하늘이 부여한 명령 또한 각각 사람들이 숭상하는 것에 따라 내려주었다는 사실을 나타낸다. 하늘이 내려준 신표가 비록 숭상하는 것에 따르게 되지만, 반드시 모두 이와 같았던 것은 아니다. 그렇기 때문에 하늘이 우(禹)임금에게 명령을 함에, 우임금이 황하를 바라보자 흰색의 얼굴을 한 장인(長人)이 출현했던 것이다. 『낙여명(洛予命)』에서는 "탕(湯)임금이 낙수를 살펴보고, 벽(璧)을 강물에 던지자, 흑색의 거북이가 나타나서 그에게 책을 주었고, 황색의 물고기가 짝이 되어 튀어 올랐다."라고 했다. 『서』「태서(泰誓)」편에서는 무왕(武王)이 주(紂)를 정벌하자, 흰색의 물고기가 천자의 배로 들어왔다고 했다. 이것은 하늘로부터 부여받은 신표가 모두 정색(正色)을 따르는 것이 아님을 나타낸다. 정현의 뜻은 고대로부터 그 이래로 모두 정삭(正朔)을 고쳤다는 데 있다. 만약 공안국의 주장에 따른다면, 정삭(正朔)을 고친 것은 은나라와 주나라 두 왕조에만 해당한다. 그렇기 때문에 『상서』에 대한 주에서, 탕(湯)임금은 요(堯)임금과 순(舜)임금으로부터 선양한 제위를 계승한 이후에, 혁명(革命)을 하고 제도를 창제하였으며, 역법을 고치고 복색을 바꿨다고 했던 것인데, 이 말은 곧 탕임금 때 처음으로 정삭(正朔)을 고쳤다는 뜻이 된다.

孔疏 ◎注"昏時"至"事也". ○正義曰: 知"大事"是喪事者, 以其與"斂"文連, 故知大事是喪事也.

번역 ◎鄭注: "昏時"~"事也". ○정현의 말처럼 '대사(大事)'가 상사(喪事)를 뜻한다는 사실을 알 수 있는 이유는 이 글자에 연이어서 '염(斂)'자가 기록되어 있기 때문이다. 그래서 '대사(大事)'가 상사(喪事)를 뜻한다는 사실을 알 수 있는 것이다.

孔疏 ◎注"爾雅曰: 騋, 牝驪, 牡玄". ○正義曰: 引爾雅·釋畜文. "騋, 牝驪, 牡玄", 謂七尺曰騋, 牝者色驪, 牡者色玄. 引之者, 證"驪"是玄之類也. 按廋人云: "八尺以上爲龍, 七尺以上爲騋, 六尺以上爲馬." 凡馬皆有驪[13]牡玄, 獨言騋者, 擧中以見上下, 明其諸馬皆然. 或爾雅釋詩云: "騋牝." 郭璞注: "玄駒, 小馬." 稍異鄭也.

번역 ◎鄭注: "爾雅曰: 騋, 牝驪, 牡玄". ○정현은 『이아』「석축(釋畜)」편의 문장을 인용한 것이다. 정현이 "'래(騋)'는 암컷의 려(驪)를 뜻하고, 수컷의 현(玄)을 뜻한다."라고 하였는데, 7척(尺)이 되는 말을 '래(騋)'라고 부르고, 암컷 중에 색깔이 려(驪)한 것과 수컷 중에 색깔이 현(玄)한 것을 가리킨다는 뜻이다. 정현이 이 문장을 인용한 이유는 '려(驪)'가 현(玄)의 부류가 된다는 사실을 증명하기 위해서이다. 『주례』「수인(廋人)」편을 살펴보면, "8척(尺) 이상이 되는 말을 용(龍)이라고 하고, 7척(尺) 이상이 되는 말을 래(騋)라고 하며, 6척(尺) 이상이 되는 말을 마(馬)라고 한다."[14]라고 했다. 모든 말들 중에는 려(驪)도 있고 모현(牡玄)도 있는데, 이곳에서 유독 래(騋)만을 언급한 이유는 중간에 있는 것을 제시해서 상하의 것들을 모두 드러낸 것이니, 이 말은 곧 모든 말들이 이와 같다는 사실을 나타낸다. 혹자는 『이아』의 기록이 『시』를 풀이한 것이라고 하며, '래빈(騋牝)'으로 구문을 끊었는데, 이 문장에 대한 곽박의 주에서는 "검은색의 망아지로, 몸체가 작은 말이다."라고 했다. 이러한 풀이는 정현의 풀이와는 조금 다른 것이다.

---

13) '려(驪)'자에 대하여. 『십삼경주소(十三經注疏)』 북경대 출판본에서는 "『민본(閩本)』·『감본(監本)』·『모본(毛本)』에도 동일하게 기록되어 있는데, 손지조(孫志祖)는 '려(驪)자 앞에 아마도 빈(牝)자가 누락된 것 같다.'"라고 했다.

14) 『주례』「하관(夏官)·수인(廋人)」: 馬八尺以上爲龍, 七尺以上爲騋, 六尺以上爲馬.

孔疏 ◎注"玄黑類也". ○正義曰: 按周禮・考工記: "七入爲緇." 鄭云: "玄則六入者與" 是玄黑類.

번역 ◎鄭注: "玄黑類也". ○『주례』「고공기(考工記)」편을 살펴보면, "염색을 할 때 7만큼이 들어가면 치(緇)가 된다."[15]라고 했다. 정현은 "현(玄)은 아마도 6만큼이 들어간 것이다."라고 했는데, 이 말은 곧 현(玄)이 흑색의 부류가 됨을 뜻한다.

孔疏 ◎注"翰白"至"翰如". ○正義曰: 所引易者, 易・賁卦・六四: "賁如皤如, 白馬翰如." 賁離下艮上, 鄭注云: "六四, 巽爻也. 有應於初九, 欲自飾以適初, 旣進退未定, 故皤如也." "白馬翰如", 謂九三位在辰, 得巽氣爲白馬. 翰猶幹也. 見六四適初未定, 欲幹而有之, 引此者證"翰"爲白色. 按彼以幹爲翰者, 以"翰如"・"白馬"連文, 故以翰爲幹, 望經爲義, 以此不同.

번역 ◎鄭注: "翰白"~"翰如". ○정현이 『역』의 내용을 인용하였는데, 『역』「분괘(賁卦)」의 육사(六四: ⚋) 효사(爻辭)에서는 "꾸민 듯하며 순결한 듯하니, 백마가 나는 듯이 달린다."라고 하였다. 분괘(賁卦)는 리괘(離卦: ☲)가 밑에 있고, 간괘(艮卦: ☶)가 위에 있는 형상이며, 정현의 주에서는 "육사(六四)는 손(巽: ☴)의 효(爻)이다. 초구(初九: ⚊)에 감응하는 점이 있으며, 제 스스로를 꾸며서 초구에 맞추고자 하지만, 이미 진퇴(進退)가 확정되지 않았기 때문에, 순결한 듯하다고 말한 것이다."라고 했다. "백마가 나는 듯이 달린다."라고 하였는데, 구삼(九三: ⚊)의 위치는 진(辰)에 해당하고, 손(巽)의 기운을 얻으면 백마(白馬)가 된다는 뜻이다. '한(翰)'자는 '간(幹)'자와 같다. 육사(六四)가 초구에 맞춤이 아직 확정되지 않아서, 뼈대를 두어서 포함시키고자 한 것이니, 이 문장을 인용해서 '한(翰)'이 백색이 됨을 증명한 것이다. 살펴보니, 『역』에서는 '간(幹)'자를 '한(翰)'자로 여겨서, '한여(翰如)'와 '백마(白馬)'를 연접해서 기록하고 있다. 그렇기 때문에 '한(翰)'자를 '간(幹)'자로 여긴 것이니, 경문들을 살펴서 그 의미를 확정했

15) 『주례』「동관고공기(冬官考工記)・종씨(鍾氏)」: 三入爲纁, 五入爲緅, 七入爲緇.

기 때문에, 이곳의 내용과 차이를 보이는 것이다.

孔疏 ◎注"物萌色赤". ○正義曰: 按上"殷尚白"之下, 注云: "物牙色白." 此"萌色赤", 不同者, 萌是牙之微細, 故建子云萌, 建丑云牙. 若散而言之, 萌卽牙也. 故書傳略說云: "周以至動, 殷以萌, 夏以牙." 此皆據一種之草, 大汎而言, 故建子始動, 建寅乃出, 至如薺麥以秋而生, 月令仲冬荔挺出, 不在此例也. 此文質雖異, 殷質·周文, 大汎言之, 乃前代質, 後代文也. 故表記云"虞·夏之質, 殷·周之文", 是也.

번역 ◎鄭注: "物萌色赤". ○살펴보니, 앞의 "은(殷)나라는 백색을 숭상한다."라는 구문부터 그 이하의 문장에 대해서, 정현의 주에서는 "사물이 맹아일 때 그 색깔이 백색이다."라고 하였는데, 이곳에서는 "사물이 발아할 때 그 색깔이 적색이다."라고 하여, 차이를 보이고 있다. 그 이유는 '맹(萌)'이라는 것은 '아(牙)'의 미세한 부분이다. 그렇기 때문에 건자(建子)의 달에 대해서는 '맹(萌)'이라고 한 것이고, 건축(建丑)의 달에 대해서는 '아(牙)'라고 한 것이다. 만약 범범하게 말을 한다면, '맹(萌)'은 곧 '아(牙)'가 된다. 그렇기 때문에 『서전략설(書傳略說)』에서는 "주(周)나라는 지동(至動)으로써 하고, 은(殷)나라는 맹(萌)으로써 하며, 하(夏)나라는 아(牙)로써 한다."라고 말한 것이다. 이러한 기록들은 모두 한 종류의 풀에 기준을 두고, 범범하게 말한 것이다. 그렇기 때문에 건자(建子)의 달에 만물이 처음으로 움직이기 시작하고, 건인(建寅)의 달이 되면, 곧 지상으로 나오게 되는데, 제맥(薺麥)처럼 가을이 되어 생겨나는 것들, 그리고 『예기』「월령(月令)」편에서 중동(仲冬)의 달에 여정초가 나타난다고 했던 것[16]들은 이러한 용례에 해당하지 않는다. 이곳에서는 문질(文質)에 비록 차이가 있어서, 은나라는 질박함을 숭상하고 주나라는 문식을 숭상한다고 했는데, 범범하게 말을 한다면, 이전 왕조는 질박한 것에 해당하고 후대 왕조는 문식을 꾸민 것에 해당한다. 그렇기 때문에 『예기』「표기(表記)」편에서 "우(虞)와 하(夏)는 질박하고, 은(殷)과 주(周)는 화려하다."[17]라고 한 말이 바로 이러한 사실을

16) 『예기』「월령(月令)」【221d】: 芸始生, 荔挺出, 蚯蚓結, 麋角解, 水泉動.

나타낸다.

孔疏 ◎注"騵, 騮馬, 白腹". ○正義曰: 爾雅・釋畜文. 武王伐紂所乘也. 故詩云: "駟騵彭彭." 毛傳云, "上周下殷." 故周人戎事乘之, 若其餘事, 則明堂位云, "周人黃馬蕃鬣", 是也.

번역 ◎鄭注: "騵, 騮馬, 白腹". ○이 문장은 『이아』「석축(釋畜)」편에 기록된 문장이다. 무왕(武王)이 주(紂)를 정벌할 때 수레에 메었던 말을 뜻한다. 그렇기 때문에 『시』에서는 "배가 흰 네 마리의 붉은 말이 풍성하도다."[18] 라고 하였는데, 『모전(毛傳)』에서는 "배가 희고 붉은 색의 말을 타는 것은 붉은 색을 숭상하는 주(周)나라를 높이고, 흰색을 숭상하는 은(殷)나라를 낮춘 것이다."라고 했던 것이다. 그래서 주나라 때에는 전쟁과 관련된 일에 있어서, 이 말에 멍에를 메게 했던 것이니, 만약 전쟁 이외의 일인 경우라면, 『예기』「명당위(明堂位)」편에서 "주나라 때에는 황색의 털에 붉은 색의 갈기가 있는 말을 이용했다."[19]라고 한 말이 바로 그 기록에 해당한다.

訓纂 三禮義宗曰: 三微, 三正也. 言十一月陽氣始施, 萬物動於黃泉之下, 微而未著, 其色皆赤. 赤者陽氣, 故周以天正爲歲, 色尚赤, 夜半爲朔. 十二月萬物始牙, 色白. 白者陰氣, 故殷以地正爲歲, 色尚白, 雞鳴爲朔. 十三月萬物始達, 其色皆黑, 人得加工, 以展其業. 夏以人正爲歲, 色尚黑, 平旦爲朔. 故曰, 三微, 王者奉而成之, 各法其一, 以改正朔也.

번역 『삼례의종(三禮義宗)』에서 말하길, '삼미(三微)'는 삼정(三正)을

---

17) 『예기』「표기(表記)」【633b】: 子曰, "虞夏之道寡怨於民, 殷周之道不勝其敝." 子曰, "虞夏之質, 殷周之文, 至矣. 虞夏之文不勝其質, 殷周之質不勝其文."

18) 『시』「대아(大雅)・대명(大明)」: 牧野洋洋, 檀車煌煌, 駟騵彭彭. 維師尚父, 時維鷹揚, 涼彼武王. 肆伐大商, 會朝清明.

19) 『예기』「명당위(明堂位)」【402d】: 夏后氏駱馬黑鬣, 殷人白馬黑首, 周人黃馬蕃鬣.

뜻한다. 즉 11월에는 양기(陽氣)가 처음으로 펼쳐지고, 만물이 황천(黃泉)[20]의 밑에서 움직이기 시작하지만, 은미하여 아직까지는 나타나지 않는데, 그 색깔은 모두 적색이 된다. 적색이라는 것은 양기(陽氣)에 해당한다. 그렇기 때문에 주(周)나라에서는 천정(天正)으로 한 해의 시작을 삼았고, 색깔은 적색을 숭상했으며, 야반(夜半)을 삭(朔)으로 삼았다. 12월에는 만물이 발아하기 시작하는데, 그 색깔은 백색이 된다. 백색이라는 것은 음기(陰氣)에 해당한다. 그렇기 때문에 은(殷)나라에서는 지정(地正)으로 한 해의 시작을 삼았고, 색깔은 백색을 숭상했으며, 계명(雞鳴)을 삭(朔)으로 삼았다. 13월에는 만물이 비로소 소통되기 시작하는데, 그 색깔은 모두 흑색이고, 사람들이 공력을 기울여서, 그 과업을 펼칠 수가 있게 된다. 하(夏)나라에서는 인정(人正)으로 한 해의 시작을 삼았고, 색깔은 흑색을 숭상했으며, 평단(平旦)을 삭(朔)으로 삼았다. 그래서 삼미(三微)는 천자가 받들어서 완성을 시키는데, 각각 그 중에서 한 가지를 법도로 삼아서, 정삭(正朔)을 고쳤다.

訓纂 易乾鑿度曰: 三微而成著, 三著而體成. 當此之時, 天地交, 萬物通也.

번역 『역』의 위서(緯書)인 『건착도(乾鑿度)』에서 말하길, 세 차례 은미하게 되어 드러남을 이루고, 세 차례 드러나게 되어 이룸을 체현한다. 이 시기에 천지(天地)가 교합하고 만물이 소통한다.

集解 愚謂: 三代所尙之色不同者, 蓋欲各爲一代之制, 以示其不相襲禮也. 此於所乘特言"戎事", 則非戎事所乘固有不盡然者矣. 明堂位曰, "夏后氏駱馬黑鬣, 殷人白馬黑首, 周人黃馬蕃鬣."

번역 내가 생각하기에, 삼대(三代) 때 숭상했던 색깔이 서로 다른데, 그 이유는 아마도 각각 본인들의 왕조에 통용되는 제도를 만들어서, 서로 그

---

20) 황천(黃泉)은 지하에 흐르고 있는 물을 뜻한다. 『맹자』「등문공하(滕文公下)」편에는 "夫蚓, 上食槁壤, 下飮黃泉."이라는 용례가 나온다.

예법을 답습하지 않았음을 나타냈기 때문일 것이다. 이곳에서는 수레에 메게 되는 말에 대해서, 특별히 '융사(戎事)'라고 언급했으니, 전쟁과 관련된 일이 아닌 경우에 수레에 메게 되는 말은 진실로 이곳에서 말한 것처럼만 하지 않았을 것이다. 『예기』「명당위(明堂位)」편에서는 "하후씨(夏后氏) 때에는 백색에 검은색의 갈기가 있는 말을 사용했고, 은(殷)나라 때에는 백색의 몸통에 검은 색의 머리를 하고 있는 말을 사용했으며, 주(周)나라 때에는 황색에 적색의 갈기가 있는 말을 사용했다."라고 했다.

• 제11절 •

모친(母親)에 대한 상례(喪禮)

【73c】

穆公之母卒, 使人問於曾子曰: "如之何?" 對曰: "申也聞諸申之父曰: '哭泣之哀, 齊·斬之情, 饘粥之食, 自天子達. 布幕, 衛也; 縿幕, 魯也.'"

직역 穆公의 母가 卒하자, 人을 使하여 曾子에게 問하여 曰, "어찌해야 합니까?" 對하여 曰, "申은 申의 父에게 聞한데, 曰, '哭泣의 哀, 齊·斬의 情, 饘粥의 食은 天子로부터 達한다. 布幕은 衛이나, 縿幕은 魯이다.'"

의역 목공(穆公)의 모친이 죽자, 목공은 사람을 시켜서 증자(曾子)의 아들인 증신(曾申)에게 묻기를, "어떻게 치러야 합니까?"라고 했다. 증신이 대답하길, "제가 저희 부친께 듣기로는 '곡(哭)을 하고 눈물을 흘리며 슬픔을 드러내는 것, 자최복(齊衰服)이나 참최복(斬衰服)을 입어서 정감을 드러내는 것, 다른 음식을 먹지 않고 죽만 먹는 것 등은 천자(天子)로부터 서인(庶人)들에 이르기까지 누구나 따르는 공통된 예법이다. 다만 포(布)를 이용해서 막(幕)을 만드는 것은 제후(諸侯)들이 따르는 예법인데, 비단을 이용해서 막(幕)을 만든 것은 본래 천자(天子)가 따르는 예법으로, 이처럼 하게 되면 그 예법을 참람되게 사용한 것이다.'라고 했습니다."라고 했다.

集說 穆公, 魯君. 申, 參之子也. 厚曰饘, 稀曰粥. 幕所以覆於殯棺之上. 衛以布爲幕, 諸侯之禮也; 魯以綃爲幕, 蓋僭天子之禮矣.

번역 '목공(穆公)'은 노(魯)나라 군주이다. '신(申)'은 증삼(曾參)의 아들이다. 된죽을 '전(饘)'이라고 부르고, 묽은 죽을 '죽(粥)'이라고 부른다. '막(幕)'은 영구[殯棺]의 위를 덮는 것이다. '위(衛)'는 포(布)로 막(幕)을 만드는 것으로, 제후(諸侯)들이 따르는 예법이다. 노(魯)는 비단[綃]으로 막(幕)을 만드는 것으로, 아마도 천자(天子)가 따르는 예법을 참람되게 사용하는 것이다.

그림 11-1 노(魯)나라 세계도(世系圖)

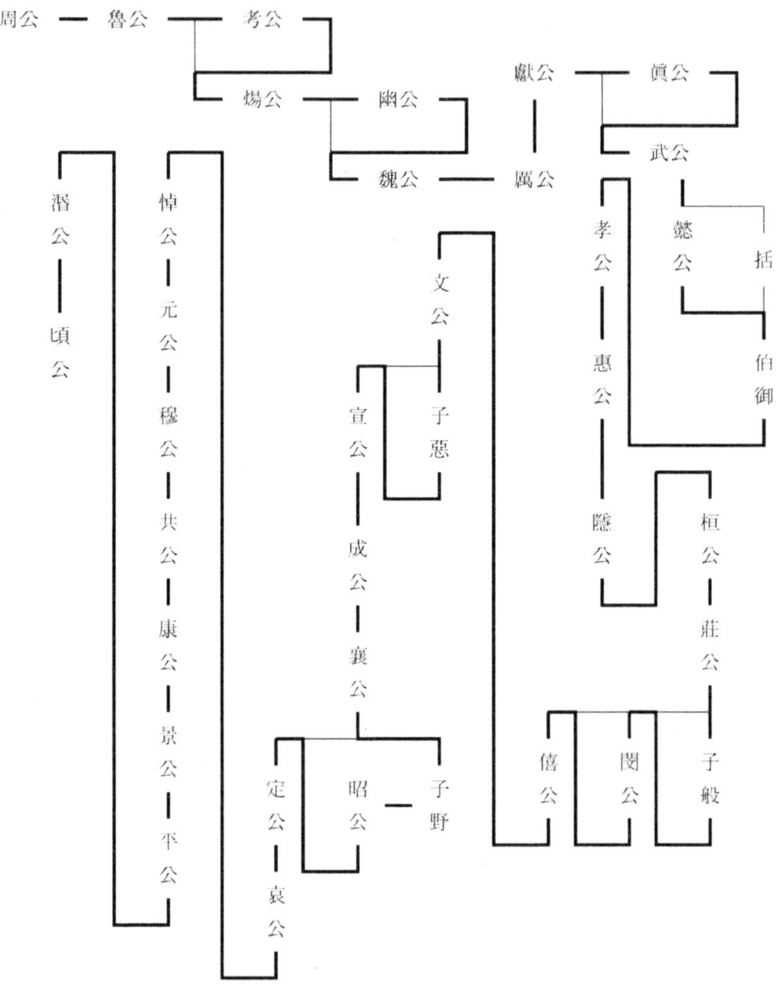

▸ **출처:** 『역사(繹史)』 1권 「역사세계도(繹史世系圖)」

大全 廣安游氏曰: 父母之喪貴賤不殊, 此所以自天子達也. 若幕則天子以綃, 諸侯以布, 穆公苟欲行禮, 所謂貴賤一者, 固當一也, 所謂天子諸侯異者, 固當異也. 此二言喪禮盡矣, 且禮文之制, 曾申獨擧幕, 而不擧其他, 則其他推是而可知矣.

번역 광안유씨[1]가 말하길, 부모의 상(喪)을 치를 때에는 신분의 차이에 따른 차별이 없으니, 이것이 바로 천자(天子)로부터 서인(庶人)에 이르기까지 누구나 따르는 공통된 예법이 되는 이유이다. 막(幕)과 같은 경우에는 천자(天子)는 비단[綃]을 사용해서 만들고, 제후(諸侯)는 포(布)를 사용해서 만들었는데, 목공(穆公)이 만약 예법에 따라 상례(喪禮)를 치르고자 한다면, 이른바 귀천의 차이와 상관없이 동일한 것들에 대해서는 반드시 동일하게 따라야만 하고, 이른바 천자와 제후의 차이점이 있는 것들에 대해서는 반드시 차이를 두어야만 한다. 이 두 가지 경우에 대한 말을 통해서 상례(喪禮)의 뜻을 모두 진술했다고 할 수 있는데, 예법 절차에 따른 문식(文飾)의 제도에 대해서, 증신(曾申)은 유독 막(幕)에 대해서만 언급하고, 다른 것들에 대해서는 열거하지 않았으니, 다른 것들에 대해서도 막(幕)에 대한 내용을 기준으로 추론해보면 알 수 있기 때문이다.

鄭注 穆公, 魯哀公之曾孫. 問居喪之禮. 曾子, 曾參之子, 名申. 子喪父母, 尊卑同. 幕, 所以覆棺上也, 縿, 縑也. 縿讀如綃. 衛, 諸侯禮. 魯, 天子禮. 兩言之者, 僭已久矣. 幕或爲幦.

번역 '목공(穆公)'은 노(魯)나라 애공(哀公)의 증손자이다. 상(喪)을 치르는 예법에 대해서 물어본 것이다. '증자(曾子)'는 증삼(曾參)의 아들로, 이름은 신(申)이다. 자식이 부모의 상(喪)을 치를 때, 관련 예법은 신분의 차이와 상관없이 모두 동일하다. '막(幕)'은 관(棺) 위를 덮는 것이다. '삼

---

1) 광안유씨(廣安游氏, ? ~ ?) : =유계(游桂)・유원발(游元發). 남송(南宋) 때의 학자이다. 이름은 계(桂)이고, 자(字)는 원발(元發)이며, 호(號)는 사재(思齋)이다. 자세한 행적은 남아 있지 않다.

(縿)'자는 비단[縑]을 뜻한다. '삼(縿)'자는 '초(綃)'자와 같이 풀이한다. '위(衛)'는 제후(諸侯)들의 예법이다. '노(魯)'는 천자(天子)의 예법이다. 이러한 두 가지 사안을 언급한 이유는 참람됨이 이미 오래되었기 때문이다. '막(幕)'자를 '멱(幦)'자로 기록하기도 한다.

釋文 參, 所金反, 一音七南反, 後同. 齊音咨, 本亦作齋, 齋衰之字, 後皆放此. 饘, 本又作飦, 之然反, 說文云: "糜也." 周謂之饘, 宋·衛謂之餰. 粥, 之六反, 徐又音育, 字林云: "淖, 糜也." 幕, 本又作冪, 音莫, 徐音覓, 下同. 縿音綃, 徐又音蕭. 縑, 古謙反. 綃音消, 徐本又作繰, 桑堯反. 僭, 子念反. 幦, 莫歷反.

번역 '參'자는 '所(소)'자와 '金(금)'자의 반절음이며, 다른 음은 '七(칠)'자와 '南(남)'자의 반절음인데, 뒤에 나오는 글자들도 그 음이 이와 같다. '齊'자의 음은 '咨(자)'이고, 판본에 따라서는 또한 '齋'자로도 기록하는데, '齋衰' 등으로 기록된 글자는 모두 이와 같다. '饘'자는 판본에 따라서 또한 '飦'자로도 기록하는데, 그 음은 '之(지)'자와 '然(연)'자의 반절음이고, 『설문해자』에서는 "된죽을 뜻한다."라고 했다. 주(周)나라에서는 이것을 '饘'이라고 불렀는데, 송(宋)나라와 위(衛)나라 지역에서는 이것을 '전(餰)'이라고 불렀다. '粥'자는 '之(지)'자와 '六(륙)'자의 반절음이고, 서음(徐音)에서는 또한 그 음을 '育(육)'이라고 했고, 『자림』에서는 "질척이는 것으로, 된죽을 뜻한다."라고 했다. '幕'자는 판본에 따라서 또한 '冪'자로도 기록하는데, 그 음은 '莫(막)'이고, 서음에서는 그 음을 '覓(멱)'이라고 하였으며, 아래문장에 나오는 글자들도 이와 같다. '縿'자의 음은 '綃(초)'이고, 서음에서는 또한 그 음을 '蕭(소)'라고 했다. '縑'자는 '古(고)'자와 '謙(겸)'자의 반절음이다. '綃'자의 음은 '消(소)'이고, 서씨의 판본에서는 또한 '繰'자로도 기록했는데, 그 음은 '桑(상)'자와 '堯(요)'자의 반절음이다. '僭'자는 '子(자)'자와 '念(념)'자의 반절음이다. '幦'자는 '莫(막)'자와 '歷(력)'자의 반절음이다.

孔疏 ●"穆公"至"魯也". ○正義曰: 此一節論尊卑之喪有同有異之事, 各依文解之.

번역 ●經文: "穆公"~"魯也". ○이 문단은 신분의 차이에 따른 상례(喪禮) 절차에서, 동일하게 시행하는 점도 있고, 차이를 두는 점도 있다는 사안에 대해서 논의하고 있으니, 각각의 문장에 따라서 풀이하겠다.

孔疏 ◎注"穆公"至"曾孫". ○正義曰: 按世本傳記, 哀公蔣生悼公寧, 寧生元公嘉, 嘉生穆公不衍, 是曾孫也.

번역 ◎鄭注: "穆公"~"曾孫". ○『세본』의 전기(傳記)를 살펴보면, 애공(哀公)인 장(蔣)은 도공(悼公)인 녕(寧)을 낳았고, 녕(寧)은 원공(元公)인 가(嘉)를 낳았으며, 가(嘉)는 목공(穆公)인 불연(不衍)을 낳았다고 했으니, 목공은 애공의 증손자가 된다.

孔疏 ●"曰哭"至"子達"者, 曾申對穆公使人云, 哭泣之哀, 謂有聲之哭, 無聲之泣, 並爲哀然, 故曰"哭泣之哀"也. "齊斬之情"者, 齊是爲母, 斬是爲父, 父母情同, 故答云"之情"也. "饘粥之食"者, 厚曰饘, 希曰粥, 朝夕食米一溢, 孝子以此爲食, 故曰"食"也. "自天子達"者, 父母之喪, 貴賤不殊, "哭泣"以下, 自天子至庶人如一, 故云"自天子達".

번역 ●經文: "曰哭"~"子達". ○증신(曾申)은 목공(穆公)이 파견한 사신에게 다음과 같이 대답했다. 곡(哭)을 하고 눈물을 흘리며 표출하는 슬픔 감정이라고 했는데, 소리를 내서 우는 것을 '곡(哭)'이라고 하며, 소리 없이 눈물을 흘리는 것을 '읍(泣)'이라고 하고, 둘 모두는 슬픔을 드러내는 것이다. 그렇기 때문에 '곡을 하고 눈물을 흘리며 표출하는 슬픈 감정'이라고 말한 것이다. '자최지정(齊斬之情)'이라고 하였는데, 자최복(齊衰服)은 모친을 위해 착용하는 상복(喪服)이고, 참최복(斬衰服)은 부친을 위해 착용하는 상복인데, 부친과 모친에 대한 정감은 동일하기 때문에, 대답을 하면서, '~의 정감[之情]'이라고 말한 것이다. '전죽지식(饘粥之食)'이라고 하였는데, 된죽을 '전(饘)'이라고 부르며, 묽은 죽을 '죽(粥)'이라고 부르고, 조석으로 쌀 1일(溢)[2]만큼씩을 먹는데, 자식은 이것을 자신의 양식으로 삼는다. 그렇기 때문에 '양식[食]'이라고 말한 것이다. '자천자달(自天子達)'이라고 하였는데, 부모에 대한 상(喪)에 있어서는 신분의 차이에 상관없이 모두 동일하니, '곡읍(哭泣)'이라는 것부터 그 이하의 규정들은 천자(天子)로부터 서인(庶人)에 이르기까지 모두 동일하게 따르는 것이다. 그렇기 때문에 "천자로부터 그 이하로 모두 공통된다."라고 말한 것이다.

孔疏 ●"布幕, 衛也. 縿幕, 魯也"者, 元[3]言齊斬饘粥同, 又言覆棺之幕天子諸侯各別. 以布爲幕者衛, 是諸侯之禮; 以縿爲幕者魯, 是天子之制. 幕者, 謂覆殯棺者也. 下文云: "加斧於椁上." 鄭云: "以刺繡於縿幕, 加椁以覆棺, 已乃屋其上, 盡塗之." 如鄭此言, 繡幕加斧文塗之, 內以覆棺椁也. 周公一人得用天子禮, 而後代僭用之, 故曾申擧衛與魯俱是諸侯, 則後代不宜異, 謂魯之諸公不宜與衛異也. 崔靈恩云: "當時諸侯僭效天子也, 恐魯穆公不能辨, 故兩言以明顯魯與諸侯之別也." 今按崔言雖異, 而是曾申爲穆公說則同也. 然周禮·幕人: "掌帷·幕·幄·帟." 注云: "在傍曰帷, 在上曰幕. 幕或在地, 展陳於上. 帷·幕皆以布爲之. 四合象宮室曰幄, 王所居之帳也. 帟, 王在[4]幕, 若幄中坐, 上承塵也. 幄·帟皆以繒爲之." 而今云天子用綃幕者, 崔靈恩云: "周禮所陳衹謂幄帟之帷幕, 不論襯棺自用縿也. 天子別加斧于上畢塗屋, 此所陳衹謂襯棺幕在於畢塗之內者也. 若其塗上之帟, 則大夫以上有之, 故掌次云: '凡喪, 王則張帟三重, 諸侯再重, 孤卿大夫不重.' 下云'君於士有賜帟', 然士無覆棺之幕, 下云'子張之喪, 褚幕丹質'者, 彼謂將葬啓殯以覆棺, 故鄭注彼云:

---

2) 일(溢)은 한 손에 담을 수 있는 양을 뜻한다. 『소이아(小爾雅)』「광량(廣量)」편에는 "一手之盛謂之溢."이라는 기록이 있다.

3) '원(元)'자에 대하여. 『십삼경주소(十三經注疏)』 북경대 출판본에서는 "'원'자에 대해, 완원(阮元)의 『교감기(校勘記)』에서는 '혜동(惠棟)의 『교송본(校宋本)』에는 기(旣)자로 기록하고 있는데, 이 기록이 옳다. 『민본(閩本)』·『감본(監本)』·『모본(毛本)』에는 선(先)자로 기록하고 있다.'"라고 했다.

4) '왕재(王在)'에 대하여. 『십삼경주소(十三經注疏)』 북경대 출판본에서는 "'왕재'는 본래 '소막(少幕)'으로 기록되어 있었는데, 손이양(孫詒讓)의 『교기(校記)』에서 근거해서 글자를 수정하였다."라고 했다.

‘葬覆棺’, 別也.”

번역 ●經文: “布幕, 衛也. 縿幕, 魯也”. ○본래의 취지는 자최복(齊衰服)이나 참최복(斬衰服)을 입고 치르는 상(喪)에서 죽을 먹는 등의 규정은 동일하다는 뜻이며, 또한 관(棺)을 덮는 막(幕)의 경우 천자(天子)와 제후(諸侯) 사이에는 각각 별도의 규정을 따른다는 뜻이다. 포(布)로 막(幕)을 만든 것이 ‘위(衛)’인데, 이것은 제후(諸侯)들이 따르는 예법이다. 반면 비단[縿]으로 막(幕)을 만든 것이 ‘노(魯)’인데, 이것은 천자(天子)가 따르는 제도이다. ‘막(幕)’이라는 것은 영구[殯棺]를 덮는 것이다. 아래문장에서 “곽(槨) 위에 도끼 무늬를 더한다.”[5]라고 하였고, 이 문장에 대한 정현의 주에서는 “비단으로 만든 막(幕) 위에 수를 놓고, 곽(槨)에 올려서 관(棺)을 덮는데, 그 일이 끝나면, 그 위에 지붕을 올리고, 사면을 모두 마감질한다.”라고 했다. 만약 이와 같은 정현의 주장대로라면, 비단으로 만든 막(幕)에는 도끼 무늬를 새기고, 그 위에 흙을 바르게 되며, 그 안쪽으로는 관곽(棺槨)을 덮게 된다. 주공(周公)은 일개 신하였지만, 천자(天子)의 예법을 사용할 수 있었는데, 후대에서는 참람되게 이러한 예법을 사용하였다. 그렇기 때문에 증신(曾申)은 위(衛)와 노(魯)의 방법이 모두 제후들이 따르는 방법이지만, 후대에는 차이를 두지 않고 있다고 한 것이니, 이 말은 곧 노나라의 군주들이 위(衛)의 방법과 차이를 두어서는 안 된다는 뜻이다. 최영은은 “당시의 제후들은 천자의 예법을 참람되게 따랐으므로, 노나라 목공(穆公)이 이것들을 변별하지 못할 것을 걱정하였기 때문에, 두 가지를 언급하여, 노나라와 다른 제후들의 차이점을 드러낸 것이다.”라고 했다. 내가 살펴보니, 최영은이 말한 내용은 비록 그 초점이 다르지만, 증신이 목공을 위해서 설명했다는 측면에서는 동일하다. 그런데 『주례』「막인(幕人)」편에는 “유(帷)·막(幕)·악(幄)·역(帟)에 대해서 담당을 한다.”[6]라고 하였고, 정현의 주에서는 “측면에 대는 것을 ‘유(帷)’이라고 부르며, 윗면에 대는 것을 ‘막(幕)’이라

---

5) 『예기』「단궁상」【105c】: 天子之殯也, 菆塗龍輴以槨, 加斧于槨上, 畢塗屋, 天子之禮也.

6) 『주례』「천관(天官)·막인(幕人)」: 幕人, 掌帷幕幄帟綬之事.

고 부른다. 막(幕)을 간혹 땅에 깔기도 하여, 그 앞에 펼쳐서 놓아두게 된다. 유(帷)와 막(幕)은 모두 포(布)로 만들게 된다. 네 면을 합하여, 궁실(宮室)의 모습을 형상화한 것을 '악(幄)'이라고 부르는데, 천자가 거처할 때 설치하는 휘장[帳]이다. '역(帟)'은 천자가 막(幕) 아래에 있을 때 펴두는 것으로, 만약 악(幄) 안에서 앉게 되면, 위로 먼지가 떨어지지 않게 받치는 것이다. 악(幄)과 역(帟)은 모두 비단으로 만들게 된다."라고 했다. 그러나 이곳 문장에서는 천자가 비단으로 만든 막(幕)을 사용한다고 기록하고 있다. 이러한 차이점에 대해서 최영은은 "『주례』에서 펼쳐둔다고 언급한 것들은 악(幄)과 역(帟)을 설치할 때 사용하는 유(帷)와 막(幕)을 뜻하는 것이지, 관(棺)을 덮을 때 사용하는 것들을 비단으로 사용해서 만든다는 것을 논의한 기록이 아니다. 천자는 별도로 그 위에 도끼 무늬를 새기고, 사면을 모두 바르게 되는데, 여기에서 펼쳐둔다고 한 것은 관(棺)을 덮는 막(幕)으로, 그것은 사면을 마감질한 것 안쪽에 있는 것이다. 마감질한 것 위에 설치하는 역(帟)과 같은 경우, 대부(大夫) 이상의 계급에서는 이것을 설치하게 된다. 그렇기 때문에 『주례』「장차(掌次)」편에서는 '무릇 상(喪)에 있어서 천자의 경우에는 역(帟)을 3중으로 펼쳐서 설치하고, 제후의 경우에는 2중으로 설치하며, 고(孤)·경(卿)·대부들은 겹으로 설치하지 않는다.'[7]라고 한 것이고, 아래문장에서는 '군주는 사(士)에 대해서 역(帟)을 하사해줌이 있다.'[8]라고 했으니, 사(士) 계급은 본래부터 관(棺)을 덮는 막(幕)이 없는 것이다. 그런데 아래문장에서는 '자장(子張)의 상(喪)에서 붉은 바탕의 포(布)로 만든 저막(褚幕)을 두었다.'[9]라고 하였다. 이처럼 차이를 보이는 이유는 아래문장에서는 장차 장례(葬禮)를 지내기 위해 빈소에 가매장한 영구를 개복하여, 관(棺)을 덮고자 했기 때문이다. 그래서 아래문장에 대한 정현의 주에서도 '장례를 치르며 관(棺)을 덮는 것이다.'라고 했던 것이니, 이곳의

---

7) 『주례』「천관(天官)·장차(掌次)」: 凡喪, 王則張帟三重, 諸侯再重, 孤卿大夫不重.

8) 『예기』「단궁상」【106d】: 君於士有賜帟.

9) 『예기』「단궁상」【86b】: 子張之喪, 公明儀爲志焉. 褚幕丹質, 蟻結于四隅, 殷士也.

내용과 구별이 된다."라고 했다.

集解 愚謂: 凡殯皆帷之, 有在旁之帷, 則當有在上之幕矣. 註以爲覆棺之幕, 非是. 下文言"加斧於椁上", 蓋卽喪大記・士喪禮所謂"夷衾", 非幕也. 衛以布爲幕, 魯以縿爲幕, 蓋當時禮俗之不同. 言此者, 以見禮文之小, 國俗或有少異, 正以深明夫上之所言, 乃其大體之必不可得而變者耳.

번역 내가 생각하기에, 무릇 빈소를 마련할 때에는 모든 경우에 있어서 유(帷)를 치게 되는데, 측면을 가리며 설치하는 유(帷)가 있다면, 마땅히 윗면을 가리는 막(幕)도 있어야 한다. 정현의 주에서는 관(棺)을 가리는 막(幕)으로 풀이했는데, 이것은 잘못된 주장이다. 아래문장에서는 "곽(椁) 위에 도끼 무늬를 새긴다."라고 하였는데, 아마도 『예기』「상대기(喪大記)」편과 『의례』「사상례(士喪禮)」편에서 말한 '이금(夷衾)'이라는 것[10]은 막(幕)을 가리키는 것이 아닌 것 같다. 위(衛)나라에서는 포(布)로 막(幕)을 만들고, 노(魯)나라에서는 비단[縿]으로 막(幕)을 만들었는데, 아마도 당시에는 예법과 풍속이 서로 달랐던 것 같다. 이러한 사안을 언급한 이유는 예(禮)의 형식 중 작은 부분에 있어서는 국가마다 풍속상 간혹 작은 차이점을 보이는 것들이 있음을 드러낸 것이니, 곧 그 앞에 언급한 내용들은 예법의 큰 규범에 해당하여, 이것들은 변화시킬 수가 없다는 것을 역설한 것일 뿐이다.

---

10) 『예기』「상대기(喪大記)」【536d】: 君錦冒, 黼殺, 綴旁七. 大夫玄冒, 黼殺, 綴旁五. 士緇冒, 赬殺, 綴旁三. 凡冒質長與手齊, 殺三尺. 自小斂以往用夷衾, 夷衾質殺之裁, 猶冒也. / 『의례』「사상례(士喪禮)」: 牀・笫・夷衾饌于西坫南. 西方盥如東方.

• 제 12 절 •

신생(申生)의 일화

【73c~d】

晉獻公將殺其世子申生, 公子重耳謂之曰: "子蓋[1]言子之志於公乎?" 世子曰: "不可. 君安驪姬, 是我傷公之心也."

직역 晉獻公이 將히 그 世子인 申生을 殺하려 하니, 公子인 重耳가 謂하여 曰, "子는 蓋히 子의 志를 公에게 言이오?" 世子가 曰, "不可하다. 君은 驪姬을 安하니, 是는 我가 公의 心을 傷함이다."

의역 진(晉)나라 헌공(獻公)은 총애하던 여희(驪姬)의 간언에 속아서, 그의 세자(世子)인 신생(申生)을 죽이려고 하였다. 이 사실을 알고 있던 공자(公子) 중이(重耳)는 신생에게, "그대는 어찌하여 그대의 뜻을 부군께 알리지 않는 것입니까?"라고 했다. 그러자 신생은 "불가하오. 부군께서는 현재 여희를 총애하고 계시는데, 내가 만약 여의의 참소가 잘못되었다는 사실을 밝히게 된다면, 여희는 분명 주살을 당할 것이니, 이것은 곧 내가 부군의 마음을 해치는 꼴이 되오."라고 했다.

---

1) '개(蓋)'자에 대하여. 『십삼경주소(十三經注疏)』 북경대 출판본에서는 "'개'자를 『민본(閩本)』·『감본(監本)』·『모본(毛本)』·『악본(岳本)』·『가정본(嘉靖本)』에서는 동일하게 기록하고 있다. 『경전석문(經典釋文)』에서는 '자개(子蓋)'라는 기록이 나오며, '정현의 주에 따르면 그 음은 합(盍)이고, 아래문장에 나오는 글자도 이와 같다.'라고 했다. 완원(阮元)의 『교감기(校勘記)』에서는 '『석경(石經)』에는 최초 합(盍)자로 새겼는데, 이후에 초(艹)자를 더하여, 개(蓋)자로 기록하였고, 아래문장에 나오는 글자들에 대해서도 마찬가지이다. 정현의 주에서는 개(蓋)자에 대해서 모두 합(盍)자가 되어야 한다고 기록했는데, 이곳 판본에는 개(蓋)자로 기록되어 있었다.'"라고 했다.

集說 此事詳見左傳. 重耳, 申生異母弟, 卽文公也. 蓋, 何不也. 明其讒則姬必誅, 是使君失所安而傷其心也.

번역 이 사건은 『좌전』에 자세히 나온다. '중이(重耳)'는 신생(申生)의 이복형제이니, 곧 문공(文公)을 가리킨다. '개(蓋)'자는 "어찌 아니하는가[何不]?"라는 뜻이다. 참소에 대해서 밝히게 된다면, 여희(驪姬)는 반드시 주살을 당할 것이니, 이것은 곧 군주로 하여금 편안히 여기는 자를 잃게 하여, 그 마음을 해치는 꼴이 된다.

그림 12-1 진(晉)나라 세계도(世系圖)

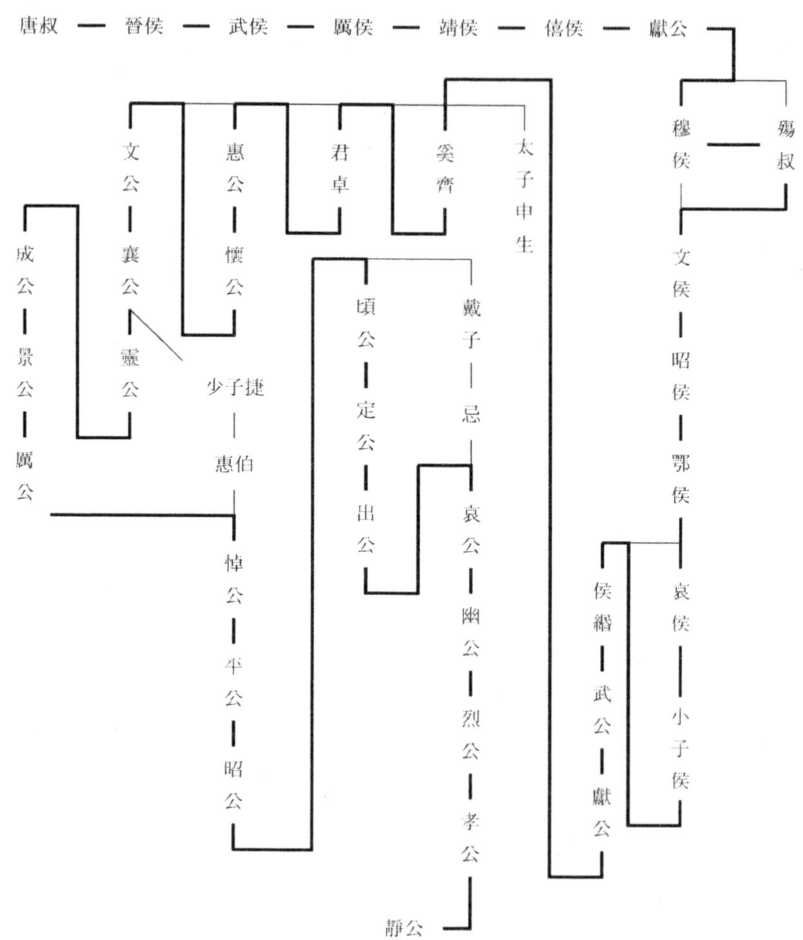

▸ **출처:** 『역사(繹史)』 1권 「역사세계도(繹史世系圖)」

鄭注 信驪姬之譖. 蓋皆當爲盍. 盍, 何不也. 志, 意也. 重耳欲使言見譖之意. 重耳, 申生異母弟, 後立爲文公. 言其意則驪姬必誅也. 驪姬, 獻公伐驪戎所獲女也. 申生之母蚤卒, 驪姬嬖焉.

번역 헌공(獻公)이 신생(申生)을 죽이려고 했던 것은 여희(驪姬)의 참소를 믿었기 때문이다. 이곳 문단에 기록된 '개(蓋)'자는 모두 '합(盍)'자가 되어야 하니, '합(盍)'자는 "어찌 아니하는가[何不]?"라는 뜻이다. '지(志)'자는 의중[意]을 뜻한다. 중이(重耳)는 신생으로 하여금 부군에게 말하도록 하여, 참소의 의도를 밝히고자 했던 것이다. '중이(重耳)'는 신생의 이복형제인데, 이후 제위에 올라서 문공(文公)이 되었다. 신생의 말은 만약 그 의중에 대해서 말하게 된다면, 여희는 반드시 주살을 당할 것이라는 뜻이다. '여희(驪姬)'는 헌공이 여융(驪戎)을 정벌하고, 포로로 획득한 여자였다. 신생의 모친은 일찍 죽었으므로, 여희가 총애를 받게 되었다.

釋文 孋, 本又作麗, 亦作驪, 同, 力知反. 重, 直龍反, 注皆同. 子蓋, 依注音盍, 戶臘反, 下同. 蚤音早. 嬖, 必計反.

번역 '孋'자는 판본에 따라 또한 '麗'자로도 기록하고, 또 '驪'자로도 기록하는데, 그 음은 모두 '力(력)'자와 '知(지)'자의 반절음이 된다. '重'자는 '直(직)'자와 '龍(룡)'자의 반절음이고, 정현의 주에 나오는 글자도 모두 그 음이 이와 같다. '子蓋'에서의 '蓋'자는 정현의 주에 따르면, 그 음이 '盍'이니, '戶(호)'자와 '臘(랍)'자의 반절음으로, 아래문장에 나오는 글자도 그 음이 이와 같다. '蚤'자의 음은 '早(조)'이다. '嬖'자는 '必(필)'자와 '計(계)'자의 반절음이다.

孔疏 ●"晉獻"至"子也". ○正義曰: 此一節論獻公殺申生之事, 各依文解之.

번역 ●經文: "晉獻"~"子也". ○이 문단은 헌공(獻公)이 신생(申生)을 죽였던 일화에 대해서 논의하고 있으니, 각각의 문장에 따라서 풀이하겠다.

孔疏 ◎注"信驪姬之譖". ○正義曰: 按僖四年左傳云: "姬謂大子曰: '君夢齊姜, 必速祭之.' 大子祭於曲沃, 歸胙於公. 公田[2], 姬寘諸宮, 六日, 毒而獻之. 公祭之地, 地墳. 與犬, 犬斃. 與小臣, 小臣亦斃. 姬泣曰: '賊由大子.'" 又晉語云: "姬寘鴆於酒, 寘堇於肉." 堇謂烏頭, 是驪姬譖申生之事也.

번역 ◎鄭注: "信驪姬之譖". ○희공(僖公) 4년에 대한 『좌전』의 기록을 살펴보면, "여희(驪姬)는 태자(太子)에게, '군주께서 꿈에 그대의 모친인 제강(齊姜)을 보셨다고 하니, 신속히 제강에게 제사를 지내시오.'라고 했다. 태자가 곡옥(曲沃)에서 제강에게 제사를 지내고, 되돌아와서 제사를 지냈던 고기를 군주에게 바쳤다. 그런데 당시 헌공(獻公)은 사냥을 나가있었고, 여희는 태자가 바친 고기를 궁(宮) 안에 두었다. 6일이 지난 뒤에 헌공이 되돌아오자, 여희는 고기에 독을 넣어서 바쳤다. 군주가 고기를 먹기 전에 고기를 조금 덜어내어 땅에 두고 제사를 지냈는데, 땅이 부풀어 올랐다. 그 고기를 개에게 주었는데, 개가 고기를 먹고 죽었다. 말단 관리에게도 주었는데, 그 관리 또한 고기를 먹고 죽었다. 그러자 여희는 눈물을 흘리며, '군주를 해치려는 것이 태자로부터 시작되었습니다.'"[3]라고 했다. 또 『국어(國語)』「진어(晉語)」편에서는 "여희는 술에 독을 탔고, 고기에 근(堇)을 넣었다."[4]라고 했다. '근(堇)'이라는 것은 '독성이 있는 풀[烏頭]'이니, 이것이 바로 여희가 신생을 참소했던 일이다.

---

2) '전(田)'자에 대하여. '전'자는 본래 '렵(獵)'자로 기록되어 있었는데, 완원(阮元)의 『교감기(校勘記)』에서는 "『민본(閩本)』·『감본(監本)』·『모본(毛本)』에서는 동일하게 기록하고 있고, 혜동(惠棟)의 『교송본(校宋本)』에서는 '렵'자를 '전'자로 기록하고 있으며, 위씨(衛氏)의 『집설(集說)』에서도 동일하게 '전'자로 기록하고 있다. 살펴보니 '전'자로 기록하는 것이 희공(僖公) 4년에 대한 『좌전』의 기록과도 합치된다."라고 했다.

3) 『춘추좌씨전』「희공(僖公) 4년」 : 及將立奚齊, 旣與中大夫成謀, 姬謂大子曰, "君夢齊姜, 必速祭之!" 大子祭于曲沃, 歸胙于公. 公田, 姬寘諸宮六日. 公至, 毒而獻之. 公祭之地, 地墳. 與犬, 犬斃. 與小臣, 小臣亦斃. 姬泣曰, "賊由大子." 大子奔新城.

4) 『국어(國語)』「진어이(晉語二)」 : 申生許諾, 乃祭于曲沃, 歸福于絳. 公田, 驪姬受福, 乃<u>寘鴆于酒, 寘堇于肉</u>.

孔疏 ◎注"蓋皆"至"文公". ○正義曰: 此云"蓋言子志"及下"蓋行乎", 以蓋非一, 故云"皆當爲盍". 言"重耳欲使言見譖之意"者, 重耳欲使申生言見驪姬所譖之意. 左傳云: "或謂太子曰: '子辭, 君必辨焉.'" 杜預云: "以六日之狀自理." 謂毒酒經宿輒敗, 若申生初則置罪, 經六日, 其酒必壞, 何以經六日, 其酒尚好, 明臨至加藥焉. 云"重耳, 申生異母弟"者, 按莊二十八年左傳云: "晉獻公烝於齊姜, 生太子申生. 大戎狐姬生公子重耳." 是異母弟也.

번역 ◎鄭注: "蓋皆"~"文公". ○이곳 문장에서는 '개언자지(蓋言子志)'라고 기록하였고, 아래문장에서는 '개행호(蓋行乎)'라고 하였으므로, '개(蓋)'자는 한 곳에만 기록된 것이 아니다. 그렇기 때문에 "모든 글자는 마땅히 '합(盍)'자가 되어야 한다."라고 말한 것이다. 정현이 "중이(重耳)는 신생(申生)으로 하여금 부군에게 말하도록 하여, 참소의 의도를 밝히고자 했던 것이다."라고 하였는데, 중이는 신생으로 하여금 부군에게 말하도록 하여, 여희가 참소를 한 의도를 밝히고자 했다는 뜻이다. 『좌전』에서는 "어떤 자가 태자에게 말하길, '그대는 말씀을 드리시오. 그러면 군주께서는 반드시 사리를 분별하시게 될 겁니다.'"[5]라고 했다. 그리고 이 문장에 대한 두예의 주에서는 "6일 동안의 정황을 통해 제 스스로 판단한다는 뜻이다."라고 했는데, 이 말은 독이 들어간 술은 묵혀 둘수록 점차 상하게 되는데, 만약 신생이 처음 헌상을 할 때 독을 탄 것이라면 죄를 받을 것이지만, 6일이 지나게 되면 그 술은 반드시 못 먹게 될 것인데, 어떻게 6일이 경과했음에도, 그 술이 여전히 온전한 상태를 유지할 수 있는가? 이것은 곧 군주가 보기 직전에 독을 탔다는 사실을 나타낸다는 뜻이다. 정현이 "'중이(重耳)'는 신생의 이복형제이다."라고 하였는데, 장공(莊公) 28년에 대한 『좌전』의 기록을 살펴보면, "진(晉)나라 헌공(獻公)은 제강(齊姜)과 간통을 하여, 태자인 신생(申生)을 낳았다. 융(戎)에서 맞이한 두 명의 여자 중 큰 딸 호희(狐姬)를 통해서는 공자(公子) 중이(重耳)를 낳았다."[6]라고 했다. 이것이

---

5) 『춘추좌씨전』「희공(僖公) 4년」: 公殺其傅杜原款. <u>或謂大子, "子辭, 君必辯焉."</u> 大子曰, "君非姬氏, 居不安, 食不飽. 我辭, 姬必有罪. 君老矣, 吾又不樂."

바로 중이와 신생이 이복형제가 됨을 나타낸다.

孔疏 ◎注"言其"至"嬖焉". ○正義曰: 按僖四年左傳云: "大子曰: '君非姬氏, 居不安, 食不飽. 君老矣, 吾又不樂.'" 謂我若自理, 驪姬必誅, 姬死之後, 公無復歡樂, 故此云"是我傷公之心". 云"驪姬, 獻公伐驪戎所獲女也"者, 莊二十八年左傳云: "初, 晉獻公伐[7]驪戎, 驪戎男女以驪姬, 驪姬嬖, 生奚齊, 其娣生卓子." 是驪姬, 嬖也. 云"申生之母蚤卒"者, 以左傳云, 姬命大子祭齊姜. 是蚤死也.

번역 ◎鄭注: "言其"~"嬖焉". ○희공(僖公) 4년에 대한 『좌전』의 기록을 살펴보면, "태자가 말하길, '부군께서는 여희(驪姬)가 아니라면, 기거하심에 편안치 않으시고, 음식을 드심에도 배가 부르지 않게 되신다. 부군께서는 이미 나이가 많으시니, 나 또한 그렇게 하는 것이 달갑지 않다.'"[8]라고 했다. 이 말은 태자 본인이 만약 제 스스로 이치를 따지게 된다면, 여희는 반드시 주살을 당하게 될 것이며, 여희가 죽은 이후 군주는 기뻐할 일이 다시는 없게 된다는 뜻이다. 그렇기 때문에 이곳에서는 "이것은 내가 군주의 마음을 해치는 것이다."라고 말한 것이다. 정현이 "'여희(驪姬)는 헌공이 여융(驪戎)을 정벌하고, 포로로 획득한 여자였다."라고 하였는데, 장공(莊公) 28년에 대한 『좌전』의 기록을 살펴보면, "애초에, 진(晉)나라 헌공(獻公)은 여융(驪戎)을 정벌하였는데, 여융의 남작은 자신의 딸 여희를 헌공에게 시집보내서, 여희가 총애를 받게 되었고, 이후 해제(奚齊)를 낳았으며, 여희의 여동생은 탁자(卓子)를 낳았다."[9]라고 했다. 이것은 여희가 총애를

---

6) 『춘추좌씨전』「장공(莊公) 28년」: 晉獻公娶於賈, 無子. 烝於齊姜, 生秦穆夫人及大子申生. 又娶二女於戎, 大戎狐姬生重耳, 小戎子生夷吾.

7) '벌(伐)'자에 대하여. '벌'자는 본래 '멸(滅)'자로 기록되어 있었는데, 완원(阮元)의 『교감기(校勘記)』에서는 "『민본(閩本)』·『감본(監本)』·『모본(毛本)』에서는 '멸'자를 '벌'자로 기록하고 있는데, 장공(莊公) 28년에 대한 『좌전』의 기록과도 합치된다."라고 했다.

8) 『춘추좌씨전』「희공(僖公) 4년」: 或謂大子, "子辭, 君必辯焉." 大子曰, "君非姬氏, 居不安, 食不飽. 我辭, 姬必有罪. 君老矣, 吾又不樂."

받는 처가 되었음을 뜻한다. 정현이 "신생의 모친은 일찍 죽었다."라고 하였는데, 『좌전』에서 여희가 태자에게 명령하여, 제강(齊姜)에게 제사를 지내게 했다고 했으니,[10] 이것이 바로 신생의 모친이 일찍 죽었다는 사실을 나타낸다.

【73d】

曰: "然則蓋行乎?" 世子曰: "不可. 君謂我欲弑君也. 天下豈有無父之國哉! 吾何行如之?"

직역 曰, "然이면, 蓋히 行이오?" 世子가 曰, "不可하다. 君은 我가 君을 弑함을 欲한다고 謂한다. 天下에 豈히 父가 無한 國이 有하리오! 吾가 어디로 行하겠는가?"

의역 중이(重耳)가 말하길, "그렇다면, 어찌하여 다른 나라로 떠나가지 않는 것입니까?"라고 했다. 그러자 신생(申生)이 말하길, "불가하오. 부군께서는 내가 군주를 시해하고자 했다고 말씀하시오. 천하에 어찌 어버이가 없는 나라가 있을 수 있단 말인가! 그리고 떠나간다면 내가 어디로 간단 말인가?"라고 했다.

集說 重耳又勸其奔他國, 而申生不從也. 何行如之, 言行將何往也.

번역 중이(重耳)는 또다시 다른 나라로 도망갈 것을 권유하였지만, 신생(申生)이 따르지 않은 것이다. '하행여지(何行如之)'라는 말은 "떠난다면 장차 어디로 간단 말인가?"라는 뜻이다.

---

9) 『춘추좌씨전』「장공(莊公) 28년」 : 晉伐驪戎, 驪戎男女以驪姬, 歸, 生奚齊, 其娣生卓子.

10) 『춘추좌씨전』「희공(僖公) 4년」 : 姬謂大子曰, "君夢齊姜, 必速祭之!"

鄭注 行猶去也. 言人有父, 則皆惡欲弑父者.

번역 '행(行)'자는 "떠난다[去]."는 뜻이다. 사람들에게는 모두 부친이 있으니, 모두들 부친을 시해하려고 했던 자에 대해서 싫어할 것이라는 뜻이다.

釋文 弑, 本又作煞, 音試, 注同. 徐云: "字又作嗣, 音同." 惡, 烏路反.

번역 '弑'자는 판본에 따라서 또한 '煞'자로도 기록하는데, 그 음은 '試(시)'이고, 정현의 주에 나온 글자도 그 음이 이와 같다. 서씨(徐氏)는 "이 글자를 또한 '嗣'자로도 기록하니, 그 음은 앞의 글자들과 같다."라고 했다. '惡'자는 '烏(오)'자와 '路(로)'자의 반절음이다.

集解 愚謂: 何行如之者, 言負弑君之名, 無以自立於天下也.

번역 내가 생각하기에, '하행여지(何行如之)'라는 말은 군주를 시해하려고 했다는 오명을 쓰고서는 천하의 그 어느 땅에서도 자립할 수 없다는 뜻이다.

【73d~74a】

使人辭於狐突曰: "申生有罪, 不念伯氏之言也, 以至於死. 申生不敢愛其死. 雖然, 吾君老矣, 子少, 國家多難, 伯氏不出而圖吾君. 伯氏苟出而圖吾君, 申生受賜而死." 再拜稽首乃卒. 是以爲恭世子也.

직역 人을 使하여 狐突에게 辭하여 曰, "申生은 罪가 有인데, 伯氏의 言을 不念이라, 이로써 死에 至했습니다. 申生은 그 死를 愛함이 不敢입니다. 雖히 然이나,

吾의 君은 老하고, 子는 少하며, 國家는 難이 多한데, 伯氏는 出하여 吾의 君과 圖함을 不합니다. 伯氏가 苟히 出하여 吾의 君과 圖하면, 申生은 賜를 受하여 死하겠습니다." 再拜하고 首를 稽하고 곧 卒했다. 是以로 恭世子로 爲했다.

의역 신생(申生)은 사람을 시켜 스승인 호돌(狐突)에게 사죄의 뜻을 알리며, "저는 죄를 지었는데, 이 모두는 선생님의 말씀을 깊이 새기지 않았기 때문에, 죽을 죄를 얻는 지경에 이르게 된 것입니다. 저는 죽는 것을 애석하게 여기지 않습니다. 그러나 저희 군주께서는 이미 나이가 많으시고, 군주의 아들은 너무 어리며, 국가에 환란이 많은데, 선생님께서는 출사하여 저희 군주와 함께 국정을 도모하지 않고 계십니다. 선생님께서 진실로 출사하여 저희 군주와 함께 국정을 도모하신다면, 저는 군주의 명령을 기꺼이 받아들여서 편안히 죽을 수 있겠습니다."라고 하였다. 그리고 곧 재배(再拜)를 하며 머리를 땅에 조아리고 죽었다. 이러한 까닭으로 신생은 '공세자(恭世子)'라는 시호(諡號)를 얻었다.

集說 狐突, 申生之傅. 辭, 猶將去而告違, 蓋與之永訣也. 申生自經而死, 陷父於不義, 不得爲孝, 但得謚恭而已.

번역 '호돌(狐突)'은 신생(申生)의 사부이다. '사(辭)'자는 장차 떠나가게 되어, 떠난다는 사실을 아뢴다는 뜻이니, 그와 영원히 결별하게 되었기 때문이다. 신생은 제 스스로 목을 매고 죽었으니, 자신의 부친을 의롭지 못한 사람으로 만들었다. 그래서 시호(謚號)에 '효(孝)'자를 얻지 못하고, 단지 '공(恭)'자만을 붙이게 되었을 따름이다.

集說 疏曰: 註云, 伯氏, 狐突別氏者. 狐是總氏, 伯仲是兄弟之字, 字伯者謂之伯氏, 字仲者謂之仲氏. 故傳云, "叔氏其忘諸乎?" 又此下文云, "叔氏專以禮許人", 是一人之身, 字則別爲氏也.

번역 공영달[11]의 소(疏)에서 말하길, 정현의 주에서는 '백씨(伯氏)'는

---

11) 공영달(孔穎達, A.D.574 ~ A.D.648) : =공씨(孔氏). 당대(唐代)의 경학자이

호돌(狐突)이 가지고 있는 다른 씨명(氏名)이다. '호(狐)'는 호돌의 가문을 총괄하는 씨명(氏名)이며, '백(伯)'이나 '중(仲)' 등은 형제 사이에 순번에 따라 붙이는 자(字)이고, 자(字)가 백(伯)인 자를 '백씨(伯氏)'라고 부르며, 자(字)가 중(仲)인 자를 '중씨(仲氏)'라고 부른다. 그렇기 때문에 『좌전』에서는 "숙씨(叔氏)는 잊었는가?"[12]라고 했던 것이고, 이곳 경문의 아래문장에서도 "숙씨(叔氏)는 오로지 예법에 따라서 타인에 대해 허락을 했던 것이다."[13]라고 했던 것이니, 이것은 곧 한 사람에게 있어서 자(字)는 별도로 씨(氏)가 됨을 나타낸다.

大全 長樂陳氏曰: 君子之於親, 有言以明己, 有諫以明事, 諫則以幾爲順, 以孰爲勤, 幾而不入, 則至於孰, 孰而不入, 則至於號, 號而將至於見殺, 則又有義以逃之, 是雖於親有所不從, 而於義無所不順, 於親或不我愛, 而於鄕閭無所得罪, 此古之所謂孝子也彼不善事親者, 以小愛賊恩姑息賊德. 於己可以言而不言, 於事可以諫而不諫, 依違隱忍, 惟意是從, 以至殞身於其親之命, 而陷親於不義之名, 是將以安親而反危之, 將以悅親而反辱之, 此君子之所不取也. 晉獻公將殺其世子申生, 申生於親可言而不言, 而且懼傷公之心, 於義可逃而不逃, 而且謂天下豈有無父之國, 以至忘其躬之不閱, 而且卹國家之多難, 不顧死生之大節, 而且謹再拜之末儀, 是恭而已, 非孝也. 春秋書晉侯殺其世子申生, 蓋書晉侯以明晉侯之無道, 書申生以明申生之罪也. 雖然春秋之時, 臣弑其君, 子弑其父, 如衛輒拒父而爭國, 楚商臣弑君而簒位, 則申生之行, 蓋可哀而恕之也. 孔子曰, 苟志於仁, 無惡也. 故禮不以申生爲不孝, 而以之爲恭, 猶詩不以伋壽爲不孝, 而以之爲不瑕也. 然以春秋禮義之法繩之, 則申生不足以爲孝也.

다. 자(字)는 중달(仲達)이고, 시호(謚號)는 헌공(憲公)이다. 『오경정의(五經正義)』를 찬정(撰定)하는데 중심적인 역할을 했다.

12) 『춘추좌씨전』「소공(昭公) 15년」 : 王曰, 叔氏, 而忘諸乎? 叔父唐叔, 成王之母弟也, 其反無分乎?

13) 『예기』「단궁상」【99b】 : 司士賁告於子游曰, "請襲於牀." 子游曰, "諾." 縣子聞之, 曰, "汰哉叔氏! 專以禮許人."

번역 장락진씨가 말하길, 군자(君子)는 부모에 대해서, 말씀을 올려서 자신의 뜻을 밝히고, 간언을 올려서 사리의 합당함을 밝히니, 간언의 경우에는 은미하게 간언을 하는 것을 순종의 뜻으로 여기고, 자주하는 것을 삼감으로 삼는다. 은미하게 간언을 하였는데, 받아들여지지 않는다면, 자주 간언을 올리게 되고, 자주 간언을 올렸는데도 받아들여지지 않는다면, 직접 지적하여 말하게 되며, 직접 지적하여 말하게 되어, 장차 죽임을 당하는 지경에 이르게 된다면, 또한 도의에 따라서 회피를 해야 하니, 이것은 비록 부모에 대해서 따르지 않는 바가 생기는 것이지만, 도의에 따라서는 순종하지 않는 점이 없게 되고, 부모에 대해서 혹여 본인이 친밀하게 대하지 못한 점도 생기게 되지만, 향리에서는 죄를 얻게 되는 점이 없게 된다. 이것이 바로 고대인의 말 중에서, 효자인 자들은 간언을 하는 일에 있어서 부모를 잘 섬기지 못하는 점이 있다고 한 말에 해당한다. 그 이유는 작은 애정으로 은혜를 해치고, 구차하게 편안히 만들어서 덕을 해치기 때문이다. 자신에 대해서 뜻을 해명할 수 있었지만, 말을 하지 않았고, 그 사안에 대해서 간언을 할 수 있었지만, 간언을 올리지 않은 것은 머뭇거리며 참아내고, 오직 부친의 뜻에만 따르는 것인데, 이를 통해 부모의 명령 때문에 자신의 몸을 해치고, 부모에게 불의(不義)라는 오명을 씌우는 지경에 이르게 된다면, 이것은 부모를 안심시키려고 했으나, 반대로 위태롭게 만든 것이며, 부모를 기쁘게 해드리려고 했으나, 반대로 욕보이게 만든 꼴이니, 군자는 이러한 방법을 채택하지 않는 것이다. 진(晉)나라 헌공(獻公)은 자신의 세자(世子)였던 신생(申生)을 죽이고자 했는데, 신생은 부군에 대해서 자신의 뜻을 해명할 수 있었으나 말을 하지 않았고, 또 부군의 마음을 해치는 것이 두려워서, 도의에 따라 피할 수 있었는데도 피하지 않았으며, 또한 천하에 어찌 부친이 없는 나라가 있겠느냐고 말하여, 자신의 몸을 돌보지 못한 판단임을 잊어버리게 된 것이며, 또 자신의 국가에 환란이 많은 것을 근심하면서도, 생사의 큰 법도를 따져보지 못한 것이고, 또 재배(再拜)를 하는 의례 형식에만 삼갔으니, 이것은 공손함[恭]에 해당할 뿐이며, 효(孝)는 아니다. 『춘추』에서는 진(晉)나라 후작이 그의 세자 신생(申生)을 죽였다고 기록했으니,[14] 그 이유는 아마도 '진후(晉侯)'라고 명기하여, 진나라 후작의 무도함을 나타낸 것이고, '신생(申生)'이라고 명기하여, 신생에게도 죄가 있음을 나타낸 것이다. 비록 그렇다고 하지만, 춘추시대에는 신하가 자신의 군주를 시해했고, 자식이 자신의 부친을 시해했으니, 예를 들어 위(衛)나라 첩(輒)은 자신의 부친이 들어오는 것을 막고 나라의 정권을 차지하려고 다퉜고, 초(楚)나라 상신(商臣)은 자신의 군주를 시해하고, 제위를 찬탈했으니, 신생의 행동은 아마도 애석하게 여겨서 용서해줄 수 있을 것이다. 공자(孔子)는 "진실로 인(仁)에 뜻을 둔다면, 악(惡)함이 없게 된다."[15]라고 했다. 그렇기 때문에 『예기』에서는 신생을 불효(不孝)라고 여기지 않은 것이고, 그를 '공(恭)'하다고 평가한 것이니, 마치 『시』에서 급(伋)과 수(壽)를 불효(不孝)라고 여기지 않고, 그들에게 잘못이 없다고 여긴 것과 같다.[16] 그러나 『춘추』의 필법과 예법의 기준에 따라 평가한다면, 신생을 효(孝)라고 평가하기에는 부족하다.

鄭注 辭猶告也. 狐突, 申生之傅, 舅犯之父也. 前此者, 獻公使申生伐東山皐落氏, 狐突謂申生欲使之行. 今言此者, 謝之. 伯氏, 狐突別氏. 子, 驪姬之子奚齊. 圖猶謀也. 不出爲君謀國家之政. 然則自皐落氏反後, 狐突懼, 乃稱疾. 賜猶惠也. 旣告狐突, 乃雉經. 言行如此, 可以爲恭, 於孝則未之有.

번역 '사(辭)'자는 "아뢴다[告]."는 뜻이다. '호돌(狐突)'은 신생(申生)의 사부이며, 구범(舅犯)의 부친이다. 이 일에 앞서서, 헌공(獻公)은 신생으로 하여금 동산(東山)의 고락씨(皐落氏)를 정벌하게 하였는데, 호돌은 신생에게 충고를 하여, 그로 하여금 도망가도록 했다.[17] 지금 이곳에서 신생이 말한 내용은 호돌에게 사죄를 하는 것이다. '백씨(伯氏)'는 호돌의 별씨(別氏)이다. '자(子)'는 여희(驪姬)의 아들인 해제(奚齊)를 가리킨다. '도(圖)'자

14) 『춘추』「희공(僖公) 5년」: 五年, 春, 晉侯殺其世子申生.

15) 『논어』「이인(里仁)」: 子曰, "苟志於仁矣, 無惡也."

16) 이 내용은 『시』「패풍(邶風) · 이자승주(二子乘舟)」편에 나온다.

17) 『춘추좌씨전』「민공(閔公) 2년」: 晉侯使大子申生伐東山皐落氏. …… 先丹木曰, "是服也, 狂夫阻之. 曰'盡敵而反', 敵可盡乎? 雖盡敵, 猶有內讒, 不如違之." 狐突欲行.

는 "도모하다[謀]."는 뜻이다. 즉 출사하여 군주를 위해서 국가의 정사를 도모하지 않는다는 뜻이다. 그렇다면 한다면, 고락씨를 정벌하고 나서 되돌아온 이후에, 호돌은 두려워하며, 곧 질병을 핑계로 물러났던 것이다. '사(賜)'자는 은혜[惠]를 뜻한다. 호돌에게 아뢰고 나서 곧 자결했던 것이다. 행실이 이와 같다면, 공손[恭]하다고 평가할 수는 있지만, 효(孝)에 대해서는 미진한 점이 있다는 뜻이다.

그림 12-2 진(晉)나라 호돌(狐突)의 가계도(家系圖)

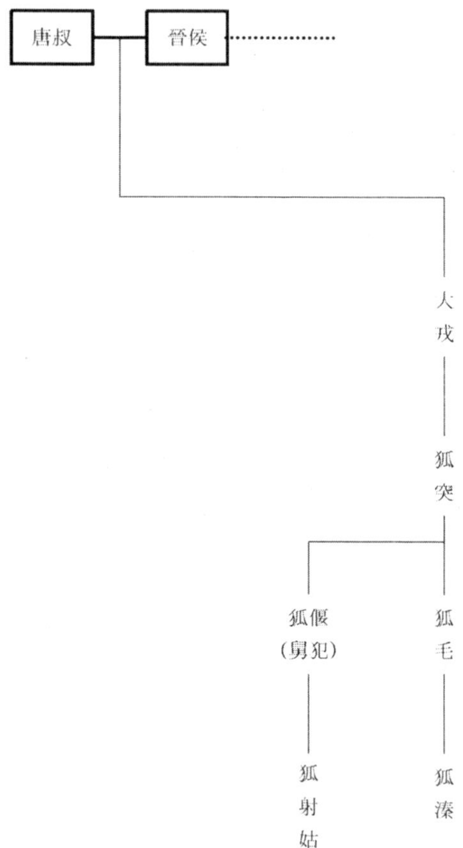

▸ **출처:** 『역사(繹史)』 1권 「역사세계도(繹史世系圖)」

釋文 突, 徒忽反. 傅音富. 咎, 其九反. 皐, 古刀反. 少, 詩召反. 難, 乃旦反. 爲, 于僞反, 下"爲時"同. 雉經, 如字, 徐古定反, 如雉之自經也. 共音恭, 本亦作恭, 注同. 行, 下孟反.

번역 '突'자는 '徒(도)'자와 '忽(홀)'자의 반절음이다. '傅'자의 음은 '富(부)'이다. '咎'자는 '其(기)'자와 '九(구)'자의 반절음이다. '皐'자는 '古(고)'자와 '刀(도)'자의 반절음이다. '少'자는 '詩(시)'자와 '召(소)'자의 반절음이다. '難'자는 '乃(내)'자와 '旦(단)'자의 반절음이다. '爲'자는 '于(우)'자와 '僞(위)'자의 반절음이며, 아래문장에 나오는 '爲時'에서의 '爲'자도 그 음이 이와 같다. '雉經'은 글자대로 읽는데, 서음(徐音)에서는 '經'자에 대해서, '古(고)'자와 '定(정)'자의 반절음이라고 했고, 꿩이 제 스스로 머리를 박고 죽는 것과 같은 것이라고 했다. '共'자의 음은 '恭(공)'이며, 판본에 따라서는 또한 '恭'자로도 기록하고, 정현의 주에 나온 글자도 그 음이 이와 같다. '行'자는 '下(하)'자와 '孟(맹)'자의 반절음이다.

孔疏 ●"使人"至"而死". ○時狐突謝病在晉都, 大子出奔曲沃, 於[18]是狐突欲令大子出奔. 大子不用其言, 故今臨死, 使人辭謝言於狐突曰: "申生有愚短之罪, 不念伯氏之言, 出奔避禍. 今日被譖, 以至於死, 申生不敢愛惜其身命之死." 言死不受命. "雖然不惜身命, 猶有所憂. 吾君已老, 子又幼少, 又國家多有危難, 伯氏又謝病不出圖吾君之事, 吾以爲憂. 伯氏誠能出外而圖謀吾君國家之事, 申生受伯氏恩賜, 甘心以死".

번역 ●經文: "使人"~"而死". ○당시 호돌(狐突)은 질병을 핑계로 직위에서 물러나서, 진(晉)나라 도성에 남아 있었고, 태자는 도성에서 빠져나와 곡옥(曲沃) 땅에 있었는데, 이때 호돌은 태자로 하여금 진나라에서 도망치도록 하고자 했다. 태자는 호돌의 말에 따르지 않았기 때문에, 현재 죽임을

---

18) '어(於)'자에 대하여. 『십삼경주소(十三經注疏)』 북경대 출판본에서는 "'어'자를 『민본(閩本)』·『감본(監本)』·『모본(毛本)』에서는 동일하게 기록하고 있는데, 포당(浦鏜)은 '어'자는 선(先)자의 오자가 된다고 했다."라고 했다.

당하게 되었으므로, 사람을 시켜서 호돌에게 사죄의 말을 올리게 하여, "저에게는 지혜가 짧다는 죄가 있어서, 스승님의 말씀을 깊이 새기지 못하여, 결국 쫓겨나서 화를 당하게 되었습니다. 현재 제가 참소를 받아서, 죽음에 이르게 되었는데, 저는 감히 제 생명이 다하는 것을 애석해하지 않습니다."라고 말한 것이다. 즉 이 말은 죽게 되더라도 호돌의 말을 받아들일 수 없었다는 뜻이다. 그리고 "비록 그렇다고 하더라도, 제 생명을 아끼는 것은 아니지만, 오히려 근심스러운 점이 있습니다. 제 군주께서는 이미 노쇠하셨고, 아들 또한 너무 어리며, 또 나라에는 변란이 수차례 발생하였는데, 스승님께서는 질병을 핑계로 사직을 하시고, 다시 출사하여 저희 군주와 함께 국정을 도모하시지 않고 계시니, 이것이 바로 제가 근심으로 여기는 점입니다. 스승님께서는 부디 밖으로 나오셔서 저희 군주와 함께 국가의 정사를 도모하신다면, 저는 스승님의 은혜로움을 받들어서, 마음을 편안히 하여 죽을 수 있겠습니다."라고 한 것이다.

孔疏 ◎注"前此"至"別氏". ○正義曰: 按左傳閔二年, 獻公使申生伐東山皐落氏, 狐突欲令申生行云: "雖欲勉之, 狄可盡乎?" 下又云"狐突欲行", 是狐突欲使行之事. 言"前此"者, 此謂僖四年申生將死之時, 前謂閔二年伐皐落氏之時, 在前五年, 故云前. 皐落氏在晉都之東, 居在山內. 皐落氏, 杜預云"是赤狄別種", 故云"東山皐落氏". 云"伯氏, 狐突別氏"者, 旣言辭狐突, 又云伯氏, 故云"狐突別氏". 狐是總氏, 伯仲者是兄弟之字, 字伯者, 謂之伯氏, 字仲者謂之仲氏, 故傳云"叔氏其忘諸乎", 又下云"叔氏專以禮許人", 是一人身, 字則別爲氏也.

번역 ◎鄭注: "前此"~"別氏". ○『좌전』의 민공(閔公) 2년 기록을 살펴보면, 헌공(獻公)이 신생(申生)으로 하여금 동산(東山)의 고락씨(皐落氏)를 정벌하도록 했는데, 호돌(狐突)은 신생으로 하여금 도망치도록 하기 위해서, "비록 힘쓰려고 하더라도, 오랑캐[狄]를 모두 없앨 수 있겠습니까?"라고 했고, 또 그 뒤에 "호돌이 신생을 데리고 도망을 가려고 했다."라고 했으니,[19] 이것이 바로 호돌이 신생으로 하여금 도망치도록 했던 일화에 해당한다. 정현이 '이보다 앞서[前此]'라고 언급하였는데, '차(此)'는 희공(僖公) 4년에 신생이 장차 죽음을 맞이하게 되는 때에 해당하고, '전(前)'은 민공 2년에 고락씨를 정벌하던 때에 해당하니, 고락씨를 정발하는 일이 5년 전에 일어난 것이다. 그렇기 때문에 '이전[前]'이라고 말한 것이다. 고락씨의 나라는 진(晉)나라 도읍의 동쪽에 있었으며, 산 안에 위치하였다. '고락씨(皐落氏)'에 대해서, 두예는 "적적(赤狄)의 분파이다."라고 했다. 그렇기 때문에 '동산의 고락씨[東山皐落氏]'라고 말한 것이다. 정현이 "'백씨(伯氏)'는 호돌의 별씨(別氏)이다."라고 하였는데, 이미 '호돌(狐突)'에게 아뢴다고 말하고서, 또다시 '백씨(伯氏)'라고 언급했기 때문에, "호돌의 별씨이다."라고 말한 것이다. '호(狐)'는 호돌이 속한 종족의 총괄적인 씨명(氏名)이고, '백(伯)'이나 '중(仲)'이라는 것은 형제 관계에서 순차에 따라 붙이는 자(字)인데, 자(字)가 '백(伯)'인 자의 경우에는 그를 '백씨(伯氏)'라고 부르는 것이고, 자(字)가 '중(仲)'인 자의 경우에는 그를 '중씨(仲氏)'라고 부르는 것이다. 그래서 『좌전』에서는 "숙씨(叔氏)는 잊었는가?"라고 했던 것이고, 이곳 경문의 아래문장에서도 "숙씨(叔氏)는 오로지 예법에 따라서 타인에 대해 허락을 했던 것이다."라고 했던 것이니, 이것은 곧 한 사람에게 있어서 자(字)는 별도의 씨(氏)가 됨을 나타낸다.

孔疏 ◎注"圖猶"至"稱疾". ○正義曰: "圖, 謀", 釋詁文. "自皐落氏反後, 狐突懼, 乃稱疾"者, 以經云"伯氏不出而圖吾君", 故知稱疾必有所因, 反自皐落, 去此不遠, 知自皐落反而稱疾也.

---

19) 『춘추좌씨전』「민공(閔公) 2년」: 晉侯使大子申生伐東山皐落氏. …… 狐突歎曰, "時, 事之微也; 衣, 身之章也; 佩, 衷之旗也. 故敬其事, 則命以始; 服其身, 則衣之純; 用其衷, 則佩之度. 今命以時卒, 閟其事也; 衣之尨服, 遠其躬也; 佩以金玦, 棄其衷也. 服以遠之, 時以閟之, 尨, 凉; 冬, 殺; 金, 寒; 玦, 離; 胡可恃也? 雖欲勉之, 狄可盡乎?" 梁餘子養曰, "帥師者, 受命於廟, 受脤於社, 有常服矣. 不獲而尨, 命可知也. 死而不孝, 不如逃之." 罕夷曰, "尨奇無常, 金玦不復. 雖復何爲? 君有心矣." 先丹木曰, "是服也, 狂夫阻之. 曰'盡敵而反', 敵可盡乎? 雖盡敵, 猶有內讒, 不如違之." 狐突欲行.

번역 ◎鄭注: "圖猶"~"稱疾". ○정현이 "'도(圖)'자는 '도모하다[謀].'는 뜻이다."라고 하였는데, 이것은 『이아』「석고(釋詁)」편의 문장이다.[20] 정현이 "고락씨를 정벌하고 나서 되돌아온 이후에, 호돌은 두려워하며, 질병을 핑계로 물러났던 것이다."라고 하였는데, 경문에서 "호돌이 출사하여 저희 군주와 도모를 하지 않는다."라고 기록했기 때문이다. 그래서 그가 질병을 핑계로 댄 것에 있어서, 원인이 된 점이 있었다는 사실을 알 수 있는 것이고, 고락씨의 땅으로부터 되돌아온 일은 이곳의 기록과 시간적 차이가 많이 나지 않으므로, 고락씨의 땅으로부터 되돌아온 뒤에 질병을 핑계로 물러났다는 사실을 알 수 있는 것이다.

孔疏 ◎注"旣告"至"雉經". ○正義曰: 雉, 牛鼻繩也. 申生以牛繩自縊而死也. 故鄭注封人云: "紖[21], 著牛鼻繩, 所以牽牛者也, 今時人謂之雉." 或爲雉性[22]耿介, 被人所獲, 必自屈折其頭而死. 漢書載趙人貫高自絶亢而死, 申生當亦然也. 傳云: "申生縊死." 晉語: "申生使猛足辭於狐突, 乃雉於新成廟[23]."

번역 ◎鄭注: "旣告"~"雉經". ○'치(雉)'는 소의 코에 꿰는 줄을 뜻한다. 신생(申生)은 소의 코에 꿰는 줄로 스스로 목을 매고 죽었다. 그렇기 때문에 『주례』「봉인(封人)」편에 대한 주에서, "'진(紖)'은 소의 코에 꿰는 줄로,

---

20) 『이아』「석고(釋詁)」 : 靖·惟·漠·圖·詢·度·咨·諏·究·如·慮·謨·猷·肇·基·訪, 謀也.

21) '진(紖)'자에 대하여. 『십삼경주소(十三經注疏)』 북경대 출판본에서는 "'진'자는 본래 '연(緣)'자로 기록되어 있었는데, 손이양(孫詒讓)의 『교기(校記)』에서는 「봉인(封人)」편의 주에 따라 글자를 '진'자로 고쳤다."라고 했다.

22) '성(性)'자에 대하여. '성'자는 본래 '비(鼻)'자로 기록되어 있었는데, 완원(阮元)의 『교감기(校勘記)』에서는 "『감본(監本)』·『모본(毛本)』에서는 '비'자를 '조(鳥)'자로 기록하였고, 혜동(惠棟)의 『교송본(校宋本)』에서는 '비'자를 '성'자로 기록하였는데, 이 기록이 옳다. 위씨(衛氏)의 『집설(集說)』에서도 '혹위위치성경개(或謂爲雉性耿介)'로 기록하였다."라고 했다.

23) '내치어신성묘(乃雉於新成廟)'에 대하여. 『십삼경주소(十三經注疏)』 북경대 출판본에서는 "『민본(閩本)』·『감본(監本)』·『모본(毛本)』에서는 동일하게 기록하고 있는데, 포당(浦鏜)은 '내치경어신성지묘(乃雉經於新成之廟)'라고 교정하여, '경(經)'자와 '지(之)'자가 누락되었다고 하였다."라고 했다.

소를 끌고 갈 때 사용하는 것인데, 오늘날 사람들은 이것을 '치(雉)'라고 부른다."[24]라고 한 것이다. 혹은 꿩[雉]의 성질은 꼿꼿하고 강직하여, 남에게 잡히면, 반드시 제 스스로 자신의 목을 꺾어서 죽게 된다는 뜻도 된다. 『한서(漢書)』에는 조(趙)나라 출신인 관고(貫高)가 제 스스로 목을 그어서 죽었다는 일화가 기록되어 있으니,[25] 신생 또한 마땅히 이처럼 행동했던 것이다. 전문(傳文)에서는 "신생이 목을 매어 죽었다."라고 했는데, 『국어(國語)』「진어(晉語)」편에서는 "신생은 맹족(猛足)을 시켜서 호돌에게 사죄를 하고, 곧 신성(新成)의 묘(廟)에서 목을 매어 죽었다."라고 했다.[26]

孔疏 ◎注"言行"至"之有". ○正義曰: 春秋左傳云: "晉侯殺其世子申生." 父不義也, 孝子不陷親於不義, 而申生不能自理, 遂陷父有殺子之惡. 雖心存孝, 而於理終非, 故不曰孝, 但謚爲恭, 以其順於父事[27]而已. 謚法曰: "敬順事上曰恭."

번역 ◎鄭注: "言行"~"之有". ○『춘추좌전』에서는 "진(晉)나라 후작이 그의 세자 신생(申生)을 죽였다."라고 했는데, 부친이 불의(不義)롭다는 뜻으로, 효자는 자신의 부친을 불의에 빠트리지 않는데, 신생은 제 스스로 판단을 하지 못하여, 결국에는 부친에게 자식을 살해했다는 오명을 씌우게

---

24) 이 문장은 『주례』「지관(地官)·봉인(封人)」편의 "凡祭祀, 飾其牛牲, 設其楅衡, 置其絼, 共其水槀."라는 기록에 대한 정현의 주이다.

25) 『한서(漢書)』「장이진여전(張耳陳餘傳)」 : 高曰, "所以不死, 白張王不反耳. 今王已出, 吾責塞矣. 且人臣有簒弑之名, 豈有面目復事上哉!" 乃仰絶亢而死.

26) 『국어(國語)』「진어이(晉語二)」 : 驪姬退, 申生乃雉經于新城之廟. 將死, 乃使猛足言於狐突曰, "申生有罪, 不聽伯氏, 以至于死. 申生不敢愛其死, 雖然, 吾君老矣, 國家多難, 伯氏不出, 奈吾君何? 伯氏苟出而圖吾君, 申生受賜以至于死, 雖死何悔!" 是以謚爲共君.

27) '순어부사(順於父事)'에 대하여. 『십삼경주소(十三經注疏)』 북경대 출판본에서는 "『민본(閩本)』·『감본(監本)』·『모본(毛本)』에서는 동일하게 기록하고 있는데, 『고문(考文)』에서 인용하고 있는 송(宋)나라 때의 판본에서는 '순(順)'자 앞에 '공(恭)'자가 기록되어 있고, 위씨(衛氏)의 『집설(集說)』에도 또한 '공순어부사(恭順於父事)'라고 기록하였으며, 『예기훈찬(禮記訓纂)』에도 이처럼 기록되어 있다."라고 했다.

되었다. 비록 그의 마음에는 효(孝)가 있었지만, 이치에 따르면 잘못된 결론을 내린 것이다. 그렇기 때문에 '효(孝)'자를 붙이지 않고, 단지 시호(諡號)에 '공(恭)'자만을 붙인 것이니, 부친이 시행하는 일에 대해서 순종만 하였기 때문이다. 『시법(諡法)』에 따르면, "공경스럽게 순종하며, 윗사람을 섬기는 것을 '공(恭)'이라고 부른다."라고 했다.

訓纂 吳幼淸曰: 申生但一出奔, 卽是章父之惡, 不待身死而後爲陷父於惡也. 予嘗謂屈原之忠, 申生之孝, 其行雖未合乎中庸, 其心則純乎天理之公, 而身之生死不計. 世之議者, 豈足以知申生之心哉!

번역 오유청이 말하길, '신생(申生)'은 단지 한 차례만 도성을 빠져나가서 달아났으니, 이것은 곧 부친의 악함을 드러낸 것이며, 자신이 죽은 이후에 부친에게 오명이 씌워지는 것을 대비하지 못했다. 나는 일찍이 굴원(屈原)의 충(忠)과 신생의 효(孝)를 평가하였는데, 그의 행동은 비록 중용(中庸)의 이치에는 들어맞지 않지만, 그 마음만은 천리(天理)의 공정함에 따른 것이고, 자신의 생사에 대해서 따지지 않았던 것이다. 세상의 의론이 어찌 충분히 신생의 마음을 파악할 수 있단 말인가!

集解 愚謂: 申生但知父命之宜從, 而不知其身之可愛, 可謂人之所難能矣. 然爲人子者, 以全君親·安宗社爲大, 而不以阿意曲從爲孝. 申生苟能入見獻公, 自白見譖之狀, 萬一獻公感悟, 則君全骨肉之恩, 國泯爭亂之禍, 其所全者大矣. 乃以恐傷公之心而不敢自白, 以姑息愛其親而昧於大義, 卒使獻公受大惡之名而晉國大亂數世, 蓋由其天資仁厚而見理不明也.

번역 내가 생각하기에, 신생(申生)은 단지 부친의 명령에는 마땅히 따라야 한다는 사실만을 알았고, 자기 자신을 아껴야 한다는 사실은 알지 못한 것이지만, 사람들이 능히 하기 어려운 행위라고 평가할 수 있다.[28] 그러

28) 『논어』「자장(子張)」: 曾子曰, "吾聞諸夫子, 孟莊子之孝也, 其他可能也, 其不改父之臣與父之政, 是難能也."

나 사람의 자식된 자는 군주와 부친을 온전히 보존하고, 종묘(宗廟)와 사직(社稷)을 안정시키는 것을 가장 중대한 일로 삼으며, 타인의 뜻에 맞춰서 자신을 굽혀 따르는 것을 효(孝)로 여기지 않는다. 신생은 입조하여 헌공(獻公)을 뵙고, 제 스스로 참소를 당하게 된 정황을 아뢸 수 있었으며, 만에 하나 헌공(獻公)이 그 실상을 깨닫게 된다면, 군주는 자기 혈육에 대한 은혜를 온전히 보존할 수 있게 되고, 나라에 있어서는 다툼과 분쟁의 재앙을 없앨 수 있었으니, 보존할 수 있는 것이 매우 큰 것이다. 그런데 신생은 부군의 마음이 상심할 것을 염려하여서, 제 스스로 아뢰지 못했으니, 잠시의 안이한 생각으로 자신의 부친을 사랑할 줄만 알았지, 대의(大義)에는 우매했기 때문에, 결국에는 헌공으로 하여금 큰 오명을 남기게 했고, 진(晉)나라에 있어서는 큰 혼란이 여러 세대에 걸쳐 거듭되도록 만든 것이다. 이처럼 되었던 것은 아마도 그의 성품은 인자하고 후덕했지만, 이치에 대해서는 해박하지 못한 것에서 연유했던 것 같다.

• 제13절 •

삼년상에 대한 법도

【74c】

魯人有朝祥而莫歌者, 子路笑之. 夫子曰: "由! 爾責於人, 終無已夫! 三年之喪, 亦已久矣夫!" 子路出, 夫子曰: "又多乎哉! 踰月則其善也."

직역 魯人 중에 朝에 祥하고 莫에 歌한 者가 有하니, 子路가 笑했다. 夫子가 曰, "由야! 爾가 人에 責함이, 終히 已가 無하구나! 三年의 喪은 또한 已히 久이다!" 子路가 出하니, 夫子가 曰, "又히 多한가! 月을 踰했다면, 善이구나."

의역 예법에 따르면, 삼년상(三年喪)을 치를 때에는 24개월째에 대상(大祥)을 치르고, 한 달을 더 넘겨서 만 25개월을 넘기게 되면, 탈상(脫喪)을 하게 되어 노래를 불러도 된다. 그런데 노(魯)나라 사람 중에 어떤 자는 아침에 대상을 치르고, 그날 저녁에 노래를 불렀다. 그래서 그 모습을 보고 자로(子路)가 그를 비웃었다. 그러자 공자(孔子)는 "자로야! 네가 남에 대해서 책망하는 것이 매우 심하구나! 그 자는 삼년상을 치렀으니, 이 또한 매우 긴 기간 동안 예법대로 행동했다고 할 수 있다!"라고 했다. 이후 자로가 밖으로 나가자, 공자는 "그가 노래를 부를 수 있는 시기가 많이 남았겠는가! 한 달을 넘기고 나서 노래를 불렀다면, 그의 행동은 올바른 행동이 되었을 것이다."라고 했다.

集說 朝祥, 旦行祥祭之禮也. 朝祥莫歌, 固爲非禮, 特以禮教衰廢之時, 而此人獨能行三年之喪, 故夫子抑子路之笑. 然終非正禮, 恐學者致疑, 故俟子路出, 乃正言之. 其意若曰: 名爲三年之喪, 實則二十五月, 今已至二十四月矣, 此去可歌之月, 又豈多有日月乎哉! 但更踰月而歌, 則爲善矣. 蓋聖人於此, 雖不責之以備禮, 亦未嘗許之以變禮也.

번역 '조상(朝祥)'은 아침에 상제(祥祭)[1]의 의례를 시행했다는 뜻이다. 아침에 대상(大祥)에 대한 제사를 지내고, 저녁에 노래를 부르는 것은 진실로 비례(非禮)가 되는데, 다만 예악과 교화가 쇠퇴하고 피폐해진 시기에, 그 사람은 홀로 삼년상의 의례를 시행할 수 있었다. 그렇기 때문에 공자(孔子)가 자로(子路)의 비웃음을 억눌렀던 것이다. 그렇지만 이러한 행위는 결국 정식 예법이라고 할 수 없고, 학생들이 의혹을 일으키게 될 것을 염려하였기 때문에, 자로가 밖으로 나가는 것을 기다렸다가, 곧바로 말을 해준 것이다. 공자가 한 말의 속뜻은 다음과 같다. 부모의 상(喪)에 대해서 삼년상(三年喪)이라고 했지만, 실제로는 만 25개월을 치르는 것인데, 현재 이미 24개월을 보낸 것이니, 노래를 부를 수 있게 되는 달의 차이가 어찌 많은 기간이 남았다고 할 수 있는가! 단지 다시금 참고 한 달만 남겨서 노래를 불렀다면, 올바른 행위가 된다. 무릇 공자는 이러한 일에 대해서 비록 정식 예법대로 맞춰야 한다고 책망하지 않았지만, 또한 예법을 변화시키는 것에 대해서는 일찍이 허락하지 않았던 것이다.

大全 長樂陳氏曰: 喪, 凶禮也, 祭, 吉禮也. 畢凶禮之喪, 猶爲吉祭之禫, 未全乎吉也. 吉事, 兆見於此矣, 得不謂之祥乎? 祥歌同日, 失之太速, 子路笑之, 失之太嚴, 此孔子所以恕魯人, 而抑子路之責人無已也. 記曰, "祥之日鼓素琴", 不爲非, 而歌則爲未善者, 琴自外作, 歌由中出故也.

번역 장락진씨가 말하길, '상(喪)'은 흉례(凶禮)에 해당하고, '제(祭)'는 길례(吉禮)에 해당한다. 흉례에 해당하는 상(喪)을 끝낸다는 것은 길례(吉

---

1) 상제(祥祭)는 대상(大祥)과 소상(小祥) 때의 제사를 뜻한다. '소상'에서의 제사는 부모가 죽은 지 만 1년 만에 지내는 제사이고, 대상(大祥)에서의 제사는 만 2년 만에 지내는 제사이다. 이곳 문장의 '상제'는 대상 때 지내는 제사를 뜻한다.

禮)에 해당하는 담제(禫祭)가 전적으로 길례에만 속하지 않는다는 경우와 같다. '길사(吉事)'는 그 조짐이 이 시점부터 나타나니, 그 제사를 두고 '상(祥)'이라고 부르지 못하겠는가? 대상(大祥)을 치르는 것과 노래를 부르는 것을 같은 날에 시행하는 것은 너무 빨리 했다는 잘못이 있는 것이고, 자로(子路)가 비웃은 것은 너무 까다롭게 평가했다는 잘못이 있는 것이니, 이것이 바로 공자(孔子)가 노나라 사람 중 실례(失禮)를 범한 자에 대해서 용서를 하고, 자로가 그 자에 대해서 너무 심하게 책망하는 것을 억눌렀던 이유이다. 『예기』에서는 "대상을 치른 날에 소금(素琴)을 연주한다."[2]라고 했으니, 이것을 비례(非禮)라고 여긴 것은 아니다. 노래의 경우에는 그것을 선(善)하지 못한 경우로 여겼는데, 그 이유는 소금이라는 것은 외부의 사물을 통해 연주를 하는 것이지만, 노래라는 것은 자신으로부터 그 소리가 나오기 때문이다.

鄭注 笑其爲樂速. 爲時如此人行三年喪者希, 抑子路以善彼. 又, 復也.

번역 자로(子路)는 음악을 즐기는 일을 너무 빨리 시행한 것에 대해 비웃은 것이다. 당시에 이처럼 삼년상을 치르는 자가 매우 희박했기 때문에, 자로의 비웃음을 억눌러서, 그를 좋게 평가한 것이다. '우(又)'자는 다시[復]라는 뜻이다.

釋文 莫音暮, 樂音洛, 又音岳. 已夫音扶, 絶句, 本或作"已矣夫". 復, 扶又反.

번역 '莫'자의 음은 '暮(모)'이며, '樂'자의 음은 '洛(낙)'이고, 또한 그 음은 '岳(악)'도 된다. '已夫'에서 '夫'자는 그 음이 '扶(부)'이며, 이곳에서 구문을 끊고, 판본에 따라서는 또한 '已矣夫'로 기록하기도 한다. '復'자는 '扶(부)'자와 '又(우)'자의 반절음이다.

---

2) 『예기』「상복사제(喪服四制)」【721b】: 三日而食, 三月而沐, 期而練, 毁不滅性, 不以死傷生也. 喪不過三年, 苴衰不補, 墳墓不培. 祥之日鼓素琴, 告民有終也, 以節制者也.

孔疏 ●"魯人"至"善也". ○正義曰: 此一節論大祥除衰杖之日, 不得卽歌之事, 今各依文解之.

번역 ●經文: "魯人"~"善也". ○이곳 문단은 대상(大祥)을 치르며 상복(喪服)과 지팡이를 제거하는 날에 곧바로 노래를 부를 수 없다는 사안을 논의하고 있으니, 각각의 문장에 따라서 풀이하겠다.

孔疏 ●"魯人有朝祥莫歌"者, 魯人不辨其姓名, 祥謂二十五月大祥, 歌·哭不同日, 故仲由笑之也. 故鄭注: "笑其爲樂速." 然祥日得鼓素琴.

번역 ●經文: "魯人有朝祥莫歌". ○이곳에서 말한 노(魯)나라 사람에 대해서는 그 성명(姓名)에 대해서 알 수가 없다. '상(祥)'은 25개월째에 지내는 대상(大祥)을 뜻하며, 노래를 부르는 일과 곡(哭)을 하는 일을 같은 날에 할 수 없다. 그렇기 때문에 자로(子路)가 그를 비웃은 것이며, 정현의 주에서도 "음악을 즐기는 일을 너무 빨리 시행한 것에 대해 비웃은 것이다."라고 풀이한 것이다. 그러나 대상을 치른 날에는 소금(素琴)은 연주할 수 있다.

孔疏 ●"夫子"至"善也". ○夫子抑子路, 呼其名云: "由, 若人治喪不備三年, 各有可責. 今此人旣滿三年, 爾尙責之, 女罪於人, 終無休已之時." "夫", 是助語也. 三年之喪, 計其日月已過, 亦已久矣. 人皆廢, 此獨能行, 其人旣美, 何須笑之? 時孔子抑子路, 善彼人. 旣不當實禮, 恐學者致惑, 待子路出, 後更以正禮言之. 夫子曰: "魯人可歌之時節, 豈有多經日月哉! 但踰越後月, 卽其善." 言歌合於禮. 按喪服四制: "祥之日, 鼓素琴." 不譏彈琴而譏歌者, 下注云: "琴以手, 笙歌以氣." 手在外而遠, 氣在內而近也.

번역 ●經文: "夫子"~"善也". ○공자(孔子)는 자로(子路)의 행위를 억누르며, 그의 이름을 불러서, "유(由)야! 만약 어떤 자가 상(喪)을 치르며, 삼년상의 예법을 준수하지 않는다면, 각각에 대해서 책망할 수가 있다. 그런데 현재 저 사람은 이미 삼년의 기간을 채웠는데, 네가 오히려 그를 책망하니, 너는 그 자에게 죄를 내리는 것이다. 따라서 그는 상(喪)을 끝내는 시기가 없게 될 것이다."라고 한 것이다. '부(夫)'자는 어조사이다. 삼년상에서 그 시기를 보냄이 이미 정해진 기간을 경과하였으니, 또한 이미 오랜 기간을 보낸 것이다. 사람들이 모두 삼년상의 예법을 따르지 않는데, 그 자만이 유독 시행을 하였으니, 사람들이 이미 좋게 평가하고 있는데, 어찌 비웃을 필요까지 있는가? 당시 공자는 자로의 행위를 억누르며, 그 자에 대해서 좋게 평가한 것이다. 그런데 그 자의 행동은 실제의 예법 규정에는 합당하지 않으므로, 학생들이 의혹을 품게 될까를 염려하여, 자로가 나가기를 기다렸다가, 이후에 재차 올바른 예법에 따라 말을 해준 것이다. 공자는 "그 자가 노래를 부를 수 있는 시기가 어찌 많은 시간이 남았겠는가! 단지 한 달을 넘겨서 했다면, 그 자의 행동은 올바른 행위였을 것이다."라고 말했다. 이 말은 곧 노래를 부르는 것이 예법에 합치되는 시점을 언급한 것이다. 『예기』「상복사제(喪服四制)」편을 살펴보면, "대상(大祥)을 치른 날에는 소금(素琴)을 연주한다."라고 했으니, 소금을 연주하는 것을 나무란 것이 아니며, 노래를 부르는 것에 대해서 나무란 것이고, 아래문장에 대한 정현의 주에서는 "금(琴)은 손으로 연주하는 것이고, 생황에 맞춰 노래를 부르는 것은 자신의 기운으로 내는 것이다."[3]라고 했는데, 손은 외부에 있으므로, 상대적으로 멀리 있는 것이고, 기운은 내부에 있으므로, 상대적으로 가까이 있는 것이다.

集解 愚謂: 大祥者, 喪再期而殷祭之名也. 祥, 吉也. 喪一期而除要絰, 故其祭謂之小祥; 再期而除衰杖, 故其祭謂之大祥. 祥之日, 鼓素琴, 未可歌也. 故魯人朝祥莫歌, 而子路笑之. 夫子欲寬其責者, 乃所以深慨夫時人之不能爲三年喪耳, 非以魯人爲得禮而許之也. 又恐門人不喩其意, 故於子路出而正言以明之.

---

3) 이 문장은 『예기』「단궁상」편의 "孔子旣祥, 五日彈琴而不成聲, 十日而成笙歌."에 대한 정현의 주이다.

번역 내가 생각하기에, '대상(大祥)'이라는 것은 상(喪)을 치르는 기간이 두 해가 되어, 치르게 되는 은제(殷祭)[4]의 명칭이다. '상(祥)'자는 "길하다[吉]."는 뜻이다. 상(喪)을 치르는 기간이 한 해가 되어, 요질(要絰)을 제거하기 때문에, 그때 지내는 제사를 '소상(小祥)'이라고 부르는 것이며, 두 해가 되어, 상복과 지팡이를 제거하기 때문에, 그때 지내는 제사를 '대상(大祥)'이라고 부르는 것이다. 대상을 치르는 날에는 소금(素琴)을 연주할 수 있지만, 노래는 부를 수 없다. 그렇기 때문에 노(魯)나라 사람 중 아침에 대상을 치르고, 저녁에 노래를 부르는 자가 있어서, 자로(子路)가 그를 비웃었던 것이다. 공자(孔子)는 그의 잘못에 대해서 관대하게 대해주고자 하였으니, 당시 사람들이 삼년상을 제대로 치르지 않았던 것에 대해서 매우 개탄하고 있었기 때문으로, 노나라 사람이 예법에 맞게 하여, 그의 행동을 정당하다고 평가한 것은 아니다. 또한 공자는 문인들이 그 뜻을 이해하지 못할 것을 염려하였기 때문에, 자로가 밖으로 나가자, 올바른 말을 해주어서, 정식 예법에 대해서 밝힌 것이다.

---

4) 은제(殷祭)는 성대한 제사를 뜻한다. 3년마다 지내는 협(祫)제사와 5년마다 지내는 체(禘)제사 등을 '은제'라고 부른다. 『예기』「증자문(曾子問)」편에는 "孔子曰, 有君喪服於身, 不敢私服, 又何除焉. 於是乎有過時, 而弗除也. 君之喪服除, 而后殷祭, 禮也."라는 용례가 있다.

• 제 14 절 •

사(士)의 뇌(誄) 유래

【74d~75a】

魯莊公及宋人戰于乘丘, 縣賁父御, 卜國爲右. 馬驚敗績, 公隊, 佐車授綏, 公曰: "末之卜也." 縣賁父曰: "他日不敗績, 而今敗績, 是無勇也." 遂死之. 圉人浴馬, 有流矢在白肉. 公曰: "非其罪也." 遂誄之. 士之有誄, 自此始也.

직역 魯莊公은 宋人과 及하여 乘丘에서 戰한데, 縣賁父가 御하고, 卜國이 右가 爲했다. 馬가 驚하여 敗績하여, 公이 隊했고, 佐車가 綏를 授하니, 公이 曰, "末인 卜이구나." 縣賁父가 曰, "他日에는 敗績를 不한데, 今이 敗績하니, 是는 無勇입니다." 遂히 死했다. 圉人이 馬를 浴한데, 流矢가 白肉에 在함이 有했다. 公이 曰, "그 罪가 非이구나." 遂히 誄했다. 士에게 誄가 有함은 此로부터 始했다.

의역 노(魯)나라 장공(莊公)은 송(宋)나라와 승구(乘丘) 땅에서 전쟁을 했는데, 현분보(縣賁父)는 장공의 수레를 몰았고, 복국(卜國)은 수레에 함께 타는 호위무사가 되었다. 그런데 도중 말이 놀라서 수레가 넘어지는 일이 발생하여, 결국 장공은 땅에 떨어졌고, 뒤따르던 예비 수레에서 새끼줄을 건네주어 장공이 그 수레에 타게 되었다. 그러자 장공은 "복국은 못나게도 용기가 없구나!"라고 했다. 그 말을 들은 현분보는 "다른 날에는 수레가 전도되는 일이 없었는데, 현재 수레가 전도되었으니, 이것은 저희에게 용기가 없다는 것을 나타냅니다."라고 했다. 그리고는 곧 수레를 몰아서 전쟁터로 달려 나갔으나, 전장에서 죽었다. 이후 말을 관리하던 자가 말을 목욕시켰는데, 빗맞은 화살이 정강이 살에 박혀 있었다. 그 사실을 안 장공은 "수레가 전도된 것은 그들의 잘못이 아니었구나."라고 탄식하며, 결국 그들에게 뇌(誄)를 지어주었다. 사(士) 계급에서 뇌를 짓게 된 것은 이로부터 시작되었다.

集說 乘丘, 魯地. 戰在莊公十年. 縣・卜, 皆氏也. 凡車右以勇力者爲之. 大崩曰敗績. 公墜車而佐車授之綏以登, 是登佐車也. 佐車, 副車也. 綏, 挽以升車之索也. 末之卜者, 言卜國微末無勇也, 二人遂赴鬪而死. 圉人, 掌馬者. 及浴馬方見流矢中馬股間之肉, 則知非二子之罪矣. 生無爵則死無謚, 殷大夫以上爲爵, 士雖周爵, 卑不應謚. 莊公以義起, 遂誄其赴敵之功以爲謚焉.

번역 '승구(乘邱)'는 노(魯)나라 땅이다. 이 전쟁은 장공(莊公) 11년에 일어났다. '현(縣)'과 '복(卜)'은 모두 씨(氏)에 해당한다. 무릇 거우(車右)는 용맹한 자로 선발한다. 크게 전도되는 것을 '패적(敗績)'이라고 부른다. 장공이 수레에서 떨어져서, 뒤따르던 예비 수레에서 장공에게 수(綏)를 건네어 올라탔으니, 이것은 좌거(佐車)에 올라탄 것이다. '좌거(佐車)'는 '뒤따르는 예비 수레[副車]'이다. '수(綏)'는 수레에 탈 때, 당겨주어 올라타게 하는 새끼줄이다. '말지복(末之卜)'이라는 말은 복국(卜國)은 못나서 용기가 없다는 뜻이니, 두 사람은 결국 전쟁터로 달려 나가서 죽었다. '어인(圉人)'은 말을 관리하는 자이다. 말을 목욕시킬 때, 빗나간 화살이 말 정강이 사이의 살에 박혀 있음을 보게 되었으니, 수레가 전도된 것은 두 사람의 죄가 아님을 알게 된 것이다. 생전에 작위가 없다면, 죽어서도 시호(謚號)를 받는 일이 없는데, 은(殷)나라 때에는 대부(大夫) 이상의 신분에 대해서만 작위를 주었고, 사(士)라는 작위가 비록 주(周)나라 때 생겨난 작위라고 하지만, 그 신분이 미천하여 시호를 받지는 못했다. 장공은 의로운 마음이 들어서, 결국 전쟁터로 달려가서 적을 대적했던 공적에 맞는 뇌(誄)[1]를 하여, 시호를 지어주었던 것이다.

---

1) 뇌(誄)는 죽은 자의 행적들을 열거하여, 그 기록들을 읽으며, 시호(謚號)를 짓는 것을 뜻한다. '뇌'자는 "묶는다[累]."는 뜻이다. 즉 죽은 자의 행적을 하나로 엮는다는 의미이다.

그림 14-1 고대의 전쟁용 수레

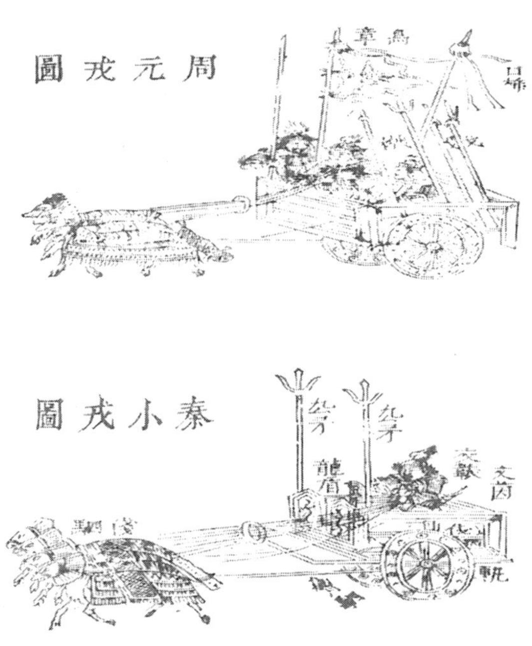

▸ **출처:** 『삼재도회(三才圖會)』「기용(器用)」 5권

集說 方氏曰: 誄之爲義, 達善之實而不欲飾者也. 謚則因誄之言而別之, 有誄則有謚矣."

번역 방씨가 마하길, '뇌(誄)'의 뜻은 선(善)함의 실체를 드러내는 것이고, 수식어를 붙이고자 하는 것이 아니다. 시호[謚]의 경우에는 뇌를 한 말에 따라서 그 사람을 다른 사람들과 구별하도록 짓는 것이니, 뇌가 있다면 시호도 있게 되는 것이다.

大全 長樂陳氏曰: 春秋無義戰, 則莊公乘邱之戰, 非義也. 流矢中馬而敗績, 非御與佐之罪, 而罪之, 非智也. 以成德之誄而加之未成德之士, 使與士喪同, 非禮也. 非義與智則貽害於一時, 非禮則亂法於萬世, 貽害於一時, 其罪小, 亂法於萬世, 其罪大. 記人卽其罪大者記之, 故曰士之有誄自此始也.

번역 장락진씨가 말하길, 춘추시대(春秋時代)에는 의로운 전쟁이 없었으니,[2] 장공(莊公)이 승구(乘邱) 땅에서 벌인 전쟁도 의로운 일이 아니다. 빗맞은 화살이 말에 박혀서 수레가 전도되었으니, 수레를 모는 자와 호위무사의 죄가 아닌데도, 그들에게 죄를 주었으니, 지혜로운 일이 아니다. 덕(德)을 완성시켜주는 뇌(誄)를[3] 덕을 이루지 못한 사(士)에게 부여하였는데도, 일반적인 사(士)들이 치르는 상(喪)과 동일하게 치르도록 했으니, 예(禮)에 맞는 일이 아니다. 의롭지 못하고 지혜롭지 못하다면, 그 피해는 일시적으로 나타나지만, 예에 맞지 않는다면, 법도를 문란하게 함이 지속적으로 나타나게 되니, 일시적인 해악은 그 죄가 작은 것이지만, 지속적으로 법도를 문란하게 함은 그 죄가 큰 것이다. 따라서 『예기』를 기록한 자는 곧 그 죄 중에서도 큰 것을 기록한 것이다. 그렇기 때문에 "사(士)에게 뇌(誄)가 생긴 것은 이로부터 시작되었다."라고 말한 것이다.

---

2) 『맹자』「진심하(盡心下)」: 孟子曰, "春秋無義戰. 彼善於此, 則有之矣. 征者, 上伐下也, 敵國不相征也."

3) 『춘추곡량전』「환공(桓公) 18년」: 桓公葬而後擧謚, 謚所以成德也, 於卒事乎加之矣.

鄭注 十年夏. 縣·卜, 皆氏也. 凡車右, 勇力者爲之. 驚奔失列. 戎車之貳曰佐. 授綏乘公. 末之猶微哉, 言卜國無勇. 公他日戰, 其御馬未嘗驚奔. 二人赴敵而死. 圉人, 掌養馬者. 白肉, 股裏肉. 流矢中馬, 非御與右之罪. 遂誄之. 誄其赴敵之功, 以爲謚. 記禮失所由來也. 周雖以士爲爵, 猶無謚也. 殷大夫以上爲爵.

번역 장공(莊公) 10년 여름에 일어난 일이다. '현(縣)'과 '복(卜)'은 모두 씨(氏)이다. 무릇 거우(車右)는 용맹한 자로 선발을 한다. 말이 놀라 달아나서 그 대열을 이탈하게 된 것이다. '전쟁용 수레[戎車]'에 '예비로 따라오는 수레[貳]'를 '좌(佐)'라고 부른다. 수(綏)를 건네서 군주가 수레에 오르도록 한 것이다. '말지(末之)'라는 말은 "용렬하구나![微哉]"라는 뜻이니, 즉 복국(卜國)은 용맹함이 없다는 의미이다. 군주가 전쟁을 했던 여타의 경우에는 수레를 몰던 자가 일찍이 말을 놀라게 하여 달아나도록 한 적이 없었다. 두 사람은 전장으로 달려가서 적과 대적하다가 죽었다. '어인(圉人)'은 말을 보살피는 일을 담당하는 자이다. '백육(白肉)'은 정강이 안쪽에 있는 살을 뜻한다. 빗맞은 화살이 말에 꼽혀 있었던 것이니, 말이 달아난 것은 수레를 모는 자와 호위무사의 죄가 아니다. 결국 그들에게 뇌(誄)를 하게 되었다. 그들이 전장으로 달려가서 적과 대적했던 공적에 대해 뇌(誄)를 하여, 시호(謚號)를 지어준 것이다. 예법이 실추된 유래에 대해서 기록한 것이다. 주(周)나라 때에는 비록 사(士)의 등급을 작위로 삼았지만, 그때까지도 여전히 시호는 부여되지 않았다. 은(殷)나라 때에는 대부(大夫) 이상의 등급만을 작위로 삼았다.

釋文 乘, 繩證反. 夏, 戶嫁反. 縣音玄, 卷內皆同. 賁父, 上音奔, 下音甫, 人名, 字皆同. "馬驚, 敗", 一本無"驚"字. 隊, 直類反. 綏, 息隹反. 圉, 魚呂反. 股裏, 上音古, 下音里. 中, 丁仲反. 誄, 力軌反, 謚也. 上, 時掌反.

번역 '乘'자는 '繩(승)'자와 '證(증)'자의 반절음이다. '夏'자는 '戶(호)'자와 '嫁(가)'자의 반절음이다. '縣'자의 음은 '玄(현)'이며, 이번 권에 수록된 이 글자는 그 음이 모두 이와 같다. '賁父'에서 '賁'자의 음은 '奔(분)'이고, '父'자의 음은 '甫(보)'이며, 사람의 이름을 뜻하는 글자로, 이 글자들의 음은 모두 이와 같다. "馬驚, 敗"를 다른 판본에서는 '驚'자를 생략하고 기록하기도 한다. '隊'자는 '直(직)'자와 '類(류)'자의 반절음이다. '綏'자는 '息(식)'자와 '佳(가)'자의 반절음이다. '圉'자는 '魚(어)'자와 '呂(려)'자의 반절음이다. '股裏'에서 '股'자의 음은 '古(고)'이고, '裏'자의 음은 '里(리)'이다. '中'자는 '丁(정)'자와 '仲(중)'자의 반절음이다. '誄'자는 '力(력)'자와 '軌(궤)'자의 반절음이며, 시호를 지어준다는 뜻이다. '上'자는 '時(시)'자와 '掌(장)'자의 반절음이다.

孔疏 ●"魯莊"至"始也". ○正義曰: 此一節論魯莊公與士爲諡失禮之事, 各依文解之.

번역 ●經文: "魯莊"～"始也". ○이곳 문단은 노(魯)나라 장공(莊公)이 사(士)에게 시호를 부여하여, 예법을 실추시킨 사안에 대해서 논의하고 있으니, 각각의 문장에 따라서 풀이하겠다.

孔疏 ●"戰於乘丘"者, 乘丘, 魯地, 莊公十年夏六月, "齊師・宋師次于郎, 公子偃曰: '宋師不整, 可敗也. 宋敗, 齊必還, 請擊之.' 大敗宋師于乘丘, 齊師乃還".

번역 ●經文: "戰於乘丘". ○'승구(乘丘)'는 노(魯)나라 땅으로, 장공(莊公) 10년 여름 6월 기록에서, "제(齊)나라 군대와 송(宋)나라 군대가 낭(郎) 땅에 주둔하자, 공자(公子) 언(偃)은 '송나라 군대는 정렬이 되지 않았으니, 패배시킬 수 있습니다. 송나라 군대가 패배를 한다면, 제나라 또한 반드시 되돌아갈 것이니, 청컨대 그들을 공격하십시오.'라고 했다. 그래서 승구 땅에서 송나라 군대를 크게 격파하자, 제나라 군대는 곧 되돌아갔다."[4]라고

---

4) 『춘추좌씨전』「장공(莊公) 10년」: 夏六月, 齊師・宋師次于郎. 公子偃曰, "宋

했다.

孔疏 ◎注"縣·卜皆氏也". ○正義曰: 知"縣·卜皆氏"者, 此有縣賁父, 下有縣子瑣, 七十二弟子傳有卜商, 故知皆氏也.

번역 ◎鄭注: "縣·卜皆氏也". ○정현이 "'현(縣)'자와 '복(卜)'자는 모두 씨(氏)이다."라고 했는데, 이 말이 사실임을 알 수 있는 이유는 이곳 문장에 '현분보(縣賁父)'라는 기록이 있고, 아래문장에도 '현자쇄(縣子瑣)'라는 기록이 있으며,[5] 『공자가어(孔子家語)』「칠십이제자전(七十二弟子傳)」편에도 복상(卜商)이라는 이름이 기록되어 있기 때문이다.[6] 따라서 두 글자 모두 씨(氏)가 됨을 알 수 있다.

孔疏 ◎注"戎車之貳曰佐". ○正義曰: 按周禮"戎僕掌倅車之政", "道僕掌貳車之政", "田僕掌佐車之政", 則戎車之貳曰倅. 此云佐者, 周禮相對爲文有異, 若散而言之, 則田獵兵戎俱是武事, 故同稱佐車. 少儀注"戎獵之副曰佐", 是也. 熊氏以爲此皆諸侯法. "公曰, 末之, 卜也"者, 末, 微也. 之, 哉也. 言微弱哉! 此卜國也, 以其微弱無勇, 致使我馬敗績.

번역 ◎鄭注: "戎車之貳曰佐". ○『주례』를 살펴보면, "융복(戎僕)은 전쟁용 수레의 보조 수레에 대한 정령을 담당한다."[7]라고 했고, "도복(道僕)은 보조 수레에 대한 정령을 담당한다."[8]라고 했으며, "전복(田僕)은 보조

師不整, 可敗也. 宋敗, 齊必還. 請擊之." 公弗許. 自雩門竊出, 蒙皐比而先犯之. 公從之. 大敗宋師于乘丘. 齊師乃還.

5) 『예기』「단궁상」【97b】: 縣子瑣曰, "吾聞之, 古者不降, 上下各以其親, 滕伯文爲孟虎齊衰, 其叔父也. 爲孟皮齊衰, 其叔父也."

6) 『공자가어(孔子家語)』「칠십이제자해(七十二弟子解)」: 卜商衛人. / 『사기(史記)』「중니제자열전(仲尼弟子列傳)」: 卜商, 字子夏. 少孔子四十四歲.

7) 『주례』「하관(夏官)·융복(戎僕)」: 戎僕, 掌馭戎車. 掌王倅車之政, 正其服.

8) 『주례』「하관(夏官)·도복(道僕)」: 道僕, 掌馭象路以朝夕·燕出入, 其法儀如齊車. 掌貳車之政令.

수레에 대한 정령을 담당한다."[9]라고 했으니, '전쟁용 수레[戎車]'의 '보조 수레[貳]'를 '졸(倅)'이라고 부르는 것이다. 그런데 이곳 문장에서는 '좌(佐)'라고 부르고 있다. 이러한 차이점이 생긴 이유는 『주례』의 기록은 상대적으로 기록을 하여, 글자에 따른 차이점이 있는 것이니, 만약 범범하게 말을 하게 된다면, 사냥이나 전쟁 등은 모두 무(武)와 관련된 일이라고 할 수 있다. 그렇기 때문에 두 가지 경우에 사용되는 보조 수레를 모두 '좌거(佐車)'라고 부를 수 있는 것이다. 『예기』「소의(少儀)」편에 대한 정현의 주에서 "전쟁과 사냥에 사용되는 보조 수레를 '좌(佐)'라고 부른다."[10]라고 한 말이 바로 이러한 사실을 나타낸다. 웅안생은 이곳에 기록된 내용을 모두 제후(諸侯)에게 적용되는 법도라고 여겼다. 경문의 "公曰, 末之, 卜也"에 대하여. '말(末)'자는 "미약하다[微]."는 뜻이다. '지(之)'자는 재(哉)자와 같다. 그러므로 이 말은 곧 "미약하구나! 복국(卜國)이여."라는 뜻이니, 그가 미약하고 용맹이 없어서, 자신의 말이 전도되도록 만들었다는 의미이다.

孔疏 ◎注"二人赴敵而死". ○正義曰: 知"二人"者, 以卜國被責, 縣賁父職掌馬事, 自稱無勇, 旣序兩人於上, 卽陳"遂死"於下, 明兩人俱死也.

번역 ◎鄭注: "二人赴敵而死". ○정현의 말처럼 전쟁터로 달려간 사람이 '두 사람[二人]'이라는 사실을 알 수 있는 이유는 복국(卜國)은 책망을 당하였고, 현분보(縣賁父)의 직책은 말에 대한 일을 담당하는 것인데, 제스스로 용맹함이 없다고 말했고, 이 말은 정현이 두 사람이라고 풀이한 말 위에 기술되어 있으며, 또 "마침내 죽었다."라는 구문 밑에 기술되어 있으니, 이 말은 곧 두 사람이 모두 죽었다는 사실을 나타낸다.

孔疏 ◎注"圉人"至"裏肉". ○正義曰: "圉人, 掌養馬者", 按昭七年左傳

---

9) 『주례』「하관(夏官)·전복(田僕)」: 田僕, 掌馭田路以田以鄙. 掌佐車之政.

10) 이 문장은 『예기』「소의(少儀)」편의 "乘貳車則式, 佐車則否."에 대한 정현의 주이다.

云: "牛有牧, 馬有圉." 是圉人掌馬也. 云"白肉, 股裏肉"者, 以股裏白, 故謂之白肉, 非謂肉色白也.

번역 ◎鄭注: "圉人"~"裏肉". ○정현이 "'어인(圉人)'은 말을 보살피는 일을 담당하는 자이다."라고 하였는데, 소공(昭公) 7년에 대한 『좌전』의 기록을 살펴보면, "소에 대해서는 '목(牧)'이라는 관리가 있고, 말에 대해서는 '어(圉)'라는 관리가 있다."[11]라고 했으니, 이 기록이 바로 어인이 말에 대해서 담당한다는 사실을 나타낸다. 정현이 "'백육(白肉)'은 정강이 안쪽에 있는 살을 뜻한다."라고 하였는데, 정강이 안쪽의 털은 희기 때문에, 그 부위를 '백육(白肉)'이라고 부르는 것이니, 살 자체의 색깔이 백색이라는 뜻은 아니다.

孔疏 ◎注"周雖"至"爲爵". ○正義曰: 知周以士爲爵者, 按掌客云: "凡介行人宰史, 皆有飧饔餼, 以其爵等爲之牢禮之陳數[12]." 凡介行人皆爲士, 而云"爵等", 是士有爵也. 故鄭注大行人云: "命者五, 公·侯·伯·子·男. 爵者四, 孤·卿·大夫·士." 云"猶無諡也"者, 以此云"士之有誄, 自此始", 故知周士無諡也. 云"殷大夫以上爲爵"者, 按士冠禮云: "古者生無爵, 死無諡." 於士冠之下而爲此記, 又不[13]云諸侯大夫, 明"生無爵, 死無諡", 據士也. 士冠禮

---

11) 『춘추좌씨전』「소공(昭公) 7년」: 故王臣公, 公臣大夫, 大夫臣士, 士臣皁, 皁臣輿, 輿臣隷, 隷臣僚, 僚臣僕, 僕臣臺. 馬有圉, 牛有牧, 以待百事.

12) '지진수(之陳數)'에 대하여. '지진수'는 본래 '지수진(之數陳)'으로 기록되어 있었는데, 완원(阮元)의 『교감기(校勘記)』에서는 "『감본(監本)』·『모본(毛本)』에는 '수진(數陳)'이 '진수(陳數)'로 기록되어 있고, 위씨(衛氏)의 『집설(集說)』에는 '지진수(之陳數)'라는 세 글자가 없다."라고 했다. 한편 손이양(孫詒讓)의 『교기(校記)』에서는 "'진수(陳數)'로 기록하는 것이 옳으니, 이곳 판본은 글자가 뒤바뀐 것이다."라고 했다.

13) '불(不)'자에 대하여. 『십삼경주소(十三經注疏)』 북경대 출판본에서는 "『민본(閩本)』·『감본(監本)』·『모본(毛本)』에는 동일하게 기록되어 있고, 혜동(惠棟)의 『교송본(校宋本)』에는 '불'자가 없다. 손이양(孫詒讓)의 『교기(校記)』에서는 '불(不)자는 아마도 상(上)자가 되어야 할 것 같으니, 『의례』「사관례(士冠禮)」편의 앞 문장에서는 제후(諸侯) 및 대부(大夫)에 대한 사

是周禮, 而云"古者", 故知是殷以上.

번역 ◎鄭注: "周雖"~"爲爵". ○주(周)나라에서 사(士) 계급을 작위로 삼았다는 사실을 알 수 있는 이유는 『주례』「장객(掌客)」편을 살펴보면, "무릇 개(介)·행인(行人)·재(宰)·사(史)들에 대해서는 모두 밥과 옹희(饔餼)[14]가 있게 되니, 그들의 작위 등급에 따라서 그들에게 차려줄 뇌(牢)의 수와 예법에 따른 찬의 수를 정한다."[15]라고 했기 때문이다. 무릇 개(介)·행인(行人)들은 모두 사(士) 계급에 해당하는데, 그들에 대해서 '작위의 등급[爵等]'이라고 언급하였으니, 이 말은 곧 사(士) 또한 작위를 갖추고 있었다는 사실을 나타낸다. 그래서 『주례』「대행인(大行人)」편에 대한 정현의 주에서는 "'명(命)'이라는 것은 다섯 등급이니, 공작[公]·후작[侯]·백작[伯]·자작[子]·남작[男]이다. '작(爵)'이라는 것은 네 등급이니, 고(孤)·경(卿)·대부(大夫)·사(士)이다."라고 한 것이다. 정현이 "여전히 시호는 부여되지 않았다."라고 하였는데, 이곳 문장에서 "사(士)에게 뇌(誄)가 있게 된 것은 이로부터 시작되었다."라고 했기 때문에, 주(周)나라 때에는 사(士) 계급에는 시호를 짓는 일이 없었다는 사실을 알 수 있다. 정현이 "은(殷)나라 때에는 대부(大夫) 이상의 등급만을 작위로 삼았다."라고 하였는데, 『의례』「사관례(士冠禮)」편을 살펴보면, "고대에는 태어날 때에도 작위가 없었고, 죽어서도 시호가 없었다."[16]라고 했는데, 사(士) 계급이 관례(冠

안을 차례대로 기록하였다는 뜻이다.'"라고 했다.

14) 옹희(饔餼)는 빈객(賓客)과 상견례(相見禮)를 하고 나서 성대하게 음식을 마련해 접대하는 것을 뜻한다. 『주례』「추관(秋官)·사의(司儀)」편에는 "致飧如致積之禮."라는 기록이 있는데, 이에 대한 정현의 주에서는 "小禮曰飧, 大禮曰饔餼."라고 풀이하였다. 즉 '옹희'와 '손'은 모두 빈객 등을 접대하는 예법들인데, '옹희'는 성대한 예법에 해당하여, '손'보다도 융숭하게 대접하는 것이다.

15) 『주례』「추관(秋官)·장객(掌客)」: 凡介·行人·宰·史皆有飧饔餼, 以其爵等爲之禮, 唯上介有禽獻. …… 凡介·行人·宰·史皆有飧饔餼, 以其爵等爲之禮, 唯上介有禽獻.

16) 『의례』「사관례(士冠禮)」: 死而謚, 今也. <u>古者生無爵, 死無謚</u>. / 『예기』「교특생(郊特牲)」【336d】: 天子之元子, 士也. 天下無生而貴者也. 繼世以立諸侯, 象賢也. 以官爵人, 德之殺也. 死而謚, 今也. <u>古者生無爵, 死無謚</u>.

禮)를 치른다는 내용 아래에 이러한 기록이 수록되어 있고, 또 그 위에서는 제후(諸侯) 및 대부(大夫)에 대해서 언급하고 있으니, "태어날 때에도 작위가 없었고, 죽어서도 시호가 없었다."라는 말은 사(士) 계급에 기준을 둔 문장임이 명백하다. 「사관례」편에 기록된 내용은 주(周)나라 때의 예법이다. 그런데 그 기록에서 '고대에는[古者]'이라고 기록하였으므로, 이 시기가 은(殷)나라로부터 그 이전의 시기를 가리킨다는 사실을 알 수 있다.

訓纂 彬謂: 古者師行卜右, 僖十五年左傳, "卜右慶鄭吉." 此言卜之不吉, 非謂卜國之無勇也.

번역 내가 생각하기에, 고대에는 군대를 이동시킬 때, 수레의 우측에 타는 호위무사에 대해서도 점을 쳤으니, 희공(僖公) 15년에 대한 『좌전』의 문장에서, "수레의 우측에 타는 자에 대해서 점을 쳤는데, 경정(慶鄭)이 길(吉)하다고 나왔다."[17]라고 했다. 따라서 이곳 문장의 내용은 점을 쳤는데, 불길(不吉)하다는 점괘가 나왔다는 뜻이지, 복국(卜國)에게 용맹함이 없었다는 뜻이 아니다.

訓纂 呂東萊曰: 案乘邱之戰, 魯勝也, 無敗績之事. 當時止是馬驚敗耳, 初不預軍之勝負也.

번역 여동래[18]가 말하길, 승구(乘邱)의 전쟁에 대해서 살펴보면, 노(魯)나라가 승리를 하였는데, 수레가 뒤집히는 일은 없었다. 당시에 단지 말이 놀라서 날뛰었을 뿐인데, 초반에는 전쟁의 승패를 예측하지 못했기 때문이다.

---

17) 『춘추좌씨전』「희공(僖公) 15년」: 晉侯謂慶鄭曰, "寇深矣, 若之何?" 對曰, "君實深之, 可若何?" 公曰, "不孫!" 卜右, 慶鄭吉.

18) 여조겸(呂祖謙, A.D.1137 ~ A.D.1181) : =동래여씨(東萊呂氏)·여동래(呂東萊). 남송(南宋) 때의 학자이다. 자(字)는 백공(伯恭)이고, 호(號)는 동래(東萊)이다. 주자(朱子)와 함께 『근사록(近思錄)』을 편찬하였다.

訓纂 江氏永曰: 敗績, 謂車覆. 左傳子産曰, "未嘗登車射御, 則敗績厭覆是懼." 非謂師皆敗也.

번역 강영이 말하길, '패적(敗績)'은 수레가 전복되었다는 뜻이다. 『좌전』에서 자산(子産)은 "일찍이 수레에 타서 활을 쏘고 수레를 몰아본 적이 없었으므로, 수레가 전복되었을 때에는 그 밑에 깔리게 될까를 걱정한다."[19]라고 했으니, 군사가 모두 패배했다는 뜻이 아니다.

訓纂 吳幼清云: 誄者, 述其功行以哀之之辭, 非謚也.

번역 오유청이 말하길, '뇌(誄)'라는 것은 그의 공적과 행적을 조술하여, 그의 죽음을 애달파하며 하는 말이니, 시호[號]를 뜻하는 것이 아니다.

集解 朱子曰: 誄者, 哀死而述其行之辭.

번역 주자가 말하길, '뇌(誄)'라는 것은 그의 죽음을 애도하며, 그의 행적을 조술하는 말을 뜻한다.

集解 愚謂: 末之卜, 言未嘗卜也. 凡戰, 於御・右必卜之. 左傳"晉卜右, 慶鄭吉", "鄭卜御, 宛射犬吉", 是也. 時公子偃自雩門竊出, 公遂從之, 故於御・右不及卜而遽用之. 公言此者, 蓋欲以寬二人之責, 而貢父恥其無勇, 遂赴敵而死. 據記文, 則死者但貢父耳, 註乃言人俱死, 豈以御・右同乘, 則當同死與? 周禮小史"卿大夫之喪, 賜謚讀誄", 則誄爲謚而設. 貢父, 士也, 不當有謚, 莊公以其捐軀赴敵, 雖無謚而特爲之誄, 故士之有誄自此始.

번역 내가 생각하기에, '말지복(末之卜)'이라는 말은 일찍이 점을 치지 못했다는 뜻이다. 무릇 전쟁에 있어서는 수레를 모는 자와 수레의 우측에

---

19) 『춘추좌씨전』「양공(襄公) 31년」: 譬如田獵, 射御貫, 則能獲禽, 若未嘗登車射御, 則敗績厭覆是懼, 何暇思獲?

타는 호위무사에 대해서 반드시 점을 치게 되어 있다. 『좌전』에서는 "진(晉)나라에서 호위무사에 대해서 점을 쳤는데, 경정(慶鄭)이 길(吉)하다고 나왔다."라고 했고, 또 "정(鄭)나라에서 수레를 모는 자에 대해서 점을 쳤는데, 완사견(宛射犬)이 길(吉)하다고 나왔다."[20]라고 했으니, 이 기록들이 바로 이러한 사실을 나타낸다. 당시 공자(公子) 언(偃)은 우문(雩門)으로부터 몰래 나왔으므로, 군주가 마침내 뒤쫓게 된 것이다. 그래서 수레를 모는 자와 호위무사에 대해서 점을 칠 겨를이 없어서, 갑작스럽게 그들을 임명한 것이다. 군주가 이러한 말을 한 이유는 아마도 두 사람의 책임에 대해서 관대하게 용서해주고자 했던 것인데, 분보(賁父)는 자신에게 용맹함이 없다는 사실을 수치로 여겨서, 마침내 전장으로 달려가서 적을 대적하다가 죽었던 것이다. 『예기』의 이러한 기록에 근거해보면, 전장에서 죽은 자는 단지 분보(賁父) 한 사람이었을 뿐이다. 그러나 정현(鄭玄)의 주(注)에서는 곧 두 사람이 모두 죽었다고 했다. 하지만 어떻게 수레를 모는 자와 호위무사가 군주도 없이 같은 수레에 타서, 동시에 죽을 수가 있겠는가? 『주례』「소사(小史)」편에서는 "경(卿)과 대부(大夫)의 상(喪)에 대해서는 시호를 하사하고, 뇌(誄)를 읽는다."[21]라고 했으니, 뇌(誄)라는 것은 시호를 짓기 위해 기록하는 것이다. '분보(賁父)'는 사(士) 계급이었으니, 마땅히 시호를 받을 수가 없는데, 장공(莊公)은 그가 수레를 몰아서 전장에 달려가 적과 대적했다는 공적을 인정해서, 비록 시호가 없었지만, 특별히 그를 위해 뇌(誄)를 지어준 것이다. 그렇기 때문에 사(士) 계급에서 뇌(誄)가 있게 된 것은 바로 이로부터 시작된 것이다.

集解 註疏以末之卜爲責卜國, 非也. 果爾則當擧其名, 不當稱其姓也. 又謂"誄其赴敵之功以爲謚", 亦非也. 果爾則當言"士之有謚自此始", 不當言"士

---

20) 『춘추좌씨전』「양공(襄公) 24년」: 晉侯使張骼·輔躒致楚師, 求御于鄭. 鄭人卜宛射犬, 吉.

21) 『주례』「춘관(春官)·소사(小史)」: 大喪·大賓客·大會同·大軍旅, 佐大史. 凡國事之用禮法者, 掌其小事. 卿大夫之喪, 賜謚讀誄.

之有誄自此始"也.

번역 정현(鄭玄)의 주(注)와 공영달(孔穎達)의 소(疏)에서는 모두 '말지복(末之卜)'이라는 말을 복국(卜國)을 책망했다는 뜻으로 여겼는데, 이것은 잘못된 주장이다. 과연 그렇다면, 마땅히 그의 이름을 지적해야 하며, 그의 성(姓)을 불러서는 안 된다. 또 "전장에 달려가서 적을 대적한 공적을 뇌(誄)로 지어서, 시호로 삼았다."라고 하였는데, 이 또한 잘못된 주장이다. 과연 그렇다면 이곳 문장에서는 "사(士) 계급에게 시호가 생긴 것은 이로부터 시작되었다."라고 말해야 하며, "사(士) 계급에서 뇌(誄)가 있게 된 것은 바로 이로부터 시작되었다."라고 기록해서는 안 된다.

• 제 15 절 •

증자(曾子)의 일화

【75b】

曾子寢疾，病，樂正子春坐於牀下，曾元 · 曾申坐於足，童子隅坐而執燭.

직역 曾子가 疾에 寢했는데, 病하였고, 樂正子春은 牀의 下에 坐하였으며, 曾元과 曾申은 足에 坐하였고, 童子는 隅에 坐하고 燭을 執하였다.

의역 증자(曾子)가 병환으로 침상에 누워 있었는데, 병이 위독해졌다. 그때 제자였던 악정자춘(樂正子春)은 침상 아래에 앉아 있었으며, 아들인 증원(曾元)과 증신(曾申)은 증자의 발이 있는 곳에 앉아 있었고, 동자(童子)는 방구석에 앉아서 등불을 잡고 있었다.

集說 病者，疾之甚也. 子春，曾子弟子. 元與申，曾子子也.

번역 '병(病)'이라는 것은 질환[疾]이 심해진 것이다. '자춘(子春)'은 증자(曾子)의 제자이다. 증원(曾元)과 증신(曾申)은 증자의 아들들이다.

그림 15-1 증자(曾子)

▸ **출처:** 『삼재도회(三才圖會)』「인물(人物)」 4권

鄭注 病謂疾困. 子春, 曾參弟子. 元·申·曾參之子. 隅坐, 不與成人並.

번역 '병(病)'자는 질환[疾]이 위독해졌다는 뜻이다. '자춘(子春)'은 증삼(曾參)의 제자이다. 증원(曾元)과 증신(曾申)은 증삼의 아들들이다. '우좌(隅坐)'를 했던 것은 성인(成人)과 함께 앉아 있을 수가 없기 때문이다.

釋文 成人並, 音並, 絶句.

번역 '成人並'에서의 '並'자는 그 음이 '並(병)'이고, 이곳에서 구문을 끊는다.

孔疏 ●"曾子"至"而沒". ○正義曰: 此一節論曾子臨死守禮不變之事, 各依文解之.

번역 ●經文: "曾子"~"而沒". ○이곳 문단은 증자(曾子)가 죽음을 맞이할 때 예법을 고수하며 변화시키지 않았다는 사안에 대해서 논의하고 있으니, 각각의 문장에 따라서 풀이하겠다.

【75b~c】

童子曰: "華而睆, 大夫之簀與?" 子春曰: "止!" 曾子聞之, 瞿然曰: "呼!" 曰: "華而睆, 大夫之簀與?" 曾子曰: "然. 斯季孫之賜也. 我未之能易也, 元起易簀." 曾元曰: "夫子之病革矣, 不可以變. 幸而至於旦, 請敬易之." 曾子曰: "爾之愛我也不如彼. 君子之愛人也以德, 細人之愛人也以姑息. 吾何求哉? 吾得正而斃焉, 斯已矣." 擧扶而易之, 反席未安而沒.

직역 童子가 曰, "華하고 睆하니, 大夫의 簀입니까?" 子春이 曰, "止하라!" 曾子가 聞하고, 瞿然히 曰, "呼라!" 曰, "華하고 睆하니, 大夫의 簀입니까?" 曾子가 曰, "然하다. 斯는 季孫의 賜이다. 我는 能易을 未했으니, 元아 起하여 簀을 易하라." 曾元이 曰, "夫子의 病이 革하니, 變이 不可합니다. 幸이 旦에 至하면, 請컨대 敬히 易하겠습니다." 曾子가 曰, "爾의 我를 愛함이 彼만 不如하구나. 君子의 人을 愛함은 德으로써 하고, 細人의 人을 愛함은 姑息으로써 한다. 吾가 何히 求리오? 吾는 正을 得하고 斃하리니, 斯이니라." 擧扶하여 易하니, 席에 反함에 安을 未하여 沒했다.

의역 동자(童子)가 증자(曾子)에게 말하길, "선생님께서 누우신 대자리는 화려하고도 광택이 나니, 대부(大夫)들만 쓸 수 있는 대자리가 아닙니까?"라고 했다. 그러자 옆에 있던 악정자춘(樂正子春)은 "말을 멈춰라."라고 했다. 증자가 그 얘기를 듣고, 놀란 낯빛으로, "아! 그렇구나."라고 말했다. 그러자 동자는 재차 "대자리가 화려하고도 광택이 나니, 대부들만 쓸 수 있는 대자리가 아닙니까?"라고 했다. 증자는 "그렇다. 네 말이 맞다. 이 대자리는 예전에 계손(季孫)이 나에게 선물로 줬던 것이다. 내가 미처 이것을 바꾸지 못했구나. 원(元)아, 일어나서 이 대자리를 바꾸어라."라고 했다. 증원(曾元)은 "아버님의 병환이 위중하니, 아버님의 몸을 움직일 수가 없습니다. 다행히 아버님의 병환에 차도가 있으면, 내일 아침에 바꾸도록 하겠습니다."라고 했다. 그러자 증자는 "네가 나를 친애하는 것이 저 동자만도 못하구나. 군자가 사람을 친애하는 것은 덕(德)으로써 하고, 소인들이 사람들을 친애하는 것은 구차하게 편안히만 하는 것으로써 한다. 내가 무엇을 원하겠는가? 나는 올바름을 얻고 죽겠으니, 바로 대자리를 바꾸는 것이다."라고 했다. 그래서 여러 사람들이 증자를 부축하고 난 뒤 대자리를 바꿨는데, 이후 증자를 재차 자리로 모셔옴에, 아직 편안히 눕지도 못했는데 죽고 말았다.

集說 華者, 畫飾之美好. 睆者, 節目之平瑩. 簀, 簟也. 止, 使童子勿言也. 瞿然, 如有所驚也. 呼者, 嘆而噓氣之聲. 曰, 童子再言也. 革, 急也. 變, 動也. 彼, 謂童子也. 童子知禮, 以爲曾子未嘗爲大夫, 豈可臥大夫之簀. 曾子識其意, 故然之. 且言此曾大夫季孫之賜耳, 於是必欲易之, 易之而沒, 可謂斃於正矣.

번역 '화(華)'라는 것은 아름다운 그림으로 장식한 것을 뜻이다. '환(睆)'이라는 것은 마디마다 매끄럽고 광택이 난다는 뜻이다. '책(簀)'이라는 것은 대자리[簟]를 뜻한다. '지(止)'자는 동자(童子)로 하여금 말을 못하게 한다는 뜻이다. '구연(瞿然)'은 놀랄만한 점이 있는 듯한 모습을 뜻한다. '호(呼)'라는 것은 탄식을 하며, 숨을 내쉴 때 나는 소리를 뜻한다. '왈(曰)'이라는 것은 동자가 재차 한 말을 뜻한다. '혁(革)'자는 "위급하다[急]."는 뜻이다. '변(變)'자는 "움직이다[動]."는 뜻이다. '피(彼)'자는 동자를 뜻한다. 동자는 관련 예법을 알고 있었는데, 증자(曾子)가 일찍이 대부(大夫)의 신분이 된 적이 없었는데도, 어찌 대부가 사용하는 대자리에 누울 수 있겠느냐고 여긴 것이다. 증자(曾子)는 그의 뜻을 알아보았기 때문에, 그렇다고 인정했던 것이다. 또 이 물건은 일찍이 대부(大夫)의 신분인 계손(季孫)이 선물로 준 것일 뿐이라고 말한 것이며, 이때 기필코 그것을 바꾸고자 하였고, 대자리를 바꾸고 나서 죽었으니, 올바름에 따르다 죽었다고 평가할 수 있는 것이다.

集說 朱子曰: 易簀結纓, 未須論優劣, 但看古人謹於禮法, 不以死生之變, 易其所守如此, 便使人有行一不義殺一不辜而得天下不爲之心, 此是緊要處. 又曰: 季孫之賜, 曾子之受, 皆爲非禮. 或者因仍習俗, 嘗有是事而未能正耳. 但及其疾病不可以變之時, 一聞人言, 而必擧扶以易之, 則非大賢不能矣. 此事切要處, 正在此毫釐頃刻之間.

번역 주자가 말하길, 대자리를 바꾸고, 갓끈을 묶은 일[1]에 대해서는 우열을 논할 필요가 없는데, 다만 고대 사람들이 예법에 대해서 신중을 기했던 것을 살펴보면, 생사(生死)의 갈림길에서도 자신이 지키던 것을 이처럼 바꾸지 않았으니, 이것은 곧 사람들로 하여금 한 차례 불의(不義)한 일을 시행하고, 무고한 자를 한 번 살해해서, 천하를 얻게 되더라도, 하지 않는 마음을 갖게 하는 것이니,[2] 이러한 행위들이 바로 성인(聖人)처럼 행동할

---

1) 『춘추좌씨전』「애공(哀公) 15년」: 大子聞之, 懼, 下石乞·盂黶適子路, 以戈擊之, 斷纓. 子路, "君子死, 冠不免." <u>結纓</u>而死.

수 있는 관건이 된다. 또 말하길, 계손(季孫)이 선물을 했고, 증자(曾子)가 받았던 일은 모두 비례(非禮)가 된다. 어떤 자들은 이처럼 행동했던 것은 습속(習俗)에 따랐던 것이니, 일찍이 이러한 일들이 있어왔고, 올바르게 바로잡지 못했을 따름이라고 하였다. 다만 질병에 걸려서 바꿀 수가 없었던 때, 한 차례 남의 말을 듣고서, 기어코 부축을 해서라도 바꾸게 했던 것이니, 위대한 현자(賢者)가 아니라면 불가능한 일이다. 이 일화에서 매우 깊이 새겨야 할 점은 이처럼 경각을 다투던 매우 짧은 시간 속에 올바름을 지키는 일이 달려 있다는 것이다.

大全 程子曰: 人苟有朝聞道夕死可矣之志, 則不肯一日安於所不安也, 何止一日? 須臾不能. 如曾子易簀, 須要如此乃安. 人不能若此者, 只爲不見實理. 實理者, 實見得是, 實見得非, 凡實理得之於心自別. 若耳聞口道者, 心實不見, 若見得, 必不肯安於此.

번역 정자가 말하길, 사람들이 진실로 아침에 도(道)를 들으면 저녁에 죽어도 좋다[3]는 뜻을 지니고 있다면, 하루라도 편안치 못한 것에 대해서 편안하게 느끼는 것을 수긍하지 않게 될 것인데, 어찌 하루에만 그치겠는가? 잠시라도 편안치 못한 것이다. 예를 들어 증자(曾子)가 대자리를 바꾼 것은 이처럼 해야만 편안해졌기 때문이다. 사람들이 이처럼 하지 못하는 것은 단지 실리(實理)를 보지 못했기 때문이다. '실리(實理)'라는 것은 실제로 올바름에 맞는 것을 보는 것이며, 실제로 그릇된다는 것을 보는 것이니, 무릇 실리를 마음속에 품고 있으면, 제 스스로 변별할 수 있는 것이다. 귀로 듣고 입으로 말을 하는 자들은 마음에 있는 실리를 보지 못한 것이니, 만약 확인하게 된다면, 반드시 이러한 것들에 대해서 편안히 여기는 것을 수긍하지 못할 것이다.

---

2) 『맹자』「공손추상(公孫丑上)」 : 曰, "有. 得百里之地而君之, 皆能以朝諸侯, 有天下, 行一不義, 殺一不辜, 而得天下, 皆不爲也. 是則同."

3) 『논어』「이인(里仁)」 : 子曰, "朝聞道, 夕死可矣."

大全 龍泉葉氏曰: 曾子之學堅定明篤, 雖神已離形而不變異, 死生若一致然. 且改過甚勇以正爲終, 是後學鑒照準程處也.

번역 용천섭씨[4]가 말하길, 증자(曾子)의 학문은 굳건하고 독실하여, 비록 정신[神]이 이미 육신[形]과 떨어졌지만, 올바름을 바꾸지 않았으니, 생사(生死)가 일치된 것과 같았다. 또 잘못을 고치는데 매우 과감하여, 올바른 도리에 따라 생을 마쳤으니, 이것은 후학들이 거울삼아 살펴보고 법도로 따라야 할 점이다.

鄭注 華, 畫也. 簀, 謂牀第也. 說者以睆爲刮節目, 字或爲刮. 以病困不可動. 呼, 虛憊之聲. 未之能易, 已病故也. 言夫子者, 曾子親沒之後, 齊嘗聘以爲卿而不爲也. 革, 急也. 變, 動也. 幸, 覬也. 彼, 童子也. 成己之德. 息, 猶安也. 言苟容取安也. 斃, 仆也. 言病雖困, 猶勤於禮.

번역 '화(華)'자는 그림을 그렸다는 뜻이다. '책(簀)'자는 침상에 까는 대자리를 뜻한다. 학자들에 따라 '환(睆)'자를 대자리의 마디를 매끈하게 깎는다는 뜻으로 여기기도 하는데, '환(睆)'자를 다른 판본에서는 '괄(刮)'자로 기록하기도 한다. 악정자춘(樂正子春)이 동자(童子)의 말을 멈추게 했던 것은 증자(曾子)의 병이 위중해져서 움직일 수 없었기 때문이다. '호(呼)'자는 앓는 소리를 할 때 내뱉는 소리이다. 미처 바꾸지 못한 것은 본인의 병이 위독해졌기 때문이라는 뜻이다. '부자(夫子)'라고 언급한 이유는 증자(曾子)의 부친이 돌아가신 이후에, 제(齊)나라에서는 일찍이 증자를 초빙하여 경(卿)으로 삼으려고 했지만, 증자가 수락하지 않았기 때문이다. '혁(革)'자는 "위급하다[急]."는 뜻이다. '변(變)'자는 "움직이다[動]."는 뜻이다. '행(幸)'자는 "바란다[覬]."는 뜻이다. '피(彼)'자는 동자를 가리킨다. 자신의 덕(德)을 완성시킨다는 뜻이다. '식(息)'자는 "편안하다[安]."는 뜻이니, 이 말은 곧 구차하게 세속에 맞춰서 편안함을 취한다는 뜻이다. '폐(斃)'자는 "죽

---

4) 용천섭씨(龍泉葉氏, A.D.1050 ~ A.D.1110) : =섭도(葉濤). 송대(宋代) 때의 학자이다. 자(字)는 치원(致遠)이다. 왕안석(王安石)의 사위이다.

는다[仆]."는 뜻이다. 병이 비록 위중하였지만, 오히려 예법에 대해서 신중했다는 뜻이다.

釋文 睆, 華板反, 明貌, 孫炎云: "睆, 漆也." 徐又音刮. 簀音責. 與音餘, 下同. 畫, 衡賣反. 牀笫, 上音床, 下側吏反. 刮, 古滑反. 瞿, 紀具反, 下同. 曰吁音虛, 注同, 吹氣聲也. 一音況于反. 憊, 皮拜反, 羸困也. 革, 紀力反, 幷又音極, 注同. 請, 七領反. 覬音冀. 斃音弊. 仆, 蒲北反, 又音赴. 沒音歿.

번역 '睆'자는 '華(화)'자와 '板(판)'자의 반절음이며, 또렷한 모습을 뜻하고, 손염(孫炎)은 "'睆'은 옻칠을 한 것을 뜻한다."라고 했다. 그리고 서음(徐音)에서는 또한 그 음을 '刮(괄)'이라고 했다. '簀'자의 음은 '責(책)'이다. '與'자의 음은 '餘(여)'이며, 아래문장에 나오는 글자도 그 음이 이와 같다. '畫'자는 '衡(형)'자와 '賣(매)'자의 반절음이다. '牀笫'에서 '牀'자의 음은 '床(상)'이고, '笫'자의 음은 '側(측)'자와 '吏(리)'자의 반절음이다. '刮'자는 '古(고)'자와 '滑(활)'자의 반절음이다. '瞿'자는 '紀(기)'자와 '具(구)'자의 반절음이며, 아래문장에 나오는 글자도 그 음이 이와 같다. '曰吁'에서 '吁'자의 음은 '虛(허)'이며, 정현의 주에 나오는 글자도 그 음이 이와 같고, 숨을 내쉴 때 나는 소리를 뜻한다. 그리고 다른 음은 '況(황)'자와 '于(우)'자의 반절음이 된다. '憊'자는 '皮(피)'자와 '拜(배)'자의 반절음이며, 몸이 고달프다는 뜻이다. '革'자는 '紀(기)'자와 '力(력)'자의 반절음이며, 아울러 그 음은 '極(극)'도 되는데, 정현의 주에 나오는 글자도 그 음이 이와 같다. '請'자는 '七(칠)'자와 '領(령)'자의 반절음이다. '覬'자의 음은 '冀(기)'이다. '斃'자의 음은 '弊(폐)'이다. '仆'자는 '蒲(포)'자와 '北(북)'자의 반절음이며, 또한 그 음은 '赴(부)'도 된다. '沒'자의 음은 '歿(몰)'이다.

孔疏 ◎注"華畫"至"爲刮". ○正義曰: 凡繪畫, 五色必有光華, 故云"華, 畫也." 云"簀謂牀笫"者, 爾雅・釋器云: "簀謂之笫." 云"說者以睆爲刮節目"者, 說者謂在鄭之前解說禮者, 說此睆爲刮削木之節目, 使其睆睆然好. 故詩云: "睍睆黃鳥." 傳云"睍睆, 好貌", 是也. 云"字或爲刮"者, 謂禮記之本有以"睆"字爲"刮", 云"華而刮"者, 故云字或爲"刮".

번역 ◎鄭注: "華畫"~"爲刮". ○무릇 그림을 그리는 일에 있어서, 오색(五色)을 사용함에는 반드시 찬란한 화려함이 있게 된다. 그렇기 때문에, "'화(華)'자는 그림을 그렸다는 뜻이다."라고 말한 것이다. 정현이 "'책(簀)'자는 침상에 까는 대자리를 뜻한다."라고 하였는데, 『이아』「석기(釋器)」편에서는 "'책(簀)'을 '자(笫)'라고 부른다."[5]라고 했다. 정현이 "학자들에 따라 '환(睆)'자를 대자리의 마디를 매끈하게 깎는다는 뜻으로 여기기도 한다."라고 하였는데, '설자(說者)'자는 정현(鄭玄) 이전에 『예기』에 대해서 해설을 했던 자들을 뜻하며, 이곳에 나온 '환(睆)'자를 나무의 마디를 매끈하게 깎는다는 뜻으로 여겨서, 대자리를 보기 좋게 만든다는 뜻이라고 하였다. 그래서 『시』에서는 "색이 화려하고 목소리가 맑은 꾀꼬리여."[6]라고 했는데, 이 문장에 대한 『모전(毛傳)』에서 "'현환(睍睆)'은 보기 좋은 모습이다."라고 풀이한 말이 바로 이러한 사실을 나타낸다. 정현이 "'환(睆)'자를 다른 판본에서는 '괄(刮)'자로 기록하기도 한다."라고 하였는데, 이 말은 『예기』의 여러 판본들 중에는 '환(睆)'자를 '괄(刮)'자로 기록하여, '화이괄(華而刮)'로 기록하기도 한다는 뜻이다. 그렇기 때문에 "글자를 간혹 '괄(刮)'자로 기록하기도 한다."라고 말한 것이다.

孔疏 ◎注"未之能易, 已病故也". ○正義曰: 言此未病之時, 猶得寢臥. 旣病之後, 當須改正. 以已今病, 氣力虛弱, 故時復一時, 未能改易. 聞童子之言, 乃便驚駭.

번역 ◎鄭注: "未之能易, 已病故也". ○병이 위중해지기 이전에도, 여전히 침상에 누워 있었다는 뜻이다. 이미 병이 위중해진 이후에는 마땅히 올바른 도리에 따라 잘못을 고쳐야만 했다. 본인이 현재 병이 위중해져서 기력이 쇠약해졌기 때문에, 시간이 흐를수록 바꾸지 못했던 것이다. 그런데 동자(童子)의 말을 듣고서, 곧 깜짝 놀라게 되었다.

---

5) 『이아』「석기(釋器)」: 簀謂之笫.
6) 『시』「패풍(邶風)·개풍(凱風)」: <u>睍睆黃鳥</u>, 載好其音. 有子七人, 莫慰母心.

孔疏 ◎注"曾子"至"覬也". ○正義曰: 知"齊嘗聘以爲卿"者, 韓詩外傳云: "曾子仕於莒, 得粟三秉. 方是之時, 曾子重其身而輕其祿, 親沒之後, 齊迎以相, 楚迎以令尹, 晉迎以上卿." "方是之時, 曾子重其身而輕其祿", 旣言"輕其祿", 是不爲也. 但齊以相, 楚以令尹, 晉以上卿, 而鄭言"齊嘗聘爲卿"者, 以三國文連, 含帶爲注耳. 且相卽是上卿. "革, 急也", 釋言文.

번역 ◎鄭注: "曾子"~"覬也". ○정현이 "제(齊)나라에서는 일찍이 증자(曾子)를 초빙하여 경(卿)으로 삼으려고 했었다."라고 했는데, 이 말이 사실임을 알 수 있는 이유는 『한시외전』[7]에서 "증자는 거(莒)나라에서 벼슬살이를 하여, 곡식 3병(秉)[8]을 받았다. 당시에 증자는 자신의 몸을 중시했고, 녹봉에 대해서는 경시했다. 증자의 부친이 죽은 이후에, 제(齊)나라에서는 그를 맞이하여 재상[相]으로 삼으려고 했으며, 초(楚)나라에서는 그를 맞이하여 영윤(令尹)으로 삼으려고 했고, 진(晉)나라에서는 그를 맞이하여 상경(上卿)으로 삼으려고 했다."라고 했다. 이 문장에서 "당시에 증자는 자신의 몸을 중시했고, 녹봉에 대해서는 경시했다."라고 하여, 이미 "녹봉에 대해서는 경시했다."라고 했으므로, 이 말은 곧 부여된 관직에 대해서는 나아가지 않았다는 사실을 나타낸다. 다만 『한시외전』에서는 제나라가 재상으로 맞이하려고 했고, 초나라가 영윤으로 맞이하려고 했으며, 진나라가 상경으로 맞이하려고 했다고 기록했는데, 정현은 단지 "제나라에서는 일찍이 증자를 초빙하여 경으로 삼으려고 했다."라고만 기록하였다. 그 이유는 세 나라에 대한 기록이 서로 연결되어 있으므로, 이 모두를 묶어서 주(注)를 작성했기 때문이다. 또 재상[相]의 관직은 상경(上卿)의 작위에 해당한다. 정현이 "'혁(革)'자는 '위급하다[急].'는 뜻이다."라고 했는데, 이 말은 『이아』「석언(釋言)」편에 기록된 문장이다.

---

7) 『한시외전(韓詩外傳)』은 한(漢)나라 때 한영(韓嬰)이 지은 책이다. 이 책은 본래 내전(內傳) 4권과 외전(外傳) 6권으로 구성되어 있었는데, 내전은 산일되어 없어졌고, 외전만이 남아 있다. 남아 있는 부분을 『한시외전(韓詩外傳)』이라고 부른다.

8) 병(秉)은 수량을 재는 단위이다. 16두(斗)는 1수(籔)가 되고, 10수(籔)는 1병(秉)이 된다. 『의례』「빙례(聘禮)」편에는 "十斗曰斛, 十六斗曰籔, 十籔曰秉."이라는 기록이 있다.

孔疏 ●"曾子"至"已矣". ○曾參謂曾元曰: 爾之愛我也, 不如彼童子. 何者? 君子之愛人也, 必以善事成己之德, 則童子是也. 細小之人愛人也, 不顧道理, 且相寧息, 卽汝是也. 吾今更何求焉? 唯求正道, 易換其簀, 而卽仆焉. "斯已矣"者, 斯, 此也, 已猶了也, 此則正一世事了, 不陷於惡, 故君子愼終如始. 禮云: "男子不死於婦人之手, 婦人不死於男子之手." 故春秋魯僖公薨于小寢, 譏"卽安也". 成公薨于路寢, 傳曰: "言道也." 他人名己, 得呼爲大夫之稱, 而言夫子, 若懷不爲大夫, 則己所爲當須依禮, 不得寢大夫之牀也.

번역 ●經文: "曾子"~"已矣". ○증삼(曾參)은 증원(曾元)에게 다음과 같이 말했다. 네가 나를 아끼는 마음이 저 동자(童子)만도 못하구나. 어째서인가? 군자(君子)가 남을 아낄 때에는 반드시 선(善)한 일과 자신의 덕(德)을 완성하는 일로써 하니, 동자가 여기에 해당한다. 소인들이 남을 아낄 때에는 도리를 살펴보지 않고, 또한 서로 편안하고자만 하니, 곧 네가 여기에 해당한다. 내가 현재 무엇을 구하겠는가? 오직 올바른 도리를 구할 따름이다. 그리고는 대자리를 바꾸도록 했는데, 곧바로 죽었다. 경문의 "斯已矣"에 대하여. '사(斯)'자는 이것[此]이라는 뜻이며, '이(已)'자는 료(了)자와 같으니, 이 말은 곧 한평생 올바르게 하여, 악(惡)함에 빠지지 않도록 한다는 뜻이다. 그렇기 때문에 군자는 끝마침에 신중히 하길 시작을 할 때처럼 하는 것이다. 『예기』에서는 "남자는 부인의 손안에서 죽지 않고, 부인은 남자의 손안에서 죽지 않는다."[9]라고 했다. 그렇기 때문에 『춘추』에서는 노(魯)나라 희공(僖公)이 소침(小寢)[10]에서 붕어하자, "편안한 곳으로 나아간 것이다."라고 기록하여, 기롱을 했던 것이다.[11] 그리고 성공(成公)

---

9) 『예기』「상대기(喪大記)」【526a】: 疾病, 外內皆埽. 君大夫徹縣, 士去琴瑟. 寢東首於北牖下. 廢牀, 徹褻衣, 加新衣, 體一人. 男女改服. 屬纊以俟絶氣. 男子不死於婦人之手, 婦人不死於男子之手.

10) 소침(小寢)은 '연침(燕寢)'을 뜻한다. '연침'은 천자 및 제후들이 휴식을 취하던 장소를 가리킨다. 천자에게는 6개의 침(寢)이 있었는데, 앞쪽에 있는 1개의 침은 정전(正寢)으로 노침(路寢)이라고 부르며, 뒤쪽에 있는 다섯 개의 침을 통칭하여 '연침'이라고 부른다.

11) 『춘추좌씨전』「희공(僖公) 33년」: 冬, 公如齊朝, 且弔有狄師也. 反, 薨于小

은 노침(路寢)에서 붕어했는데, 전문(傳文)에서는 "도리에 맞음을 말한 것이다."라고 했다.[12] 다른 사람이 증자를 부를 때, 대부(大夫)에 대한 칭호로 부를 수가 있어서, '부자(父子)'라고 말한 것이지만, 만약 실제로 대부가 되지 않았다는 것을 생각했다면, 증자 본인이 따르는 행위는 마땅히 예법에 의거해야만 하며, 대부가 쓰는 침상에 누울 수 없는 것이다.

訓纂 方言: 牀, 齊魯之間謂之簀.

번역 『방언』[13]에서 말하길, '상(牀)'을 제(齊)나라와 노(魯)나라 지역에서는 '책(簀)'이라고 불렀다.

訓纂 臧氏琳曰: 考工記"刮摩之工五", 故書刮作捖. 說文手部無捖字. 目部, "睅, 大目也." 晥, 卽睅之重文. 大目與明義相近, 又土部, "垸, 以桼和灰而鬃也, 從土, 完聲", 則孫說得之.

번역 장림[14]이 말하길, 『고공기』에서는 "갈고 다듬는 공인이 다섯 명이다."[15]라고 했다. 그러므로 '괄(刮)'자를 '완(捖)'자로 기록한 것이다. 『설문

寢, 卽安也.

12) 『춘추좌씨전』「성공(成公) 18년」: 己丑, 公薨于路寢, 言道也.

13) 『방언(方言)』은 『유헌사자절대어석별국방언(輶軒使者絶代語釋別國方言)』·『별국방언(別國方言)』이라고도 부른다. 한(漢)나라 때의 학자인 양웅(揚雄)이 편찬했다고 전해지는 서적이다. 총 13권으로 구성되어 있었으며, 각 지방에서 온 사신들의 방언을 모았다는 뜻에서, 『유헌사자절대어석별국방언』이라는 제목으로 출간되었고, 또 이 말을 줄여서 『별국방언』·『방언』이라고 부르게 되었다. 현존하는 『방언』은 곽박(郭璞)의 주(注)가 붙어 있는 판본이다. 그러나 『한서(漢書)』 등의 기록에는 양웅의 저술 목록에 『방언』이 포함되어 있지 않으므로, 편찬자에 대한 의혹이 끊임없이 제기되었다.

14) 장림(臧琳, ? ~ ?) : 청(淸)나라 때의 학자이다. 자(字)는 옥림(玉林)이다. 경학(經學)에 뛰어났으며, 한당대(漢唐代)의 학문을 존숭하였다. 『상서집해(尙書集解)』, 『경의잡기(經義雜記)』 등을 지었다.

15) 『주례』「동관고공기(冬官考工記)」: 凡攻木之工七, 攻金之工六, 攻皮之工五, 設色之工五, 刮摩之工五, 搏埴之工二.

해자』의 수부(手部)에는 '완(捖)'자가 없다. 목부(目部)에서는 "'환(睅)'은 큰 눈을 뜻한다."라고 했다. '환(睆)'자는 '환(睅)'자의 중문(重文)이 된다. '대목(大目)'과 '명(明)'자의 뜻은 서로 비슷하다. 한편 토부(土部)에서는 "'완(垸)'자는 옻칠 재료와 재를 이용해서 검붉게 만든다는 뜻이니, '토(土)'자와 '완(完)'자를 구성요소로 하며, '완(完)'자는 소리부가 된다."라고 했으니, 손염의 주장이 옳다.

集解 愚謂: 張子謂簀在上顯露, 必簟席之屬. 然簀之爲笫, 見於爾雅, 疑牀之簀連著於桄, 故幷桄亦謂之簀也. 大夫之簀, 言此簀華美, 乃大夫之所用, 曾子未嘗爲大夫, 則不當寢之, 言此以諷之也. 子春止之, 而童子又言者, 以其言未達於曾子也. 以德, 謂成己之德. 姑息, 言苟且以取安也.

번역 내가 생각하기에, 장자는 '책(簀)'은 위에 놓여서 겉으로 드러나니, 반드시 대자리[簟席]의 부류에 해당한다고 했다. 그런데 '책(簀)'을 '자(笫)'라고도 부르니, 이러한 사실은 『이아』에 나타난다. 따라서 아마도 침상[牀]에 놓이는 책(簀)은 침상의 횡목[桄]과 연결되어 있었을 것이다. 그렇기 때문에 '광(桄)'까지도 '책(簀)'이라고 부르는 것이다. 대부(大夫)가 사용하는 책(簀)이라고 했는데, 이 말은 곧 이러한 책(簀)이 화려하고 아름다우니, 곧 대부들이 사용하는 것이라는 뜻이다. 증자(曾子)는 일찍이 대부의 신분이 된 적이 없었으니, 마땅히 그것을 침상에 펴서는 안 되므로, 이러한 사실을 언급하여 간언을 올린 것이다. 악정자춘(樂正子春)이 말을 멈추도록 하였지만, 동자(童子)는 재차 언급을 했는데, 그 이유는 그 말이 증자에게 전달되지 않았기 때문이다. '이덕(以德)'이라는 말은 자신의 덕을 완성한다는 뜻이다. '고식(姑息)'은 구차하게 편안함을 취한다는 뜻이다.

• 제 16 절 •

상(喪)을 치를 때의 모습

【76a】

始死, 充充如有窮; 旣殯, 瞿瞿如有求而弗得; 旣葬, 皇皇如有望而弗至. 練而慨然, 祥而廓然.

직역 始히 死에, 充充하여 窮이 有함과 如하고; 旣히 殯에, 瞿瞿하여 求하나 弗得이 有함과 如하며; 旣히 葬에, 皇皇하여 望하나 弗至가 有함과 如한다. 練하고 慨然하며, 祥하고 廓然한다.

의역 부모가 처음 돌아가셨을 때에는 근심이 가득하여, 막다른 길에 봉착한 듯 하고, 빈소를 차리고 나면, 눈을 두리번거리게 되니, 마치 무언가를 찾으나 찾지 못한 듯 하며, 장례(葬禮)를 치르고 나면, 마음이 안정되지 못하고 분주하여, 마치 부모가 다시 돌아오기를 바라지만 오지 않는 듯 한다. 소상(小祥)을 치르고 나서는 세월이 너무 빨리 흘러가는 것을 개탄하며, 대상(大祥)을 치르고 나서는 막막하여 즐겁지 않게 된다.

集說 疏曰: 事盡理屈爲窮. 親始死, 孝子匍匐而哭之, 心形充屈, 如急行道極, 無所復去, 窮急之容也. 瞿瞿, 眼目速瞻之貌, 如有所失而求覓之不得然也. 皇皇, 猶栖栖也. 親歸草土, 孝子心無依託, 如有望彼來而彼不至也. 至小祥, 但慨歎日月若馳之速也. 至大祥, 則情意寥廓不樂而已.

번역 공영달(孔穎達)의 소(疏)에서 말하길, 그 사안이 모두 다하고, 이치 또한 막힌 것을 '궁(窮)'이라고 한다. 부모가 처음 돌아가시게 되면, 자식은 포복을 하고 곡(哭)을 하니, 정신과 몸이 흐트러져서, 마치 급히 길을 가고자 하지만 막다른 길이 되어, 재차 길을 갈 수 없게 되어서, 어려움에 봉착하여 급급해하는 모습처럼 되는 것이다. '구구(瞿瞿)'는 눈동자를 두리번거리는 모습이니, 마치 잃어버린 것이 있어서, 찾으려고 하지만 얻지 못하는 모습과 같은 것이다. '황황(皇皇)'은 "안정되지 못하고 몹시 분주하다[栖栖]."는 뜻이다. 부친의 육신이 흙으로 되돌아가니, 자식된 자의 마음에는 의지할 곳이 없게 되어, 마치 그 자가 오기를 바라지만, 그 자가 오지 않았을 때와 같다. 소상(小祥)[1]을 치르는 시기가 되면, 다만 말이 질주를 하듯 세월이 빨리 흘러감에 개탄을 하게 된다. 대상(大祥)을 치르는 시기가 되면, 마음이 막막하여 즐겁지 않을 따름이다.

集說 方氏曰: 下篇述顔丁之居喪, 則言皇皇於始死, 言慨焉於旣葬; 問喪, 則言皇皇於反哭, 所言不同者, 蓋君子有終身之喪, 思親之心, 豈有隆殺哉! 先王制禮, 略爲之節而已, 故其所言不必同也.

번역 방씨가 말하길, 다음 편에서는 안정(顔丁)이 상(喪)을 치렀던 일을 기술하며, 부모가 처음 돌아가셨을 때에 대해서는 '황황(皇皇)'이라고 했고, 장례(葬禮)를 치르고 났을 때에 대해서는 '개언(慨焉)'이라고 했으며,[2] 『예기』「문상(問喪)」편에서는 반곡(反哭)에 대해서 황황(皇皇)이라고 했으니,[3] 언급한 말들이 서로 다르다. 그 이유는 아마도 군자(君子)에게는 종신토록 지내야 하는 상(喪)이 있으니,[4] 부모를 생각하는 마음에 어찌 많고

---

1) 소상(小祥)은 부모의 상(喪)에서, 부모가 죽은 지 만 1년 만에 지내는 제사이다. 이 제사가 끝나면, 자식은 3년상을 지낼 때의 복장과 생활방식을 조금씩 덜어내게 된다.

2) 『예기』「단궁하(檀弓下)」【122c】: 顔丁善居喪. 始死, 皇皇焉如有求而弗得. 及殯, 望望焉如有從而弗及, 旣葬, 慨焉如不及其反而息.

3) 『예기』「문상(問喪)」【658c】: 其往送也, 望望然, 汲汲然, 如有追而弗及也. 其反哭也, 皇皇然, 若有求而弗得也. 故其往送也如慕, 其反也如疑.

4) 『예기』「제의(祭義)」【554d】: 君子有終身之喪, 忌日之謂也. 忌日不用, 非不祥也, 言夫日, 志有所至, 而不敢盡其私也.

적은 차이가 있겠는가! 선왕(先王)이 예법을 제정함에, 간략히 하여 관련 사항에 대한 절도를 제정했을 따름이다. 그렇기 때문에 언급한 말들이 완전히 일치하지 않는 것이다.

鄭注 皆憂悼在心之貌也. 求猶索物.

번역 이 모든 말들은 근심과 슬픔이 마음속에 있는 모습을 뜻한다. '구(求)'자는 무언가를 찾는다는 뜻이다.

釋文 慨, 苦愛反. 廓, 苦郭反, 何云: "開也." 索, 所白反.

번역 '慨'자는 '苦(고)'자와 '愛(애)'자의 반절음이다. '廓'자는 '苦(고)'자와 '郭(곽)'자의 반절음이며, 하윤[5]은 "마음이 뻥 뚫렸다는 뜻이다."라고 했다. '索'자는 '所(소)'자와 '白(백)'자의 반절음이다.

孔疏 ●"始死"至"廓然". ○正義曰: 此記人因前有死事, 遂廣說孝子形節也. 事盡理屈爲窮. 言親始死, 孝子匍匐而哭之, 心形充屈, 如急行道極無所復去, 窮急之容也.

번역 ●經文: "始死"~"廓然". ○이곳 문단에서는 앞서 죽음에 대한 사안이 기록되어 있는 것에 착안하여, 효자의 모습과 절도에 대해서 폭넓게 설명하고 있다. 그 사안이 모두 다하고, 이치 또한 막힌 것을 '궁(窮)'이라고 한다. 부모가 처음 돌아가시게 되면, 자식은 포복을 하고 곡(哭)을 하니, 정신과 몸이 흐트러져서, 마치 급히 길을 가고자 하지만 막다른 길이 되어, 재차 길을 갈 수 없게 되어서, 어려움에 봉착하여 급급해하는 모습이 되는 것과 같다.

---

5) 하윤(何胤, A.D.446 ~ A.D.531) : =하평숙(何平叔)·하씨(何氏). 양(梁)나라 때의 학자이다. 자(字)는 자계(子季)이다. 유환(劉瓛)에게 수학하였다. 저서에는 『예기은의(禮記隱義)』, 『예문답(禮問答)』 등이 있다.

孔疏 ●"既殯瞿瞿, 如有求而弗得"者, 殯斂後, 心形稍緩也. 瞿瞿, 眼目速瞻之貌. 求猶覓也. 貌恒瞿瞿, 如有所失而求覓之不得然也.

번역 ●經文: "既殯瞿瞿, 如有求而弗得". ○빈소를 차리고 염(斂)을 한 이후에는 마음과 모습이 점차 풀어지게 된다. '구구(瞿瞿)'는 눈동자를 두리번거리는 모습을 뜻한다. '구(求)'자는 "찾는다[覓]."는 뜻이다. 그 모습이 항상 두리번거리게 되어, 마치 잃어버린 것이 있어서, 찾으려고 하지만 얻지 못하는 모습과 같은 것이다.

孔疏 ●"既葬, 皇皇如有望而弗至"者, 又漸緩也. 皇皇猶栖栖也. 至葬後, 親歸草土, 孝子心形栖栖皇皇, 無所依託, 如有望彼人來而彼人不至也.

번역 ●經文: "既葬, 皇皇如有望而弗至". ○또다시 점진적으로 풀어지게 된다는 뜻이다. '황황(皇皇)'은 "안정되지 못하고 몹시 분주하다[栖栖]."는 뜻이다. 장례(葬禮)를 끝내게 되면, 부친의 육신이 흙으로 되돌아가니, 자식된 자의 마음과 몸은 안정되지 못하고 먹먹하여, 의지할 곳이 없게 되니, 마치 그 자가 오기를 바라지만, 그 자가 오지 않았을 때와 같다.

孔疏 ●"練而慨然"者, 轉緩也. 至小祥, 但歎慨日月若馳之速也.

번역 ●經文: "練而慨然". ○상황이 전환되어 풀어지게 된다는 뜻이다. 소상(小祥)을 지내게 되면, 다만 말이 질주를 하듯 세월이 빨리 흘러감에 대해서만 개탄을 하게 된다.

孔疏 ●"祥而廓然"者, 至大祥, 而寥廓情意, 不樂而已.

번역 ●經文: "祥而廓然". ○대상(大祥)을 지내게 되면, 마음이 허전하여, 즐겁지 않게 될 따름이다.

• 제 17 절 •

전쟁으로 인한 변례(變禮)의 발생

【76b】

邾婁復之以矢, 蓋自戰於升陘始也.

직역 邾婁가 復하길 矢로써 하니, 蓋히 升陘의 戰으로부터 始니라.

의역 주루(邾婁)가 전쟁터에서 죽은 자에 대해 초혼을 하며 옷 대신 화살을 사용했으니, 무릇 전쟁터에서 죽은 자에 대해 초혼을 하는 의식은 주루가 승형(升陘) 땅에서 전쟁을 했을 때로부터 시작되었다.

集說 魯僖公二十一年, 與邾人戰於升陘, 魯地也. 邾師雖勝, 而死傷者多, 軍中無衣, 復者用矢. 釋云: "邾人呼邾聲曰婁, 故曰邾婁." 夫以盡愛之道, 禱祠之心, 孝子不能自已, 冀其復生也. 疾而死, 行之可也; 兵刃之下, 肝腦塗地, 豈有再生之理? 復之用矢, 不亦誣乎?

번역 노(魯)나라 희공(僖公) 21년에, 주(邾)나라와 승형(升陘) 땅에서 전쟁을 했으니, 이 땅은 노나라 땅이다. 주나라 군대는 비록 승리를 했지만, 사상자가 많았고, 군대 안에 옷이 없었으므로, 초혼을 할 때 옷 대신 화살을 사용했다. 『경전석문(經典釋文)』에서는 "주(邾)나라 사람이 '주(邾)'자를 발음할 때에는 '루(婁)'라고 했다. 그렇기 때문에 '주루(邾婁)'라고 한 것이다."라고 했다. 무릇 친애함을 다하는 도(道)와 기도를 하며 제사를 지내는 마음에 대해서, 자식된 자들은 제 스스로 그만 둘 수가 없으며, 그가 다시 살아나기를 희망하게 된다. 병에 걸려서 죽었을 때에는 초혼의 의식을 시행해도 괜찮지만, 전쟁터에서 죽게 되면, 장기와 시신이 흙에 파묻히게 되는데, 어찌 다시 살아나는 이치가 있을 수 있겠는가? 초혼을 하며 화살을 사용하는 것은 또한 업신여기는 일이 아니겠는가?

鄭注 戰於升陘, 魯僖二十二年秋也. 時師雖勝, 死傷亦甚, 無衣可以招魂.

번역 승형(升陘)에서 전쟁을 벌인 일은 노(魯)나라 희공(僖公) 22년 가을에 일어났다. 당시 주(邾)나라의 군대는 비록 승리를 했지만, 사상자가 매우 많았으며, 옷으로 초혼을 할 수가 없었다.

釋文 邾音誅. 婁, 力俱反, 或如字. 邾人呼邾聲曰婁, 故曰邾婁. 公羊傳與此記同, 左氏·穀梁但作邾. 陘音形. 僖, 許宜反.

번역 '邾'자의 음은 '誅(주)'이다. '婁'자는 '力(력)'자와 '俱(구)'자의 반절음이며, 혹은 글자대로 읽기도 한다. 주(邾)나라 사람들이 '邾'자를 발음할 때에는 '婁(루)'라고 불렀다. 그렇기 때문에 '주루(邾婁)'라고 한 것이다. 『공양전』의 기록은 이곳처럼 '주루(邾婁)'라고 기록하였지만, 『좌전』과 『곡량전』에서는 단지 '주(邾)'라고만 기록했다. '陘'자의 음은 '形(형)'이다. '僖'자는 '許(허)'자와 '宜(의)'자의 반절음이다.

孔疏 ●"邾婁"至"始也". ○正義曰: 此一節論二國失禮之事.

번역 ●經文: "邾婁"~"始也". ○이곳 문단은 두 나라에서 실례(失禮)를 범한 사안에 대해서 논의하고 있다.

孔疏 ◎注"戰於"至"招魂". ○正義曰: 魯僖公二十二年"春, 伐邾, 取須句. 秋八月及邾人戰于升陘". 左傳云: "邾人以須句故出師. 公卑邾, 不設備而禦之. 臧文仲曰: '國無小[1], 不可易也. 無備, 雖衆不可恃也. 先王之明德, 無不懼也, 況我小國乎? 君其無謂邾小, 蜂蠆有毒, 而況國乎?' 不聽, 公及邾師戰于升陘", 是也.

번역 ◎鄭注: "戰於"~"招魂". ○노(魯)나라 희공(僖公) 22년 기록에서는 "봄에 주(邾)를 정벌하여, 수구(須句)를 취하였다. 가을 8월에 주나라와 승형(升陘)에서 전쟁을 했다."[2]라고 했다. 『좌전』에서는 "주나라는 수구(須句) 때문에 군대를 출병시킨 것이다. 희공은 주나라를 얕보았기 때문에, 별다른 대비를 하지 않고, 그들의 침공을 막았다. 장문중(臧文仲)이 말하길, '나라에는 약소국가라는 구분이 없으니, 쉽게 볼 수가 없습니다. 방비를 하지 않으면, 비록 군사를 많이 가지고 있더라도 승리를 확신할 수 없습니다. 선왕(先王)께서는 명덕(明德)을 갖추고 있었음에도 두려워하지 않음이 없으셨는데, 하물며 저희 같은 작은 국가에 있어서는 어찌하겠습니까? 군주께서는 주나라를 작은 나라라고 여기지 마십시오. 벌이나 전갈처럼 미물에도 독이 있는데, 하물며 한 국가에 있어서는 어찌하겠습니까?'라고 했다. 그러나 희공은 그 말을 듣지 않았다. 그리고 마침내 희공은 주나라 군대와 승경 땅에서 전쟁을 했다."[3]라고 한 말이 바로 이 사건을 가리킨다.

孔疏 ◎注"時師雖勝, 死傷亦甚"者, 則傳云"我師敗績, 邾人獲公胄, 縣諸魚門", 是也. 鄭云此者, 解"復之以矢"之意, 以其死傷者多, 無衣可以招魂, 故用矢招之也. 必用矢者, 時邾人志在勝敵, 矢是心之所好, 故用所好招魂, 冀其復反.

---

1) '소(小)'자에 대하여. '소(小)'자는 본래 '소(少)'자로 기록되어 있었는데, 완원(阮元)의 『교감기(校勘記)』에서는 "혜동(惠棟)의 『교송본(校宋本)』에는 '소(少)'자를 '소(小)'자로 기록하고 있으며, 이처럼 기록하는 것이 희공(僖公) 22년에 대한 『좌전』의 기록과도 합치된다."라고 했다.

2) 『춘추』「희공(僖公) 22년」: 二十二年, 春, 公伐邾, 取須句. …… 秋, 八月, 丁未, 及邾人, 戰于升陘.

3) 『춘추좌씨전』「희공(僖公) 22년」: 邾人以須句故出師. 公卑邾, 不設備而禦之. 臧文仲曰, "國無小, 不可易也. 無備, 雖衆, 不可恃也. 詩曰, '戰戰兢兢, 如臨深淵, 如履薄冰.' 又曰, '敬之敬之!天惟顯思, 命不易哉!' 先王之明德, 猶無不難也, 無不懼也, 況我小國乎! 君其無謂邾小. 蜂蠆有毒, 而況國乎!" 弗聽. 八月丁未, 公及邾師戰于升陘, 我師敗績. 邾人獲公胄, 縣諸魚門.

然招魂唯據死者, 而鄭兼云“傷”者, 以其雖勝, 故連言“死傷”以狹句耳. 若因兵而死, 身首斷絶不生者, 應無復法. 若身首不殊, 因傷致死, 復有可生之理者, 則用矢招魂. 左氏直言“邾”, 公羊云“邾婁”者, 何休云: “夷言婁聲相近也.”

번역 ◎鄭注: “時師雖勝, 死傷亦甚”. ○『좌전』에서 “우리나라 군대는 패배를 하였고, 주(邾)나라는 희공의 투구를 빼앗고서, 되돌아가서 주나라 성문(城門)인 어문(魚門)에 걸어두었다.”[4]라고 한 말이 바로 이러한 사실을 나타낸다. 정현이 이처럼 말한 것은 “초혼하길 화살로써 했다.”라고 한 뜻을 풀이한 것이니, 사상자가 많았는데, 초혼을 할 수 있는 옷이 없었다. 그렇기 때문에 화살을 사용해서 초혼을 했던 것이다. 기어코 화살을 사용했던 이유는 당시 주나라는 적국을 이기는데 목적을 두고 있었으므로, 화살은 마음에서 바라던 것이었다. 그렇기 때문에 바라던 것을 사용해서 초혼을 하여, 다시 되돌아오기를 기대했던 것이다. 그러나 초혼이라는 것은 오직 죽은 자에 대해서만 하는 것인데, 정현은 ‘부상자[傷]’에 대한 말도 함께 언급하였다. 그 이유는 주나라가 비록 승리를 하였지만, 초혼을 하는 내용이기 때문에, ‘죽은 자와 부상을 당한 자’에 대한 말도 연이어 언급하여, 구문을 연결한 것일 뿐이다. 만약 전쟁으로 인해 죽은 자라고 한다면, 몸이나 머리가 절단되어 다시 살아날 수가 없으므로, 응당 초혼을 하는 법도가 없게 된다. 그런데 만약 몸이나 머리가 절단되지 않은 자의 경우, 상처로 인해 죽음에 이르게 되면, 다시 살아날 수 있는 이치를 가지게 되니, 화살을 사용해서 초혼을 했던 것이다. 『좌전』에서는 단지 ‘주(邾)’라고만 기록했는데, 『공양전』에서는 ‘주루(邾婁)’라고 하였다. 그 이유에 대해서 하휴는 “오랑캐가 ‘루(婁)’자를 말할 때, 그 발음이 ‘주(邾)’자와 서로 비슷하기 때문이다.”라고 했다.

---

4) 『춘추좌씨전』「희공(僖公) 22년」: 我師敗績. 邾人獲公冑, 縣諸魚門.

【76c】

魯婦人之髽而弔也, 自敗於臺鮐始也.

직역 魯의 婦人이 髽하여 弔함은 臺鮐에서 敗함으로부터 始니라.

의역 노(魯)나라의 부인들이 상(喪)을 치를 때 하는 머리모양인 좌(髽)를 틀고 조문을 한 것은 대태(臺鮐)의 전투에서 패배했던 일로부터 시작되었다.

集說 古時以纚韜髮, 凶則去纚而露其髻, 故謂之髽. 狐鮐之戰, 在魯襄公四年, 蓋爲邾人所敗也. 髽不以弔, 時家家有喪, 故髻而相弔也.

번역 길(吉)한 때에는 리(纚)를 이용해서 머리카락을 감싸서 숨겼고, 흉(凶)한 때에는 리(纚)를 제거하고, 머리카락을 노출시켰다. 그렇기 때문에 이러한 머리모양을 '좌(髽)'라고 부른 것이다. 호태(狐鮐) 땅에서의 전쟁은 노(魯)나라 양공(襄公) 4년에 일어났는데, 주(邾)나라에 의해 패배를 당하였다. 좌(髽)를 하고는 조문을 하지 않는데, 당시 집집마다 상(喪)이 발생했기 때문에, 좌(髽)를 하고서 서로 조문을 했던 것이다.

그림 17-1 머리싸개[纚]

▸ **출처:** 『삼례도집주(三禮圖集注)』 3권

集說 方氏曰: 矢所以施於射, 非所以施於復; 髽所以施於喪, 非所以施於弔. 因之而弗改, 則非矣.

번역 방씨가 말하길, 화살은 활쏘기를 할 때 사용하는 것이니, 초혼을 할 때 사용할 수 있는 물건이 아니다. 좌(髽)는 상(喪)을 치를 때 사용하는 머리방법이니, 조문을 할 때 사용하는 방법이 아니다. 각각의 일들로 인한 경우이지만, 이 방법을 고치지 않았으니, 비례(非禮)가 된다.

大全 廣安游氏曰: 先王之世, 雖用兵臨軍之際, 未有不用禮者也. 且禮者, 行乎其所可行者也. 孔子曰, "殺人之中, 又有禮焉", 此古道也. 惟其以禮相與, 則兩軍交戰, 人要有所止, 未有若後世極兵力所至, 至於僵尸百萬流血千里而後已者也. 故古者雖身膏草野之人, 與夫死者之家, 所謂喪弔之禮, 猶得行乎其間. 升陘以前, 未嘗無戰, 死者得復以衣, 而不復以矢, 臺鮐以前, 未嘗無戰, 死而相弔者, 得弔以衰而不髽, 則是殺人之甚, 必自升陘臺鮐二者始, 自是而遂以爲常則再失之矣. 嗚呼自先王之禮廢, 而兵禍之烈至於六國秦漢之際, 殺人至以數十萬計, 天下塗炭, 肝腦塗地, 失國之禍, 至於如此, 誠可嘆也. 大率先王之世, 至出於一, 而禮樂達乎天下, 凡所謂禮者, 行之廟堂, 至乎州巷, 達乎蒐狩, 用乎軍旅, 造次顚沛, 無非禮者. 生乎由是, 死乎由是, 上下小大, 相與習乎此而安乎此. 於兩軍之戰而殺有所止, 禮使然也. 後世不然, 其從容無事之時, 固已廢禮任其智力, 及夫軍旅死生之際, 苟可以自利而害人者, 豈復恤哉? 故古人殺有所止與後世異, 蓋禮之存亡故也. 於復以矢, 弔以髽, 則知兵禍之甚烈, 記禮者, 記其失禮之甚也.

번역 광안유씨가 말하길, 선왕(先王)이 통치하던 시기에는 비록 병장기를 사용하여 군대를 운용할 때도 있었지만, 일찍이 예(禮)에 따르지 않았던 적이 없었다. 또한 '예(禮)'라는 것은 시행할 수 있는 것에 대해서 시행하는 것이다. 공자(孔子)는 "남을 해치는 가운데에도 예(禮)가 있다."[5]라고 했으

5) 『예기』「단궁하(檀弓下)」【128b~c】: 工尹商陽與陳弃疾追吳師, 及之. …… 孔子曰, "殺人之中又有禮焉."

니, 이것은 고대의 법도이다. 오직 예(禮)에 따라서 서로 대적을 한다면, 두 나라의 군대가 서로 교전을 한다고 하더라도, 사람들은 전쟁이 멈추기를 희망했으니, 후세처럼 병력을 총동원하여 나뒹구는 시체가 수백만에 이르고, 피가 수천 리까지 흐른 뒤에야 그치는 경우는 없었다. 그렇기 때문에 고대에는 비록 몸이 살찐 초야에 사는 사람이라고 할지라도, 죽은 자가 있는 집에 대해서는 이른바 상례(喪禮) 때 조문을 하는 예법을 오히려 그 사이에 시행할 수가 있었다. 승형(升陘) 땅에서의 전쟁 이전에도, 전쟁 자체가 없었던 것은 아니지만, 죽은 자에 대해서 초혼을 할 때에는 옷을 가지고 할 수는 있었어도, 화살을 가지고 하지는 않았다. 그리고 대태(臺駘) 땅에서의 전쟁 이전에도, 전쟁 자체가 없었던 것은 아니지만, 죽은 자들에 대해서로 조문을 할 때에는 상복을 입고 조문을 할 수는 있었어도, 좌(髽)의 머리모양을 하지는 않았으니, 이처럼 사람을 해친 것이 매우 많아진 것은 필시 승형과 대태라는 두 전투를 통해 시작되었던 것이며, 이러한 사건으로부터 마침내 이러한 일들을 일상적인 예법으로 여기게 되었으니, 재차 예법을 어긴 것이 된다. 오호라! 선왕이 제정한 예법이 폐지된 것으로부터, 전란이 더욱 심해져서, 육국(六國)의 혼란과 진(秦)과 한(漢)의 교체기가 발생하기에 이르렀는데, 사람을 죽인 것이 수십만에 이르렀으니, 천하가 도탄에 빠지고, 사람들의 시체가 흙에 파묻히게 되었으며, 나라를 잃는 화근이 이러한 지경에 이르게 되었으니, 진실로 한탄할 만 한 것이다. 대체로 선왕이 통치하던 시대에는 한 사람에 의해서 비롯되었더라도, 예악(禮樂)은 천하에 두루 소통되었으니, 무릇 '예(禮)'라고 하는 것들은 묘당(廟堂)에서 시행되어, 주항(州巷)에 이르렀고, 사냥[蒐狩]에까지 적용되었으며, 군대[軍旅]에도 사용되었으니, 잠깐 사이에도 예(禮)가 아닌 것들이 없었다. 따라서 태어날 때에도 예(禮)에서 비롯되었으며, 죽었을 때에도 예(禮)로부터 말미암게 되어, 상하(上下)와 소대(小大) 모두 예(禮)를 익히는데 서로 참여하여, 예(禮)를 편안하게 여기게 된 것이다. 양국의 군대가 전쟁을 하는데 있어서, 살인을 함에 멈추는 바가 있었던 것도 예(禮)에 따라 그처럼 했던 것이다. 후세에서 이처럼 하지 않았는데, 아무 일이 없을 때에도, 진실로 이미 예(禮)를 폐지하고, 지식을 갖추고 힘을 갖춘 자들에게만 맡겼고, 군대가 전쟁을 벌여 생사가 갈리는 때에 있어서도, 진실로 자신만을 이롭게 하고 남을 해치게 되었으니, 어찌 다시금 그들을 동정했겠는가? 그렇기 때문에 고대에 살인을 할 때에도 멈추는 점이 있었던 것이 후세와 달랐던 것이니, 이처럼 된 이유는 예(禮)가 존망(存亡)했느냐는 차이 때문이다. 화살을 가지고 초혼을 하고, 좌(髽)의 머리모양을 하고서 조문을 했다면, 전란이 더욱 심해졌다는 사실을 알 수 있다. 『예기』를 기록한 자는 이러한 일화를 기록하여, 실례(失禮)가 더욱 심해졌다는 사실을 기록한 것이다.

鄭注 敗於臺鮐, 魯襄四年秋也. 臺當爲壺字之誤也. 春秋傳作狐鮐. 時家家有喪, 髽而相弔. 去纚而紒曰髽. 禮: 婦人弔服, 大夫之妻錫衰, 士之妻則疑衰與. 皆吉笄無首素總.

번역 대태(臺鮐)에서 패배한 일은 노(魯)나라 양공(襄公) 4년 가을에 일어난 일이다. '대(臺)'자는 '호(壺)'자의 오자가 된다. 『춘추전』에서는 '호태(狐鮐)'로 기록하였다. 당시 집집마다 상(喪)이 발생하여, 좌(髽)의 머리모양을 하고 서로 조문을 했던 것이다. 리(纚)를 제거하고, 상투를 트는 방식을 '좌(髽)'라고 부른다. 예법에 따르면, 부인들이 조문을 할 때 착용하는 복장은 대부(大夫)의 처는 석최(錫衰)[6]를 한다고 했으니,[7] 사(士)의 처인 경우라면, 의최(疑衰)[8]를 했을 것이다. 모든 경우에 있어서 길사(吉事) 때 꼽는 비녀에는 흰색의 천으로 머리를 싸매는 일이 없게 된다.

釋文 髽, 測瓜反. 臺鮐, 上音胡, 下音臺. 去, 羌呂反. 纚, 所買反, 又所綺反, 黑繒韜. 紒音計. 錫衰, 上悉歷反, 下七雷反. 與音餘. 笄音雞. 總音摠.

번역 '髽'자는 '測(측)'자와 '瓜(과)'자의 반절음이다. '臺鮐'에서의 '臺'자는 그 음이 '胡(호)'이고, '鮐'자는 그 음이 '臺(대)'이다. '去'자는 '羌(강)'자와

6) 석최(錫衰)는 가는 베로 만든 옷으로, 일종의 상복(喪服)에 해당한다. 천자의 경우, 삼공(三公)이나 육경(六卿)의 상(喪)에 착용했던 복장이다.
7) 『의례』「상복(喪服)」: 大夫弔於命婦錫衰. 命婦弔於大夫亦錫衰.
8) 의최(疑衰)는 길복(吉服)에 가까운 복장으로, 일종의 상복(喪服)에 해당한다. 천자의 경우, 대부(大夫)나 사(士)의 상(喪)에 착용했던 복장이다.

'呂(려)'자의 반절음이다. '纚'자는 '所(소)'자와 '買(매)'자의 반절음이고, 또한 '所(소)'자와 '綺(기)'자의 반절음도 되는데, 흑색의 명주로 머리를 싸매는 것이다. '紒'자의 음은 '計(계)'이다. '錫衰'에서의 '錫'자는 그 음이 '悉(실)'자와 '歷(력)'자의 반절음이고, '衰'자는 그 음이 '七(칠)'자와 '雷(뢰)'자의 반절음이다. '與'자의 음은 '餘(여)'이다. '笄'자의 음은 '雞(계)'이다. '總'자의 음은 '摠(총)'이다.

孔疏 ◎注"敗於"至"素總". ○正義曰: 按左傳魯襄公四年冬十月, "邾人伐鄫, 臧紇救鄫, 侵邾, 敗於狐駘". 魯人怨而歌之. 魯襄四年冬也, 此云"秋", 鄭擧其初也. 云"臺當爲壺字之誤也", 春秋傳作狐駘, 左傳云: "臧之狐裘, 敗我於狐駘. 我君小子, 朱[9]儒是使. 侏儒, 侏儒, 使我敗於邾." 臧紇, 武仲也, 言狐裘武仲所服也. 是時襄公年七歲微弱, 故云"我君小子"也. 侏儒, 短人也. 臧武仲短小, 故云"侏儒". 云"去纚而紒曰髽"者. 按士冠禮"纚廣終幅, 長六尺", 所以縚髮. 今以凶事, 故去之, 但露紒而已. 云"禮: 婦人弔服, 大夫之妻錫衰"者, 喪服傳云: "大夫弔於命婦, 錫衰. 命婦弔於大夫, 亦錫衰." 是大夫之妻弔服錫衰也. 云"士之妻則疑衰與"者, 以士妻弔服無[10]文, 故云"疑衰與". 必以疑衰者, 按周禮·司服有錫衰·緦衰·疑衰. 錫衰爲上, 緦衰次之, 疑衰爲下. 按喪服大夫弔服錫衰, 喪服小記云: "諸侯弔必皮弁錫衰." 則君弔大夫, 大夫相弔皆錫衰, 其服同也. 錫衰之下, 但有緦衰·疑衰. 天子弔諸侯皆以緦衰, 弔大夫

9) '주(朱)'자에 대하여. 『십삼경주소(十三經注疏)』 북경대 출판본에서는 "'주(朱)'자를 『감본(監本)』·『모본(毛本)』에서는 동일하게 기록하고 있는데, 『민본(閩本)』에서는 '주(侏)'자로 기록하고 있다. 완원(阮元)의 『교감기(校勘記)』에서는 '살펴보니, 『민본(閩本)』에서는 이곳에 기록된 주(侏)자와 아래문장에 나오는 주유(侏儒)라고 할 때의 주(侏)자를 모두 주(侏)자로 기록하고 있고, 『감본(監本)』과 『모본(毛本)』에서는 아래에 나오는 글자들을 모두 주(朱)자로 기록하고 있다.'"라고 했다.

10) '조복무(弔服無)'에 대하여. '조복무'는 본래 '조복지(弔服之)'로 기록되어 있었는데, 완원(阮元)의 『교감기(校勘記)』에서는 "혜동(惠棟)의 『교송본(校宋本)』에는 '지(之)'자를 '무(無)'자로 기록하고 있고, 위씨(衛氏)의 『집설(集說)』에도 동일하게 기록되어 있으며, 『민본(閩本)』·『감본(監本)』·『모본(毛本)』에는 '조(弔)'자 앞에 '무(無)'자가 기록되어 있다."라고 했다.

・士以疑衰. 若諸侯弔大夫以錫衰, 弔同姓之士緦衰, 弔異姓之士疑衰, 故鄭注文王世子云: "同姓士緦衰, 異姓士疑衰", 以其士自相弔如一皆疑衰. 故鄭注司服云: "舊說士弔服素委貌冠朝服." 此近庶人弔服而衣猶非也, 士當事弁經, 疑衰變其裳以素耳. 士不以緦衰爲弔服者, 以緦衰是士之喪服, 不以弔也. 故注喪服云: "士以緦衰爲喪服, 其弔服則疑衰也. 改其裳以素, 辟諸侯", 以此言之, 是士弔服疑衰素裳也. 故以爲士妻弔服疑衰. 必知弔服夫妻同者, 以喪服大夫・命婦俱以錫衰弔故也. 云"皆吉笄無首素總"者, 大戴禮文也.

번역 ◎鄭注: "敗於"～"素總". ○『좌전』을 살펴보면, 노(魯)나라 양공(襄公) 4년 겨울 10월에, "주(邾)나라가 증(鄫)나라를 정벌하여, 장흘(臧紇)이 증나라를 구원하려고 해서, 주나라를 공격했지만, 호태(狐駘) 땅에서 패배하였다."[11]라고 했다. 노나라 사람들은 원망을 하며 그 일을 노래로 불렀다. 이것은 노나라 양공 4년 겨울에 일어난 일인데, 이곳에서 '가을'이라고 말한 것은 정현이 그 일이 시작된 때에 기준을 두어 기록했기 때문이다. 정현이 "'대(臺)'자는 '호(壺)'자의 오자가 된다."라고 하였는데, 『춘추전』에서는 '호태(狐駘)'라고 기록했고, 『좌전』에서는 "장(臧)이라는 '여우 가죽옷[狐裘]'을 입은 자가 우리 군사를 호태(狐駘)에서 패배시켰네. 우리 나이가 어린 군주께서는 식견이 없는 자를 장수로 임명하셨네. 저 난쟁이여, 저 난쟁이여, 우리 군사를 주나라에게 패배하도록 했네."라고 했다. '장흘(臧紇)'은 곧 장무중(臧武仲)을 가리키니, 여우 가죽옷이라는 것은 곧 장무중이 착용했던 복장을 가리킨다. 이때 양공의 나이는 7살로, 매우 어렸다. 그렇기 때문에 '우리 나이가 어린 군주'라고 말한 것이다. '주유(侏儒)'는 난쟁이를 뜻한다. 장무중은 난쟁이였기 때문에, '주유(侏儒)'라고 부른 것이다. 정현이 "리(纚)를 제거하고, 상투를 트는 방식을 '좌(髽)'라고 부른다."라고 하였는데, 『의례』「사관례(士冠禮)」편을 살펴보면, "'리(纚)'는 너비를 1폭(幅)으로 하고, 길이는 6척(尺)으로 한다."[12]라고 했으니, 이로써 머리카락

---

11) 『춘추좌씨전』「양공(襄公) 4년」: 冬十月, 邾人・莒人伐鄫, 臧紇救鄫, 侵邾, 敗於狐駘. 國人逆喪者皆髽, 魯於是乎始髽. 國人誦之曰, "臧之狐裘, 敗我於狐駘. 我君小子, 朱儒是使. 朱儒朱儒, 使我敗於邾."

을 싸매서 감추는 것이다. 현재의 상황은 흉사(凶事)에 해당하기 때문에, 이것을 제거하게 되는 것이며, 단지 상투[紒]만을 노출시킬 따름이다. 정현이 "예법에 따르면, 부인들이 조문을 할 때 착용하는 복장은 대부(大夫)의 처는 석최(錫衰)를 한다고 했다."라고 했는데, 『의례』「상복(喪服)」편에 대한 전문(傳文)에서는 "대부(大夫)가 명부(命婦)에게 조문할 때에는 석최(錫衰)를 착용한다. 명부가 대부에게 조문을 할 때에도 또한 석최(錫衰)를 착용한다."라고 했으니, 이것이 바로 대부의 처가 조문을 할 때 착용하는 복장이 석최(錫衰)가 됨을 나타낸다. 정현이 "사(士)의 처인 경우라면, 의최(疑衰)를 했을 것이다."라고 하였는데, 사(士)의 처가 조문을 할 때 착용하는 복장에 대해서는 관련 기록이 없다. 그렇기 때문에 "의최(疑衰)를 했을 것이다."라고 말한 것인데, 기어코 '의최(疑衰)'라고 확신했던 이유는 『주례』「사복(司服)」편을 살펴보면, 석최(錫衰)·시최(緦衰)·의최(疑衰)에 대한 기록이 나온다.[13] 그런데 그 중 석최(錫衰)는 가장 상등의 복장이 되고, 시최(緦衰)가 그 다음 등급의 복장이 되며, 의최(疑衰)가 가장 하등의 복장이 된다. 그리고 『의례』「상복」편을 살펴보면, 대부가 조문을 할 때 석최(錫衰)를 착용한다고 했고, 『예기』「상복소기(喪服小記)」편에서는 "제후가 조문을 할 때에는 반드시 피변(皮弁)에 석최(錫衰)를 착용한다."[14]라고 했으니, 군주가 대부에게 조문을 하고, 대부들끼리 서로 조문을 할 때에는 모두 석최(錫衰)를 착용했던 것이므로, 그 복장 규정이 동일하였다. 석최(錫衰) 이하의 등급에 해당하는 조문 복장에는 단지 시최(緦衰)와 의최(疑衰)만이 있을 따름이다. 천자가 제후에게 조문을 할 때에는 모든 경우에 시최(緦衰)를 착용했고, 대부와 사에게 조문을 할 때에는 의최(疑衰)를 착용했다. 만약 제후가 대부에게 조문을 할 때 석최(錫衰)를 착용했다면, 자

---

12) 『의례』「사관례(士冠禮)」: 緇布冠缺項, 靑組纓屬于缺, 緇纚廣終幅, 長六尺, 皮弁笄·爵弁笄, 緇組紘纁邊, 同篋.

13) 『주례』「춘관(春官)·사복(司服)」: 王爲三公六卿錫衰, 爲諸侯緦衰, 爲大夫士疑衰, 其首服皆弁絰.

14) 『예기』「상복소기(喪服小記)」【419b】: 諸侯弔, 必皮弁錫衰. 所弔雖已葬, 主人必免. 主人未喪服, 則君亦不錫衰.

신과 동성(同姓)인 사에게 조문을 할 때에는 시최(緦衰)를 착용했던 것이고, 이성(異姓)의 사에게 조문을 할 때에는 의최(疑衰)를 착용했던 것이다. 그렇기 때문에 『예기』「문왕세자(文王世子)」편에 대한 정현의 주에서는 "동성인 사에 대해서는 시최(緦衰)를 착용했고, 이성인 사에 대해서는 의최(疑衰)를 착용했다."15)라고 했던 것이니, 사가 제 스스로 서로에게 조문을 할 때에는 일률적으로 모두 의최(疑衰)를 착용했던 것이다. 그래서 『주례』「사복」편에 대한 정현의 주에서도 "옛 학설에서 사가 조문을 할 때 착용하는 복장은 흰색의 위모(委貌)를 쓰고 조복(朝服)을 착용한다."라고 했던 것인데, 이 말은 근래의 서인(庶人)들이 조문을 할 때, 이 복장을 착용하고 있으니, 그 복장이 잘못되었다는 뜻을 나타내며, 사 계급은 조문을 할 때 마땅히 변질(弁絰)을 써야 하므로, '의최(疑衰)'라는 것은 그 치마의 색깔을 흰색으로 바꾸는 복장 방식일 따름이다. 사 계급에서 시최(緦衰)를 조문 복장으로 삼지 않는 이유는 시최(緦衰)는 사 계급이 상복(喪服)으로 삼는 것이기 때문에, 이것을 입고 조문을 하지 않았던 것이다. 그렇기 때문에 『의례』「상복」편에 대한 정현의 주에서는 "사 계급은 시최(緦衰)를 상복(喪服)으로 삼으며, 조문할 때의 복장은 의최(疑衰)로 한다. 치마를 흰색으로 바꾼 것은 제후의 예법을 피하기 위해서이다."16)라고 했으니, 이것을 기준으로 말해보자면, 사 계급의 조문할 때 복장은 의최(疑衰)이며 흰색의 치마를 입는 것이다. 그래서 이것을 통해 사의 처가 조문할 때의 복장도 의최(疑衰)라고 한 것이다. 그런데 조문할 때의 복장이 남편과 아내가 동일하다는 사실을 확신할 수 있는 이유는 『의례』「상복」편에서 대부와 명부가 모두 석최(錫衰)를 착용하고 조문을 한다고 했기 때문이다. 정현이 "모든 경우에 있어서 길사(吉事) 때 꽂는 비녀에는 흰색의 천으로 머리를 싸매는 일이 없게 된다."라고 했는데, 이 말은 『대대례기(大戴禮記)』에 기록된 문장이다.

---

15) 이 문장은 『예기』「문왕세자(文王世子)」편의 "公素服, 不擧, 爲之變, 如其倫之喪, 無服."에 대한 정현의 주이다.

16) 이 문장은 『의례』「상복(喪服)」편의 "朋友, 麻."에 대한 정현의 주이다.

그림 17-2 노(魯)나라 장무중(臧武仲)의 가계도(家系圖)

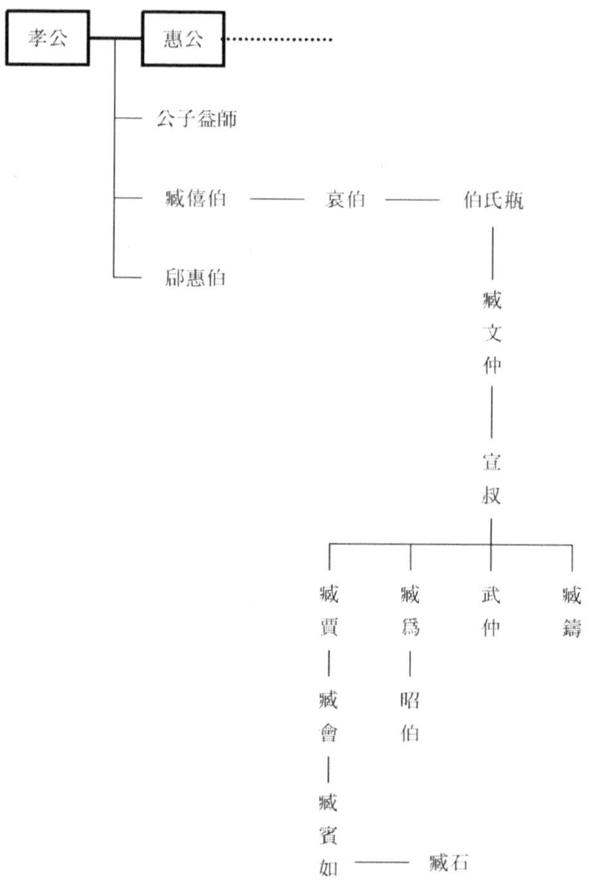

▸ **출처:** 『역사(繹史)』 1권 「역사세계도(繹史世系圖)」

訓纂 說文: 髽, 喪結. 禮, 女子髽衰, 弔則不髽. 魯臧武仲與齊戰于狐駘, 魯人迎喪者始髽.

번역 『설문해자』에서 말하길, '좌(髽)'는 상례(喪禮)를 치를 때 머리를 묶는 방법이다. 예법에 있어서 여자는 좌(髽)를 하고 상복(喪服)을 입는데, 조문을 하게 되면, 좌(髽)의 방식을 하지 않는다. 노(魯)나라 장무중(臧武仲)이 제(齊)나라와 호태(狐駘)에서 전쟁을 벌일 때, 노나라 사람들은 전장에서 죽은 자를 맞이하여 그 자의 집으로 들일 때 처음으로 좌(髽)의 방식으로 머리를 틀게 되었다.

集解 愚謂: 雜記曰, "大夫士行而死於道, 則升其乘車之左轂, 以其綏復." 復於軍中者, 其禮蓋亦如此. 時邾師死傷者多, 不能皆以綏復, 而矢乃軍中之所用, 故推用綏之義而用之. 而其後邾人之復皆以矢, 蓋雖死於家者亦然矣. 髽者, 去韜髮之纚而露髻也. 小斂之後, 五服婦人皆髽; 旣成服, 則唯齊斬婦人有之. 時魯人家家有喪, 故婦人髽而相弔, 而其後遂以此爲弔禮之常, 蓋雖無喪者亦然矣. 此記二國變禮之由.

번역 내가 생각하기에, 『예기』「잡기(雜記)」편에서는 "대부(大夫)와 사(士)가 길을 떠났다가 여정 중에 죽게 되면, 그가 탔던 수레의 좌측 바퀴 위에 올라가서 수(綏)를 잡고서 초혼을 한다."[17]라고 했다. 따라서 군대 안에서 초혼을 하는 경우, 그 예법이 아마도 이와 같았을 것이다. 당시 주(邾)나라 군대에는 사상자가 많아서, 그들에 대해 모두 수(綏)를 잡고서 초혼을 할 수가 없었으며, 화살이라는 것은 곧 군대에서 사용하는 것이다. 그렇기 때문에 수(綏)를 잡고서 초혼을 하는 뜻에 따라서, 화살을 대신 사용했던 것이다. 그런데 그 이후에 주나라에서는 초혼을 할 때 모두 화살을 이용했다고 했으니, 아마도 비록 자신의 집에서 죽은 경우에도 또한 화살을 사용

17) 『예기』「잡기상(雜記上)」【491c~d】: 大夫士死於道, 則升其乘車之左轂, 以其綏復. 如於館死, 則其復如於家. 大夫以布爲輤而行, 至於家而說輤, 載以輲車, 入自門, 至於阼階下而說車, 擧自阼階, 升適所殯.

했던 것 같다. '좌(髽)'라는 것은 머리를 감싸는 '리(纚)'를 제거하고, 상투[髻]를 드러내는 방식이다. 소렴(小斂)을 한 이후에 오복(五服) 관계에 속한 부인들은 모두 좌(髽)의 머리모양을 하게 되고, 상복(喪服)을 모두 갖춰 입은 이후라면, 오직 자최복(齊衰服)과 참최복(斬衰服)을 입어야 하는 부인들만 이러한 머리모양을 하게 된다. 당시 노(魯)나라에서는 집집마다 상(喪)이 발생하였기 때문에, 부인들이 좌(髽)의 머리모양을 하고, 서로 조문을 했던 것인데, 그 이후에는 마침내 이러한 방식을 조문하는 예법의 일상적인 규범으로 여기게 된 것이니, 아마도 비록 상(喪)을 치르는 일이 없는 자라 할지라도, 또한 이처럼 했던 것 같다. 이 문장은 두 나라에서 변례(變禮)가 발생하게 된 이유에 대해서 기록한 것이다.

集解 鄭氏曰: 婦人弔服, 大夫之妻錫衰, 士之妻其疑衰與. 皆吉笄無首素總. <疏云, 吉笄無首素總, 大戴禮文.> 愚謂: 喪服傳曰, "大夫弔於命婦錫衰, 命婦弔於大夫亦錫衰." 是大夫命婦自相弔, 服錫衰, 其弔於士, 亦疑衰耳.

번역 정현(鄭玄)은 부인들이 조문할 때 입는 복장의 경우, 대부(大夫)의 아내는 석최(錫衰)를 착용하고, 사(士)의 아내는 의최(疑衰)를 착용했을 것이라고 했다. <공영달(孔穎達)의 소(疏)에서는 길사(吉事) 때 꼽는 비녀에는 흰색의 천으로 머리를 싸매는 일이 없게 된다는 말은 『대대례기(大戴禮記)』에 기록된 문장이라고 했다.> 내가 생각하기에, 『의례』「상복(喪服)」편의 전문(傳文)에서는 "대부가 명부(命婦)에게 조문을 할 때에는 석최(錫衰)를 착용하고, 명부가 대부에게 조문을 할 때에도 또한 석최(錫衰)를 착용한다."라고 했으니, 이 말은 대부와 명부가 제 스스로 서로에게 조문을 할 때에는 석최(錫衰)를 착용한다는 뜻이므로, 그들이 사 계급에게 조문을 하는 경우에는 또한 의최(疑衰)를 착용했을 따름이다.

• 제 18 절 •

상(喪)을 치를 때 부인들의 머리모양

【77a】

南宮縚之妻之姑之喪, 夫子誨之髽, 曰: "爾毋從從爾! 爾毋扈扈爾! 蓋榛以爲笄, 長尺而總八寸."

직역 南宮縚의 妻의 姑의 喪에, 夫子가 髽에 대해 誨하며, 曰, "爾는 從從을 毋할 따름이다! 爾는 扈扈를 毋할 따름이다! 蓋히 榛로 笄를 爲하니, 長은 尺하고 總은 八寸이다."

의역 남궁도(南宮縚)의 아내는 공자(孔子)의 조카가 되는데, 그녀의 시어머니가 죽자, 공자는 그녀에게 좌(髽)를 트는 방법에 대해서 가르쳐주며, "너는 좌(髽)를 틀 때, 너무 높게 틀지 말고, 너무 넓게 틀지도 말아야 한다! 무릇 기년복(期年服)을 착용할 때에는 개암나무로 만든 비녀를 꽂게 되니, 그 길이는 1척(尺)으로 만들고, 머리를 묶고 난 뒤, 남은 머리를 늘어트릴 때에는 그 길이가 8촌(寸)이 되어야 한다."라고 했다.

集說 縚妻, 夫子兄女也. 姑死, 夫子敎之爲髽. 從從, 高也. 扈扈, 廣也. 言爾髽不可太高, 不可太廣, 又敎以笄總之法. 笄卽簪也. 吉笄尺二寸, 喪笄一尺. 斬衰之笄用箭竹, 竹之小者也. 婦爲舅姑皆齊衰不杖, 期當用榛木爲笄也. 束髮謂之總, 以布爲之, 旣束其本末而總之, 餘者垂於髻後, 其長八寸也.

번역 '도처(縚妻)'는 공자(孔子) 형의 딸을 뜻한다. 그녀의 시어머니가 죽자, 공자는 그녀에게 교육을 하여, 좌(髽)의 머리모양을 하도록 했던 것이다. '종종(從從)'은 높다는 뜻이다. '호호(扈扈)'는 넓다는 뜻이다. 즉 이 말은 너의 좌(髽)하는 머리모양을 너무 높게 해서는 안 되고, 너무 넓게 해서도 안 된다고 말한 것이며, 또한 비녀를 꼽고 머리를 묶는 법도를 가르친 것이다. '계(笄)'는 비녀[簪]를 뜻한다. 길(吉)한 때 꼽게 되는 비녀는 그 길이가 1척(尺) 2촌(寸)이고, 상(喪)을 당했을 때 꼽는 비녀는 그 길이가 1척(尺)이다. 참최복(斬衰服)에 꼽게 되는 비녀는 전죽(箭竹)을 사용해서 만드니, '전죽(箭竹)'이라는 것은 대나무 중에서도 그 크기가 작은 것을 뜻한다. 부인은 시부모를 위해서 모두 자최복(齊衰服)을 착용하며 지팡이는 잡지 않으니, 기년상(期年喪)을 치를 때에는 마땅히 개암나무[榛]를 이용해서 비녀를 만들어야 한다. 머리카락을 묶는 것을 '총(總)'이라고 부르고, 포(布)를 이용해서 만드는데, 이러한 도구와 방식을 통해서, 이미 머리카락의 처음과 끝을 묶어서 감싸게 되며, 묶을 수 없는 나머지 머리카락들은 상투를 튼 곳 뒤로 내려트리게 되니, 그 길이는 8촌(寸)이 된다.

鄭注 南宮縚, 孟僖子之子南宮閱[1]也, 字子容, 其妻孔子兄女. 誨, 敎. 爾, 女也. 從從, 謂大高. 扈扈, 謂大廣. 爾, 語助. 總, 束髮垂爲飾, 齊衰之總八寸.

번역 '남궁도(南宮縚)'는 맹희자(孟僖子)의 아들인 남궁열(南宮閱)이며, 자(字)는 자용(子容)이고, 그의 아내는 공자(孔子) 형의 딸이다. '회(誨)'자는 "가르친다[敎]."는 뜻이다. '이(爾)'자는 너[女]라는 뜻이다. '종종(從從)'

1) '열(閱)'자에 대하여. 『십삼경주소(十三經注疏)』 북경대 출판본에서는 "『민본(閩本)』·『감본(監本)』·『모본(毛本)』·『악본(岳本)』·『가정본(嘉靖本)』에서는 동일하게 기록하고 있다. 『경전석문(經典釋文)』에서는 '열(閱)'자의 음은 '悅(열)'이라고 하였다. 『고문(考文)』에서는 『고본(古本)』에서 '열(閱)'자를 '활(闊)'자로 기록하고 있다고 했다. 완원(阮元)의 『교감기(校勘記)』에서는 '살펴보니, 활(闊)자로 기록하는 것은 잘못된 기록이다. 남궁열(南宮閱)은 곧 아래문장의 남궁경숙반(南宮敬叔反)에 대한 정현의 주에 나오는 중손열(仲孫閱)에 해당하니, 모두 열(閱)자로 기록하고 있고, 아래문장과 정현의 주에서도 활(闊)자로 기록하지 않았다. 따라서 이곳 문장에 대한 정현의 주에 활(闊)자로 기록된 것은 글자가 번져서 이처럼 보인 것이다.'" 라고 했다.

은 너무 높다는 뜻이다. '호호(扈扈)'는 너무 넓다는 뜻이다. 구문 끝에 있는 '이(爾)'자는 어조사이다. '총(總)'은 머리카락을 묶고 난 뒤 남은 머리카락을 늘어트리는 치장 방법이며, 자최복(齊衰服)을 착용할 때의 총(總)은 8촌(寸)으로 한다.

그림 18-1 노(魯)나라 남궁열(南宮閱)의 가계도(家系圖)

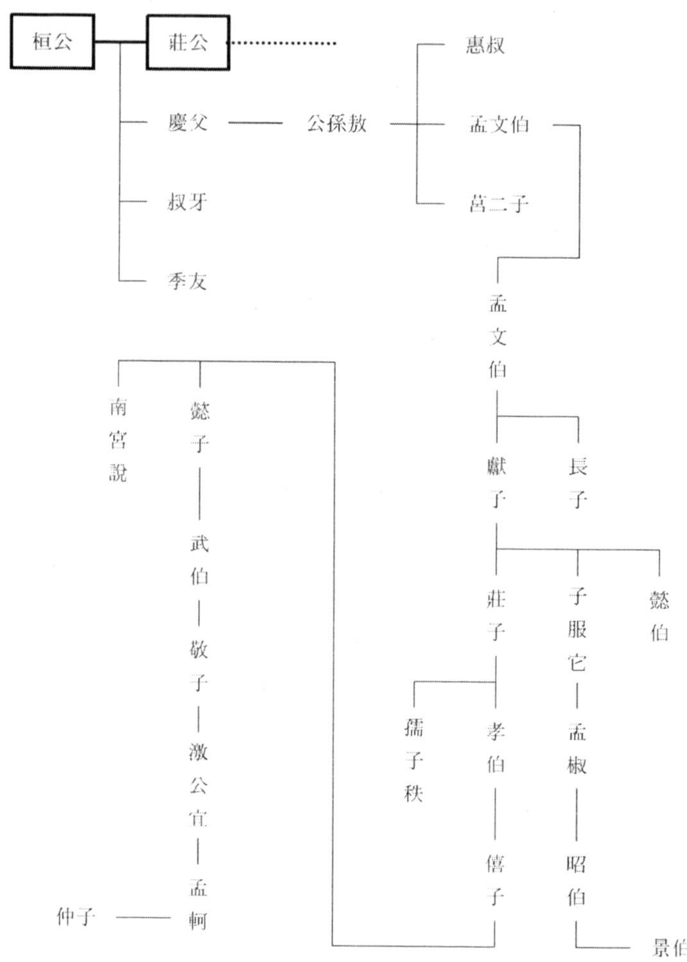

▸**출처:** 『역사(繹史)』 1권 「역사세계도(繹史世系圖)」

釋文 縚, 吐刀反. 閱音悅. 毋音無, 後同. 從音總, 高也, 一音崇, 又仕江反. 扈音戶, 廣也, 大也. 女音汝. 大音泰, 一音敕佐反, 下"大廣已"·"猶大夫重"同. 榛, 側巾反, 木名, 又士鄰反. 長, 直亮反, 凡度長短曰長, 皆同此音.

번역 '縚'자는 '吐(토)'자와 '刀(도)'자의 반절음이다. '閱'자의 음은 '悅(열)'이다. '毋'자의 음은 '無(무)'이며, 아래문장에 나오는 글자도 그 음이 이와 같다. '從'자의 음은 '總(총)'이며, 높다는 뜻이고, 다른 음은 '崇(숭)'도 되며, 또한 '仕(사)'자와 '江(강)'자의 반절음도 된다. '扈'자의 음은 '戶(호)'이며, 넓다는 뜻이고, 또 크다는 뜻도 된다. '女'자의 음은 '汝(여)'이다. '大'자의 음은 '泰(태)'이고, 다른 음은 '敕(칙)'자와 '佐(좌)'자의 반절음이 되는데, 아래문장에 나오는 '大廣已'·'猶大夫重'에서의 '大'자도 그 음이 이와 같다. '榛'자는 '側(측)'자와 '巾(건)'자의 반절음이며, 나무의 이름으로, 또한 그 음은 '士(사)'자와 '鄰(린)'자의 반절음도 된다. '長'자는 '直(직)'자와 '亮(량)'자의 반절음이고, 무릇 길이를 잴 때에는 길이를 '長'이라고 부르니, 이러한 경우에 사용되는 '長'자는 모두 그 음이 이와 같다.

孔疏 ●"南宮"至"八寸". ○正義曰: 此一節論婦人爲舅姑服髽與笄總之法.

번역 ●經文: "南宮"~"八寸". ○이곳 문단은 부인이 시부모를 위해 상복(喪服)을 입을 때 좌(髽)를 하고, 비녀를 꼽으며, 총(總)을 하는 예법에 대해서 논의를 하고 있다.

孔疏 ●"南宮縚之妻之姑之喪"者, 之, 並是語辭也. 南宮縚妻姑喪, 謂夫之母也. 以是夫子兄之女, 故夫子誨之作髽法.

번역 ●經文: "南宮縚之妻之姑之喪". ○'지(之)'자는 모두 어조사이다. 남궁도(南宮縚)의 처에게 시어미의 상(喪)이 있다고 했는데, 시어미는 곧 남편의 모친을 뜻한다. 그녀는 공자(孔子) 형의 딸이 되기 때문에, 공자가 그녀에게 좌(髽)를 트는 예법에 대해서 가르쳐준 것이다.

孔疏 ●"曰, 爾毋從從爾, 爾毋扈扈爾"者, 上"爾"爲女, 下"爾"語辭[2]), 言期之髽稍輕, 自有常法. 女造髽時, 無得從從而大高, 又無得扈扈而大廣. 旣教以作髽, 又教以笄總之法, 其笄用木無定, 故教之云, 蓋用榛木爲笄, 其長尺, 而束髮垂餘之總垂八寸.

번역 ●經文: "曰, 爾毋從從爾, 爾毋扈扈爾". ○앞의 '이(爾)'자는 너[女]라는 뜻이고, 뒤의 '이(爾)'자는 어조사이니, 즉 이 말은 기년복(期年服)을 착용할 때의 좌(髽)하는 방법은 그 수위가 조금 낮아지게 되지만, 그 자체로도 일정한 법도가 있다는 뜻이다. 네가 좌(髽)의 머리 방식을 틀 때, 너무 높게 해서도 안 되며, 또한 너무 넓게 해서도 안 된다는 의미이다. 이미 그녀에게 좌(髽)에 대해서 가르쳐주었기 때문에, 또한 비녀를 꼽으며 총(總)을 하는 예법에 대해서도 가르쳐준 것이니, 비녀를 만들 때 사용되는 나무에는 일정하게 정해진 규정이 없기 때문에, 가르쳐주면서 다음과 같이 말한 것이다. 무릇 개암나무를 이용해서 비녀를 만들게 되면, 그 길이는 1척(尺)으로 하고, 머리카락을 묶고서 나머지 머리를 늘어트리는 총(總)은 8촌(寸)의 길이로 늘어트린다.

孔疏 ◎注"南宮"至"兄女". ○正義曰: 知"孟僖子之子南宮閱"者, 按左氏昭七年傳云, 孟僖子將卒, 召其大夫云: "屬說與何忌於夫子, 以事仲尼." 以南宮爲氏, 故世本云"仲孫玃生南宮縚", 是也. 云"字子容, 其妻孔子兄女"者, 論語云"以其兄之子妻之", 是也.

번역 ◎鄭注: "南宮"~"兄女". ○정현이 "맹희자(孟僖子)의 아들인 남궁열(南宮閱)이다."라고 했는데, 이 말이 사실임을 알 수 있는 이유는 『좌전』을 살펴보면, 소공(昭公) 7년에 대한 『좌전』의 기록에서, 맹희자(孟僖子)가 죽게 되었을 때, 그는 대부(大夫)들을 불러서, "내가 열(說)과 하기(何忌)를

2) '사(辭)'자에 대하여. '사'자는 본래 중복으로 기록되어 있었는데, 완원(阮元)의 『교감기(校勘記)』에서는 "살펴보니, 이곳의 '사'자는 잘못하여 중복된 것이다."라고 했다.

공자에게 맡겨서, 공자를 섬기게 할 것이다."[3]라고 했으니, '남궁(南宮)'을 씨(氏)로 삼은 것이다. 그렇기 때문에 『세본』에서 "중손확(仲孫玃)은 남궁도(南宮縚)를 낳았다."라고 한 말이 이러한 사실을 나타낸다. 정현이 "자(字)는 자용(子容)이고, 그의 아내는 공자(孔子) 형의 딸이다."라고 하였는데, 『논어』에서 "그 형의 자식으로 시집을 보냈다."[4]라고 한 말이 바로 이러한 사실을 나타낸다.

孔疏 ◎注"從從"至"大廣". ○正義曰: "從從", 是高之貌狀, 故楚辭・招隱云: "山氣巃嵸兮石嵯峨." 則"巃嵸", 是高也. 扈扈猶廣也, 爾雅・釋山云: "卑而大扈." 郭云: "扈是廣貌也." 此云無得高廣者, 謂無得如斬衰高廣也.

번역 ◎鄭注: "從從"~"大廣". ○'종종(從從)'은 높이 솟아 있는 모양을 뜻한다. 그렇기 때문에 『초사(楚辭)』「초은사(招隱士)」편에서는 "산의 기운이 높고, 그 돌이 높고 험하다."라고 했는데, '롱종(巃嵸)'이라는 말은 곧 높다는 뜻이 된다. '호호(扈扈)'은 넓다는 뜻이다. 『이아』「석산(釋山)」편에서는 "낮고도 대호(大扈)하다."라고 하였는데, 이에 대한 곽박[5]의 주에서는 "'호(扈)'자는 넓은 모양을 뜻한다."라고 했다. 이곳 문장에서 높게도 할 수 없고 넓게도 할 수 없다고 한 말은 참최복(斬衰服)을 입을 때의 방식처럼 높거나 넓게 할 수 없다는 뜻이다.

孔疏 ◎注"總束"至"八寸". ○正義曰: 按喪服傳云"總六升, 長六寸", 謂斬衰也. 故此齊衰長八寸也, 以二寸爲差也. 以下亦當然, 無文以言之. 喪服箭笄

---

3) 『춘추좌씨전』「소공(昭公) 7년」: 九月, 公至自楚. 孟僖子病不能相禮, 乃講學之, 苟能禮者從之. 及其將死也, 召其大夫, 曰, "禮, 人之幹也. 無禮, 無以立. …… 今其將在孔丘乎! 我若獲沒, 必屬說與何忌於夫子, 使事之, 而學禮焉, 以定其位."

4) 『논어』「공야장(公冶長)」: 子謂南容, "邦有道, 不廢, 邦無道, 免於刑戮." 以其兄之子妻之.

5) 곽박(郭璞, A.D.276 ~ A.D.324) : =곽경순(郭景純). 진(晉)나라 때의 학자이다. 자(字)는 경순(景純)이다. 저서로는 『이아주(爾雅注)』, 『방언주(方言注)』, 『산해경주(山海經注)』 등이 있다.

長一尺, 吉笄長尺二寸, 榛笄長尺, 斬衰·齊衰笄同二[6]尺, 降於吉笄二寸也. 但惡笄或用櫛, 或用榛, 故喪服有櫛笄, 故夫子稱"蓋"以疑之.

번역 ◎鄭注: "總束"~"八寸". ○『의례』「상복(喪服)」편의 전문(傳文)을 살펴보면, "총(總)은 6승(升)[7]으로 하고, 길이는 6촌(寸)으로 한다."[8]라고 했는데, 이러한 규정은 참최복(斬衰服)에 대한 규정이다. 그렇기 때문에 여기에서 말한 자최복(齊衰服)의 경우에는 그 길이를 8촌(寸)으로 하여, 2촌(寸)의 차등을 둔 것이다. 그 이하의 상복에서도 또한 이처럼 하는데, 그 내용에 대해서 언급할 수 있는 기록이 남아 있지 않다. 『의례』「상복」편에서는 작은 대나무로 만든 비녀는 그 길이가 1척(尺)이고, 길(吉)한 때 꼽게 되는 비녀는 그 길이가 1척(尺) 2촌(寸)이라고 했으니, 개암나무로 만든 비녀의 길이는 1척(尺)이고, 참최복(斬衰服)과 자최복에 착용하는 비녀는 동일하게 1척(尺)으로 만드니, 길(吉)한 때 꼽게 되는 비녀보다도 2촌(寸) 만큼 줄이는 것이다. 다만 상복에 착용하는 비녀의 경우 어떤 경우에는 '빗을 만드는 나무[櫛]'를 이용해서 만들기도 하고, 또 어떤 경우에는 개암나무[榛]를 이용해서 만들기도 한다. 그렇기 때문에 『의례』「상복」편에서는 '즐계(櫛笄)'라는 말이 있는 것이고,[9] 공자도 '개(蓋)'자를 언급하여, 추측을 했던 것이다.

訓纂 說文: 旡, 首笄也. 簪, 俗.

번역 『설문해자』에서 말하길, '기(旡)'는 머리에 꼽는 비녀이다. '잠(簪)'이라는 것은 세속에서 사용하는 것이다.

---

6) '이(二)'자에 대하여. '이'자는 아마도 '일(一)'자의 오자에 해당하는 것 같다.

7) 승(升)은 옷감과 관련된 단위이다. 고대에는 포(布) 80가닥[縷]을 1승(升)으로 여겼다. 『의례』「상복(喪服)」편에서는 "冠六升, 外畢."이라는 기록이 있는데, 이에 대한 정현의 주에서는 "布八十縷爲升."이라고 풀이했다.

8) 『의례』「상복(喪服)」: 傳曰, <u>總六升, 長六寸</u>. 箭笄長尺, 吉笄尺二寸.

9) 『의례』「상복(喪服)」: 惡笄者, <u>櫛笄</u>也. 折笄首者, 折吉笄之首也. 吉笄者, 象笄也.

訓纂 從, 音總, 劉昌宗讀徂聰切.

번역 '종(從)'자의 음은 '총(總)'인데, 유창종[10]은 '徂(조)'자와 '聰(총)'자의 반절음이 된다고 했다.

集解 賈氏公彦曰: "斬衰總六寸." 南宮縚之妻, 爲姑總八寸, 以下雖無文, 大功當與齊衰同八寸, 小功緦麻同一尺, 吉總當尺二寸. "斬衰箭笄長尺." 南宮縚之妻, 爲姑榛笄亦一尺, 則大功以下不容更差降, 故五服略爲一節, 皆一尺而已.

번역 가공언[11]이 말하길, "참최복(斬衰服)에는 총(總)을 6촌(寸)으로 한다."라고 했다. 남궁도(南宮縚)의 부인은 시어미를 위해 총(總)을 8촌(寸)으로 했고, 그 아래 수위에 대해서는 비록 관련 기록이 없지만, 대공복(大功服)을 착용할 때에는 마땅히 자최복(齊衰服)을 착용할 때와 동일하게 하여, 총(總)을 8촌(寸)으로 했을 것이며, 소공복(小功服)과 시마복(緦麻服)에서는 모두 1척(尺)으로 했을 것이다. 그리고 길(吉)한 때의 총(總)은 마땅히 그 길이가 1척(尺) 2촌(寸)이 되었을 것이다. "참최복을 착용할 때 가는 대나무로 만든 비녀는 그 길이를 1척(尺)으로 한다."라고 했다. 남궁도의 부인은 시어미를 위해서 개암나무로 만든 비녀의 길이를 또한 1척(尺)으로 했다고 했으니, 대공복으로부터 그 이하의 상복(喪服)에서는 다시금 차등을 두지 않았다. 그렇기 때문에 오복(五服)에서는 대략적으로 동일한 규정을 따랐던 것이니, 모든 상복에 있어서 비녀의 길이는 1척(尺)이 될 따름이다.

集解 愚謂: 世本"仲孫貜生南宮縚", 故鄭註以此南宮縚卽孟僖子之子仲孫閱. 然孔子生於襄公二十二年, 孔子之兄, 孔子未生時已卒, 則其女必稍長

10) 유창종(劉昌宗, ? ~ ?) : 자세한 이력은 남아 있지 않다. 동진(東晋) 때의 학자이다. 삼례(三禮)에 대한 주를 달아서 이름을 떨쳤다.

11) 가공언(賈公彦, ? ~ ?) : 당(唐)나라 때의 유학자이다. 정현(鄭玄)을 존숭하였다. 예학(禮學)에 조예가 깊었다. 『주례소(周禮疏)』, 『의례소(儀禮疏)』 등의 저서를 남겼으며, 이 저서들은 『십삼경주소(十三經注疏)』에 포함되었다.

於孔子. 而仲孫閱生於昭公十一年, 至其可昏之年, 孔子兄女蓋年逾四十矣, 必無相爲夫婦之理. 閱與其兄何忌同事孔子, 然家語弟子解·史記弟子列傳並無何忌, 不應獨載閱. 是孔子所妻, 家語·史記則諸弟子之列者, 必非閱也.

번역 내가 생각하기에, 『세본』에서는 "중손확(仲孫玃)이 남궁도(南宮縚)를 낳았다."라고 했다. 그렇기 때문에 정현(鄭玄)의 주(注)에서는 이곳 문장에 기록된 '남궁도(南宮縚)'라는 인물을 맹희자(孟僖子)의 아들인 중손열(仲孫閱)로 여긴 것이다. 그런데 공자(孔子)가 태어난 시기는 노(魯)나라 양공(襄公) 22년이 되며, 공자의 형은 공자가 아직 태어나기도 전에 죽었으니, 그의 딸은 반드시 공자보다도 나이가 좀 더 많았을 것이다. 그런데 중손열은 소공(昭公) 11년에 태어났으므로, 그가 장가를 들 나이가 될 때라고 한다면, 공자 형의 딸은 아마도 그 나이가 40세를 넘겼을 것이니, 부부사이에서 지켜야 하는 도리에 대해서, 반드시 도울 필요가 없었을 것이다. 그리고 중손열과 그의 형 하기(何忌)는 모두 공자를 섬겼다고 했지만, 『공자가어(孔子家語)』「칠십이제자해(七十二弟子解)」편과 『사기(史記)』「중니제자열전(仲尼弟子列傳)」편에는 모두 하기라는 인물이 없으니, 중손열에 대해서만 기록하지는 않았을 것이다. 공자가 아내로 들이게 한 것을 『공자가어』 및 『사기』에 기록된 제자들의 예에 비춰보면, 이 자는 결코 중손열이 아니었을 것이다.

• 제 19 절 •

담제(禫祭)에 대한 법도

【77b】

孟獻子禫, 縣而不樂, 比御而不入. 夫子曰: "獻子加於人一等矣."

직역 孟獻子의 禫에, 縣하고 不樂했고, 御에 比이나 不入했다. 夫子가 曰, "獻子는 人보다 加함이 一等이다."

의역 맹헌자(孟獻子)는 부모의 상(喪)을 치르면서, 담(禫)제사를 지냄에, 악기를 걸어두기만 하고 연주를 하지 않았으며, 상(喪)의 기간이 끝나서, 그의 부인이 시중을 드는 때가 되었는데도, 침소로 들어가지 않았다. 공자(孔子)는 이러한 일들을 보고서, "맹헌자는 남보다 한 등급 더 뛰어나구나."라고 칭찬했다.

集說 孟獻子, 魯大夫仲孫蔑也. 禫, 祭名. 禫者, 澹澹然平安之意. 大祥後間一月而禫, 故云中月而禫. 或云祥月之中者非. 小記云, "中一以上而祔", 亦謂間一世也. 禮, 大夫判縣, 縣而不樂者, 但縣之而不作也. 比御而不入者, 雖比次婦人之當御者, 而猶不復寢也. 一說, 比, 及也. 親喪外除, 故夫子美之.

번역 '맹헌자(孟獻子)'는 노(魯)나라 대부(大夫) 중손멸(仲孫蔑)이다.[1] '담(禫)'은 제사 명칭이다. '담(禫)'이라는 것은 담담하고 평안하다는 뜻이다. 대상(大祥)을 지낸 이후, 1개월을 건너서 담(禫)제사를 지낸다. 그렇기

---

1) 그림 <그림 18-1> 참조.

때문에 "1개월이 지나고 나서 담제사를 지낸다."[2]라고 한 것이다. 혹자는 대상을 지낸 그 달에 지낸다고 했는데, 이것은 잘못된 주장이다. 『예기』「상복소기(喪服小記)」편에서는 "1이상의 사이를 두고 부(祔)[3]를 한다."[4]라고 하였는데, 이 문장에서의 '중(中)'자 또한 한 세대를 건넌다는 뜻이다. 예법에 따르면, 대부는 판현(判縣)으로 한다고 했는데,[5] '현이불악(縣而不樂)'이라는 말은 단지 악기를 걸어두기만 하고 연주를 하지 않았다는 뜻이다. '비어이불입(比御而不入)'이라는 말은 비록 부인이 마땅히 시중을 들어야 하는 때가 되었는데도, 여전히 평소처럼 침(寢)으로 들어가지 않았다는 뜻이다. 일설에 '비(比)'자는 "~에 이르다[及]."는 뜻으로, 부모의 상(喪)에서는 상(喪)의 기간이 끝나더라도, 슬픔이 지속되었기 때문에, 공자(孔子)가 그를 칭찬했던 것이다.

大全 長樂陳氏曰: 蓋三年之喪則久矣, 故祥月而禫者, 以義斷恩也. 期之喪則近矣, 故間月而禫者, 以恩伸義也. 記曰, 禫而內無哭者, 樂作矣. 又曰: 禫而從御, 吉祭而復寢, 由此觀之, 孟獻子禫縣而不樂, 比御而不入, 則過乎此矣, 故孔子稱之. 今夫先王制禮, 以中爲界, 子夏子張援琴於除喪之際, 孔子皆以爲君子, 伯魚子路過哀於母姊之喪, 孔子皆非之, 然則孟獻子過於禮, 孔子反稱之者, 非以爲得禮也, 特稱其加諸人一等而已.

번역 장락진씨가 말하길, 무릇 삼년 동안 상(喪)을 치른다면, 그 시간이

---

2) 『의례』「사우례(士虞禮)」: 朞而小祥, 曰, "薦此常事." 又朞而大祥, 曰, "薦此祥事." 中月而禫. 是月也吉祭, 猶未配.

3) 부제(祔祭)는 '부(祔)'라고도 한다. 새로이 죽은 자가 있으면, 선조(先祖)에게 '부제'를 올리면서, 신주(神主)를 합사(合祀)하는 것을 말한다. 『주례』「춘관(春官)·대축(大祝)」편에는 "付練祥, 掌國事."라는 기록이 있고, 이에 대한 정현의 주에서는 "付當爲祔. 祭於先王以祔後死者."라고 풀이하였다.

4) 『예기』「상복소기(喪服小記)」【416c】: 士大夫不得祔於諸侯, 祔於諸祖父之爲士大夫者, 其妻祔於諸祖姑, 妾祔於妾祖姑, 亡則中一以上而祔, 祔必以其昭穆.

5) 『주례』「춘관(春官)·소서(小胥)」: 正樂縣之位, 王宮縣, 諸侯軒縣, 卿大夫判縣, 士特縣, 辨其聲.

매우 오래된 것이다. 그렇기 때문에 대상(大祥)을 지낸 달에 담(禫)제사를 지내는 것은 의로움[義]으로써 은혜로움[恩]을 재단하는 것이다.[6] 일 년 동안 상(喪)을 치른다면, 그 기간은 상대적으로 짧은 것이다. 그렇기 때문에 한 달을 건너서 담제사를 지내는 것은 은혜로움으로써 의로움을 거듭 펼치기 위해서이다. 『예기』에서는 "담제사를 지내고 나서는 문으로 들어와서 곡(哭)을 하지 않으니, 음악을 연주하기 때문이다."[7]라고 했다. 또 말하길, "담제사를 지내고 난 뒤 부인을 시중들게 하고, 길제(吉祭)를 지내고 난 뒤 자신의 침소로 다시 든다."[8]라고 했다. 이를 통해 살펴보면, 맹헌자(孟獻子)는 담제를 지내고도 악기를 걸어두기만 하고 연주를 하지 않았으며, 부인에게 시중을 들도록 해도 되는데, 침소로 들어가지 않았으니, 이러한 규정보다 과하게 예법을 따른 것이다. 그렇기 때문에 공자가 그를 칭찬한 것이다. 오늘날 선왕(先王)이 예법을 제정함에, 중간 정도의 규정으로 각 규정의 한계를 정하였는데, 자하(子夏)와 자장(子張)은 상(喪)을 끝냈을 때, 금(琴)을 연주하였는데, 공자(孔子)는 이 둘에 대해서 모두 군자(君子)라고 여겼다.[9] 그리고 백어(伯魚)와 자로(子路)는 모친과 자매의 상(喪)에 대해서 지나치게 슬퍼하였는데, 공자는 이 둘에 대해서 그릇되었다고 하였다.[10] 그렇다면 맹헌자는 예법에 대해서 과도한 면이 있는 것이다. 그런데도 공자는 반대로 그를 칭찬하였다. 그것은 그가 예법에 맞게 했다고 여긴

---

6) 『예기』「상복사제(喪服四制)」【721a】: 門內之治恩揜義, 門外之治義斷恩. 資於事父以事君而敬同, 貴貴尊尊, 義之大者也. 故爲君亦斬衰三年, 以義制者也.

7) 『예기』「상대기(喪大記)」【539a】: 既練, 居堊室, 不與人居. 君謀國政, 大夫士謀家事. 既祥, 黝堊, 祥而外無哭者, 禫而內無哭者, 樂作矣故也.

8) 『예기』「상대기(喪大記)」【539b】: 禫而從御, 吉祭而復寢.

9) 『예기』「단궁상」【88d~89a】: 子夏既除喪而見, 予之琴, 和之而不和, 彈之而不成聲, 作而曰, "哀未忘也, 先王制禮而弗敢過也." 子張既除喪而見, 予之琴, 和之而和, 彈之而成聲, 作而曰, "先王制禮不敢不至焉."

10) 『예기』「단궁상」【78d~79a】: 伯魚之母死, 期而猶哭. 夫子聞之, 曰, "誰與哭者?" 門人曰, "鯉也." 夫子曰, "嘻, 其甚也!" 伯魚聞之, 遂除之. / 『예기』「단궁상」【78b】: 子路有姊之喪, 可以除之矣, 而弗除也. 孔子曰, "何弗除也?" 子路曰, "吾寡兄弟而弗忍也. 孔子曰, "先王制禮. 行道之人皆弗忍也." 子路聞之, 遂除之.

것이 아니며, 단지 그가 일반인들보다 한 등급 위에 있다는 것을 칭찬한 것일 뿐이다.

鄭注 可以御婦人矣, 尙不復寢. 孟獻子, 魯大夫仲孫蔑. 加猶踰也.

번역 부인에게 시중을 들게 할 수 있는데도, 오히려 다시 자신의 침소로 들어가지 않은 것이다. '맹헌자(孟獻子)'는 노(魯)나라 대부(大夫)인 중손멸(仲孫蔑)이다. '가(加)'자는 "뛰어나다[踰]."는 뜻이다.

釋文 禫, 大感反. 比, 必利反, 下"比及"同. 蔑, 迷結反.

번역 '禫'자는 '大(대)'자와 '感(감)'자의 반절음이다. '比'자는 '必(필)'자와 '利(리)'자의 반절음이며, 아래문장에 나오는 '比及'에서의 '比'자도 그 음이 이와 같다. '蔑'자는 '迷(미)'자와 '結(결)'자의 반절음이다.

孔疏 ●"孟獻"至"等矣". ○正義曰: 此一節論獻子除喪作樂, 得禮之宜也. 依禮, 禫祭暫縣省樂而不恒作也. 至二十八月, 乃始作樂. 又依禮, 禫後吉祭, 乃始復寢. 當時人禫祭之後, 則恒作樂, 未至吉祭而復寢. 今孟獻子旣禫, 暫縣省樂而不恒作, 比可以御婦人而不入寢, 雖於禮是常, 而特異餘人, 故夫子善之云: "獻子加於人一等矣." 不謂加於禮一等. 其祥禫之月, 先儒不同, 王肅以二十五月大祥, 其月爲禫, 二十六月作樂. 所以然者, 以下云"祥而縞, 是月禫, 徙月樂", 又與上文魯人朝祥而莫歌, 孔子云: "踰月則其善." 是皆祥之後月作樂也. 又間傳云: "三年之喪, 二十五月而畢." 又士虞禮"中月而禫", 是祥月之中也, 與尙書"文王中身享國" 謂身之中間同. 又文公二年冬, "公子遂如齊納幣", 是僖公之喪, 至此二十六月. 左氏云: "納幣, 禮也." 故王肅以二十五月禫除喪畢, 而鄭康成則二十五月大祥, 二十七月而禫, 二十八月而作樂復平常. 鄭必以爲二十七月禫者, 以雜記云: 父在, 爲母爲妻十三月大祥, 十五月禫. 爲母爲妻尙祥·禫異月, 豈容三年之喪乃祥·禫同月. 若以父在爲母, 屈而不伸,故延禫月, 其爲妻當亦不申祥・禫異月乎? 若以中月而禫, 爲月之中間, 應云月中而禫, 何以言中月乎? 按喪服小記云"妾祔於妾祖姑, 亡則中一以上而祔", 又學記云"中年考校", 皆以中爲間, 謂間隔一年, 故以中月爲間隔一月也. 下云"祥而縞, 是月禫, 徙月樂", 是也. 謂大祥者縞冠, 是月禫, 謂是此禫月而禫. 二者各自爲義, 事不相干. 故論語云: "子於是日哭, 則不歌." 文無所繼, 亦云"是日". 文公二年"公子遂如齊納幣"者, 鄭箴膏肓: "僖公母成風主婚, 得權時之禮, 若公羊猶談其喪娶." 其"魯人朝祥而莫歌", 及喪服四制云"祥之日, 鼓素琴", 及"夫子五日彈琴不成聲, 十日成笙歌", 并此"獻子禫縣"之屬, 皆據省樂忘哀, 非正樂也. 其八音之樂, 工人所奏, 必待二十八月也, 卽此下文"是月禫, 徙月樂", 是也. 其朝祥莫歌非正樂歌, 是樂之細別, 亦得稱樂, 故鄭云: "笑其爲樂速也." 其三年問云: "三年之喪, 二十五月而畢." 據喪事終, 除衰去杖, 其餘哀未盡, 故更延兩月, 非喪之正也. 王肅難鄭云: "若以二十七月禫, 其歲末[11]遭喪, 則出入四年, 喪服小記何以云'再期之喪三年?'" 如王肅此難, 則爲母十五月而禫, 出入三年, 小記何以云"期之喪二年"? 明小記所云, 據喪之大斷也. 又肅以月中而禫. 按曲禮"喪事先遠日", 則大祥當在下旬, 禫祭又在祥後, 何得云"中月而禫"? 又禫後何以容吉祭? 故鄭云二十七月也. 戴德喪服變除禮"二十五月大祥, 二十七月而禫", 故鄭依而用焉. 鄭以二十八月樂作, 喪大記何以云"禫而內無哭者, 樂作矣"? 以禫後許作樂者, 大記所謂禫後方將作樂, 釋其"內無哭者"之意, 非謂卽作樂. 大記又云"禫而從御, 吉祭而復寢", 間傳何以云"大祥居復寢"? 間傳所云者, 去堊室, 復殯宮之寢, 大記云"禫而從御", 謂禫後得御婦人, 必待吉祭, 然後復寢. 其吉祭者, 是禫月值四時而吉祭, 外而爲之, 其祝辭猶不稱以某妃配, 故士虞禮云: "吉祭猶未配."

번역 ●經文: "孟獻"~"等矣". ○이곳 문단은 맹헌자(孟獻子)가 상(喪)을 끝내고 음악을 연주하는 것이 예법의 합당함에 맞는 일임을 논의하고

11) '말(末)'자에 대하여. '말'자는 본래 '미(未)'자로 기록되어 있었는데, 완원(阮元)의 『교감기(校勘記)』에서는 "『감본(監本)』・『모본(毛本)』에는 '말'자로 기록하고 있으니, 이곳 판본에서는 '말'자를 '미'자로 잘못 기록한 것이며, 『민본(閩本)』에도 동일하게 잘못 기록되어 있다."라고 했다.

있다. 예법에 의거해보면, 담(禫)제사 때에는 잠시 악기를 걸어두고서 악기들의 소리 상태를 살펴보게 되지만, 항상 연주를 하는 것은 아니다. 28개월째가 되어서야 곧 처음으로 악기를 연주할 수 있다. 또 예법에 의거해보면, 담제사를 지낸 이후 흉제(凶祭)가 길제(吉祭)로 변하게 되면, 곧 처음으로 자신의 침소로 돌아가게 된다. 그런데 당시 사람들은 담제사를 지낸 이후에 곧 항상 악기를 연주하였고, 아직 길제의 시기가 되지도 않았는데 자신의 침소로 되돌아갔다. 맹헌자는 담제를 끝냈음에도, 잠시 악기를 걸어두고 그 상태를 살피기만 했고, 항상 연주하지는 않았으며, 부인에게 시중을 들도록 해도 되는데, 침소로 들어가지 않았으니, 비록 예법에 대해서 일상적인 규범을 따른 것이지만, 다른 사람들보다 남달랐기 때문에, 공자(孔子)가 그를 칭찬하여, "맹헌자는 다른 사람들보다 한 등급이 뛰어나다."라고 말한 것이니, 이 말은 예법에 대해서 한 등급이 뛰어나다는 뜻이 아니다. 대상(大祥)을 치르는 달과 담제사를 치르는 달에 대해서, 선대 유학자들은 의견이 달랐는데, 왕숙[12]은 25개월째에 대상을 치르고, 그 달에 담제사를 지내며, 26개월째에 음악을 연주한다고 하였다. 이처럼 하게 되는 이유는 아래문장에서 "대상을 지내고서 호관(縞冠)을 착용하고, 그 달에 담제사를 지내며, 한 달을 넘겨서 음악을 연주한다."[13]라고 했고, 또 앞의 문장에서 노(魯)나라 사람들 중에 아침에 대상을 지냈는데, 저녁에 노래를 불렀다고 한 것에 대해서, 공자는 "그 달을 넘겨서 하면, 좋은 것이다."라고 했으니,[14] 이러한 기록들에서는 모두 대상을 지낸 다음 달에 음악을 연주한다고 했기 때문이다. 또 『예기』「간전(間傳)」편에서는 "삼년상에서는 25개월이 지나게 되면,

---

12) 왕숙(王肅, A.D.195 ~ A.D.256) : 위진남북조(魏晉南北朝) 때의 위(魏)나라 경학자이다. 자(字)는 자옹(子雍)이다. 출신지는 동해(東海)이다. 부친 왕랑(王朗)으로부터 금문학(今文學)을 공부했으나, 고문학(古文學)의 고증적인 해석을 따랐다. 『상서(尙書)』, 『시경(詩經)』, 『좌전(左傳)』, 『논어(論語)』 및 삼례(三禮)에 대한 주석을 남겼다.

13) 『예기』「단궁상」【106c】 : 祥而縞, 是月禫, 徙月樂.

14) 『예기』「단궁상」【74c】 : 魯人有朝祥而莫歌者, 子路笑之. 夫子曰: "由! 爾責於人, 終無已夫! 三年之喪, 亦已久矣夫!" 子路出, 夫子曰: "又多乎哉! 踰月則其善也."

끝난다."[15]라고 했고, 또 『의례』「사우례(士虞禮)」편에서는 "중월(中月)에 담제사를 지낸다."[16]라고 했는데, 여기에서 말한 '중월(中月)'은 대상을 지낸 그 달을 뜻하므로, 『상서』에서 "문왕은 제 자신이 천명(天命)을 받아서, 나라를 향유하였다."[17]라고 했는데, 이 문장에 나온 '제 자신[身之中]'이라고 할 때의 '중(中)'자의 뜻과 '중월(中月)'의 '중(中)'자는 같은 뜻이다. 또 문공(文公) 2년 겨울에는 "공자(公子)가 마침내 제(齊)나라로 가서 납폐(納幣)[18]를 하였다."[19]라고 했는데, 이 기록은 희공(僖公)에 대한 상(喪)이 이 시기가 되면 26개월째가 됨을 나타낸다. 『좌전』에서는 "납폐를 하는 것은 예법에 맞는 일이다."[20]라고 했다. 그렇기 때문에 왕숙은 25개월째에 담제사를 지내서 상(喪)을 끝낸다고 한 것인데, 정현의 경우에는 25개월째에 대상을 치르고, 27개월째에 담제사를 지내며, 28개월째가 되어서야 음악을 연주하며 평소처럼 생활하게 된다고 하였다. 정현이 이처럼 27개월째에 담제사를 지낸다고 확신했던 이유는 『예기』「잡기(雜記)」편에서 부친이 생존해 계신다면, 죽은 모친과 처를 위해서는 13개월째에 대상을 치르고, 15개월째에 담제사를 지낸다고 했다.[21] 따라서 모친과 처를 위해서도 오히려 대상과 담제사를 다른 달에 지내는데, 어찌 삼년상을 치르면서, 대상과 담제를 같은 달에 지낼 수가 있겠는가? 만약 부친이 생존해 계신 경우, 돌아

---

15) 이 문장은 『예기』「삼년문(三年問)」편에 나온다. 『예기』「삼년문(三年問)」【669d】: 三年之喪何也? …… 三年之喪, 二十五月而畢, 哀痛未盡, 思慕未忘, 然而服以是斷之者, 豈不送死有已, 復生有節也哉!

16) 『의례』「사우례(士虞禮)」: 朞而小祥, 曰, "薦此常事." 又朞而大祥, 曰, "薦此祥事." 中月而禫. 是月也吉祭, 猶未配.

17) 『서』「주서(周書)·무일(無逸)」: 文王不敢盤于遊田, 以庶邦惟正之供, 文王受命惟中身, 厥享國五十年.

18) 납징(納徵)은 납폐(納幣)라고도 부른다. 혼인과 관련된 육례(六禮) 중 하나이다. 혼인 약속을 증명하기 위해, 여자 집안에 폐백을 보내는 일을 뜻한다.

19) 『춘추』「문공(文公) 2년」: 公子遂如齊納幣.

20) 『춘추좌씨전』「문공(文公) 2년」: 襄仲如齊納幣, 禮也. 凡君卽位, 好舅甥, 修婚姻, 娶元妃以奉粢盛, 孝也. 孝, 禮之始也.

21) 『예기』「잡기하(雜記下)」【513c】: 期之喪十一月而練, 十三月而祥, 十五月而禫. 練則弔.

가신 모신에 대해서는 굽혀서 펼치지 못하는 점이 있게 된다. 그렇기 때문에 담제사를 지내는 달을 끌어오게 된다면, 죽은 처에 대해서도 마땅히 대상과 담제사를 다른 달에 할 수 없단 말인가? 만약 '중월이담(中月而禫)'이라는 말에서의 '중월(中月)'을 '그 달의 중간[月之中間]'이라는 뜻으로 여기게 된다면, 마땅히 '월중이담(月中而禫)'이라고 기록해야 하는데, 어째서 '중월(中月)'이라고 기록했단 말인가? 『예기』「상복소기(喪服小記)」편을 살펴보면, "첩은 조부들의 첩이었던 자들에게 부(祔)제사를 지내고, 조부들의 첩이 없다면, 중일(中一)하여 위로 올려서 부제사를 지낸다."[22]라고 했고, 또 『예기』「학기(學記)」편에서는 "중년(中年)하여 시험을 해본다."[23]라고 했는데, 이때의 '중(中)'자는 '간(間)'자의 뜻으로, 즉 1년을 건너뛴다는 의미이다. 그렇기 때문에 '중월(中月)'은 곧 한 달은 건너뛴다는 뜻으로 여긴 것이다. 아래문장에서 "대상을 지내고서 호관(縞冠)을 착용하고, 그 달에 담제사를 지내며, 한 달을 넘겨서 음악을 연주한다."라고 한 말이 바로 이러한 사실을 나타내니, 즉 '상이호(祥而縞)'라는 말은 대상을 치른 자는 호관을 착용한다는 뜻이며, '시월담(是月禫)'이라는 말은 담제사를 지내는 달이 되어 담제사를 지낸다는 뜻이다. 이 두 가지 사안은 각각 그것 자체로 의미를 가지므로, 그 사안이 서로 간여되지 않는 것이다. 그래서 『논어』에서는 "공자는 그 날에 곡(哭)을 했다면, 노래를 부르지 않았다."라고 하였는데, 문맥에 연결된 것이 없고, 또 '그 날[是日]'이라고만 기록하였다. 문공(文公) 2년에 "공자(公子)가 마침내 제(齊)나라에 가서 납폐를 하였다."라고 한 것에 대해, 정현은 『잠고황(箴膏肓)』에서, "희공(僖公)의 모친 성풍(成風)이 혼사를 주관한 것은 당시의 사정에 따라 권도(權道)를 발휘한 것이 예법에 맞았던 것인데, 『공양전』과 같은 경우 오히려 상(喪) 기간 안에 부인을 들인 일에 대해서 희롱을 하였다.[24]"라고 했다. 그리고 "노나라 사람 중에 아침에

---

22) 『예기』「상복소기(喪服小記)」【416c】: 士大夫不得祔於諸侯, 祔於諸祖父之爲士大夫者, 其妻祔於諸祖姑, 妾祔於妾祖姑, 亡則中一以上而祔, 祔必以其昭穆.

23) 『예기』「학기(學記)」【445b】: 古之教者, 家有塾, 黨有庠, 術有序, 國有學. 比年入學, 中年考校, 一年視離經辨志, 三年視敬業樂群, 五年視博習親師, 七年視論學取友, 謂之小成.

대상을 치르고, 저녁에 노래를 부른 자가 있었다."라는 말과 『예기』「상복사제(喪服四制)」편에서 "대상을 지낸 날에 소금(素琴)을 연주한다."[25]라고 한 말과 "공자께서 대상을 지내고 5일이 지난 뒤에 금(琴)을 탔는데, 소리가 제대로 나지 않았고, 10일이 지난 뒤에 생(笙)을 연주하고 노래를 불렀다."[26]라고 한 말과 이곳에서 "맹헌자가 담제사를 지내고 나서 악기를 걸어두었다."라고 한 말들은 모두 악기들을 살피고, 슬픔을 잊게 되는 것에 기준을 둔 말들이지, 정식으로 음악을 연주한다는 것을 가리키는 말이 아니다. 팔음(八音)[27]을 사용하는 음악은 악공(樂工)들이 연주하는 것이니, 반드시 28개월째까지 가다려야만 한다. 이것은 곧 아래문장에서 "담제사를 지내는 달에 담제사를 지내고, 한 달을 건너서 음악을 연주한다."라고 한 말에 해당한다. 그리고 아침에 대상을 치르고 저녁에 노래를 불렀다고 했을 때의 노래는 정식 음악에 따른 노래를 지칭하는 것이 아니지만, 이것은 음악의 사

---

24) 『춘추공양전』「문공(文公) 2년」: 公子遂如齊納幣, 納幣不書, 此何以書, 譏, 何譏爾, 譏喪娶也, 娶在三年之外, 則何譏乎喪娶. 三年之內不圖婚.

25) 『예기』「상복사제(喪服四制)」【721b】: 三日而食, 三月而沐, 期而練, 毁不滅性, 不以死傷生也. 喪不過三年, 苴衰不補, 墳墓不培. 祥之日鼓素琴, 告民有終也, 以節制者也.

26) 『예기』「단궁상」【77c~d】: 孔子旣祥, 五日彈琴而不成聲, 十日而成笙歌. 有子蓋旣祥而絲屨組纓.

27) 팔음(八音)은 여덟 가지의 악기들을 뜻한다. 여덟 종류의 악기에는 8종류의 서로 다른 재질이 사용되기 때문에, 붙여진 이름이다. 여기에서 여덟 가지 재질이란 통상적으로 쇠[金], 돌[石], 실[絲], 대나무[竹], 박[匏], 흙[土], 가죽[革], 나무[木]를 가리킨다. 『서』「우서(虞書)·순전(舜典)」편에는 "三載, 四海遏密八音."이란 기록이 있는데, 이에 대한 공안국(孔安國)의 전(傳)에서는 "八音, 金石絲竹匏土革木."이라고 풀이하였다. 또한 여덟 가지 재질에 따른 악기에 대해서 설명하자면, 금(金)에는 종(鐘)과 박(鎛)이 있고, 석(石)에는 경(磬)이 있으며, 토(土)에는 훈(塤)이 있고, 혁(革)에는 고(鼓)와 도(鼗)가 있으며, 사(絲)에는 금(琴)과 슬(瑟)이 있고, 목(木)에는 축(柷)과 어(敔)가 있으며, 포(匏)에는 생(笙)이 있고, 죽(竹)에는 관(管과 소(簫)가 있다. 『주례』「춘관(春官)·대사(大師)」편에는 "皆播之以八音, 金石土革絲木匏竹."이라는 기록이 있는데, 이에 대한 정현의 주에서는 "金, 鐘鎛也. 石, 磬也. 土, 塤也. 革, 鼓鼗也. 絲, 琴瑟也. 木, 柷敔也. 匏, 笙也. 竹, 管簫也."라고 풀이하였다.

소하고 작은 부분에 해당하기 때문에, 또한 음악[樂]이라고 지칭할 수 있는 것이다. 그래서 정현은 "음악 연주하는 것을 너무 빨리 한 것에 대해서 비웃은 것이다."라고 주를 단 것이다. 그리고 『예기』「삼년문(三年問)」편에서는 "삼년상을 치를 때에는 25개월이 지나면 끝나게 된다."라고 하였는데, 이것은 상사(喪事)의 일이 끝나는 시기를 기준으로 한 것이니, 이 시기가 되면 상복(喪服)을 벗고 지팡이를 치우게 되지만, 마음에 남아있는 애달픈 감정은 여전히 소진되지 않은 상태이다. 그렇기 때문에 다시금 두 달을 연장한 것이다. 그러나 이 기간은 상사를 치르는 정식 기간이 아니다. 왕숙은 정현의 주장을 비판하며, "만약 27개월째에 담제사를 지내게 되면, 그 해의 끝에 상(喪)을 당한 자는 4년이라는 기간을 보내게 되는데, 『예기』「상복소기(喪服小記)」편에서, 어떻게 '재기(再期)의 상(喪)은 3년이다.'[28]라고 말할 수 있는가?"라고 했다. 만약 왕숙의 비판대로라면, 모친을 위해서는 15개월이 지나게 되면 담제사를 지내게 되어, 3년이라는 기간이 되는데, 「상복소기」편에서 어떻게 "'기(期)'의 상(喪)은 2년이다."라고 말할 수 있는가? 따라서 이 말은 「상복소기」편에서 언급한 내용들이 상사의 일이 대체적으로 끝나는 때에 기준을 두고 있음을 나타낸 것이다. 또 왕숙은 대상을 치른 달에 담제사를 지낸다고 여겼다. 『예기』「곡례」편을 살펴보면, "상사(喪事)에서는 먼 날에 대해서 먼저 점을 친다."[29]라고 했으니, 대상의 경우에는 마땅히 그 달의 하순경에 치르게 되고, 담제사는 또한 대상 뒤에 놓이게 되는데, 어떻게 "그 달에 담제사를 지낸다."라고 말할 수 있겠는가? 또 담제사를 지낸 이후에 어떻게 길제(吉祭)로 대체할 수 있는가? 그렇기 때문에 정현은 27개월째라고 말한 것이다. 대덕[30]의 『상복변제례(喪服變除禮)』에

---

28) 『예기』「상복소기(喪服小記)」【412a~b】: 再期之喪, 三年也. 期之喪, 二年也. 九月七月之喪, 三時也. 五月之喪, 二時也. 三月之喪, 一時也. 故期而祭, 禮也. 期而除喪, 道也. 祭不爲除喪也.

29) 『예기』「곡례상(曲禮上)」【42a】: 凡卜筮日, 旬之外曰遠某日, 旬之內曰近某日. 喪事先遠日, 吉事先近日.

30) 대덕(戴德, ? ~ ?) : 전한(前漢) 때의 학자이다. 자(字)는 연군(延君)이다. 금문예학(今文禮學)인 대대학(大戴學)의 창시자로 일컬어진다. 조카 대성(戴聖), 경보(慶普) 등과 후창(后蒼)에게서 수학하여, 예(禮)를 익혔다. 선제

서는 "25개월째에 대상을 치르고, 27개월째에 담제사를 지낸다."라고 했다. 그러므로 정현 또한 이러한 기록들에 의거해서, 이 주장에 따랐던 것이다. 정현은 28개월째에 음악을 연주한다고 했는데, 『예기』「상대기(喪大記)」편에서는 어떻게 "담제사를 지내게 되면 문으로 들어와서는 곡(哭)을 하지 않으니, 음악을 연주하기 때문이다."[31]라고 말할 수 있는가? 담제사를 지낸 이후에는 음악 연주를 허용하는 것인데, 「상대기」편에서 말한 내용은 담제사를 지낸 이후에는 장차 음악을 연주하게 된다는 것으로, 이 말은 "문으로 들어와서는 곡을 하지 않는다."는 뜻을 풀이한 것이지, 곧바로 음악을 연주한다는 뜻이 아니다. 또 「상대기」편에서는 "담제사를 지내고서 부인을 시중들게 하고, 길제(吉祭)를 지내고서는 자신의 침소로 다시 든다."[32]라고 하였는데, 『예기』「간전(間傳)」편에서는 어떻게 "대상을 치르고 나면 다시 침(寢)으로 되돌아가서 머문다."[33]라고 말할 수 있는가? 「간전」편에서 말한 내용은 악실(堊室)[34]을 떠나서, 빈궁(殯宮)에 마련된 침(寢)으로 되돌아간다는 뜻이니, 「상대기」편에서 "담제사를 치르고서 부인을 시중들게 한다."는 말은 담제사를 치른 뒤에는 부인으로 하여금 시중을 들게 할 수 있으며, 반드시 길제(吉祭)로 넘어갈 때까지 기다린 뒤에야, 자신의 침소로 되돌아갈 수 있다는 뜻이다. 그리고 '길제(吉祭)'라는 것은 담제사를 지내는 달이 사계절마다 정규적으로 제사를 지내는 때에 놓이게 되어, 길제의 방식으로 제사를 지내게 되었다는 것으로, 그 이외에 이 제사를 지내게 되면, 축사(祝辭)에서는 여전히 "아무개의 비(妃)를 배향합니다."라고 말하지 않

(宣帝) 때에는 박사(博士)에 임명되기도 하였다. 그의 학문은 서량(徐良)과 유경(斿卿) 등에게 전수되었다. 『대대례기(大戴禮記)』를 편찬하였지만, 『소대례기(小戴禮記)』에 비해 성행되지 못하였으며, 현재는 많은 부분이 없어지고, 단지 삼십여 편만이 남아 있다.

31) 『예기』「상대기(喪大記)」【539a】: 旣練, 居堊室, 不與人居. 君謀國政, 大夫士謀家事. 旣祥, 黝堊, 祥而外無哭者, 禫而內無哭者, 樂作矣故也.

32) 『예기』「상대기(喪大記)」【539b】: 禫而從御, 吉祭而復寢.

33) 『예기』「간전(間傳)」【666c】: 父母之喪, 旣虞卒哭, 柱楣翦屛, 芐翦不納. 期而小祥居堊室, 寢有席. 又期而大祥居復寢. 中月而禫, 禫而牀.

34) 악실(堊室)은 상중(喪中)에 임시로 거처하던 가옥으로, 네 벽면에 흰색의 회칠을 하였다.

게 된다. 그렇기 때문에 『의례』「사우례(士虞禮)」편에서는 "길제를 지내게 되면, 오히려 배향을 하지 않는다."[35]라고 말한 것이다.

孔疏 ◎注"孟獻子, 魯大夫仲孫蔑". ○正義曰: 知者, 按襄五年經書"仲孫蔑會吳于善道", 傳云: "孟獻子會吳于善道", 是孟獻子爲仲孫蔑也. 仲稱孟者, 是慶父之後. 鄭注論語云: "慶父輈稱死, 時人爲之諱, 故云孟氏." 杜預以爲慶父是莊公長庶兄, 庶長故稱孟.

번역 ◎鄭注: "孟獻子, 魯大夫仲孫蔑". ○정현의 말이 사실임을 알 수 있는 이유는 양공(襄公) 5년에 대한 기록을 살펴보면, 『춘추』 경문에서는 "중손멸(仲孫蔑)이 선도(善道) 땅에서 오(吳)나라와 회합을 가졌다."[36]라고 했고, 이에 대한 전문(傳文)에서는 "맹헌자(孟獻子)가 선도 땅에서 오나라와 회합을 가졌다."[37]라고 했으니, 이 기록은 맹헌자가 중손멸이 된다는 사실을 나타낸다. 그런데 '중(仲)'에 대해서 '맹(孟)'이라고 지칭한 이유는 그 자가 경보(慶父)의 후손이 되기 때문이다. 『논어』에 대한 정현의 주에서는 "경보(慶父) 주(輈)가 살해를 당했기 때문에, 당시 사람들을 그로 인해 피휘를 하게 되어, '맹씨(孟氏)'라고 부르게 되었다."라고 했다. 두예는 경보(慶父)가 장공(莊公)의 서형(庶兄) 중 첫째가 되는데, 서형들 중에서도 첫째이기 때문에, '맹(孟)'이라고 불렀다고 했다.

訓纂 說文: 禫, 除服祭也.

번역 『설문해자』에서 말하길, '담(禫)'은 상복을 벗으며 지내는 제사이다.

---

35) 『의례』「사우례(士虞禮)」: 朞而小祥, 曰, "薦此常事." 又朞而大祥, 曰, "薦此祥事." 中月而禫. 是月也吉祭, 猶未配.

36) 『춘추』「양공(襄公) 5년」: 仲孫蔑, 衛孫林父, 會吳于善道.

37) 『춘추좌씨전』「양공(襄公) 5년」: 晉人將爲之合諸侯, 使魯·衛先會吳, 且告會期. 故孟獻子·孫文子會吳于善道.

集解 愚謂: 祥・禫之月, 鄭・王二說各有據依, 而先儒多是王氏, 朱子亦以爲然. 然魯人朝祥莫歌, 孔子謂"踰月則善", 而孔子旣祥十日而成笙歌, 祥後十日已爲踰月, 則孔氏據喪事先遠日, 謂祥在下旬者, 確不可易, 而祥・禫之不得同月, 亦可見矣. 祥後所以有禫者, 正以大祥雖除衰杖, 而餘哀未忘, 未忍一旦卽吉, 故再延餘服, 以伸其未盡之哀, 以再期爲正服, 而以二月爲餘哀, 此變除之漸而制禮之意也. 若祥・禫吉祭同在一月, 則祥後禫前不過數日, 初無哀之可延, 而一月之間頻行變除, 亦覺其急遽而無節矣. "父在, 爲母爲妻十一月而練, 十三月而祥, 十五月而禫", 祥・禫相去二月, 此正準三年祥・禫相去之月數而制之者, 又何疑於三年之禫哉!

번역 내가 생각하기에, 대상(大祥)과 담(禫)제사를 지내는 달에 대해서, 정현(鄭玄)과 왕숙(王肅)의 두 주장은 각각 의거하는 바가 다른데, 선대 유학자들은 대부분 왕숙의 주장을 옳게 여겼고, 주자 또한 그 주장이 옳다고 하였다. 그러나 노(魯)나라 사람 중에는 아침에 대상을 치르고 저녁에 노래를 부른 자가 있었는데, 공자(孔子)는 그 자에 대해서, "달을 건너서 했다면 옳은 일이다."라고 평가했고, 공자 또한 이미 대상을 치르고도 10일이 지나고서야 생황을 연주하고 노래를 불렀다고 했는데, 대상을 치르고 10일이 지나게 되면 이미 그 달을 넘긴 것이 되니, 공영달(孔穎達)이 상사(喪事)를 치를 때에는 먼 날에 대해서 먼저 점을 친다는 것에 근거해서, 대상을 치르는 시기는 그 달의 하순경에 놓인다고 했는데, 이것은 변함없는 사실이므로, 대상과 담제사를 지내는 것을 같은 달에 할 수 없다는 사실 또한 확인할 수 있다. 그리고 대상을 지낸 이후에 담제사가 있게 되는 이유는 대상을 치르면서 비록 상복을 벗고 지팡이를 제거하게 되지만, 마음에 남아 있는 애달픈 감정을 아직까지는 잊을 수가 없으므로, 하루아침에 곧바로 길(吉)한 시기로 접어드는 것을 차마 할 수 없기 때문이다. 그래서 재차 상(喪)을 치르는 기간을 연장시켜서, 미진했던 슬픈 감정을 펼친 것이니, 만 2년의 기간을 정식 복상(服喪) 기간으로 여긴 것이고, 또 그 뒤의 2개월을 슬픔을 소진하는 때로 여긴 것이니, 이것이 바로 바꾸고 제거하는 것을 점진적으로 하여, 예법을 제정했던 뜻에 해당한다. 만약 대상과 길제(吉祭)를 치르는 것이 모두 같은 달에 놓이게 된다면, 대상을 치른 이후와 담제를 치르기 이전의 기간적 차이는 수일에 지나지 않으므로, 애초부터 슬픔을 연장시킬 것이 없게 되고, 한 달 사이에 빈번한 의식을 시행하며 상(喪)을 끝내게 되니, 또한 너무 급작스럽다고 깨닫게 되더라도, 조절할 기재가 없게 된다. "부친이 생존해 계신다면, 돌아가신 모친과 처를 위해서는 11개월째에 소상(小祥)을 치르고, 13개월째에 대상을 치르며, 15개월째에 담제사를 지낸다."라고 했으니, 대상과 담제사는 2개월의 차이를 두게 된다. 이러한 규정들은 삼년상에서 대상을 치르고 담제사를 치르는 기간적 차이에 기준을 두고 제정된 것인데, 어떻게 삼년상을 치를 때의 담제사에 대해서, 대상과 같은 달에 지내는 것이라고 의심할 수 있겠는가!

• 제 20 절 •

대상(大祥)에 대한 법도

【77c~d】

孔子旣祥, 五日彈琴而不成聲, 十日而成笙歌. 有子, 蓋旣祥而絲屨·組纓.

직역 孔子는 旣히 祥하고, 五日하여 琴을 彈하나 聲을 不成했고, 十日하여 笙과 歌를 成했다. 有子는, 蓋히 旣히 祥하고 絲屨와 組纓했다.

의역 공자(孔子)는 대상(大祥)을 끝내고, 5일이 지난 후에 금(琴)을 연주했지만, 소리가 제대로 나지 않았고, 10일이 지난 후에 생황을 연주하고 노래를 불렀는데, 그제야 조화를 이루었다. 유약(有若)의 경우에는 대상을 끝내고나서 곧바로 명주의 코 장식이 있는 신발을 신었고, 오채색의 무늬가 들어간 끈이 달린 관(冠)을 썼다고 했다.

集說 有子, 孔子弟子有若也. 禮, 旣祥, 白屨無絇, 縞冠素紕, 組之文五采. 今方祥, 卽以絲爲屨之飾, 以組爲冠之纓, 服之吉者也. 此二者, 皆譏其變吉之速. 然蓋者, 疑辭, 恐記者亦是得於傳聞, 故疑其辭也. 引孔子之事者, 以見餘哀未忘也.

번역 '유자(有子)'는 공자(孔子)의 제자인 유약(有若)이다. 예법에 따르면, 대상(大祥)을 끝내고 나면, 백색의 신발에 '신코 장식[絇]'이 없는 것으로 신으며, '흰 명주 관[縞冠]'에 '흰색의 가선[素紕]'을 두른다. 그리고 '관의 끈[組]'의 무늬는 오채색으로 만들게 된다. 현재 대상(大祥)을 막 끝낸 상황인데, 곧바로 명주로 신발의 장식을 하고, 조(組)를 관(冠)의 끈으로 삼았으니, 길복(吉服)에 착용하는 것들이다. 이 두 가지 것들을 지적한 것은 모두 길례(吉禮)로 바꾼 것이 매우 빠르다는 점을 기롱하는 것이다. 그런데 '개(蓋)'라는 글자는 의문이 들 때 쓰는 말이니, 아마도 『예기』를 기록한 자 또한 이 내용이 전승되어 온 것이라고 생각했기 때문에, 그 말에 대해서 의문을 표시했던 것이다. 공자의 일화를 인용한 이유는 마음에 남아 있는 애달픈 감정을 아직은 모두 잊을 수 없다는 뜻을 나타내기 위해서이다.

그림 20-1 금(琴)

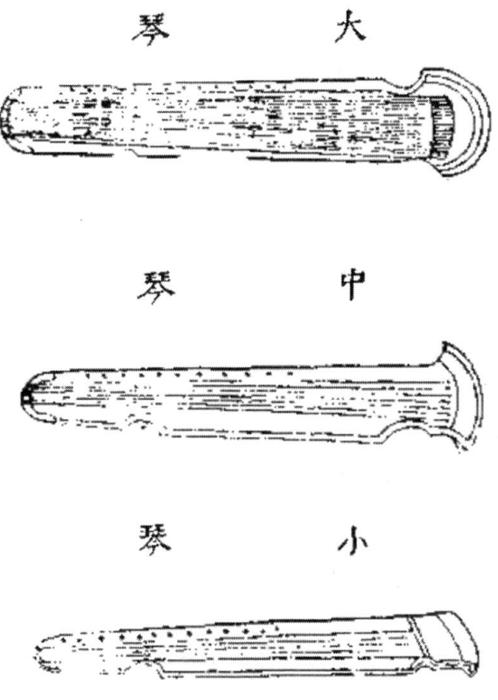

▸ **출처:** 『삼재도회(三才圖會)』「기용(器用)」 3권

그림 20-2 생(笙)

笙

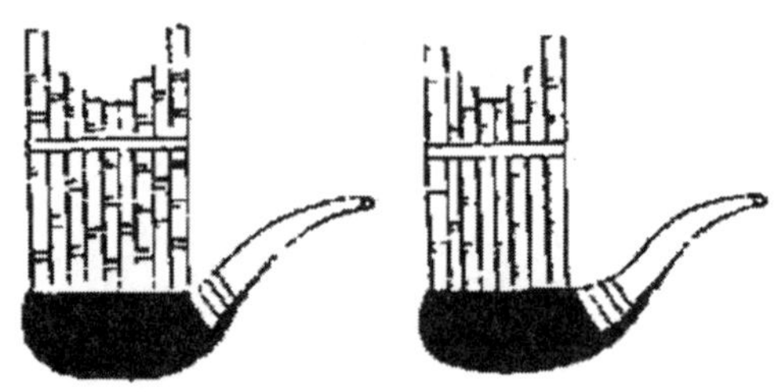

▸ **출처:** 『삼례도집주(三禮圖集注)』 5권

大全 李氏曰: 設而不樂, 比御而不入, 加于人者也. 絲屨組纓, 不及于人者也. 同于人, 可也, 加于人, 則非中道矣. 及人可也, 不及人非禮矣. 孔子篤于仁, 克之以禮, 五日彈琴而不成聲, 仁也, 十日而成笙歌, 禮也. 有過不及然后, 知其中, 故言孟獻子有若, 而言孔子于其中.

번역 이씨[1]가 말하길, 악기를 설치하되 음악을 연주하지 않고, 시중을 들게 해도 되지만 침소로 들어가지 않은 것은 남보다도 더한 것이 된다. 명주로 신코 장식을 한 신발을 신고, 오채색의 무늬로 끈을 만든 관(冠)을 쓴 것은 남보다도 미치지 못한 것이다. 남과 동일하게 하는 것은 괜찮지만, 남보다 더한 것은 중도(中道)에 맞는 것이 아니다. 남에게 미치는 것은 괜찮지만, 남에게 미치지 못한 것은 비례(非禮)이다. 공자(孔子)는 인(仁)에 독실하고, 자신을 극복함에 예(禮)로써 하였으니, 5일이 지난 뒤에 금(琴)을 연주했으나, 소리가 제대로 나지 않은 것은 인(仁)에 해당하는 것이고, 10일이 지난 뒤에 생황을 연주하고 노래를 불렀는데, 그 소리가 조화를 이룬 것은 예(禮)에 해당하는 것이다. 지나치거나 모자람이 있은 뒤에야, 그 중(中)이라는 것을 알 수 있다. 그렇기 때문에 맹헌자(孟獻子)와 유약(有若)에 대한 일화를 언급한 것이고, 공자에 대한 일화를 그 중간에 언급한 것이다.

鄭注 哀未忘. 踰月且異旬也. 祥亦凶事, 用遠日. 五日彈琴, 十日笙歌, 除由外也. 琴以手, 笙歌以氣. 譏其早也. 禮: 既祥, 白屨無絇, 縞冠素紕. 有子, 孔子弟子有若.

번역 금(琴)의 소리가 제대로 나지 않은 이유는 슬픔을 아직 잊을 수가 없기 때문이다. 10일이 지났다는 말은 그 달을 건너뛰고도 또한 10일을 넘겼다는 뜻이다. 대상(大祥) 또한 엄밀히 따지면 흉사(凶事)에 해당하니, 제사를 지낼 때에는 '제사를 지내는 달의 후반부 날[遠日]'을 이용한다. 5일이

---

1) 이씨(李氏, ? ~ ?) : 자세한 이력이 남아 있지 않다.

지난 뒤에 금(琴)을 타고, 10일이 지난 뒤에 생황을 연주하며 노래를 불렀는데, 이처럼 악기 연주가 허용되는 이유는 악기는 외부 형체로부터 연주되기 때문이다. 금(琴)은 자신의 외부 형체인 손으로 타는 것이고, 생황과 노래는 자신의 숨결로 연주를 하거나 노래를 부르게 된다. 유자(有子)의 경우는 너무 빠름에 대해서 기롱한 것이다. 예법에 따르면, 대상을 끝내고 나면, 백색의 신발에 신코 장식이 없는 것을 신고, 흰 명주 관(冠)에 흰색으로 가선을 댄 것을 쓴다. '유자(有子)'는 공자의 제자인 유약(有若)이다.

釋文 彈, 徒丹反. 笙音生. 屨音句. 組音祖. 絇, 其俱反. 縞, 古老反, 又古報反.

번역 '彈'자는 '徒(도)'자와 '丹(단)'자의 반절음이다. '笙'자의 음은 '生(생)'이다. '屨'자의 음은 '句(구)'이다. '組'자의 음은 '祖(조)'이다. '絇'자는 '其(기)'자와 '俱(구)'자의 반절음이다. '縞'자는 '古(고)'자와 '老(로)'자의 반절음이며, 또한 '古(고)'자와 '報(보)'자의 반절음도 된다.

孔疏 ●"孔子"至"笙歌". ○正義曰: 此一節論孔子除喪作樂之限.

번역 ●經文: "孔子"~"笙歌". ○이곳 문단은 공자(孔子)가 상(喪)을 끝내고 음악을 연주한 시점에 대해서 논의하고 있다.

孔疏 ●"十日而成笙歌"者, 上云"彈琴而不成聲", 此云十日而成笙歌之聲音, 曲諧和也.

번역 ●經文: "十日而成笙歌". ○앞 문장에서는 "금(琴)을 탔지만, 제대로 소리를 내지 못했다."라고 하였고, 이곳 문장에서는 10일이 지난 뒤에 생황을 연주하고 노래를 불렀는데, 그 소리가 제대로 나와서, 마디마다 조화를 이루었다고 말한 것이다.

孔疏 ◎注"五日"至"以氣". ○正義曰: 此者解先彈琴, 後笙歌之意. 由彈以手, 手是形之外, 故曰"除由外也". 祥是凶事, 用遠日, 故十日得踰月. 若其卜遠不吉, 則用近日, 雖祥後十日, 亦不成笙歌, 以其未踰月也.

번역 ◎鄭注: "五日"~"以氣". ○이곳 문장에서는 앞서 금(琴)을 탔다고 했고, 이후에 생황을 연주하고 노래를 불렀다는 뜻에 대해서 풀이하고 있다. 금(琴)을 탄다는 것은 손을 통해서 하는데, 손은 형체의 외부에 속해 있다. 그렇기 때문에 "이처럼 악기 연주가 허용되는 이유는 악기는 외부 형체로부터 연주되기 때문이다."라고 말한 것이다. 대상(大祥)은 흉사(凶事)에 해당하므로, 그 달 중에서도 후반부의 날을 이용해서 제사를 지낸다. 그렇기 때문에 10일이 지나게 되면, 그 다음날로 넘어가게 되는 것이다. 만약 후반부의 날에 대해서 점을 친 것이 불길(不吉)하다는 점괘가 나오게 된다면, 전반부의 날을 이용해서 제사를 지내게 되는데, 이러한 경우에는 비록 대상을 치른 뒤 10일이 지난 시점이라고 해도, 또한 생황의 소리를 제대로 낼 수 없고, 노래도 제대로 부를 수 없으니, 아직 대상을 지낸 달을 넘기지 못했기 때문이다.

孔疏 ●"有子"至"組纓". ○正義曰: 此一節明除喪失禮之事. 有子, 孔子弟子有若也. "蓋", 是疑辭, 錄記之人傳聞有子旣祥而絲屨, 未知審否, 意以爲實, 故云蓋旣祥而絲屨, 以組爲纓也.

번역 ●經文: "有子"~"組纓". ○이곳 문단은 상(喪)을 끝낸 뒤, 실례(失禮)를 범한 사안에 대해서 논의하고 있다. '유자(有子)'는 공자(孔子)의 제자인 유약(有若)을 가리킨다. '개(蓋)'자는 의문스러울 때 쓰는 단어로, 『예기』를 기록한 자가 유약이 대상(大祥)을 끝낸 뒤에 명주로 만든 신코 장식이 들어간 신발을 신었다는 얘기를 전해 듣고, 그것을 기록하면서, 그것이 사실인지 아니면 그렇지 않은지를 알 수 없었는데, 의미상 사실인 것으로 여겨졌기 때문에, "아마도 대상을 끝내고 난 뒤 명주로 만든 신코 장식이 들어간 신발을 신었고, 오색으로 무늬를 만든 끈을 관(冠)에 달았던 것 같다.”라고 말한 것이다.

孔疏 ◎注“譏其”至“有若”. ○正義曰: 此絲屨組纓, 禫後之服. 今旣祥而著, 故云“譏其早也”. 云“禮, 旣祥, 白屨無絇”, 戴德喪服變除禮文. 云“縞冠素紕”者, 玉藻文. 素紕當用素爲纓, 未用組, 今用素組爲纓, 故譏之. 按玉藻文云[2]“玄冠綦組纓”, 知此非綦組纓者, 若其綦組爲纓, 則當以玄色爲冠, 若旣祥玄冠, 則失禮之甚, 不應直譏組纓也. 按士冠禮“冬皮屨”, “夏用葛”, 無云“絲屨”者, 此絲屨, 以絲爲飾. 絇, 繶純之屬, 故士冠禮云: 白屨, 緇絇·繶純; 纁屨, 黑絇·繶純. 鄭注屨人云: “絇, 屨頭飾. 繶是縫中紃. 純, 緣也.” 此有子蓋亦白屨, 以素絲爲繶純也.

번역 ◎鄭注: “譏其”~“有若”. ○여기에서 명주로 신코 장식을 한 신발과 오색의 무늬가 들어간 관(冠)의 끈이라고 한 것은 담(禫)제사를 지낸 이후에 착용하는 복장 방식이다. 그런데 현재 상황은 대상(大祥)을 끝낸 이후에 이러한 방식으로 복장을 착용한 것이다. 그렇기 때문에 “너무 빠른 것에 대해서 기롱한 것이다.”라고 말한 것이다. 정현이 “예법에 따르면, 대상을 끝내고 나면, 백색의 신발에 신코 장식이 없는 것을 신는다.”라고 했는데, 이것은 대덕이 지은 『상복변제례(喪服變除禮)』에 나오는 문장이다. 정현이 “흰 명주 관에 흰색으로 가선을 댄 것을 쓴다.”라고 하였는데, 이것은 『예기』「옥조(玉藻)」편에 나오는 문장이다.[3] ‘소비(素紕)’에는 마땅히 흰색의 끈을 사용해서 관(冠)의 끈으로 삼아야 하며, 채색이 들어간 조(組)를 사용해서는 안 되는데, 현재 상황은 흰색으로 되어 있지만, 채색의 무늬가 들어간 조(組)를 사용해서 관(冠)의 끈을 만들었기 때문에, 이 사실을 기롱한 것이다. 「옥조」편의 문장을 살펴보면, “검은색의 관(冠)에 쑥빛으로 된

---

2) ‘문운(文云)’에 대하여. ‘문운’은 본래 ‘운운(云云)’으로 기록되어 있었는데, 완원(阮元)의 『교감기(校勘記)』에서는 “『민본(閩本)』·『감본(監本)』·『모본(毛本)』에는 앞의 ‘운(云)’자를 ‘문(文)’자로 기록하였고, 혜동(惠棟)의 『교송본(校宋本)』에는 ‘운(云)’자가 중복되어 있지 않다.”라고 했다.

3) 『예기』「옥조(玉藻)」【379a】: 縞冠玄武, 子姓之冠也. 縞冠素紕, 旣祥之冠也.

조(組)로 관(冠)의 끈을 댄다."[4]라고 했으니, 이곳에서 말한 것이 쑥빛으로 된 조(組)로 만든 관(冠)의 끈이 아니라는 사실을 알 수 있다. 그런데 만약 쑥빛으로 된 조(組)로 관(冠)의 끈을 만들게 된다면, 마땅히 검은색의 천으로 관(冠)을 만들어야 하고, 만약 대상을 끝내고서 검은색의 관(冠)을 쓰게 된다면, 이것은 매우 심각한 실례(失禮)를 범한 것이 되니, 단지 조(組)로 관(冠)의 끈을 댄 것에 대해서만 기롱해서는 안 된다. 『의례』「사관례(士冠禮)」편을 살펴보면, "겨울에는 가죽으로 된 신발을 신는다."라고 했고, 또 "여름에는 칡을 이용해서 신발을 만든다."라고 했으며,[5] '사구(絲屨)'라는 기록은 없다. 여기에서 말하는 '사구(絲屨)'라는 것은 명주를 이용해서 신발에 치장을 한 것이다. '구(絇)'라는 것은 신발의 끈 등속을 뜻한다. 그렇기 때문에 「사관례」편에서는 백색의 신발에는 검은색의 끈으로 신코 장식을 하고, 생사로 만든 끈을 달며, 분홍색의 신발에는 흑색의 신코 장식을 하고, 생사로 만든 끈을 단다고 한 것이다. 『주례』「구인(屨人)」편에 대한 정현의 주에서는 "'구(絇)'는 신발의 앞코에 하는 장식이다. '억(繶)'은 꿰맨 곳에 있는 줄이다. '순(純)'은 가장자리의 끈이다."[6]라고 했다. 이곳 기록에서는 유약은 아마도 또한 백색의 신발을 신었을 것이므로, 흰색의 명주로 '억(繶)'과 '순(純)'을 만들었던 것이다.

訓纂 說文: 纓, 冠系也. 組, 綬屬. 其小者以爲冕纓.

번역 『설문해자』에서 말하길, '영(纓)'은 관(冠)을 결속하는 끈이다. '조(組)'는 실을 땋은 끈 부류이다. 그 중 굵기가 가는 것으로 면류관을 결속하는 끈으로 삼는다.

---

4) 『예기』「옥조(玉藻)」【378d】: 玄冠朱組纓, 天子之冠也. 緇布冠繢緌, 諸侯之冠也. 玄冠丹組纓, 諸侯之齊冠也. 玄冠綦組纓, 士之齊冠也.

5) 『의례』「사관례(士冠禮)」: 屨, 夏用葛. 玄端黑屨, 靑絇・繶・純, 純博寸. 素積白屨, 以魁柎之, 緇絇・繶・純, 純博寸. 爵弁纁屨, 黑絇・繶・純, 純博寸. 冬, 皮屨可也. 不屨繐屨.

6) 이 문장은 『주례』「천관(天官)・구인(屨人)」편의 "屨人王及后之服屨. 爲赤舃・黑舃・赤繶・黃繶; 靑句・素屨, 葛屨."에 대한 정현의 주이다.

• 제21절 •

조문의 예외 규정

【78a】

死而不弔者三: 畏·厭·溺.

직역 死하되 不弔한 者가 三하니, 畏와 厭과 溺이다.

의역 죽은 자에 대해서 조문을 하지 않는 경우가 세 가지 있다. 첫 번째는 전쟁터에 나아가 겁에 질려 죽은 경우이며, 두 번째는 압사를 당한 경우이고, 세 번째는 익사를 당한 경우이다.

集說 方氏曰: 戰陳無勇, 非孝也, 其有畏而死者乎? 君子不立巖牆之下, 其有厭而死者乎? 孝子舟而不游, 其有溺而死者乎? 三者皆非正命, 故先王制禮, 在所不弔.

번역 방씨가 말하길, 전쟁터에 나아가 용맹함이 없다면, 효(孝)가 아니니,[1] 두려움에 떨면서 죽을 수 있겠는가? 군자(君子)는 무너질 것 같은 담장 아래에 서 있지 않으니,[2] 압사를 당할 수 있겠는가? 효자는 배를 타되 헤엄을 치지 않으니,[3] 익사를 당할 수 있겠는가? 이 세 가지 경우에 속하는

---

1) 『예기』「제의(祭義)」【565d】: 曾子曰, 身也者, 父母之遺體也. 行父母之遺體, 敢不敬乎? 居處不莊, 非孝也. 事君不忠, 非孝也. 涖官不敬, 非孝也. 朋友不信, 非孝也. 戰陳無勇, 非孝也. 五者不遂, 災及於親, 敢不敬乎?

2) 『맹자』「진심상(盡心上)」: 孟子曰, "莫非命也, 順受其正, 是故知命者不立乎巖牆之下. 盡其道而死者, 正命也, 桎梏死者, 非正命也."

3) 『예기』「제의(祭義)」【567d~568a】: 樂正子春下堂而傷其足, 數月不出, 猶有

자들은 자신의 수명을 다한 것이 아니다. 그렇기 때문에 선왕(先王)이 예법을 제정할 때, 이러한 경우에 속하는 자들에 대해서는 조문을 하지 않는 경우로 둔 것이다.

集說 應氏曰: 情之厚者豈容不弔, 但其辭未易致耳. 若爲國而死於兵, 亦無不弔之理, 若齊莊公於杞梁之妻, 未嘗不弔也.

번역 응씨가 말하길, 정감이 두터운 자가 어찌 조문하지 않는 것을 수용할 수 있겠는가? 단지 조문하며 위로하는 말을 건네지 못할 따름이다. 만약 나라를 위해 전쟁터에서 죽은 자가 있다면, 조문을 하지 않는 이치란 없으니, 마치 제(齊)나라 장공(莊公)이 기량(杞梁)의 처에 대해서 일찍이 조문을 하지 않음이 없었던 것과 같다.[4]

集說 愚聞先儒言明理可以治懼, 見理不明者, 畏懼而不知所出, 多自經於溝瀆, 此眞爲死於畏矣, 似難專指戰陳無勇也. 或謂鬪狠亡命曰畏.

번역 내가 듣기로, 선대 유학자들은 이치에 밝게 되면, 두려움을 다스릴 수 있다고 하였으니, 이치를 보고도 밝지 못한 자는 두려워하며, 표출해야 할 것을 알지 못하여, 대부분 도랑에서 제 스스로 목을 매달아 죽게 되니,[5] 이러한 자들이 진실로 두려움 때문에 죽은 자들일 것이다. 따라서 전쟁터에서 용맹함을 발휘하지 못하고 죽은 자들만을 전적으로 가리킨다고 생각하기는 어려울 것 같다. 혹자는 다투기를 좋아하여, 부여받은 명령을 잊고,

---

憂色. …… 壹擧足而不敢忘父母, 是故道而不徑, 舟而不游, 不敢以先父母之遺體行殆.

4) 『춘추좌씨전』「양공(襄公) 23년」: 齊侯歸, 遇杞梁之妻於郊, 使弔之. 辭曰, "殖之有罪, 何辱命焉? 若免於罪, 猶有先人之敝廬在, 下接不得與郊弔." 齊侯弔諸其室.

5) 『논어』「헌문(憲問)」: 子貢曰, "管仲非仁者與? 桓公殺公子糾, 不能死, 又相之." 子曰, "管仲相桓公, 霸諸侯, 一匡天下, 民到于今受其賜. 微管仲, 吾其被髮左衽矣. 豈若匹夫匹婦之爲諒也, 自經於溝瀆而莫之知也?"

제멋대로 행동하는 것을 '외(畏)'라고 부른다고 했다.

大全 廣安游氏曰: 古之君子, 欲正人之過失, 不專恃乎刑罰而已. 使生者有所愧, 死者有所憾, 皆所以誅罰之也. 生有所愧, 若異其衣冠之類, 死有所憾, 若死而不弔之類, 是也. 蓋禮樂行於天下, 使人有所勸勉愧恥, 而不麗於過惡, 此其爲道尊而不迫, 亦後世所不能及也.

번역 광안유씨가 말하길, 고대의 군자(君子)는 사람들의 과실을 바로잡고자 할 때, 전적으로 형벌에만 의존하지 않았다. 살아있는 자들로 하여금 모욕감을 느끼게 하고, 죽은 자들로 하여금 서운한 점이 있도록 만들었던 것은 모두 사형으로 그들을 벌주었기 때문이다. 살아있는 자로 하여금 모욕감을 느끼게 하는 것은 의관(衣冠)에 표시를 하여 남들과 다르게 하는 부류 등이고, 죽은 자로 하여금 서운한 점이 있도록 만드는 것은 죽었는데도 조문을 하지 않는 부류 등이 바로 이것을 가리킨다. 무릇 예악(禮樂)을 천하에 시행하여, 사람들로 하여금 권면하고, 수치를 느끼게 하는 점이 있도록 하며, 과오를 범하지 않도록 하였으니, 이것은 도(道)를 존숭하면서도 급박하게 하지 않는 방법이 되며, 또한 후세 사람들이 이를 수 없는 것이다.

鄭注 謂輕身忘孝也. 人或時以非罪攻己, 不能有以說之死之者. 孔子畏於匡. 行止危險之下. 不乘橋舡.

번역 자신을 가벼이 하여 효(孝)를 잊었음을 뜻한다. '외(畏)'라는 것은 남들이 간혹 죄가 아닌 것으로 자신을 공격하였는데도, 자신을 죽이려는 자에게 설명을 할 수 없는 경우에 해당한다. 공자(孔子)는 광(匡) 땅에서 겁박을 당하였다.[6] '압(厭)'이라는 것은 위험한 곳에서 행동하거나 멈춰서 있는 것을 뜻한다. '닉(溺)'이라는 것은 다리나 배를 이용하지 않는 것을 뜻한다.

---

6) 『논어』「자한(子罕)」: 子畏於匡, 曰, "文王旣沒, 文不在茲乎? 天之將喪斯文也, 後死者不得與於斯文也, 天之未喪斯文也, 匡人其如予何?"

釋文 厭, 于甲反. 溺, 奴狄反.

번역 '厭'자는 '于(우)'자와 '甲(갑)'자의 반절음이다. '溺'자는 '奴(노)'자와 '狄(적)'자의 반절음이다.

孔疏 ●"死而"至"厭溺". ○正義曰: 此一節論非理橫死不合弔哭之事.

번역 ●經文: "死而"~"厭溺". ○이곳 문단은 이치가 아닌 것으로 횡사한 경우에는 조문을 하며 곡(哭)을 하는데 해당하지 않는다는 사안을 논의하고 있다.

孔疏 ●"畏", 謂有人以非罪攻己, 己若不有以解說之而死者, 則不弔. 鄭玄注引論語以證之, 明須解說也. 按世家云, 陽虎嘗侵暴於匡, 時又孔子弟子顏刻爲陽虎御車. 後孔子亦使刻御車, 從匡過. 孔子與陽虎相似, 故匡人謂孔子爲陽虎, 因圍, 欲殺之. 孔子自說, 故匡人[7]解圍也. 自說者, 謂卑辭遜禮. 論語注云: "微服而去." 謂身著微服, 潛行而去, 不敢與匡人鬪, 以媚悅之也.

번역 ●經文: "畏". ○다른 사람이 죄가 아닌 것으로 자신을 공격했을 때, 본인이 만약 해명을 하지 못하고 죽게 된다면, 조문을 하지 않는 것을 뜻한다. 정현의 주에서 『논어』의 내용을 인용해서 증명을 한 이유는 해명을 해야 함에 대해서 나타내기 위해서이다. 『사기(史記)』「공자세가(孔子世家)」편을 살펴보면, 양호(陽虎)는 일찍이 광(匡) 땅을 침략하여 난폭한 짓을 벌였고, 당시 공자(孔子)의 제자였던 안각(顏刻)은 양호의 수레를 모는 자가 되었었다. 이후 공자 또한 안각으로 하여금 자신의 수레를 몰게 하여, 광 땅을 지나치게 되었다. 공자와 양호는 모습이 닮았기 때문에, 광 땅 사람들은 공자를 양호라고 여겼고, 이 때문에 공자를 포위하고 죽이고자 하였

---

7) '인(人)'자에 대하여. '인'자는 본래 '우(又)'자로 기록되어 있었는데, 완원(阮元)의 『교감기(校勘記)』를 살펴보면, "『감본(監本)』·『모본(毛本)』에는 '우'자를 '인'자로 기록하고 있다."라고 했다.

다. 공자는 제 스스로 해명을 하였기 때문에, 광 땅 사람들은 포위를 풀게 되었다.[8] 스스로 해명을 했다는 것은 자신의 말을 낮추고, 예법에 따라 겸손히 따랐다는 것을 뜻한다. 『논어주』에서는 "신분을 감추기 위해 옷을 가리고서 떠났다."라고 했으니, 이 말은 신분을 감출만한 옷을 몸에 걸치고서 은밀하게 떠났고, 광 땅 사람들과 다투지 않아서, 그들이 기뻐하도록 만들었다는 뜻이다.

孔疏 ●"厭", 謂行止危險之下, 爲崩墜所厭殺也.

번역 ●經文: "厭". ○위험한 곳에서 행동하거나 멈춰 있어서, 그곳이 붕괴되어 압사된 것을 뜻한다.

孔疏 ●"溺", 謂不乘橋舡而入水死者, 何胤云: "馮河·潛泳, 不爲弔也." 除此三事之外, 其有死不得禮亦不弔. 故昭二十年, 衛齊豹欲攻孟縶, 宗魯事孟縶. 是時齊豹欲攻孟縶, 宗魯許齊豹攻之, 不告孟縶. 及孟縶被殺而死, 宗魯亦死之. 孔子弟子琴張欲往弔之, 孔子止之曰: "齊豹之盜, 而孟縶之賊. 女何弔焉?" 杜預云: "言齊豹所以爲盜, 孟縶所以見賊, 皆由宗魯." 是失禮者, 亦不弔也.

번역 ●經文: "溺". ○다리나 배를 이용하지 않고, 물에 뛰어 들어갔다가 죽은 자를 뜻하니, 하윤은 "황하를 걸어서 건너려고 하고, 물속에서 수영을 하다가 죽은 자에 대해서는 조문을 하지 않는다는 뜻이다."라고 했다. 이러한 세 가지 경우를 제외하더라도, 그 죽음이 예법에 맞지 않는 자에

---

8) 『사기(史記)』「공자세가(孔子世家)」: 將適陳, 過匡, 顔刻爲僕, 以其策指之曰, "昔吾入此, 由彼缺也." 匡人聞之, 以爲魯之陽虎. 陽虎嘗暴匡人, 匡人於是遂止孔子. 孔子狀類陽虎, 拘焉五日, 顔淵後, 子曰, "吾以汝爲死矣." 顔淵曰, "子在, 回何敢死!" 匡人拘孔子益急. 弟子懼. 孔子曰, "文王旣沒, 文不在茲乎? 天之將喪斯文也, 後死者不得與于斯文也. 天之未喪斯文也, 匡人其如予何!" 孔子使從者爲甯武子臣於衛, 然後得去.

대해서는 또한 조문을 하지 않는다. 그렇기 때문에 소공(昭公) 20년에 대한 기록에서, 위(衛)나라 제표(齊豹)는 맹집(孟縶)을 공격하고자 하였는데, 종로(宗魯)는 맹집을 섬겼다. 당시 제표는 맹집을 공격하고자 하였고, 종로는 제표가 공격을 하도록 허용을 하여, 맹집에게 이 사실을 알리지 않았다. 맹집이 피살되어 죽게 되자, 종로 또한 죽임을 당했다. 공자(孔子)의 제자 금장(琴張)은 그에게 찾아가서 조문을 하려고 했는데, 공자는 금장을 멈추게 하며, "제표는 도적질을 했고, 맹집은 살해를 당했는데, 너는 어째서 조문을 하려고 하느냐?"라고 했다.[9] 이 문장에 대한 두예의 주에서는 "제표가 도적질을 하게 되고, 맹집이 살해를 당하게 된 것은 모두 종로 때문이라는 뜻이다."라고 했다. 이러한 경우는 실례(失禮)를 범해서 죽은 경우이므로, 또한 조문을 하지 않는 것이다.

訓纂 盧注: 畏者, 兵刃所殺也.

번역 노식[10]의 주에서 말하길, '외(畏)'라는 것은 병장기로 살해를 당한 경우에 해당한다.

集解 愚謂: 畏, 謂被迫脅而恐懼自裁者; 厭, 謂覆厭而死者; 溺, 謂川游而死者. 琴張欲弔宗魯, 孔子止之, 君子之於所弔不敢苟如此. 三者之死, 皆非正命, 故不弔. 觀於此, 則君子之所以守其身者可知矣.

---

9) 『춘추좌씨전』「소공(昭公) 20년」: 初, 齊豹見宗魯於公孟, 爲驂乘焉. 將作亂, 而謂之曰, "公孟之不善, 子所知也, 勿與乘, 吾將殺之." …… 仲尼曰, "齊豹之盜, 而孟縶之賊, 女何弔焉? 君子不食姦, 不受亂, 不爲利疚於回, 不以回待人, 不蓋不義, 不犯非禮."

10) 노식(盧植, A.D.159? ~ A.D.192): =노씨(盧氏). 후한(後漢) 때의 유학자이다. 자(字)는 자간(子幹)이다. 어려서 마융(馬融)을 스승으로 섬겼다. 영제(靈帝)의 건녕(建寧) 연간(A.D.168 ~ A.D.172)에 박사(博士)가 되었다. 채옹(蔡邕) 등과 함께 동관(東觀)에서 오경(五經)을 교정했다. 후에 동탁(董卓)이 소제(少帝)를 폐위시키자, 은거하며 『상서장구(尙書章句)』, 『삼례해고(三禮解詁)』를 저술했지만, 남아 있지 않다.

번역 내가 생각하기에, '외(畏)'라는 것은 협박을 당하여서 두려워하다가 스스로 자결을 한 경우에 해당하고, '압(厭)'이라는 것은 어딘가에 깔려서 죽은 경우에 해당하며, '닉(溺)'이라는 것은 하천에서 헤엄치다가 죽은 경우에 해당한다. 금장(琴張)은 종로(宗魯)에게 조문을 하려고 했는데, 공자(孔子)는 그를 제지하였으니, 군자(君子)는 조문을 해야 하는 대상에 대해서 감히 이처럼 하지 않는다. 이 세 가지 경우로 인해 죽은 자들은 모두 자신의 성명(性命)을 다하다 죽은 것이 아니다. 그렇기 때문에 조문을 하지 않는 것이다. 이러한 점들을 살펴본다면, 군자가 자신의 몸가짐을 조심하는 이유에 대해서도 알 수 있다.

• 제22절 •

제상(除喪)에 대한 법도 I

【78b】

子路有姊之喪, 可以除之矣, 而弗除也. 孔子曰: "何弗除也?" 子路曰: "吾寡兄弟而弗忍也." 孔子曰: "先王制禮, 行道之人皆弗忍也." 子路聞之, 遂除之.

직역 子路에게 姊의 喪이 有한데, 可히 除이나, 弗除라. 孔子가 曰, "何히 弗除오?" 子路가 曰, "吾는 兄弟가 寡하여, 弗忍합니다." 孔子가 曰, "先王이 禮를 制하니, 道를 行하는 人은 皆히 弗忍이다." 子路가 聞하고, 遂히 除라.

의역 자로(子路)에게 누이의 상(喪)이 발생했는데, 기간이 끝나서 상복(喪服)을 벗을 수 있음에도, 자로는 차마 벗지 못하고 있었다. 이 모습을 본 공자(孔子)는 "너는 어찌하여 상복을 벗지 않는가?"라고 했다. 자로는 "저에게는 형제가 적습니다. 따라서 누이에 대한 슬픈 마음이 남아 있어서, 차마 벗을 수가 없습니다."라고 했다. 공자가 말하길, "선왕(先王)이 예(禮)를 제정하셨으니, 도(道)를 시행하는 자들은 모두들 자신의 친족에 대해 상복을 차마 벗지 못하는 마음을 가지고 있지만, 예법을 어길 수 없기 때문에 다들 벗게 되는 것이다."라고 했다. 자로는 그 말을 듣고서, 마침내 상복을 벗었다.

集說 行道之人, 皆有不忍於親之心, 然而遂除之者, 以先王之制, 不敢違也.

번역 도(道)를 시행하는 자들은 모두 친족에 대해서 차마 상복(喪服)을 벗지 못하는 마음이 있는데도, 결국 상복을 벗게 되는 것은 선왕(先王)이 제정한 제도를 감히 위배할 수 없기 때문이다.

大全 吳氏莘曰: 聖人以中道抑人之情, 非惡其過厚懼其不可繼而已.

번역 오신(吳莘)이 말하길, 성인(聖人)은 중도(中道)로써 사람의 정감을 억제했던 것이니, 지나치고 두터이 하는 것을 미워하고, 계속하지 못함을 염려했던 것은 아닐 따름이다.

大全 臨川吳氏曰: 行道, 謂稍知率性之道而行之者, 其情必過厚, 故以禮制其情, 則皆有所不忍也. 伯魚於出母之喪, 期後當不哭矣, 而猶哭, 子路於嫁姊之喪, 大功服滿當除矣, 而猶不除, 皆情之過厚而於禮不可, 故夫子皆抑其過. 伯魚遂除之, 除其哭也, 子路遂除之, 除其服也.

번역 임천오씨가 말하길, 도(道)를 시행한다는 말은 점차 자신의 본성에 따르는 도(道)를 알아서, 그대로 시행한다는 뜻인데, 그의 정감은 반드시 지나치거나 두텁게 되므로, 예(禮)에 따라서 그 정감을 절제한다면, 모두들 차마 하지 못하는 마음을 갖추게 될 것이다. 백어(伯魚)는 출모(出母)의 상(喪)에 대해서, 기년상(期年喪)의 기간이 끝났으므로, 그 이후로는 마땅히 곡(哭)을 해서는 안 되는데, 여전히 곡(哭)을 했던 것이고, 자로(子路)는 시집간 누이의 상(喪)에 대해서, 대공복(大功服)을 착용했는데, 그 기간이 지났으므로 마땅히 상복(喪服)을 벗어야 했는데도, 여전히 벗지 않고 있었으니, 이 모두는 정감이 지나치거나 두터운 것으로, 예법에 있어서는 그렇게 해서는 안 되는 것이다. 그렇기 때문에 공자(孔子)는 이 둘에 대해 그 지나친 점을 억제했던 것이다. 백어가 마침내 제거했다는 것은 곡(哭)하는 일은 그쳤다는 뜻이고, 자로가 마침내 제거했다는 것은 상복을 벗었다는 뜻이다.

鄭注 行道, 猶行仁義.

번역 도(道)를 행한다는 것은 인의(仁義)를 행한다는 뜻과 같다.

釋文 弗除, 如字, 徐治慮反.

번역 '弗除'의 '除'자는 글자대로 읽으며, 서음(徐音)에서는 '治(치)'자와 '慮(려)'자의 반절음이 된다.

孔疏 ●"子路"至"除之". ○正義曰: 庾蔚云: "子路緣姊妹無主後, 猶可得反服, 推己寡兄弟, 亦有申其本服之理, 故於降制已遠而猶不除, 非在室之姊妹欲申服過期也. 是子路已事仲尼, 始服姊喪, 明姊已出嫁, 非在室也."

번역 ●經文: "子路"~"除之". ○유울은 "자로(子路)는 자신의 자매에게 상주(喪主)를 맡을 자식이 없다는 것에 연유해서, 그녀를 위해 상복(喪服)을 입을 수가 있었는데, 자신의 형제가 적은 것을 미루어보게 되어, 본래 시집을 갔지만, 또한 시집을 안 갔을 때의 관계에서 입어야 하는 본래의 상복 규정을 따르게 된 것이다. 그렇기 때문에 자매가 시집을 간 상태이므로, 제도를 낮춰야 하는 점에 있는데, 그 기간이 이미 지났음에도, 여전히 시집을 안 갔을 때의 규정을 소급하여 상복을 벗지 않았던 것이니, 시집을 안 간 자매에 대해서 상복의 수위를 높이고 또 그 기간도 연장하려고 했던 것이 아니다. 자로는 이미 공자(孔子)를 섬기고 있었는데, 비로소 누이에 대한 상(喪)을 치르게 되었으므로, 이때의 누이[姊]는 이미 시집을 간 누이이며, 시집을 안 간 누이가 아님을 나타낸다."라고 했다.

訓纂 彬謂: 行道之人, 猶言行路之人.

번역 내가 생각하기에, '행도지인(行道之人)'은 곧 '도로를 지나다니는 일반인[行路之人]'을 뜻한다.

集解 愚謂: 喪服爲姑·姊妹在室期, 適人則大功, 子路之姊, 蓋已適人者. 可以除之, 謂旣踰大功之限也. 子路以己旣寡兄弟, 而女子子適人者爲昆弟之爲父後者期, 故欲緣報服之義, 伸其本服也. 孔子言服行道義之人, 皆有不忍其親之意, 然而不得不除者, 則以先王制禮, 而不敢過焉耳. 然論語稱子路爲季路, 則非無兄弟, 或雖有兄而早卒與.

번역 내가 생각하기에, 『의례』「상복(喪服)」편의 기록에 따르면, 고모와 자매들이 죽었을 때, 시집을 안 간 여자에 대해서는 기년복(期年服: =齊衰服)을 입고, 시집을 간 여자에 대해서는 대공복(大功服)을 입는다. 여기에서 말한 자로(子路)의 누이라는 자는 아마도 이미 시집을 간 자에 해당하는 것 같다. 상복(喪服)을 벗을 수 있다는 말은 이미 대공복을 입고 치르는 상(喪) 기간이 넘었다는 뜻이다. 자로는 자신에게 형제가 적기 때문에, 여자 형제들 중 시집을 간 자에 대해서도 곤제(昆弟)들 중 부친의 후계자가 된 자가 죽었을 때처럼, 기년상(期年喪)으로 치르고자 한 것이다. 그렇기 때문에 상복을 상호 동일한 수위로 맞춰서 입어주는 뜻에 따르고자 하여, 시집을 안 갔을 때의 본래 상복 수위에 맞추고자 했던 것이다. 공자(孔子)는 도의(道義)를 실천하는 사람들도 모두들 자신의 친족에 대해서 차마 하지 못하는 뜻이 있지만, 상복을 벗지 않을 수가 없는 이유는 선왕(先王)이 예(禮)를 제정하였으므로, 감히 그 규정을 벗어날 수 없을 따름이라고 말한 것이다. 그런데 『논어』에서는 '자로(子路)'를 '계로(季路: 막내 자로)'라고도 부르고 있으니, 자로에게는 형제가 없었던 것이 아니며, 혹은 비록 형이 있었지만, 일찍 죽었기 때문일 것이다.

• 제 23 절 •

장지(葬地)에 대한 법도 I

【78c】

太公封於營丘, 比及五世, 皆反葬於周. 君子曰: "樂, 樂其所自生. 禮, 不忘其本." 古之人有言曰: "狐死正丘首, 仁也."

직역 太公은 營丘에 封하여, 五世에 及함에 比해서는 皆히 反하여 周에서 葬했다. 君子가 曰, "樂은 그 自히 生한 바를 樂함이다. 禮는 그 本을 不忘이다." 古의 人에는 言이 有하니 曰, "狐는 死에 丘로 首를 正하니, 仁이다."

의역 태공(太公)은 영구(營丘)인 제(齊)나라에 분봉을 받았지만, 주(周) 왕실에 머물며 직무를 수행하였고, 그가 죽었을 때에도 주나라 수도에서 장례를 치렀다. 그래서 그의 자손들은 5세대에 이르기까지, 모두 주나라 수도로 돌아와서 장례를 치렀다. 군자(君子)는 "악(樂)이라는 것은 자신이 출생하게 된 근원에 대해서 즐거워하는 것이다. 예(禮)라는 것은 자신의 근본을 잊지 않는 것이다."라고 말했다. 고대인들이 했던 말 중에는 "여우는 죽음에 이르러서는 자신이 살았던 땅을 향하여 머리를 향하게 하고 죽으니, 이것은 인(仁)한 것이다."라는 말이 있다.

集說 太公雖封於齊, 而留周爲太師, 故死而遂葬於周. 子孫不敢忘其本, 故亦自齊而反葬於周, 以從先人之兆, 五世親盡而後止也. 樂生而敦本, 禮樂之道也. 生而樂於此, 豈可死而倍於此哉! 狐雖微獸, 丘其所窟藏之地, 是亦生而樂於此矣, 故及死而猶正其首以向丘, 不忘其本也. 倍本忘初, 非仁者之用心, 故以仁目之.

번역 태공(太公)은 비록 제(齊)나라에 분봉을 받았지만, 주(周)나라 수도에 머물면서, 태사(太師)의 직책을 수행했다. 그렇기 때문에 그가 죽었을 때에는 결국 주나라 수도에서 장례를 치렀던 것이다. 그의 자손들은 감히 그 근본을 잊을 수가 없었기 때문에, 또한 제나라로부터 되돌아와서 주나라 수도에서 장례를 치렀으니, 선조들의 묘역이 있는 장소에 따른 것인데, 5세대의 친속 관계가 다한 이후에야 이처럼 하는 방법을 멈췄다. 태어나게 된 근본에 대해서 즐거워하는 것은 근본을 돈독히 하는 것이니, 이것이 바로 예악(禮樂)의 도(道)이다. 인간은 태어나게 되면 자신의 근본에 대해서 즐거워하는데, 어찌 죽을 때에 이르러서 이러한 것들을 배반할 수 있겠는가! 여우는 비록 하찮은 동물이지만, '구(丘)'는 자신이 살던 동굴이 있는 땅이니, 이러한 동물들 또한 태어나게 되면, 자신의 근본을 즐거워하게 된다. 그렇기 때문에 죽음에 이르러서도 여전히 그 머리를 바르게 하여, 그 언덕 쪽을 향하는 것은 근본을 잊을 수가 없기 때문이다. 근본을 등지고 시초를 잊는 것은 인(仁)한 자의 마음 씀이 아니다. 그렇기 때문에 '인(仁)'으로써 지목을 했던 것이다.

그림 23-1 제(齊)나라 세계도(世系圖)

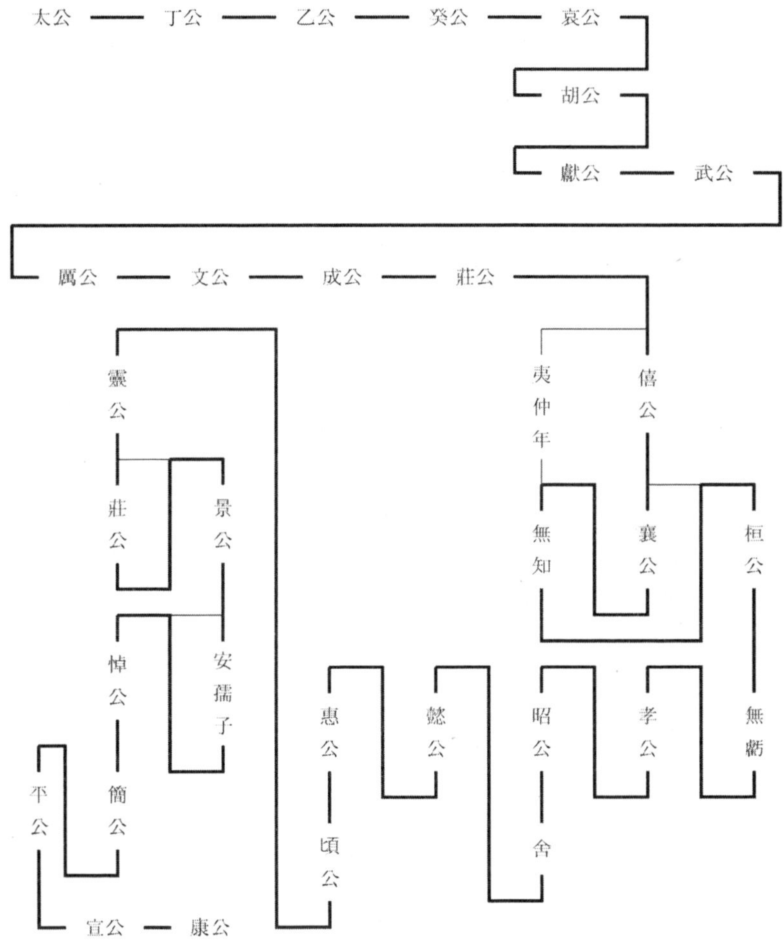

▸ **출처:** 『역사(繹史)』 1권 「역사세계도(繹史世系圖)」

集說 疏曰: 周公封魯, 其子孫不反葬於周者, 以有次子在周, 世守其采地, 春秋周公, 是也.

번역 공영달(孔穎達)의 소(疏)에서 말하길, 주공(周公)은 노(魯)나라에 분봉을 받았는데, 그의 자손들이 주(周)나라 수도로 되돌아와서 장례를 치르지 않았던 것은 둘째 아들이 주 왕실에 남아 있을 경우, 그는 주나라 수도에 포함된 채지를 받아서, 그곳을 대대로 지키게 되기 때문이니, 춘추시대 때 주공이 바로 이러한 경우에 해당한다.

大全 長樂陳氏曰: 禮樂同出於人心, 而仁者人也, 亦出於人心而已, 故人而不仁, 如禮何, 人而不仁, 如樂何, 則禮樂之道, 不過章德報情而反始也. 太公封於營丘, 比及五世, 皆反葬於周, 夫豈僞爲之哉? 行吾仁以全禮樂之道而已. 狐死猶正丘首, 況仁人孝子乎?

번역 장락진씨가 말하길, 예악(禮樂)은 모두 사람의 마음으로부터 나오는 것이고, 인(仁)하다는 것은 사람답다는 뜻이니,[1] 이 또한 사람의 마음으로부터 나오는 것일 뿐이다. 그렇기 때문에 사람이 되고서 인(仁)하지 못하다면, 예(禮)에 대해서 어떻게 하겠으며, 또 사람이 되고서 인(仁)하지 못하다면, 악(樂)에 대해서 어떻게 하겠는가?[2] 그러므로 예악(禮樂)의 도(道)는 덕(德)을 드러내고, 정감에 보답하며, 시초를 반추하는 것에 불과할 따름이다. 태공(太公)은 영구(營丘)에 분봉을 받았는데, 그 후손은 5세대에 이르기까지 모두들 주(周)나라 수도로 되돌아와서 장례를 치렀으니, 어찌 위선으로 이러한 일을 했겠는가? 자신의 인(仁)을 시행하여, 예악(禮樂)의 도(道)를 온전히 할 따름이다. 여우도 죽음에 이르러서는 오히려 머리를 바르

1) 『중용』「20장」: 仁者人也, 親親爲大. 義者宜也, 尊賢爲大. 親親之殺, 尊賢之等, 禮所生也. / 『예기』「표기(表記)」【625b~c】: 子曰, 仁有三, 與仁同功而異情. …… 仁者, 人也. 道者, 義也. 厚於仁者, 薄於義, 親而不尊. 厚於義者, 薄於仁, 尊而不親.

2) 『논어』「팔일(八佾)」: 子曰, "人而不仁, 如禮何? 人而不仁, 如樂何?"

게 하여, 자신이 태어났던 곳을 향하고 죽는데, 하물며 인(仁)한 자와 효자(孝子)에게 있어서는 어떻겠는가?

鄭注 齊大公受封, 留爲大師, 死葬於周, 子孫生焉, 不忍離也. 五世之後, 乃葬於齊, 齊曰營丘. 言其似禮樂之義. 正丘首, 正首丘也. 仁, 恩也.

번역 제(齊)나라 태공(太公)은 영지를 분봉 받았지만, 주(周)나라 수도에 머물면서 태사(太師)의 임무를 수행하였고, 죽었을 때에는 주나라 수도에서 장례를 치렀으며, 이곳은 자손들이 생겨나게 된 곳이니, 차마 그곳에서 떨어질 수 없었던 것이다. 5세대 이후에는 곧 제나라에서 장례를 치렀다. 제(齊)나라를 '영구(營丘)'라고도 부른다. 군자(君子)의 말을 인용한 것은 태공의 후손들이 시행했던 일이 예악(禮樂)의 도의와 유사하다는 사실을 뜻한다. '정구수(正丘首)'라는 말은 곧 머리를 바르게 하여 언덕을 향하도록 한다는 뜻이다. '인(仁)'자는 은혜로움[恩]을 뜻한다.

釋文 大音泰, 注及下注"大史公"皆同. 離, 力智反, 下"相離"同. 樂樂並音岳, 一讀下五教反, 又音洛. 首, 手又反, 注同.

번역 '大'자의 음은 '泰(태)'이고, 정현의 주 및 아래문장의 정현 주에 나오는 '大史公'의 '大'자도 모두 그 음이 이와 같다. '離'자는 '力(력)'자와 '智(지)'자의 반절음이며, 아래문장에 나오는 '相離'에서의 '離'자도 그 음이 이와 같다. '樂樂'의 두 글자는 그 음이 모두 '岳(악)'이며, 한편 뒤의 '樂'자는 '五(오)'자와 '教(교)'자의 반절음으로 읽기도 하고, 또한 그 음은 '洛(락)'도 된다. '首'자는 '手(수)'자와 '又(우)'자의 반절음이며, 정현의 주에 나오는 글자도 그 음이 이와 같다.

孔疏 ●"大公"至"仁也". ○正義曰: 此一節論忠臣不欲離王室之事. "太公封於營丘"者, 周之大師大公封於營丘, 及其死也, 反葬於鎬京, 陪文武之墓. 其大公子孫, 比及五世, 雖死於齊, 以大公在周, 其子孫皆反葬於周也. 言"反葬"者, 旣從周嚮齊, 今又從齊反往歸周, 君子善其反葬似禮樂之意, 故云先王制禮樂者, 樂其所自生, 謂愛樂己之王業所由生, 以制樂名. 若舜愛樂其王業所由, 能紹堯之德, 卽樂名大韶; 禹愛樂其王業, 所謂由治水廣大中國, 則樂名大夏.

번역 ●經文: "大公"~"仁也". ○이곳 문단은 충신(忠臣)이 왕실(王室)을 떠나고 싶어 하지 않는다는 사안에 대해서 논의하고 있다. 경문의 "太公封於營丘"에 대하여. 주(周)나라의 태사(太師)였던 태공(太公)은 영구(營丘)에 분봉을 받았고, 그가 죽음에 이르게 되자, 되돌아와서 호경(鎬京)에서 장례를 치러서, 문왕(文王)과 무왕(武王)의 묘(墓) 곁에 두었다. 태공의 자손들은 5세대에 이르기까지, 비록 제(齊)나라 땅에서 죽었지만, 태공의 묘(墓)가 주나라 수도에 있었으므로, 그의 자손들은 모두 되돌아가서 주나라 수도에서 장례를 치렀다. "되돌아가서 장례를 치렀다[反葬]."라고 말한 이유는 이미 주나라 수도로부터 제나라로 이주하여 살았는데, 현재 그가 죽게 되자 또한 반대로 제나라로부터 주나라로 되돌아왔기 때문이니, 군자(君子)는 그들이 되돌아가서 장례를 치른 것이 예악(禮樂)의 본뜻과 유사함을 칭찬한 것이다. 그래서 선왕(先王)이 예악(禮樂)을 제정했는데, 생겨나게 된 대상에 대해서 기뻐한다는 말은 자신의 왕업(王業)이 생겨나게 된 대상에 대해서 기뻐하여, 이를 통해 악곡의 이름으로 제정했다고 말한 것이다. 예를 들어 순(舜)임금은 자신의 왕업이 생겨나게 된 대상에 대해서 기뻐하고, 요(堯)임금의 덕(德)을 이어받을 수 있었으므로, 악곡의 이름을 대소(大韶)[3]라고 지은 것이고, 우(禹)임금은 자신의 왕업이 생겨나게 된 대상에 대해서 기뻐하였으니, 이른바 우임금의 치수(治水)를 통해서 중국을 광대하게 넓혔다는 것으로, 그 악곡의 이름을 대하(大夏)[4]라고 지은 것이다.

---

3) 대소(大韶)는 순(舜)임금 때의 악무(樂舞)이다. 주(周)나라에 와서 육무(六舞) 중 하나로 정착하였다. 『장자(莊子)』「천하(天下)」편에는 "舜有大韶."라는 기록이 있다.

4) 대하(大夏)는 주(周)나라 때의 악무(樂舞) 중 하나이다. 하(夏)나라 우(禹)임금 때의 악무를 근간으로 삼아서 만든 악무이다.

孔疏 ●"禮, 不忘其本"者, 謂先王制禮, 其王業根本, 由質而興, 則制禮不忘其本, 而尙質也; 若王業根本由文而興, 制禮尙文也, 是不忘其本也. 禮之與樂皆是重本, 今反葬於周, 亦是重本, 故引禮樂以美之. 君子旣引禮樂, 又引古之人有遺言云: "狐死正丘首而嚮丘." 所以正首而嚮丘者, 丘是狐窟穴根本之處, 雖狼狽而死, 意猶嚮此丘, 是有仁恩之心也. 今五世反葬, 亦仁恩之心也. 但樂之與禮, 兩文相互. 樂云樂其所自生, 則禮當云反其所自本. 禮云不忘其本, 則樂當云不忘其生也. 樂云樂其所自生者, 初生王業, 因民之所樂而得天下. 今王者制樂, 自愛樂己之所由得天下. 樂者, 是王者自樂, 不據民之所樂也.

번역 ●經文: "禮, 不忘其本". ○선왕(先王)이 예(禮)를 제정하였는데, 왕업(王業)의 기틀은 그 질박함[質]으로부터 유래하여 흥성하게 되었으므로, 예(禮)의 제정은 그 근본을 잊지 못하여, 질박함을 숭상했다는 뜻이다. 만약 왕업의 기틀이 화려함[文]으로부터 유래하여 흥성하게 되었다면, 예(禮)를 제정함에는 그 화려함을 숭상하게 되는데, 이것들은 바로 그 근본을 잊지 못하기 때문이다. 예(禮)와 악(樂)은 모두 근본을 중시하는 것인데, 현재 주(周)나라 수도로 되돌아가서 장례를 치르는 일 또한 근본을 중시하는 일이 된다. 그렇기 때문에 예악(禮樂)에 대한 말을 인용해서, 그 사안을 찬미한 것이다. 군자(君子)는 이미 예악(禮樂)에 대한 말을 인용하였는데, 또다시 고대인이 남긴 말을 인용하여, "여우는 죽을 때, 머리를 바르게 하여, 자신이 태어난 언덕을 향한다."라고 하였다. 머리를 바르게 해서 자신이 태어난 언덕을 향하도록 한다고 했는데, '구(丘)'라는 것은 여우가 태어난 동굴이 있던 곳으로, 자신의 근본에 해당하는 장소가 된다. 비록 급작스럽게 죽게 되더라도, 그 의지는 오히려 자신이 태어난 언덕을 향하게 되니, 이것은 곧 인자하고 은혜로운 마음을 갖추고 있는 것이다. 현재 제(齊)나라에서 5세대에 이르기까지 주(周)나라 수도로 되돌아가서 장례를 치른 일은 또한 인자하고 은혜로운 마음에 해당한다. 다만 악(樂)과 예(禮)에 대한 두 기록은 서로 호환이 된다. 악(樂)에 대해서 생겨나게 된 대상에 대해서 즐거워한다고 했다면, 예(禮)에 대해서는 마땅히 근본으로 삼게 된 대상에 대해서 반추한다고 말해야 한다. 또 예(禮)에 대해서 그 근본을 잊지 않는다고 했다면, 악(樂)에 대해서는 마땅히 그 생겨나게 된 대상을 잊지 않는다고 말해야 한다. 그런데 악(樂)에 대해서 그 생겨나게 된 대상에 대해서 즐거워한다고 말한 이유는 최초 왕업(王業)에 생겨난 것은 백성들이 즐거워하는 것에 따라서 천하를 얻었기 때문이다. 현재 천자가 된 자가 악(樂)을 제정할 때에는 자신이 천하를 소유할 수 있게 된 유래에 대해서 기뻐하는 것으로부터 비롯된다. 이때 제정된 악(樂)이라는 것은 천자가 된 자가 제 스스로 즐거워하는 것이며, 백성들이 즐거워하는 것에 기준을 둔 것이 아니다.

孔疏 ◎注"齊大公受封"至"齊曰營丘". ○正義曰: 知"留爲大師"者, 按詩·大雅云: "維師尙父." 毛傳云: "師, 大師也." 史記·齊世家云: 大公望呂尙者, 東海上人也. 四嶽之後. 尙佐武王伐紂, 爲大師. 云"死葬於周", 子孫是大公所生焉, 故不忍離其先祖, 非謂子孫生在於周. "子孫生焉"者, 不忍離其生處. 必五世者, 五世之外則服盡也. 然觀經及注, 則太公之外爲五世, 便是玄孫之子, 服盡亦反者. 其實反葬正四世, 知者, 按世本, 大公望生丁公伋, 伋生乙公得, 得生癎公慈母, 慈母生哀公不臣. 按齊世家, 哀公荒淫, 被紀侯譖之周, 周夷王烹哀公, 亦葬周也. 哀公是大公玄孫, 哀公死, 弟胡公靖立. 靖死, 獻公山立. 山死, 武公壽立. 若以相生爲五世, 則武公以上皆反葬於周; 若以爲君五世, 則獻公以上反葬周. 二者未知孰是. 云"齊曰營丘"者, 地理志云, 臨淄縣, 齊大公所封. 按釋丘云: "水出其前而左, 曰營丘." 以水營遶, 故曰營丘. 然周公封魯, 其子孫不反葬於周者, 以其有次子在周, 世守其采地, 則春秋周公是也. 故鄭康成作詩譜云: "元子伯禽封魯, 次子君陳世守采地." 下云"延陵季子葬於贏博之間"者, 古禮也. 故舜葬蒼梧, 周則族葬, 故冢人云: "先王之葬居中, 以昭穆爲左右. 凡諸侯居左右以前, 卿大夫士居後, 各以其族", 是也.

번역 ◎鄭注: "齊大公受封"~"齊曰營丘". ○정현이 "주(周)나라 수도에 머물면서 태사(太師)의 임무를 수행하였다."라고 했는데, 이 말이 사실임을 알 수 있는 이유는 『시』「대아(大雅)」편을 살펴보면, "사(師)인 상보(尙父)여."[5]라고 했는데, 『모전(毛傳)』에서는 "'사(師)'는 태사(太師)를 뜻한다."라고 했다. 그리고 『사기(史記)』「제세가(齊世家)」편에서는 태공망(太公望)

여상(呂尙)이라는 자는 동해(東海) 출신의 사람이다. 제후들의 수장인 사악(四嶽)의 후손이다. 여상은 무왕(武王)을 도와서 주(紂)를 정벌하였고, 태사(太師)가 되었다고 했다.[6] 정현이 "죽었을 때에는 주나라 수도에서 장례를 치렀다."라고 했는데, 자손은 태공으로부터 태어난 자들이다. 그렇기 때문에 자신의 선조들과 차마 떨어져 있을 수가 없었던 것이니, 자손들이 주나라 수도에서 태어났다는 뜻이 아니다. 정현이 "자손들이 생겨나게 된 곳이다."라고 하였는데, 자신들이 생겨나게 된 곳에서 차마 떨어질 수 없다는 뜻이다. 그런데 분명히 5세대로 한정이 되었던 것은 5세대가 지나게 되면, 상복(喪服)을 입어야 하는 대수(代數)가 모두 끝나기 때문이다. 그런데 경문과 정현의 주를 살펴보면, 태공으로부터 그 이후로 5세대가 된 자는 곧 현손(玄孫)의 아들이 되는데, 상복 관계가 모두 끝났는데도 또한 되돌아가서 장례를 치렀다고 하였다. 그러나 실제로 되돌아가서 장례를 치렀던 것은 4세대에 한정된다. 이러한 사실을 알 수 있는 이유는 『세본』을 살펴보면, 태공망(太公望)은 정공(丁公)인 급(伋)을 낳았고, 급(伋)은 을공(乙公)인 득(得)을 낳았으며, 득(得)은 유공(癒公)인 자모(慈母)를 낳았고, 자모(慈母)는 애공(哀公)인 불신(不臣)을 낳았다고 했다. 그리고 『사기』「제세가」편을 살펴보면, 애공(哀公)은 주색과 여색에 빠져서, 기(紀)나라 후작으로부터 주왕실에 참소를 당하게 되었고, 주나라 이왕(夷王)은 애공을 삶아 죽이는 형벌에 처한 뒤 또한 주나라 수도에서 장례를 치르게 했다. 애공은 태공의 현손(玄孫)이 되는데, 애공이 죽었으므로, 그의 동생 호공(胡公)인 정(靖)을 제후로 세웠다. 정(靖)이 죽자, 헌공(獻公)인 산(山)이 제후에 올랐다. 산(山)이 죽자 무공(武公)인 수(壽)가 제후에 올랐다. 만약 제위가 부자 관계로 이어지며 5세대가 되었다면, 무공(武公)으로부터 그 이상은 모두 주나라 수도로 되돌아가서 장례를 치러야 하며, 만약 군주가 된 것을

---

5) 『시』「대아(大雅)・대명(大明)」 : 牧野洋洋, 檀車煌煌, 駟騵彭彭. 維師尙父, 時維鷹揚, 涼彼武王. 肆伐大商, 會朝淸明.

6) 『사기(史記)』「제태공세가(齊太公世家)」 : 太公望呂尙者, 東海上人. 其先祖嘗爲四嶽, 佐禹平水土甚有功. 虞夏之際封於呂, 或封於申, 姓姜氏. 夏商之時, 申・呂或封枝庶子孫, 或爲庶人, 尙其後苗裔也. 本姓姜氏, 從其封姓, 故曰呂尙. …… 於是武王已平商而王天下, 封師尙父於齊營丘.

기준으로 5세대로 여기게 된다면, 헌공(獻公)으로부터 그 이상은 주나라 수도로 되돌아가서 장례를 치러야 한다. 이 두 가지 해석 중에 어느 것이 옳은지는 잘 모르겠다. 정현이 "제(齊)나라를 '영구(營丘)'라고도 부른다." 라고 하였는데, 「지리지(地理志)」에서는 임치현(臨淄縣)은 제나라 태공이 분봉을 받은 땅이라고 했다. 『이아』「석구(釋丘)」편을 살펴보면, "물이 그 앞으로 나와서 좌측으로 흐르는 곳을 '영구(營丘)'라고 부른다."[7]라고 했다. 따라서 물이 휘감고 있기 때문에, 그 땅을 '영구(營丘)'라고 부른 것이다. 그런데 주공(周公)의 경우에는 노(魯)나라에 분봉을 받았는데, 주공의 자손들은 주나라 수도로 되돌아와서 장례를 치르지 않았다. 그 이유는 둘째 아들이 주 왕실에 남아 있을 경우, 그는 주나라 수도에 포함된 채지를 받아서, 그곳을 대대로 지키게 되기 때문이니, 춘추시대 때 주공이 바로 이러한 경우에 해당한다. 그래서 정현은 『시보(詩譜)』를 지으면서, "원자(元子)인 백금(伯禽)을 노나라에 분봉하고, 둘째 아들인 군진(君陳)은 주나라 수도에 있는 채지를 대대로 지켰다."라고 한 것이다. 그리고 아래문장에서 "연릉(延陵)의 계자(季子)가 영(嬴)과 박(博) 사이의 땅에 장례를 치렀다."[8]라고 했는데, 이것은 고대의 예법에 해당한다. 그렇기 때문에 순(舜)임금은 창오(蒼梧)에서 장례를 지냈던 것이고,[9] 주나라의 경우에는 족장(族葬)으로 치렀던 것이다. 그러므로 『주례』「몽인(冢人)」편에서 "선왕(先王)의 장지는 그 중간에 위치하고, 소목(昭穆)의 순차에 따라 좌우측에 장지를 정한다. 무릇 제후들은 좌우측에 장지를 써서 앞에 위치하고, 경(敬)과 대부(大夫)들은 그 뒤쪽에 장지를 마련하니, 각각 그 가계에 따른다."[10]라고 한 말이 바로 이러한 사실을 나타낸다.

---

7) 『이아』「석구(釋丘)」: 水出其前, 渻丘. 水出其後, 沮丘. 水出其右, 正丘. 水出其左, 營丘.

8) 『예기』「단궁하(檀弓下)」【134a】: 延陵季子適齊, 於其反也, 其長子死, 葬於嬴博之間, 孔子曰, "延陵季子, 吳之習於禮者也." 往而觀其葬焉.

9) 『예기』「단궁상」【79a】: 舜葬於蒼梧之野, 蓋三妃未之從也. 季武子曰, "周公蓋祔."

10) 『주례』「춘관(春官)·몽인(冢人)」: 冢人掌公墓之地, 辨其兆域而爲之圖, 先王之葬居中, 以昭穆爲左右. 凡諸侯居左右以前, 卿大夫士居後, 各以其族.

그림 23-2 주공(周公)의 가계도(家系圖)

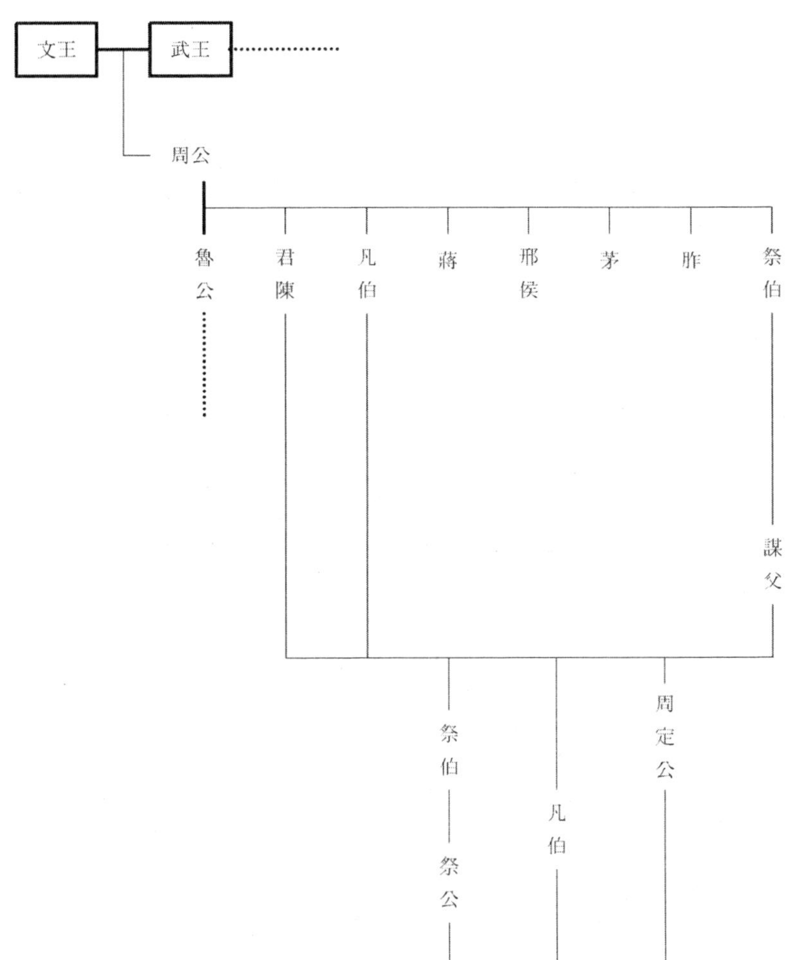

▸ **출처:** 『역사(繹史)』 1권 「역사세계도(繹史世系圖)」

訓纂 王氏懋竑曰: 周起於豳而化盛於南國, 故二南之詩, 用之鄕人, 用之邦國. 而逆暑迎寒, 則龡豳詩; 祈年田祖, 則龡豳·雅; 祭蠟則龡豳·頌. 此所謂"樂其所自生"也. 禮之報本反始, 此不忘其本之大者, 如尊用玄酒, 器用陶匏, 皆是.

번역 왕무횡이 말하길, 주(周)나라는 빈(豳) 땅에서 기원하여, 남쪽 나라로 옮겨서 융성하게 되었다. 그렇기 때문에 『시』「주남(周南)」과 「소남(召南)」의 시(詩)를 향(鄕)의 사람들에게도 쓰고, 나라에도 쓴 것이다.[11] 그리고 더위를 맞이하고 추위를 맞이할 때에는 빈시(豳詩)를 피리로 불어 연주하고, 농업을 주관하는 신(神)에게 그 해의 풍년을 기원할 때에는 빈시(豳詩)와 아시(雅詩)를 피리로 불어 연주하며, 납(蠟)제사를 지내게 되면, 빈시(豳詩)와 송시(頌詩)를 피리로 불어 연주했다.[12] 이것이 바로 "그 생겨나게 된 대상에 대해서 음악을 연주한다."라고 한 뜻에 해당한다. 예(禮)는 근본에 보답하고, 시초를 반추하니,[13] 이것은 그 근본 중에서도 커다란 것을 잊을 수가 없는 것으로, 예를 들어 술동이에는 현주(玄酒)[14]를 채우

---

11) 『시』「주남(周南)·관저(關雎)」편의 모서(毛序) : 關雎, 后妃之德也. 風之始也, 所以風天下而正夫婦也. 故用之鄕人焉, 用之邦國焉.

12) 『주례』「춘관(春官)·약장(籥章)」 : 籥章, 掌土鼓豳籥. 中春晝擊土鼓, 吹豳詩以逆暑. 中秋夜迎寒, 亦如之. 凡國祈年于田祖, 吹豳雅, 擊土鼓, 以樂田畯. 國祭蜡, 則吹豳頌, 擊土鼓, 以息老物.

13) 『예기』「교특생(郊特牲)」【326b】 : 唯社, 丘乘供粢盛, 所以報本反始也. / 『예기』「교특생」【329d】 帝牛不吉, 以爲稷牛. 帝牛必在滌三月, 稷牛唯具, 所以別事天神與人鬼也. 萬物本乎天, 人本乎祖, 此所以配上帝也. 郊之祭也, 大報本反始也.

14) 현주(玄酒)는 고대의 제례(祭禮)에서 술 대신 사용한 물[水]을 뜻한다. '현주'의 '현(玄)'자는 물은 흑색을 상징하므로, 붙여진 글자이다. '현주'의 '주(酒)'자의 경우, 태고시대 때에는 아직 술이 없었기 때문에, 물을 술 대신 사용했다. 따라서 후대에는 이 물을 가리키며 '주'자를 붙이게 된 것이다. '현주'를 사용하는 것은 가장 오래된 예법 중 하나이므로, 후대에도 이러한 예법을 존숭하여, 제사 때 '현주' 또한 사용했던 것이며, '현주'를 술 중에서도 가장 귀한 것으로 여겼다. 『예기』「예운(禮運)」편에는 "故玄酒在室, 醴醆在戶."라는 기록이 있는데, 이에 대한 공영달(孔穎達)의 소(疏)에서는 "玄酒, 謂水也. 以其色黑, 謂之玄. 而太古無酒, 此水當酒所用, 故謂之玄酒."

고,[15] 제기(祭器)에 있어서도 질그릇과 바가지를 사용하는 것[16]들은 모두 근본을 잊을 수 없다는 뜻에 해당하다.

集解 顧氏炎武曰: 太公就封於齊, 復入爲太師, 薨而葬於周, 事未可知, 使其有之, 亦古人因薨而葬不擇地之常爾. 記以首丘喩之, 亦已謬矣. 乃云"比及五世, 皆反葬於周." 夫齊之去周二千餘里, 而使其已化之骨跋履山川, 觸冒寒暑, 自東徂西, 以葬於封守之外, 於死者爲不仁. 古之葬者, 祖於庭, 塴於墓, 反哭其寢, 故曰"葬日虞, 弗忍一日離也." 使齊之孤重趼送葬, 曠月淹時, 不獲遵五月之制, 速反而虞, 於生者爲不孝. 且也, 入周之境而不見天子則不度, 離其喪次而以衰絰見則不祥, 若其孤不行而使卿攝之則不恭, 勞民傷財則不惠, 此數者無一而可. 禹葬會稽, 其後王不從, 而殽之南陵, 有夏后皐之墓, 豈古人不達禮樂之義哉! 體魄則降, 知氣在上, 故古之事其先人, 於廟而不於墓, 聖人所以知幽明之故也. 然則太公無五世反葬之事明矣.

번역 고염무[17]가 말하길, 태공(太公)은 제(齊)나라로 이동하여 그곳을 봉지(封地)로 받았고, 다시 주(周)나라 수도로 돌아와서 태사(太師)가 되었는데, 그곳에서 죽게 되어, 주나라 수도에서 장례를 치렀다고 했지만, 이것이 사실인지에 대해서는 확신할 수 없고, 만약 이러한 일이 있었다면, 이것은 또한 고대인들이 그가 죽었을 때 장례를 치르는 장소에 대해서, 고정적으로 정해놓았던 장소가 없었다는 사실을 뜻할 따름이다. 『예기』를 기록한

라고 풀이했다.

15) 『예기』「교특생(郊特牲)」【334a~b】: 酒醴之美, 玄酒明水之尙, 貴五味之本也. 黼黻文繡之美, 疏布之尙, 反女功之始也. 莞簟之安, 而蒲越稾鞂之尙, 明之也. 大羹不和, 貴其質也. 大圭不琢, 美其質也. 丹漆雕幾之美, 素車之乘, 尊其樸也. 貴其質而已矣. 所以交於神明者, 不可同於所安褻之甚也. 如是而后宜.

16) 『예기』「교특생(郊特牲)」【328a】: 大報天而主日也, 兆於南郊, 就陽位也. 掃地而祭, 於其質也. 器用陶匏, 以象天地之性也.

17) 고염무(顧炎武, A.D.1613 ~ A.D.1682) : 명말(明末) 때의 학자이다. 자(字)는 영인(寧人)이고, 호(號)는 정림(亭林)이다. 경학과 사학(史學) 분야에 뛰어났다. 『일지록(日知錄)』 등의 저서가 있다.

자는 여우가 자신이 태어난 언덕 쪽으로 머리를 향하고 죽는다는 말로 비유를 했는데, 이 또한 잘못된 것이다. 그리고 "5세대에 이르기까지 모두 주나라 수도로 되돌아가서 장례를 치렀다."라고 했는데, 무릇 제나라와 주나라 수도와의 거리는 2000여리(理)가 떨어져 있으니, 이미 유골화된 시신을 가지고 여러 산천을 넘고 건너고, 추위와 더위를 무릅쓰며, 동쪽으로부터 서쪽으로 이동하여, 자신이 분봉 받은 땅 밖에서 장례를 치른다는 것은 죽은 자에 대해서 불인(不仁)한 짓이 된다. 고대에 장례를 치를 때에는 마당에서 조전(祖奠)[18]을 지내고,[19] 묘(墓)에서 하관을 했으며, 그 침(寢)에서 반곡(反哭)[20]을 했다. 그렇기 때문에 "장례를 치른 날 우제(虞祭)[21]를 지내는 것은 신령(神靈)이 하루라도 갈 곳 없이 떠도는 것을 참아낼 수 없기 때문이다."[22]라고 한 것이다. 그런데 유독 제나라의 지위를 계승하는 태자로 하여금 장례를 전송하는 길을 거듭되게 해서, 몇 달의 시기를 소요하게 하여, 5개월로 장례를 치르는 제후의 예법을 준수하지 못하게 만들고, 신속히 되돌아와서 우제를 치르지도 못하게 만드니, 살아있는 자에게는 불효(不孝)를 범하게 하는 것이다. 또한 주나라 수도로 들어갈 때 천자를 찾아뵙지 않게 된다면, 법도에 맞지 않는 것이고, 상(喪)을 치르는 장소에서 멀리 떨어져서, 상복(喪服)과 질대(絰帶)를 차고서 알현을 하게 된다면, 상서롭지 못한 일이 되는데, 만약 제나라의 태자가 직접 찾아가지 않고, 경(敬)으로 하여금 대신하게 했다면, 공손하지 못하게 되고, 백성들에게 노역

---

18) 조전(祖奠)은 발인 하루 전에 올리는 전제(奠祭)를 가리킨다.

19) 『예기』「단궁상」【88a】: 從者又問諸子游, 曰, "禮與?" 子游曰, "飯於牖下, 小斂於戶內, 大斂於阼, 殯於客位, 祖於庭, 葬於墓, 所以即遠也, 故喪事有進而無退." 曾子聞之, 曰, "多矣乎? 予出祖者." / 『예기』「방기(坊記)」【617a】: 子云, "賓禮每進以讓, 喪禮每加以遠. 浴於中霤, 飯於牖下, 小斂於戶內, 大斂於阼, 殯於客位, 祖於庭, 葬於墓, 所以示遠也. 殷人弔於壙, 周人弔於家, 示民不偝也."

20) 반곡(反哭)은 장례(葬禮) 절차 중 하나이다. 장지(葬地)에 시신을 안치한 이후, 상주(喪主)는 신주(神主)를 받들고 되돌아와서 곡(哭)을 하는데, 이것을 '반곡'이라고 부른다.

21) 우제(虞祭)는 장례(葬禮)를 치르고 난 뒤에 지내는 제사를 뜻한다.

22) 『예기』「단궁하(檀弓下)」【116a】: 葬日虞, 弗忍一日離也.

을 시키고, 재화를 탕감하게 된다면 은혜롭지 못하게 되는데, 이러한 여러 가지 사항 중 한 가지라도 해당하지 않아야 옳은 것이다. 우(禹)임금이 죽었을 때에는 회계(會稽)에서 장례를 치렀는데, 그의 후손들 중 천자가 된 자는 그 장지(葬地)를 따르지 않았고, 효산(殽山)의 남쪽 언덕에는 걸왕(桀王)의 조부인 하후고(夏后皐)의 무덤이 있었다고 하니,[23] 이러한 일들이 어찌 고대인들이 예악(禮樂)의 뜻에 대해서 통달하지 못해서 시행했다고 할 수 있겠는가! 체백(體魄)은 하강하여 땅으로 꺼지고, 지기(知氣)는 상승하여 하늘에 머문다.[24] 그렇기 때문에 고대인들이 선대 조상들을 섬길 때에는 묘(廟)에서 했던 것이지, 묘(墓)에서 하지 않았으니, 성인(聖人)이 은미함과 밝음의 원인을 알고 있었기 때문이다.[25] 그러므로 태공에게 있어서 5세대에 이르기까지 주나라 수도로 되돌아가서 장례를 치른 일이 없었다는 사실이 분명하다.

集解 愚謂: 五世, 蓋謂太公至其玄孫哀公也. 周禮雖有族葬之法, 然古之天子諸侯皆卽其所國而葬, 不必皆從其祖宗也. 文王葬豊, 武王葬鎬, 亦可見矣. 太公爲周太師, 丁公爲虎賁氏, 蓋仕於王朝而死, 而因葬焉者也. 哀公則被烹死於周, 而因葬焉者也. 乙公・癎公無可考, 使果葬周, 亦必其死於周耳. 若死於其國, 豈有越數千里而以柩往葬者? 謂五世反葬爲不忘本, 實附會之說爾. 又案皇覽, 呂尙冢在臨淄城南十里, 與記所言不合, 史記田和亦謚太公, 豈皇覽所言者乃和之冢, 而誤以爲尙與?

번역 내가 생각하기에, '오세(五世)'라는 말은 아마도 태공(太公)으로부터 그의 현손(玄孫)인 애공(哀公)까지를 뜻하는 것 같다. 『주례』에는 비록

23) 『춘추좌씨전』「희공(僖公) 32년」: 曰, "晉人禦師必於殽, 殽有二陵焉. 其南陵, 夏后皐之墓也; 其北陵, 文王之所辟風雨也. 必死是閒, 余收爾骨焉!"

24) 『예기』「예운(禮運)」【269a】: 及其死也, 升屋而號, 告曰, "皐某復!" 然後飯腥而苴孰. 故天望而地藏也, 體魄則降, 知氣在上. 故死者北首, 生者南鄕, 皆從其初.

25) 『역』「계사상(繫辭上)」: 仰以觀於天文, 俯以察於地理, 是故知幽明之故.

족장(族葬)의 예법이 기록되어 있지만, 고대의 천자와 제후들은 모두들 그 나라에서 장지(葬地)로 쓰던 곳에 나아가서 장례를 치렀던 것이지, 모두가 선조의 장지에 따라 장례를 치렀던 것은 아니다. 문왕(文王)에 대해서는 풍(豊) 땅에서 장례를 치렀고, 무왕(武王)에 대해서는 호(鎬) 땅에서 장례를 치렀으니, 이것을 통해서도 또한 이러한 사실을 확인할 수 있다. 태공(太公)은 주(周)나라 태사(太師)의 직책을 맡았고, 정공(丁公)은 호분씨(虎賁氏)의 직책을 맡았으니, 아마도 주나라 왕실에서 벼슬을 하다가 죽어서, 그에 따라 주나라 수도에서 장례를 치렀던 것이다. 애공(哀公)의 경우에는 팽(烹)이라는 형벌을 받아서, 주나라 수도에서 죽었으므로, 이 때문에 주나라 수도에서 장례를 치렀던 것이다. 그러나 을공(乙公)과 유공(癸公)에 대해서는 고찰할 수 있는 자료가 없다. 다만 그 둘을 주나라 수도에서 장례를 치렀다면, 이들 또한 반드시 주나라 수도에서 죽었기 때문일 것이다. 만약 자신의 나라에서 죽었다면, 어떻게 수천 리(里)나 떨어진 곳까지 영구(靈柩)를 가지고 가서 장례를 치렀겠는가? 따라서 5세대에 이르기까지 주나라 수도로 되돌아와서 장례를 치른 것을 근본을 잊지 못한다는 뜻으로 풀이한 말은 실제로는 견강부회에 지나지 않는다. 또한 『황람(皇覽)』을 살펴보면, 여상(呂尙)의 무덤은 임치(臨淄)의 국성(國城)에서 남쪽으로 10리(里) 떨어진 곳에 있다고 하니, 『예기』에서 언급하는 내용과 부합되지 않고, 『사기(史記)』에서는 전화(田和)에 대해, 그 시호를 태공(太公)으로 했다고 했는데, 『황람』에서 언급한 내용이 전화의 무덤을 가리키고, 잘못하여 이것을 여상의 무덤이라고 한 것이겠는가?

• 제 24 절 •

출모(出母)에 대한 상례(喪禮) Ⅱ

【78d~79a】

伯魚之母死, 期而猶哭. 夫子聞之曰: "誰與哭者?" 門人曰: "鯉也." 夫子曰: "嘻! 其甚也!" 伯魚聞之, 遂除之.

직역 伯魚의 母가 死함에 期이나 猶히 哭이라. 夫子가 聞하고 曰, "누군가? 哭하는 者는?" 門人이 曰, "鯉입니다." 夫子가 曰, "嘻라! 그 甚이여!" 伯魚가 聞하고, 遂히 除라.

의역 백어(伯魚)의 친모가 죽었는데, 그 여인은 출모(出母)였다. 1년이 지났는데도 백어가 여전히 곡(哭)을 했다. 공자(孔子)가 그 소리를 듣고, "지금 곡(哭)을 하는 자는 누구인가?"라고 하자, 문인들은 "아드님인 리(鯉)입니다."라고 했다. 그러자 공자는 "아! 너무 지나치구나!"라고 했다. 백어는 그 말을 듣고, 곧 곡(哭)하는 일을 그만두었다.

集說 伯魚之母出而死. 父在爲母期而有禫, 出母則無禫. 伯魚乃夫子爲後之子. 則於禮無服, 期可無哭矣. 猶哭, 夫子所以嘆其甚.

번역 백어(伯魚)의 모친은 그 집에서 쫓겨난 상태에서 죽었다. 부친이 생존해 계실 때, 죽은 모친을 위해서는 기년상(期年喪)을 치르고 담(禫)제사를 지내는데, 출모(出母)의 경우에는 담제사를 치르지 않는다. 백어의 경우에는 곧 공자(孔子)의 가계를 잇는 아들이 된다. 따라서 예법에 따르면 출모를 위해서는 규정에 따른 상복(喪服)이 없으며, 1년이 지나게 되면, 곡

(哭)을 하지 않아도 된다. 그런데도 여전히 곡(哭)을 했기 때문에, 공자는 그의 지나침에 대해서 한탄을 했던 것이다.

大全 廣安游氏曰: 天下之禮, 苟循其情而爲禮, 則子路伯魚不知其所終, 約其不及之情而爲禮, 則原壤宰予不可以爲訓, 故禮者通乎賢不肖而爲之, 不可以過, 不可以不及也.

번역 광안유씨가 말하길, 천하에 두루 통용되는 예(禮)에 있어서, 만약 사람의 정감에만 따라 예(禮)를 시행한다면, 자로(子路)와 백어(伯魚)의 경우는 끝내야 할 것에 대해서 알지 못한 것이고, 미치지도 못하는 정감을 요약하여 예(禮)를 시행한다면, 원양(原壤)과 재여(宰予)의 경우는 가르침으로 삼을 수가 없다. 그렇기 때문에 예(禮)라는 것은 현명한 자와 불초한 자에게까지 두루 소통이 되어 시행되는 것이니, 지나치게도 할 수 없고, 미치지 못해서도 안 되는 것이다.

鄭注 伯魚, 孔子子也, 名鯉. 猶, 尙也. 嘻, 悲恨之聲.

번역 '백어(伯魚)'는 공자(孔子)의 아들로, 이름은 '리(鯉)'이다. '유(猶)'자는 여전히[尙]라는 뜻이다. '희(嘻)'는 슬프고 한탄스러울 때 나오는 소리이다.

釋文 期音基. 鯉音里. 與音餘, 下"餘閣也與"同. 嘻, 許其反, 又於其反.

번역 '期'자의 음은 '基(기)'이다. '鯉'자의 음은 '里(리)'이다. '與'자의 음은 '餘(여)'이며, 아래문장에서 '餘閣也與'라고 할 때의 '與'자도 그 음이 이와 같다. '嘻'자는 '許(허)'자와 '其(기)'자의 반절음이며, 또한 '於(어)'자와 '其(기)'자의 반절음도 된다.

孔疏 ●"伯魚"至"除之". ○正義曰: 此一節論過哀之事.

번역 ●經文: "伯魚"~"除之". ○이곳 문단은 슬픔이 지나친 사안에 대해서 논의하고 있다.

孔疏 ◎注"嘻, 悲恨之聲". ○正義曰: "悲恨之聲"者, 謂非責伯魚悲恨之聲也. 時伯魚母出, 父在, 爲出母亦應十三月祥, 十五月禫. 言期而猶哭, 則是祥後禫前. 祥外無哭, 于時伯魚在外哭, 故夫子怪之, 恨其甚也. 或曰, 爲出母無禫, 期後全不合哭.

번역 ◎鄭注: "嘻, 悲恨之聲". ○정현이 "슬프고 한탄스러울 때 나오는 소리이다."라고 하였는데, 이것은 백어(伯魚)가 슬퍼하고 한탄스러워하며 낸 울음소리를 책망한 것이 아니라는 뜻이다. 당시 백어의 모친은 집에서 쫓겨났고, 부친이 생존해 있었으므로, 출모(出母)를 위해서는 또한 13개월째에 대상(大祥)을 치르고, 15개월째에 담(禫)제사를 지내야만 한다. 그런데 1년이 지났음에도 여전히 곡(哭)을 했다고 기록했다면, 이 시기는 대상을 치른 이후로부터 담제사를 지내기 이전이 된다. 그리고 대상을 치른 뒤에는 곡(哭)을 하지 않는데, 이때 백어는 대상을 지낸 이후에도 곡(哭)을 한 것이다. 그래서 공자가 그 일을 괴이하게 생각하여, 그의 지나친 행동을 한탄했던 것이다. 혹자는 출모를 위해서는 담제사를 지내지 않으니, 1년이 지난 시점부터는 결코 곡(哭)을 할 수 없다고 주장한다.

訓纂 顧氏炎武曰: 此自父在爲母之制當然, 疏以爲出母者非.

번역 고염무가 말하길, 이곳 문단에서 말하는 상황은 부친이 생존해 계실 때, 죽은 모친을 위해 시행하는 제도에 있어서는 당연한 일인데, 공영달(孔穎達)의 소(疏)에서는 백어(伯魚)의 모친을 출모(出母)로 여기고 있으니, 이것은 잘못된 주장이다.

訓纂 李氏惇曰: 儀禮喪服出妻之子, 爲父後者, 則爲出母無服. 伯魚旣爲夫子後, 則不當爲出母服. 服期者, 伯魚之過禮也. 期而猶不除, 則更過矣. 前此過禮, 而夫子不禁者, 聖人善體人子之情, 不忍奪之也. 聞父言而遂除者, 伯魚自知其過也. 顧氏因出母之喪不當服, 而疑此條爲父在爲母. 果爾, 則夫子自服期, 伯魚當從夫子而除矣. 雜記云, "十一月而練, 十三月而祥, 十五月而禫." 今時方及期, 夫子何責其過甚, 而使之急除哉?

번역 이돈[1]이 말하길, 『의례』「상복(喪服)」편에서는 집에서 쫓겨난 부인의 아들이 부친의 후계자가 된다면, 출모(出母)를 위해서는 규정에 따라 입어야 하는 상복(喪服)이 없다고 했다.[2] 백어(伯魚)는 이미 공자(孔子)의 후계자가 된 자이므로, 출모를 위해서 상(喪)을 치러야 하는 대상에 해당하지 않는다. 1년 동안 상(喪)을 치른 것은 백어가 예법을 지나치게 시행한 것이다. 1년이 지났음에도 여전히 상복을 벗지 않은 것은 더욱 지나친 행동이다. 앞서 이러한 지나친 예법의 시행에 대해서, 공자가 금하지 않은 것은 성인(聖人)은 자식된 자의 정감을 잘 알고 있었으므로, 차마 그 마음을 빼앗을 수 없었기 때문이다. 부친의 말을 듣고서 마침내 상복을 제거한 것은 백어가 제 스스로 그 지나침을 깨달았기 때문이다. 고염무(顧炎武)는 출모(出母)의 상(喪)에서는 마땅히 상복을 입지 않는다는 규정에 따라서, 이곳 문장의 내용을 부친이 생존해 계셨을 때, 죽은 모친을 위한 사항이라고 의심하였다. 과연 그의 말대로라면, 공자 또한 1년 동안 상복을 입게 되므로, 백어는 마땅히 공자를 따라서 상(喪)을 끝냈어야만 한다. 『예기』「잡기(雜記)」편에서는 "11개월째에 소상(小祥)을 치르고, 13개월째에 대상(大祥)을

---

1) 이돈(李惇, ? ~ ?) : 청(淸)나라 때의 유학자이다. 자(字)는 성유(成裕)·효신(孝臣)이다. 박학하였으며, 『시(詩)』, 『춘추(春秋)』의 삼전(三傳)에 대해서 깊게 연구하였다고 전해진다. 왕념손(王念孫), 왕중(汪中) 등과 교우를 맺었으며, 고학(古學)을 주창하였다. 『복서론(卜筮論)』, 『상서고문설(尙書古文說)』, 『고공거제고(考工車制考)』, 『역대거제고(歷代車制考)』, 『좌전통석(左傳通釋)』 등 여러 저술을 남겼지만, 현재 대부분 남아 있지 않다.

2) 『의례』「상복(喪服)」 : 出妻之子爲父後者, 則爲出母無服. 傳曰, 與尊者爲一體, 不敢服其私親也.

치르며, 15개월째에 담(禫)제사를 지낸다."[3]라고 했다. 그런데 이곳에서 말하는 시기는 이제 막 1년째가 되는 시점인데, 공자가 어찌하여 그의 과도함에 대해서 책망을 하여, 그로 하여금 성급히 상(喪)을 끝내도록 했겠는가?

集解 愚謂: 父在爲母十一月而練, 十三月而祥, 十五月而禫. 出母雖服杖期, 而虞·祔·練·祥之祭皆不在己家, 直於十三月而除之, 無所謂練·祥·禫之祭, 亦無所謂練·祥·禫之服也. 此時伯魚服已除, 但以哀尙未忘, 猶有思憶之哭, 故夫子怪之. 除之者, 謂不復哭耳, 非除服也. 若服猶未除, 夫子應怪其服, 不應聞其哭方怪之也.

번역 내가 생각하기에, 부친이 생존해 계실 때, 돌아가신 모친을 위해서는 11개월째에 소상(小祥)을 지내고, 13개월째에 대상(大祥)을 지내며, 15개월째에 담(禫)제사를 지낸다. 출모(出母)를 위해서는 비록 상복(喪服)을 입고 지팡이를 잡으며, 1년 동안 상(喪)을 치르게 되지만, 우제(虞祭)·부제(祔祭)·소상·대상의 제사는 모두 자신의 집에서 지내는 것이 아니며, 13개월째에 이르게 되면, 상(喪)을 끝내고, 이른바 소상·대상·담 등의 제사가 없게 되니, 또한 소상·대상·담제 등을 치르며 입는 상복(喪服)도 없게 된다. 이곳에서 말하는 시기는 백어(伯魚)가 이미 상복을 벗은 시점인데, 단지 애달픈 마음이 남아 있어서, 여전히 모친을 생각하며 슬프게 울며 곡(哭)을 했던 것이다. 그렇기 때문에 공자가 그 소리를 듣고 괴이하게 여긴 것이다. "제거했다[除之]."는 말은 다시는 곡(哭)을 하지 않았다는 뜻일 뿐이니, 상복을 벗었다는 뜻이 아니다. 만약 상복을 여전히 벗지 않았다면, 공자는 마땅히 그가 상복을 입고 있는 것에 대해서 괴이하게 여겨야 하는 것이니, 그가 곡(哭)하는 소리를 듣고 괴이하게 여겨서는 안 된다.

---

3) 『예기』「잡기하(雜記下)」【513c】: 期之喪, <u>十一月而練, 十三月而祥, 十五月而禫</u>, 練則弔.

集解 或謂伯魚之母死, 期而猶哭, 夫子以爲甚, 遂除之. 此自父在爲母之制當然, 疏以爲出母者非. 今按祥而外無哭者, 禫而內無哭者, 父在, 爲母十三月而祥, 十五月而禫, 則祥後禫前內應猶哭, 夫子何以怪其甚? 疏說未可非也.

번역 혹자는 백어(伯魚)의 모친이 죽게 되자, 1년이 지났는데도 여전히 곡(哭)을 하여, 공자(孔子)는 매우 과도하다고 여기게 되어, 결국 백어가 곡(哭)하는 것을 그쳤다고 주장한다. 그리고 이곳 내용은 부친이 생존해 계실 때, 돌아가신 모친을 위한 제도에서는 합당한 일이므로, 공영달(孔穎達)의 소(疏)에서 여기에서 말한 모친을 출모(出母)로 여긴 것이 잘못되었다고 주장한다. 그런데 내가 살펴보니, 대상(大祥)을 치른 뒤에는 곡(哭)을 하는 일이 없고, 담(禫)제사를 치르기 전까지도 곡(哭)을 하는 일이 없으니, 부친이 생존해 계신 상태에서, 돌아가신 모친을 위해 상(喪)을 치르게 된다면, 13개월째에 대상(大祥)을 치르고, 15개월째에 담(禫)제사를 지내게 되므로, 대상을 치른 이후로부터 담제사를 치르기 이전까지는 여전히 곡(哭)을 하게 되는데, 공자가 어찌하여 그의 과도함에 대해서 괴이하게 여겼겠는가? 그러므로 공영달의 주장은 잘못된 것이 아니다.

• 제 25 절 •

합장(合葬)의 유래

【79a】

舜葬於蒼梧之野, 蓋三妃未之從也. 季武子曰: "周公蓋祔."

직역 舜을 蒼梧의 野에 葬함이, 蓋히 三妃를 從을 未라. 季武子가 曰, "周公이 蓋히 祔라."

의역 순(舜)임금이 붕어했을 때에는 창오(蒼梧)의 들판에서 장례(葬禮)를 치렀는데, 순임금의 세 부인들이 죽었을 때에는 순임금의 장지(葬地)에서 장례를 치르지 않았다. 계무자(季武子)가 말하길, "주공(周公) 때부터 남편의 무덤에 합장(合葬)을 하기 시작했다."라고 했다.

集說 天子以四海爲家, 南巡而崩, 故遂葬蒼梧之野.

번역 천자(天子)는 사해 안의 땅을 자신의 통치 영역으로 삼는데, 남쪽으로 순수(巡守)를 하다가 붕어하였다. 그렇기 때문에 결국 창오(蒼梧)의 들판에서 장례(葬禮)를 치르게 된 것이다.

集說 疏云: 舜長妃娥皇無子, 次妃女英生商均, 次妃癸比生二女, 霄明, 燭光. 三妃後皆不從舜之葬, 此記者言合葬之事, 古人未有, 因引季武子之言, 謂自周公以來, 始祔葬也. 書, "陟方乃死."

번역 공영달(孔穎達)의 소(疏)에서 말하길, 순(舜)임금의 첫째 부인 아황(娥皇)은 자식이 없었고, 둘째 부인 여영(女英)은 상균(商均)을 낳았으며, 셋째 부인 계비(癸比)는 두 딸을 낳았으니, 소명(霄明)과 촉광(燭光)이다. 세 명의 부인들은 순임금이 죽은 이후 모두들 순임금을 뒤따라 순임금의 장지(葬地)에서 장례를 치르지 않았으니, 이곳의 『예기』 문장을 기록한 자는 고대인들에게는 아직까지 합장(合葬)하는 일이 없었고, 계무자(季武子)의 말을 인용한 것에 따르면, 주공(周公)으로부터 그 이후로 비로소 합장을 하게 되었다고 말하고 있다. 『서』에서는 "사방(四方) 순수에 올랐다가 곧 돌아가셨다."[1]라고 했다.

集說 蔡氏曰: 史記舜崩於蒼梧之野, 孟子言卒於鳴條, 未知孰是. 今零陵九嶷有舜冢云.

번역 채침[2]가 말하길, 『사기(史記)』에서는 순(舜)임금이 창오(蒼梧)의 들판에서 붕어하였다고 했고,[3] 『맹자』에서는 명조(鳴條)에서 돌아가셨다고 했는데,[4] 어느 기록이 옳은지는 잘 모르겠다. 현재 영릉(零陵) 구억(九嶷) 지역에는 순임금의 무덤이라고 부르는 곳이 있다.

鄭注 舜征有苗而死, 因留葬焉. 書說舜曰: "陟方乃死." 蒼梧, 於周南越之地, 今爲郡. 古者不合葬. 帝嚳而立四妃矣, 象后妃四星, 其一明者爲正妃, 餘三小者爲次妃. 帝堯因焉. 至舜不告而取, 不立正妃, 但三而已, 謂之三夫人.

---

1) 『서』「우서(虞書)·순전(舜典)」: 舜生三十徵庸, 三十在位. 五十載, 陟方乃死. 帝釐下土, 方設居方, 別生分類, 作汨作, 九共, 九篇, 槀飫.

2) 채침(蔡沈, A.D.1167 ~ A.D.1230) : =채구봉(蔡九峯). 남송(南宋) 때의 학자이다. 자(字)는 중묵(仲默)이고, 호(號)는 구봉(九峯)이다. 주자의 문인이자 사위이다. 주자가 완성하지 못했던 『서집전(書集傳)』을 완성하였다.

3) 『사기(史記)』「오제본기(五帝本紀)」: 舜年二十以孝聞, 年三十堯擧之, 年五十攝行天子事, 年五十八堯崩, 年六十一代堯踐帝位. 踐帝位三十九年, 南巡狩, 崩於蒼梧之野.

4) 『맹자』「이루하(離婁下)」: 孟子曰, 舜生於諸馮, 遷於負夏, 卒於鳴條, 東夷之人也.

離騷所歌湘夫人, 舜妃也. 夏后氏增以三三而九, 合十二人. 春秋說云天子取十二, 卽夏制也. 以虞・夏及周制差之, 則殷人又增以三九二十七, 合三十九人. 周人上法帝嚳, 立正妃, 又三二十七爲八十一人, 以增之合百二十一人. 其位后也・夫人也・嬪也・世婦也・女御也. 五者相參以定尊卑. 祔謂合葬. 合葬自周公以來.

번역 순(舜)임금은 유묘(有苗)를 정벌하다가 죽었고, 그에 따라 그곳에 머물며 장례를 치른 것이다. 『서』에서는 순임금에 대해 설명하며, "사방(四方)으로 순수를 하기 위해 길을 떠났다가 돌아가셨다."라고 했다. '창오(蒼梧)'는 주(周)나라 때의 남월(南越)에 있던 지역으로, 현재는 그곳이 군(郡)으로 편재되었다. 고대에는 합장(合葬)을 하지 않았다. 제곡(帝嚳)[5]은 네 명의 부인을 두었는데, 네 명의 부인들을 통해서 후비(后妃)의 사성(四星)을 형상화한 것이니, 그 중 가장 지혜로운 자를 정부인으로 삼고, 나머지 세 명을 차비(次妃)로 삼은 것이다. 요(堯)임금도 이러한 제도에 따랐다. 순(舜)임금 때에 이르러서는 정식으로 아뢰지 않고 장가를 갔기 때문에, 정부인을 두지 않았고, 단지 세 명의 차비(次妃)만을 두었을 따름이니, 이들을 '삼부인(三夫人)'이라고 부른 것이다. 굴원(屈原)의 이소(離騷)에서 노래했던 '상부인(湘夫人)'이 바로 순임금의 부인들을 뜻한다. 하후씨(夏后氏) 때에는 증가를 시켜서, 3 곱하기 3을 하여 9명을 더 두었으니, 총 12명의 부인을 두었다. 『춘추설』에서는 천자(天子)는 12명의 부인을 두니, 하(夏)나라 때의 제도에 해당한다. 우(虞)와 하(夏) 및 주(周)나라의 제도에서는 차등을 두었으니, 은(殷)나라 때에는 더 증가를 시켜서, 3 곱하기 9를 하여 27명을 더 두었으니, 총 39명의 부인을 두었다. 주나라 때에는 위로 제곡을 본받아서, 정부인을 두었고, 또 3 곱하기 27을 하여 81명을 더 두었

---

5) 제곡(帝嚳)은 고신씨(高辛氏)라고도 부른다. '제곡'은 고대 오제(五帝) 중 하나이다. 황제(黃帝)의 아들 중에는 현효(玄囂)가 있었는데, '제곡'은 현효의 손자가 된다. 운(殷)나라의 복사(卜辭) 기록 속에서는 은나라 사람들이 '제곡'을 고조(高祖)로 여겼다는 기록도 나온다. 한편 '제곡'은 최초 신(辛)이라는 땅을 분봉 받았다가, 이후에 제(帝)가 되었으므로, '제곡'을 고신씨(高辛氏)라고도 부르는 것이다.

으니, 총 121명으로 증가시켰다. 그 지위는 후(后), 부인(夫人), 빈(嬪), 세부(世婦), 여어(女御) 등이다. 이 다섯 지위에 해당하는 여인들은 서로 도와가며 존비(尊卑)의 질서를 바르게 했다. '부(祔)'자는 합장(合葬)을 뜻한다. 합장의 예법은 주공(周公) 때부터 시작되었다.

釋文 梧音吾. 陟, 知力反, 升也. 嚳, 苦毒反, 高辛氏帝也. 騷, 素刀反, 一音蕭. 湘差, 初佳反, 又初宜反. 嬪, 婢人反. 祔音父.

번역 '梧'자의 음은 '吾(오)'이다. '陟'자는 '知(지)'자와 '力(력)'자의 반절음으로, 오른다는 뜻이다. '嚳'자는 '苦(고)'자와 '毒(독)'자의 반절음으로, 고신씨(高辛氏)인 제왕이다. '騷'자는 '素(소)'자와 '刀(도)'자의 반절음이며, 다른 음은 '蕭(소)'이다. '湘差'에서의 '湘'자는 '初(초)'자와 '佳(가)'자의 반절음이며, 또한 '初(초)'자와 '宜(의)'자의 반절음도 된다. '嬪'자는 '婢(비)'자와 '人(인)'자의 반절음이다. '祔'자의 음은 '父(부)'이다.

孔疏 ●"舜葬"至"蓋祔". ○正義曰: 此一節論古者不合葬之事. "舜葬於蒼梧之野"者, 舜南巡守, 因征有苗而死, 以古代不合葬, 且天下爲家, 故遂葬於蒼梧之野.

번역 ●經文: "舜葬"~"蓋祔". ○이곳 문단은 고대인들이 합장(合葬)을 하지 않았다는 사안에 대해서 논의하고 있다. 경문의 "舜葬於蒼梧之野"에 대하여. 순(舜)임금이 남쪽으로 순수(巡守)를 함에, 그 일을 계기로 유묘(有苗)를 정벌하다가 죽었으니, 고대인들은 합장을 하지 않았고, 또 천하 전체를 자신의 통치 영역으로 삼고 있었기 때문에, 결국 창오(蒼梧)의 들판에서 장례(葬禮)를 치르게 되었다.

孔疏 ●"蓋三妃未之從也"者, 從猶就也, 古不合葬, 故舜之三妃不就蒼梧與舜合葬也. 云"蓋"者, 錄記之人傳云舜時如此, 未知審也, 故云"蓋". "未之從"者, 記人以周公始附, 舜時未有此禮, 故云"未之從"也. 記者旣論古不合葬, 與周不同, 引季武子之言云周公以來蓋始附葬. 附卽合也, 言將後喪合前喪. 武子去周公不遠, 無可疑, 亦云"蓋"者, 意有謙退, 不敢指斥, 事雖不疑, 亦云"蓋"也. 故孝經夫子云"蓋天子之孝"也, "蓋諸侯之孝也", 非是不知, 謙爲疑辭.

번역 ●經文: "蓋三妃未之從也". ○'종(從)'자는 "나아가다[就]."는 뜻이니, 고대에는 합장(合葬)을 하지 않았다. 그렇기 때문에 순(舜)임금의 세 부인들이 죽었을 때에도 창오(蒼梧)로 가서 순임금의 무덤에 합장을 하지 않았던 것이다. 그런데 '개(蓋)'자를 덧붙여서 기록한 이유는 『예기』를 기록한 자가 구전으로 내려오던 얘기를 하며, 순임금 때에는 이처럼 하였다고 했는데, 자세한 실정을 모르겠으므로, '개(蓋)'자를 덧붙인 것이다. "아직은 나아가지 않았다[未之從]."라고 했는데, 『예기』를 기록한 사람은 주공(周公) 때부터 비로소 합장을 하기 시작하였고, 순임금 때에는 아직 이러한 예법이 없었기 때문에 "아직은 나아가지 않았다."라고 말한 것이다. 『예기』를 기록한 자는 이미 고대에는 합장을 하지 않았다고 논의했는데, 이것은 주(周)나라 때의 방법과 다른 것이다. 그래서 계무자(季武子)의 말을 인용하여, 주공(周公)으로부터 아마도 합장하는 예법이 시작되었을 것이라고 말한 것이다. '부(附)'자는 '합(合)'자에 해당하니, 이후에 상(喪)을 치른 자에 대해서, 앞서 상(喪)을 치른 자의 무덤에 함께 매장하는 것을 뜻한다. 계무자가 생존했던 시기는 주공이 생존했던 시기와 큰 차이가 나지 않으므로, 그의 말은 의심할 것이 없는데도, '개(蓋)'자를 덧붙인 이유는 말을 겸손하게 낮춰서, 직접적으로 가리키지 못했던 것이니, 그 사안에 비록 의심스러울 것이 없지만, 또한 '개(蓋)'자를 덧붙여서 말하게 된 것이다. 그래서 『효경』에서도 공자(孔子)는 "아마도 천자(天子)의 효(孝)일 것이다."[6]라고 말하고, 또 "아마도 제후(諸侯)의 효일 것이다."[7]라고 말한 것이니, 그 사실

---

6) 『효경』「천자장(天子章)」: 子曰, 愛親者不敢惡於人. 敬親者不敢慢於人. 愛敬盡於事親, 而德教加於百姓, 刑于四海. 蓋天子之孝也.

7) 『효경』「제후장(諸侯章)」: 在上不驕, 高而不危. 制節謹度, 滿而不溢. 高而不危, 所以長守貴也, 滿而不溢, 所以長守富也. 富貴不離其身, 然後能保其社稷,

을 알지 못하는 것이 아님에도, 겸손하게 낮춰서, 의심스러울 때 쓰는 말을 덧붙인 것이다.

孔疏 ◎注"舜征"至"爲郡". ○正義曰: 鄭按淮南子云: "舜征三苗, 而遂死蒼梧." 史記云: "舜踐帝位三十九年, 南巡守, 崩于蒼梧之野, 葬于九疑山, 是爲零陵." 按尙書"竄三苗于三危", 在西裔, 今舜征有苗, 乃死於蒼梧者, 張逸答焦氏問云: "初竄西裔, 後分之在南野." 漢書·地理志有蒼梧郡, 是今爲郡名也.

번역 ◎鄭注: "舜征"~"爲郡". ○정현은 『회남자(淮南子)』에서 "순(舜)임금이 삼묘(三苗)를 정벌하다가 결국 창오(蒼梧)에서 돌아가셨다."[8]라고 한 기록과 『사기(史記)에서 "순임금이 제위에 오른 후 39년째에 남쪽을 순수하다가 창오의 들판에서 붕어를 하였고, 구의산(九疑山)에 장례를 치렀으니, 이곳이 영릉(零陵)이다."라고 한 말을 살펴보고, 또 『상서』에서 "삼위(三危)로 삼묘를 내쫓았다."[9]라고 한 기록을 살펴봤는데, 삼위(三危)라는 곳은 서쪽 변경지역에 해당하는데, 현재 이곳에서는 순임금이 유묘(有苗)를 정벌하다가 곧 창오에서 죽었다고 하였다. 이 점에 대해서 장일[10]은 초씨(焦氏)의 질문에 대답을 하며, "최초 서쪽 변경지역으로 쫓아냈지만, 후에 그 종족이 분파하여, 남쪽 오랑캐 땅에 있게 된 것이다."라고 했다. 『한서(漢書)』「지리지(地理志)」편에는 '창오군(蒼梧郡)'이라는 행정구역이 있으니,[11] 이 기록이 바로 현재는 군(郡)의 명칭이 되었다는 의미를 나타낸다.

而和其民人. 蓋諸侯之孝也.

8) 『회남자(淮南子)』「수무훈(脩務訓)」: 舜作室, 築牆茨屋, 辟地樹穀, 令民皆知去巖穴, 各有家室. 南征三苗, 道死蒼梧.

9) 『서』「우서(虞書)·순전(舜典)」: 流共工于幽洲, 放驩兜于崇山, 竄三苗于三危, 殛鯀于羽山. 四罪而天下咸服.

10) 장일(張逸, ? ~ ?): 정현(鄭玄)의 문도로 알려져 있지만, 자세한 이력은 전해지지 않는다.

11) 『한서(漢書)』「지리지(地理志)」: 蒼梧郡, 戶二萬四千三百七十九, 口十四萬六千一百六十. 縣十, 廣信, 謝沐, 高要, 封陽, 臨賀, 端谿, 馮乘, 富川, 荔蒲, 猛陵.

孔疏 ◎注"古者"至"尊卑". ○正義曰: 知帝嚳立四妃者, 按大戴禮·帝繫篇云: "帝嚳卜四妃之子, 皆有天下. 長妃有邰氏之女, 曰姜嫄, 生稷. 次妃有娀氏之女, 曰簡狄, 生契. 次妃陳豊氏之女, 曰慶都, 生堯. 次妃陬[12]氏之女, 曰常宜, 生帝摯. 帝嚳崩, 帝摯卽位. 摯崩而堯立." 鄭此注用帝繫之文, 稷爲堯之異母弟也. 及注詩·生民之篇, 與此異也, 以爲姜嫄是高辛之世妃, 謂高辛後世子孫之妃, 用命曆序之文, 以爲帝嚳傳十世, 姜嫄是帝嚳十世以後子孫之妃. 云"象后妃四星", 按援神契云: "辰極橫, 后妃四星縱, 曲相扶." 按祭法云"帝嚳能序星辰以著衆", 明象星立妃也. 云"帝堯因焉"者, 以此經云舜三妃未之從, 明堯亦四妃也. 云"舜不告而取"者, 按孟子萬章問孟子云: "舜不告而取, 何也?" 孟子曰: "告則不得取, 父母終不爲取妻, 是絶其後也." 云"但三妃而已"者, 按帝王世紀云: "長妃娥皇無子, 次妃女英生商均, 次妃癸比生二女, 霄明·燭光是也." 云"離騷所歌湘夫人"者, 按楚辭·九歌第三曰湘夫人, 云"帝子降兮北渚, 目眇眇兮愁予", 是也. 王逸注離騷云: "娥皇女英, 墮湘水溺焉." 又秦紀云: "死而葬焉, 非溺也." 山海經以爲二女, 此云三者, 當以記爲正, 山海經不可用. 云"周人上法帝嚳, 立正妃"者, 按昏義后一·夫人三是也. 若然, 按鄭注尙書帝乙妾生微子, 後立爲正妃, 生紂. 殷已有后者, 謂三妃裏之正, 仍無后也. 云"夫人也"者, 卽舜之三妃也. "嬪也"者, 卽夏所增九女也. "世婦也"者, 卽殷所增二十七人也. "女御也"者, 卽周所增八十一人也. 自夏以下, 節級三倍加之.

번역 ◎鄭注: "古者"~"尊卑". ○정현의 말처럼 제곡(帝嚳)이 네 명의 비(妃)를 두었다는 사실을 알 수 있는 이유는 『대대례기(大戴禮記)』「제계(帝繫)」편을 살펴보면, "제곡은 네 명의 비가 낳은 자식들에 대해서 점을 쳤는데, 모두 천하를 소유한다고 했다. 첫째 부인 유태씨(有邰氏)의 딸은 강원(姜嫄)이라고 하는데, 직(稷)을 낳았다. 둘째 부인 유융씨(有娀氏)의 딸

12) '추(陬)'자에 대하여. 『십삼경주소(十三經注疏)』 북경대 출판본에서는 "『민본(閩本)』·『감본(監本)』·『모본(毛本)』에서는 동일하게 기록하고 있는데, 포당(浦鏜)은 '추'자 뒤에 '자(訾)'자가 투락된 것이라고 하여, 『대대례기(大戴禮記)』의 교정을 따르고 있다."라고 했다.

은 간적(簡狄)이라고 하는데, 설(契)을 낳았다. 셋째 부인 진풍씨(陳豐氏)의 딸은 경도(慶都)라고 하는데, 요(堯)를 낳았다. 넷째 부인 추씨(陬氏)의 딸은 상의(常宜)라고 하는데, 제지(帝摯)를 낳았다. 제곡(帝嚳)이 붕어하자, 제지(帝摯)가 제위에 올랐다. 제지(帝摯)가 붕어하자 요(堯)가 제위에 올랐다."[13]라고 했기 때문이다. 정현은 이곳 문장에 대한 주에서 「제계」편의 문장을 인용한 것이니, 후직(后稷)은 요(堯)임금의 배다른 동생이 된다. 그런데 『시』「생민(生民)」편에 대한 주와 이곳의 주가 차이를 보이는데, 강원(姜嫄)을 고신(高辛)의 세비(世妃)로 여긴 것이니, 고신(高辛) 이후 세자손(世子孫)의 비(妃)로 여긴 것으로, 이것은 『명력서(命曆序)』의 문장에 따른 것이며, 제곡(帝嚳)으로부터 10세대가 전수된 것으로 여겨서, 강원(姜嫄)을 제곡(帝嚳) 이후 10세대 이후 자손의 비(妃)로 여긴 것이다. 정현이 "네 명의 부인들을 통해서 후비(后妃)의 사성(四星)을 형상화한 것이다."라고 했는데, 『원신계(援神契)』를 살펴보면, "북극성[辰極]은 횡으로 이동하고, 후비(后妃)의 사성(四星)은 종으로 이동하며, 서로 맞물려 서로 돕는다."라고 했다. 『예기』「제법(祭法)」편을 살펴보면, "제곡(帝嚳)은 별자리[星辰]의 운행을 질서 잡아서, 만물에게 비춰주었다."[14]라고 했으니, 이 말은 곧 별자리를 형상화하여, 비(妃)를 세웠다는 사실을 나타낸다. 정현이 "요(堯)임금도 이러한 제도에 따랐다."라고 하였는데, 이곳 경문에서 순(舜)임금의 세 비(妃)는 합장(合葬)을 하지 않았다고 했으므로, 이 말은 요(堯)임금에게도 또한 네 명의 비(妃)가 있었다는 사실을 나타낸다. 정현이 "순(舜)임금 때에 이르러서는 정식으로 아뢰지 않고 장가를 갔다."라고 했는데, 『맹자』를 살펴보면, 만장(萬章)은 맹자(孟子)에게 질문을 하며, "순(舜)임금은 부모에게 아뢰지 않고 장가를 갔다고 했는데, 무슨 뜻입니까?"라고 하자, 맹자

---

13) 『대대례기(大戴禮記)』「제계(帝繫)」 : 帝嚳卜其四妃之子, 而皆有天下. 上妃有邰氏之女也, 曰姜原, 氏產后稷; 次妃有娀氏之女也, 曰簡狄, 氏產契; 次妃曰陳隆氏, 產帝堯; 次妃陬訾氏, 產帝摯. 帝堯娶于散宜氏之子, 謂之女皇氏. 帝舜娶于帝堯之子, 謂之女匽氏. 鯀娶于有莘氏之子, 謂之女志氏, 產文命. 禹娶于塗山氏之子, 謂之女憍氏, 產啓

14) 『예기』「제법(祭法)」【552b】 : 帝嚳能序星辰以著衆.

는 "아뢰었다면 장가를 갈 수 없었고, 부모가 돌아가실 때까지 부인을 맞이하지 않는 것은 그 후손을 끊는 일이기 때문이다."라고 했다.[15] 정현이 "단지 세 명의 차비(次妃)만을 두었을 따름이다."라고 했는데, 『제왕세기』[16]를 살펴보면, "첫째 부인 아황(娥皇)에게는 아들이 없었고, 둘째 부인 여영(女英)은 상균(商均)을 낳았으며, 셋째 부인 계비(癸比)는 두 딸을 낳았으니, 소명(霄明)과 촉광(燭光)이다."라고 했다. 정현이 '이소(離騷)에서 노래했던 상부인(湘夫人)'이라고 했는데, 『초사(楚辭)』「구가(九歌)」를 살펴보면, 세 번째 시(詩)를 '상부인(湘夫人)'이라고 부르니, "제자(帝子)가 북쪽 물가에 내려오니, 눈으로 멀찍이 봄에 나는 근심스러워 하네."라는 시(詩)가 바로 그 내용이다. 이소(離騷)에 대한 왕일[17]의 주에서는 "아황(娥皇)과 여영(女英)은 상수(湘水)를 따라가다가 빠져 죽었다."라고 했다. 또 『진기(秦紀)』에서는 "죽은 뒤에 장례를 치렀으니, 빠져 죽은 것이 아니다."라고 했다. 그리고 『산해경(山海經)』에서는 '두 여인[二女]'이라고 여겼고, 이곳 문장에서는 '세 명[三]'이라고 했는데, 마땅히 『예기』의 기록을 정설로 삼아야 하며, 『산해경』의 기록은 차용할 수 없다. 정현이 "주(周)나라 때에는 위로 제곡을 본받아서, 정부인을 두었다."라고 했는데, 『예기』「혼의(昏義)」편을 살펴보면, 후(后) 1명, 부인(夫人) 3명이라고 한 말[18]이 바로 이러한 사실을 가리킨다. 만약 그렇다면, 『상서』에 대한 정현의 주를 살펴보니, 제을(帝乙)의 첩(妾)은 미자(微子)를 낳았고, 이후에 그녀를 정비(正妃)로 삼

---

15) 『맹자』「만장상(萬章上)」: 萬章問曰, "詩云, '娶妻如之何? 必告父母. 信斯言也, 宜莫如舜. 舜之不告而娶, 何也?" 孟子曰, "告則不得娶. 男女居室, 人之大倫也. 如告, 則廢人之大倫, 以懟父母, 是以不告也."

16) 『제왕세기(帝王世紀)』는 서진(西晉) 때의 학자인 황보밀(皇甫謐)이 지은 서적이다. 이 서적은 역대 제왕(帝王)들의 가계도와 연대에 따른 사적들을 기록하고 있다. 삼황(三皇)들이 통치했다고 전해지는 시대로부터 한(漢)나라 및 위(魏)나라의 역사를 기록하고 있는데, 현재 남아있는 『제왕세기』는 10권으로 구성되어 있다.

17) 왕일(王逸, A.D.89 ~ A.D.158) : =후한(後漢) 때의 문학가이다. 자(字)는 숙사(叔師)이다. 저서로는 『초사장구(楚辭章句)』 등이 있다.

18) 『예기』「혼의(昏義)」【694c~d】: 古者天子后立六宮, 三夫人, 九嬪, 二十七世婦, 八十一御妻, 以聽天下之內治, 以明章婦順, 故天下內和而家理.

았고, 주(紂)를 낳았다고 했다. 은(殷)나라 때 이미 후(后)를 두었다고 했는데, 이 말은 곧 세 명의 비(妃) 중에서 정부인을 두었으므로, 후(后)가 없다고 한 것이다. 정현이 '부인야(夫人也)'라고 했는데, 이것은 곧 순(舜)임금이 두었던 세 명의 비(妃)를 뜻한다. '빈야(嬪也)'라고 한 말은 또한 하(夏)나라 때 증가시켰던 9명의 여자들을 뜻한다. 그리고 '세부야(世婦也)'라고 한 말은 은(殷)나라 때 증가시켰던 27명의 여자들을 뜻한다. 그리고 '여어야(女御也)'라는 말은 주(周)나라 때 증가시켰던 81명의 여자들을 뜻한다. 하(夏)나라 때로부터 그 이래로 순차적으로 3배수를 하여 증가를 시켰다.

그림 25-1 제곡(帝嚳)의 세계도(世系圖)

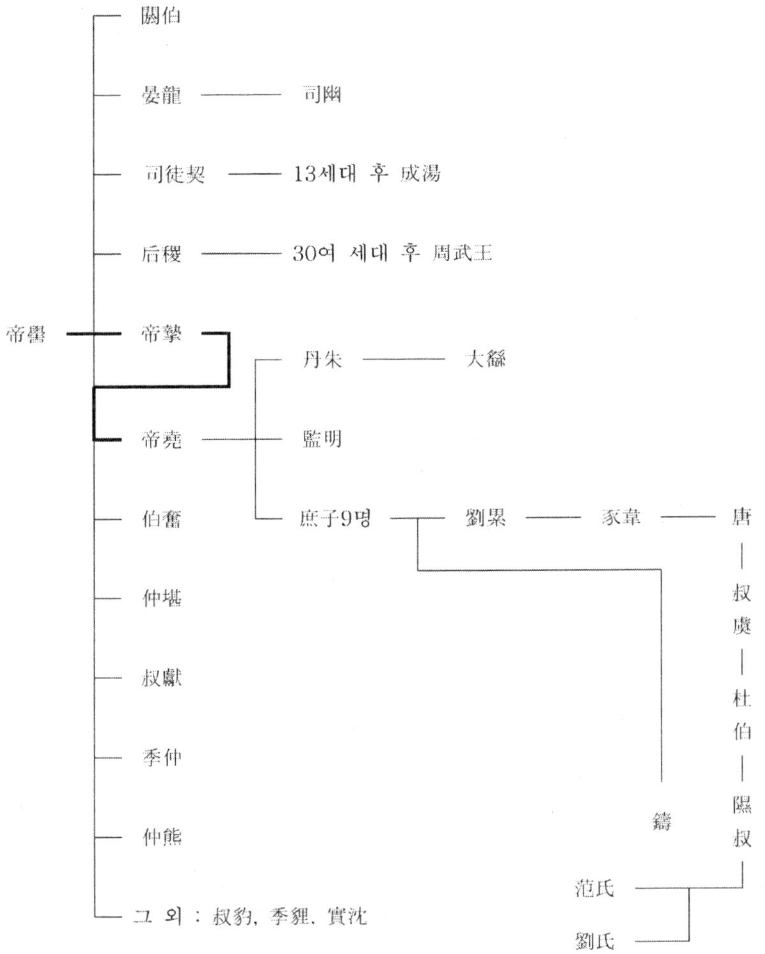

- 帝嚳
  - 閼伯
  - 晏龍 — 司幽
  - 司徒契 — 13세대 후 成湯
  - 后稷 — 30여 세대 후 周武王
  - 帝摯
  - 帝堯
    - 丹朱 — 大繇
    - 監明
    - 庶子9명
      - 劉累 — 豕韋 — 唐 — 叔虞 — 杜伯 — 隰叔
        - 范氏
        - 劉氏
      - 鑄
  - 伯奮
  - 仲堪
  - 叔獻
  - 季仲
  - 仲熊
  - 그 외 : 叔豹, 季貍, 實沈

▸ **출처:** 『역사(繹史)』 1권 「역사세계도(繹史世系圖)」

集解 愚謂: 記者引舜事以證古無合葬之禮. 又引季武子之言以明合葬之所自始也.

번역 내가 생각하기에, 『예기』를 기록한 자는 순(舜)임금에 대한 일화를 인용하여서, 고대에는 합장(合葬)을 하는 예(禮)가 없었음을 증명하였다. 또 계무자(季武子)의 말을 인용해서, 합장(合葬)의 예법이 유래된 시점을 나타내었다.

集解 或問, "舜卒於鳴條, 而竹書紀年有'南巡不反', 禮記有'葬於蒼梧'之說, 何也?" 朱子曰, "孟子所言, 必有依據, 二書駁雜, 恐難盡信. 然無他考驗, 則亦論而闕之可也.

번역 혹자가 묻기를, "순(舜)임금은 명조(鳴條)에서 돌아가셨다고 했는데, 『죽서기년』[19]에서는 '남쪽으로 순수(巡守)를 하셨다가 돌아오지 못하셨다.'라고 했고, 『예기』에는 '창오(蒼梧)에서 장례를 치렀다.'는 설이 나오는데, 이처럼 차이를 보이는 이유는 어째서입니까?"라고 했다. 주자가 대답하길, "맹자(孟子)가 말한 내용은 반드시 의거한 바가 있는 것이고, 나머지 두 책의 기록은 잡된 내용이 뒤섞여 있으니, 아마도 그 내용을 모두 믿을 수는 없을 것 같다. 그러므로 다른 증거가 없다면, 또한 논증하여 두 서적의 설을 빼버리는 것도 괜찮다."라고 했다.

---

19) 『죽서기년(竹書紀年)』은 중국 하(夏)·은(殷)·주(周) 삼대(三代)와 위(魏)나라 양왕(襄王) 때까지의 역사를 기록한 책이다. 양왕의 무덤에서 『목천자전(穆天子傳)』 등과 함께 진(晉)나라 때 발굴되었다. 모두 죽간에 기록되어 있었고, 편년체로 기록된 역사서였기 때문에 '죽서기년'이라고 불렸으며, 발굴된 지명에 따라서 『급총기년(汲塚紀年)』이라고도 불렸다. 그러나 이후 이 서적은 산일되었고, 후대에 다시 유포된 것은 일반적으로 위서(僞書)로 판명되었다. 진나라 때 발굴된 것을 『고본죽서기년(古本竹書紀年)』이라고 부르며, 후대에 위작으로 만들어진 것을 『금본죽서기년(今本竹書紀年)』이라고도 부른다.

• 제26절 •

시신을 목욕시키는 법도

【79b】

曾子之喪, 浴於爨室.

직역 曾子의 喪에, 爨室에서 浴이라.

의역 증자(曾子)가 죽었을 때, 그의 아들은 증자의 시신을 부엌에서 목욕시켰다.

集說 士喪禮: "浴於適室", 無浴爨室之文. 舊說, 曾子以曾元辭易簀, 矯之以謙儉, 然反席未安而沒, 未必有言及此. 使果曾子之命, 爲人子者, 亦豈忍從非禮而賤其親乎? 此難以臆說斷之, 當闕之以俟知者.

번역 『의례』「사상례(士喪禮)」편에서는 "적실(適室)[1]에서 시신을 목욕시킨다."라고 했고, 부엌[爨室]에서 목욕을 시킨다는 기록은 없다. 옛 학설에 따르면, 증자(曾子)는 증원(曾元)이 대자리를 바꾸도록 한 것에 대해 만류하였기 때문에, 겸손함과 검소함으로 아들의 잘못을 바로잡은 것이라고

---

1) 적실(適室)은 정침(正寢)에 있는 방[室]을 뜻한다. 정침(正寢)은 천자(天子)의 제후(諸侯)의 경우에는 노침(路寢)이라고 부르고, 경(卿)·대부(大夫)·사(士)의 경우에는 '적실' 또는 적침(適寢)이라고 부른다. 『의례』「사상례(士喪禮)」편에는 "士喪禮, 死于適室, 幠用斂衾."이라는 기록이 있는데, 이데 대한 정현의 주에서는 "適室, 正寢之室也."라고 풀이했고, 가공언(賈公彦)의 소(疏)에서는 "若對天子諸侯謂之路寢, 卿大夫士謂之適室, 亦謂之適寢, 故下記云'士處適寢', 揚而言之, 皆謂之正寢."이라고 풀이했다. 또 『예기』「단궁하(檀弓下)」편에는 "妻之昆弟爲父後者死, 哭之適室."이라는 기록이 있는데, 이에 대한 공영달(孔穎達)의 소(疏)에서는 "適室, 正寢也."라고 풀이했다.

했는데, 자리로 되돌아와서는 안정된 자세를 취하기도 전에 죽었으므로, 결코 이곳에서 언급한 내용까지 일러주었던 것이 아니다. 증자가 명령한대로 한 것이라고 하더라도, 자식된 자가 어찌 비례(非禮)를 따라서 자신의 부모를 천시하는 일을 참아낼 수 있겠는가? 이곳의 기록은 억측으로 판단하기 어려우니, 마땅히 그 논의를 생략하여, 후대의 지혜로운 자가 판가름해주기를 기다려야 한다.

鄭注 見曾元之辭易簀, 矯之以謙儉也. 禮, 死浴於適室.

번역 증원(曾元)이 대자리를 바꾸도록 한 명령에 대해 만류하는 것을 보았기 때문에, 그의 잘못을 겸손함과 검소함으로 바로잡은 것이다. 예(禮)에 따르면, 죽은 자에 대해서는 적실(適室)에서 목욕을 시킨다.[2]

釋文 爨, 七亂反. 矯, 居表反. 儉, 其檢反. 適, 丁歷反.

번역 '爨'자는 '七(칠)'자와 '亂(란)'자의 반절음이다. '矯'자는 '居(거)'자와 '表(표)'자의 반절음이다. '儉'자는 '其(기)'자와 '檢(검)'자의 반절음이다. '適'자는 '丁(정)'자와 '歷(력)'자의 반절음이다.

孔疏 ●"曾子"至"爨室". ○正義曰: 此一節論曾子故爲非禮, 以正其子也.

번역 ●經文: "曾子"~"爨室". ○이곳 문단은 증자(曾子)가 일부러 비례(非禮)를 범하여, 자식의 잘못됨을 바로잡은 일을 논의하고 있다.

孔疏 ◎注"見曾"至"適室". ○正義曰: 按上易簀之後, 反席未安而沒, 焉得有浴爨室遺語者? 以反席之前, 欲易之後, 足可有言, 但記文不備. 必知謂曾元之辭易簀, 故矯之者, 曾子達禮之人, 應須浴於正寢, 今乃浴於爨室, 明知意

2) 『의례』「사상례(士喪禮)」 : 士喪禮, 死于適室, 幠用斂衾.

有所爲, 故云"矯之"也. 云"禮, 死浴於適室"者, 士喪禮"死於適室", 下云"甸人掘坎于階間, 爲坙於西牆下, 新盆槃瓶造于西階下", 乃浴於適室也. 於爨室爲謙無甸人掘坎爲坙之事, 是儉也.

번역 ◎鄭注: "見曾"~"適室". ○앞의 문장을 살펴보면, 증자(曾子)는 대자리를 바꾸도록 한 이후에, 다시 자리로 되돌아와서 편안한 자세를 취하기도 전에 죽었는데, 어떻게 부엌에서 자신의 시신을 목욕시키라는 유언을 남길 수 있겠는가? 자리로 되돌아오기 이전, 그리고 대자리를 바꾸도록 한 이후의 시기에, 충분히 유언을 남길 수가 있었던 것인데, 『예기』의 문장이 이러한 정황을 생략한 것일 뿐이다. 정현의 말처럼 이곳 내용이 증원(曾元)이 대자리를 바꾸도록 한 명령에 대해 만류했기 때문에, 그 아들의 잘못을 바로잡기 위한 것임을 알 수 있는 이유는 증자는 예(禮)에 달통했던 인물이므로, 마땅히 정침(正寢)에서 목욕을 시켜야만 하는데도, 이곳에서는 부엌에서 목욕을 시켰으니, 부친이 뜻하는 바에 따라 시행하게 되었다는 사실을 나타낸다. 그렇기 때문에 "잘못을 바로잡았다."라고 말한 것이다. 정현이 "예(禮)에 따르면, 죽은 자에 대해서는 적실(適室)에서 목욕을 시킨다."라고 했는데, 『의례』「사상례(士喪禮)」편에서는 "적실에서 죽는다."라고 했고, 그 뒤의 문장에서는 "전인(甸人)이 계단 사이에 구덩이를 파고, 서쪽 담장 아래에서 목욕물을 데울 아궁이를 설치하며, 새로 만든 동이[盆]·소반[槃]·병(瓶) 등을 서쪽 계단 아래에 설치한다."[3]라고 했으니, 시신을 적설(適室)에서 목욕시키는 것이다. 부엌에서 목욕을 시키도록 한 것은 겸손하게 자신의 신분을 낮춰서, 전인(甸人)으로 하여금 구덩이를 파서 아궁이를 만드는 일이 없게끔 한 것이니, 이것은 검소하게 처신한 것에 해당한다.

集解 愚謂: 凡死皆於適室, 因卽其中霤而浴焉. 此上下之達, 卽不知禮者, 亦不聞有改焉者也. 曾子欲敎其子, 正當示之以禮, 豈有使之以非禮治其喪耶? 以"易簀"章觀之, 則曾子之卒在於正寢明矣. 乃移尸而浴於爨室, 又移尸

3) 『의례』「사상례(士喪禮)」: 甸人掘坎于階間少西, 爲坙于西牆下, 東鄕. 新盆·槃·瓶·廢敦·重鬲, 皆濯, 造于西階下.

而反於正寢, 以斂且殯焉, 旣違喪事卽遠之義, 又將使新死者內外遷徙, 杌隉不安, 必非人子之所忍出也. 若時有君命之弔, 賓客之襚, 就爨室而行禮, 則褻而不敬; 就正室而行禮, 則尸與主人皆在他所. 此皆禮之所必不可者, 此所記必傳聞之誤.

번역 내가 생각하기에, 무릇 정상적으로 어떤 자가 죽게 되면, 모든 경우에 있어서 적실(適室)에서 죽게 되니, 그에 따라 적실 안에 있는 중류(中霤)로 나아가서 시신을 목욕시키게 된다. 이것은 모든 계층에게 두루 적용되는 공통된 예법이니, 예(禮)를 모르는 자가 이점에 대해서 고친 것이 있다는 얘기를 들어보지 못했다. 증자(曾子)가 자신의 아들을 교육시키고자 하였다면, 마땅히 올바른 예(禮)로써 그에게 제시를 해야 하는데, 어떻게 아들로 하여금 비례(非禮)로써 자신의 상(喪)을 치르도록 할 수 있겠는가? "대자리를 바꿔라."라고 했던 문장의 내용을 토대로 살펴보자면, 증자는 정침(正寢)에서 죽은 것이 분명하다. 그리고 이곳 문장에 따르면, 증자의 시신을 이동시켜서, 부엌에서 목욕을 시키고, 또다시 시신을 옮겨서, 정침으로 되돌려 놓고, 염(斂)을 하고 빈소를 차렸다고 한다면, 이미 상사(喪事)에서는 그 단계가 점차 멀어지는 곳으로 나아가게 된다는 뜻[4]을 위배하게 되고, 또 이제 막 죽은 자로 하여금 안팎으로 옮겨 다니게 하여, 위태롭고 불안하게 만들게 되니, 결코 사람의 자식된 자가 차마 행동할 수 있는 것이 아니다. 만약 당시에 군주의 명령을 받들고 찾아온 조문객이 있었고, 빈객(賓客)이 수의를 보내게 되었는데도, 부엌으로 가서 시신을 목욕시키는 예(禮)를 시행했다면, 무람되고 공경스럽지 못한 것이 되며, 정실(正室)로 가서 시신을 목욕시키는 예(禮)를 시행했다면, 시신과 상주(喪主)가 모두 다른 장소에 있게 된다. 따라서 이러한 일들은 모두 예법상 결코 할 수 없는 것들이 되니, 이곳에 기록된 내용은 분명 전해져 오던 얘기가 와전된 것이 확실하다.

---

4) 『예기』「단궁상」【88a】: 從者又問諸子游, 曰, "禮與?" 子游曰, "飯於牖下, 小斂於戶內, 大斂於阼, 殯於客位, 祖於庭, 葬於墓, 所以卽遠也, 故喪事有進而無退." 曾子聞之, 曰, "多矣乎? 予出祖者."

集解 此篇記曾子行禮之失者二: 浴於爨室, 襲裘而弔, 是也. 言禮之失者二: 弔於負夏, 小斂之奠在西方, 是也. 此章與"負夏"章, 決不可信. 若襲裘而弔, 與小斂之奠在西方, 乃禮文之小失, 固無害於曾子之賢. 然以曾子問一篇觀之, 其於禮文曲折之間, 無不精究而明辨之, 恐亦不當如此篇之所言也.

번역 이곳 「단궁」편에는 증자(曾子)가 예(禮)를 시행하면서 실수를 범한 것에 대해 두 가지 사안을 기록하고 있으니, 부엌에서 목욕을 시킨 것과 가죽옷을 습(襲)[5]하고서 조문을 했던 일[6]이 바로 여기에 해당한다. 또 잘못된 예(禮)에 대해서 언급한 부분은 두 가지가 있으니, 부하(負夏)라는 곳으로 조문을 갔던 일[7]과 소렴(小斂)을 하며 사용되는 물건을 서쪽에 깔아두었던 일[8]이 바로 여기에 해당한다. 이곳 문장과 '부하(負夏)'에 대해 언급한 문장들은 결코 믿을 수 없는 내용들이다. 가죽옷을 습(襲)하고서 조문을 했던 일이나 소렴을 할 때 사용되는 물건을 서쪽에 깔아두었던 일들은 곧 예(禮)의 형식 중에서도 작은 결례를 범한 것에 지나지 않으므로, 진실로 증자의 현명함에 손실을 가하지는 않는다. 그러나 『예기』「증자문(曾子問)」이라는 한 편의 내용을 통해 살펴본다면, 증자는 예(禮)의 형식에 따른 세세한 부분에 대해서도, 정밀하게 궁구하여 분명하게 구별하지 않은 것이 없으니, 이곳 편에서 증자의 잘못을 언급하는 내용들은 또한 타당한 기록이 아닌 것 같다.

---

5) 습(襲)은 고대에 의례를 시행할 때 하는 복장 방식 중 하나이다. 겉옷으로 안에 입고 있던 옷들을 완전히 가리는 방식이다. 한편 '습'은 비교적 성대한 의식 때 시행하는 복장 방식으로도 사용되어, 안에 있고 있는 옷을 드러내지 않음으로써, 공경의 뜻을 표하기도 했다.

6) 『예기』「단궁상」【88c】: 曾子襲裘而弔, 子游裼裘而弔. 曾子指子游而示人, 曰, "夫夫也, 爲習於禮者, 如之何其裼裘而弔也?" 主人既小斂, 袒, 括髮, 子游趨而出, 襲裘帶絰而入. 曾子曰, "我過矣, 我過矣. 夫夫是也."

7) 『예기』「단궁상」【87c】: 曾子弔於負夏, 主人既祖, 塡池, 推柩而反之, 降婦人而后行禮. 從者曰, "禮與?" 曾子曰, "夫祖者, 且也. 且胡爲其不可以反宿也?"

8) 『예기』「단궁상」【98b】: 小斂之奠, 子游曰, "於東方." 曾子曰, "於西方, 斂斯席矣." 小斂之奠在西方, 魯禮之末失也.

• 제 27 절 •

상(喪)과 학업

【79c】

大功廢業. 或曰: "大功誦可也."

직역 大功에는 業을 廢한다. 或이 曰, "大功에 誦은 可하다."

의역 대공복(大功服)을 입고 치르는 상(喪)에서는 몸으로 하는 과업을 익히지 않는다. 혹자는 "대공복을 입고 치르는 상(喪)에서는 입으로 하는 과업은 익혀도 괜찮다."고 말하기도 한다.

集說 業者, 身所習, 如學舞・學射・學琴瑟之類. 廢之者, 恐其忘哀也. 誦者, 口所習, 稍暫爲之亦可. 然稱"或曰", 亦未定之辭也.

번역 '업(業)'이라는 것은 몸으로 익히는 것들이니, 예를 들어 춤을 익히고, 활쏘기를 익히며, 금슬(琴瑟)을 익히는 부류가 여기에 해당한다. "폐지한다[廢之]."는 것은 아마도 애달픈 마음을 잊게 될까를 염려했기 때문이다. '송(誦)'이라는 것은 입으로 익히는 것들이니, 잠시 입으로 익힐 수 있는 것들을 해도 무방한 것이다. 그런데 '혹왈(或曰)'이라고 말한 이유는 또한 확정할 수 없을 때 쓰는 말이기 때문이다.

그림 27-1 대공복(大功服) 착용 모습

▸ **출처:** 『삼재도회(三才圖會)』「의복(衣服)」 3권

大全 長樂陳氏曰: 業者, 弦歌羽籥之事, 誦者, 詩書禮樂之文. 大功廢業, 而誦可, 則大功而上, 不特廢業, 而誦亦不可, 大功而下, 不特誦可, 而業亦不廢也. 康誥, 於父子則不戒之以弗念天顯, 於弟則戒之以其天性之厚者, 無事於戒天性之將薄者, 不可以不戒也. 禮不曰衰期廢業, 而曰大功廢業, 其意如此而已.

번역 장락진씨가 말하길, '업(業)'이라는 것은 현악기를 타고 노래를 부르며 무용도구를 들고 춤을 추는 일들을 뜻하고, '송(誦)'이라는 것은 『시』·『서』·『예』·『악』 등의 문헌을 익히는 것을 뜻한다. 대공복(大功服)을 입고 치르는 상(喪)에서 업(業)을 폐하지만, 송(誦)은 괜찮다고 했다면, 대공복 이상의 상(喪)에서는 단지 업(業)을 폐할 뿐만이 아니라, 송(誦) 또한 해서는 안 된다. 그리고 대공복 이하의 상(喪)에서는 단지 송(誦)이 괜찮을 뿐만이 아니라, 업(業) 또한 폐하지 않는 것이다. 『서』「강고(康誥)」편에서는 부자관계에 대해서는 하늘의 드러난 이치에 대해서 생각하지 않음이라는 말로 주의를 주지 않았고, 동생에 대해서 천성(天性)의 후덕함에 대한 내용으로 주의를 주었으니,[1] 그 이유는 천성(天性)이 옅어지게 되는 것에 대해서 주의해야 하는데도, 그러한 일들을 하지 않는 자들에 대해서는 주의를 주지 않을 수가 없었기 때문이다. 예(禮)에 있어서도 자최복(齊衰服)이나 기년복(期年服)을 입고 치르는 상(喪)에 대해서 업(業)을 폐한다고 말하지 않았고, 대공복(大功服)을 입고 치르는 상에서 업(業)을 폐한다고 했으니, 그 뜻 또한 이와 같을 따름이다.

鄭注 許其口習故也.

번역 입으로 익히는 것들은 허용했기 때문이다.

---

1) 『서』「주서(周書)·강고(康誥)」: 王曰, 封. 元惡大憝, 矧惟不孝不友. 子弗祗服厥父事, 大傷厥考心, 于父不能字厥子, 乃疾厥子. 于弟弗念天顯, 乃弗克恭厥兄, 兄亦不念鞠子哀, 大不友于弟. 惟弔兹, 不于我政人得罪, 天惟與我民彝大泯亂.

孔疏 ●"大功"至"可也". ○正義曰: 此一節論遭喪廢業之事. "大功廢業"者, 業謂所學. 習業, 則身有外營, 思慮他事, 恐其忘哀, 故廢業也. 誦則在身所爲, 其事稍靜, 不慮忘哀, 故許其口習. 言"或曰"者, 以其事疑, 故稱"或曰". 然錄記之人, 必當明禮, 應事無疑, 使後世作法. 今檢禮記, 多有不定之辭. 仲尼門徒親承聖旨, 子游裼裘而弔, 曾子襲裘而弔; 又小斂之奠, 或云東方, 或云西方; 同母異父昆弟, 魯人或云爲之齊衰, 或云大功. 其作記之人, 多云"蓋", 多云"或曰", 皆無指的, 並設疑辭者, 以周公制禮, 永世作法, 時經幽厲之亂, 又遇齊晉之强, 國異家殊, 樂崩禮壞, 諸侯奢僭, 典法訛舛, 是以普天率土, 不閑禮教, 故子思聖人之胤, 不喪出母, 隨武子晉之賢相, 不識殽烝. 作記之人, 隨後撰錄, 善惡兼載, 得失備書. 但初制禮之時, 文已不具, 略其細事, 擧其大綱. 況乃時經離亂, 日月縣遠, 數百年後, 何能曉達? 記人所以不定, 止爲失禮者多, 推此而論, 未爲怪也. 亦兼有或人之言也.

번역 ●經文: "大功"~"可也". ○이곳 문단은 상(喪)을 당했을 때 과업을 폐지하는 사안에 대해서 논의하고 있다. 경문의 "大功廢業"에 대하여. '업(業)'이라는 말은 학업을 뜻하니, 학업을 익히게 되면, 신체가 외적으로 분주해지고, 마음에는 다른 일을 생각하게 되어, 아마도 애달픈 마음을 잊게 될까 염려가 된다. 그렇기 때문에 과업을 폐지하는 것이다. '송(誦)'이라는 것도 자신의 몸을 통해 하는 것이지만, 그 사안은 좀 더 정숙한 일에 해당하니, 애달픈 마음을 잊는 것에 대해 염려가 되지 않는다. 그렇기 때문에 입으로 익히는 일들은 허용하는 것이다. '혹왈(或曰)'이라고 기록한 이유는 그 사안이 의심스럽기 때문에, "어떤 자는 ~라고 말한다[或曰]."라고 기록한 것이다. 그러나 『예기』를 기록한 자는 분명 예(禮)에 대해 해박하였으니, 해당 사안들에 대해서 의혹됨이 없어서, 후세 사람들로 하여금 그것을 법도로 따르도록 해야만 한다. 그런데 현재 『예기』를 검토해보니, 확정하지 못하는 말들이 여러 차례 기록되어 있다. 공자(孔子)의 문인들은 직접 성인(聖人)의 뜻을 계승하였는데, 자유(子游)는 가죽옷을 석(裼)[2]하고 조

2) 석(裼)은 고대에 의례를 시행할 때 하는 복장 방식 중 하나이다. 좌측 소매를 걷어 올려서, 안에 입고 있는 석의(裼衣)를 드러내는 것이다. 한편

문을 했고, 증자(曾子)는 가죽옷을 습(襲)하고서 조문을 했으며,[3] 또 소렴(小斂)을 치를 때 사용되는 물건을 깔아둘 때에도, 어떤 자는 동쪽에 깔아둔다고 하고, 또 어떤 자는 서쪽에 깔아둔다고 하였으며,[4] 어머니가 같고 아버지가 다른 곤제(昆弟)에 대해서, 노(魯)나라 사람 중 어떤 자는 그를 위해서는 자최복(齊衰服)을 입어야 한다고 했고, 또 어떤 자는 대공복(大功服)을 입어야 한다고 했다.[5] 따라서 『예기』를 기록한 자가 대체적으로 '개(蓋)'라고 기록하고, 또 '혹왈(或曰)'이라고 기록한 것들은 모두 확실히 가리키는 것이 없는 것이고, 아울러 의문스러운 의미도 포함한 말이니, 주공(周公)이 예(禮)를 제정하여, 영원토록 변치 않는 법도로 만들었는데, 당시 유왕(幽王)과 여왕(厲王)의 혼란기를 거치고, 또 제(齊)나라와 진(晉)나라가 강성해지는 시기를 만나게 되어, 국가와 집안마다 제각각 달라져서, 결국 예악(禮樂)이 붕괴되었고, 제후들이 사치와 참람됨을 반복하여, 결국 법도와 규범이 와해되었으니, 이러한 까닭으로 온 세상이 예악(禮樂)과 교화(敎化)에 정통하지 못하게 된 것이다. 그래서 자사(子思)는 성인의 적통이었음에도, 출모(出母)에 대한 상(喪)을 치르지 않았고,[6] 수무자(隨武子)는 진(晉)나라의 현명한 재상이었음에도, 효증(殽烝)[7]에 대해서 알지 못한 것이

'석'은 비교적 성대하지 않은 의식 때 시행하는 복장 방식으로도 사용되어, 좌측 소매를 걷어 올려서 공경의 뜻을 표하기도 했다.

3) 『예기』「단궁상」【88c】: 曾子襲裘而弔, 子游裼裘而弔. 曾子指子游而示人, 曰, "夫夫也, 爲習於禮者, 如之何其裼裘而弔也?" 主人旣小斂, 袒, 括髮, 子游趨而出, 襲裘帶絰而入. 曾子曰, "我過矣, 我過矣. 夫夫是也."

4) 『예기』「단궁상」【98b】: 小斂之奠, 子游曰, "於東方." 曾子曰, "於西方, 斂斯席矣." 小斂之奠在西方, 魯禮之末失也.

5) 『예기』「단궁상」【96c~d】: 公叔木有同母異父之昆弟死, 問於子游, 子游曰, "其大功乎!" 狄儀有同母異父之昆弟死, 問於子夏. 子夏曰, "我未之前聞也. 魯人則爲之齊衰." 狄儀行齊衰. 今之齊衰, 狄儀之問也.

6) 『예기』「단궁상」【97a】: 子思之母死於衛, 柳若謂子思曰, "子聖人之後也. 四方於子乎觀禮, 子蓋愼諸." 子思曰, "吾何愼哉! 吾聞之, 有其禮, 無其財, 君子弗行也. 有其禮, 有其財, 無其時, 君子弗行也. 吾何愼哉!"

7) 효증(殽烝)은 효증(殽脀)이라고도 부른다. 효(殽)자는 뼈에 살점이 붙어 있는 고기를 뜻하고, 증(烝)자는 도마에 올려서 바친다는 뜻이다. 즉 '효증'은 희생물을 삶은 후, 몸체를 가르게 되는데, 뼈에 살점이 붙은 것을 도마[俎]

다.[8] 『예기』를 기록한 자는 이보다 후대에 『예기』를 기록하였으므로, 선악(善惡)을 함께 기재하고, 득실(得失)을 함께 기록하였다. 다만 애초에 예(禮)를 제정했을 때에는 그 문장이 자세히 갖춰지지 않았고, 세부적인 일들에 대해서는 약술하였으며, 대체적인 틀만을 제시하였다. 하물며 당시에는 혼란기를 겪었고, 그 시점도 큰 차이를 보이게 되었으니, 수백여 년이 흐른 뒤에 어떻게 모든 것에 통달할 수 있겠는가? 『예기』를 기록한 자가 확정하지 않은 이유는 단지 실례(失禮)에 해당하는 것들이 많기 때문인데, 이를 통해 유추해보면, 괴이하게 여길 것이 못 된다. 그리고 또한 확정하지 않은 말에는 혹자의 다른 의견도 포함되어 있다.

訓纂 游元發曰: 古謂習樂者爲業, 春秋傳甯武子曰"臣以爲肄業及之", 晉屠蒯曰"辰在子卯, 君徹宴樂, 學人舍業", 皆以歌詩言.

번역 유원발이 말하길, 고대에는 음악을 익히는 것을 '업(業)'이라고 하였으니, 『춘추전』에서 영무자(甯武子)는 "신은 누군가 노래 부르는 것을 익힌다고 여겼습니다."[9]라고 했고, 진(晉)나라 도괴(屠蒯)는 "일진(日辰)이 자(子)와 묘(卯) 방위에 있으면, 군주는 아악(雅樂)을 폐지하고, 학생들은 음악 익히는 일을 중지합니다."[10]라고 했으니, 이 모든 기록들에서는 '업

에 올려서, 빈객(賓客)들에게 베푸는 것을 뜻한다. 『의례』「특생궤식례(特牲饋食禮)」편에는 "衆賓及衆兄弟・內賓宗婦・若有公有司私臣, 皆殽脀."이라는 기록이 있다. 또한 『춘추(春秋)』「선공(宣公) 16년」편에는 "晉侯使士會平王室, 定王享之, 原襄公相禮, 殽烝."이라는 기록이 있는데, 이에 대한 두예(杜預)의 주에서는 "烝, 升也, 升殽於俎."라고 풀이했다.

8) 『춘추좌씨전』「선공(宣公) 16년」: 冬, 晉侯使士會平王室, 定王享之. 原襄公相禮. 殽烝. 武季私問其故. 王聞之, 召武子曰, "季氏!而弗聞乎?王享有體薦, 宴有折俎. 公當享, 卿當宴. 王室之禮也." 武子歸而講求典禮, 以修晉國之法.

9) 『춘추좌씨전』「문공(文公) 4년」: 衛甯武子來聘, 公與之宴, 爲賦湛露及彤弓. 不辭, 又不答賦. 使行人私焉. 對曰, "臣以爲肄業及之也. 昔諸侯朝正於王, 王宴樂之, 於是乎賦湛露, 則天子當陽, 諸侯用命也. 諸侯敵王所愾, 而獻其功, 王於是乎賜之彤弓一・彤矢百・玈弓矢千, 以覺報宴. 今陪臣來繼舊好, 君辱貺之, 其敢干大禮以自取戾?"

10) 『춘추좌씨전』「소공(昭公) 9년」: 膳宰屠蒯趨入, 請佐公使尊, 許之. 而遂酌以

(業)'자를 시가(詩歌)의 뜻으로 말하고 있다.

訓纂 朱氏軾曰: 廢業, 謂未葬以前. 旣葬, 則期以下飮酒食肉, 豈復廢業?

번역 주식이 말하길, 과업을 폐지한다는 것은 장례(葬禮)를 치르기 이전의 시기에 해당한다. 이미 장례(葬禮)를 치렀다면, 1년 이후로는 술도 마시고 고기도 먹는데, 어찌 다시금 과업을 폐지하겠는가?

集解 愚謂: 業謂弦誦之業也. 誦可也者, 謂可以誦詩, 而不可以操琴瑟也. 蓋大功之喪, 有降服, 有正服, 有義服, 其情不能無隆殺, 故或弦誦並廢, 或不廢誦. 說者各據其一偏而言之, 故不同. 曲禮曰, "喪復常, 讀樂章." 然則父母之喪, 除喪乃得業也.

번역 내가 생각하기에, '업(業)'은 현악기를 연주하고 시가(詩歌)를 읊조리는 학업을 뜻한다. '송(誦)'은 괜찮다는 말은 시(詩)를 암송해도 좋지만, 금슬(琴瑟)은 연주할 수 없다는 뜻이다. 무릇 대공복(大功服)의 상(喪)에는 강복(降服)[11]하는 경우도 있고, 정복(正服)[12]하는 경우도 있으며, 의복(義服)[13]하는 경우도 있으니, 정감에 따라서 높이거나 낮추는 차등을 두지 않

飮工, 曰, "女爲君耳, 將司聰也. 辰在子·卯, 謂之疾日, 君徹宴樂, 學人舍業, 爲疾故也. 君之卿佐, 是謂股肱. 股肱或虧, 何痛如之? 女弗聞而樂, 是不聽也."

11) 강복(降服)은 상(喪)의 수위를 본래의 등급보다 한 등급 낮추는 일에 해당한다. 예를 들어 자식은 부모에 대해 삼년상을 치러야 하지만, 다른 집의 양자로 간 경우라면 자신의 친부모에 대해 삼년상을 치르지 않고, 한 등급 낮춰서 1년만 치르게 된다. 이것은 상(喪)의 기간에만 해당하는 것이 아니라, 상복(喪服) 및 상(喪)을 치르며 부수적으로 갖추게 되는 기물(器物)들에도 적용된다.

12) 정복(正服)은 본래의 상례(喪禮) 규정에 따른 정식 복장을 뜻한다. 친족 관계에서는 각 등급에 따른 상례 절차가 규정되어 있으므로, '정복'이라는 것은 규정에 따른 상복(喪服)을 착용하는 것뿐만 아니라, 상(喪)을 치르는 기간과 각종 부수적 기물(器物)들에 대해서도 규정대로 따르는 것을 뜻한다.

13) 의복(義服)은 본래 친속관계가 성립되지 않아서, 상복(喪服)을 착용해야만 하는 관계가 아닌데도, 도리에 따라 상복을 착용하는 것을 말한다.

을 수가 없기 때문에, 간혹 현악기를 연주하고 아울러 시가를 읊조리기도 하며, 또 송(誦)을 폐지하지 않기도 하는 것이다. 학자들은 각각 하나의 측면에만 근거해서 주장을 했기 때문에, 각각의 주장이 차이를 보이는 것이다. 『예기』「곡례(曲禮)」편에서는 "상(喪)을 끝내고서 상복(喪服)을 벗게 되었다면, 음악에 대한 시가(詩歌)들을 읽는다."[14]라고 하였으므로, 부모의 상(喪)을 치를 때에는 상복을 벗게 되면, 곧 과업을 익힐 수 있게 된다.

14) 『예기』「곡례하(曲禮下)」【49d~50a】: 居喪, 未葬, 讀喪禮, 旣葬, 讀祭禮, 喪復常, 讀樂章. 居喪不言樂, 祭事不言凶, 公庭不言婦女.

• 제 28 절 •

죽음에 대한 명칭

【79d】

子張病, 召申祥而語之曰: "君子曰終, 小人曰死. 吾今日其庶幾乎!"

직역 子張이 病하자, 申祥을 召하여 語하여 曰, "君子는 終이라 曰하고, 小人은 死라고 曰한다. 吾는 今日에 그 庶幾인져!"

의역 자장(子張)의 병이 위독해지자, 아들 신상(申祥)을 불러서 말하길, "사람이 죽었을 때, 그 자가 군자(君子)인 경우라면, 그 죽음을 '종(終)'이라고 하며, 소인(小人)인 경우라면, '사(死)'라고 한다. 나는 오늘에서야 군자와 가까워졌구나!"라고 했다.

集說 申祥, 子張子也. 終者, 對始而言; 死則澌盡無餘之謂也. 君子行成德立, 有始有卒, 故曰終; 小人與群物同朽腐, 故曰死, 疾沒世而名不稱, 爲是也. 子張至此, 亦自信其近於君子也.

번역 '신상(申祥)'은 자장(子張)의 아들이다. '종(終)'이라는 말은 시작[始]과 대비시켜 말한 것이고, '사(死)'의 경우에는 소멸되어 남는 것이 없다는 뜻이다. 군자(君子)는 행실이 완성되고 덕(德)이 확립되었으므로, 시작도 있고 마침도 있다. 그렇기 때문에 끝마침[終]이라고 부르는 것이다. 소인(小人)은 뭇 사물들과 마찬가지로 썩고 부패하게 된다. 그렇기 때문에 죽음[死]이라고 부르는 것이다. 그러므로 세상을 떠날 때 그 이름이 일컬어지지 않는 것을 걱정하는 이유도[1] 바로 이러한 이유 때문이다. 자장은 자신이 죽음에 이르게 되었을 때, 또한 제 스스로 군자(君子)와 가까워졌다고 확신했던 것이다.

大全 長樂陳氏曰: 君子小人曰終曰死之別, 蓋言人生斯世, 當盡人道, 君子之人, 人道旣盡, 則其死也, 爲能終其事, 故以終稱之, 若小人, 則無可盡之道, 只是形氣消盡, 故稱之曰死. 終以道言, 死以形言. 子張言庶幾者, 蓋以生平持身, 唯恐有不盡之道, 今至將沒, 幸其得以盡道而終, 故以爲言, 亦猶曾子知免之意. 觀其將死, 喜幸之言, 足以見其平生恐懼之意, 正學者所當用力也.

번역 장락진씨가 말하길, 군자(君子)와 소인(小人)의 죽음에 대해서, 어떤 자는 '종(終)'이라고 부르고, 또 어떤 자는 '사(死)'라고 불러서, 차별을 둔 이유는 아마도 사람이 세상에 태어나게 되면, 마땅히 사람의 도리를 다 해야 하는데, 군자(君子)라는 사람은 사람의 도리를 이미 다했으므로, 그의 죽음에 있어서도, 그 일을 잘 끝마쳤다고 할 수 있다. 그렇기 때문에 '종(終)'이라는 말로 그의 죽음을 일컫는 것이다. 한편 소인(小人)의 경우에는 사람의 도리를 다했다고 할 수 없고, 단지 형체와 기운이 소진되었을 뿐이다. 그렇기 때문에 그의 죽음을 가리켜서, '사(死)'라고 일컫는 것이다. '종(終)'이라는 말은 도리[道]의 측면에서 언급한 말이고, '사(死)'라는 말은 형체[形]의 측면에서 언급한 말이다. 자장(子張)이 거의 가깝다고 말한 이유는 아마도 평생토록 자신의 몸을 간수하며, 오직 사람의 도리를 다하지 못한 측면이 있을까를 염려하였고, 죽음에 미쳐서는 다행히 그 도리를 다하고 나서 끝마칠 수 있었기 때문에, 이처럼 말을 한 것이니, 이것은 또한 증자(曾子)가 근심에서 벗어나게 되었음을 알았다는 뜻과 같다.[2] 죽음에 미쳤을 때, 기뻐하는 말들을 살펴보면, 그가 평생 염려했던 뜻을 살펴볼 수 있으니, 이것이 바로 학자들이 마땅히 힘써야 할 부분이다.

---

1) 『논어』「위령공(衛靈公)」: 子曰, "君子疾沒世而名不稱焉."

2) 『논어』「태백(泰伯)」: 曾子有疾, 召門弟子曰, "啓予足! 啓予手! 詩云, '戰戰兢兢, 如臨深淵, 如履薄氷.' 而今而後, 吾知免夫! 小子!"

鄭注 申祥, 子張子, 欲使執喪, 成己志也. 死之言澌也, 事卒爲終, 消盡爲澌. 太史公傳曰"子張姓顓孫", 今曰申祥, 周·秦之聲, 二者相近, 未聞孰是. 言易成也.

번역 '신상(申祥)'은 자장(子張)의 아들로, 그로 하여금 상(喪)을 맡아보게 하여, 자신의 뜻을 완성시키고자 했던 것이다. '사(死)'자는 "없어진다[澌]."는 뜻인데, 일이 끝나는 것을 '종(終)'이라고 하며, 소진되는 것을 '시(澌)'라고 한다. 『사기(史記)』「태사공전(太史公傳)」에서는 "자장(子張)의 성(姓)은 전손(顓孫)이다."라고 했다. 그런데 이곳에서는 그의 아들을 '신상(申祥)'이라고 부르고 있다. 그 이유는 주(周)나라와 진(秦)나라 때의 음가로 따져보면, 두 글자의 소리가 서로 비슷하기 때문인데, 어느 것이 옳은 기록인지는 잘 모르겠다. 완성했다는 뜻을 거의 가깝다는 말로 바꿔서 말한 것이다.

釋文 語, 魚據反. 澌, 本又作斯, 音賜, 下同. 顓音專. 近, 附近之近. 易, 以豉反.

번역 '語'자는 '魚(어)'자와 '據(거)'자의 반절음이다. '澌'자는 판본에 따라서 또한 '斯'자로도 기록하는데, 그 음은 '賜(사)'이며, 아래문장에 나오는 글자도 그 음이 이와 같다. '顓'자의 음은 '專(전)'이다. '近'자는 '부근(附近)'이라고 할 때의 '近'이다. '易'자는 '以(이)'자와 '豉(시)'자의 반절음이다.

孔疏 ●"子張"至"幾乎". ○正義曰: 此一節論子張將終, 戒勗其子之事. 子張病困, 召子申祥而語之曰: "若君子之死謂之爲終." 言但身終, 功名尚在. "若小人之死, 但謂之爲死". 無功名可錄, 但形骸澌盡也. 子張言此, 欲令子執治其喪, 每事從禮, 使我得成君子.

번역 ●經文: "子張"~"幾乎". ○이곳 문단은 자장(子張)이 임종을 맞을 때, 그의 자식을 불러서 더욱 신중을 기하도록 가르친 일을 논의하고 있다.

자장은 병이 위독해지자, 그의 아들 신상(申祥)을 불러서 말하길, “만약 군자(君子)가 죽게 되면, 그의 죽음을 ‘종(終)’이라고 부른다.”라고 했다. 이 말은 단지 몸은 없어지지만, 그의 공적과 명성이 여전히 남게 된다는 뜻이다. 그리고 “만약 소인(小人)이 죽게 되면, 그의 죽음을 ‘사(死)’라고 부른다.”라고 했다. 이 말은 기록할만한 공적과 명성이 없고, 단지 형체와 육신이 소멸된다는 뜻이다. 자장이 이러한 말을 한 것은 자식으로 하여금 자신의 상(喪)을 주관하도록 하여, 매사에 예(禮)에 따르도록 해서, 자신으로 하여금 군자(君子)의 칭호를 이룰 수 있도록 했던 것이다.

孔疏 ●“吾今日其庶幾乎”者, 庶, 幸也. 幾, 冀也. 言吾若平生爲惡, 不可幸冀爲君子之人, 吾旣[3]平生以善自修, 今日將死, 其幸冀爲君子乎. 汝但執喪成禮, 以助我意, 則功名得存, 但身終而已.

번역 ●經文: “吾今日其庶幾乎”. ○‘서(庶)’자는 다행[幸]이라는 뜻이다. ‘기(幾)’자는 “바라다[冀].”는 뜻이다. 즉 이 말은 내가 평생토록 악(惡)을 행했다면, 요행히 군자가 되리라고 바랄 수가 없지만, 나는 이미 평생토록 선(善)을 통해 자신을 수양했으므로, 현재 죽음에 이르게 되었지만, 요행히 군자가 되기를 바랄 수 있겠다는 뜻이다. 그리고 너는 단지 상(喪)을 치르며 예(禮)를 완수하여, 나의 뜻을 돕게 된다면, 나의 공적과 명성이 보존될 수 있고, 단지 육신만 없어지는 것일 뿐이라는 뜻이다.

孔疏 ◎注“申祥”至“孰是”. ○正義曰: 知“申祥, 子張子”者, 以病而召之, 與曾子召申·元同, 故知“子張子”也. 云“大史公傳曰子張姓顓孫”者, 按史記, 大史公姓司馬, 名談, 前漢人, 作太史官, 修史未成而卒, 其子遷續成史記, 作仲尼七十二弟子傳. 云“子張姓顓孫, 今曰申祥”者, 謂今禮記作申祥. 云“周·

---

3) ‘기(旣)’자에 대하여. ‘기’자는 본래 ‘즉(卽)’자로 기록되어 있었는데, 완원(阮元)의 『교감기(校勘記)』에서는 “포당(浦鏜)은 교정을 하며, ‘즉’자는 마땅히 ‘기’자의 오자가 된다고 했다.”라고 했다.

秦之聲, 二者相近"者, 謂周國秦國之人, 言申與顚聲音相近, 今不知顚是·不知申是, 故云"未聞孰是"也.

번역 ◎鄭注: "申祥"~"孰是". ○정현이 "'신상(申祥)'은 자장(子張)의 아들이다."라고 했는데, 이 말이 사실임을 알 수 있는 이유는 자장의 병이 위독하여 그를 불렀으니, 이것은 증자(曾子)가 자신의 병이 위독해지자 아들 증신(曾申)과 증원(曾元)을 불렀던 경우와 동일하다. 그렇기 때문에 신상이 "자장의 아들이다."라는 말이 사실임을 알 수 있는 것이다. 정현이 "「태사공전(太史公傳)」에서는 자장(子張)의 성(姓)은 전손(顓孫)이다."라고 했는데, 『사기』를 살펴보면, '태사공(太史公)'의 성(姓)은 사마(司馬)이고, 이름은 담(談)이며, 전한(前漢) 때의 사람으로, 태사관(太史官)이 되어서, 역사를 기록하였지만, 완성을 이루지 못하고 죽었다. 그래서 그의 아들 천(遷)이 계속하여 『사기(史記)』를 완성하고, 「중니칠십이제자전(仲尼七十二弟子傳)」을 지은 것이다. 정현이 "자장(子張)의 성(姓)은 전손(顓孫)인데, 이곳에서는 그의 아들을 '신상(申祥)'이라고 부르고 있다."라고 했는데, 이 말은 현재의 『예기』에는 '신상(申祥)'으로 기록되어 있다는 뜻이다. 정현이 "주(周)나라와 진(秦)나라 때의 음가로 따져보면, 두 글자의 소리가 서로 비슷하기 때문이다."라고 하였는데, 이 말은 주(周)나라와 진(秦)나라 때의 사람들이 '신(申)'자와 '전(顓)'자를 발음할 때에는 그 소리가 서로 비슷하였으므로, 오늘날 '전(顓)'자로 기록하는 것이 옳은지 또는 '신(申)'자로 기록하는 것이 옳은지를 모르겠다는 뜻이다. 그렇기 때문에 "어느 것이 옳은 기록인지는 잘 모르겠다."라고 말한 것이다.

集解 愚謂: 天之生人, 氣以成形, 而理具焉. 惟君子全而受之, 全而歸之, 有始有卒, 故曰終; 小人不能全其所賦之理, 則但見其身形之澌滅而已, 故曰死. 吾今日其庶幾者, 言未至今日, 猶不敢自信其不爲小人. 蓋深明夫全受全歸之不易, 以示申祥, 使知爲善之不可以一日而怠也. 與曾子啓手足以示門人同意.

번역 내가 생각하기에, 하늘이 사람을 태어나게 함에, 기(氣)로써 형체를 이루었고, 리(理) 또한 갖추게 하였다. 오직 군자(君子)만이 그것을 오로지 하여 받았고, 또 오로지 하여 다시 회귀하였으니, 시작도 있고 끝마침도 있는 것이다. 그렇기 때문에 그의 죽음을 '종(終)'이라고 하는 것이다. 한편 소인(小人)의 경우에는 부여받은 리(理)를 오로지 할 수 없었으니, 단지 그 육신이 소멸되어 감을 나타낼 따름이다. 그렇기 때문에 그의 죽음을 '사(死)'라고 하는 것이다. 내가 현재 서기(庶幾)했다는 말은 오늘에 이르기 전에도 감히 자신을 소인(小人)이 아니라고 자부할 수 없었다는 뜻이다. 무릇 부여받은 것을 오로지하고 또 그것을 오로지 하여 회귀하는 일에 대해서, 그 일을 바꿀 수 없다는 것을 명확히 나타내서, 이를 통해 신상(申祥)에게 보여주어, 그로 하여금 선(善)을 시행하는 일에 있어서는 하루라도 태만하게 굴 수 없다는 사실을 알게끔 했던 것이다. 이것은 증자(曾子)가 이불을 걷어서, 자신의 손과 발을 보도록 하여, 문인들에게 그 뜻을 보여주었던 것과 같은 뜻이다.

• 제29절 •

초상(初喪) 때 음식을 차리는 법도

【80a】

曾子曰: "始死之奠, 其餘閣也與!"

직역 曾子가 曰, "始히 死에 奠함은 그 餘閣이다!"

의역 증자(曾子)가 말하길, "이제 막 돌아가셨을 때, 시신 옆에 차려두는 음식들은 생전에 드시던 찬장 위의 음식들로도 충분하다!"라고 했다.

集說 始死以脯醢醴酒, 就尸牀而奠於尸東, 當死者之肩, 使神有所依也. 閣, 所以庋置飮食, 蓋以生時庋閣上所餘脯醢爲奠也.

번역 이제 막 돌아가셨을 때 포(脯)·젓갈[醢]·례주(醴酒)로써 시신이 놓여 있는 침상에 나아가서 시신의 동쪽에 차려놓으니, 죽은 자의 어깨 부위에 해당하게 하여, 신령(神靈)으로 하여금 의지할 곳이 있게 만드는 것이다. '각(閣)'은 시렁을 걸어서 음식을 올려두던 곳으로, 생전에 찬장 위에 남겨 두었던 포와 젓갈로 차려내는 것이다.

大全 嚴陵方氏曰: 人之始死, 以禮則未暇從其新, 以情則未忍易其舊, 故以閣上所餘脯醢以爲奠也.

번역 엄릉방씨가 말하길, 사람이 이제 막 죽었을 때, 예(禮)에 따르자면,

새로운 음식들로 차려내기에는 겨를이 없고, 정감에 따르자면, 옛날부터 드시던 것을 차마 바꿀 수가 없다. 그렇기 때문에 시렁 위에 남겨두었던 포나 젓갈 등으로 차려내는 것이다.

鄭注 不容改新. 閣, 庋藏食物.

번역 새로운 음식들로 바꾸는 것을 용납하지 못하는 것이다. '각(閣)'은 음식들을 올려두던 찬장이다.

釋文 奠, 田練反. 閣音各. 庋, 字又作庪, 同, 九毁反, 又居僞反.

번역 '奠'자는 '田(전)'자와 '練(련)'자의 반절음이다. '閣'자의 음은 '各(각)'이다. '庋'자는 또한 '庪'자로도 기록하는데, 그 음은 모두 '九(구)'자와 '毁(훼)'자의 반절음이며, 또한 '居(거)'자와 '僞(위)'자의 반절음도 된다.

孔疏 ●"曾子"至"也與". ○正義曰: 此一節論初死奠之所用之事.

번역 ●經文: "曾子"~"也與". ○이곳 문단은 사람이 이제 막 죽었을 때, 음식을 차려내며 사용하는 음식들에 대한 사안을 논의하고 있다.

孔疏 ●"始死之奠"者, 鬼神所依於飮食, 故必有祭酹, 但始死未容改異, 故以生時庋閣上所餘脯醢以爲奠也. 士喪禮復魄畢, "以脯醢升自阼, 階奠于尸東", 此之謂也.

번역 ●經文: "始死之奠". ○귀신은 음식에 의지하게 된다. 그렇기 때문에 반드시 제사에서는 땅에 붓는 술이 차려지는 것이다. 다만 이제 막 죽었을 때에는 다른 음식들로 바꿀 수가 없다. 그렇기 때문에 생전에 찬장 위에 남겨두었던 포나 젓갈 등으로 음식을 차려내는 것이다. 『의례』「사상례(士喪禮)」편에서는 혼백에 대한 초혼(招魂) 의식이 모두 끝나게 되면, "포와 젓갈을 가지고 동쪽 계단을 통해서 올라가서, 시신의 동쪽에 차려둔다."[1] 라고 했으니, 바로 이곳 문장의 내용을 가리킨다.

孔疏 ◎注"不容"至"食物". ○正義曰: 閣, 架橙之屬, 人老及病, 飮食不離寢, 恐忽須無當, 故並將近置室裏閣上也. 若死仍用閣之餘奠者, 爲時期切促, 急令奠酹, 不容方始改新也.

번역 ◎鄭注: "不容"~"食物". ○'각(閣)'은 시렁이나 선반 등을 뜻하니, 사람이 늙거나 병들게 되면, 음식을 침(寢)에서 떨어트려 놓을 수가 없으니, 아마도 갑작스럽게 필요한 것이 없을까를 염려했기 때문이다. 그래서 모든 것들을 가까운 곳으로 옮겨서, 실(室) 안에 있는 선반 위에 놓아두게 된다. 만약 그 자가 죽게 된다면, 이러한 선반 위에 올려두었던 음식들을 사용해서, 시신 옆에 음식을 차려내게 되니, 그 시기가 매우 촉박하여, 급작스럽게 음식들을 차려내야 하고, 이제 막 돌아가셨을 때에는 새로운 것들로 바꿀 수가 없기 때문이다.

集解 朱子曰: 自葬以前, 皆謂之奠, 其禮甚簡. 蓋哀不能文, 而於新死者亦未忍遽以鬼神之禮事之也.

번역 주자가 말하길, 장례(葬禮)를 치르기 이전에는 매일 음식을 차려내게 되는데, 이것을 '전(奠)'이라고 부르며, 그 예(禮)는 매우 간소하다. 무릇 애달픈 마음 때문에 격식을 충분히 따를 수 없고, 이제 막 죽은 자에 대해서는 또한 갑작스럽게 귀신(鬼神)에 대한 예(禮)로 섬기는 일을 차마 할 수 없기 때문이다.

---

1) 『의례』「사상례(士喪禮)」: 楔齒用角柶, 綴足用燕几. <u>奠脯醢醴酒, 升自阼階, 奠于尸東</u>. 帷堂.

集解 愚謂: 鬼神依於飮食, 始死卽設奠, 所以依神也. 士喪禮"脯·醢·醴酒, 升自阼階, 奠於尸東", 是也. 餘閣者, 用閣上所餘脯·醢以奠, 一則以仍其生前之食而不忍遽易, 一則以用於倉卒之頃而不及別具也.

번역 내가 생각하기에, 귀신(鬼神)은 음식에 의지를 하니, 이제 막 죽게 된 자에 대해서, 곧바로 음식을 차려내는 것은 귀신이 의지하도록 하기 위해서이다. 『의례』「사상례(士喪禮)」편에서 "포·젓갈·례주를 가지고 동쪽 계단을 통해 올라가서, 시신의 동쪽에 진설한다."라고 한 말이 바로 이러한 상황을 뜻한다. '여각(餘閣)'이라는 것은 찬장 위에 남겨두었던 포나 젓갈 등을 이용해서 음식을 차려낸다는 뜻으로, 이처럼 하는 이유는 생전에 드시던 음식들을 차마 갑작스럽게 바꿀 수가 없기 때문이며, 다른 한편으로는 갑작스럽고 경황이 없을 때, 별도로 갖출 틈이 생기지 않기 때문이다.

• 제 30 절 •

곡위(哭位)를 마련하는 법도

【80a】

曾子曰: "小功不爲位也者, 是委巷之禮也. 子思之哭嫂也爲位, 婦人倡踊. 申祥之哭言思也亦然."

직역 曾子가 曰, "小功에 位를 不爲하는 者는 是는 委巷의 禮이다. 子思가 嫂에 哭함에는 位를 爲하였고, 婦人이 倡하여 踊하였다. 申祥이 言思에게 哭함에도 亦히 然하다."

의역 증자(曾子)가 말하길, "소공복(小功服)을 입고 치르는 상(喪)에서 곡(哭)을 하는 위치를 정하지 않는 것은 누추한 마을에서나 시행하는 예(禮)이다. 자사(子思)가 형수를 위해 곡(哭)을 했을 때에는 곡(哭)을 하는 자리를 정하고, 그의 부인이 먼저 용(踊)을 했는데, 이것은 예법에 맞는 조치이다. 반면 신상(申祥)은 자기 처의 곤제(昆弟)가 되는 언사(言思)에 대해서, 곡(哭)을 했을 때에도 또한 이처럼 했는데, 이것은 비례(非禮)이다."라고 했다.

集說 委, 曲也. 曲巷, 猶言陋巷. 細民居於陋巷, 不見禮儀, 而鄙朴無節文, 故譏小功不爲位, 是曲巷中之禮也. 言思, 子游之子, 申祥妻之昆弟也.

번역 '위(委)'자는 '곡(曲)'자의 뜻이다. '곡항(曲巷)'은 곧 '누추한 마을[陋巷]'을 뜻한다. 평민들은 누항에 거처하여, 예의(禮儀)를 볼 수 없었고, 누추하고 질박하여 규범에 따른 형식을 갖춤이 없었다. 그렇기 때문에 소공복(小功服)을 입고 치르는 상(喪)에서 곡(哭)을 하는 자리를 마련하지 않은 것은 누추한 마을에서나 시행하는 예(禮)라고 기롱한 것이다. '언사(言思)'는 자유(子游)의 아들이니, 신상(申祥) 처의 곤제(昆弟)가 된다.

그림 30-1 소공복(小功服) 착용 모습

▸ **출처:** 『삼재도회(三才圖會)』「의복(衣服)」 3권

集說 馬氏曰: 凡哭必爲位者, 所以敍親踈恩紀之差. 嫂叔疑於無服而不爲位, 故曰無服而爲位者惟嫂叔. 蓋無服者, 所以遠男女近似之嫌; 而爲位者, 所以篤兄弟內喪之親. 子思哭嫂爲位, 婦人倡踊, 以婦人有相爲娣姒之義, 而不敢以己之無服先之也. 至於申祥之哭言思, 亦如子思, 蓋非禮矣. 妻之昆弟, 外喪也, 而旣無服, 則不得爲哭位之主矣. 記曰, "妻之昆弟爲父後者死, 哭之適室, 子爲主, 袒免哭踊, 夫入門右." 由是言之, 哭妻之昆弟以子爲主, 異於嫂叔之喪也. 以子爲主, 則婦人不當倡踊矣.

번역 마씨가 말하길, 무릇 곡(哭)을 할 때에는 반드시 자리를 마련해야 하니, 친소(親疎) 관계나 은정(恩情)의 깊이에 따른 차등을 질서세우는 방법이다. 형제의 아내나 남편의 형제들에 대해서는 상복관계가 성립되지 않아서, 곡(哭)하는 위치를 마련하지 않는 것처럼 오해할 수 있다. 그렇기 때문에 "상복관계가 성립되지 않지만, 곡(哭)하는 위치를 마련하는 것은 오직 형제의 아내나 남편의 형제들에게만 한정된다."[1]라고 말한 것이다. 무릇 이러한 관계에서 상복관계를 성립시키지 않는 이유는 남녀사이에 가까이 한다는 혐의를 멀리하기 위해서이고, 그런데도 곡(哭)하는 위치를 마련하는 것은 형제사이에 발생한 내상(內喪)[2]의 친근함을 돈독하게 하기 위해서이다. 자사(子思)가 형수에 대한 곡(哭)을 하며 곡(哭)하는 자리를 마련하고, 그의 부인이 먼저 용(踊)을 했던 것은 부인들에게는 서로 손아래 동서와 손위 동서가 되는 도의가 포함되어 있으므로, 상복관계가 성립되지 않는 본인이 감히 부인보다 먼저 할 수 없기 때문이다. 신상(申祥)은 언사(言思)에 대해서, 곡(哭)을 하는 일에 있어서 또한 자사(子思)가 시행했던 일처럼 했으니, 이것은 비례(非禮)가 된다. 처의 곤제(昆弟)는 외상(外喪)[3]에 해당하며, 이미 상복관계가 성립되지 않는 관계이므로, 마치 주인처럼 곡

1) 『예기』「분상(奔喪)」【657b】: 無服而爲位者, 唯嫂叔, 及婦人降而無服者麻.

2) 내상(內喪)은 대문(大門) 안에서 발생한 상(喪)을 뜻한다. 즉 집안에서 발생한 상(喪)을 뜻하며, 외상(外喪)과 반대가 된다.

3) 외상(外喪)은 대문(大門) 밖에서 발생한 상(喪)을 뜻한다. 즉 자신과 같은 집에서 살고 있지 않은 친인척에 대한 상(喪)을 뜻한다.

(哭)하는 위치를 정할 수 없는 것이다. 『예기』에서는 "처의 곤제(昆弟) 중 부친을 잇는 후계자인 자가 죽게 되면, 적실(適室)에서 곡(哭)을 하고, 그의 아들을 곡(哭)하는 위치에서의 주인으로 삼고, 단면(袒免)을 한 채로 곡(哭)과 용(踊)을 하게 만들며, 남편인 본인은 문으로 들어가서 우측에 서 있게 된다."[4]라고 했다. 이러한 기록들을 통해 말을 해본다면, 처의 곤제를 위해서 곡(哭)을 할 때에는 그의 아들을 곡(哭)하는 위치에서의 주인으로 삼으니, 형제의 아내 및 남편의 형제들에 대한 상(喪)과 다른 것이다. 그의 아들을 주인으로 삼게 된다면, 부인은 마땅히 먼저 용(踊)을 해서는 안 된다.

大全 嚴陵方氏曰: 位者, 哭泣之位也. 親有遠近, 服有輕重, 不可以無辨, 故哭泣之際, 各爲之位焉. 迨乎周室之衰, 典籍多失, 而一時之禮, 或有小功不爲位者, 此曾子所以譏之. 子思之哭嫂也爲位, 以言無服之喪, 猶且爲位, 則知小功不爲位尤爲非矣.

번역 엄릉방씨가 말하길, '위(位)'라는 것은 곡(哭)을 하며 눈물을 흘릴 때의 위치를 뜻한다. 친함에는 가깝고 먼 차이가 있고, 상복(喪服)에도 가볍고 무거운 수위의 차이가 있으니, 분별하지 않을 수가 없는 것이다. 그렇기 때문에 곡(哭)을 하며 눈물을 흘리는 사안에 대해서도, 각각 그 사안에 맞는 위치를 정하게 된다. 주(周)나라 왕실이 쇠퇴함에 이르러서는 전적(典籍)이 대부분 일실되었고, 한시적인 예(禮)에서는 간혹 소공복(小功服)을 입고 치르는 상(喪)에서, 곡(哭)하는 위치를 마련하지 않는 경우도 발생했던 것이니, 이것이 바로 증자(曾子)가 기롱을 한 이유이다. 자사(子思)가 형수를 위해 곡(哭)을 할 때, 곡(哭)하는 자리를 마련했다고 하니, 이를 통해 상복관계가 성립되지 않는 상(喪)에서도 오히려 또한 곡(哭)하는 위치를 마련한다는 것을 나타내고 있다. 따라서 소공복(小功服)을 입고 치르는

---

4) 『예기』「단궁하(檀弓下)」【110a】: 妻之昆弟爲父後者死, 哭之適室, 子爲主, 袒免哭踊, 夫入門右, 使人立於門外, 告來者, 狎則入哭. 父在, 哭於妻之室. 非爲父後者, 哭諸異室.

상(喪)에서 곡(哭)하는 위치를 마련하지 않는 것은 더욱 큰 잘못이 됨을 알 수 있다.

鄭注 譏之也. 位謂以親疏敍列哭也. 委巷, 猶街里委曲所爲也. 善之也. 禮, 嫂叔無服. 有服者, 娣·姒婦小功. 倡, 先也. 說者云, 言思, 子游之子, 申祥妻之昆弟, 亦無服. 過此以往, 獨哭不爲位.

번역 곡(哭)하는 위치를 마련하지 않은 것을 기롱한 것이다. '위(位)'라는 것은 친소(親疏)의 관계에 따라 등렬을 순차적으로 매겨서, 곡(哭)을 하게 한다는 뜻이다. '위항(委巷)'은 거리의 후미진 곳에서나 시행한다는 뜻이다. 자사(子思)에 대해서는 그 조치를 칭찬한 것이다. 예법에 따르면, 형제의 아내나 남편의 형제들에 대해서는 상복관계가 성립되지 않는다. 동서들끼리는 상복관계가 성립되는 경우이니, 손아래 동서와 손위 동서들은 서로를 위해 소공복(小功服)을 입는다. '창(倡)'자는 먼저[先]라는 뜻이다. 학자들에 따라서는 '언사(言思)'는 자유(子游)의 아들이며, 신상(申祥) 처의 곤제(昆弟)가 되므로, 또한 상복관계가 성립되지 않는 관계이다. 이러한 관계로부터 친소관계가 더 멀어지게 되면, 오직 곡(哭)만 하고 곡(哭)을 하는 자리는 마련하지 않는다고 주장하기도 한다.

釋文 街音佳. 嫂, 悉早反, 注同. 倡, 昌尙反, 注同. 踊音勇. 娣姒, 大計反, 下音似.

번역 '街'자의 음은 '佳(가)'이다. '嫂'자는 '悉(실)'자와 '早(조)'자의 반절음이며, 정현의 주에 나온 글자도 그 음이 이와 같다. '倡'자는 '昌(창)'자와 '尙(상)'자의 반절음이며, 정현의 주에 나온 글자도 그 음이 이와 같다. '踊'자의 음은 '勇(용)'이다. '娣姒'에서의 '娣'자는 '大(대)'자와 '計(계)'자의 반절음이고, '姒'자의 음은 '似(사)'이다.

孔疏 ●"曾子"至"亦然". ○正義曰: 此一節論無服爲位哭之禮.

번역 ●經文: "曾子"~"亦然". ○이곳 문단은 상복관계가 성립되지 않을 때, 곡(哭)하는 위치를 마련하는 예(禮)에 대해서 논의하고 있다.

孔疏 ●"小功不爲位也"者, 曾子以爲哭小功之喪, 當須爲位. 時有哭小功不爲位者, 故曾子非之, 云: 若哭小功不爲位者, 是委細屈曲街巷之禮. 言禮之末略, 非典儀正法. 旣言其失, 乃引得禮之人子思之哭嫂爲親疏之位. 於時子思婦與子思之嫂有小功之服, 故子思之婦先踊, 子思乃隨之而哭. 非直子思如此, 其申祥哭妻之兄弟言思亦然, 是亦如子思也.

번역 ●經文: "小功不爲位也". ○증자(曾子)는 소공복(小功服)을 입고 치르는 상(喪)에서 곡(哭)을 할 때에는 마땅히 곡(哭)하는 위치를 마련해야 한다고 여겼다. 당시에는 소공복을 입고 치르는 상(喪)에서 곡(哭)을 하며 위치를 마련하지 않는 자도 있었기 때문에, 증자가 그것을 비난한 것이니, 만약 소공복을 입고 치르는 상(喪)에서 곡(哭)을 하며, 그 자리를 마련하지 않는 것은 길가의 누추한 마을에서나 시행하는 예(禮)가 된다고 말한 것이다. 이 말은 곧 예(禮) 중에서도 말단이나 너무 약소한 것에 해당하니, 전적에 따른 정식 규범이 아니라는 의미이다. 이미 이러한 방식이 실례(失禮)가 됨을 언급했음에도, 곧 예(禮)에 맞게 행동했던 인물로 자사(子思)가 형수를 위해 곡(哭)을 하며, 친소(親疏)의 관계에 따라 그 자리를 마련한 일화를 인용하였다. 당시 자사의 부인은 자사의 형수와 더불어 소공복(小功服)을 입어야 하는 관계가 적용되었다. 그렇기 때문에 자사의 부인이 먼저 용(踊)을 하고, 자사가 뒤따라서 곡(哭)을 했던 것이다. 이것은 단지 자사만 이처럼 했다는 뜻이 아니다. 한편 신상(申祥)은 자기 처의 형제인 언사(言思)를 위해 곡(哭)을 할 때에도 이처럼 했으니, 이 말은 곧 자사가 했던 것처럼 행동했다는 뜻이다.

孔疏 ◎注"位謂"至"爲也". ○正義曰: 知位謂親疏敍列者, 以其子思哭嫂爲位, 下云"婦人倡踊", 婦人旣在先, 明知爲位也. 云"委巷, 猶街里委曲所爲也"者, 謂庶人微賤在街巷里邑, 委細屈曲, 所爲不能方正也. 此子思哭嫂, 是孔子之孫, 以兄先死, 故有嫂也. 皇氏以爲原憲字子思, 若然, 鄭無容不注, 鄭旣不注, 皇氏非也. 孔氏連叢云: "一子相承, 以至九世." 及史記所說亦同者, 不妨. 雖有二子, 相承者, 唯存一人, 或其兄早死, 故得有嫂. 且雜說不與經合, 非一也.

번역 ◎鄭注: "位謂"~"爲也". ○정현의 말처럼, '위(位)'라는 것이 친소(親疏)의 관계에 따라서 등렬을 순차적으로 매기는 것임을 알 수 있는 이유는 자사(子思)가 형수를 위해 곡(哭)을 하며 자리를 마련한다고 했을 때, 그 뒤의 문장에서는 "부인이 먼저 용(踊)을 했다."라고 했으니, 부인이 이미 그 앞에 위치했던 것이다. 따라서 이러한 정황을 통해, 자리를 마련한다는 사실을 분명히 알 수 있다. 정현이 "'위항(委巷)'은 거리의 후미진 곳에서나 시행한다는 뜻이다."라고 했는데, 이 말은 서인(庶人)들처럼 미천한 신분의 사람들은 거리에 있는 누추한 마을에 사는데, 그들은 누추하고 미천하여, 그들이 시행하는 것들을 예법에 따라 올바르게 할 수 없다. 이곳에서 자사는 형수를 위해 곡(哭)을 했는데, 자사는 공자(孔子)의 손자이므로, 그의 형이 먼저 죽었기 때문에, 형수가 있었던 것이다.[5] 황간은 이 자를 원헌(原憲)이라고 여겼고, 그의 자(字)가 자사(子思)였다고 했다. 그런데 만약 황간의 말대로라면, 정현이 이곳에 주를 달지 않을 수가 없었을 것이다. 그런데 정현이 이곳에 별다른 주를 달지 않았으므로, 황간의 주장은 잘못되었다. 공씨(孔氏)의 『연총(連叢)』에서는 "한 명의 아들이 서로 대를 이어서, 9세대에 이르렀다."라고 했고, 『사기(史記)』에서 설명하는 내용 또한 이와 같으니, 자사(子思)를 공자의 손자로 여겨도 무방하다. 비록 두 명의 아들이

5) 자사(子思)는 공자(孔子) 가문의 대를 잇는 자이다. 그런데 그에게 형이 있었다면, 그의 형이 가문의 대를 잇게 된다. 그러자 자사가 결과적으로 공자 가문의 대를 잇게 되었으므로, 자사의 형은 자사보다도 일찍 죽었다는 뜻이다.

있었더라도, 서로 대를 잇게 될 때, 오직 한 명의 아들만 있었던 것이며, 혹은 그의 형이 일찍 죽었기 때문에, 형수가 있을 수 있었던 것이다. 또 여러 학설들은 경문의 내용과 부합되지 않으니, 통일할 수가 없는 것이다.

孔疏 ◎注“娣姒婦小功. 倡, 先也”. ○正義曰: 按喪服小功章: “娣姒婦報.” 傳云: “弟長也.” 鄭注“娣姒婦者, 兄弟之妻相名也. 長婦謂稚婦爲娣婦, 娣婦謂長婦爲姒婦.” 謂據婦年之長幼, 則不據夫年之大小. 故成十一年左傳云: “聲伯之母不聘, 穆姜曰: ‘吾不以妾爲姒.’” 穆姜, 魯宣公夫人, 聲伯之母, 魯宣公弟叔肹之妻, 是弟妻爲姒. 又昭二十八年左傳云: “子容之母走謁諸姑, 曰: ‘長叔姒生男.’” 子容之母, 伯華之妻也, 長叔姒是伯華之弟叔肹之妻, 是亦謂弟妻爲姒也. 皆不繫夫身長幼. 云“倡, 先也”者, 按詩云: “倡予和女.” 是倡爲先.

번역 ◎鄭注: “娣姒婦小功. 倡, 先也”. ○『의례』「상복(喪服)」편의 ‘소공장(小功章)’을 살펴보면, “손아래 동서와 손위 동서는 서로를 위해서 상복(喪服)을 입는다.”[6]라고 했고, 이 문장에 대한 전문(傳文)에서는 “손아래 동서와 손위 동서를 뜻한다.”[7]라고 했다. 그리고 정현의 주에서는 “‘제사부(娣姒婦)’라는 것은 형제의 처들이 서로를 부르는 호칭이다. 나이가 많은 동서는 나이가 어린 동서를 ‘제부(娣婦)’로 부르며, 제부(娣婦)는 나이가 많은 동서를 ‘사부(姒婦)’로 부른다.”라고 했다. 이 말은 곧 동서들의 서열은 여자의 나이 차이에 근거하는 것이지, 남편의 나이 차이에 근거하는 것이 아님을 뜻한다. 그렇기 때문에 성공(成公) 11년에 대한 『좌전』의 문장에서는 “성백(聲伯)의 모친은 정식으로 혼례를 치른 것이 아니므로, 목강(穆姜)은 ‘나는 첩을 사부(姒婦)로 여길 수 없다.’”라고 했던 것이다.[8] ‘목강(穆姜)’은 노(魯)나라 선공(宣公)의 부인이며, 성백(聲伯)의 모친은 노나라 선공(宣公)의 동생인 숙힐(叔肹)의 처였다. 따라서 이곳 문장에서는 동생의 처

---

6) 『의례』「상복(喪服)」: 夫之姑・姊妹・娣姒婦. 報.
7) 『의례』「상복(喪服)」: 傳曰, 娣姒婦者, 弟長也. 何以小功也? 以爲相與居室中, 則生小功之親焉.
8) 『춘추좌씨전』「성공(成公) 11년」: 聲伯之母不聘, 穆姜曰, “吾不以妾爲姒.”

를 사부(姒婦)로 여긴 것이다. 또 소공(昭公) 28년에 대한 『좌전』의 기록에서는 "자용(子容)의 모친이 시어머니에게 달려가 아뢰길, '큰 서방님의 사부(姒婦)가 아들을 낳았습니다.'"라고 했다.9) 자용(子容)의 모친은 백화(伯華)의 처이고, 큰 서방님의 사부(姒婦)는 백화(伯華)의 동생 숙힐(叔肹)의 처가 된다. 따라서 이곳 문장에서도 또한 동생의 부인을 사부(姒婦)로 부르고 있는 것이다. 이러한 모든 기록에서는 남편의 나이와 상관이 없이 부인들끼리 나이를 따졌음을 나타낸다. 정현이 "'창(倡)'자는 먼저[先]라는 뜻이다."라고 했는데, 『시』를 살펴보면, "그대들이 노래를 부르면 내가 화답을 하겠다."10)라고 했으니, 이곳에서도 '창(倡)'자를 먼저[先]라는 뜻으로 사용하고 있다.

孔疏 ◎注"言思, 子游之子, 申詳妻之昆弟"者, 謂妻之親昆弟也. 自此以外, 皆不爲位, 故奔喪禮11)"哭妻之黨於寢", 鄭引逸奔喪禮云: "一哭而已, 不爲位矣."

번역 ◎鄭注: "言思, 子游之子, 申詳妻之昆弟". ○처의 친척인 곤제(昆弟)를 뜻한다. 이러한 관계로부터 그 이상 더 소원해지는 관계에서는 모든 경우에 있어서 곡(哭)하는 자리를 마련하지 않는다. 그렇기 때문에 『예기』「분상(奔喪)」편에서는 "처의 친척 일가에 대해서 곡(哭)을 할 때에는 침(寢)에서 한다."12)라고 한 것이고, 정현은 『일례(逸禮)』의 「분상례(奔喪禮)」편을 인용해서, "한 차례 곡(哭)을 할 따름이며, 곡(哭)을 하는 자리는 마련하지 않는다."라고 했던 것이다.

---

9) 『춘추좌씨전』「소공(昭公) 28년」: 伯石始生, 子容之母走謁諸姑, 曰, "長叔姒生男." 姑視之.

10) 『시』「정풍(鄭風)·탁혜(蘀兮)」: 蘀兮蘀兮, 風其吹女. 叔兮伯兮, 倡予和女.

11) '례(禮)'자에 대하여. '례'자는 본래 중복되게 기록되어 있었는데, 완원(阮元)의 『교감기(校勘記)』에서는 "이곳 판본에는 '례'자가 잘못하여 중복된 것이다."라고 했다.

12) 『예기』「분상(奔喪)」【656b】: 哭父之黨於廟, 母妻之黨於寢, 師於廟門外, 朋友於寢門外, 所識於野張帷. 凡爲位不奠.

訓纂 陸農師曰: 婦人倡而後踊, 遠嫌.

번역 육농사가 말하길, 부인이 먼저 하고, 이후에 용(踊)을 하는 것은 죽은 여자와 가깝게 지낸다는 혐의를 멀리하기 위해서이다.

訓纂 吳幼淸曰: 爲嫂無服, 而其妻爲娣・姒婦則有服. 爲妻之兄弟無服, 而其妻爲其兄弟則有服. 故子思・申祥皆使其妻有服者倡踊而已, 無服者隨哭於後也.

번역 오유청이 말하길, 형수에 대해서는 상복관계가 성립되지 않지만, 그의 처는 제부(娣婦) 또는 사부(姒婦)의 관계가 되므로, 상복관계가 성립된다. 처의 형제에 대해서는 상복관계가 성립되지 않지만, 그의 처는 그의 형제들에 대해서 상복관계가 성립된다. 그렇기 때문에 자사(子思)와 신상(申祥)은 모두 상복관계에 놓인 그의 처로 하여금 먼저 용(踊)을 하도록 했던 것일 뿐이며, 상복관계가 없는 본인은 처를 뒤따라서 그 이후에 곡(哭)만 했을 따름이다.

集解 愚謂: 哭而爲位者, 以親疏敍列爲位, 以親者一人爲主, 在阼階下西面, 而疏者以次而南, 如士喪禮主人在阼階下, 衆主人及卿大夫皆在其南, 是也. 若不爲位, 則爲主者一人南面, 而弔者北面, 後言"曾子北面而弔", 小記"哭朋友者於門外之右南面", 是也. 委, 曲也. 哭有服者必爲位, 時有哭小功不爲位者, 曾子非之, 言此乃委巷小人之禮, 而非君子之所行也. 奔喪云, "無服而爲位者惟嫂叔." 此謂在外聞喪而己爲之主者. 子思哭嫂在家, 嫂叔無服, 而娣姒婦相爲小功, 故使婦人爲主而倡踊. 妻之兄弟無服, 而妻爲之期若大功, 故申祥於言思亦爲位而哭, 而使其妻爲主而倡踊也. 凡踊以婦人居間, 此皆使婦人倡踊者, 以其爲爲位之禮之所自起也. 嫂之喪, 子爲之期; 妻之兄弟, 子爲之緦. 今乃不使子爲主而使婦人者, 蓋以未有子, 或幼而未能爲主耳. 記禮者因曾子譏小功不爲位, 故引子思・申祥之事, 以證哭必爲位之事.

번역 내가 생각하기에, 곡(哭)을 하며 그 자리를 마련하는 것은 친소(親疎)의 관계에 따라 등렬을 정하여, 순차적으로 자리를 만든다는 뜻이니, 죽은 자와 가까운 관계에 있는 한 사람을 그 자리를 주관하는 주인으로 삼고, 그 자는 동쪽 계단 아래에서 서쪽을 향해 서 있게 되며, 관계가 소원한 자들은 순차적인 등렬에 따라 그의 남쪽으로 차례대로 나열하게 되니, 『의례』「사상례(士喪禮)」편에서 상주(喪主)가 동쪽 계단 아래에 있으면, 뭇 주인들과 경(卿) 및 대부(大夫)들은 모두 그의 남쪽에 위치한다고 한 말이 바로 이러한 사실을 나타낸다. 만약 곡(哭)하는 자리를 마련하지 않는 경우라면, 주인이 되는 한 사람은 남쪽을 바라보게 되고, 조문을 하는 자들은 북쪽을 바라보게 되니, 아래문장에서 "증자(曾子)가 북쪽을 바라보고서 조문을 했다."[13] 라고 했고, 『예기』「상복소기(喪服小記)」편에서 "친구를 위해 곡(哭)하는 자는 문밖의 오른쪽에서 남쪽을 바라본다."[14]라고 한 말이 바로 이러한 사실을 나타낸다. '위(委)'자는 '곡(曲)'자를 뜻한다. 자신과 상복관계에 있는 자에 대해서 곡(哭)을 할 때에는 반드시 자리를 마련해야 하는데, 당시에는 소공복(小功服)을 입는 관계에 있는 자에게 곡(哭)을 할 때에도 자리를 마련하지 않는 경우가 있었으므로, 증자가 그들을 비난하며, 이러한 경우는 누추한 마을에서 소인(小人)들이 따르는 예(禮)이니, 군자(君子)가 따르는 방법이 아니라고 말한 것이다. 『예기』「분상(奔喪)」편에서는 "상복관계가 성립되지 않는데도, 곡(哭)하는 자리를 마련하는 경우는 오직 형제의 부인과 남편의 형제들에 대해서만 그렇게 한다."라고 했다. 이것은 곧 외부에 있다가 상(喪)에 대한 소식을 접하여, 본인이 그를 위해 주인의 역할을 맡는 경우에 해당한다. 자사(子思)가 형수를 위해 곡(哭)을 할 때에는 자신의 집에서 한 것인데, 형제의 처와 남편의 형제들에 대해서는 본래 상복관계가 성립되지 않지만, 손아래 동서와 손위 동서는 서로를 위해 소공복(小功服)을 입게 된다. 그렇기 때문에 자신의 부인으로 하여금 주인의 역할을

---

13) 『예기』「단궁상」【94b】: 曾子與客立於門側, 其徒趨而出. 曾子曰, "爾將何之?" 曰, "吾父死, 將出哭於巷." 曰, "反哭於爾次." <u>曾子北面而弔焉.</u>

14) 『예기』「상복소기(喪服小記)」【416b】: 哭朋友者, 於門外之右, 南面.

맡게 하여, 먼저 용(踊)을 하도록 시킨 것이다. 처의 형제들에 대해서도 상복관계가 성립되지 않는데, 처는 자신의 형제들을 위해서 기년상(期年喪)을 치르니, 마치 대공복(大功服)을 착용할 때와 같은 것이다. 그렇기 때문에 신상(申祥)은 언사(言思)에 대해서 또한 자리를 마련하여 곡(哭)을 했던 것이고, 자신의 처로 하여금 주인의 역할을 담당하게 하여, 먼저 용(踊)을 하도록 시킨 것이다. 무릇 용(踊)을 할 때에는 부인들이 중간에 용(踊)을 하는 것인데, 이곳에서는 모든 경우에 있어서 부인들이 먼저 용(踊)을 했다. 그 이유는 자리를 마련하는 예(禮)를 적용하게 된 이유가 그녀에게 있기 때문이다. 형수의 상(喪)에 있어서, 자신의 자식은 그녀를 위해 기년복(期年服)을 입고, 처의 형제들에 대해서, 자신의 자식은 그들을 위해 시마복(緦麻服)을 입는다. 그런데 이곳 문장에서는 자식으로 하여금 주인의 역할을 수행하도록 하지 않고, 부인을 시키고 있다. 그 이유는 아마도 아직 자식이 없었기 때문이거나, 혹은 자식이 너무 어려서 아직은 주인의 역할을 할 수 없었기 때문일 것이다. 『예기』를 기록한 자는 증자가 소공복(小功服)을 입고 치르는 상(喪)에서, 곡(哭)하는 자리를 마련하지 않은 것을 비난했다는 일화에 착안했기 때문에, 자사와 신상의 일화를 인용하여, 곡(哭)을 할 때에는 반드시 자리를 마련해야 한다는 사안을 증명하고 있는 것이다.

集解 孔叢子, 孔氏九世皆一子相承, 此云"子思哭嫂", 孔疏謂"兄早卒, 故得有嫂." 今案孔子弟子原憲·燕伋皆字子思, 此所稱子思, 或爲異人, 未可知也.

번역 『공총자(孔叢子)』에서는 공씨(孔氏)의 가문은 9세대에 이르기까지 모두 한 명의 자식이 대를 이었다고 했다. 그런데 이곳 문장에서는 "자사(子思)가 형수를 위해서 곡(哭)을 했다."라고 말했고, 공영달(孔穎達)의 소(疏)에서는 "자사의 형이 일찍 죽었기 때문에, 자사에게 형수가 있을 수 있었던 것이다."라고 설명했다. 내가 살펴보니, 공자(孔子)의 제자 중에는 원헌(原憲)과 연급(燕伋)이라는 자가 있었는데, 이 둘은 모두 자(字)가 자사(子思)였다. 따라서 이곳 문장에서 말하는 자사(子思)를 공자의 손자가 아닌 다른 인물로 여기기도 하는데, 사실인지는 알 수 없다.

• 제 31 절 •

길관(吉冠)과 상관(喪冠)

【80c】

古者冠縮縫, 今也衡縫. 故喪冠之反吉, 非古也.

직역 古者에는 冠을 縮縫했고, 今也에는 衡縫한다. 故로 喪冠이 吉에 反함은, 古가 非이다.

의역 고대에는 관(冠)을 만들 때, 길례(吉禮)와 흉례(凶禮)의 차이와 상관없이, 모든 관(冠)을 세로로 꿰맸고, 현재는 흉례 때 쓰는 관(冠)은 세로로 꿰매지만, 길례 때 쓰는 관(冠)은 가로로 꿰맨다. 그러므로 상례(喪禮) 때 쓰는 관(冠)의 꿰맨 방법은 길례 때 쓰는 관(冠)과 반대가 되니, 이것은 고대의 제도가 아니라, 주(周)나라 때의 제도일 따름이다.

集說 疏曰: 縮, 直也. 殷尙質, 吉凶冠皆直縫. 直縫者, 辟積襵少, 故一一前後直縫之. 衡, 橫也. 周尙文, 冠多辟積, 不一一直縫, 但多作襵而幷橫縫之. 若喪冠質, 猶踈辟而直縫, 是與吉冠相反. 時人因言古喪冠與吉冠反, 故記者釋之云, 非古也, 止是周世如此耳. 古則吉凶冠同直縫也.

번역 공영달(孔穎達)의 소(疏)에서 말하길, '축(縮)'자는 세로[直]를 뜻한다. 은(殷)나라 때에는 질박함을 숭상했으므로, 길례(吉禮)와 흉례(凶禮) 때 쓰는 관(冠)을 모두 세로로만 꿰맸다. 세로로 꿰맨다는 것은 포갤 때 주름이 적게 잡히도록 하는 것이다. 그렇기 때문에 일일이 앞뒤에서 세로로 꿰맨 것이다. '형(衡)'자는 가로[橫]를 뜻한다. 주(周)나라 때에는 화려함을 숭상했으므로, 관(冠)은 포개는 것을 많게 하니, 일일이 세로로 꿰맨 것이 아니라, 단지 주름을 많이 잡아서, 모두 가로로 꿰맸다. 상례(喪禮) 때 쓰는 관(冠)의 경우에는 질박하므로, 여전히 포갠 것을 적게 하여 세로로 꿰매니, 이것은 길례 때 쓰는 관(冠)과 상반된 것이다. 당시 사람들은 이러한 이유 때문에, 고대에 상례 때 썼던 관(冠)과 길례 때 썼던 관(冠)이 상반된다고 여겼다. 그렇기 때문에 『예기』를 기록한 자는 그 의미를 해석하여, 이것은 고대의 제도가 아니니, 단지 주나라 때부터 이처럼 한 것일 뿐이다. 고대에는 길례와 흉례 때 쓰는 관(冠)을 모두 세로로 꿰맸다고 한 것이다.

鄭注 縮, 從也. 今禮制, 衡讀爲橫, 今冠橫縫, 以其辟積多. 解時人之惑, 喪冠縮縫, 古冠耳.

번역 '축(縮)'자는 세로[從]를 뜻한다. 오늘날의 예제(禮制)에 따르면, '형(衡)'자는 가로[橫]로 해석하니, 현재의 관(冠)은 가로로 꿰매서, 겹치는 부분을 많게 한다. 뒤의 말은 당시 사람들의 의혹을 풀어준 것으로, 상례(喪禮) 때 쓰는 관(冠)을 세로로 꿰맨 것만이 고대에 관(冠)을 만들었던 방식일 뿐이다.

釋文 縮, 所六反. 縫音逢, 又扶用反, 下同. 衡依注音橫, 華彭反. 從, 子容反. 解, 佳買反.

번역 '縮'자는 '所(소)'자와 '六(륙)'자의 반절음이다. '縫'자의 음은 '逢(봉)'이며, 또한 '扶(부)'자와 '用(용)'자의 반절음도 되고, 아래문장에 나오는 글자는 그 음이 모두 이와 같다. '衡'자는 정현의 주에 따르면 그 음이 '橫'이니, '華(화)'자와 '彭(팽)'자의 반절음이다. '從'자는 '子(자)'자와 '容(용)'자의 반절음이다. '解'자는 '佳(가)'자와 '買(매)'자의 반절음이다.

孔疏 ●"古者"至"古也". ○正義曰: 此一節論記者解時人之惑也. 古者, 自殷以上也. 縮, 直也. 殷以上質, 吉凶冠皆直縫, 直縫者, 辟積攝少, 故一一前後直縫之.

번역 ●經文: "古者"~"古也". ○이곳 문단은 『예기』를 기록한 자가 당시 사람들의 의혹을 풀이해준 일에 대해서 논의하고 있다. '고(古)'라는 것은 은(殷)나라로부터 그 이전의 시기를 뜻한다. '축(縮)'자는 세로[直]를 뜻한다. 은나라는 질박한 것을 숭상했으므로, 길례(吉禮)와 흉례(凶禮) 때 쓰는 관(冠)을 모두 세로로 꿰맸으니, 세로로 꿰맨다는 것은 겹치되 주름을 적게 하는 것이다. 그렇기 때문에 일일이 앞뒤에서 세로로 꿰맨 것이다.

孔疏 ●"今也衡縫"者, 今, 周也. 衡, 橫也. 周世文, 冠多辟積, 不[1]復一一直縫, 但多作攝而幷橫縫之.

번역 ●經文: "今也衡縫". ○'금(今)'이라는 것은 주(周)나라 때를 가리킨다. '형(衡)'자는 가로[橫]를 뜻한다. 주(周)나라 때에는 화려함을 추구하였으므로, 관(冠)을 만들 때에도 겹치는 것을 많게 하여, 일일이 세로로 꿰매지 않았고, 단지 주름을 많이 잡아서 한꺼번에 가로로 꿰맸다.

孔疏 ●"故喪冠之反吉, 非古也"者, 周吉冠文, 故多積疏而橫縫也. 若喪冠質, 猶疏辟而直縫. 是喪冠與吉冠相反, 故云"喪冠之反吉"也. 而時人因謂古時亦喪冠與吉冠反, 故記者釋云: "非古也, 正是周世如此耳, 古則吉凶冠同從縫."

번역 ●經文: "故喪冠之反吉, 非古也". ○주(周)나라 때 길례(吉禮)에 쓰는 관(冠)은 화려했기 때문에, 겹치는 것을 많게 하여 가로로 꿰맸다. 상례(喪禮) 때 쓰는 관(冠)의 경우에는 질박하였기 때문에, 여전히 겹치는 것을 적게 하여 세로로만 꿰맨 것이다. 이것은 상례 때 쓰는 관(冠)과 길례 때

---

1) '불(不)'자에 대하여. 『십삼경주소(十三經注疏)』 북경대 출판본에서는 "'불'자는 본래 '하(下)'자로 기록되어 있었는데, 『예기훈찬(禮記訓纂)』의 기록에 따라서 '불'자로 수정하였다."라고 했다.

쓰는 관(冠)이 반대가 된다는 사실을 나타낸다. 그렇기 때문에 "상례 때 쓰는 관(冠)은 길례 때 쓰는 관(冠)의 반대이다."라고 말한 것이다. 그러나 당시 사람들은 이러한 사실에 따라서, 고대에도 상례 때 쓰는 관(冠)과 길례 때 쓰는 관(冠)이 서로 반대가 된다고 여겼다. 그렇기 때문에 『예기』를 기록한 자는 그것을 풀이해주며, "고대의 제도가 아니니, 주나라 때에만 이처럼 했을 따름이다. 고대의 경우에는 길례와 흉례 때 쓰는 관(冠)을 모두 세로로 꿰맸다."라고 한 것이다.

• 제32절 •

초상(初喪) 때 미음을 먹는 시기

【80d~81a】

曾子謂子思曰: "伋! 吾執親之喪也, 水漿不入於口者七日." 子思曰: "先王之制禮也, 過之者, 俯而就之; 不至焉者, 跂而及之. 故君子之執親之喪也, 水漿不入於口者三日, 杖而後能起."

직역 曾子가 子思에게 謂하여 曰, "伋아! 吾는 親의 喪을 執함에, 水漿을 口에 不入한 者를 七日이라." 子思가 曰, "先王이 禮를 制함에, 過한 者는 俯하여 就하고; 不至한 者는 跂하여 及합니다. 故로 君子는 親의 喪을 執함에, 水漿을 口에 不入한 者를 三日하고, 杖한 後에 能히 起합니다."

의역 증자(曾子)가 자사(子思)에게 일러주며, "급(伋)아! 나는 부모의 상(喪)을 치르면서, 미음조차 먹지 않은 것을 칠일 동안 했느니라."라고 했다. 그러자 자사가 말하길, "선왕(先王)께서 예(禮)를 제정할 때에는 지나친 자에 대해서는 굽히게 해서 나아가게 했고, 미치지 못하는 자에 대해서는 발돋움을 해서라도 쫓아오게 했습니다. 그렇기 때문에 군자(君子)가 부모의 상(喪)을 치를 때, 미음을 먹지 않는 기간은 삼일로 하고, 그 이후에는 미음을 먹었기 때문에, 지팡이를 잡고서 일어날 수 있었던 것입니다."라고 했다.

集說 三日, 中制也; 七日, 則幾於滅性矣. 有扶而起者, 有杖而起者, 有面垢而已者.

번역 삼일 동안 하는 것은 예제(禮制)에 맞는 것이고, 칠일 동안 한다면, 생명을 잃을 수도 있다. 부축하여 일어나는 자도 있고, 지팡이를 잡고 일어나는 자도 있으며, 얼굴에 때가 낀 것처럼 닦아도 지워지지 않는 얼룩이 생기는 병에 걸려서 그만두는 자도 있다.[1)]

大全 長樂陳氏曰: 先王制爲喪親之禮, 其服衰止於三年, 其哭泣止於三月, 其水漿不入於口止于三日, 蓋三日可以怠而食, 三月可以解而沐, 三年可以祥而除. 使過者, 俯而就之, 不至者, 跂而及之也. 若夫以親之恩爲罔極, 吾之情爲無窮, 徇其無窮之情, 而不節之以禮, 則在己者不可傳, 在人者不可繼, 是戕賊天下之人, 而禍於孝也. 此曾子所以不爲子思取也. 樂正子春之母死, 五日而不食, 旣而悔之, 況七日乎?

번역 장락진씨가 말하길, 선왕(先王)이 부모의 상(喪)을 치르는 예(禮)를 제정했을 때, 상복(喪服)을 입는 기간은 3년에 그쳤고, 곡(哭)을 하며 눈물을 흘리는 기간은 3개월에 그쳤으며, 미음조차 입에 대지 않는 기간은 3일에 그쳤으니, 무릇 3일이 지나게 되면, 쇠약해져서 음식을 먹을 수 있었던 것이고, 3개월이 지나게 되면, 마음이 어느 정도 풀어져서 슬픔을 다스릴 수 있었던 것이며, 3년이 지나게 되면, 대상(大祥)을 치르며 상복을 벗을 수 있었던 것이다. 지나친 자로 하여금 굽혀서 나아가게 하고, 미치지 못하는 자로 하여금 발돋움을 해서라도 따라오게 했다. 부모의 은혜로움에는 끝이 없고, 자식의 감정에도 한이 없는데, 만약 그 한이 없는 정감을 드러내고 예(禮)로써 절제를 하지 않는다면, 자신에게 있어서는 전수할 수가 없고, 타인에게 있어서도 따를 수가 없으니, 이것은 천하의 모든 사람들을 해치게 만들고, 효(孝)에 대해서도 화근으로 작용하는 방침이다. 이것이 바로

---

1) 『예기』「상복사제(喪服四制)」【721d】: 杖者何也? 爵也. 三日授子杖, 五日授大夫杖, 七日授士杖. 或曰擔主, 或曰輔病, 婦人童子不杖, 不能病也, 百官備, 百物具, 不言而事行者, 扶而起. 言而后事行者, 杖而起. 身自執事而后行者, 面垢而已. 禿者不髽, 傴者不袒, 跛者不踊, 老病不止酒肉. 凡此八者, 以權制者也.

증자(曾子)가 자사(子思)로 하여금 자신의 방법을 따르지 않게끔 했던 이유이다. 악정자춘(樂正子春)의 모친이 돌아가셨을 때, 악정자춘은 5일 동안 미음조차 입에 대지 않았는데, 악정자춘도 그 일에 대해서 이미 후회를 했건만,[2] 하물며 7일 동안 하는 것에 있어서랴?

鄭注 言己以疾時禮而不如. 爲曾子言難繼, 以禮抑之.

번역 증자(曾子) 본인이 질병에 걸렸을 때에는 그 예(禮)에 따르기를 이처럼 하지 못했다는 뜻이다. 증자(曾子)는 계속하기 어려운 것을 언급하여, 예(禮)에 따라서 억눌렀던 것이다.

釋文 伋音急. 漿, 子良反. 俯音甫. 跂, 丘豉反. 爲, 于僞反.

번역 '伋'자의 음은 '急(급)'이다. '漿'자는 '子(자)'자와 '良(량)'자의 반절음이다. '俯'자의 음은 '甫(보)'이다. '跂'자는 '丘(구)'자와 '豉(시)'자의 반절음이다. '爲'자는 '于(우)'자와 '僞(위)'자의 반절음이다.

孔疏 ●"曾子"至"能起". ○正義曰: 此一節論曾子疾時居喪不能以禮, 子思以正禮抑之之事.

번역 ●經文: "曾子"~"能起". ○이곳 문단은 증자(曾子)가 질병에 걸렸을 때, 상(喪)을 치르며, 예법에 따를 수 없었고, 자사(子思)는 올바른 예법에 따라 지나친 방침을 억눌렀던 사안을 논의하고 있다.

孔疏 ○曾子謂子思伋, 誇己居親之喪能行於禮, 故云"吾水漿不入於口七日", 意疾時人行禮不如己也. 故子思以正禮抑之, 云"古昔先代聖王制其禮法,

---

2) 『예기』「단궁하(檀弓下)」【141c】: 樂正子春之母死, 五日而不食, 曰, "吾悔之, 自吾母而不得吾情, 吾惡乎用吾情?"

使後人依而行之, 故賢者俯而就之, 不肖者跂而及之. 以水漿不入於口三日, 尙以杖扶病". 若曾子之言, 卽後人難爲繼也.

번역 ○증자(曾子)는 자사(子思)인 급(伋)에게, 자신이 부모의 상(喪)을 치를 때에는 예(禮)에 따라 행동할 수 있었다고 자랑한 것이다. 그렇기 때문에 "나는 미음조차 입에 대지 않은 것을 7일 동안 했다."라고 말한 것인데, 이 말의 의도는 질병이 걸렸을 때, 사람들이 예(禮)에 따르는 것을 자신처럼 할 수 없다는 뜻이다. 그렇기 때문에 자사(子思)는 올바른 예법으로 그것을 억눌렀던 것이며, "고대의 선대 성왕(聖王)이 예법을 제정했을 때, 후세 사람들로 하여금 그에 따라 시행토록 한 것입니다. 그렇기 때문에 현명한 자는 굽혀서 나아가게 했던 것이고, 불초한 자는 발돋움을 해서라도 따라오게 했던 것입니다. 그러므로 미음을 입에 대지 않는 것을 3일 동안 하더라도, 지팡이를 잡고서 노쇠한 몸을 일으킬 수 있었습니다."라고 한 것이다. 이 말은 곧 증자의 말처럼 한다면, 후세 사람들은 그 방침에 따르기가 어렵다는 뜻이다.

訓纂 說文: 企擧踵也.

번역 『설문해자』에서 말하길, '기(企)'자는 뒤꿈치를 드는 것이다.

訓纂 段氏玉裁曰: 企, 或作跂. 方言, "跂, 登也. 梁・益之間語."

번역 단옥재[3]가 말하길, '기(企)'자를 혹은 '기(跂)'자로도 기록한다. 『방언』에서는 "'기(跂)'자는 오른다는 뜻의 '등(登)'자이다. 양주(梁州)와 익주(益州) 지역에서 사용하는 말이다."라고 했다.

---

3) 단옥재(段玉裁, A.D.1735 ~ A.D.1815) : 청(淸)나라 때의 학자이다. 자(字)는 약응(若膺)이고, 호(號)는 무당(懋堂)이다. 저서로는 『설문해자주(說文解字注)』, 『육서음균표(六書音均表)』, 『고문상서찬이(古文尙書撰異)』 등이 있다.

集解 愚謂: 此曾子自言其居喪之過禮, 而子思就其意而申之, 以明中制也.

번역 내가 생각하기에, 이곳 문장은 증자(曾子)가 스스로 자신이 상(喪)을 치르며 했던 지나친 예(禮)를 언급하고, 자사(子思)가 그 뜻에 따라서 거듭 그 의미를 펼침으로써, 중도에 맞는 제도를 나타낸 것이다.

• 제 33 절 •

소공복(小功服)과 태(稅)

【81a】

曾子曰: "小功不稅, 則是遠兄弟終無服也, 而可乎?"

직역 曾子가 曰, "小功에 不稅하면, 是는 遠兄弟에 終히 無服인데, 可한가?"

의역 증자(曾子)가 말하길, "소공복(小功服)을 입고 치르는 상(喪)에 있어서, 본래는 태(稅)를 하지 않는데, 만약 먼 지역에 사는 재종(再從) 형제 등이 부고를 알려오는 경우, 태(稅)를 하지 않으면, 먼 형제에 대해서는 상복관계가 없어지게 되니, 이처럼 해도 좋겠는가?"라고 했다.

集說 稅者, 日月已過, 始聞其死, 追而爲之服也. 大功以上則然, 小功輕, 故不稅. 曾子據禮而言, 謂若是小功之服不稅, 則再從兄弟之死在遠地者, 聞之恒後時, 則終無服矣其可乎?

번역 '태(稅)'라는 것은 시간이 이미 경과를 하였는데, 비로소 그의 죽음에 대한 소식을 접하게 되어, 그 기간을 미루어서, 그를 위해 상복(喪服)을 착용하는 것을 뜻한다. 대공복(大功服) 이상의 수위에 해당하는 상복(喪服)인 경우라면 이처럼 하는데, 소공복(小功服)의 경우는 그 수위가 낮기 때문에, 태(稅)를 하지 않는 것이다. 증자(曾子)는 예(禮)에 따라 언급한 것이니, 곧 소공복을 입고 치르는 상(喪)에서 태(稅)를 하지 않는다면, 재종(再從) 형제의 죽음에 있어서, 그가 먼 지역에 사는 경우라면, 그의 죽음에 대한 소식을 듣는 것이 항상 복상(服喪) 기간보다 뒤늦게 도착하니, 끝내 상복관계가 없게 되는데, 그것이 좋겠느냐는 뜻이다.

集說 疏曰: 此據正服小功也. 小記曰, "降而在緦小功者則稅之", 其餘則否.

번역 공영달(孔穎達)의 소(疏)에서 말하길, 이곳 문장은 소공복(小功服)을 정식으로 차려입는 것에 기준을 둔 말이다. 『예기』「상복소기(喪服小記)」편에서는 "상복(喪服)의 수위를 낮춰서 시마복(緦麻服)이나 소공복(小功服)을 입어야 하는 관계인 경우에는 태(稅)를 한다."[1]라고 했으니, 나머지 경우에는 이처럼 하지 않는다.

大全 馬氏曰: 曾子於喪, 有過乎哀, 是以疑於此. 然小功之服, 雖不必稅, 而稅之者, 蓋亦禮之所不禁也. 昔齊王子請欲爲其母之喪, 孟子曰, "雖加一日愈於已", 推此則不稅而欲稅之者, 固可矣.

번역 마씨가 말하길, 증자(曾子)는 상(喪)에 대해서 애통한 마음에 지나친 점이 있었으니, 이러한 까닭으로, 위의 규정에 대해서 의문이 들었던 것이다. 그러나 소공복(小功服)을 입고 치르는 상(喪)에서 비록 태(稅)를 할 필요는 없지만, 태(稅)를 하는 이유는 아마도 이처럼 하는 것도 예(禮)에서는 금하는 것이 아니기 때문일 것이다. 예전 제(齊)나라 왕자는 자신의 모친에 대한 상(喪)을 치르고자 청하였는데, 맹자(孟子)는 "비록 하루라도 상(喪)을 더 치르더라도 그만두는 것보다는 낫다."[2]라고 했으니, 이를 통해 유추해보면, 태(稅)를 하지 않아도 되는데, 태(稅)를 하고자 하는 것은 진실로 가능한 일이다.

---

1) 『예기』「상복소기(喪服小記)」【413b】: 降而在緦小功者則稅之.

2) 『맹자』「진심상(盡心上)」: 王子有其母死者, 其傅爲之請數月之喪. 公孫丑曰, "若此者何如也?" 曰, "是欲終之而不可得也. 雖加一日愈於已, 謂夫莫之禁而弗爲者也."

鄭注 據禮而言也. 日月已過, 乃聞喪而服曰稅, 大功以上然, 小功輕, 不服. 言相離遠者, 聞之恒晚. 以己恩怪之.

번역 예(禮)에 기준을 두고 언급한 말이다. 시간이 이미 경과를 하였는데, 상(喪)에 대한 소식을 듣고서 상복(喪服)을 입는 것을 태(稅)라고 부르니, 대공복(大功服) 이상의 수위에 해당하는 상복(喪服)을 입을 경우 모두 이처럼 하지만, 소공복(小功服)의 경우에는 상복의 수위가 낮기 때문에, 시기가 경과하였다면 상복을 입지 않는 것이다. 서로 멀리 떨어져 있는 경우, 상(喪)에 대한 소식을 접하는 것은 항상 늦게 된다는 뜻이다. 자신의 심정으로는 이러한 규정이 괴이하게 여겨진다는 뜻이다.

釋文 稅, 徐他外反, 注同. 上, 時掌反.

번역 '稅'자의 서음(徐音)은 '他(타)'자와 '外(외)'자의 반절음이며, 정현의 주에 나온 글자도 그 음이 이와 같다. '上'자는 '時(시)'자와 '掌(장)'자의 반절음이다.

孔疏 ●"曾子"至"可乎". ○正義曰: 此一節論曾子怪於禮小功不著稅服之事, 曾子以爲依禮小功之喪, 日月已過, 不更稅而追服, 則是遠處兄弟聞喪恒晚, 終無服而可乎? 言其不可也. 曾子仁厚, 禮雖如此, 猶以爲薄, 故怪之. 此據正服小功也. 故喪服小記云"降而在緦小功者則稅之", 其餘則否. 鄭康成義, 若限內聞喪, 則追全服. 若王肅義, 限內聞喪, 但服殘日, 若限滿卽止. 假令如王肅之義, 限內秖少一日, 乃始聞喪, 若其成服, 服未得成卽除也. 若其不服, 又何名追服? 進退無禮, 王義非也.

번역 ●經文: "曾子"~"可乎". ○이곳 문단은 증자(曾子)가 예법상 소공복(小功服)을 착용할 때, 태복(稅服)을 입지 않는 것을 괴이하게 여긴 사안을 논의하고 있다. 증자는 예법에 따르면 소공복을 입고 치르는 상(喪)에서는 시기가 이미 경과하였다면, 다시금 태(稅)를 하여 그 시기를 거슬러 올라가 상복을 착용하지 않는다고 했는데, 이것은 멀리 떨어져 있는 형제의 상(喪)에 대한 소식을 접할 때, 항상 늦게 도달하므로, 결국에는 상복관계를 없애는 것이 되는데, 괜찮은 것이냐고 여긴 것이다. 즉 이 말은 불가하다는 뜻이다. 증자는 인(仁)이 두터우니, 예법에 비록 이러한 규정이 정해져 있더라도, 오히려 이것을 박하게 대하는 것이라고 여겼다. 그렇기 때문에 이러한 규정에 대해서 괴이하게 여긴 것이다. 이곳 문장의 내용은 소공복을 정복(正服)으로 착용하는 것에 기준을 둔 것이다. 그렇기 때문에 『예기』 「상복소기(喪服小記)」편에서는 "강복(降服)을 하여 시마복(緦麻服)과 소공복을 착용하는 경우라면, 태(稅)를 한다."라고 한 것이니, 그 나머지 경우에는 이처럼 하지 않는다. 정현의 의도는 만약 기한 내에 상(喪)에 대한 소식을 접하게 된다면, 그 기간을 미루어서 상복을 온전히 갖추게 된다. 그러나 왕숙의 주장대로라면, 기한 내에 상(喪)에 대한 소식을 접하게 되더라도, 단지 상복을 입는 기간은 정해진 시기에서 남아 있는 일수에 그치며, 만약 정해진 기간을 넘기게 되면 끝내게 된다. 왕숙의 의도대로라면, 기한 이내라고 하더라도 하루가 남은 상태에서, 처음으로 상(喪)에 대한 소식을 접하게 되면, 상복을 제대로 갖춰 입는 경우, 아직 성복(成服)[3]을 하지 않은 상태인데도 곧바로 제거하게 된다. 그리고 상복을 입지 않는 경우라면, 또한 어떻게 미루어서 상복을 입는다고 말할 수 있는가? 이것은 나아가고 물러남에 예(禮)가 없는 것이니, 왕숙의 주장은 잘못된 것이다.

訓纂 賀循曰: 謂喪月都竟, 乃聞喪者耳. 若在服內, 則自全五月. 徐邈答王詢曰, "鄭云'五月之內追服.' 王肅云'服其殘月, 小功不追, 以恩輕故也.'"

번역 하순[4]이 말하길, 상(喪)을 치르는 달이 넘어간 뒤에, 곧 상(喪)에 대한 소식을 접한 자에 대한 내용일 뿐이다. 만약 상복(喪服)을 입어야 하

3) 성복(成服)은 상례(喪禮)에서 대렴(大斂) 이후, 죽은 자와의 관계에 따라, 각각 규정에 맞는 상복(喪服)을 갖춰 입는다는 뜻이다.

4) 하순(賀循, A.D.260 ~ A.D.319) : 위진시대(魏晉時代) 때의 학자이다. 자(字)는 언선(彦先)이다.

는 기간 내에 소식을 접하게 된다면, 제 스스로 5개월 동안 상복을 입게 된다. 서막(徐邈)은 왕순(王詢)에게 대답하며, "정현은 '5개월 이내에는 그 기간을 미루어서 복상(服喪)한다.'라고 했고, 왕숙은 '남아있는 달만 복상하고, 소공복(小功服)을 입고 치르는 상(喪)에서는 기간을 미루어서 하지 않으니, 서로의 정감이 다소 소원하기 때문이다.'"라고 했다.

訓纂 劉原父曰: 兄弟之服不過小功, 外親之服不過緦, 因其情而爲之文, 親疎之殺見矣. 小功雖不稅, 亦不吉服. 記曰, "聞遠兄弟之喪, 旣除喪而後聞之, 則袒免哭之成踊."

번역 유원보[5]가 말하길, 형제를 위해 입는 상복(喪服)은 소공복(小功服)보다 높지 않으며, 외친(外親)을 위해 입는 상복은 시마복(緦麻服)보다 높지 않으니, 서로간의 정감에 따라서, 그에 대한 형식을 맞춘 것이며, 친소(親疎)에 따라 낮추는 것을 나타낸 것이다. 소공복(小功服)을 입고 치르는 상(喪)에서 비록 태(稅)를 하지 않지만, 이러한 경우에서도 길복(吉服)을 착용하지 않는다. 『예기』에서는 "멀리 떨어져 사는 형제의 상(喪) 소식을 접했는데, 이미 상(喪)을 끝낸 이후에 그 소식을 듣게 된다면, 단면(袒免)을 하고 곡(哭)을 하며 용(踊)을 한다."[6]라고 했다.

集解 愚謂: 兄弟, 謂族親也. 喪服從祖祖父母・從祖父母・從祖兄弟爲三小功. 先王之制服, 以其實不以其文, 故有其服必有其情, 非虛加之而已. 小功恩輕, 若日月已過而服之, 則哀微而不足以稱乎其服矣. 曾子篤於恩, 故疑不稅之非, 然先王之於禮, 則以人之可以通行者制之也.

---

5) 유창(劉敞, A.D.1019 ~ A.D.1068) : =공시선생(公是先生)・유원보(劉原父)・청강유씨(淸江劉氏). 북송(北宋) 때의 경학자이다. 자(字)는 원보(原父)이다. 유학 뿐만 아니라 불교와 도교에 대해서도 연구하였고, 천문(天文), 지리(地理) 등의 방면에도 조예가 깊었다.

6) 『예기』「분상(奔喪)」【657b】 : 聞遠兄弟之喪, 旣除喪而后聞喪, 免袒成踊, 拜賓則尙左手.

번역 내가 생각하기에, '형제(兄弟)'라는 말은 친족(親族)을 뜻한다. 『의례』「상복(喪服)」편의 규정에 따르면, 종조조부모(從祖祖父母)·종조부모(從祖父母)·종조형제(從祖兄弟) 등 세 부류의 대상에 대해서만 소공복(小功服)을 입게 된다. 선왕(先王)이 상복(喪服)에 대한 규정을 제정할 때에는 실상을 기준으로 했으며, 형식에 따라서 규정하지는 않았다. 그렇기 때문에 해당하는 상복에는 반드시 해당하는 정감의 수위가 있는 것이니, 허례허식으로 규정을 더한 것이 아니다. 소공복의 경우에는 서로간의 정감이 소원하므로, 만약 기간을 이미 경과한 상태에서 상복을 입게 된다면, 애통한 마음이 미약해져서, 그 상복에 걸맞은 슬픔을 자아낼 수가 없다. 증자(曾子)는 은혜로운 마음이 돈독하였기 때문에, 태(稅)를 하지 않는 것이 잘못된 규정이라고 의심을 하였다. 그러나 선왕은 예(禮)에 대해서, 사람들이 일반적으로 시행할 수 있는 것을 기준으로 제정을 한 것이다.

• 제 34 절 •

부의(賻儀)에 대한 법도 I

【81b】

伯高之喪, 孔氏之使者未至, 冉子攝束帛·乘馬而將之. 孔子曰: "異哉! 徒使我不誠於伯高."

직역 伯高의 喪에, 孔氏의 使者가 未至라, 冉子가 束帛과 乘馬를 攝하여 將했다. 孔子가 曰, "異哉라! 徒히 我를 使로 伯高에게 不誠했구나."

의역 백고(伯高)의 상(喪)이 발생했을 때, 공자(孔子)는 사람을 시켜서 부의를 보냈지만, 심부름을 하는 자가 도착을 하지 않았다. 그래서 염자(冉子)는 그 대신 속백(束帛)과 네 마리의 말을 빌려서, 그것을 가지고 대신 조문을 했다. 그 사실을 안 공자(孔子)는 "이상한 일이구나! 헛되게도 나로 하여금 백고에게 성실하지 못하게 만들었구나."라고 했다.

集說 攝, 貸也. 十箇爲束, 每束五兩. 蓋以四十尺帛, 從兩頭各卷至中, 則每卷二丈爲一箇, 束帛是十箇二丈, 今之五匹也. 乘馬, 四馬也. 徒, 空也. 伯高不知何人, 意必與孔子厚者, 冉子知以財而行禮, 不知聖人之心, 則于其誠, 不于其物也. 雖若自責之言, 而實則深責冉子矣.

번역 '섭(攝)'자는 "빌리다[貸]."는 뜻이다. 10개를 1속(束)이라고 하며, 매 속(束)마다 다섯 쌍이 된다. 무릇 40척(尺)의 비단을 양쪽 끝으로부터 각각 말아서 중간에 이르게 되면, 각각의 두루마리는 2장(丈)을 1개로 삼게 되고, 속백(束帛)은 2장(丈)짜리 비단이 10개가 있는 것으로, 현재의 5필

(四)에 해당한다. '승마(乘馬)'는 4마리의 말을 뜻한다. '도(徒)'자는 "헛되다[空]."라는 뜻이다. 백고(伯高)는 어떤 사람인지 알 수 없지만, 의미상 분명 공자(孔子)와 관계가 깊었던 자일 것이니, 염자(冉子)는 그 사실을 알고 있었기 때문에, 이러한 재화를 가지고 예(禮)를 시행했던 것인데, 성인(聖人)의 마음은 그 정성스러움에 치중하고, 재화에 치중하지 않음을 헤아리지 못한 것이다. 비록 스스로를 책망하는 말처럼 보이지만, 실제로는 염자에 대해서 매우 깊이 책망하는 것이다.

大全 長樂陳氏曰: 禮以誠爲本, 誠以禮爲文, 無本不立, 無文不行. 冉求足於藝, 而不足於禮, 足於藝則知文, 不足於禮則不知本, 此所以攝束帛乘馬而擅行之也. 觀其益子華之粟, 謀顓臾之伐, 則其所擅行者, 豈特此哉? 是皆不足於禮之過也. 孔子曰, "冉求之藝, 文之以禮樂, 亦可以爲成人矣."

번역 장락진씨가 말하길, 예(禮)는 성(誠)을 근본[本]으로 삼고, 성(誠)은 예(禮)를 형식[文]으로 삼는데, 근본이 없으면 성립되지 못하고, 형식이 없으면 시행되지 않는다. 염구(冉求)는 재예[藝]에는 탁월했지만, 예(禮)는 부족했으니, 재예에 탁월하다면, 형식은 알게 되지만, 예(禮)에 부족하다면, 근본은 알 수 없는 것이다. 이것이 바로 속백(束帛)과 네 마리의 말을 빌려서 제멋대로 조문을 갔던 이유이다. 염구가 자화(子華)에게 곡식을 더 줄 것을 청원했던 일[1]과 전유(顓臾)에 대한 정벌을 모의했던 일[2]을 살펴본다면, 그가 제멋대로 시행했던 일이 어찌 다만 조문하는 일에만 그쳤겠는가? 이러한 행위들은 모두 예(禮)에 부족해서 생긴 잘못들이다. 공자(孔子)는 "염구의 재예에, 예악(禮樂)으로 꾸미게 된다면, 또한 성인(成人)이 될 수

---

1) 『논어』「옹야(雍也)」: 子華使於齊, 冉子爲其母請粟. 子曰, "與之釜." 請益. 曰, "與之庾." 冉子與之粟五秉. 子曰, "赤之適齊也, 乘肥馬, 衣輕裘. 吾聞之也, 君子周急不繼富."

2) 『논어』「계씨(季氏)」: 季氏將伐顓臾. 冉有季路見於孔子曰, "季氏將有事於顓臾." 孔子曰, "求! 無乃爾是過與? 夫顓臾, 昔者先王以爲東蒙主, 且在邦域之中矣, 是社稷之臣也. 何以伐爲?" 冉有曰, "夫子欲之, 吾二臣者皆不欲也." …… 冉有曰, "今夫顓臾, 固而近於費. 今不取, 後世必爲子孫憂."

있을 것이다."[3]라고 했다.

鄭注 伯高死時在衛, 未聞何國人. 謂賻賵者. 冉子, 孔子弟子冉有. 攝猶貸也. 徒猶空也. 禮所以副忠信也, 忠信而無禮, 何傳乎?

번역 백고(伯高)가 죽었을 때, 백고는 위(衛)나라에 머물고 있었는데,[4] 그가 어느 나라의 사람이었는지에 대해서는 알 수 없다. 심부름꾼은 부의를 전달하는 자를 뜻한다. '염자(冉子)'자는 공자(孔子)의 제자인 염유(冉有)이다. '섭(攝)'자는 "빌리다[貸]."는 뜻이다. '도(徒)'자는 "헛되다[空]."는 뜻이다. 예(禮)는 충신(忠信)을 돕는 것인데, 충신(忠信)만 있고 예(禮)가 없다면, 어떻게 부의를 전달할 수 있겠는가?

釋文 使, 色吏反. 賻音附. 賵, 芳用反. 乘, 繩證反, 四馬曰乘. 貸, 他代反. 副音仆. 傳, 直專反, 一本作傅, 音附.

번역 '使'자는 '色(색)'자와 '吏(리)'자의 반절음이다. '賻'자의 음은 '附(부)'이다. '賵'자는 '芳(방)'자와 '用(용)'자의 반절음이다. '乘'자는 '繩(승)'자와 '證(증)'자의 반절음이며, 네 마리의 말을 '乘'이라고 부른다. '貸'자는 '他(타)'자와 '代(대)'자의 반절음이다. '副'자의 음은 '仆(부)'이다. '傳'자는 '直(직)'자와 '專(전)'자의 반절음이며, 다른 판본에서는 '傅'자로도 기록하는데, 그 음은 '附(부)'이다.

孔疏 ●"伯高"至"伯高". ○正義曰: 此一節論禮所以副忠信之事, 各依文解之.

---

3) 『논어』「헌문(憲問)」: 子路問成人. 子曰, "若臧武仲之知, 公綽之不欲, 卞莊子之勇, 冉求之藝, 文之以禮樂, 亦可以爲成人矣." 曰, "今之成人者何必然? 見利思義, 見危授命, 久要不忘平生之言, 亦可以爲成人矣."

4) 『공자가어(孔子家語)』「곡례자공문(曲禮子貢問)」: 伯高死於衛, 赴於孔子.

번역 ●經文: "伯高"~"伯高". ○이곳 문단은 예(禮)가 충신(忠信)을 돕는 방법이라는 사안에 대해서 논의하고 있으니, 각각의 문장에 따라서 풀이하겠다.

孔疏 ◎注"冉子"至"貸也". ○正義曰: 按仲尼弟子傳冉有名求, 魯人也. 攝猶貸也. 謂冉子見孔子使人未至, 貸之以束帛乘馬而行禮.

번역 ◎鄭注: "冉子"~"貸也". ○『사기(史記)』「중니제자열전(仲尼弟子列傳)」편을 살펴보면, 염유(冉有)의 이름은 구(求)이고, 노(魯)나라 사람이다.[5] '섭(攝)'자는 "빌리다[貸]."는 뜻이다. 즉 염자(冉子)는 공자(孔子)가 보낸 심부름꾼이 도착하지 않은 것을 보고, 속백(束帛)과 네 마리의 말을 빌려서 조문하는 예(禮)를 시행했던 것이다.

孔疏 ●"孔子"至"伯高". ○孔子旣聞冉有貸之行禮, 故怪恨之, 云: "空使我不得誠信行禮於伯高."

번역 ●經文: "孔子"~"伯高". ○공자(孔子)는 이미 염유(冉有)가 재화를 빌려서 조문의 예(禮)를 시행했다는 사실을 들었다. 그렇기 때문에 한탄을 하며, "공허하게 나로 하여금 성신(誠信)으로써 백고(伯高)에게 예(禮)를 시행할 수 없도록 했구나."라고 말한 것이다.

孔疏 ◎注"徒猶"至"傳乎". ○正義曰: 忠信由心, 禮在外貌. 若內無忠信, 禮何所施? 故云"忠信而無禮", 謂無忠信也. 旣無忠信, 禮何傳乎? 言不可傳行也. 冉有代孔子行弔, 非孔子本意, 是非孔子忠信, 虛有弔禮. 若孔子重遣人更弔, 卽彌爲不可, 故云空使我不得誠信行禮於伯高.

---

5) 『사기(史記)』「중니제자열전(仲尼弟子列傳)」: 冉求字子有, 少孔子二十九歲.

번역 ◎鄭注: "徒猶"~"傳乎". ○충신(忠信)은 마음으로부터 비롯되는 것이고, 예(禮)는 외재적으로 나타나게 된다. 만약 내면에 충신스러운 마음이 없다면, 예(禮)를 어떻게 시행하겠는가? 그렇기 때문에 "충신스럽지만 예(禮)가 없다."고 말한 것은 곧 충신의 마음이 없다는 뜻이다. 이미 충신의 마음이 없는데, 예(禮)에 따라서 어떻게 전달할 수 있겠는가? 이 말은 곧 전달할 수 없다는 뜻이다. 염유(冉有)는 공자(孔子)를 대신해서 조문을 시행했지만, 이것은 공자의 본래 의도가 아니므로, 공자의 충신스러운 마음을 표현한 것이 아니니, 공허하게 조문의 의례만을 시행한 것이 된다. 만약 공자가 재차 사람을 보내서 다시금 조문을 하게 만든다면, 그 기간이 오래되어 시행할 수가 없다. 그렇기 때문에 헛되게도 나로 하여금 백고(伯高)에게 성신(誠信)에 따라 예법을 시행할 수 없도록 만들었다고 말한 것이다.

訓纂 朱氏軾曰: 不誠, 謂束帛・乘馬非本意所欲, 所謂儀不及物也.

번역 주식이 말하길, '불성(不誠)'이라는 말은 속백(束帛)과 네 마리의 말을 보내는 것이 본래 자신이 의도했던 것이 아니니, 이른바 의례가 사물에 따르지 못한 것[6]을 뜻한다.

訓纂 王氏念孫曰: 本作"不誠禮於伯高", 觀注・疏可見. 家語曲禮子貢問篇作"不成禮於伯高", 白帖六十五・太平御覽布帛部五引此, 俱有禮字.

번역 왕념손[7]이 말하길, 본래 이곳 기록은 '불성례어백고(不誠禮於伯高)'라고 기록되어 있었을 것이니, 정현(鄭玄)의 주(注)와 공영달(孔穎達)의

---

6) 『서』「주서(周書)・낙고(洛誥)」: 汝其敬, 識百辟享, 亦識其有不享, 享多儀, 儀不及物, 惟曰不享.

7) 왕념손(王念孫, A.D.1744 ~ A.D.1832) : 청(淸)나라 때의 학자이다. 자(字)는 회조(懷祖)이고, 호(號)는 석구(石臞)이다. 부친은 왕안국(王安國)이고, 아들은 왕인지(王引之)이다. 대진(戴震)에게 학문을 배웠다. 저서로는 『독서잡지(讀書雜志)』 등이 있다.

소(疏)만 보더라도, 이러한 사실을 알 수 있다. 『공자가어(孔子家語)』「곡례자공문(曲禮子貢問)」편에도 '불성례어백고(不成禮於伯高)'[8]라고 기록되어 있고, 『백첩(白帖)』 65항과 『태평어람(太平御覽)』「포백부(布帛部)」 제 5항목에서도 이러한 일화를 인용하고 있는데, 모든 기록에 '예(禮)'자가 기록되어 있다.

---

8) 『공자가어(孔子家語)』「곡례자공문(曲禮子貢問)」: 孔子聞之曰, "異哉! 徒使我不成禮於伯高者, 是冉求也."

• 제 35 절 •

계층에 따른 곡(哭)하는 위치

【81d】

伯高死於衛, 赴於孔子. 孔子曰: "吾惡乎哭諸? 兄弟, 吾哭諸廟; 父之友, 吾哭諸廟門之外; 師, 吾哭諸寢; 朋友, 吾哭諸寢門之外; 所知, 吾哭諸野. 於野則已疏, 於寢則已重. 夫由賜也見我, 吾哭諸賜氏." 遂命子貢爲之主, 曰: "爲爾哭也來者, 拜之; 知伯高而來者, 勿拜也."

직역 伯高가 衛에서 死하여, 孔子에게 赴하였다. 孔子가 曰, "吾는 惡에 哭이리오? 兄弟에 대해서는 吾는 廟에서 哭하고; 父의 友에 대해서는 吾는 廟門의 外에서 哭하며; 師에 대해서는 吾는 寢에서 哭하고; 朋友에 대해서는 吾는 寢門의 外에서 哭하며; 所知에 대해서는 吾는 野에서 哭한다. 野에서 이면 已히 疏하고, 寢에서 이면 已히 重하다. 夫히 賜로 由하여, 我를 見함이니, 吾는 賜氏에게서 哭하겠다." 遂히 子貢에게 命하여 主로 爲하고, 曰, "爾의 哭함을 爲하여 來한 者에게는 拜하고; 伯高를 知하여 來한 者에게는 勿拜하라."

의역 백고(伯高)는 위(衛)나라에서 죽었는데, 공자(孔子)에게 부고를 알렸다. 공자가 말하길, "나는 어디에서 곡(哭)을 해야 한단 말인가? 형제에 대해서라면 나는 묘(廟)에서 곡(哭)을 해야 하고, 부친의 벗에 대해서라면 나는 묘문(廟門)의 밖에서 곡(哭)을 해야 하며, 스승에 대해서라면, 나는 침(寢)에서 곡(哭)을 해야 하고, 벗에 대해서라면, 나는 침문(寢門)의 밖에서 곡(哭)을 해야 하며, 서로 알고 지내던 자에 대해서라면, 나는 들에서 곡(哭)을 해야 한다. 그런데 백고에 대해서, 들에서 곡(哭)을 하게 된다면, 너무 소원하게 대하는 것이 되고, 그렇다고 해서

침(寢)에서 곡(哭)을 하게 된다면, 너무 친근하게 대하는 것이 된다. 무릇 백고는 사(賜)를 통해서 나를 만나보게 되었으니, 나는 사씨(賜氏)의 집에서 곡(哭)을 해야겠구나."라고 했다. 그리고는 자공(子貢)에게 명령하여, 곡(哭)하는 자리의 주인으로 삼고, "네가 곡(哭)하는 것을 위해 찾아와 조문하는 자에게는 절을 하되, 백고를 알기 때문에 찾아와 조문하는 자에게는 절을 해서는 안 된다."라고 말해주었다.

集說 告死曰赴, 與訃同. 已, 太也.

번역 죽음에 대한 소식을 알리는 것을 '부(赴)'라고 부르니, '부(訃)'와 동일한 것이다. '이(已)'자는 너무[太]라는 뜻이다.

集說 馬氏曰: 兄弟出於祖而內所親者, 故哭之廟; 父友聯於父而外所親者, 故哭之廟門外; 師以成己之德, 而其親視父, 故哭諸寢; 友以輔己之仁, 而其親視兄弟, 故哭諸寢門之外. 至於所知, 又非朋友之比, 有相趨者, 有相揖者, 有相問者, 有相見者, 皆泛交之者也. 孔子哭伯高以野爲太疏, 而以子貢爲主. 君子行禮, 其審詳於哭泣之位如此者, 是其所以表微者歟.

번역 마씨가 말하길, 형제(兄弟)는 같은 조상으로부터 나온 자이므로, 내적으로 친근한 자에 해당하기 때문에, 묘(廟)에서 곡(哭)을 하는 것이다. 부친의 벗은 부친과 관련이 있는 자이므로, 외적으로 친근한 자에 해당하기 때문에, 묘문(廟門)의 밖에서 곡(哭)을 하는 것이다. 스승은 나의 덕(德)을 완성시켜주는 자이므로, 그에 대한 친근함은 부친에 견주게 된다. 그렇기 때문에 침(寢)에서 곡(哭)을 하는 것이다. 벗은 나의 인(仁)함을 보필하는 자이므로, 그에 대한 친근함은 형제에 견주게 된다. 그렇기 때문에 침문(寢門)의 밖에서 곡(哭)을 하는 것이다. 서로 알고 지내던 자에 있어서는 또한 벗에 견줄 수가 없지만, 서로 조문을 알리는 관계에 있는 자도 있고, 서로 읍(揖)을 하는 사이에 있는 자도 있으며, 서로 안부를 묻는 관계에 있는 자도 있고, 서로 찾아가 만나보는 관계에 있는 자도 있는데,[1] 이들은 모두 범범하게 교류하는 자들이다. 공자(孔子)는 백고(伯高)에게 곡(哭)을 하며, 들에서 한다면 너무 소원하게 대하는 것이라고 여겼고, 자공(子貢)을 곡(哭)하는 자리를 담당하는 주인으로 삼았다. 군자(君子)가 예(禮)를 시행할 때, 곡(哭)을 하며 눈물을 흘리는 자리에 대해서도, 이처럼 세심하게 살폈으니, 이것이 바로 그 은미한 뜻을 나타내는 것이라 할 수 있다.

集說 方氏曰: 伯高之於孔子, 非特所知而已. 由子貢而見, 故哭於子貢之家, 且使之爲主, 以明恩之有所由也. 爲子貢而來, 則弔生之禮在子貢; 知伯高而來, 則傷死之禮在伯高. 或拜或不拜, 凡以稱其情耳, 故夫子誨之如此.

번역 방씨가 말하길, 백고(伯高)는 공자(孔子)에 대해서, 단지 서로 알고 지내던 사이일 뿐만이 아니다. 자공(子貢)을 통해 알게 되었기 때문에, 자공의 집에서 곡(哭)을 했던 것이고, 또 자공으로 하여금 곡(哭)하는 자리를 담당하는 주인으로 삼아서, 은혜로운 정감이 유래하게 된 원인을 밝힌 것이다. 자공을 위해서 찾아오는 자의 경우라면, 살아있는 자에게 조문하는 예(禮)가 자공에게 해당하는 것이고, 백고를 알아서 찾아오는 자의 경우라면, 죽은 자를 애도하는 예(禮)가 백고에게 해당하는 것이다. 어떤 자에게는 절을 하고 또 어떤 자에게는 절을 하지 않는 이유는 무릇 그 정감에 맞추는 것일 뿐이다. 그렇기 때문에 공자는 이처럼 깨우쳐준 것이다.

集說 石梁王氏曰: "爲爾哭也來者"一句.

번역 석량왕씨[2]가 말하길, '위이곡야래자(爲爾哭也來者)'가 한 구문이 된다.

大全 長樂陳氏曰: 禮生於人情之所安, 義起於人情所未有. 君子制義以稱

1) 『예기』「잡기하(雜記下)」【514a】: 相趨也, 出宮而退. 相揖也, 哀次而退. 相問也, 旣封而退. 相見也, 反哭而退. 朋友, 虞附而退.

2) 석량왕씨(石梁王氏, ? ~ ?): 자세한 이력이 남아 있지 않다.

情, 隆禮以循義, 則先王之禮, 所未有者, 皆可適於人情而制之也. 伯高之死, 孔子疑其所哭, 故謂兄弟者, 父祖之遺體, 則哭於廟, 父之同志, 則於廟門之外, 師成我者也, 故於寢, 朋友輔我者也, 故於寢門之外, 所知知我者也, 故於野. 伯高之於我, 以情則非所知, 以分則非師友, 其見我也由賜而已, 故哭諸賜氏. 蓋爲子貢而來, 知生者也, 爲伯高而來, 知死者也, 知生者, 弔而不傷則來者禮也, 故拜之, 知死者, 傷而不弔則來者非禮也, 故勿拜之. 哭於賜氏義也, 敎子貢之拜不拜禮也.

번역 장락진씨가 말하길, 예(禮)라는 것은 사람의 정감상 편안하게 여기는 것에서 생겨나오며, 의(義)라는 것은 사람의 정감상 아직 가지고 있지 못한 것에서 생겨난다. 군자(君子)는 의(義)를 제정함에 정감에 맞추고, 예(禮)를 융성하게 함에 의(義)에 따르니, 선왕(先王)의 예(禮)에서 아직 갖춰지지 않은 것은 모두 사람의 정감에 맞춰서 다시 제정할 수 있는 것이다. 백고(伯高)의 죽음에 대해서, 공자(孔子)는 곡(哭)할 장소에 대해서 의문이 들었다. 그렇기 때문에 형제는 부친과 조부가 남겨준 육체를 공유하는 자이니, 묘(廟)에서 곡(哭)을 하는 것이고, 부친과 뜻을 함께 한 자는 묘문(廟門) 밖에서 곡(哭)을 하는 것이며, 스승은 나를 완성시켜준 자이기 때문에, 침(寢)에서 곡(哭)을 하는 것이고, 벗은 나를 보필하는 자이기 때문에, 침문(寢門) 밖에서 곡(哭)을 하는 것이며, 서로 알고 지내던 자는 나를 알아주었던 자이기 때문에, 들에서 곡(哭)을 하는 것이다. 그런데 백고는 나에 대해서, 정감으로 따지자면, 단지 서로 알고 지내던 자라고 할 수 없고, 부류로 따지자면 스승이나 벗도 아닌데, 나를 만나보게 된 것은 사(賜)를 통해서 했을 뿐이다. 그렇기 때문에 사씨(賜氏)의 집에서 곡(哭)을 하겠다고 말한 것이다. 무릇 자공(子貢)을 위해서 찾아오는 자들은 살아있는 자공을 아는 자들이고, 백고를 위해서 찾아오는 자들은 죽은 백고를 알고 있었던 자들이다. 살아있는 자를 아는 자가 주인에게 조문을 하되 죽은 자에 대해서는 애도를 표하지 않는다면, 조문하러 온 자가 예법에 맞는 것이므로, 그에게 절을 하는 것이고, 죽은 자를 아는 자가 죽은 자에게 애도를 표하되, 주인에게 조문을 하지 않는다면, 조문하러 온 자가 비례(非禮)를 범한 것이니, 절을 하지 말라고 한 것이다.[3] 사씨(賜氏)의 집에서 곡(哭)을 했던 것은 의(義)에 해당하는 일이며, 자공(子貢)에게 절을 하고 또 절을 하지 않는 경우에 대해서 가르친 것은 예(禮)에 해당한다.

鄭注 赴, 告也. 凡有舊恩者, 則使人告之. 以其交會尙新. 別親疏也. 別輕重也. 已猶大也. 本於恩, 哭於子貢寢門之外. 明恩所由. 異於正主.

번역 '부(赴)'자는 "알린다[告]."는 뜻이다. 무릇 예전부터 은정을 나눈 자에 대해서는 사람을 시켜서 죽음에 대한 사실을 알리도록 하는 것이다. 그와 교우 관계를 맺은 것은 아직은 오랜 관계가 아니기 때문에, 곡(哭)하는 장소에 대해서 의문을 떠올린 것이다. 형제, 부친의 벗에 대해서 곡(哭)하는 장소가 다른 것은 친소(親疏)에 따라 구별을 하였기 때문이다. 스승, 벗, 알던 자에 대해서 곡(哭)하는 장소가 다른 것은 경중(輕重)에 따라 구별을 하였기 때문이다. '이(已)'자는 너무[大]라는 뜻이다. 은정에 근본을 두었기 때문에, 자공(子貢)의 집에 있는 침문(寢門) 밖에서 곡(哭)을 했던 것이다. 자공을 주인으로 삼은 것은 은정이 생기게 된 원인을 나타낸 것이다. 자공에게 절하는 지침을 다르게 알려준 것은 정식 상주(喪主)가 따르는 예법과 달리하기 위해서이다.

釋文 惡音烏, "惡乎"猶"於何"也. 別, 彼列反, 下同. 夫, 舊音扶, 皇如字, 謂丈夫卽伯高. 見如字, 皇賢遍反. 爲, 于僞反, 下注"爲其疾"·"爲褻"·"爲我"·"我爲"皆同. 來者, 一本作"爲爾哭也來者".

번역 '惡'자의 음은 '烏(오)'이며, '惡乎'는 '어디에서[於何]'라는 뜻이다. '別'자는 '彼(피)'자와 '列(렬)'자의 반절음이며, 아래문장에 나오는 글자도 그 음이 이와 같다. '夫'자의 구음(舊音)은 '扶(부)'이며, 황음(皇音)은 글자

---

3) 『예기』「곡례상(曲禮上)」【36c】: 知生者弔, 知死者傷. 知生而不知死, 弔而不傷. 知死而不知生, 傷而不弔.

그대로 읽어서, 장부(丈夫)를 뜻하니, 곧 백고(伯高)를 가리킨다. '見'자는 글자대로 읽고, 황음에서는 '賢(현)'자와 '遍(편)'자의 반절음이라고 했다. '爲'자는 '于(우)'자와 '僞(위)'자의 반절음이며, 아래문장의 정현 주에 나오는 '爲其疾'·'爲褻'·'爲我'·'我爲'에서의 '爲'자도 모두 그 음이 이와 같다. '來者'자를 다른 판본에서는 '爲爾哭也來者'자로 기록하기도 한다.

孔疏 ●"伯高"至"拜也". ○正義曰: 此一節論親疏所哭之處, 各依文解之.

번역 ●經文: "伯高"~"拜也". ○이곳 문단은 친소(親疎) 관계에 따라 곡(哭)을 하는 장소에 대해서 논의하고 있으니, 각각의 문장에 따라서 풀이하겠다.

孔疏 ◎注"別親疏也". ○正義曰: 兄弟親, 父友疏, 必哭諸廟及廟門外者, 兄弟是先祖子孫, 則哭之於廟, 此殷禮. 周則哭於寢, 故雜記云, 有殯, 聞遠兄弟之喪, 哭之側室; 若無殯, 當哭諸正寢. 父之友與父同志, 故哭諸廟門外. 非先祖之親, 故在門外也.

번역 ◎鄭注: "別親疏也". ○형제는 친근한 관계이고, 부친의 벗은 소원한 관계이니, 반드시 묘(廟)에서 곡(哭)을 하고, 묘문(廟門) 밖에서 곡(哭)을 하도록 하여, 차이를 두었는데, 그 이유는 형제는 같은 선조로부터 나온 자손들이므로, 묘(廟)에서 곡(哭)을 하는 것이니, 이것은 은(殷)나라 때의 예(禮)에 해당한다. 주(周)나라의 경우에는 침(寢)에서 곡(哭)을 했다. 그렇기 때문에 『예기』「잡기(雜記)」편에서는 빈소(殯所)를 차린 상태에서 멀리 떨어져 있는 형제의 상(喪)을 접하게 된다면, 측실(側室)에서 곡(哭)을 한다고 했던 것이니,[4] 빈소를 차리지 않은 상태라면, 마땅히 정침(正寢)에서 곡(哭)을 해야 한다. 부친의 벗은 부친과 뜻을 함께 했던 자이기 때문에,

---

4) 이 문장은 『예기』「잡기(雜記)」편이 아닌, 「단궁하(檀弓下)」편에 나온다. 『예기』「단궁하」【110b】: <u>有殯, 聞遠兄弟之喪, 哭於側室</u>. 無側室, 哭于門內之右. 同國, 則往哭之.

묘문(廟門) 밖에서 곡(哭)을 하게 된다. 같은 선조로부터 유래된 친족이 아니기 때문에, 문밖에서 곡(哭)을 하는 것이다.

孔疏 ◎注“別輕重也”. ○正義曰: 師友爲重, 所知爲輕, 所以哭師於寢, 寢是己之所居, 師又成就于己, 故哭之在正寢, 此謂殷禮. 若周禮, 則奔喪云, 師哭諸廟門外. 故鄭答趙商之問亦以爲然. 孫炎云: “奔喪, 師哭諸廟門外, 是周禮也.” 依禮而哭諸野, 若不依此禮, 則不可, 故下云“惡野哭者”, 以違禮爲野哭也.

번역 ◎鄭注: “別輕重也”. ○스승과 벗은 자신과 중요한 관계에 있는 자이고, 알고 지내던 자의 경우에는 비교적 덜 중요한 관계에 있는 자이니, 침(寢)에서 스승에 대해 곡(哭)을 하는 것인데, 침(寢)은 자신이 거처하는 곳이고, 스승은 또한 자신이 성취를 하도록 만들어준 자이다. 그렇기 때문에 정침(正寢)에서 곡(哭)을 하는 것인데, 여기에서 말하는 예법은 은(殷)나라 때의 예(禮)이다. 주(周)나라의 예(禮)에 따른다면, 『예기』「분상(奔喪)」편에서는 스승에 대해서는 묘문(廟門) 밖에서 곡(哭)을 한다고 했다.[5] 그래서 정현은 조상[6]의 질문에 대답하며, 또한 이처럼 한다고 했던 것이다. 손염[7]은 “「분상」편에서는 스승에 대해서 묘문(廟門) 밖에서 곡(哭)을 한다고 했는데, 이것은 주나라 때의 예법이다.”라고 했다. 예법에 따른다면, 들에서 곡(哭)을 하게 되는데, 만약 이러한 예법에 따르지 않는다면, 그 의례를 시행해서는 안 된다. 그렇기 때문에 아래문장에서는 “들에서 곡(哭)하는 자를 싫어하였다.”[8]라고 말한 것이니, 예법을 위배하여 들에서 곡(哭)을 했기

---

5) 『예기』「분상(奔喪)」【656b】: 哭父之黨於廟, 母妻之黨於寢, 師於廟門外, 朋友於寢門外, 所識於野張帷.

6) 조상(趙商, ? ~ ?): 정현(鄭玄)의 제자이다. 자(字)는 자성(子聲)이다. 하내(河內) 지역 출신이다.

7) 손염(孫炎, ? ~ ?): 삼국시대(三國時代) 때의 학자이다. 자(字)는 숙연(叔然)이다. 정현의 문도였으며, 『이아음의(爾雅音義)』를 저술하여 반절음을 유행시켰다.

8) 『예기』「단궁상」【106b】: 孔子惡野哭者.

때문이다.

孔疏 ●"曰爲"至"拜也". ○夫子旣命子貢爲主, 又敎子貢拜與不拜之法. 若與女相知之人, 爲爾哭伯高之故而來弔爾者, 則爾拜之. 若與伯高相知而來哭者, 女則勿拜也. 凡喪之正主知生知死, 來者悉拜. 今與伯高相知而來不拜, 故鄭云"異於正主".

번역 ●經文: "曰爲"~"拜也". ○공자(孔子)는 이미 자공(子貢)에게 명령하여, 곡(哭)하는 자리를 담당하는 주인으로 삼았고, 또 자공에게 절을 하고 절을 하지 않는 예법에 대해서 가르쳐주었다. 만약 너와 서로 알고 지내던 자 중에 네가 백고(伯高)를 위해 곡(哭)하는 것 때문에 찾아와서 너에게 조문을 하는 자가 있다면, 너는 그에게 절을 해야 한다. 그리고 만약 백고와 서로 알고 지내던 자 중에서 찾아와서 곡(哭)을 하는 자가 있다면, 너는 절을 하지 말라고 말해준 것이다. 무릇 상례(喪禮)에 있어서 정식 상주(喪主)는 살아있는 상주를 알고 있는 자 및 돌아가신 자를 알고 있는 자가 찾아와서 조문을 하는 경우에, 모두에 대해서 절을 하게 된다. 그런데 현재 백고와 서로 알고 지내던 자가 찾아와서 조문을 하는 경우 절을 하지 않았다. 그렇기 때문에 정현이 "정식 상주(喪主)가 따르는 예법과 달리하기 위해서이다."라고 말한 것이다.

訓纂 盧注: 有父道, 故於所寢哭之. 奔喪云, "哭師於廟門外."

번역 노식의 주에서 말하길, 스승에게는 부친과 같은 도리가 있기 때문에, 자신이 머무는 곳에서 곡(哭)을 하는 것이다. 『예기』「분상(奔喪)」편에서는 "스승에 대해서는 묘문(廟門) 밖에서 곡(哭)을 한다."라고 했다.

集解 愚謂: 惡乎哭者, 以其恩在深淺之間, 疑之也. 哭兄弟·父友於廟者, 恩本於祖父也. 或於廟, 或於廟門之外者, 別親疎也. 哭師友於寢者, 恩成於己也. 或於寢, 或於寢門之外者, 別輕重也. 哭所知於野者, 恩淺也. 於寢則已重, 於野則已疎者, 不可遽同於師友, 而又不可泛等於所知也. 命子貢爲之主者, 使居寢門外南面之位而拜賓也. 知伯高而來則勿拜者, 異於有服之親也. 哭有服者而爲主, 則知生知死而來者皆拜之.

번역 내가 생각하기에, "어디에서 곡(哭)을 한단 말인가?"라는 말은 그에 대한 은정이 깊고 옅은 그 중간에 위치하기 때문에, 의문시했던 것이다. 형제와 부친의 벗에 대해서 묘(廟)에서 곡(哭)을 하는 이유는 그 은정이 조상과 부친에게 근본을 두고 있기 때문이다. 어떤 자에 대해서는 묘(廟)에서 곡(哭)을 하고, 또 어떤 자에 대해서는 묘문(廟門) 밖에서 곡(哭)을 하는 이유는 친소(親疎)에 따른 구분이다. 스승과 벗에 대해서 침(寢)에서 곡(哭)을 하는 이유는 그 은정이 자신을 완성시켜주었기 때문이다. 어떤 자에 대해서는 침(寢)에서 곡(哭)을 하고, 또 어떤 자에 대해서는 침문(寢門) 밖에서 곡(哭)을 하는 이유는 경중(輕重)에 따른 구분이다. 서로 알고 지내던 자에 대해서 들에서 곡(哭)을 하는 이유는 그에 대한 은정이 옅기 때문이다. 침(寢)에서 곡(哭)을 한다면, 너무 중대하게 대하는 것이고, 들에서 곡(哭)을 한다면, 너무 소원하게 대하는 것이니, 그에 대해서 뜬금없이 스승과 벗에 견줄 수가 없고, 또한 그렇다고 해서 서로 알고 지내던 자처럼 그를 범범하게 여길 수가 없기 때문이다. 자공(子貢)에게 명령하여, 곡(哭)하는 일의 주인으로 삼았다는 것은 침문(寢門) 밖에 위치하여 남쪽을 바라보는 위치에서 빈객(賓客)에게 절을 하도록 시켰다는 뜻이다. 백고(伯高)를 알고 있어서 찾아오는 자에게는 절을 하지 말라고 한 이유는 본래 상복(喪服)을 입어야 하는 친족과 차이를 두기 위해서이다. 곡(哭)을 함에 본래 상복을 입어야 하는 자가 주인이 된 경우라면, 살아있는 자를 알거나 죽은 자를 알아서 조문하기 위해 찾아온 자들에 대해서는 모두 절을 해야 한다.

集解 疏以哭兄弟於廟·哭師於寢爲殷法, 非也. 左傳"凡諸侯之喪, 異姓臨於外, 同姓於宗廟, 同宗於祖廟, 同族於禰廟", 則哭兄弟於廟者, 固周禮然矣. 奔喪"師哭諸廟門之外", 與此異者, 蓋恩由父者哭諸廟, 恩由己者哭諸寢.

孔子少孤, 事師不由於父, 故哭師於寢.

번역 공영달(孔穎達)의 소(疏)에서는 묘(廟)에서 형제에 대해 곡(哭)을 하고, 침(寢)에서 스승에 대해 곡(哭)을 하는 방식을 은(殷)나라 때의 예법이라고 여겼는데, 이것은 잘못된 주장이다. 『좌전』에서는 "무릇 다른 제후(諸侯)들의 상(喪)에 있어서, 이성(異姓)인 자의 경우에는 종묘(宗廟) 밖에서 곡(哭)을 하고, 동성(同姓)인 자의 경우에는 종묘에서 곡(哭)을 하는데, 종주(宗主)가 같은 자에 대해서는 조묘(祖廟)에서 곡(哭)을 하고 동족(同族)인 자에 대해서는 녜묘(禰廟)에서 곡(哭)을 한다."[9]라고 했으니, 묘(廟)에서 형제에게 곡(哭)을 하는 것은 진실로 주(周)나라의 예법에서도 이처럼 했던 것이다. 『예기』「분상(奔喪)」편에서 "스승에 대해서는 묘문(廟門) 밖에서 곡(哭)을 한다."라고 하여, 이곳의 기록과 차이를 보이는데, 그 이유는 아마도 은정이 부친에게서 비롯된 자에 대해서는 묘(廟)에서 곡(哭)을 하고, 은정이 자신에게서 비롯된 자에 대해서는 침(寢)에서 곡(哭)을 했기 때문일 것이다. 공자(孔子)는 어려서 고아가 되었으므로, 스승을 섬길 때에도 부친을 통해서 하지 못했다. 그렇기 때문에 스승에 대해서 침(寢)에서 곡(哭)을 했을 것이다.

---

9) 『춘추좌씨전』「양공(襄公) 12년」 : 秋, 吳子壽夢卒, 臨於周廟, 禮也. <u>凡諸侯之喪, 異姓臨於外, 同姓於宗廟, 同宗於祖廟, 同族於禰廟</u>. 是故魯爲諸姬, 臨於周廟; 爲邢·凡·蔣·茅·胙·祭, 臨於周公之廟.

• 제 36 절 •

상(喪)을 치르며 기력을 보충하는 방법

【82b】

曾子曰: "喪有疾, 食肉飮酒, 必有草木之滋焉", 以爲薑桂之謂也.

직역 曾子가 曰, "喪에 疾이 有하면, 肉을 食하며 酒를 飮하되, 必히 草木의 滋도 有한다"하니, 薑와 桂를 謂함을 爲한다.

의역 증자(曾子)가 말하길, "상(喪)을 치르던 도중 병에 걸리게 되면, 기력이 쇠하게 되니, 기력을 보충하기 위해서 고기도 먹으며 술도 마시는데, 병 때문에 이것들을 달게 먹을 수가 없으므로, 반드시 초목의 달콤한 열매를 곁들여야 한다." 라고 했는데, 초목의 열매라는 것은 생강이나 계피를 뜻하는 것이다.

集說 喪有疾, 居喪而遇疾也. 以其不嗜, 故加草木之味. "以爲薑桂之謂" 一句, 乃記者釋草木之滋, 亦或曾子稱禮書之言而自釋之歟.

번역 '상유질(喪有疾)'이라는 말은 상(喪)을 치르던 도중 병이 발생하였다는 뜻이다. 달게 먹을 수 없기 때문에, 초목의 맛있는 열매를 더하게 된다. '이위강계지위(以爲薑桂之謂)'라는 것이 한 구문이 되니, 이 말은 곧 『예기』를 기록한 자가 '초목지자(草木之滋)'라는 말을 풀이한 것이며, 그것이 아니라면 혹은 증자(曾子)가 예서(禮書)에 기록된 말을 일컬으며 스스로 해석한 말일 것이다.

大全 嚴陵方氏曰: 薑者, 草之滋, 桂者, 木之滋. 酒肉之外, 又有草木之滋者, 亦慮其不勝喪而已.

번역 엄릉방씨가 말하길, 생강은 풀에서 나온 열매이고, 계피는 나무에서 나온 열매이다. 술과 고기 외에도 또한 초목의 과실을 곁들이는 이유는 그가 상(喪)을 치르는 일을 이겨내지 못할 것을 염려했기 때문이다.

鄭注 增以香味, 爲其疾不嗜食. 爲記者正曾子所云草木滋者, 謂薑桂.

번역 생강과 계피를 넣어서 향과 맛을 증가시키니, 그가 질병 때문에 음식을 달게 먹을 수 없기 때문이다. 뒤의 말은 『예기』를 기록한 자가 증자(曾子)가 말한 초목의 과실은 생강과 겨자라고 풀이한 것이다.

釋文 滋音咨. 嗜, 市志反. 薑, 居良反.

번역 '滋'자의 음은 '咨(자)'이다. '嗜'자는 '市(시)'자와 '志(지)'자의 반절음이다. '薑'자는 '居(거)'자와 '良(량)'자의 반절음이다.

孔疏 ●"曾子"至"謂也". ○正義曰: 此一節論居喪有疾, 得食美味之事.

번역 ●經文: "曾子"~"謂也". ○이곳 문단은 상(喪)을 치르던 자가 병에 걸려서, 맛있는 음식을 먹을 수 있게 된 사안을 논의하고 있다.

孔疏 ◎注"爲記"至"薑桂". ○正義曰: 知非曾子之言, 而云"爲記者", 以上云"草木之滋焉". 下云"以爲薑桂之謂也", 是解上"草木之滋", 豈可曾子自言還自解乎? 故以爲記者正曾子之言.

번역 ◎鄭注: "爲記"~"薑桂". ○증자(曾子)의 말이 아니라는 사실을 알 수 있는데, 정현이 '『예기』를 기록한 자'라고 말한 것은 앞 문장에서 "초목의 과실이다."라고 말했기 때문이다. 즉 아래문장에서 "생강과 계피를 뜻하는 것이다."라고 했는데, 이것은 앞 문장의 '초목의 과실'이라는 말을 풀이한 것이니, 어찌 증자 본인이 자신의 말에 대해서 재차 스스로 해석을 할 수 있겠는가? 그렇기 때문에 이 말이 『예기』를 기록한 자가 증자의 말을 해석한 것임을 알 수 있다.

• 제 37 절 •

자하(子夏)의 실례(失禮)

【82c~d】

子夏喪其子而喪其明. 曾子弔之曰: "吾聞之也, 朋友喪明則哭之." 曾子哭, 子夏亦哭, 曰: "天乎! 予之無罪也!" 曾子怒曰: "商! 女何無罪也? 吾與女事夫子於洙泗之間, 退而老於西河之上, 使西河之民疑女於夫子, 爾罪一也. 喪爾親, 使民未有聞焉, 爾罪二也. 喪爾子, 喪爾明, 爾罪三也. 而曰爾何無罪與?" 子夏投其杖而拜曰: "吾過矣! 吾過矣! 吾離群而索居亦已久矣."

직역 子夏가 그 子를 喪하고, 그 明을 喪했다. 曾子가 弔하여 曰, "吾가 聞하니, 朋友가 明을 喪하면, 哭한다고 했다." 曾子가 哭하니, 子夏가 亦히 哭하며, 曰, "天이여! 予는 無罪입니다!" 曾子가 怒하여 曰, "商아! 女는 何히 無罪오? 吾와 女는 洙泗의 間에서 夫子를 事하였는데, 退하여, 西河의 上에서 老하여, 西河의 民으로 使하여, 女를 夫子로 疑하니, 爾罪의 一이다. 爾의 親을 喪함에, 民으로 使하여 聞을 未有하니, 爾罪의 二이다. 爾의 子를 喪함에, 爾의 明을 喪하니, 爾罪의 三이다. 그런데 曰하여 爾가 何히 無罪오?" 子夏가 그 杖을 投하여 拜하며 曰, "吾의 過이다! 吾의 過이다! 吾가 群을 離하여 索居함이 亦히 已久라."

의역 자하(子夏)가 아들의 상(喪)을 당했는데, 곡(哭)을 너무 심하게 하여 실명을 하였다. 증자(曾子)가 자하를 조문하며 말하길, "내가 듣기로, 벗이 실명을 하게 되면, 곡(哭)을 한다고 했다."라고 하였다. 그리고 증자는 곧 곡(哭)을 했는데, 자하 또한 곡(哭)을 하며, "하늘이시여! 저에게는 죄가 없습니다! 그런데도 어찌하여 제 눈을 가져가셨습니까!"라고 말했다. 그 말을 들은 증자는 화를 내며, "상(商)

아! 너는 어찌하여 죄가 없다고 하는가? 나는 너와 함께 수사(洙泗)의 사이에서 선생님을 섬겼었다. 그런데 너는 물러나 서하(西河)에 홀로 거쳐하며 여생을 보내고, 서하 땅의 사람들로 하여금 선생님과 네가 다를 바가 없다고 여기도록 했으니, 이것이 너의 첫 번째 죄이다. 또 너는 부모의 상(喪)을 치를 때, 백성들 중에는 너의 효성스러움을 칭송하는 자가 없었으니, 이것이 너의 두 번째 죄이다. 또 네가 아들의 상(喪)을 치를 때, 실명까지 하게 되었으니, 이것이 너의 세 번째 죄이다. 그런데도 너는 어찌하여 죄가 없다고 말할 수 있는가?"라고 했다. 그 말을 들은 자하는 집고 있던 지팡이를 내던지고, 증자에게 절을 하며, "나의 잘못이다! 나의 잘못이다! 내가 벗들과 떨어져서 홀로 산 것이 오래되었기 때문에, 이처럼 죄를 짓게 된 것이다."라고 했다.

集說 以哭甚, 故喪明也. 洙・泗, 魯二水名. 西河, 子夏所居. 索, 散也. 久不親友, 故有罪而不自知.

번역 곡(哭)을 너무 심하게 하였기 때문에, 실명을 하게 된 것이다. '수(洙)'와 '사(泗)'는 노(魯)나라에 있는 두 강의 이름이다. '서하(西河)'는 자하(子夏)가 머물던 곳이다. '색(索)'은 "흩어진다[散]."는 뜻이다. 오래도록 벗들과 친근하게 지내지 않았기 때문에, 죄를 지었음에도 제 스스로 알지 못했던 것이다.

集說 張子曰: 子夏喪明, 必是親喪之時尙强壯, 其子之喪氣漸衰, 故喪明. 然而曾子之責, 安得辭也! 疑女於夫子者, 子夏不推尊夫子, 使人疑夫子無以異於子夏; 非如曾子推尊夫子, 使人知尊聖人也.

번역 장자가 말하길, 자하(子夏)가 실명을 하였는데, 분명 부모의 상(喪)을 치를 때에도 여전히 건장한 상태였지만, 자식의 상(喪)을 치를 때에는 기운이 점차 쇠약해졌기 때문에, 실명을 하게 된 것이다. 그러므로 증자(曾子)가 책망하는 말에 대해서, 어떻게 변명을 할 수 있겠는가! '의녀어부자(疑女於夫子)'라는 말은 자하(子夏)가 공자(孔子)를 추존하지 않아서, 사람들로 하여금 공자가 자하(子夏)와 다를 바가 없다고 의심케 하였던 것으로, 증자처럼 공자를 추존하여, 사람들로 하여금 성인(聖人)을 추존해야 함을 알게 한 것과는 다른 것이다.

集說 方氏曰: 子夏不尊於師而尊於己, 不隆於親而隆於子, 猶以爲無罪, 此曾子所以怒之也. 然君子以友輔仁, 子夏之至於三罪者, 亦由離朋友之群, 而散居之久耳. 以離群, 故散居也.

번역 방씨가 말하길, 자하(子夏)는 스승을 존숭하지 않고, 자신을 존숭하였으며, 부모에 대해서 융성하게 대하지 않고, 자식을 융성하게 대하였는데도, 여전히 자신에게는 죄가 없다고 여겼다. 이것이 바로 증자(曾子)가 그에게 화를 냈던 이유이다. 그러므로 군자(君子)는 벗을 통해서 자신의 인(仁)함을 돕도록 하니, 자하가 세 가지 죄를 짓는 지경에 이른 것은 또한 벗들을 떠나서, 오래도록 홀로 살았던 것에 연유할 따름이다. 벗들과 떨어져 살았기 때문에, 홀로 떨어져서 살았던 것이다.

大全 廣安游氏曰: 古之人, 所以多君子者, 以教法之備, 而內外交修之也. 其居室則父兄教之, 其居學則師教之, 而平居則朋友教之, 惟其教之備也, 故其寡過而德易以成. 曾子之責子夏, 稱其名, 女其人, 若父師焉, 曾子不以爲嫌, 子夏安受其責, 蓋曾子正己以律人, 愛人以德而不以姑息, 君子之道固如此也. 後世處父兄師長之位, 己不能教其子弟, 朋友之間, 相諛以色辭, 相安以姑息, 非復古人之道矣.

번역 광안유씨가 말하길, 고대인들 중에 군자(君子)가 많이 배출되었던 이유는 교육의 법도가 갖춰져서, 내외로 서로 수양을 하였기 때문이다. 집에 거처할 때에는 부친과 형이 교육을 시켰고, 학교에 머물 때에는 스승이 가르쳤으며, 평소에는 벗들이 가르쳐주었으니, 오직 가르침의 법도가 갖춰졌었기 때문에, 과실이 적고, 덕(德)을 쉽게 이룰 수 있었던 것이다. 증자(曾子)가 자하(子夏)를 책망할 때, 자하의 이름을 직접 부르고, 또 그 사람을 너[女]라고 하였으니, 마치 부친이나 스승처럼 말했던 것인데, 증자는 이러한 말들에 대해서 혐의를 두지 않았고, 자하 또한 거리낌 없이 그 책망을 받아들었다. 그 이유는 무릇 증자는 자신을 올바르게 하여 다른 사람을 바로잡았으며, 덕(德)으로써 남을 사랑했고, 구차하게 비위를 맞추며 좋은 말만 했던 것이 아니기 때문이니, 군자(君子)의 도(道)는 진실로 이와 같았던 것이다. 후세에 부친・형・스승・연장자 등의 위치에 있는 자들은 제 스스로 자신의 자제들을 가르칠 수가 없었고, 벗과의 관계에 있어서도, 서로 좋은 얼굴빛과 좋은 말들로 아첨을 하였으며, 서로에게 비위에 맞는 말만을 알려주어 안심을 시켰으니, 이것은 고대인들의 도(道)를 따른 것이 아니다.

鄭注 明, 目精. 怨天罰無罪. 言其有師也. 洙・泗, 魯水名. 西河, 龍門至華陰之地. 言其不稱師也. 言居親喪無異稱. 言隆於妻子. 謝之, 且服罪也. 群謂同門朋友也. 索猶散也.

번역 '명(明)'자는 시력[目精]을 뜻한다. 하늘이 무죄한 자신에게 벌을 준 것을 원망했던 것이다. 부자(夫子)를 섬겼다는 것은 스승이 있다는 뜻이다. '수(洙)'와 '사(泗)'는 노(魯)나라에 있는 강의 이름이다. '서하(西河)'는 용문(龍門)으로부터 화음(華陰)에 이르는 지역이다. 첫 번째 죄는 스승에 대해서 칭송하지 않았다는 뜻이다. 두 번째 죄는 부모의 상(喪)을 치를 때에도 남다른 칭송이 들리지 않았다는 뜻이다. 세 번째 죄는 처나 자식에 대해서 융성하게 했다는 뜻이다. 자신의 과실이라고 말한 것은 사죄를 한 말이며, 또한 자신에게 죄가 있다고 자복한 것이다. '군(群)'은 같은 문하에 있었던 벗들이다. '색(索)'자는 "흩어진다[散]."는 뜻이다.

釋文 而喪, 息浪反, 下"喪明"・"喪爾明"同. 女音汝, 下同. 洙音殊. 泗音四. 洙・泗二水名. 華, 徐胡化反. 稱, 尺證反. 與音餘. 離群, 群, 朋友也, 上音詈. 索, 悉各反, 猶散也, 下注"索居"同.

번역 '而喪'에서의 '喪'자는 '息(식)'자와 '浪(랑)'자의 반절음이며, 아래문장에 나오는 '喪明'과 '喪爾明'에서의 '喪'자도 그 음이 이와 같다. '女'자의 음은 '汝(여)'이며, 아래문장에 나오는 글자도 그 음이 이와 같다. '洙'자의 음은 '殊(수)'이다. '泗'자의 음은 '四(사)'이다. '洙'와 '泗'는 두 강의 이름이다. '華'자의 서음(徐音)은 '胡(호)'자와 '化(화)'자의 반절음이다. '稱'자는 '尺(척)'자와 '證(증)'자의 반절음이다. '與'자의 음은 '餘(여)'이다. '離群'에서의 '群'자는 벗을 뜻하며, '離'자의 음은 '詈(리)'이다. '索'자는 '悉(실)'자와 '各(각)'자의 반절음이며, 흩어진다는 뜻의 '散'자와 같으며, 아래문장의 정현 주에 나오는 '索居'에서의 '索'자도 그 음이 이와 같다.

孔疏 ●"子夏"至"久矣". ○正義曰: 此一節論子夏恩隆於子之事. 按仲尼弟子傳云, 子夏姓卜, 名商, 魏人也. 哀喪其子而哭, 喪失其明. 曾子是子夏之友, 故云"朋友喪明則哭之". 子夏喪子之時, 曾子已弔, 今爲喪明更弔, 故曾子先哭, 子夏始哭. 云"疑女於夫子"者, 旣不稱其師, 自爲談說, 辨慧聰睿, 絶異於人, 使西河之民疑女道德與夫子相似. 皇氏言, 疑子夏是夫子之身. 然子夏魏人, 居在西河之上, 姓卜名商, 西河之民, 無容不識, 而言是魯國孔丘, 不近人情, 皇氏非也.

번역 ●經文: "子夏"~"久矣". ○이곳 문단은 자하(子夏)가 자식의 상(喪)에서 슬픔을 지나치게 드러낸 일화를 논의하고 있다. 『사기(史記)』「중니제자열전(仲尼弟子列傳)」편을 살펴보면, 자하(子夏)는 성(姓)이 복(卜)이고, 이름이 상(商)이며, 위(魏)나라 사람이라고 했다.[1] 자식을 잃은 슬픔 때문에, 곡(哭)을 하다가 자신의 시력을 잃게 된 것이다. 증자(曾子)는 자하의 벗이다. 그렇기 때문에 "벗이 실명을 하게 되면, 곡(哭)을 한다."라고 말한 것이다. 자하가 아들의 상(喪)을 치를 때, 증자는 이미 조문을 했었는데, 현재 자하가 실명을 하였으므로, 재차 조문을 한 것이다. 그렇기 때문에 증자는 먼저 곡(哭)을 한 것이고, 자하도 비로소 곡(哭)을 하게 된 것이다.

---

1) 『사기(史記)』「중니제자열전(仲尼弟子列傳)」: 卜商, 字子夏. 少孔子四十四歲.

"너를 부자(夫子)로 의심케 하다."라고 하였는데, 자하는 이미 자신의 스승을 칭송하지 않았고, 제 스스로 말들을 만들어내었으며, 총명하고 재예가 뛰어나서, 남들보다 탁월하였다. 그래서 서하(西河)에 사는 백성들로 하여금 자신의 도덕(道德)이 공자(孔子)와 비슷하다고 여기게끔 미혹되게 한 것이다. 황간은 자하가 본인을 공자 자신처럼 의혹되게 했다는 뜻으로 풀이했다. 그래서 자하는 위(魏)나라 출신으로, 서하 주변에 살았으며, 성(姓)은 복(卜)이고 이름은 상(商)인데, 서하의 백성들은 예의도 몰랐고 지식도 없어서, 자하를 노(魯)나라의 공구(孔丘)라고 말했다고 주장하는데, 인정상 타당하지 못하니, 황간의 주장은 잘못되었다.

訓纂 彬謂: 疑·儗同, 比也. 漢書高祖本紀"地分已定, 而位號比儗, 無上下之分." 食貨志"人徒之費, 疑於南夷", 師古注"疑, 讀曰儗. 儗, 比也." 李蕭遠運命論"子夏退老于家, 西河之人肅然歸德, 比之於夫子", 尤一切證.

번역 내가 생각하기에, '의(疑)'자와 '의(儗)'자는 혼용해서 쓰니, "견주다[比]."는 뜻이다. 『한서(漢書)』「고조본기(高祖本紀)」편에서는 "영토가 이미 안정이 되었지만, 지위에 따른 호칭이 엇비슷하여, 상하(上下)의 구분이 없다."[2]라고 했고, 『한서』「식화지(食貨志)」편에서는 "서민들이 소비하는 것이 남이(南夷)와 유사하다."[3]라고 했으며, 이 문장에 대한 안사고[4]의 주에서는 "'의(疑)'자는 '의(儗)'자로 풀이하니, '의(儗)'자는 '견주다[比].'는 뜻이다."라고 했다. 이소원(李蕭遠)[5]의 『운명론(運命論)』에서는 "자하(子夏)는 은퇴하여 집에서 여생을 보냈는데, 서하(西河)의 사람들은 엄숙히 그의

2) 『한서(漢書)』「고제기(高帝紀)」: 地分已定, 而位號比儗, 亡上下之分, 大王功德之著, 於後世不宣.

3) 『한서(漢書)』「식화지(食貨志)」: 東置滄海郡, 人徒之費疑於南夷.

4) 안사고(顔師古, A.D.581 ~ A.D.645) : 당(唐)나라 때의 학자이다. 자(字)는 주(籒)이다. 안지추(顔之推)의 손자이다. 훈고학(訓詁學)에 뛰어났다. 오경(五經)의 문자를 교정하여, 『오경정본(五經定本)』을 찬술하기도 하였다.

5) 이강(李康, A.D.196? ~ A.D.265?) : =이소원(李蕭遠). 삼국시대(三國時代) 위(魏)나라의 문학가이다. 자(字)는 소원(蕭遠)이다. 저서로는 『운명론(運命論)』 등이 있다.

덕(德)에 귀의하며, 그를 공자(孔子)에 견주었다."라고 했으니, 이러한 모든 기록들이 '의(疑)'자가 견주다는 의미를 뜻한다는 사실을 증명하고 있다.

訓纂 王氏念孫曰: 廣雅, "▼(宀/索), 獨也." 檀弓, "吾離群而索居", 亦謂獨居也. ▼(宀/索), 與索同.

번역 왕념손이 말하길, 『광아』[6]에서는 "'▼(宀/索)'자는 홀로[獨]라는 뜻이다."라고 했다. 『예기』「단궁(檀弓)」편에서는 "내가 벗들과 떨어져 있어서 색거(索居)를 했다."라고 하였는데, 여기에서 말하는 '색거(索居)' 또한 홀로 거처했다는 의미이다. '▼(宀/索)'자와 '색(索)'자는 동일한 글자이다.

集解 愚謂: 子夏自言離群散居, 無朋友切磋之益, 故至於有過而不自知.

번역 내가 생각하기에, 자하(子夏)는 제 스스로 벗들과 떨어져서 홀로 살아서, 벗들이 자신을 수양시켜주는 이로움이 없었기 때문에, 과실이 있는 지경에 이르렀는데도, 제 스스로 알지 못했다고 말한 것이다.

集解 愚謂: 此記所言, 有無不可知. 然曾子之盡言以規過, 子夏之聞義而遽服, 此則非賢者不能, 而學者之所當取法也.

번역 내가 생각하기에, 이곳 『예기』 문장에서 언급하는 내용에 있어서, 알아들을 수 없는 내용은 없다. 그러므로 증자(曾子)는 할 말을 다해서 과실을 바로잡은 것이고, 자하(子夏)는 의(義)에 대한 얘기를 듣고서, 급히 시인을 한 것이니, 이것은 현명한 자가 아니라면 불가능한 일이므로, 학자들이 마땅히 본받아야 할 점이다.

---

6) 『광아(廣雅)』는 위(魏)나라 때 장읍(張揖)이 지은 자전(字典)이다. 『박아(博雅)』라고도 부른다. 『이아』의 체제를 계승하고, 새로운 내용을 보충하여, 경전(經典)에 기록된 글자들을 해석한 서적이다. 본래 상·중·하 3권으로 구성되어 있었지만, 수(隋)나라 조헌(曹憲)이 재차 10권으로 편집하였다. 한편 '광(廣)'자가 수나라 양제(煬帝)의 시호였기 때문에, 피휘를 하여, 『박아』라고 부르게 되었다.

• 제 38 절 •

정침(正寢)과 밖에 거처하는 경우

【83a】

夫晝居於內, 問其疾可也; 夜居於外, 弔之可也. 是故君子非有大故, 不宿於外; 非致齋也, 非疾也, 不晝夜居於內.

직역 夫히 晝에 內에 居하면, 그 疾을 問함이 可하고; 夜에 外에 居하면, 弔함이 可하다. 是故로 君子는 大故가 有함이 非이면, 外에서 不宿하고; 致齋가 非이거나, 疾이 非이면, 晝夜로 內에 不居한다.

의역 무릇 낮에 정침(正寢)에 머물게 되면, 그가 질병에 걸린 것처럼 생각되므로, 병문안을 하는 것이 옳다. 밤에 밖에 머물게 되면, 그에게 상(喪)이 발생한 것처럼 생각되므로, 조문을 하는 것이 옳다. 이러한 까닭으로 군자(君子)는 큰 변고가 발생한 경우가 아니라면, 밖에 머물지 않았던 것이고, 치제(致齊)를 하거나 병에 걸린 경우가 아니라면, 밤낮으로 정침 안에 머물러 있지 않았던 것이다.

集說 內者, 正寢之中. 外, 謂中門外也. 晝而居內似有疾, 夜而居外似有喪.

번역 '내(內)'라는 것은 정침(正寢)[1]의 안을 뜻한다. '외(外)'는 중문(中門)[2] 밖을 뜻한다. 낮에 정침의 안에 기거하는 것은 마치 질병이 있는 것처

---

1) 정침(正寢)은 노침(路寢)과 같은 말이다. 또한 정전(正殿)이라고도 불렀다. 군주가 정무를 처리하던 장소이다. 천자에게는 6개의 침(寢)이 있었는데, 가장 앞쪽에 있는 1개의 침이 바로 정침(正寢)이 되고, 나머지는 5개의 침은 연침(燕寢)이 된다.

2) 중문(中門)은 내(內)와 외(外) 사이에 있는 문을 뜻한다. 궁(宮)에 있어서는

럼 보이고, 밤에 밖에 기거하는 것은 마치 상(喪)을 치르는 것처럼 보인다.

集說 應氏曰: 致齋居內, 非在房闥之中, 蓋亦端居深處於宎奧之內耳.

번역 응씨가 말하길, 치제(致齊)[3]를 치를 때에는 안에 머물지만, 침실 안에 머무는 것이 아니다. 무릇 단정한 자세로 방구석인 아랫목에서 조용히 머물게 될 따름이다.

大全 廣安游氏曰: 古之君子, 未有不從事乎其常者. 車服有常數, 作止有常度, 出處有常所, 苟變乎其常, 則必有故, 不然則不安乎流俗而爲異者也. 故古之人見其服飾而長少可知, 見其步武而尊卑可知. 察其人之居, 則人之得失可知, 皆由乎常而觀之.

번역 광안유씨가 말하길, 고대의 군자(君子)는 일찍이 항상된 규범에 따르지 않는 경우가 없었다. 수레나 의복에 있어서도 일정한 치수가 있었

혼문(閽門)을 뜻하기도 한다. 또 천자(天子)의 궁성(宮城)에는 다섯 개의 문이 있었다고 전해지는데, 가장 밖에 있는 문부터 순차적으로 나열해보면, 고문(皐門), 치문(雉門), 고문(庫門), 응문(應門), 노문(路門)이다. 이러한 다섯 개의 문들 중 노문(路門)은 가장 안쪽에 있으므로, 내문(內門)로 여기고, 고문(皐門)은 가장 밖에 있으므로, 외문(外門)으로 여긴다. 따라서 나머지 치문(雉門), 고문(庫門), 응문(應門)은 내외(內外)의 사이에 있으므로, 이 세 개의 문을 '중문'으로 여기기도 한다. 『주례』「천관(天官)·혼인(閽人)」편에는 "掌守王宮之<u>中門</u>之禁."이라는 기록이 있는데, 이에 대한 손이양(孫詒讓)의 『정의(正義)』에서는 "此中門實不專屬雉門. 當兼庫·雉·應三門言之. 蓋五門以路門爲內門, 皐門爲外門, 餘三門處內外之間, 故通謂之中門."이라고 풀이했다. 한편 정중앙에 있는 문을 '중문'이라고도 부른다.

3) 치제(致齊)는 치재(致齋)라고도 부른다. '치제'는 제사를 지내기 이전 3일 동안 몸과 마음을 정숙하게 재계하는 의식이다. '치제' 이전에는 '산제(散齊)'를 하여 7일 동안 정숙하게 한다. '치제'는 그 이후 3일 동안 몸과 마음을 더욱 정숙하게 재계하여, 신과 소통할 수 있도록 준비하는 것이다. 『예기』「제통(祭統)」편에는 "故散齊七日以定之, <u>致齊</u>三日以齊之. 定之之謂齊, 齊者精明之至也, 然後可以交于神明也."라는 기록이 있다.

고, 기거를 함에도 정해진 법도가 있었으며, 나아가고 물러남에도 정해진 장소가 있었으니, 진실로 그 항상된 도리에서 변화된 점이 발생했다면, 반드시 그럴만한 까닭이 있었던 것이며, 이처럼 하지 않는다면, 풍속에 휘말려서 다름을 좇게 되는 것을 불안하게 여겼다. 그러므로 고대인들은 그 사람의 복식(服飾)을 살펴보게 되면, 그 사람의 나이를 알 수 있었고, 그 사람의 걸음걸이를 보게 되면, 그 신분을 알 수 있었던 것이다. 따라서 그 사람이 거처하는 태도를 살펴보면, 그 사람이 예법에 맞느냐 또는 틀리느냐를 알 수 있으니, 이것은 모두 항상된 규정에 따라 그를 살펴보았기 때문이다.

鄭注 似有疾. 似有喪. 大故謂喪憂. 內, 正寢之中.

번역 낮에 방에 머물러 있으면 병이 있는 것처럼 느껴지기 때문이다. 밤에 밖에 머물러 있으면 상(喪)이 있는 것처럼 느껴지기 때문이다. '대고(大故)'는 상사(喪事)나 매우 근심스러운 일을 뜻한다. '내(內)'라는 것은 정침(正寢)의 안을 뜻한다.

釋文 晝, 知又反. 齊, 側皆反.

번역 '晝'자는 '知(지)'자와 '又(우)'자의 반절음이다. '齊'자는 '側(측)'자와 '皆(개)'자의 반절음이다.

孔疏 ●"夫晝"至"於內". ○正義曰: 此一節論君子居處當合於禮, 各依文解之.

번역 ●經文: "夫晝"~"於內". ○이곳 문단은 군자(君子)가 거처를 할 때에는 예(禮)에 합당해야 함을 논의하고 있으니, 각각의 문장에 따라서 풀이하겠다.

孔疏 ◎注"大故謂喪憂". ○正義曰: 上文云"夜居於外, 弔之可也". 鄭云: "似有喪." 此注兼云憂者, 以其文云"大故", 語意旣寬, 非獨喪也. 故周禮每云"國有大故", 皆據寇戎災禍, 故此兼云憂也. 身旣有憂, 而夜在於外者, 旣憂禍難, 不暇入內; 或與臣下外人, 夜裏在外圖謀禍患. 此謂中門外也, 故禮: 斬衰及期喪, 皆中門外爲廬堊室. 是有喪, 夜居中門外也.

번역 ◎鄭注: "大故謂喪憂". ○앞 구문에서는 "밤에 밖에서 거처하게 되면, 조문을 하는 것이 옳다."라고 했다. 정현은 이 문장에 대해서 "상(喪)이 있는 것처럼 느껴지기 때문이다."라고 했는데, 그 다음 구문에 대한 주에서는 '매우 근심스러운 일[憂]'까지도 함께 언급하고 있다. 그 이유는 문장 속에 나온 '대고(大故)'라는 말은 그 뜻이 매우 폭넓어서, 상(喪)만을 가리키는 것이 아니기 때문이다. 그래서 『주례』에서는 매번 "나라에 큰 변고가 발생했다[國有大故]."라고 말했던 것인데, 여기에서 말하는 '대고(大故)'는 도적 · 전쟁 · 재앙 · 재난 등을 모두 일컫는 것이다. 그렇기 때문에 '우(憂)' 자를 함께 언급한 것이다. 그 자신에게 근심스러운 일이 있어서, 밤에 밖에 머물러 있는 것은 재난 등에 대해 근심하여, 안으로 들어갈 여력이 없기 때문이며, 혹은 신하나 외부 사람들과 함께 밤 동안 밖에서 재난이나 환란 등에 대해서 모의를 해야 하기 때문이다. 여기에서 말한 밖이라는 장소는 중문(中門) 밖을 뜻한다. 그렇기 때문에 예법에 있어서는 참최복(斬衰服)이나 자최복(齊衰服)을 입고 치르는 상(喪)이 발생하면, 모든 경우에 있어서 중문 밖에 상중(喪中)에 머물게 되는 려(廬)나 악실(堊室)을 만들게 된다.[4] 이 말은 곧 상(喪)이 발생하면, 밤에도 중문 밖에서 머물게 된다는 뜻을 나타낸다.

---

4) 의려(倚廬)는 상중(喪中)에 머물게 되는 임시 거처지이다. '의려'는 '의(倚)', '려(廬)', '堊室(악실)' 등으로 부르기도 한다.

그림 38-1 의려(倚廬)

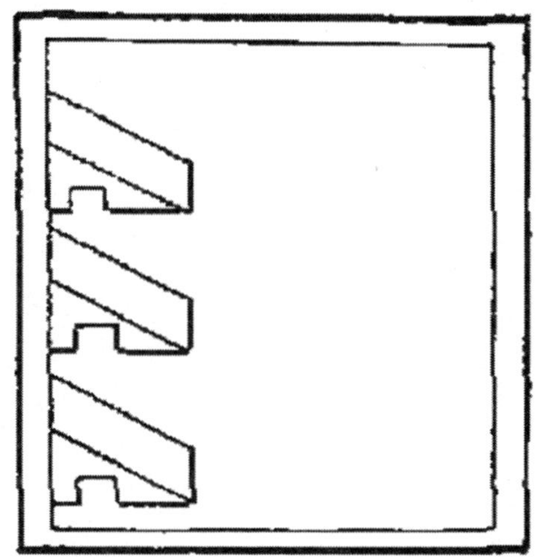

▸ **출처:** 『삼례도집주(三禮圖集注)』 15권

孔疏 ●"非致"至"於內". ○平常無事之時, 或出或入, 雖晝居於外, 亦有入內. 雖夜居於內, 亦有出外時. 唯致齊與疾, 無間晝夜, 恒居於內, 故云"非致齊也, 非疾也, 不晝夜居於內".

번역 ●經文: "非致"~"於內". ○평상시 별다른 일이 없을 때에는 나가기도 하고 들어오기도 하여, 비록 낮에 밖에 머물러 있다고 하더라도, 또한 안으로 들어갈 수 있는 것이다. 반대로 비록 밤에 안에 머물러 있다고 하더라도, 또한 밖으로 나갈 때도 있는 것이다. 그러나 치제(致齊)를 하거나 질병에 걸렸을 경우에는 낮과 밤의 구분과 상관없이, 항상 안에 머물러 있게 된다. 그렇기 때문에 "치제를 하는 것이 아니거나 질병에 걸린 것이 아니라면, 밤낮으로 안에 머물지 않는다."라고 말한 것이다.

孔疏 ◎注"內, 正寢之中". ○正義曰: 恐內是燕寢, 故云"正寢之中". 必知正寢者, 以其經云非致齊, 不居於內. 致齊在正寢, 疾則或容在內寢, 若危篤亦在正寢. 上文云"晝居於內, 問其疾可也", 不問齊者, 齊是爲祭之事, 衆所共知, 不須問也. 此齊在內, 祭統云: "君致齊於外, 夫人致齊於內." 對夫人之寢爲外內耳.

번역 ◎鄭注: "內, 正寢之中". ○아마도 '내(內)'라는 것을 연침(燕寢)[5]으로 오해할 것을 염려했기 때문에, 정현이 "정침(正寢)의 안이다."라고 말한 것이다. 정현의 말처럼 이곳이 '정침(正寢)'이 됨을 확신할 수 있는 이유는 경문에서 치제(致齊)를 지내는 경우가 아니라면, 내(內)에 머물지 않는다고 말했기 때문이다. 즉 치제(致齊)는 정침(正寢)에서 시행하는 것이고, 질병에 걸린 경우라면, 간혹 내침(內寢)[6]에 있는 것이 허용되기도 하는데,

5) 연침(燕寢)은 천자 및 제후들이 휴식을 취하던 장소를 가리킨다. 천자에게는 6개의 침(寢)이 있었는데, 앞쪽에 있는 1개의 침은 정전(正寢)으로, 이것을 노침(路寢)이라고 부르며, 뒤쪽에 있는 다섯 개의 침을 통칭하여, '연침'이라고 부른다. 『예기』「곡례하(曲禮下)」편에는 "天子有后, 有夫人"이라는 기록이 있는데, 이에 대한 공영달(孔穎達)의 소(疏)에서는 "周禮王有六寢, 一是正寢, 餘五寢在後, 通名燕寢."이라고 풀이하였다.

만약 병이 위독하게 된다면, 또한 정침(正寢)에 있게 된다. 앞 구문에서는 "낮에 내(內)에 머물러 있으면, 질병에 대해서 문병을 하는 것이 옳다."라고 하여, 재계(齋戒)를 하는 것에 대해서는 물어보지 않았는데, 재계를 하는 것은 제사를 시행할 때의 사안이므로, 많은 사람들이 그가 제사를 지낸다는 사실을 모두 알고 있는 것이므로, 물어볼 필요가 없는 것이다. 이곳에서는 재계를 내(內)에서 치른다고 했는데, 『예기』「제통(祭統)」편에서는 "군주는 외(外)에서 치제(致齊)를 하고, 부인(夫人)은 내(內)에서 치제(致齊)를 한다."[7]라고 했다. 이처럼 차이를 보이지만, 「제통」편의 기록은 부인이 머무는 침(寢)과 대비를 시켜서, 내외(內外)로 설명한 것일 뿐이다.

集解 愚謂: 內外, 謂正寢室之內外也. 大故, 謂有喪. 喪旣小斂, 主人之位恆在阼階下; 旣殯, 廬於中門之外; 致齊與疾, 恆在正寢室中. 大故, 卽喪也. 孟子"今也不幸, 至於大故", 是也. 君子晝必處外, 夜必處內, 所以順陰陽動靜之宜, 以爲興居之節, 故事業得其序, 身體得其養. 苟反其常, 則雖不必果有喪疾, 而固可以問其疾, 弔其喪矣, 可不謹哉!

번역 내가 생각하기에, '내외(內外)'라는 것은 정침(正寢) 안의 방[室]을 기준으로 한 내외(內外)를 뜻한다. '대고(大故)'라는 것은 상(喪)이 발생했다는 뜻이다. 상(喪)을 치를 때, 소렴(小斂)을 끝내게 되면, 상주(喪主)의 위치는 항상 동쪽 계단 아래에 놓이게 되고, 빈궁(殯宮)을 차리게 되면, 중문(中門) 밖에 임시 거처지를 만들어서 머물게 되며, 치제(致齊)를 하거나 질병에 걸린 경우에는 항상 정침의 실(室) 안에 머물게 된다. 그러므로 '대고(大故)'는 곧 상(喪)을 가리킨다. 『맹자』에서 "현재 불행하게도 부친의

6) 내침(內寢)은 연침(燕寢)을 뜻한다. 천자의 경우 6개의 침(寢)을 두는데, 1개의 정침(正寢)을 제외하고, 나머지 5개의 침은 연침이 된다. 정침은 가장 바깥쪽에 있기 때문에, 외침(外寢)이라고 부르며, 연침은 상대적인 의미에서 '내침'이라고 부른다.

7) 『예기』「제통(祭統)」【577a~b】: 是故先期旬有一日, 宮宰宿夫人, 夫人亦散齊七日, 致齊三日. 君致齊於外, 夫人致齊於內, 然後會於大廟.

상(喪)을 당하였다."[8]라고 한 말이 바로 그 증거가 된다. 군자(君子)는 낮에 반드시 밖에 머물게 되고, 밤에는 반드시 안에 머물게 되니, 음양(陰陽)과 동정(動靜)의 마땅함에 따라서, 거처할 때의 예절로 삼았기 때문이다. 그래서 하는 일들이 그 순서에 맞게 되고, 자신 또한 보살핌을 받게 되는 것이다. 만약 항상된 도리에 반대로 따르게 된다면, 비록 반드시 상(喪)이나 질병이 있는 것이 아닌데도, 그가 질병에 걸린 것처럼 여겨져서, 문병을 할 수 있고, 상(喪)이 있는 것처럼 여겨져서, 조문을 할 수 있게 되니, 신중히 처신하지 않을 수가 있겠는가!

8) 『맹자』「등문공상(滕文公上)」: 滕定公薨, 世子謂然友曰, "昔者孟子嘗與我言於宋, 於心終不忘. 今也不幸至於大故, 吾欲使子問於孟子, 然後行事."

• 제 39 절 •

고자고(高子皐)의 과례(過禮)

【83b】

高子皐之執親之喪也, 泣血三年, 未嘗見齒, 君子以爲難.

직역 高子皐가 親의 喪을 執함에, 泣血을 三年하고, 嘗이 齒를 見함이 未니, 君子는 難이라 爲하였다.

의역 고자고(高子皐)가 부모의 상(喪)을 치름에, 3년 동안 마치 피를 흘리듯 소리도 내지 않고 눈물을 흘렸고, 웃을 때에도 일찍이 이빨을 보인 적이 없었으니, 군자(君子)는 고자고의 행동을 보고, 이처럼 하는 것은 사람들이 따를 수 없는 것이라고 평가했다.

集說 子皐, 名柴, 孔子弟子.

번역 자고(子皐)의 이름은 '시(柴)'이며, 공자(孔子)의 제자이다.

集說 疏曰: 人涕淚, 必因悲聲而出; 血出則不由聲也. 子皐悲無聲, 其涕亦出, 如血之出, 故云泣血. 人大笑則露齒本, 中笑則露齒, 微笑則不見齒.

번역 공영달(孔穎達)의 소(疏)에서 말하길, 사람이 눈물을 흘릴 때에는 반드시 비통한 소리를 내며 눈물을 흘리게 되며, 피가 나오게 되면, 소리를 내지 않는다. 자고(子皐)는 비통했지만 소리를 내지 않으면서, 눈물을 흘린 것이니, 마치 피가 나올 때의 모습과 같았다. 그렇기 때문에 "눈물을 흘리되

피를 흘리는 것처럼 했다[泣血].”라고 말한 것이다. 사람이 크게 웃게 되면, 잇몸이 드러나게 되고, 보통으로 웃게 되면, 이빨이 드러나게 되며, 작게 웃으면, 이빨조차 보이지 않게 된다.

大全 嚴陵方氏曰: 君子於此, 固不以爲是, 然亦不可以爲, 非特以爲難而已. 經於喪, 有曰居, 有曰執, 有曰爲, 何也? 蓋以身言之則曰居, 以禮言之則曰執, 以事言之則曰爲, 合而言之, 其實一也.

번역 엄릉방씨가 말하길, 군자(君子)는 이러한 행동에 대해서 진실로 옳다고 여기지 않았지만, 또한 할 수도 없다고 여겼으니, 단지 어렵다고만 여긴 것이 아니다. 경문에서는 상(喪)을 치르는 것에 대해서, ‘거(居)’라고 말하는 경우도 있고, ‘집(執)’이라고 말하는 경우도 있으며, ‘위(爲)’라고 말하는 경우도 있는데, 이것은 어떤 차이인가? 무릇 제 자신을 기준으로 말을 한다면, “처하다[居].”라고 말하게 되고, 예(禮)를 기준으로 말을 한다면, “집행한다[執].”라고 말하게 되며, 그 사안을 기준으로 말을 한다면, “행한다[爲].”라고 말하게 되지만, 통합적으로 말을 하게 된다면, 실제로는 모두 동일한 뜻이다.

鄭注 子皐, 孔子弟子, 名柴. 言泣無聲, 如血出. 言笑之微. 言人不能然.

번역 자고(子皐)는 공자(孔子)의 제자이니, 이름은 ‘시(柴)’이다. ‘읍혈(泣血)’이라는 말은 눈물을 흘릴 때, 소리를 내지 않는 것이 마치 피를 흘릴 때와 같다는 뜻이다. 이빨이 드러나지 않았다는 것은 작게만 웃었다는 뜻이다. 군자(君子)의 평가는 사람들이 능히 따를 수 없다는 뜻이다.

釋文 見, 賢遍反.

번역 ‘見’자는 ‘賢(현)’자와 ‘遍(편)’자의 반절음이다.

孔疏 ●"高子"至"爲難". ○正義曰: 此一節論高柴居喪過禮之事, 各依文解之.

번역 ●經文: "高子"~"爲難". ○이곳 문단은 고시(高柴)가 상(喪)에 처해서 예(禮)를 지나치게 시행한 사안을 논의하고 있으니, 각각의 문장에 따라서 풀이하겠다.

孔疏 ◎注"子皐, 孔子弟子, 名柴". ○正義曰: 按史記·孔子弟子傳, 高柴, 鄭人, 字子皐.

번역 ◎鄭注: "子皐, 孔子弟子, 名柴". ○『사기(史記)』「공자제자전(孔子弟子傳)」편을 살펴보면, 고시(高柴)는 정(鄭)나라 사람으로, 자(字)는 자고(子皐)라고 했다.[1]

孔疏 ◎注"言泣無聲, 如血出". ○正義曰: 凡人涕淚, 必因悲聲而出. 若血出, 則不由聲也. 今子皐悲無聲, 其涕亦出, 如血之出, 故云"泣血".

번역 ◎鄭注: "言泣無聲, 如血出". ○무릇 사람들이 눈물을 흘릴 때에는 반드시 슬픈 소리를 내게 된다. 만약 피를 흘리게 되면, 소리를 내지 않는다. 그런데 현재 자고(子皐)는 슬픈 감정에 사로잡혔지만, 소리를 내지 않았고, 눈물을 또한 흘렸으니, 마치 피를 흘릴 때처럼 했던 것이다. 그렇기 때문에 "눈물을 흘리되 피를 흘리는 것처럼 했다[泣血]."라고 말한 것이다.

孔疏 ◎注"言笑之微". ○正義曰: 旣云"泣血三年", 得有微笑者, 凡人之情, 有哀有樂. 哀至則泣血, 樂至則微笑. 凡人大笑則露齒本, 中笑則露齒, 微笑則不見齒.

---

1) 『사기(史記)』「중니제자열전(仲尼弟子列傳)」: 高柴字子羔. 少孔子三十歲.

번역 ◎鄭注: "言笑之微". ○이미 "피를 흘리듯 눈물을 흘린 것을 3년 동안 했다."라고 하였는데, 작게 웃을 수 있었던 것은 무릇 사람의 감정에는 슬픔도 있고 기뻐함도 있기 때문이다. 즉 슬픔이 북받쳐 오면, 피를 흘리듯 눈물을 흘렸던 것이고, 기쁜 마음이 다가오면 작게 웃었던 것이다. 무릇 사람들이 크게 웃게 되면, 잇몸이 드러나게 되고, 보통으로 웃게 되면, 이빨이 드러나게 되며, 작게 웃으면 이빨도 보이지 않게 된다.

孔疏 ●"君子以爲難". ○君子以高柴所爲, 凡人難可爲之, 何者? 凡人發聲始涕出, 樂至爲大笑, 今高柴恒能如此, 餘人不能, 故爲難也.

번역 ●經文: "君子以爲難". ○군자(君子)는 고시(高柴)의 행동을 보고, 일반 사람들은 따라서 하기가 어렵다고 여겼는데, 어째서인가? 일반인들은 소리를 내어야만 비로소 눈물이 흐르게 되고, 기쁜 마음이 다가오면 크게 웃게 되는데, 현재 고시는 항상 이처럼 행동하였으니, 일반인들이 할 수 없는 것이다. 그렇기 때문에 어렵다고 평가한 것이다.

• 제 40 절 •

상복(喪服) 관련 규정 I

【83c】

衰, 與其不當物也, 寧無衰. 齊衰不以邊坐, 大功不以服勤.

직역 衰는 그 物이 不當함으로 與론, 寧히 無衰라. 齊衰에는 邊坐를 不하고, 大功에는 服勤을 不한다.

의역 상복(喪服)이 규정에 따라 제대로 만들어진 것이 아니라면, 차라리 입지 않는 것이 낫다. 자최복(齊衰服)을 입고 있을 때에는 한쪽으로 치우친 자세로 앉아 있을 수가 없고, 대공복(大功服)을 입고 있을 때에는 노역에 참여할 수 없다.

集說 疏曰: 物, 謂升縷及法制長短幅數也. 邊坐, 偏倚也. 喪服宜敬, 坐起必正, 不可著衰而偏倚也. 齊衰輕旣不倚, 斬重不言可知. 大功雖輕, 亦不可著衰服而爲勤勞之事也.

번역 공영달(孔穎達)의 소(疏)에서 말하길, '물(物)'은 상복(喪服)의 올 수 및 법도에 따라 제작하게 되는 길이와 폭의 수치 등을 뜻하다. '변좌(邊坐)'는 한쪽으로 기대어 앉는다는 뜻이다. 상복을 착용했을 때에는 마땅히 공경스러운 태도를 취해야 하니, 앉고 일어날 때에도 반드시 바른 자세로 해야 하므로, 상복을 입었을 때에는 한쪽으로 기대어 앉을 수가 없다. 자최복(齊衰服)은 참최복(斬衰服)보다도 수위가 낮은 상복인데도, 기대어 앉지 않는다고 하였으니, 참최복처럼 수위가 높은 상복에 대해서는 말을 하지 않아도 이러한 규정에 따른다는 사실을 알 수 있다. 대공복(大功服)은 비록 자최복보다도 수위가 낮은 상복이지만, 또한 이러한 상복을 착용하고서 노역을 하는 일을 시행할 수 없는 것이다.

그림 40-1 참최복(斬衰服) 착용 모습

▸ **출처:** 『삼재도회(三才圖會)』「의복(衣服)」 3권

그림 40-2 자최복(齊衰服) 착용 모습

▸ **출처:** 『삼재도회(三才圖會)』「의복(衣服)」 3권

集說 馬氏曰: 衰不當物, 則亂先王之制, 而後世疑其傳. 無衰, 則禮雖不行, 而其制度定于一, 猶可以識之, 故曰, "與其不當物也寧無衰."

번역 마씨가 말하길, 상복(喪服)이 합당한 법도에 맞지 않다면, 선왕(先王)의 제도를 문란하게 하여, 후세에는 전수된 규정에 대해서 의심을 하게 된다. 상복을 입지 않는다면, 예법에 따라서는 비록 시행할 수 없는 것이지만, 상복에 대한 제도는 일정한 규정에 따라 유지되니, 오히려 이것을 통해서 제대로 된 규정을 알 수 있게 된다. 그렇기 때문에 "합당한 법도에 따라 만든 상복이 아니라면, 차라리 상복을 입지 않는 것이 낫다."라고 말한 것이다.

大全 山陰陸氏曰: 物, 若周書所謂朝服八十物·七十物, 是已據此布之精粗, 非獨升數不同, 縷數亦不同矣. 尊者服精, 卑者服粗, 故曰與其不當物, 寧無衰.

번역 산음육씨가 말하길, '물(物)'은 마치 『주서(周書)』에서 조복(朝服)을 80물(物)로 하거나 70물(物)로 한다고 했을 때의 '물(物)'을 뜻하니, 『주서』에서는 이미 포(布)의 거칠고 촘촘한 정도에 기준을 두고, '물(物)'이라고 표현했으므로, 단지 올수가 같지 않은 것만을 가리키는 것이 아니라, 실의 가늘기가 같지 않다는 것도 가리킨다. 존귀한 자는 촘촘한 옷감으로 만든 복장을 착용하고, 신분이 낮은 자는 조밀하지 않은 옷감으로 만든 복장을 착용한다. 그렇기 때문에 "그 물(物)에 합당하지 않다면, 차라리 상복(喪服)을 착용하지 않는 것이 낫다."라고 말한 것이다.

鄭注 惡其亂禮, 不當物, 謂精麤廣狹不應法制. 爲褻喪服. 邊, 偏倚也.

번역 예(禮)를 문란하게 함을 미워한 것이다. 물(物)에 합당하지 않다는 말은 조밀하고 거친 차이 또는 넓고 좁은 차이 등이 법도와 규정에 합당하지 않다는 뜻이다. 치우쳐서 앉거나 노역에 종사하지 말라고 한 것은 상복(喪服)을 더럽히기 때문이다. '변(邊)'자는 삐딱하게 기댄다는 뜻이다.

釋文 衰, 七雷反, 下同, 後"五服之衰"皆放此, 不復音. 當, 丁浪反, 注同. 惡, 烏路反. 麄, 本又作麤, 七奴反. 狹音洽. 應, 應對之應. 褻, 息列反. 倚, 於彼反, 又於寄反.

번역 '衰'자는 '七(칠)'자와 '雷(뢰)'자의 반절음이며, 아래문장에 나오는 글자도 그 음이 이와 같고, 이후에 나오는 오복(五服)과 관련된 '衰'자는 모두 그 음이 이와 같으니, 이와 같은 음들에 대해서는 재차 음가를 기록하지 않는다. '當'자는 '丁(정)'자와 '浪(랑)'자의 반절음이며, 정현의 주에 나오는 글자도 그 음이 이와 같다. '惡'자는 '烏(오)'자와 '路(로)'자의 반절음이다. '麄'자는 판본에 따라서는 또한 '麤'자로도 기록하니, 그 음은 '七(칠)'자와 '奴(노)'자의 반절음이 된다. '狹'자의 음은 '洽(흡)'이다. '應'자는 '응대(應對)'라고 할 때의 '應'자 음이다. '褻'자는 '息(식)'자와 '列(렬)'자의 반절음이다. '倚'자는 '於(어)'자와 '彼(피)'자의 반절음이며, 또한 '於(어)'자와 '寄(기)'자의 반절음도 된다.

孔疏 ●"衰與"至"服勤". ○正義曰: 此一節論衰裳升數形制必須依禮, 及著服不得爲褻之事, 各依文解之.

번역 ●經文: "衰與"~"服勤". ○이곳 문단은 상복(喪服)을 제작할 때, 올수 및 형태의 제작 방법이 반드시 예(禮)에 맞아야 한다는 사실과 상복을 착용할 때에는 상복을 더럽히는 일을 할 수 없다는 사안에 대해서 논의하고 있으니, 각각의 문장에 따라서 풀이하겠다.

孔疏 ●"衰, 與其不當物也"者, 此語乃通於五服, 而初發斬衰也. 衰, 喪服也. 當猶應也. 物謂升縷及法制長短幅數也. 衰以表情, 故制有法度. 若精麤不應, 廣狹乖法, 便爲失禮, 故云"寧無衰"也, 是雖有不如無也.

번역 ●經文: "衰, 與其不當物也". ○이러한 규정은 곧 오복(五服)에 모두 통용이 된다. 그래서 처음 구문에서 참최복(斬衰服)을 뜻하는 '최(衰)'자로 구문을 시작한 것이다. '최(衰)'자는 상복(喪服)을 뜻한다. '당(當)'자는

"응하다[應]."는 뜻이다. '물(物)'자는 올수 및 법도에 따른 길이와 폭의 치수 등을 뜻한다. 상복은 그 자의 감정을 드러내는 것이기 때문에, 상복을 제정할 때에도 그에 따른 법도가 정해져 있는 것이다. 만약 상복의 촘촘함과 거친 정도가 합당하지 않고, 폭의 치수가 법도에 어긋난다면, 이것은 곧 실례(失禮)를 범한 것이다. 그렇기 때문에 "차라리 상복을 입지 않는 것이 낫다."라고 말한 것이니, 비록 입더라도 입지 않은 것만 못하다는 뜻이다.

孔疏 ●"齊衰不以邊坐"者, 因上"寧無衰"以廣其事也. "邊坐"謂偏倚也. 喪服宜敬, 坐起必正, 不可著衰而偏倚也. 齊衰輕, 旣不倚, 斬重, 不言亦可知也.

번역 ●經文: "齊衰不以邊坐". ○이 문장은 앞의 "차라리 상복(喪服)을 입지 않는 것이 낫다."라는 문장에 연유하여, 그 사안을 폭넓게 해석하고 있는 것이다. '변좌(邊坐)'는 한쪽으로 치우쳐서 기댄다는 뜻이다. 상복을 착용했을 때에는 마땅히 공경스러운 태도를 취해야 하니, 앉거나 일어설 때에도 반드시 바른 자세를 취해야 하므로, 상복을 착용하고서는 치우쳐서 기대어 있을 수가 없다. 자최복(齊衰服)은 참최복(斬衰服)보다 수위가 낮은 상복인데도, 이미 기대지 않는다고 하였으니, 참최복처럼 수위가 높은 상복에 대해서는 언급을 하지 않더라도, 이러한 규정에 따라야 한다는 사실을 알 수 있다.

孔疏 ●"大功不以服勤"者, 大功雖輕, 亦不可著衰服以爲勤勞事也. 齊衰言"不邊坐", 則大功可也. 大功不勤, 則齊衰固不可, 而小功可也.

번역 ●經文: "大功不以服勤". ○대공복(大功服)은 비록 자최복(齊衰服)보다도 수위가 낮은 상복이지만, 또한 이러한 상복을 착용했을 때에는 노역에 종사할 수가 없다. 자최복에 대해서는 "기대어 앉을 수 없다."라고 했으니, 대공복을 착용했을 때에는 기대어 앉을 수 있다. 대공복에 대해서는 "노역에 참여하지 않는다."라고 했으니, 자최복을 착용했을 때에는 진실로 이처럼 할 수 없는 것이고, 소공복(小功服)을 착용했을 때에는 노역에 참여할 수 있는 것이다.

集解 愚謂: 衰, 謂五服之衰. 物, 謂升數之多寡, 鍛治之功沽. 衰之物不同, 所以別恩誼之親疏, 不可得而亂也. 無衰而禮自若, 不當物, 則亂於喪紀而禮亡矣. 邊坐, 謂坐不中席也. 不以邊坐, 不以服勤, 皆所以致其嚴敬, 蓋敬所以攝哀, 而褻則或忘也.

번역 내가 생각하기에, '최(衰)'자는 오복(五服)에 속하는 모든 상복(喪服)들을 뜻한다. '물(物)'자는 올수의 많고 적은 차이를 뜻하며, 또한 가공을 한 것이 제대로 되었느냐 또는 조악하느냐를 뜻한다. 상복의 물(物)이 규정에 따라 다른 것은 은덕과 정감에 따른 친소(親疏)를 구분하기 위해서이니, 문란하게 만들 수가 없다. 상복을 입지 않는다면, 예(禮)의 규정에 대해서는 문란하게 만들 것이 없지만, 합당하지 않은 상복을 입게 된다면, 상례(喪禮)의 규정에 대해서 문란하게 만들어서, 예(禮) 또한 망실된다. '변좌(邊坐)'는 앉을 때, 자리에 맞도록 앉지 않는다는 뜻이다. 변두리에 앉을 수가 없고, 노역에 종사할 수 없는 것은 모두 엄숙하고 공경스러운 뜻을 지극히 하는 방법이 되니, 무릇 공경스러운 태도를 취하게 되면, 애달픈 마음을 지니게 되지만, 무람되게 행동한다면, 간혹 그 마음을 잊을 수도 있기 때문이다.

• 제 41 절 •

부의(賻儀)에 대한 법도 Ⅱ

【83d】

孔子之衛, 遇舊館人之喪, 入而哭之哀, 出, 使子貢說驂而賻之. 子貢曰: "於門人之喪, 未有所說驂, 說驂於舊館, 無乃已重乎?" 夫子曰: "予鄉者入而哭之, 遇於一哀而出涕. 予惡夫涕之無從也, 小子行之!"

직역 孔子가 衛에 之함에, 舊館人의 喪을 遇하여, 入하여 哭하며 哀하였고, 出하여, 子貢을 使하여 驂을 說하여 賻했다. 子貢이 曰, "門人의 喪에도, 驂을 說함이 未有한데, 舊館에게 驂을 說함은 無乃히 已히 重잇까?" 夫子가 曰, "予의 鄉者에 入하여 哭한데, 一哀에 遇하여 涕를 出했다. 予는 夫히 涕에 無從함이 惡라, 小子는 行하라!"

의역 공자(孔子)가 위(衛)나라로 갔는데, 옛적에 머물던 여관 주인의 상(喪)을 접하게 되었다. 그래서 그 집에 들어가서 곡(哭)을 하며 애도하는 마음을 표하고, 밖으로 나와서, 자공(子貢)을 시켜서 수레에 있던 말을 풀어내서, 그것을 부의로 보내라고 하였다. 그러자 자공은 "문인의 상(喪)에 있어서도, 선생님께서는 일찍이 말을 풀어서 부의로 보내신 적이 없습니다. 그런데 옛 여관의 주인에게 말까지 풀어서 부의로 보내게 된다면, 너무 과하게 대하는 것이 아닙니까?"라고 했다. 공자는 그 말을 듣고, "내가 이전에 그의 집에 들어섰을 때, 옛 주인을 위해 곡(哭)을 했는데, 그 아들인 상주(喪主)가 한결같이 애통해하기에 눈물이 흘렀다. 나는 눈물을 흘릴 이유도 없이 눈물을 흘리는 것을 싫어한다. 그러므로 그와 나는 은정이 두터웠던 것이니, 제자들아, 내가 일러준 대로 시행하거라!"라고 했다.

集說 舊館人, 舊時舍館之主人也. 駕車者, 中兩馬爲服馬, 兩旁各一馬爲驂馬. 遇一哀而出涕, 情亦厚矣; 情厚者禮不可薄, 故解脫驂馬以爲之賻. 凡以稱情而已, 客行無他財貨故也. 惡夫涕之無從者, 從, 自也, 今若不賻, 則是於死者無故舊之情, 而此涕爲無自而出矣. 惡其如此, 所以必當行賻禮也. 舊說: 孔子遇主人一哀而出涕, 謂主人見孔子來而哀甚, 是以厚恩待孔子, 故孔子爲之賻. 然上文旣曰, "入而哭之哀", 則又何必迂其說而以爲遇主人之哀乎?

번역 '구관인(舊館人)'은 옛적에 머물던 여관의 주인을 뜻한다. 수레에 말을 맬 때에는 네 마리의 말을 걸게 되니, 가운데 두 마리의 말을 '복마(服馬)'라고 하며, 양측에 있는 각각의 한 마리 말들을 '참마(驂馬)'라고 한다. 한결같이 슬퍼함을 보아서, 눈물을 흘렸던 것은 정감이 또한 두터웠기 때문이며, 그에 대한 정감이 두터운 경우에는 예(禮)를 야박하게 시행할 수 없다. 그렇기 때문에 참마를 풀어서, 그에 대해 부의를 했던 것이다. 무릇 이러한 조치는 정감의 수위에 맞춘 것일 따름인데, 본국을 떠나서 다른 나라에 머물러 있던 상태이므로, 다른 재화가 없었기 때문이다. 눈물을 흘림에 이유가 없는 것을 미워한다고 했는데, '종(從)'자는 '~부터[自]'라는 뜻이니, 지금 만약 부의를 하지 않는다면, 죽은 자에 대해서 옛날에 쌓았던 정감이 없었던 것이고, 현재 눈물을 흘린 것은 아무런 이유도 없이 흘린 것이 된다. 이처럼 하는 것을 미워하니, 반드시 부의를 보내는 예(禮)를 시행해야만 했던 것이다. 옛 학설에서 말하길, 공자(孔子)는 주인(主人)이 한결같이 애통해 하는 마음을 접하고서 눈물을 흘렸으니, 이 말은 주인이 공자가 찾아온 것을 보고 애통함이 심해졌고, 이러한 까닭으로 공자에게 두터운 은정으로 대했기 때문에, 공자가 그를 위해 부의를 보냈다고 주장한다. 그런데 앞 문장에서는 이미 "들어가서 곡을 하며 애통해하였다."라고 했으니, 어찌 반드시 그 주장을 억지로 맞춰서, 주인의 슬픔을 접하게 되었다는 뜻으로 여길 필요가 있는가?

大全 嚴陵方氏曰: 車馬曰賵, 貨財曰賻, 此以馬而曰賻者, 以馬代貨故也.

번역 엄릉방씨가 말하길, 수레나 말을 부의로 보내는 것을 '봉(賵)'이라고 부르고, 재화를 부의로 보내는 것을 '부(賻)'라고 부른다. 그런데 이곳 문장에서는 말을 부의로 보냄에도 '봉(賵)'이라고 불렀다. 그 이유는 말을 재화 대신 보냈기 때문이다.

鄭注 前日君所使舍己. 賻, 助喪用也. 騑馬曰驂. 言說驂大重, 比於門人, 恩爲偏頗. 遇, 見也. 舊館人恩雖輕, 我入哭見主人, 爲我盡一哀, 是以厚恩待我, 我爲出涕. 恩重, 宜有施惠. 客行無他物可以易之者, 使遂以往.

번역 이전에 군주가 명령을 내려서 자신이 머물 수 있도록 했던 곳이다. '부(賻)'자는 상례(喪禮)를 치를 때 소용되는 물건을 돕는다는 뜻이다. '곁에서 예비로 몰고 오는 말[騑馬]'을 '참(驂)'이라고 부른다. 참마(驂馬)를 풀어서 부의로 보내는 것이 매우 과중한 처사라는 뜻이니, 문인들에게 했던 것과 비교해보면, 여관 주인에 대한 은정이 너무 편파적이라는 의미이다. '우(遇)'자는 "보다[見]."는 뜻이다. 옛 여관 주인에 대한 공자(孔子)의 마음이 비록 두터운 것이 아니었더라도, 공자가 그 집에 들어가서 곡(哭)을 하며, 상주(喪主)의 모습을 보니, 공자를 위해 한결같이 애통해하는 마음을 다했다. 이것은 곧 두터운 은정으로 공자를 대한 것이니, 공자도 이러한 이유로 눈물을 흘리게 된 것이다. 그 마음이 두터우면 마땅히 은혜를 베풂이 있어야 한다. 공자(孔子)는 다른 나라로 떠나온 상태이므로, 다른 재물이 없어서, 말로 대체할 수가 있었던 것이니, 제자들을 시켜서 결국에는 말을 부의로 보낸 것이다.

釋文 稅, 本又作說, 同, 他活反, 徐又始銳反, 下及注同. 驂, 七南反, 夾服馬也. 騑, 芳非反. 頗, 破多反. 鄉, 本又作嚮, 許亮反. 出如字, 徐尺遂反. 涕音體. 施, 始豉反. 惡, 烏路反. 夫音扶.

번역 '稅'자는 판본에 따라서는 또한 '說'자로도 기록하는데, 두 글자는 모두 '他(타)'자와 '活(활)'자의 반절음이며, 서음(徐音)은 또한 '始(시)'자와 '銳(예)'자의 반절음이 되는데, 아래문장 및 정현의 주에 나오는 글자도 그 음이 이와 같다. '驂'자는 '七(칠)'자와 '南(남)'자의 반절음이며, 복마(服馬)를 감싸고 있는 양쪽 측면의 말을 뜻한다. '騑'자는 '芳(방)'자와 '非(비)'자의 반절음이다. '頗'자는 '破(파)'자와 '多(다)'자의 반절음이다. '鄕'자는 판본에 따라서는 또한 '嚮'자로도 기록하는데, '許(허)'자와 '亮(량)'자의 반절음이다. '出'자는 글자대로 읽는데, 서음은 '尺(척)'자와 '遂(수)'자의 반절음이 된다. '涕'자의 음은 '體(체)'이다. '施'자는 '始(시)'자와 '豉(시)'자의 반절음이다. '惡'자는 '烏(오)'자와 '路(로)'자의 반절음이다. '夫'자의 음은 '扶(부)'이다.

孔疏 ●"孔子"至"行之". ○正義曰: 此一節論孔子欲示人行禮副忠信之事, 各依文解之.

번역 ●經文: "孔子"~"行之". ○이곳 문단은 공자(孔子)가 사람들이 예(禮)를 시행하는 것을 보고, 충신(忠信)의 마음을 돕고자 했던 사안을 논의하고 있으니, 각각의 문장에 따라서 풀이하겠다.

孔疏 ◎注"前日君所使舍己". ○正義曰: 知非舊所經過主人, 必以爲君所使舍己者, 若是經過主人, 當云遇舊主人之喪, 故禮稱皆云"主人". 是以左傳云: "以爲東道主." 又云: "昔吾主於趙氏."皆主人爲主. 今此云"館人", 明置館舍於己, 故以爲君所使舍己者.

번역 ◎鄭注: "前日君所使舍己". ○예전에 여행을 하다가 머물던 집의 주인(主人)이 아니라, 군주가 명령을 내려서 자신을 머물게 했던 집의 주인이 분명하다는 사실을 알 수 있는 이유는 만약 여행을 하다가 머물던 집의 주인이라고 한다면, 마땅히 "옛 주인(主人)의 상(喪)을 접했다."라고 말해야 한다. 그래서 『예(禮)』에서는 이러한 자를 칭할 때에는 모두 '주인(主人)'이라고 칭했던 것이다. 이러한 까닭으로 『좌전』에서는 "동쪽으로 진출할 때의 주인으로 삼다."[1]라고 한 것이고, 또 "예전에 나는 조씨(趙氏)를

---

1) 『춘추좌씨전』「희공(僖公) 30년」 : 若舍鄭以爲東道主, 行李之往來, 共其乏困,

주인으로 삼아 머물렀다."[2]라고 했던 것인데, 이 기록들에서는 주인(主人)을 '주(主)'로 기록하고 있다. 그런데 이곳 문장에서는 '관인(館人)'이라고 기록하였으니, 이 말은 여관으로 정해서 자신을 머물도록 했다는 사실을 나타낸다. 그렇기 때문에 군주가 명령을 하여 자신을 머물도록 한 곳으로 여긴 것이다.

孔疏 ◎注"賻助"至"曰驂". ○正義曰: 謂助生者喪家使用, 故既夕禮"知死者贈[3], 知生者賻", 是賻爲助生也. 熊氏以此賻助喪用, 謂助死者, 因云賻得生·死兩施, 熊氏非也. 按隱元年穀梁傳云"錢財曰賻", 此用馬者, 卽財也. 故少儀云: "賻馬不入廟門." 云"騑馬曰驂"者, 說文云: "騑, 旁馬." 是在服馬之旁. 又詩云: "騏騮是中, 騧驪是驂." 驂在外也. 孔子得有驂馬者, 按王度記云"天子駕六馬, 諸侯四, 大夫三, 士二", 古毛詩云"天子至大夫皆駕四", 孔子旣身爲大夫, 若依王度記則有一驂馬也, 若依毛詩說則有二驂馬也.

번역 ◎鄭注: "賻助"~"曰驂". ○살아있는 자를 도와서, 상(喪)을 당한 자의 집에서 사용될 물건들을 돕는다는 뜻이다. 그렇기 때문에 『의례』「기석례(既夕禮)」편에서는 "죽은 자를 알고 있던 자가 보내는 것을 '증(贈)'이라고 하고, 살아있는 상주(喪主)를 알고 있던 자가 보내는 것을 '부(賻)'라고 한다."[4]고 했던 것이니, 이 말은 곧 '부(賻)'라는 것이 살아있는 상주(喪主)를 돕는 것이 됨을 나타낸다. 웅안생[5]은 이러한 '부(賻)'는 상사(喪事)에

君亦無所害.

2) 『춘추좌씨전』「정공(定公) 6년」: 陳寅曰, "昔吾主范氏, 今子主趙氏, 又有納焉, 以楊楯賈禍, 弗可爲也已. 然子死晉國, 子孫必得志於宋."

3) '증(贈)'자에 대하여. '증'자는 본래 '부(賻)'자로 기록되어 있었는데, 완원(阮元)의 『교감기(校勘記)』에서는 "『민본(閩本)』·『감본(監本)』·『모본(毛本)』에는 '증'자로 기록되어 있으니, 이곳 판본에는 '증자'자를 '부'자로 잘못 기록한 것이다."라고 했다.

4) 『의례』「기석례(既夕禮)」: 兄弟賵, 奠可也. 所知, 則賵而不奠. 知死者贈, 知生者賻.

5) 웅안생(熊安生, ? ~ A.D.578): =웅씨(熊氏). 북조(北朝) 때의 경학자이다. 자(字)는 식지(植之)이다. 『주례(周禮)』, 『예기(禮記)』, 『효경(孝經)』 등 많

사용되는 것을 돕는 것이니, 죽은 자를 돕는 것을 뜻한다고 하여, 이로 인해 '부(賻)'는 살아있는 자와 죽은 자에게 베푸는 것을 모두 뜻한다고 하였는데, 웅안생의 주장은 잘못되었다. 은공(隱公) 1년에 대한 『곡량전』의 기록을 살펴보면, "돈이나 재화를 부의로 보내는 것을 '부(賻)'라고 부른다."[6]고 했는데, 이곳에서는 말을 사용했으므로, 이것은 곧 재화에 해당한다. 그렇기 때문에 『예기』「소의(少儀)」편에서는 "부(賻)로 보내는 말은 묘문(廟門) 안으로 들어갈 수 없다."[7]라고 한 것이다. 정현이 "비마(騑馬)를 '참(驂)'이라고 부른다."고 했는데, 『설문해자』에서는 "'비(騑)'는 측면에 있는 말이다."라고 했으니, 이 말은 곧 복마(服馬)의 측면에 있다는 뜻이다. 또 『시』에서는 "기(騏)와 류(騮)라는 말은 중앙에서 수레를 끄는 말이고, 왜(騧)와 려(驪)라는 말은 참(驂)이다."[8]라고 했던 것이니, '참(驂)'은 곧 바깥쪽에 있는 말을 뜻한다. 공자(孔子)가 참마(驂馬)를 둘 수 있었던 이유는 『왕도기(王度記)』를 살펴보면, "천자(天子)는 수레에 6마리의 말을 매고, 제후(諸侯)는 4마리의 말을 매며, 대부(大夫)는 3마리의 말을 매고, 사(士)는 2마리의 말을 맨다."라고 했고, 옛 『모시』에서는 "천자로부터 대부에게 이르기까지 모두 4마리의 말에 멍에를 메게 한다."라고 했다. 공자는 이미 대부의 신분이 되었으므로, 『왕도기』의 기록에 따른다면, 1마리의 참마(驂馬)를 두었던 것이고, 『모시』의 주장에 따른다면, 2마리의 참마(驂馬)를 두었던 것이다.

은 전적에 의소(義疏)를 남겼지만, 모두 산일되어 남아 있지 않다. 현재 마국한(馬國翰)의 『옥함산방집일서(玉函山房輯佚書)』에 『예기웅씨의소(禮記熊氏義疏)』 4권이 남아 있다.

6) 『춘추곡량전』「은공(隱公) 1년」 : 賵者, 何也, 乘馬曰賵, 衣衾曰襚, 貝玉曰含, 錢財曰賻.

7) 『예기』「소의(少儀)」【432a~b】 : 臣爲君喪, 納貨貝於君, 則曰"納甸於有司." 賵馬入廟門. 賻馬與其幣, 大白兵車, 不入廟門.

8) 『시』「진풍(秦風)·소융(小戎)」 : 四牡孔阜, 六轡在手, 騏駵是中, 騧驪是驂, 龍盾之合, 鋈以觼軜.

孔疏 ●"子貢"至"行之", 以子貢不欲說驂, 故夫子語其說驂之意, 云我所說驂者, 我鄕者入而哭之, 遇値主人, 盡於一哀, 是厚恩待我, 我爲之出涕. 旣爲出涕, 當有厚施惠. "予惡夫涕之無從者", 謂我感舊館人恩深, 涕淚交下, 豈得虛? 然客行更無他物易換此馬, 女小子但將驂馬以行之, 副此涕淚. 然論語云: "顔回之喪, 子哭之慟." 慟比出涕, 慟則爲甚矣. 又舊館之恩, 不得比顔回之極. 而說驂於舊館, 惜車於顔回者, 但舊館情疏, 厚恩待我, 須有贈[9]賻, 故說驂賻之. 顔回則師徒之恩親, 乃是常事, 則顔回之死, 必當以物與之. 顔路無厭, 更請賣車爲槨, 以其不知止足, 故夫子抑之.

번역 ●經文: "子貢"~"行之". ○자공(子貢)은 참마(驂馬)를 떼어내어 부의로 보내지 않고자 하였기 때문에, 공자(孔子)는 참마를 떼어내어 부의로 보내는 뜻을 설명하며, "내가 참마를 떼어내어 부의로 보내는 것은 내가 이전에 들어가서 곡(哭)을 했을 때, 상주(喪主)와 직접 대면을 하였는데, 나에게 애달픈 마음을 다하였으니, 이것은 두터운 은정으로 나를 대하는 것이어서, 나도 그를 위해 눈물을 흘리게 되었다. 이미 내가 눈물을 흘렸다면, 마땅히 두터운 은정을 베풀어야만 한다."고 말한 것이다. "내가 어찌 아무런 이유도 없이 눈물을 흘렸겠는가?"라고 한 말은 "내가 옛 숙소의 주인에게 느낀 감정이 매우 깊어서, 눈물을 흘렸는데, 이것을 어찌 허례허식으로 할 수 있단 말인가?"라는 뜻이다. 그러나 공자(孔子)는 여행 중에 있었으므로, 다른 재물이 없어서, 말로 대신하게 했던 것이니, 제자들에게 단지 참마를 끌어다가 부의로 보내어, 자신이 눈물을 흘린 예에 맞추도록 했던 것이다. 한편『논어』에서는 "안회(顔回)의 죽음에 대해서, 공자(孔子)는 매우 슬프게 곡(哭)을 했다."[10]라고 하여, '통(慟)'이라는 것이 눈물을 흘린 것과 비견되지만, '통(慟)'의 경우는 슬퍼함이 더욱 깊은 것이다. 또

9) '증(贈)'자에 대하여. '증'자는 본래 '봉(賵)'자로 기록되어 있었는데, 완원(阮元)의『교감기(校勘記)』에서는 "『고문(考文)』에서 인용하고 있는 송(宋나라 때의 판본에서는 '봉'자를 '증'자로 기록하고 있는데, 이 기록이 옳다."라고 했다.

10)『논어』「선진(先進)」: 顔淵死, 子哭之慟. 從者曰, "子慟矣!" 曰, "有慟乎? 非夫人之爲慟而誰爲?"

옛적에 머물렀던 숙소의 주인에게 느낀 감정은 안회에 대한 지극한 감정에 비견할 수 없다. 그러나 옛 여관의 주인에 대해서는 참마를 풀어서 부의로 보냈고, 안회가 죽었을 때에는 수레를 파는 것을 아깝게 여겼는데,[11] 그 이유는 단지 옛 여관 주인에 대한 감정은 소원하지만, 두터운 은정으로 나를 대했으므로, 증부(贈賻)를 해야 할 필요가 있었기 때문에, 참마를 풀어서 부의로 보냈던 것이다. 안회의 경우에는 스승을 따르던 제자로써 그 은정이 매우 친밀하였지만, 안회가 죽었을 때에는 공자가 여행 중에 있었던 것이 아니라, 일상적으로 거처하고 있을 때 벌어진 일이니, 안회가 죽었을 때에는 반드시 물건으로써 그에게 부의를 보내야만 했던 것이다. 또 안회의 아버지 안로(顔路)는 만족을 못하여, 다시금 수레를 팔아서 곽(槨)을 만들어주기를 청원했지만, 이것은 만족할 줄을 몰랐기 때문이다. 그래서 공자가 그의 바람을 억눌렀던 것이다.

訓纂 吳幼淸曰: 從者, 以外物副其內誠之謂. 有哀涕而無賻物, 是涕之無從也.

번역 오유청이 말하길, '종(從)'이라는 것은 외적 사물을 통해서 내적인 진실된 마음을 돕도록 하는 것을 뜻한다. 애통하게 눈물을 흘리는 일이 있었는데도, 물건을 부의로 보내는 일이 없다면, 이것은 눈물을 흘림에 종(從)이 없는 것이 된다.

集解 輔氏廣曰: 義之所可, 則說驂以贈館人而不吝; 義所不可, 則顔路請車而不從. 於此可見聖人處事之權衡.

번역 보광[12]이 말하길, 의(義)에 따라 할 수 있는 것이므로, 참마(驂馬)

---

11) 『논어』「선진(先進)」 : 顔淵死, 顔路請子之車以爲之槨. 子曰, "才不才, 亦各言其子也. 鯉也死, 有棺而無槨. 吾不徒行以爲之槨. 以吾從大夫之後, 不可徒行也."

12) 경원보씨(慶源輔氏, ? ~ ?) : =보광(輔廣). 남송(南宋) 때의 학자이다. 자

를 풀어서 여관의 주인에게 부의를 보내면서도 인색해하지 않았던 것이고, 의(義)에 따라 할 수 없는 것이므로, 안로(顔路)가 수레를 팔기를 청원한 것에 대해서 따르지 않았던 것이다. 이곳에서 성인(聖人)이 일을 처리하는 권도(權道)를 확인할 수 있다.

集解 愚謂: 館人猶舍人, 舊時館舍之人也. 凡賻, 以錢財爲常, 其重者乃用車馬. 館人誼疏, 故子貢以說驂爲重而怪之. 一與壹同. 遇於一哀, 言己入弔時, 遇主人之專一而致其哀也. 蓋主人之於弔賓恩深者, 其哀恆切, 今主人爲孔子而致哀, 是以厚恩待孔子也. 孔子感之而爲之出涕, 是又以厚恩答之也. 情必資物以表之, 若無以賻之, 則疑於情之不足, 而鄕者之涕幾於虛僞而無所自出矣. 說驂以賻者, 客行無他物可賻故也.

번역 내가 생각하기에, '관인(館人)'은 사인(舍人)을 뜻하니, 옛적에 머물던 여관의 주인을 뜻한다. 무릇 부의[賻]에 있어서 돈이나 재화로 하는 것이 통상적인 경우인데, 관계가 깊은 자인 경우에는 수레나 말을 사용하게 된다. 여관 주인에 대해서는 관계가 깊지 않다고 판단했기 때문에, 자공(子貢)은 참마(驂馬)를 풀어서 부의로 보내는 것이 너무 과대한 처사라고 생각하여 괴의하게 여겼던 것이다. '일(一)'자는 일(壹)자와 같다. '우어일애(遇於一哀)'라는 말은 본인이 들어가서 조문을 했을 때, 주인이 전일하게 마음을 모아서 애달픈 마음을 지극히 나타내는 것을 접하게 되었다는 뜻이다. 무릇 상주(喪主)가 조문을 온 빈객 중 깊은 정감을 가진 자에 대해서는 그 애달픈 마음을 절실하게 드러내게 되는데, 현재 주인이 공자를 위해서 애달픈 마음을 지극하게 나타내어, 공자(孔子)를 두터운 정감으로 대한 것이다. 공자는 그의 마음에 감응하여, 그를 위해 눈물을 흘리게 되었으니, 이 또한 두터운 정감으로 화답을 한 것이다. 정감에는 반드시 그에 걸맞은

(字)는 한경(漢卿)이고, 호(號)는 잠암(潛庵)·전이(傳貽)이다. 여조겸(呂祖謙)과 주자(朱子)에게서 학문을 배웠다. 저서로는 『사서찬소(四書纂疏)』, 『육경집해(六經集解)』 등이 있다.

물건으로써 표현하게 되니, 만약 부의를 보내지 않는다면, 정감이 부족하다고 의심을 하게 되고, 지난번에 눈물을 흘린 것이 허례허식에 가까워져서, 눈물을 흘릴 이유도 없이 흘린 것이 된다. 참마를 풀어서 부의로 보낸 이유는 공자가 여행 중에 있어서 다른 재물이 없으므로, 이것을 부의로 보낼 수 있었던 것이다.

集解 愚謂: 詩大明詠武王而曰"駟騵彭彭", 車攻詠宣王而曰"四牡龐龐", 此天子駕四也. 采菽言"載驂載駟", 此諸侯駕四也. 節南山言"四牡項領", 此大夫駕四也. 惟士則駕二, 故士喪禮下篇"公賵玄纁束・馬兩." 又家語昭公與孔子一乘車・兩馬, 時孔子未爲大夫也. 書言"朽索馭六馬", 詩言"良馬五之", "良馬六之", 不過極言其多耳, 非實有一乘駕六馬之法也. 王度記之言不可據.

번역 내가 생각하기에, 『시』「대명(大明)」편에서는 무왕(武王)에 대해 노래하며, "네 마리의 배가 흰 말이 몸집이 풍성하구나."[13]라고 했고, 「거공(車攻)」편에서는 선왕(宣王)에 대해 노래하며, "네 필의 말이 건장하구나."[14]라고 했는데, 이 기록들은 천자(天子)의 수레에는 네 마리의 말에 멍에를 메게 한다는 사실을 나타낸다. 「채숙(采菽)」편에서는 "참마에 멍에를 메게 하여, 네 마리의 말에 멍에를 멘다."[15]라고 하였는데, 이 기록은 제후(諸侯)의 수레에는 네 마리의 말에 멍에를 메게 한다는 사실을 나타낸다. 「절남산(節南山)」편에서는 "네 필의 말은 목이 굵고 건장하구나."[16]라고 했는데, 이 기록은 대부(大夫)의 수레에는 네 마리의 말에 멍에를 메게 한다는 사실을 나타난다. 오직 사(士)의 경우에만 두 마리의 말에 멍에를 멘다. 그렇기 때문에 『의례』「사상례(士喪禮)」 하편에서는 "군주가 부의를 보내게 되면,

---

13) 『시』「대아(大雅)・대명(大明)」: 牧野洋洋, 檀車煌煌, 駟騵彭彭. 維師尙父, 時維鷹揚, 涼彼武王. 肆伐大商, 會朝淸明.

14) 『시』「소아(小雅)・거공(車攻)」: 我車旣攻, 我馬旣同. 四牡龐龐, 駕言徂東.

15) 『시』「소아(小雅)・채숙(采菽)」: 觱沸檻泉, 言采其芹. 君子來朝, 言觀其旂. 其旂淠淠, 鸞聲嘒嘒. 載驂載駟, 君子所屆.

16) 『시』「소아(小雅)・절남산(節南山)」: 駕彼四牡, 四牡項領. 我瞻四方, 蹙蹙靡所騁.

검은색과 분홍색의 속백(束帛)과 말 두 마리를 보낸다."[17]라고 했던 것이고, 또 『공자가어(孔子家語)』에서 소공(昭公)이 공자(孔子)와 함께 할 때, 한 대의 수레에 두 마리의 말을 끌게 했으니, 당시 공자는 아직 대부(大夫)의 신분이 아니었기 때문이다. 『서』에서 "썩은 밧줄로 여섯 마리의 말을 제어한다."[18]라고 하고, 『시』에서 "좋은 말로 다섯 필을 멍에 메게 한다."[19]라고 하며, "좋은 말로 여섯 필을 멍에 메게 한다."[20]라고 한 말들은 그 많음을 지극히 표현한 것에 불과할 따름이니, 실제로 한 대의 수레에 여섯 마리의 말에 멍에를 메게 했던 법도가 있었던 것이 아니다. 따라서 『왕도기(王度記)』의 내용은 근거로 삼을 수가 없다.

---

17) 『의례』「기석례(旣夕禮)」: 公賵, 玄纁束, 馬兩. 擯者出請, 入告.

18) 『서』「하서(夏書)·오자지가(五子之歌)」: 予臨兆民, 懍乎若朽索之馭六馬, 爲人上者, 柰何不敬.

19) 『시』「용풍(鄘風)·간모(干旄)」: 孑孑干旟, 在浚之都. 素絲組之, 良馬五之. 彼姝者子, 何以予之.

20) 『시』「용풍(鄘風)·간모(干旄)」: 孑孑干旌, 在浚之城. 素絲祝之, 良馬六之. 彼姝者子, 何以告之.

• 제 42 절 •

장례(葬禮)에 대한 법도 Ⅰ

【84b】

孔子在衛, 有送葬者, 而夫子觀之, 曰: "善哉爲喪乎! 足以爲法矣. 小子識之!" 子貢曰: "夫子何善爾也?" 曰: "其往也如慕, 其反也如疑." 子貢曰: "豈若速反而虞乎?" 子曰: "小子識之! 我未之能行也."

직역 孔子가 衛에 在함에, 葬을 送하는 者가 有하니, 夫子가 觀하고, 曰, "善哉구나 喪을 爲함이여! 足히 法으로 爲하구나. 小子는 識하라!" 子貢이 曰, "夫子는 何히 善이리오?" 曰, "그 往함에 如慕하고, 그 反함에 如疑니라." 子貢이 曰, "豈히 速히 反하여 虞함과 若오?" 子가 曰, "小子는 識하라! 我는 能行을 未했느니라."

의역 공자(孔子)가 위(衛)나라에 있을 때, 영구(靈柩)를 장지(葬地)로 전송하는 자가 있었다. 공자가 상주(喪主)의 행동을 관찰하고서 말하길, "상례(喪禮)를 치르는 것을 아주 잘하는구나! 충분히 그의 행동은 법도로 삼을 수 있다. 제자들아 잘 보고 기억해두거라!"라고 했다. 자공(子貢)이 말하길, "선생님께서는 어떤 점이 좋다고 하신 겁니까?"라고 물었다. 그러자 공자가 대답하길, "그가 장지로 갈 때에는 부모를 사모하듯이 행동하였고, 그가 장지에서 되돌아올 때에는 부모가 정말로 돌아가셨는지 의심하며 천천히 발걸음을 옮긴 것이 바로 잘한 점이다."라고 했다. 자공이 재차 물으며, "어찌 신속히 되돌아와서 우제(虞祭)를 치르는 것만 같겠습니까? 그가 되돌아오는 것이 너무 더딘 것이 아닙니까?"라고 했다. 그러자 공자가 말하길, "제자들아 잘 기억해두거라! 나도 저 사람처럼 효성스럽게는 못했었다."라고 했다.

集說 往如慕, 反如疑, 此孝子不死其親之至情也. 子貢以爲如疑則反遲, 不若速反而行虞祭之禮, 是知其禮之常, 而不察其情之至矣. 夫子申言小子識之, 且曰"我未之能行", 則此豈易言哉?

번역 장지(葬地)로 갈 때 그리워하는 듯 하고, 장지에서 돌아올 때 의심스러워하는 듯 하니, 이것은 자식이 그 부모의 죽음을 인정할 수 없는 지극한 감정이다. 자공(子貢)은 의심스러워하는 듯이 오게 된다면, 돌아오는 것이 더디게 되니, 신속히 되돌아와서 우제(虞祭)의 예법을 시행하는 것만 못하다고 여긴 것인데, 이것은 예(禮)의 일정한 규범에 대해서만 안 것이고, 지극한 정감에 대해서는 살피지 못한 것이다. 공자(孔子)는 거듭하여 제자들에게 명심하라고 말하며, 또한 "나도 잘 하지 못했던 것이다."라고 했으니, 이러한 말을 어찌 쉽게 할 수 있겠는가?

大全 廬陵胡氏曰: "小子識之, 我未之能行也." 善其哀慕, 虞祭雖遲, 不害.

번역 여릉호씨가 말하길, "제자들아 잘 기억하거라, 나도 저 사람처럼 잘 하지 못했다."라고 했으니, 그의 애달파하고 사모하는 마음을 칭찬한 것이다. 우제(虞祭)가 비록 늦어지게 되더라도, 해가 될 것이 없다.

鄭注 慕謂小兒隨父母啼呼. 疑者, 哀親之在彼, 如不欲還然. 速, 疾. 哀戚, 本也. 祭祀, 末也.

번역 '모(慕)'는 어린아이들이 부모를 뒤따르며 우는 것을 뜻한다. '의(疑)'라는 것은 부모가 저곳에 계신 것처럼 그리워하니, 마치 되돌아가고자 하지 않는 것과 같은 행동이다. '속(速)'자는 "빠르다[疾]."는 뜻이다. 애달프고 슬퍼하는 마음이 근본이 된다. 제사(祭祀)라는 형식은 말단에 해당한다.

釋文 識, 式志反, 又音式, 下及注"章識"皆同. 呼, 火故反.

번역 '識'자는 '式(식)'자와 '志(지)'자의 반절음이며, 또한 그 음은 '式(식)'도 되는데, 아래문장 및 정현의 주에 나오는 '章識'에서의 '識'자도 모두 그 음이 이와 같다. '呼'자는 '火(화)'자와 '故(고)'자의 반절음이다.

孔疏 ●"孔子"至"行也". ○正義曰: 此一節論喪禮以哀戚爲本之事, 各依文解之.

번역 ●經文: "孔子"~"行也". ○이곳 문단은 상례(喪禮)를 치를 때 애달프고 슬퍼하는 마음을 근본으로 삼는 사안에 대해서 논의하고 있으니, 각각의 문장에 따라서 풀이하겠다.

孔疏 ◎注"慕謂"至"還然". ○正義曰: 言慕如小兒啼呼者, 謂父母在前, 嬰兒在後, 恐不及之, 故在後啼呼而隨之. 今親喪在前, 孝子在後, 恐不逮及, 如嬰兒之慕. 疑者, 謂凡人意有所疑, 則[1]傍徨不進. 今孝子哀親在外, 不知神之來否, 如不欲還然, 故如疑. 問喪云: "其反也如疑." 鄭注云"疑者不知神之來否", 與此相兼乃足.

번역 ◎鄭注: "慕謂"~"還然". ○'모(慕)'가 어린아이들이 우는 것과 같다고 말했는데, 이 말은 곧 부모가 앞에 있고, 어린아이가 뒤에 있을 때, 부모에게 도달하지 못할 것을 염려하기 때문에, 뒤에서 울며 뒤따르게 된다는 뜻이다. 현재 부모의 상거(喪車)가 앞에 있고, 자식이 뒤따라가고 있는데, 아마도 부모에게 미치지 못할까를 염려하게 됨이 마치 어린아이가 부모를 그리워하는 마음과 같은 것이다. '의(疑)'라는 것은 일반적으로 사람의 생각 속에 의혹스러운 점이 있게 되면, 어슬렁거리며 앞으로 나아가지 않는다는 뜻이다. 현재 자식의 입장에서는 그리워하는 부모의 시신이 외지

1) '즉(則)'자에 대하여. '즉'자는 본래 '재(在)'자로 기록되어 있었는데, 완원(阮元)의 『교감기(校勘記)』에서는 "혜동(惠棟)의 『교송본(校宋本)』, 『감본(監本)』·『모본(毛本)』에서는 '재'자를 '즉'자로 기록하고 있으며, 위씨(衛氏)의 『집설(集說)』에도 동일하게 '즉'자로 기록하고 있다."라고 했다.

에 있고, 신령으로 찾아오게 될지를 알 수 없으니, 마치 되돌아가고 싶지 않은 것처럼 하는 것이다. 그래서 의혹스러워하는 것과 같은 것이다. 『예기』「문상(問喪)」편에서는 "그 되돌아옴이 의(疑)한 듯 하다."[2]라고 했는데, 이 문장에 대한 정현의 주에서는 "의(疑)라는 것은 신령이 찾아오게 될지를 알 수 없다는 뜻이다."라고 하였으니, 이곳의 풀이까지도 함께 참고해본다면, 그 의미가 완전해진다.

孔疏 ●"子貢曰, 豈若速反而虞乎". ○子貢之意, 葬既已竟, 神靈須安, 豈如速反虞祭安神乎? 但哀親在彼, 是痛切之本情, 反而安神, 是祭祀之末禮, 故下文夫子不許.

번역 ●經文: "子貢曰, 豈若速反而虞乎". ○자공(子貢)이 질문한 뜻은 다음과 같다. "장례(葬禮)를 이미 끝냈다면, 신령(神靈)은 안정을 취해야 하니, 어찌 신속히 되돌아와서 우제(虞祭)를 치르며, 신령을 안심시키는 것만 같겠습니까?"라는 뜻이다. 다만 그리워하는 부모의 시신이 저곳에 놓여 있기 때문이니, 이것은 애통해하는 마음은 근본이 되는 감정이고, 되돌아와서 신령을 안심시키는 것은 제사라는 형식의 말단에 해당하는 예(禮)이다. 그렇기 때문에 그 다음 구문에서 공자(孔子)는 자공의 말을 인정하지 않았던 것이다.

集解 愚謂: 其往也如慕者, 孝子以親往葬於墓, 欲從之而不能, 如嬰兒之思慕其親而啼泣也. 其反也如疑者, 既葬, 迎精而反, 不知神之來否, 故遲疑而不欲遽還也. 虞, 祭名. 葬反日中而虞. 子貢恐反遲則虞祭或違於禮, 而不知祭祀者禮之文, 而哀戚者乃禮之本也. 夫子言己未能行, 自抑以深善之.

번역 내가 생각하기에, "그가 장지(葬地)로 갈 때에는 사모하는 듯이 하

---

2) 『예기』「문상(問喪)」【658c】: 其往送也, 望望然, 汲汲然, 如有追而弗及也. 其反哭也, 皇皇然, 若有求而弗得也. 故其往送也如慕, 其反也如疑.

였다."라는 말은 자식이 부모의 시신을 모시고 가서 묘(廟)에 하관을 할 때, 그 뒤를 따라가고자 하지만 할 수 없으니, 마치 어린아이가 그의 부모를 그리워하며 마냥 울고 있는 것과 같다는 뜻이다. "그가 장지로부터 되돌아 옴에 의심하는 듯이 하였다."라는 말은 이미 장례를 끝내게 되면, 신령의 정기를 맞이하여 되돌아오게 되는데, 신령이 찾아오게 될지를 알 수 없기 때문에, 더디게 오며 의심스러워하여, 서둘러 돌아가고자 하지 않는다는 뜻이다. '우(虞)'는 제사의 명칭이다. 장례를 치르고 되돌아온 날에 우제(虞祭)를 치르게 된다. 자공(子貢)은 되돌아오는 것이 더뎌지면, 우제를 지내는 것이 혹여 예법의 규정에 어긋나게 될까를 염려했던 것인데, 자공은 제사라는 것이 예(禮)의 형식에 지나지 않고, 애달프고 슬퍼하는 마음이 곧 예(禮)의 근본이 됨을 알지 못했기 때문이다. 공자(孔子)는 자신도 이처럼 하지 못했다고 말했는데, 이것은 자신을 겸손하게 낮춰서 그를 매우 칭찬한 것이다.

• 제43절 •

대상(大祥) 때의 고기를 받는 법도

【84c】

顏淵之喪, 饋祥肉, 孔子出受之; 入, 彈琴而后食之.

직역 顏淵의 喪에, 祥肉을 饋하니, 孔子는 出하여 受하고; 入하여, 琴을 彈한 后에 食이라.

의역 안연(顏淵)의 상(喪)을 치를 때, 그의 집안에서는 안연에 대한 대상(大祥)을 치르고 나서, 제사를 지냈던 고기를 공자(孔子)에게 보냈다. 공자는 밖으로 나와서 직접 그것을 받았으며, 들어와서는 금(琴)을 연주하여 슬픈 감정을 해소한 뒤에야 그것을 먹었다.

集說 彈琴而後食者, 蓋以和平之聲, 散感傷之情也.

번역 금(琴)을 연주한 이후에 먹은 이유는 무릇 조화로운 소리를 통해서 상심하는 마음을 해소시키기 위해서이다.

大全 嚴陵方氏曰: 吉之先見者謂之祥. 祥必有祭, 祭必有肉, 饋祥肉, 則所以獻其吉也. 受之必彈琴, 則所以散其哀也.

번역 엄릉방씨가 말하길, 대상(大祥)은 길(吉)한 때로 접어드는 가장 첫 번째 단계가 되어, '상(祥)'이라고 부르는 것이다. 대상을 치를 때에는 반드시 제사를 지내게 되고, 제사를 지내게 되면 반드시 고기를 사용하게 되니,

대상을 치를 때 사용했던 고기를 보내온 것은 길(吉)한 물건을 바치기 위해서이다. 그것을 받고서 반드시 금(琴)을 연주한 것은 슬픈 감정을 해소하기 위해서이다.

大全 長樂陳氏曰: 祥祭而饋, 則鬼事畢而人事始矣. 顔淵之喪, 饋祥肉, 孔子出受之, 仁也. 必彈琴而後食之, 義也. 禮之道, 無他節文, 仁義而已矣.

번역 장락진씨가 말하길, 대상(大祥)의 제사를 지내고서 음식을 보내온 것은 귀신을 섬기는 일이 끝나고, 사람에 대한 일이 다시 시작되기 때문이다. 안연(顔淵)의 상(喪)에서, 대상을 치르며 사용했던 고기를 보내왔고, 공자(孔子)가 밖으로 나와서 그것을 받은 것은 인(仁)에 해당한다. 반드시 금(琴)을 연주한 이후에야 고기를 먹은 것은 의(義)에 해당한다. 예(禮)의 도(道)에는 별다른 절차와 형식이 없는 것이며, 단지 인(仁)과 의(義)일 따름이다.

鄭注 饋, 遺也. 彈琴以散哀也.

번역 '궤(饋)'자는 "보내다[遺]."는 뜻이다. 금(琴)을 연주하여 슬픈 마음을 해소시킨 것이다.

釋文 饋, 其位反. 遺, 于季反.

번역 '饋'자는 '其(기)'자와 '位(위)'자의 반절음이다. '遺'자는 '于(우)'자와 '季(계)'자의 반절음이다.

集解 愚謂: 夫子爲顔子・子路皆如喪子而無服, 而其於顔子之死, 哀痛尤深, 蓋心喪之如長子, 自祥以前皆廢樂也. 父母之喪, 三年不爲樂, 而祥之日鼓素琴. 夫子爲顔子心喪廢樂, 故彈琴而後食祥肉, 蓋以此爲釋心喪之節也.

번역 내가 생각하기에, 공자(孔子)는 안자(顔子)와 자로(子路)에 대해서, 모두 자식에 대한 상(喪)을 치르는 것처럼 하여, 상복(喪服)을 착용하지 않았지만, 안자의 죽음에 대해서는 애통함이 매우 깊었으니, 무릇 맏아들에 대한 심상(心喪)을 치르는 것처럼 하여, 대상(大祥) 이전의 시기에는 모든 경우에 있어서 음악을 연주하지 않았던 것이다. 부모의 상(喪)을 치를 때에는 삼년 동안 음악을 연주하지 않고, 대상을 치르는 날에는 소금(素琴)을 연주할 따름이다. 공자는 안자를 위해 심상을 치르며 음악을 연주하지 않았다. 그렇기 때문에 금(琴)을 연주한 이후에 대상을 치르고 난 뒤 보내온 고기를 먹었던 것인데, 무릇 이러한 절차를 통해서 심상을 치르는 절차를 푸는 기준으로 여겼던 것 같다.

• 제44절 •

상(喪)에서의 공수(拱手)

【84c】

孔子與門人立，拱而尚右，二三子亦皆尚右．孔子曰：“二三子之嗜學也，我則有姊之喪故也．”二三子皆尚左．

직역 孔子가 門人과 與하여 立함에, 拱하되 右를 尙하니, 二三子도 亦히 皆히 右를 尙이라. 孔子가 曰, "二三子는 學을 嗜하는구나, 我는 姊의 喪이 有한 故이다." 二三子는 皆히 左를 尙이라.

의역 공자(孔子)가 문인들과 함께 서 있을 때, 공수(拱手)의 손 자세를 취하되 우측 손이 위로 가도록 포개고 있었다. 이 모습을 본 문인들 또한 모두 우측 손이 위로 가도록 포개었다. 문인들의 행동을 본 공자는 "그대들은 배우기를 좋아하는구나. 그러나 나에게는 누이의 상(喪)이 있기 때문에 이러한 손모양을 취한 것이다." 라고 했다. 그러자 문인들은 모두 좌측 손이 위로 가도록 포개었다.

集說 吉事尙左，陽也；凶事尙右，陰也．此蓋拱立而右手在上也．

번역 길사(吉事)에서는 좌측을 높이니, 좌측이 양(陽)에 해당하기 때문이며, 흉사(凶事)에서는 우측을 높이니, 우측이 음(陰)에 해당하기 때문이다. 이곳에서 말하는 내용은 아마도 공수(拱手)를 하고 서 있을 때, 우측 손이 위로 가도록 손을 포갰던 것을 말하는 것 같다.

大全 張子曰：孔子與門人立，拱而尙右，是人手以右手在上也．以其姊之喪, 必如此者, 是俄頃不忘也, 以是知聖人之能敬. 二三子學之者, 恐此禮非三代所有, 直孔子自爲之耳, 如喪出母, 亦夫子自制.

번역 장자가 말하길, 공자(孔子)가 문인들과 함께 서 있을 때, 공수(拱手)의 자세를 취하며 우측 손이 위로 가도록 했다는 것은 사람의 손 중에서 우측 손이 위로 가도록 포갰다는 뜻이다. 공자에게 누이의 상(喪)이 발생했는데, 기어코 이처럼 손모양을 했던 것은 잠시라도 잊지 않기 위해서이니, 이를 통해서 성인(聖人)은 능히 공경스러움을 표출할 수 있었다는 사실을 확인할 수 있다. 문인들이 그 손모양을 배웠던 이유는 아마도 이러한 예(禮)가 삼대(三代) 때에는 있지 않았고, 단지 공자가 제 스스로 이처럼 행동했기 때문일 것이니, 예를 들어 출모(出母)에 대한 상(喪) 또한 공자가 직접 관련 제도를 만들었던 것이다.

大全 山陰陸氏曰: 二三子纖悉務學, 聖人如此, 蓋有不應學而學之者, 未有應學而不學者也.

번역 산음육씨가 말하길, 문인들은 사소한 부분에 대해서도 모두 배우고자 노력하였고, 성인(聖人)도 이처럼 하였으니, 무릇 배울 수 없는데도 배우는 자는 있었어도, 배울 수 있는데도 배우지 않았던 자는 없었다.

鄭注 傚孔子也. 嗜, 貪. 復正也. 喪尙右, 右, 陰也. 吉尙左, 左, 陽也.

번역 공자(孔子)를 본받고자 한 것이다. '기(嗜)'자는 "탐하다[貪]."는 뜻이다. 문인들이 다시 좌측 손을 위로 한 것은 올바른 자세로 바로잡은 것이다. 상사(喪事)에서는 우측을 높이는데, 우측은 음(陰)에 해당하기 때문이다. 길사(吉事)에서는 좌측을 높이는데, 좌측은 양(陽)에 해당하기 때문이다.

釋文 拱, 恭勇反. 傚, 本又作效, 胡教反, 下同. 嗜, 市志反, 注同.

번역 '拱'자는 '恭(공)'자와 '勇(용)'자의 반절음이다. '傚'자는 판본에 따라서 또한 '效'자로도 기록하는데, 그 음은 '胡(호)'자와 '敎(교)'자의 반절음이며, 아래문장에 나오는 글자도 그 음이 이와 같다. '嗜'자는 '市(시)'자와 '志(지)'자의 반절음이며, 정현의 주에 나온 글자도 그 음이 이와 같다.

孔疏 ●"孔子"至"尙左". ○正義曰: 此一節論拱手之禮.

번역 ●經文: "孔子"~"尙左". ○이곳 문단은 공수(拱手)를 하는 예(禮)에 대해서 논의하고 있다.

孔疏 ◎注"喪尙"至"陽也". ○正義曰: 此旣凶事尙右, 吉事尙左, 按特牲·少牢吉祭皆載右胖, 士虞禮是凶事載左胖者, 取義不同. 吉祭載右胖者, 從地道尊右. 士虞禮凶祭載左胖者, 取其反吉, 故士虞禮"設洗于西階西南", 鄭注"反吉", 是也.

번역 ◎鄭注: "喪尙"~"陽也". ○이곳에서는 이미 흉사(凶事)에서는 우측을 높이고, 길사(吉事)에서는 좌측을 높인다고 하였는데, 『의례』「특생궤식례(特牲饋食禮)」편과 「소뢰궤식례(少牢饋食禮)」편을 살펴보면, 길제(吉祭)에서는 모두 희생물을 가른 것 중 우측 부위를 올려둔다고 했고, 『의례』「사우례(士虞禮)」편의 내용은 흉사(凶事)에 대한 것임에도 희생물을 가른 것 중 좌측 부위를 올려둔다고 했다. 이처럼 차이를 보이는 이유는 의미를 취한 것이 서로 다르기 때문이다. 길제 때 희생물의 우측 부위를 올리는 것은 땅의 도리에 따라서 우측을 존귀하게 여기기 때문이다. 「사우례」편의 내용은 흉제(凶祭)에 해당하는데, 그때 좌측 부위를 올리는 것은 길제와 반대로 하고자 해서이다. 그렇기 때문에 「사우례」편에서는 "서쪽 계단의 서남쪽에 씻을 것을 준비해둔다."[1]라고 했는데, 이 문장에 대한 정현의 주에서 "길제와 반대로 하기 위해서이다."라고 한 말이 바로 이러한 사실을 나타낸다.

---

1) 『의례』「사우례(士虞禮)」 : 設洗于西階西南, 水在洗西, 篚在東.

集解 愚謂: 凡拜, 男尙左手, 左, 陽也. 其拱亦然. 凶事則尙右手, 反吉也. 婦人則吉事尙右, 凶事尙左.

번역 내가 생각하기에, 무릇 절을 할 때, 남자는 좌측 손을 위로 하니, 좌측이 양(陽)에 해당하기 때문이다. 공수(拱手)를 할 때에도 이처럼 한다. 흉사(凶事)의 경우에는 우측 손을 위로 하니, 길사(吉事)와 반대로 하기 때문이다. 부인의 경우에는 길사 때 우측 손을 위로 하고, 흉사 때 좌측 손을 위로 한다.

• 제 45 절 •

왕조별 빈소의 위치

【84d】

孔子蚤作, 負手曳杖, 消搖於門, 歌曰: "泰山其頹乎! 梁木其壞乎! 哲人其萎乎!" 旣歌而入, 當戶而坐. 子貢聞之, 曰: "泰山其頹, 則吾將安仰? 梁木其壞, 哲人其萎, 則吾將安放? 夫子殆將病也!" 遂趨而入.

직역 孔子가 蚤히 作하여, 手를 負하고 杖을 曳하여, 門에서 消搖하며, 歌하며 曰, "泰山은 頹오! 梁木은 壞오! 哲人은 萎오!" 旣히 歌하고 入하여, 戶에 當하여 坐했다. 子貢이 聞하고, 曰, "泰山이 頹하면, 吾는 將히 安히 仰이리오? 梁木이 壞하고, 哲人이 萎하면, 吾는 將히 安히 放이리오? 夫子는 殆히 將히 病이리라!" 遂히 趨하여 入했다.

의역 공자(孔子)는 어느 날 아침 일찍 일어나서, 뒷짐을 지고 지팡이를 끌고 문 앞으로 갔다. 그곳에서 유유자적하며 노래를 불렀는데, "태산(泰山)은 장차 무너지겠구나! 양목(梁木)은 장차 부러지겠구나! 철인(哲人)은 장차 죽게 되겠구나!"라고 했다. 노래를 끝내고 난 뒤 안으로 들어가서, 방문 앞에 당도하여 앉았다. 자공(子貢)이 그 노래 소리를 듣고서 "태산이 무너지게 되면 나는 장차 무엇을 우러러 볼 수 있겠는가? 양목이 부러지고, 철인이 죽게 되면, 나는 장차 누구를 본받을 수 있겠는가? 선생님께서는 아마도 병이 위중해지실 것이다!"라고 했다. 그리고는 마침내 급히 발걸음을 옮겨서 안으로 들어갔다.

集說 作, 起也. 負手曳杖, 反手卻後以曳其杖也. 消搖, 寬縱自適之貌. 泰山爲衆山所仰, 梁木亦衆木所仰, 而放者, 猶哲人爲衆人所仰望而放效也.

번역 '작(作)'자는 "일어난다[起]."는 뜻이다. "손을 등지고 지팡이를 끌었다."는 말은 손을 반대로 돌려 뒤로 등지고서, 지팡이를 잡고 땅에 끌리도록 했다는 뜻이다. '소요(消搖)'는 편안하게 유유자적하는 모습을 뜻한다. '태산(泰山)'은 모든 산들이 우러러보는 산이며, '양목(梁木)'은 모든 나무들이 우러러보는 나무인데, '방(放)'이라고 기록한 이유는 마치 철인(哲人)을 모든 사람들이 선망하게 되어, 그를 본받게 된다는 뜻과 같다.

鄭注 作, 起. 欲人之怪己. 泰山, 衆山所仰. 梁木, 衆木所放. 哲人亦衆人所仰放也. 以上二句喩之. 萎, 病也. 詩云: "無木不萎." 蚤坐, 急見人也. 覺孔子歌意. 殆, 幾也.

번역 '작(作)'자는 "일어난다[起]."는 뜻이다. 공자(孔子)가 이처럼 문 앞에서 유유자적했던 것은 다른 사람들로 하여금 자신의 행동에 의문을 가지도록 했기 때문이다. '태산(泰山)'은 모든 산들이 우러러보는 산이다. '양목(梁木)'은 모든 나무들이 본받게 되는 나무이다. '철인(哲人)' 또한 모든 사람들이 우러러보며 본받게 되는 대상이다. 태산과 양목에 대한 두 구문을 통해 철인에 대한 내용을 비유한 것이다. '위(萎)'자는 "병에 걸리다[病]."는 뜻이다. 『시』에서는 "나무 중에 병들지 않은 것이 없다."[1]라고 했다. 서둘러 앉아서 사람들을 빨리 보고자 했던 것이다. 자공(子貢)은 공자(孔子)가 노래한 말의 뜻을 깨달았다. '태(殆)'자는 거의[幾]라는 뜻이다.

釋文 蚤音早. 拽, 羊世反, 亦作曳. 消搖, 本又作逍遙. 頽, 徒回反. 放, 方兩反. 委, 本又作萎, 同, 紆危反, 注同. 幾音祈, 又音機.

번역 '蚤'자의 음은 '早(조)'이다. '拽'자는 '羊(양)'자와 '世(세)'자의 반절

---

1) 『시』「소아(小雅)·곡풍(谷風)」: 習習谷風, 維山崔嵬. 無草不死, 無木不萎. 忘我大德, 思我小怨.

음이며, 또한 '曳'자로도 기록한다. '消搖'는 판본에 따라 또한 '逍遙'라고도 기록한다. '頹'자는 '徒(도)'자와 '回(회)'자의 반절음이다. '放'자는 '方(방)'자와 '兩(량)'자의 반절음이다. '委'자는 판본에 따라 또한 '萎'자로도 기록하는데, 두 글자는 모두 '紆(우)'자와 '危(위)'자의 반절음이고, 정현의 주에 나온 글자도 그 음이 이와 같다. '幾'자의 음은 '祈(기)'이고, 또한 그 음은 '機(기)'도 된다.

孔疏 ●"孔子"至"而沒". ○正義曰: 此一節論孔子自說死之意狀, 各依文解之.

번역 ●經文: "孔子"～"而沒". ○이곳 문단은 공자(孔子)가 제 스스로 자신의 죽음에 대해 얘기한 뜻과 정황을 논의하고 있으니, 각각의 문장에 따라서 풀이하겠다.

孔疏 ◎注"欲人之怪己". ○正義曰: 杖以扶身, 恒在前面用, 今乃反手卻後, 以曳其杖, 示不復杖也. 又夫子禮度自守, 貌恒矜莊, 今乃消搖放蕩, 以自寬縱, 皆是特異尋常. 陵且如此, 故云"欲人之怪己". 杖曳於後, 示不復用. 消搖寬縱, 示不能以禮自持, 並將死之意狀.

번역 ◎鄭注: "欲人之怪己". ○지팡이는 몸을 지탱해주는 것으로, 항상 전면으로 잡고서 사용을 하게 되는데, 현재는 손을 뒤집어서 등 뒤로 두고, 지팡이를 잡고 끌었으니, 다시는 지팡이를 잡지 않겠다는 뜻을 보이기 위함이다. 또 공자(孔子)는 예법과 규범을 통해 제 자신을 단속하였으며, 그 모습은 항상 엄숙하고 장엄하였는데, 현재는 유유자적하며 느슨하게 행동하여, 제 스스로 편안한 태도를 보였으니, 이러한 것들은 모두 일상적인 때와 특별히 다르게 행동한 것들이다. 기력이 쇠했는데도 또한 이처럼 행동했기 때문에, "다른 사람들로 하여금 자신의 행동에 의문을 가지도록 한 것이다."라고 말한 것이다. 지팡이를 등 뒤로 잡고서 땅에 끈 것은 다시 사용하지 않겠다는 뜻을 보여주는 것이다. 소요(消搖)를 하며 유유자적 행동했던 것은 이제는 예(禮)에 따라 제 자신을 단속할 수 없다는 뜻을 보여주는 것이며, 또한 장차 죽음에 이르게 되리라는 뜻을 보여주는 것이다.

孔疏 ◎注"梁木, 衆木所放". ○正義曰: 衆木, 榱桷之屬, 依放橫梁乃存, 立放則依也. 故論語云: "放於利而行." 孔曰: "放, 依也."

번역 ◎鄭注: "梁木, 衆木所放". ○'중목(衆木)'은 서까래 등속을 뜻하는데, 이러한 것들은 대들보에 의지를 한 뒤에야 건축물에 붙어있을 수가 있으니, 내맡길 수 있는 대들보가 세워져야만 서까래 등이 의지할 수 있는 것이다. 그렇기 때문에 『논어』에서는 "이로움에만 내맡겨서 행동하게 된다."[2]라고 했던 것이고, 이 문장에 대해 공안국[3]은 "'방(放)'자는 '의지한다[依].'는 뜻이다."라고 한 것이다.

孔疏 ◎注"以上"至"不萎". ○正義曰: "泰山"·"梁木", 並指他物, "哲人其萎", 指夫子之身, 以二物比己, 故云"以上二句喩之". 云"詩云: "無木不萎"者, 此小雅·谷風刺幽王之詩, 言天下俗薄, 朋友道絶. 其詩云: "無草不死, 無木不萎." 證"萎, 病".

번역 ◎鄭注: "以上"~"不萎". ○'태산(泰山)'과 '양목(梁木)'은 모두 외부 사물을 가리키고, "철인(哲人)은 병들 것이다."라고 한 말에서 '철인(哲人)'은 공자(孔子) 본인을 가리키니, 앞의 두 사물을 통해서 자신을 비유한 것이다. 그렇기 때문에 "앞의 두 구문을 통해서 비유한 것이다."라고 말한 것이다. 정현이 "『시』에서는 '나무 중에 병들지 않은 것이 없다.'라고 했다."

---

2) 『논어』「이인(里仁)」: 子曰, "放於利而行, 多怨."

3) 공안국(孔安國, ? ~ ?) : 전한(前漢) 때의 학자이다. 자(字)는 자국(子國)이다. 고문상서학(古文尙書學)의 개조(開祖)로 알려져 있다. 『십삼경주소(十三經注疏)』의 『상서정의(尙書正義)』에는 공안국의 전(傳)이 수록되어 있는데, 통상적으로 이 주석은 후대인들이 공안국의 이름에 가탁하여 붙인 문장으로 인식되고 있다.

라고 했는데, 이 시는 「소아(小雅)·곡풍(谷風)」편으로, 유왕(幽王)을 비난하는 시(詩)이며, 천하의 풍속이 각박해지고, 벗에 대한 도(道)가 끊어졌다는 내용이다. 그 시(詩)에서는 "풀 중에 죽지 않은 것이 없고, 나무 중에 병들지 않은 것이 없다."라고 했는데, 이 기록을 통해서 "'위(萎)'자는 '병에 걸리다[病].'는 뜻이다."라고 한 말에 대해서 증명을 한 것이다.

孔疏 ◎注"蚤坐, 急見人也". ○正義曰: 君子尋常不自當戶, 已歌而入, 卽當戶而坐, 故云"蚤坐", 坐不在隱處, 是急欲見人.

번역 ◎鄭注: "蚤坐, 急見人也". ○군자(君子)는 평상시에 제 스스로 호(戶)가 있는 곳에 멈춰있지 않는데, 이미 노래를 끝내고서 들어가더니, 곧바로 호(戶)가 있는 곳에 당도하여 자리에 앉았다. 그렇기 때문에 "서둘러 앉았다."라고 말한 것인데, 앉을 때 구석진 자리에 앉지 않았으니, 이것은 곧 사람들의 눈에 쉽게 띄도록 한 것이다.

孔疏 ●"泰山"至"安放"者, 上旣云"泰山"·"梁木"·"哲人"三句, 今子貢所云"泰山其頹", 云"吾將安仰", "梁木"·"哲人" 總云"吾[4]將安放"者, 以泰山·梁木共喻哲人, 子貢意在忽遽, 不暇句句別言, 故直引梁木·哲人相喩, 而足總云"吾將安放".

번역 ●經文: "泰山"~"安放". ○앞 문장에서는 '태산(泰山)'·'양목(梁木)'·'철인(哲人)'에 대한 세 구문을 언급하였는데, 자공(子貢)이 말한 내용 중에는 "태산이 무너질 것이다."라고 한 것에 대해서, "내가 장차 무엇을 우러러보겠는가?"라고 했고, '양목'과 '철인'의 내용에 대해서는 총괄적으로 "내가 장차 누구를 본받겠는가?"라고 했다. 그 이유는 태산과 양목에 대한 구문은 모두 철인에 대한 것을 비유한 것이니, 자공은 급작스러워했

---

4) '오(吾)'자에 대하여. 『십삼경주소(十三經注疏)』 북경대 출판본에서는 "'오'자는 본래 '언(言)'자로 기록되어 있었는데, 앞의 경문 기록에는 '오'자로 기록되어 있으므로, 이 기록에 근거해서 글자를 수정하였다."라고 했다.

으므로, 구문마다 일일이 변별할 겨를이 없었다. 그렇기 때문에 단지 양목과 철인에 대한 내용을 끌어들여서 서로 그 뜻을 의미하도록 하고, 총괄적으로 "나는 장차 누구를 본받겠는가?"라고 말해도 충분했던 것이다.

訓纂 王氏引之曰: 此"哲人其萎"四字, 後人據家語增入, 非禮記原文. 觀鄭注, 哲人其萎兼有無所仰之意, 非但無所放也. 孔仲達云, "子貢意在悤遽, 不暇別言", 此曲說也. 困學紀聞載廬陵劉美中家古本禮記"梁木其壞"下有"則吾將安仗"五字, 與家語同. 齊氏息園曰, "古本無此五字, 故孔疏云, '不暇別言.' 劉氏本必好事者爲之." 引之案, 齊說是也.

번역 왕인지가 말하길, '철인기위(哲人其萎)'라는 네 글자는 후대 사람들이 『공자가어(孔子家語)』의 기록에 근거해서 첨가한 것이지, 『예기』의 원문이 아니다. 정현(鄭玄)의 주를 살펴보면, '철인기위(哲人其萎)'에 대해서 우러러보게 된다는 뜻이 없으니, 단지 본받게 된다는 뜻이 없는 것만이 아니다. 공영달(孔穎達)은 "자공은 급작스러워했으므로, 구문마다 일일이 변별할 겨를이 없었다."라고 했는데, 이것은 짜 맞춘 해설이다. 『곤학기문(困學紀聞)』[5]에는 여릉(廬陵) 유미중(劉美中)의 집에 있던 고본(古本) 『예기』를 수록하였는데, '양목기괴(梁木其壞)'라는 구문 뒤에 '즉오장안장(則吾將安仗)'이라는 다섯 글자가 더 기록되어 있으니, 이것은 『공자가어』의 기록과 일치한다. 제식원(齊息園)은 "고본에는 이러한 다섯 글자가 없다. 그렇기 때문에 공영달의 소(疏)에서는 '변별할 겨를이 없다.'라고 말한 것이다. 유미중은 본래 말을 만들어내기를 좋아했던 자이므로, 이처럼 주장했던 것이다."라고 했다. 내가 생각해보니, 제식원의 주장이 옳다.

5) 『곤학기문(困學紀聞)』은 남송(南宋) 때 왕응린(王應麟)이 지은 책이다. 경(經)을 비롯해, 천문(天文)·지리(地理) 등 다양한 분야에 대해서 짤막한 고증과 평론 등을 수록하고 있다.

集解 謝氏枋得云: 劉尙書美家藏禮記, "梁木其壞"下有"則吾將安仗"五字. 今按: 注疏並不解此句, 殆後人所增耳.

번역 사방득[6]이 말하길, 유향[7]은 유미중(劉美中)의 집에서 보관하고 있던 『예기』를 기록하며, '양목기괴(梁木其壞)'라는 구문 뒤에 '즉오장안장(則吾將安仗)'이라는 다섯 글자를 더 기록하였다. 그런데 내가 살펴보니, 정현(鄭玄)의 주와 공영달(孔穎達)의 소(疏)에서도 다섯 글자에 대한 풀이를 하지 않았으니, 아마도 후대인들이 첨가한 글자일 뿐인 것 같다.

集解 愚謂: 門, 謂寢門也. 當戶而坐, 鄕明也. 君子之居恆當戶. 夫子自知其病而將死, 故其見於歌者如此, 而子貢聞而知其意也.

번역 내가 생각하기에, '문(門)'은 침문(寢門)을 뜻한다. 호(戶)에 당도하여 앉았다는 것은 밝은 쪽을 향해 앉았다는 뜻이다. 군자(君子)가 기거할 때에는 항상 호(戶)가 있는 곳에 머문다. 공자(孔子)는 제 스스로 병으로 인해 장차 죽게 될 것을 알고 있었기 때문에, 이처럼 노랫말 속에 그 뜻을 드러냈던 것이고, 자공(子貢)도 그 노래를 듣고서 공자의 뜻을 알게 된 것이다.

---

6) 사방득(謝枋得, A.D.1226 ~ A.D.1289) : 남송(南宋) 때의 문장가이다. 자(字)는 군직(君直)이고, 호(號)는 첩산(疊山)이다. 저서로는 『첩산집(疊山集)』, 『문장궤범(文章軌範)』 등이 있다.

7) 유향(劉向, B.C77 ~ A.D.6) : 전한(前漢) 때의 학자이다. 자(字)는 자정(子政)이다. 유흠(劉歆)의 부친이다. 비서성(秘書省)에서 고서들을 정리하였다. 저서로는 『설원(說苑)』·『신서(新序)』·『열녀전(列女傳)』·『별록(別錄)』 등이 있다.

【85a】

夫子曰: "賜! 爾來何遲也? 夏后氏殯於東階之上, 則猶在阼也. 殷人殯於兩楹之間, 則與賓主夾之也. 周人殯於西階之上, 則猶賓之也. 而丘也, 殷人也. 予疇昔之夜, 夢坐奠於兩楹之間. 夫明王不興, 而天下其孰能宗予? 予殆將死也!" 蓋寢疾七日而沒.

직역 夫子가 曰, "賜아! 爾의 來는 何히 遲오? 夏后氏는 東階의 上에 殯했으니, 猶히 阼에 在함이다. 殷人은 兩楹의 間에 殯했으니, 賓主와 與하여 夾함이다. 周人은 西階의 上에 殯했으니, 猶히 賓함이다. 그런데 丘는 殷人이다. 予는 疇히 昔의 夜에, 兩楹의 間에서 坐奠함을 夢이라. 夫히 明王이 不興하고, 天下에 그 孰히 能히 予를 宗이리오? 予는 殆히 將히 死라!" 蓋히 疾에 寢하여 七日하고 沒이라.

의역 공자(孔子)가 말하길, "사(賜)야! 너는 왜 이리 늦게 오는 것이냐? 내가 너에게 들려줄 말이 있다. 하후씨(夏后氏) 때에는 동쪽 계단 위에 빈소를 마련했으니, 여전히 죽은 자를 주인으로 삼아서, 빈소를 동쪽 계단에 둔 것이다. 은(殷)나라 때에는 계단 위의 양쪽 기둥 사이에 빈소를 마련했으니, 이처럼 빈소를 마련하게 되면, 빈객과 주인이 서게 되는 동서쪽 계단 사이에 있게 되어, 빈객과 주인의 사이에 있게 된다. 주(周)나라 때에는 서쪽 계단 위에 빈소를 마련했으니, 여전히 죽은 자를 빈객으로 여겨서, 빈소를 서쪽 계단에 둔 것이다. 그런데 내 조상은 은나라 출신이니, 나 또한 은나라 사람이라고 할 수 있다. 나는 어젯밤 꿈을 꾸었는데, 내가 양쪽 기둥 사이에 앉아서 전(奠)제사를 받고 있었다. 이 꿈을 풀이해보자면, 성왕(聖王)이 다시 나타나지 않고, 천하 사람들 중 그 누가 나를 종주(宗主)로 삼을 수 있겠는가? 그러므로 이것은 필시 내가 죽은 다음에 일어날 일일 것이다. 그러므로 나는 아마도 머지않아 죽게 될 것이다!"라고 했다. 그런 뒤에 공자는 병으로 침상에 누워 있기를 7일 동안 한 뒤 죽었다.

集說 猶在阼, 猶賓之者, 孝子不忍死其親殯之於此, 示猶在阼階以爲主, 猶在西階以爲賓客也. 在兩楹間, 則是主與賓夾之, 故言與而不言猶也. 孔子其先宋人, 成湯之後, 故自謂殷人. 疇, 發語之辭. 昔之夜, 猶言昨夜也. 夢坐於兩楹之間, 而見饋奠之事, 知是凶徵者, 以殷禮殯在兩楹間, 孔子以殷人而享殷禮, 故知將死也. 又自解夢奠之占云, 今日明王不作, 天下誰能尊己而使南面坐于尊位乎? 此必殯之兆也. 自今觀之, 萬世王祀, 亦其應矣.

번역 "여전히 동쪽 계단에 있다."라는 말과 "여전히 빈객(賓客)으로 대한다."는 말은 자식은 자기 부모의 죽음에 대해서, 차마 이곳에 빈소를 마련할 수 없다는 뜻으로, "여전히 동쪽 계단에 두어서 주인으로 삼는다."는 의미와 "여전히 서쪽 계단에 두어서 빈객으로 삼는다."는 의미를 나타낸다. 양쪽 기둥 사이에 두게 되면, 주인과 빈객이 서로 그 공간을 끼고 있게 된다. 그렇기 때문에 '더불어[與]'라고 말한 것이며, '여전히[猶]'라고 말하지 않은 것이다. 공자(孔子)의 선조는 송(宋)나라 사람으로, 성탕(成湯)의 후예이다. 그렇기 때문에 공자 스스로 은(殷)나라 사람이라고 말한 것이다. '주(疇)'자는 발어사이다. '석지야(昔之夜)'라는 말은 어젯밤[昨夜]이라고 말하는 것과 같다. 양쪽 기둥 사이에 앉아서, 궤전(饋奠)[8]을 받는 일에 대해서 꿈을 꾸었는데, 이것이 흉사(凶事)의 징후임을 알았던 것은 은나라의 예(禮)에서는 양쪽 기둥 사이에 빈소를 두었고, 공자는 은나라 출신이므로, 은나라의 예를 향유하기 때문에, 장차 자신이 죽게 되리라는 것을 알았던 것이다. 또한 공자 본인이 전(奠)제사에 대한 꿈을 점쳐서, 그것을 풀이하며, "오늘날 성왕(聖王)이 다시 나타나지 않는데, 천하 사람들 중에서 그 누가 나를 존귀하게 받들 수 있어서, 나로 하여금 남쪽을 향하도록 하여, 존귀한 위치에 앉도록 할 수 있겠는가? 이것은 반드시 빈소를 차리게 되리라는 조짐에 해당한다."고 말한 것이다. 오늘날의 관점에서 보자면, 공자에 대해서 영원토록 성왕에 대한 제사로 섬기고 있으니, 이러한 일들이 또한 공자의 해몽과 호응한다.

---

8) 궤전(饋奠)은 상중(喪中)에 시행하는 전제사[奠祭]를 가리킨다.

그림 45-1 공자(孔子)의 가계도(家系圖)

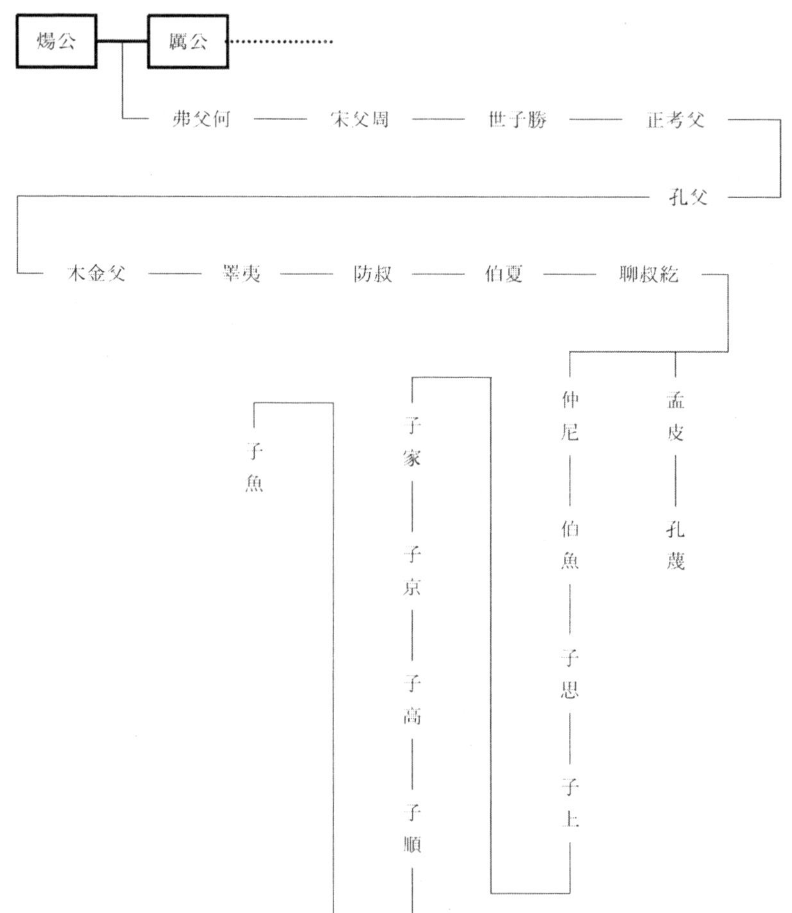

▸ **출처:** 『역사(繹史)』 1권 「역사세계도(繹史世系圖)」

大全 長樂陳氏曰: 聖人知夫身者天地之委. 形生者, 天地之委和, 性命者, 天地之委順, 故視肝膽爲楚越, 以死生爲晝夜, 安其適來之時, 處其適去之順, 將迎無所形於外, 哀樂不能間於內, 又孰以幻滅爲累哉? 此所以悟於將死之夢, 全於負手之忘形, 曳杖之忘物, 逍遙於自得之場, 以與天爲徒也. 然安得恝然忘物而吉凶不與之同乎? 此所以有泰山梁木哲人之嗟歟.

번역 장락진씨가 말하길, 성인(聖人)은 제 자신이 천지(天地)가 맡긴 것임을 알았으니, 형체와 생명의 기운은 천지가 부여한 자연의 조화로운 기운이며, 본성과 천명이라는 것은 천지가 부여한 자연의 온순한 도리이다. 그렇기 때문에 간과 쓸개를 초(楚)나라와 월(越)나라의 관계로 보았으며, 삶과 죽음을 낮과 밤으로 여겼으니, 도래함의 시기를 편안히 여기고, 떠날 때의 순정함에 처하여, 장차 밖으로 형상되는 것이 없게 됨을 맞이하려고 하니, 슬퍼함과 기뻐함 등의 감정이 그 내부에서 간여를 할 수 없는데, 하물며 누가 환멸로 얽어맬 수가 있겠는가? 이것이 바로 장차 죽게 되리라는 꿈임을 깨닫고, 손을 뒤로 하여 형체에 사로잡히지 않고, 지팡이를 끌어서 사물에 사로잡히지 않음을 오로지 하여, 스스로 터득한 곳에서 유유자적하고, 이를 통해 하늘과 동류가 된 것이다. 그렇다면 어떻게 담담하게 사물을 잊고도, 길흉(吉凶)이 그와 함께 하지 않을 수가 있겠는가? 이것이 바로 태산(泰山) · 양목(梁木) · 철인(哲人)에 대한 탄식이 생겨난 이유일 것이다.

大全 嚴陵方氏曰: 夏后氏殯於東階之上者, 示不忍賓之爾, 故曰則猶在阼也. 殷人殯於兩楹之間, 若將賓之矣, 故曰則與賓主夾之也. 周人殯於西階之上者, 則若賓之矣, 故曰則猶賓之也. 凡此皆以其世漸文而殯死之所愈遠而已. 然孔子夢坐奠於兩楹之間, 乃知其將死者, 以殷人則宜享殷禮故也.

번역 엄릉방씨가 말하길, 하후씨(夏后氏) 때 동쪽 계단 위에 빈소를 마련한 것은 차마 빈객으로 여길 수가 없다는 뜻을 나타낼 따름이다. 그렇기 때문에 "여전히 동쪽 계단 위에 있다."라고 말한 것이다. 은(殷)나라 때 양쪽 기둥 사이에 빈소를 마련한 것은 마치 장차 빈객으로 대우하려고 함과 같다. 그렇기 때문에 "빈객과 주인이 함께 끼고 있다."라고 말한 것이다. 주(周)나라 때 서쪽 계단 위에 빈소를 마련한 것은 마치 빈객처럼 대우하는 것이다. 그렇기 때문에 "여전히 빈객으로 대한다."라고 말한 것이다. 무릇 이러한 것들은 모두 세대가 변할수록 점차 형식을 더하게 되었지만, 죽은 자에 대해 빈소를 차리는 것이 더욱 멀어지게 되었다는 뜻을 나타낸다. 그런데 공자(孔子)는 양쪽 기둥 사이에 앉아서 전(奠)제사를 받는 꿈을 꾸었고, 그리고는 곧 자신이 장차 죽게 되리라는 것을 알았는데, 그 이유는 은나라 사람들은 마땅히 은나라의 예법대로 흠향을 해야 하기 때문이다.

鄭注 坐則望之. 以三王之禮占己夢. 是夢坐兩楹之間而見饋食也. 言奠者, 以爲凶象. 疇, 發聲也. 昔猶前也. 孰, 誰也. 宗, 尊也. 兩楹之間, 南面鄕明, 人君聽治正坐之處. 今無明王, 誰能尊我以爲人君乎? 是我殷家奠殯之象, 以此自知將死. 明聖人知命.

번역 앉아서 관망을 한 것이다. 삼왕(三王) 때의 예(禮)를 기준으로 자신이 꾼 꿈에 대해서 점을 친 것이다. 양쪽 기둥 사이에 앉아서 음식 바친 것을 받게 되는 꿈을 꾸었다는 뜻이다. 전(奠)제사라고 말한 것은 그것이 흉(凶)한 일의 상징이 된다고 여겼기 때문이다. '주(疇)'자는 발어사이다. '석(昔)'자는 이전[前]이라는 뜻이다. '숙(孰)'자는 누구[誰]라는 뜻이다. '종(宗)'자는 "존귀하게 여긴다[尊]."는 뜻이다. 양쪽 기둥 사이는 남쪽을 향하는 밝은 장소이니, 군주가 정무를 처리할 때 앉게 되는 장소이다. 현재 성왕(聖王)이 없는데, 그 누가 나를 존귀하게 높여서 군주로 여기겠느냐는 뜻이다. 공자 본인은 은(殷)나라의 후손 집안이니, 자신의 꿈 내용은 빈소에서 전제사를 받는 형상이 되므로, 이것을 통해서 스스로 장차 죽게 되리라는 것을 알았다는 뜻이다. 이 말은 곧 성인(聖人)은 자신의 수명에 대해서 안다는 사실을 나타내고 있다.

釋文 阼, 才故反. 楹音盈. 夾, 本又作俠, 古洽反, 下注同. 食如字, 又音嗣.

疇, 直留反. 嚮, 本又作鄕, 同, 許亮反. 治, 直吏反. 坐, 才臥反, 又如字. 處, 昌慮反.

번역 '阼'자는 '才(재)'자와 '故(고)'자의 반절음이다. '楹'자의 음은 '盈(영)'이다. '夾'자는 판본에 따라서는 또한 '俠'자로도 기록하는데, 그 음은 '古(고)'자와 '洽(흡)'자의 반절음이며, 아래문장에 대한 정현의 주에 나온 글자도 그 음이 이와 같다. '食'자는 글자대로 읽으며, 또한 그 음은 '嗣(사)'도 된다. '疇'자는 '直(직)'자와 '留(류)'자의 반절음이다. '嚮'자는 판본에 따라서는 또한 '鄕'자로도 기록하는데, 두 글자의 음은 모두 '許(허)'자와 '亮(량)'자의 반절음이다. '治'자는 '直(직)'자와 '吏(리)'자의 반절음이다. '坐'자는 '才(재)'자와 '臥(와)'자의 반절음이며, 또한 글자대로 읽기도 한다. '處'자는 '昌(창)'자와 '慮(려)'자의 반절음이다.

孔疏 ●"夏后"至"之也"者, "夏后氏殯於東階, 則猶在阼", "周人殯於西階, 則猶賓之", 夏與周並言"猶"者, 以其旣死, 無所知識, 孝子不忍, 以生禮待之, 猶尙阼階以爲主, 猶尙西階以爲賓客, 故言"猶"也. "殷人殯於兩楹之間", 不云"猶"者, 庾蔚云: "東階西階, 平生賓主所行禮之處, 故云猶. 兩楹之間, 生無此禮, 故不云猶." 然禮: 賓主敵者, 授受於兩楹之間, 又是南面聽朝之處, 庾云"生無此禮", 於義疑也. 蓋以夫子夢在兩楹而見饋食, 知是凶象, 無聽朝之事, 不得云"則猶尊之", 以有賓主二事, 故云"與"也. 鄭注考工記, 宗廟路寢, 制如明堂. 周之明堂, 東西九筵, 南北七筵, 則五室, 每室二筵, 則五室之外, 堂上窄狹, 得容殯者. 以路寢廣大, 故得容之. 其上圓下方, 五室之屬如明堂. 日至[9]·明堂具解.

번역 ●經文: "夏后"~"之也". ○"하후씨(夏后氏) 때에는 동쪽 계단에

9) '일지(日至)'에 대하여. 『십삼경주소(十三經注疏)』 북경대 출판본에서는 "혜동(惠棟)의 『교송본(校宋本)』에는 '일(日)'자가 '이(耳)'자로 기록되어 있으며, 『민본(閩本)』·『감본(監本)』·『모본(毛本)』에는 '일지'를 '월령(月令)'으로 기록하고 있다."라고 했다.

빈소를 마련했으니, 여전히 동쪽에 있는 것이다."라고 했고, "주(周)나라 때에는 서쪽 계단에 빈소를 마련했으니, 여전히 빈객으로 대우하는 것이다."라고 하여, 하(夏)나라와 주나라에 대해서는 모두 여전히[猶]라고 언급하였다. 그 이유는 그 대상이 이미 죽었으므로, 지각 능력이 없는데도, 자식은 차마 인정하지 못하고, 살아있을 때 적용하는 예(禮)로 대우를 한 것이다. 그래서 여전히 동쪽 계단에 두어서 주인으로 삼는 것이고, 또 여전히 서쪽 계단에 두어서 빈객으로 삼는 것이다. 그렇기 때문에 '여전히[猶]'라고 말한 것이다. "은(殷)나라 때에는 양쪽 기둥 사이에 빈소를 마련했다."라고 하였는데, 이 문장에서는 여전히[猶]라고 언급하지 않았다. 그 이유에 대해서 유울은 "동쪽 계단과 서쪽 계단은 평소 살아있을 때, 빈객과 주인이 의례를 시행하던 장소이다. 그렇기 때문에 여전히[猶]라고 말한 것이다. 생전에는 양쪽 기둥 사이에서 시행하는 예가 없다. 그렇기 때문에 여전히[猶]라고 말하지 않은 것이다."라고 했다. 그러나 예법에 따르면, 빈객과 주인의 신분이 대등한 경우, 양쪽 기둥 사이에서 서로 물건을 주고받으며, 또한 이곳은 남쪽을 바라보고 정무를 처리하던 장소가 된다. 따라서 유울이 "생전에 이곳에서 시행하는 예가 없다."라고 한 말은 의미상 의혹스러운 점이 있다. 무릇 공자(孔子)는 양쪽 기둥 사이에서 음식 바친 것을 받는 꿈을 꾸었기 때문에, 이것이 흉(凶)한 일을 상징한다는 사실을 알았던 것이고, 공자에게는 정무를 처리하는 일이 없었으므로, "여전히 존귀하게 받든다."라고 할 수 없었다. 그리고 빈객과 주인이라는 두 사안이 포함되기 때문에, '더불어[與]'라고 말한 것이다. 『고공기』에 대한 정현의 주에서는 종묘(宗廟)의 노침(路寢)은 그 제작 방법이 명당(明堂)과 같다고 했다. 그리고 주(周)나라의 명당은 동서로 9연(筵)의 길이가 되고, 남북으로 7연(筵)의 크기가 되니, 5개의 실(室)이 있는 것이고, 각 실(筵)마다 2개의 연(筵)이 있으므로, 5개의 실(室) 이외에 당상(堂上)에는 좁은 공간이 있어서, 이곳에 빈소를 차릴 수 있었던 것이다. 그리고 노침 자체가 컸기 때문에, 이러한 공간을 수용할 수 있었던 것이다. 또 윗면은 둥글게 하고 아랫면은 네모지게 하였으니, 5개의 실(室)에 부속된 건물군은 명당과 같았던 것이다. 『일지(日至)』와 『명당(明堂)』에 모두 설명되어 있다.

그림 45-2 명당(明堂)

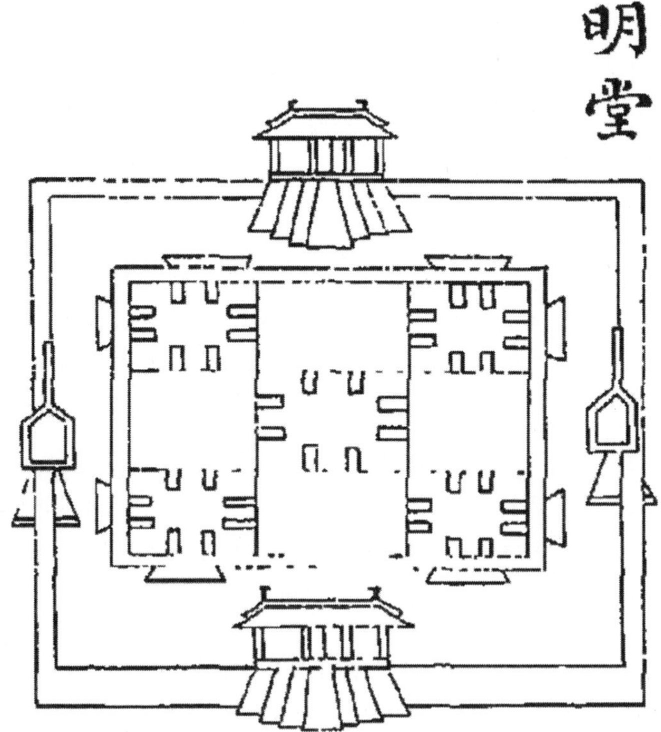

▸ 출처: 『삼례도집주(三禮圖集注)』 4권

孔疏 ◎注"言奠者以爲凶象". ○正義曰: 時夫子夢見饋食, 不夢凶奠也. 但奠禮旣死之後, 未葬之前, 柩仍在地, 未立尸主, 唯奠停飮食, 故云奠也.

번역 ◎鄭注: "言奠者以爲凶象". ○당시 공자(孔子)는 꿈에서 음식을 받는 것을 보았던 것으로, 흉제(凶祭) 때의 전(奠)제사를 꿈꾼 것이 아니다. 다만 전제사의 의례는 이미 죽은 이후에 시행되어, 장례(葬禮)를 치르기 전까지 시행되는데, 영구(靈柩)가 곧 땅에 하관되었을 때, 아직 시동과 신주를 세우지 않은 상태에서는 오직 음식만을 펼쳐두게 된다. 그렇기 때문에 '전(奠)'이라고 말한 것이다.

孔疏 ◎注"孰誰"至"將死". ○正義曰: "孰, 誰也", 釋詁文. 禮有大宗小宗, 故云"宗, 尊也". 知"兩楹之間, 人君聽治正坐之處"者, 按覲禮: "天子負斧依南面." 又顧命云: "牖間南嚮." 是天子兩楹治事之處也. 每日視朝雖在路門外, 退坐當路寢兩楹也. 其諸侯視朝亦南面, 知者, 以諸侯一國之尊, 故論語云: "雍也可使南面." 鄭注: "言在諸侯治也." 則在路寢南面聽政. 若其燕饗, 則在阼階西面, 知禮·大射是也. 按莊子: "聖人無夢." 莊子意在無爲, 欲令靜寂無事, 不有思慮, 故云"聖人無夢". 但聖人雖異人者神明, 同人者五情, 五情旣同, 焉得無夢? 故禮記·文王世子有九齡之夢, 尙書有武王夢協之言.

번역 ◎鄭注: "孰誰"~"將死". ○정현이 "'숙(孰)'자는 누구[誰]라는 뜻이다."라고 했는데, 이것은 『이아』「석고(釋詁)」편의 문장이다.10) 예법에 따르면 대종(大宗)과 소종(小宗)이 있게 된다. 그렇기 때문에 이러한 의미들과 구분하기 위해서, "'종(宗)'자는 '존귀하게 여긴다[尊].'는 뜻이다."라고 풀이한 것이다. 정현이 "양쪽 기둥 사이는 남쪽을 향하는 밝은 장소이니, 군주가 정무를 처리할 때 앉게 되는 장소이다."라고 했는데, 이 말이 사실임을 알 수 있는 이유는 『의례』「근례(覲禮)」편을 살펴보면, "천자는 부의(斧依)를 등지고 서서 남쪽을 바라본다."11)라고 했고, 또 『서』「고명(顧命)」편

---

10) 『이아』「석고(釋詁)」: 疇·孰, 誰也.

11) 『의례』「근례(覲禮)」: 天子設斧依於戶牖之間, 左右几. 天子袞冕, 負斧依. 嗇

에서는 "들창 사이에서 남쪽을 바라본다."[12]라고 하였으니, 이 기록은 천자에게 있어서, 양쪽 기둥 사이는 정무를 처리하던 장소임을 나타낸다. 매일 조정에 참가할 때에는 비록 노문(路門) 밖에서 하지만, 물러나서 앉아 있을 때에는 마땅히 노침(路寢)의 양쪽 기둥 사이에 있게 된다. 제후가 조정에 참가할 때에도 또한 남쪽을 바라보게 된다. 이러한 사실을 알 수 있는 이유는 제후는 그 나라 안에서 가장 존귀한 자이기 때문이다. 그래서 『논어』에서는 "옹(雍)은 남면(南面)을 시킬만하다."[13]라고 말한 것이고, 이 문장에 대한 정현의 주에서는 "제후의 위치에 올라서 정치를 다스릴 수 있다는 뜻이다."라고 했던 것이니, 이 말은 곧 노침에서 남쪽을 바라보며 정무를 본다는 뜻이다. 만약 향연을 하는 경우라면, 동쪽 계단에 있으면서 서쪽을 바라보게 되니, 이러한 사실은 『의례』「대사(大射)」편의 기록을 통해서 확인할 수 있다. 『장자(莊子)』를 살펴보면, "성인(聖人)은 꿈을 꾸지 않는다."라고 했는데, 장자의 의중은 무위(無爲)에 있었으므로, 정숙한 상태로 있으며, 인위적으로 하는 일이 없고자 해서, 특별히 꿈에 대해 생각함이 없었다는 뜻이다. 그렇기 때문에 "성인은 꿈을 꾸지 않는다."라고 말한 것이다. 성인이 비록 다른 사람들과 다르게, 신명(神明)을 지닌 자라고 하더라도, 사람들과 동일하게 오정(五情)[14]을 가지고 있으니, 오정이 같다면, 어떻게 꿈을 꾸지 않을 수가 있겠는가? 그렇기 때문에 『예기』「문왕세자(文王世子)」편에는 구령(九齡)에 대해 꿈을 꾼 일이 기록되어 있는 것이고,[15] 『상서』에도 무왕(武王)이 꿈에 합치된다고 한 말이 기록되어 있는 것이다.[16]

夫承命, 告于天子. / 『예기』「명당위(明堂位)」【398a】: 昔者周公朝諸侯于明堂之位, 天子負斧依南鄕而立.

12) 『서』「주서(周書)・고명(顧命)」: 狄設黼扆綴衣. 牖間南嚮, 敷重篾席黼純, 華玉仍几.

13) 『논어』「옹야(雍也)」: 子曰, "雍也可使南面."

14) 오정(五情)은 인간이 가지고 있는 기본적인 다섯 종류의 감정을 뜻하는 말로, 기쁨[喜]・성남[怒]・슬픔[哀]・즐거움[樂]・원망[怨] 등을 뜻한다.

15) 『예기』「문왕세자(文王世子)」【247d~248a】: 文王謂武王曰, 女何夢矣. 武王對曰, 夢帝與我九齡. 文王曰, 女以爲何也. 武王曰, 西方有九國焉, 君王其終撫諸. 文王曰, 非也. 古者, 謂年齡, 齒亦齡也. 我百, 爾九十, 吾與爾三焉. 文王九十七乃終, 武王九十三而終.

그림 45-3 부의(斧依: =斧扆)

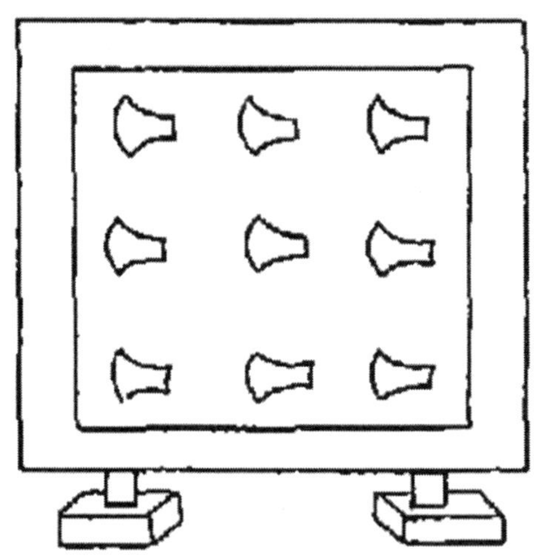

▸ **출처:** 『삼례도집주(三禮圖集注)』 8권

16) 『서』「주서(周書)·태서중(泰誓中)」: 天其以予乂民, 朕夢協朕卜, 襲于休祥, 戎商必克.

그림 45-4 천자의 육침(六寢)

宮寢制

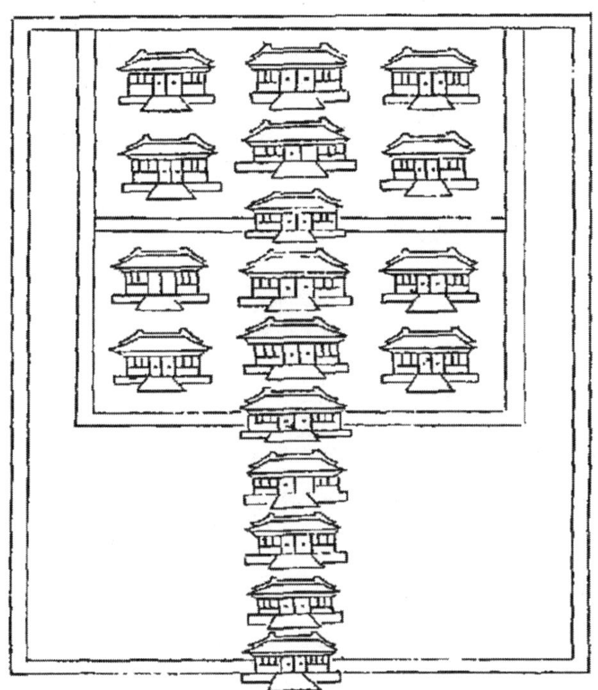

▸ **출처:** 『삼례도집주(三禮圖集注)』 4권

◎ 가장 위쪽의 육침(六寢)은 왕후(王后)의 육침

그림 45-5 천자오문삼조도(天子五門三朝圖)

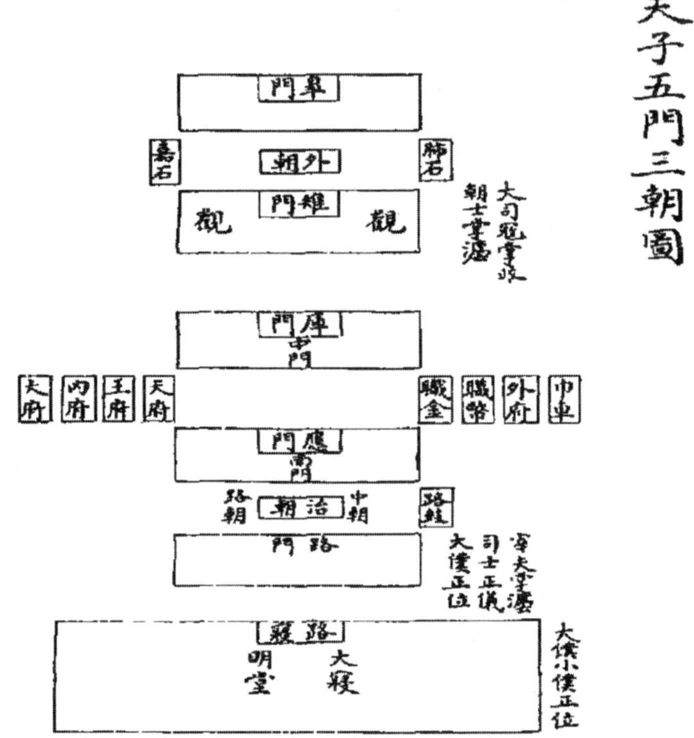

▸ **출처:**『주례도설(周禮圖說)』 상권

◎ 노침(路寢)의 앞마당=연조(燕朝)

訓纂 彬謂: 爾雅釋詁"疇·孰, 誰也." 釋訓"誰昔, 昔也." 詩墓門朱子集傳"誰昔, 猶言疇昔也."

번역 내가 생각하기에, 『이아』「석고(釋詁)」편에서는 "'주(疇)'자와 '숙(孰)'자는 누구[誰]라는 뜻이다."[17]라고 했고, 『이아』「석훈(釋訓)」편에서는 "'수석(誰昔)'은 예전[昔]이라는 뜻이다."[18]라고 했으며, 『시』「진풍(陳風)·묘문(墓門)」편에 대한 주자의 『집전(集傳)』에서는 "'수석(誰昔)'이라는 말은 '주석(疇昔)'이라고 말하는 것과 같다."라고 했다.

訓纂 江氏永曰: 杖有柱時, 亦有曳時. 曳杖消搖, 固非有意爲之, 亦不可謂變其常度, 有損於動容周旋中禮也. 感於夢而作歌, 非自悲其死也. 死者人之終, 自是大事, 必謂以晝夜視死生, 泊然不一動念, 則亦老·莊之見耳. 夫子雖不自聖, 然嘗言"天生德於予", 又云"文不在茲乎", 其自任不淺矣. 於將終而自比泰山·梁木, 稱"哲人", 何足病乎? 聖人固淸明如神, 然於死生, 非別有前知之術, 其能前知, 正因有所感耳. 必謂不待占夢而後知, 將謂聖人亦同二氏之知死乎? 後世之疑過矣.

번역 강영이 말하길, 지팡이의 경우에는 땅을 찍으면서 걸어갈 때도 있고, 또한 땅에 끌면서 걸어갈 때도 있다. 그러므로 지팡이를 끌면서 유유자적했다는 것에는 진실로 별다른 의미가 있어서 그처럼 행동했던 것이 아니고, 또한 일상적으로 지켜야 하는 규범을 변화시켜서, 행동거지를 예(禮)에 합당하게 만드는 것에 흠이 생겼다고도 말할 수 없다. 꿈에서 느끼는 것이 있어 노래를 불렀던 것이니, 공자(孔子) 본인이 자신의 죽음을 슬프게 여겼던 것이 아니다. 죽음이라는 것은 사람에게 있어서는 인생의 마지막이니, 이것 자체로도 큰 일이 되는데, 낮과 밤의 변화를 삶과 죽음의 전환으로 여기며, 담담하게 한 점의 생각도 흐트러지지 않게 해야 한다고 말하는 것은 또한 노자(老子)나 장자(莊子)의 견해일 뿐이다. 공자는 비록 제 자신을

17) 『이아』「석고(釋詁)」: 疇·孰, 誰也.
18) 『이아』「석훈(釋訓)」: 誰昔, 昔也.

성인(聖人)이라고 자처하지 않았지만, 일찍이 "하늘이 나에게 덕(德)을 주셨다."[19]라고 했고, 또 "문(文)이 여기에 있지 않은가?"[20]라고 했으니, 성인의 일을 자신의 임무로 여겼던 생각이 전혀 없었던 것은 아니다. 그리고 장차 임종을 맞이하게 되어, 자신을 태산(泰山)과 양목(梁木)에 견주어서, '철인(哲人)'이라고 칭했으니, 어떻게 이것을 병 때문이라고 할 수 있는가? 성인의 경우 진실로 그 정신의 총명함이 신(神)과 같으니, 비록 삶과 죽음에 대해서, 미리 예측할 수 있는 별도의 재주를 가지고 있었던 것은 아니지만, 어느 정도 예측은 할 수 있었으니, 이러한 이유로 자신의 죽음에 대해 느끼는 바가 있었던 것일 뿐이다. 그런데 이것을 두고 꿈에 대해 점을 친 이후에야 알았던 것이 아니라고 한다면, 장차 성인을 또한 노자나 장자가 죽음에 대해 알았던 것과 동일하다고 할 수 있는가? 후세의 의혹됨이 너무 지나친 것이다.

集解 愚謂: 東階, 主人之階也. 夏人以新死未異於生, 故殯於東階之上, 則猶在主人之位也. 西階, 賓客之階也. 周人以死者與生不同, 而鬼神之位在西, 故殯於西階之上, 則猶在賓客之處也. 兩楹之間, 謂戶牖之間, 南面之位, 其東西直兩楹之中間也. 堂上之位, 以此爲最尊. 殷人以鬼神應居尊位, 故殯於兩楹之間, 而賓主之位夾其兩旁也. 奠, 定也. 坐奠, 猶言安坐也. 人君每日視朝於治朝, 退適路寢聽政, 則其正坐在兩楹之間. 大夫雖有私朝, 其聽政不敢南面, 避人君也. 夫子自言夢坐安於兩楹之間, 而明王不興, 天下無尊我以爲君者, 則非南面聽治之象, 而必爲殷家喪殯之兆矣, 故以此自卜其將死也. 鄭氏謂奠爲饋奠, 非也. 士喪禮大斂, 奠在室. 是殯所無設奠之法也. 又士喪禮小斂卒斂, "男女奉尸, 侇于堂", 而小斂奠設於尸東. 若奠爲喪奠, 則夫子何不言小斂侇尸, 而乃以殷家之殯爲言乎? 況人君於路寢聽政, 其飮食初不在此, 尤不得以奠爲饋食也.

---

19) 『논어』「술이(述而)」: 子曰, "天生德於予, 桓魋其如予何?"

20) 『논어』「자한(子罕)」: 子畏於匡, 曰, "文王旣沒, 文不在茲乎? 天之將喪斯文也, 後死者不得與於斯文也, 天之未喪斯文也, 匡人其如予何?"

번역 내가 생각하기에, 동쪽 계단은 주인이 밟는 계단이다. 하(夏)나라 때에는 사람이 이제 막 죽었을 때, 아직까지는 살아있을 때와 달리 여기지 않았다. 그렇기 때문에 빈소를 동쪽 계단 위에 마련한 것이니, 이것은 주인의 자리에 있는 것과 같다. 서쪽 계단은 빈객이 밟는 계단이다. 주(周)나라 때에는 죽은 자와 산 자를 동일시 여기지 않았고, 귀신의 위치는 서쪽에 해당한다고 여겼다. 그렇기 때문에 빈소를 서쪽 계단 위에 마련한 것이니, 빈객의 위치에 있는 것과 같다. 양쪽 기둥 사이는 호(戶)와 유(牖)의 사이를 뜻하며, 남쪽을 바라보는 자리로, 그곳의 동서쪽에는 각각의 기둥이 있는데, 이 장소는 그 중간에 해당한다. 당상(堂上)에서 자리를 설치할 때에는 이곳을 가장 존귀한 장소로 여긴다. 은(殷)나라 때에는 귀신을 가장 존귀한 자리에 머물게 해야 한다고 여겼다. 그렇기 때문에 양쪽 기둥 사이에 빈소를 마련했던 것이고, 빈객과 주인의 자리가 그 양쪽 측면에서 둘러싸게 된 것이다. '전(奠)'자는 안정[定]이라는 뜻이다. 따라서 '좌전(坐奠)'이라는 말은 "편안하게 앉았다[安坐]."라고 말하는 것과 같다. 군주는 매일 치조(治朝)[21]에서 조정에 참가했다가 물러나서는 노침(路寢)에서 정무를 처리하니, 이때 앉는 자리는 양쪽 기둥 사이가 된다. 대부(大夫)의 집에 비록 이와 비슷한 사조(私朝)라는 것이 있지만, 대부가 정무를 처리할 때에는 감히 남쪽을 바라보며 앉을 수 없으니, 이처럼 하는 이유는 군주에 대한 예법을 피하기 위해서이다. 공자(孔子)는 제 스스로 양쪽 기둥 사이에 편안히 앉아 있던 꿈을 꾸었다고 했고, 성왕(聖王)이 다시 나타나지 않고, 천하 사람들 중 자신을 존귀하게 높여서 군주로 삼을 수 있는 자가 없다고 했으니, 남쪽을 바라보며 정무를 처리하는 것을 상징함이 아니므로, 이것은 반드시 은나라 때 상례(喪禮)를 치르며 빈소를 마련하는 조짐이 된다. 그렇기 때문에 이러한 꿈 때문에 장차 죽게 되리라는 사실에 대해서 제 스스로 점을 쳤던 것이다. 정현(鄭玄)은 '전(奠)'자를 궤전(饋奠)의 뜻이라고 여겼는데, 이것

---

21) 치조(治朝)는 천자 및 제후에게 있었던 내조(內朝) 중 하나를 뜻한다. 천자 및 제후는 3개의 조(朝)를 두는데, 1개는 외조(外朝)이며, 나머지 2개는 내조가 된다. 내조 중에서도 노문(路門) 밖에 있던 것을 '치조'라고 부르며, 천자 및 제후가 정사를 처리하던 장소이다.

은 잘못된 주장이다. 『의례』「사상례(士喪禮)」편의 기록에 따르면, 대렴(大斂)을 하게 되면, 전(奠)제사를 지내는 것은 실(室)에서 하게 되어 있다. 따라서 이 기록은 빈소를 마련할 때, 전제사의 음식들을 이곳에 차려내는 법도가 없다는 사실을 나타낸다. 또 「사상례」편에서는 소렴(小斂)을 하고, 염(斂)을 끝내면, "남자와 여자가 시신을 받들어서, 당(堂)에 안치한다."[22] 라고 했고, 소렴 때 지내는 전제사에서는 음식들을 시신의 동쪽에 놓아두게 된다. 만약 '전(奠)'이 상전(喪奠)[23]이 된다면, 공자는 어찌 소렴을 치르며 시신을 안치한다는 말을 하지 않고, 곧바로 은나라 때 빈소를 차린다는 말을 했단 말인가? 하물며 군주는 노침에서 정무를 처리하므로, 음식이라는 것은 애초부터 여기에 두지 않으니, 더욱이 이곳의 '전(奠)'자를 음식을 바친다는 뜻으로 여길 수 없는 것이다.

---

22) 『의례』「사상례(士喪禮)」: 士舉, 男女奉尸, 侇于堂, 幠用夷衾.

23) 상전(喪奠)은 상례(喪禮)를 시행하는 도중 아직 장례(葬禮)를 치르지 않은 상태에서, 음식물들을 진설하며 지내는 전(奠)제사를 뜻한다.

그림 45-6 치조도(治朝圖) Ⅰ

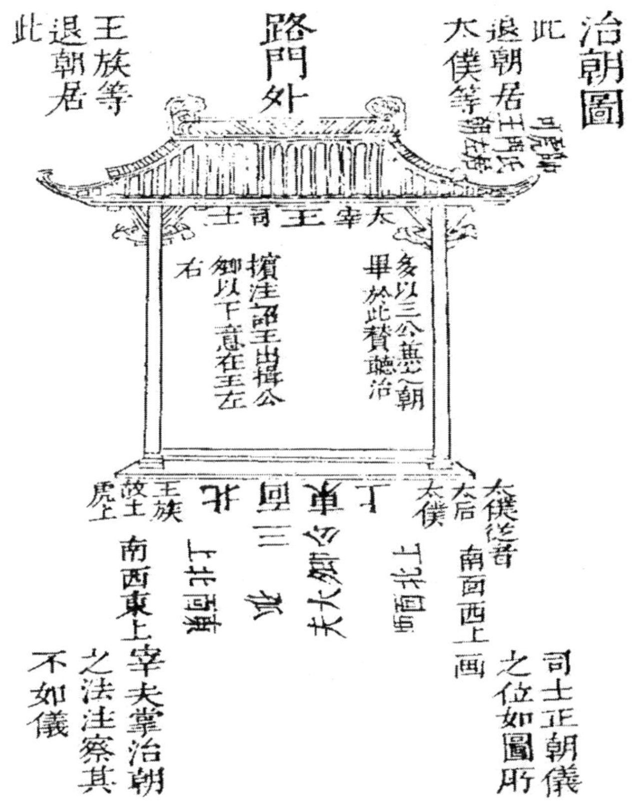

▸ **출처:** 『삼재도회(三才圖會)』「궁실(宮室)」 2권

그림 45-7 치조도(治朝圖) Ⅱ

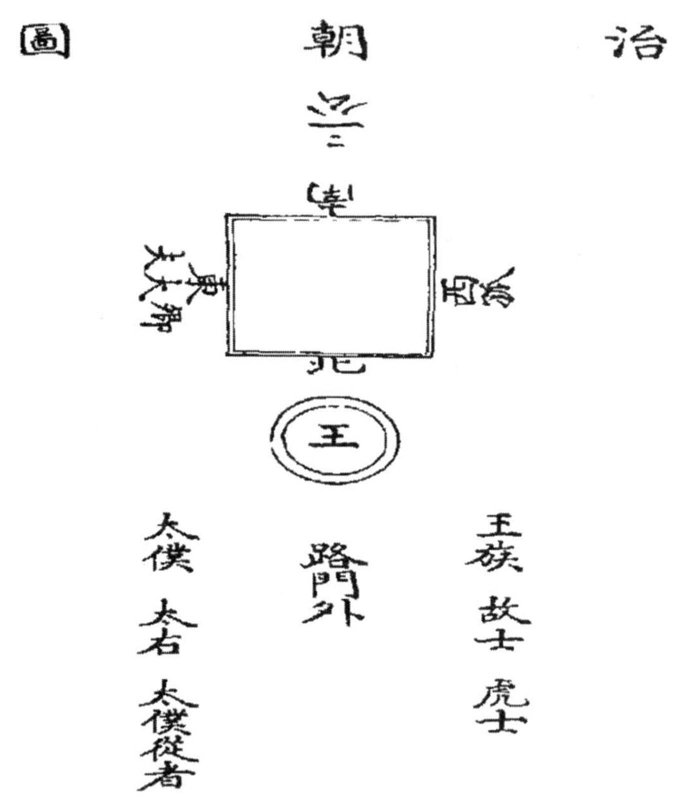

▸ 출처: 『육경도(六經圖) 4권

集解 吳氏澄曰: 聖人德容, 至死不變. 今負手曳杖, 逍遙於門, 周旋中禮者, 似不如是. 聖人樂天知命, 視死生如晝夜, 豈自爲歌辭以悲其死? 且以"哲人"爲稱, 泰山・梁木爲比, 自稱若是? 聖人淸明在躬, 志氣如神, 生死固所自知, 又豈待占夢而知將死? 蓋是周末七十子以後之人將以尊聖人, 而不知適以卑之也.

번역 오징이 말하길, 성인(聖人)의 덕(德)과 자태는 죽음에 이르더라도 변하지 않는다. 그런데 이곳 문장에서는 손을 뒤로 하고 지팡이를 끌며, 문에서 유유자적했다고 했는데, 행동거지를 예(禮)에 맞췄을 때에는 아마도 이처럼 행동하지 않았을 것이다. 성인은 하늘의 뜻을 즐거워하며 천명을 알고 있었기 때문에,[24] 생사의 이치를 낮과 밤이 바뀌는 것처럼 여기는데, 어찌 제 스스로 노래를 부르며 자신이 죽게 되리라는 사실에 슬퍼할 수 있는가? 또 '철인(哲人)'이라는 말로 스스로를 지칭하고, 태산(泰山)과 양목(梁木)에 비유를 하였는데, 제 스스로 이처럼 지칭할 수 있는가? 성인은 총명함이 제 자신에게 있고, 그 뜻과 기운은 신(神)과 같으니, 삶과 죽음에 대해서 진실로 제 스스로 알고 있었는데, 또한 어찌 꿈에 대해 점을 치기를 기다린 다음에야 장차 죽게 되리라는 사실을 알았겠는가? 무릇 주(周)나라 말기 70여 명의 제자들 이후의 사람들은 성인을 존숭하려고 해서 이처럼 기록했던 것이지만, 이것이 성인을 비하하는 것임을 알지 못했던 것 같다.

集解 愚謂: 夫子自知其將死而見之於歌, 非所謂"自悲其死"也. 夫子嘗自言"天生德於予", 又曰"斯文在茲", 則泰山・梁木之擬亦無足疑. 占夢而知其將死, 是卽志氣如神之效. 若謂生死固所自知, 而無待於夢, 則夫子豈管輅・郭璞之流耶? 惟負手曳杖, 非周旋中禮之容, 誠有如吳氏所言者, 其或記者之失與.

---

24) 『역』「계사상(繫辭上)」: 與天地相似, 故不違, 知周乎萬物而道濟天下, 故不過, 旁行而不流, 樂天知命, 故不憂, 安土敦乎仁, 故能愛.

번역 내가 생각하기에, 공자(孔子)는 제 스스로 자신이 죽게 되리라는 것을 알아서, 그것을 노래로 나타냈던 것이니, 이른바 "스스로 자신의 죽음에 대해서 슬퍼했다."라고 한 것은 아니다. 공자는 일찍이 제 스스로 "하늘이 나에게 덕(德)을 낳아주었다."라고 했고, 또 "이 문(文)이 나에게 있다." 라고 했으니, 태산(泰山)과 양목(梁木)으로 비유를 한 말 또한 의심할 것이 없다. 꿈에 대해 점을 치고서 자신이 장차 죽게 되리라는 것을 알았다는 것은 공자의 뜻과 기운이 신(神)의 효험과 같다는 것을 나타낸다. 만약 삶과 죽음에 대해서 진실로 제 스스로 알아서, 꿈에 대해 점칠 것을 기다리지 않아도 되었다고 한다면, 공자를 어찌 관로(管輅)나 곽박(郭璞)의 부류라 할 수 있는가? 다만 손을 뒤로 하고 지팡이를 끌었다는 것은 행동거지를 예법에 맞게 한 자태가 아니다. 이것은 진실로 오징이 말한대로이거나, 그것이 아니라면 『예기』를 기록한 자가 잘못 기록한 것이다.

• 제 46 절 •

스승에 대한 심상(心喪)

【85c】

孔子之喪, 門人疑所服. 子貢曰: "昔者夫子之喪顔淵, 若喪子而無服. 喪子路亦然. 請喪夫子若喪父而無服."

직역 孔子의 喪에, 門人은 服할 所를 疑하였다. 子貢이 曰, "昔者에 夫子가 顔淵을 喪함에, 子를 喪과 若이나 無服이라. 子路를 喪함에도 亦히 然이라. 請하니 夫子를 喪함에 父를 喪함과 若이나 無服이라."

의역 공자(孔子)가 죽자, 문인들은 공자를 위해 어떤 상복(喪服)을 입어야 할지 갈피를 잡지 못했다. 자공(子貢)이 말하길, "예전에 선생님께서 제자인 안연(顔淵)의 상(喪)을 치르실 때, 마치 자신의 아들 상(喪)을 치르듯 하셨지만, 상복을 착용하지는 않으셨다. 그리고 자로(子路)의 상(喪)을 치를 때에도 또한 선생님은 안연 때처럼 하셨다. 청컨대 선생님의 상(喪)을 치를 때, 부친의 상(喪)을 치르는 것처럼 하되, 상복은 입지 맙시다."라고 했다.

集說 以後章二三子絰而出言之, 此所謂無服, 蓋謂弔服加麻也. 疏云, 士弔服疑衰麻, 謂環絰也. 五服絰皆兩股, 惟環絰一股. 後章從母之夫, 疏云, 凡弔服不得稱服.

번역 다음 장에서는 문인들이 질(絰)을 쓰고서 나왔다고 했으니,[1] 이곳

---

1) 『예기』「단궁상」【87a】: 孔子之喪, <u>二三子皆絰而出</u>, 群居則絰, 出則否.

에서 상복(喪服)이 없다고 말한 것은 아마도 조복(弔服)에 마질(麻絰)을 더한 복장을 뜻하는 것 같다. 공영달(孔穎達)의 소(疏)에서 말하길, 사(士)의 조복(弔服)은 의최(疑衰)에 마질(麻絰)을 더한다고 했는데, 마(麻)라는 것은 곧 머리에 쓰는 환질(環絰)을 뜻한다고 했다. 오복(五服)에 착용하는 질(絰)은 모두 '한 가닥의 끈에서 빼낸 두 가닥의 끈[兩股]'으로 만들게 되는데, 오직 환질만은 한 가닥의 끈으로 만든다. 뒤에는 이모[從母]의 남편에 대한 내용이 나오는데,[2] 공영달의 소에서는 무릇 조복(弔服)에 대해서는 상복[服]이라고 부를 수 없다고 했다.

集說 方氏曰: 若喪父而無服, 所謂心喪也.

번역 방씨가 말하길, 마치 부친에 대한 상(喪)을 치르는 것처럼 하되, 상복(喪服)을 입지 않는다고 한 말은 이른바 심상(心喪)을 뜻한다.

大全 嚴陵方氏曰: 方孔子之生也, 以子之喪處門人, 及其沒也, 門人以父之喪處孔子, 報施之理也. 學記曰, "師無當於五服, 五服弗得不親", 則師之於人, 豈小補哉? 故子貢於三年之外, 又築室於場, 獨居三年, 然後歸, 以恩尤所重故也. 噫! 世衰道微, 禮敎不明乎天下, 其執親之喪, 不能三年者, 蓋有之矣, 而況於師乎?

번역 엄릉방씨가 말하길, 무릇 공자(孔子)가 생존해 있을 때, 자식의 상(喪)을 치르듯 문인들의 상(喪)을 치렀고, 공자가 죽었을 때, 문인들도 부친의 상(喪)을 치르듯 공자에 대한 상(喪)을 치렀으니, 이것은 은혜에 보답하는 도리에 해당한다. 『예기』「학기(學記)」편에서는 "스승은 오복(五服)에 해당하지 않지만, 스승이 아니라면 오복에 대해서는 친근하게 여길 수가 없다."[3]라고 했으니, 스승은 제자에 대해서 어찌 작은 보탬이 된다고 할

---

2) 『예기』「단궁상」【93a】: 從母之夫, 舅之妻, 二夫人相爲服, 君子未之言也. 或曰, "同爨緦."

3) 『예기』「학기(學記)」【453c】: 古之學者, 比物醜類. 鼓無當於五聲, 五聲弗得

수 있는가? 그렇기 때문에 자공(子貢)은 삼년상을 치른 이후에도 또한 마당에 방을 만들고, 홀로 3년을 더 보냈고, 그 이후에야 떠나갔으니, 은혜를 입은 것이 더욱 두터웠기 때문이다. 아! 세상이 쇠퇴하고 도(道)가 숨었으니, 예(禮)와 교화가 세상에 드러나지 않게 되어, 부모의 상(喪)을 치르면서도 3년이라는 기간을 채우지 못하는 자가 있을 것이니, 하물며 스승에 대해서는 어떠하겠는가?

鄭注 無喪師之禮. 無服, 不爲衰, 弔服而加麻, 心喪三年.

번역 스승에 대해 상(喪)을 치르는 예(禮)가 없었기 때문이다. '무복(無服)'은 상복(喪服)을 착용하지 않고, 조복(弔服)에 마질(麻絰)을 더하여, 심상(心喪)으로 삼년상을 치르는 것이다.

孔疏 ●"孔子"至"無服". ○正義曰: 此一節論弟子爲師喪制之禮, 各依文解之.

번역 ●經文: "孔子"~"無服". ○이곳 문단은 제자들이 스승을 위해 상(喪)을 치르며 제정했던 예(禮)에 대해서 논의하고 있으니, 각각의 문장에 따라서 풀이하겠다.

孔疏 ●"門人疑所服"者, 依禮, 喪師無服, 其事分明. 今夫子之喪, 門人疑者, 以夫子聖人, 與凡師不等, 當應特加喪禮, 故疑所服.

번역 ●經文: "門人疑所服". ○예법에 따른다면, 스승에 대한 상(喪)을 치를 때에는 상복(喪服)이 없다고 했는데, 이 사안은 분명한 사실이다. 그런데 현재 상황에서 공자(孔子)가 죽었을 때, 문인들이 어떻게 해야 할지

不和. 水無當於五色, 五色弗得不章. 學無當於五官, 五官弗得不治. 師無當於五服, 五服弗得不親.

갈피를 잡지 못한 이유는 공자는 성인(聖人)이므로, 여타의 스승들과는 동등하지 않아서, 마땅히 상례(喪禮)의 규정을 특별히 더해야 하므로, 어떤 상복을 입어야 할지에 대해서 갈피를 잡지 못했던 것이다.

孔疏 ◎注"弔服"至"三年". ○正義曰: 知爲師弔服加麻者, 按喪服"朋友麻", 其師與朋友同, 故知亦加麻也. 必知喪師與朋友同者, 按下云: "孔子之喪, 二三子皆絰而出. 群居則絰, 出則否." 是弟子相爲與爲夫子同, 但絰出與不出有異, 明其服同也. 云"弔服而加麻", 麻謂絰與帶也, 皆以麻爲之, 故云"加麻"也. 又喪服緦麻章云: "朋友麻." 鄭云"朋友雖無親而有同道之恩, 相爲服緦之絰帶", 是也. 鄭知"服緦之絰帶"者, 緦爲五服之輕, 又與錫衰等同爲弔服之限, 故知緦之絰帶也. 論云, 爲師及朋友皆旣葬除之. 按司服云: "王爲三公六卿錫衰, 爲諸侯緦衰, 爲大夫士疑衰, 其首服皆弁絰." 鄭司農云: "錫者十五升去其半, 有事其布, 無事其縷." 鄭康成云: "無事其縷, 哀在內." 以服稍重, 故但治事其布, 不治事其縷. 鄭司農又云: "緦十五升布去其半, 有事其縷, 無事其布." 鄭康成云: "無事其布, 哀在外." 以其稍輕, 故得治縷也. 司農又云: "疑衰十四升." 康成云: "疑之言擬也, 擬於吉服." 謂比擬吉服十五升也. "首服弁絰"者, 鄭注司服云: "弁絰如爵弁而素, 加環絰." 鄭知如爵弁者, 見下文云"殷人冔而葬", 又云"弁絰葛而葬, 與神交之道". 冔是祭冠也, 故知弁絰是爵弁也. 知加環絰者, 以雜記云: "小斂環絰, 公大夫士一也." 天子弔諸臣之服, 無問當事與不當事, 皆弁絰也. 諸侯以錫衰爲弔服, 但首服有異. 弔他國皆首服皮弁, 故喪服小記云"諸侯弔, 必皮弁錫衰", 是也. 若弔己臣, 當事則弁絰, 故服問云: 公弔, "當事則弁絰", 於士雖當事亦皮弁. 諸侯雖以錫衰爲常弔之服, 其弔士亦有緦衰·疑衰, 故鄭注文王世子云: "同姓之士則緦衰, 異姓之士則疑衰." 卿大夫亦以錫衰爲弔服, 當事亦弁絰, 故鄭注喪服云: "諸侯及卿大夫亦以錫衰爲弔服, 當事乃弁絰, 否則皮弁, 辟天子也." 其士之弔服則疑衰, 故鄭注喪服云: "士以緦衰爲喪服, 其弔服則疑衰也." 舊說以爲士弔服布上素下, 鄭注云: "此實疑衰也. 改其裳以素, 辟諸侯也." 當事亦弁絰, 故鄭注喪服云: "士弁絰皮弁之時, 如卿大夫." 凡弔服惟有弁絰, 皆無帶也. 知無帶者, 周禮·司服及服問但云"弁絰", 不云帶, 故知然也. 其朋友之服, 諸侯及大夫等則皆疑衰, 故鄭注喪服云: "朋友之相爲服, 則士弔服也." 旣特云"士弔服", 明諸侯大夫等皆用士之弔服, 唯加緦之絰帶爲異耳. 是以喪服: "朋友麻." 鄭注云: "服緦之絰帶." 又下文云: "子游襲裘, 帶絰而入." 鄭注云: "所弔者朋友." 是朋友相爲加帶. 凡朋友相爲者, 雖不當事, 亦弁絰, 故下文云"居則絰", 是也. 其庶人, 鄭注喪服云: "庶人不爵弁, 則其弔服素冠委貌." 鄭注不顯所著之服, 文承"疑衰素裳"之下, 則庶人亦用疑衰. 或者庶人布深衣, 當服布深衣, 冠素委貌也.

번역 ◎鄭注: "弔服"~"三年". ○스승을 위해서 조복(弔服)을 입을 때, 마질(麻絰)을 더하게 된다는 사실을 알 수 있는 이유는 『의례』「상복(喪服)」편을 살펴보면, "벗을 위해서는 마질(麻絰)을 한다."[4]라고 했는데, 스승에 대한 규정은 벗에 대한 규정과 동일하다. 그렇기 때문에 스승에 대해서도 또한 마질(麻絰)을 더한다는 사실을 알 수 있는 것이다. 스승에 대한 상(喪)을 치르는 규정이 벗에 대한 규정과 동일하다는 사실을 분명히 알 수 있는 이유는 아래문장을 살펴보면, "공자(孔子)의 상(喪)에서 문인들은 모두 질(絰)을 쓰고서 나왔다. 벗에 대한 경우에도 질(絰)을 쓰지만 밖으로 나오게 되면, 질(絰)을 쓰지 않는다."[5]라고 했는데, 이 말은 제자들이 서로를 위해 상례(喪禮)의 규정을 따랐던 것이 공자를 위해 상례의 규정을 따랐던 것과 동일하다는 사실을 나타낸다. 다만 질(絰)을 쓰고 밖으로 나오는 것과 밖으로 나올 때 질(絰)을 쓰지 않는 것 등의 차이점이 있을 뿐이니, 이것은 곧 벗과 스승에 대한 상복(喪服) 규정이 동일하다는 사실을 나타낸다. 정현이 "조복(弔服)에 마질(麻絰)을 더한다."라고 했는데, '마(麻)'라는 것은 머리에 쓰는 질(絰)과 허리에 두르는 대(帶)를 뜻하니, 이 모두를 마(麻)로 제작한다. 그렇기 때문에 "마(麻)를 더한다."라고 말한 것이다. 또 『의례』「상복(喪服)」편의 '시마장(緦麻章)'에서는 "벗을 위해서 마(麻)를 한다."라고 했는데, 정현이 "벗은 비록 친속 관계가 없지만, 도(道)를 함께 하는 은혜가

---

4) 『의례』「상복(喪服)」: 傳曰, 小功以下爲兄弟. 朋友皆在他邦, 袒免, 歸則已. <u>朋友麻</u>.

5) 『예기』「단궁상」【87a】: 孔子之喪, 二三子皆絰而出, 群居則絰, 出則否.

포함되어 있으니, 서로를 위해서 시마복(緦麻服)에 착용하는 질대(絰帶)를 하게 된다."라고 한 말이 바로 이러한 사실을 나타낸다. 정현이 "시마복의 질대를 착용한다."는 것이 사실임을 알 수 있었던 이유는 시마복은 오복(五服) 중에서도 가장 수위가 낮은 상복이고, 또한 석최(錫衰)와 동등하게, 모두 조복(弔服)에 포함된다. 그렇기 때문에 시마복의 질대를 착용하게 된다는 사실을 알 수 있었던 것이다. 논자에 따라서는 스승과 벗을 위해서는 모두 장례(葬禮)를 치르게 되면, 조복(弔服) 등을 제거한다고 말한다. 『주례』「사복(司服)」편을 살펴보면, "천자는 삼공(三公)과 육경(六經)을 위해서, 석최(錫衰)를 착용하고, 제후(諸侯)를 위해서는 시최(緦衰)를 착용하며, 대부(大夫)와 사(士)를 위해서는 의최(疑衰)를 착용하고, 머리에는 모두 변질(弁絰)을 쓴다."[6]라고 했다. 이 문장에 대해 정사농(鄭司農)은 "'석(錫)'이라는 것은 15승(升)에서 그 반을 줄인 것이며, 특별한 일이 있으면, 포(布)로 만들고, 특별한 일이 없으면, 명주[縷]로 만든다."라고 했고, 정현은 "특별한 일이 없을 때 명주로 만드는 것은 애통함이 내면에 있기 때문이다."라고 했다. 상복의 수위가 조금 높아졌기 때문에, 단지 일을 처리할 때에는 포(布)로 만든 것을 착용하고, 일을 처리하지 않을 때에는 명주로 만든 것을 착용하는 것이다. 정사농은 또한 "시마복은 15승(升)의 포(布)에서 그 반을 줄이니, 특별한 일이 있으면, 명주로 만들고, 특별한 일이 없으면 포(布)로 만든다."라고 했고, 정현은 "특별한 일이 없을 때 포(布)로 만드는 것은 애통함이 외면에 있기 때문이다."라고 했다. 상복의 수위가 좀 더 낮아졌기 때문에, 일을 처리할 때에는 명주로 만든 것을 착용할 수 있었던 것이다. 정사농은 또한 "의최(疑衰)는 14승(升)으로 만든다."라고 했고, 정현은 "'의(疑)'자는 '의(擬)'자의 뜻으로, 길복(吉服)에 견준다는 뜻이다."라고 했으니, 이 말은 길복(吉服)에 견주어서 15승(升)으로 만든다는 의미이다. 그리고 『주례』에서 "머리에는 변질(弁絰)을 쓴다."라고 했는데, 「사복」편에 대한 정현의 주에서는 "변질(弁絰)은 작변(爵弁)과 제작방법이 같지

---

6) 『주례』「춘관(春官)·사복(司服)」: 凡喪, 爲天王斬衰, 爲王后齊衰. 王爲三公六卿錫衰, 爲諸侯緦衰, 爲大夫士疑衰, 其首服皆弁絰.

만, 흰색으로 만들고, 그 위에 환질(環絰)을 두른다."라고 했다. 정현이 변질(弁絰)과 제작방법이 같다는 사실을 알 수 있었던 이유는 아래문장에서 "은(殷)나라 사람들은 후(冔)라는 관(冠)을 쓰고서 장례(葬禮)를 치렀다."고 했고, 또 "변질(變質)에 갈(葛)을 하고서 장례를 치르는 것은 신(神)과 교감하는 도(道)에 참여하는 것이다."라고 했기 때문이다.[7] 여기에서 말하는 '후(冔)'는 제사 때 착용하는 관(冠)이다. 그렇기 때문에 변질(變質)이 곧 작변(爵弁)과 같은 것임을 알 수 있다. 그리고 환질(環絰)을 두르는 것이 사실임을 알 수 있었던 이유는 『예기』「잡기(雜記)」편에서, "소렴(小斂) 때 환질(環絰)을 두르는 것은 공(公)·대부(大夫)·사(士)가 모두 동일하다."[8]라고 했기 때문이다. 천자(天子)가 뭇 신하들을 조문할 때 착용하는 복장에 있어서, 해당하는 일 및 해당하지 않는 일에 대한 질문이 없는 것은 모두 변질(弁絰)을 착용하기 때문이다. 제후의 경우에는 석최(錫衰)를 조복(弔服)으로 사용한다. 다만 머리에 착용하는 것에 있어서만 차이를 보일 뿐이다. 다른 나라에 조문을 갈 때에는 모든 경우에 있어서 머리에 피변(皮弁)을 쓴다. 그러므로 『예기』「상복소기(喪服小記)」편에서는 "제후가 조문을 할 때에는 반드시 피변(皮弁)에 석최(錫衰)를 착용한다."[9]고 한 말이 바로 이러한 사실을 나타낸다. 만약 자신의 신하에게 조문을 하는 경우, 해당하는 일이 있다면, 변질(弁絰)을 쓰게 된다. 그렇기 때문에 『예기』「복문(服問)」편에서는 공(公)이 조문을 하는 경우에 대해서, "해당하는 일이 있으면, 변질(弁絰)을 두른다."[10]라고 했으니, 사(士)에 대해서는 비록 해당하는 일이 있더라도 또한 피변(皮弁)을 쓰는 것이다. 제후가 비록 석최(錫衰)를 일상적인 조문의 복장으로 삼는다고 하지만, 사(士)에게 조문할 때에는 또

---

7) 『예기』「단궁하(檀弓下)」【114c】: 弁絰葛而葬, 與神交之道也, 有敬心焉. 周人弁而葬, 殷人冔而葬.

8) 『예기』「잡기상(雜記上)」【503b】: 小斂環絰, 公大夫士一也.

9) 『예기』「상복소기(喪服小記)」【419b】: 諸侯弔, 必皮弁錫衰. 所弔雖已葬, 主人必免. 主人未喪服, 則君亦不錫衰.

10) 『예기』「복문(服問)」【664b】: 公爲卿大夫錫衰以居, 出亦如之, 當事則弁絰. 大夫相爲亦然. 爲其妻, 往則服之, 出則否.

한 시최(緦衰)와 의최(疑衰)를 착용할 때도 있다. 그렇기 때문에 『예기』「문왕세자(文王世子)」편에 대한 정현의 주에서 “자신과 동성(同姓)인 사(士)라면, 시최(緦衰)를 착용하고, 이성(異姓)인 사(士)라면, 의최(疑衰)를 착용한다.”[11]라고 말한 것이다. 경(卿)과 대부(大夫)에 있어서도 또한 석최(錫衰)를 조복(弔服)으로 삼게 되지만, 해당하는 일이 있다면, 또한 변질(弁絰)을 두르게 된다. 그렇기 때문에 『의례』「상복(喪服)」편에 대한 정현의 주에서는 “제후(諸侯) 및 경(卿)과 대부(大夫)는 또한 석최(錫衰)를 조복(弔服)으로 삼으며, 해당하는 일이 있다면, 변질(弁絰)을 두르고, 그렇지 않다면, 피변(皮弁)을 쓰니, 천자(天子)에 대한 예법을 피하기 위해서이다.”[12]라고 한 것이다. 사(士)가 착용하는 조복(弔服)은 의최(疑衰)에 해당한다. 그렇기 때문에 「상복」편에 대한 정현의 주에서는 “사(士)는 시최(緦衰)를 상복(喪服)으로 삼고, 조복(弔服)의 경우에는 의최(疑衰)를 사용한다.”[13]라고 했던 것이다. 옛 학설에서는 사(士)의 조복(弔服)은 상의는 포(布)로 만들고 하의는 흰색으로 한다고 했는데, 정현의 주에서는 “이것은 실제로 의최(疑衰)를 가리킨다. 치마의 색깔을 흰색으로 고치는 것은 제후(諸侯)의 예법을 피하기 위해서이다.”[14]라고 했다. 해당하는 일이 있으면, 또한 변질(弁絰)을 두르게 된다. 그렇기 때문에 「상복」편에 대한 정현의 주에서는 “사(士)가 변질(弁絰)을 두르고 피변(皮弁)을 쓸 때에는 경(卿)이나 대부(大夫)의 경우처럼 한다.”[15]라고 한 것이다. 무릇 조복(弔服)에는 오직 변질(弁絰)만 있게 되고, 허리에 두르는 대(帶)는 없게 된다. 대(帶)가 없다는

---

11) 이 문장은 『예기』「문왕세자(文王世子)」편의 “公素服, 不擧, 爲之變, 如其倫之喪, 無服.”이라는 기록에 대한 정현의 주이다.

12) 이 문장은 『의례』「상복(喪服)」편의 “朋友麻.”라는 기록에 대한 정현의 주이다.

13) 이 문장은 『의례』「상복(喪服)」편의 “朋友麻.”라는 기록에 대한 정현의 주이다.

14) 이 문장은 『의례』「상복(喪服)」편의 “朋友麻.”라는 기록에 대한 정현의 주이다.

15) 이 문장은 『의례』「상복(喪服)」편의 “朋友麻.”라는 기록에 대한 정현의 주이다.

사실을 알 수 있는 이유는 『주례』「사복(司服)」편과 『예기』「복문(服問)」편에서는 단지 '변질(弁絰)'에 대한 기록만 있고, 대(帶)에 대해서는 언급하지 않았기 때문에, 이러한 사실을 알 수 있는 것이다. 벗을 위해 입게 되는 복장의 경우, 제후(諸侯) 및 대부(大夫)는 동일하게 모두 의최(疑衰)를 착용한다. 그렇기 때문에 「상복」편에 대한 정현의 주에서, "벗들이 서로를 위해 복장을 착용할 때, 그 복장은 사(士)의 조복(弔服)이다."[16]라고 한 것이다. 이미 "사(士)의 조복(弔服)이다."라고만 말했으므로, 이 말은 제후(諸侯)와 대부(大夫)도 동일하게 모두 사(士)의 조복(弔服)을 착용한다는 사실을 나타내며, 오직 시마복(緦麻服)에 착용하는 질대(絰帶)를 두르는 것에서만 차이가 있을 뿐이다. 이러한 까닭으로 「상복」편에서는 "벗을 위해서는 마(麻)를 착용한다."라고 했고, 이 문장에 대한 정현의 주에서는 "시마복(緦麻服)에 하는 질대(絰帶)를 착용한다는 뜻이다."라고 풀이한 것이다. 그리고 아래문장에서는 "자유(子游)는 가죽옷을 습(襲)하고, 대(帶)와 질(絰)을 착용하고서 들어갔다."[17]라고 했고, 이 문장에 대한 정현의 주에서는 "조문을 하는 대상이 벗이기 때문이다."라고 했으니, 이 말은 곧 벗을 위해서는 서로 대(帶)를 착용하게 된다는 뜻을 나타낸다. 무릇 벗을 위해 서로 돕는 자들의 경우, 비록 해당하는 일이 없더라도, 또한 변질(弁絰)을 두른다. 그렇기 때문에 아래문장에서 "머물게 되면 질(絰)을 한다."[18]라고 한 말이 바로 이러한 사실을 나타낸다. 그리고 서인(庶人)의 경우, 「상복」편에 대한 정현의 주에서는 "서인(庶人)들은 작변(爵弁)을 쓰지 않으니, 조복(弔服)의 경우, 흰색의 관(冠)을 위모(委貌)로 만든다."[19]라고 했다. 정현의 주에서는 몸에 걸치는 복장에 대해서는 언급하지 않았는데, 그 문장이 "의최

16) 이 문장은 『의례』「상복(喪服)」편의 "朋友麻."라는 기록에 대한 정현의 주이다.

17) 『예기』「단궁상」【88c】: 曾子襲裘而弔, 子游裼裘而弔. 曾子指子游而示人, 曰, "夫夫也, 爲習於禮者, 如之何其裼裘而弔也?" 主人旣小斂, 袒, 括髮, 子游趨而出, 襲裘帶絰而入. 曾子曰, "我過矣, 我過矣. 夫夫是也."

18) 『예기』「단궁상」【87a】: 孔子之喪, 二三子皆絰而出, 群居則絰, 出則否.

19) 이 문장은 『의례』「상복(喪服)」편의 "朋友麻."라는 기록에 대한 정현의 주이다.

(疑衰)에 흰색의 치마로 한다."라는 말 뒤에 연이어 있으므로, 서인(庶人)들의 경우에도 또한 의최(疑衰)를 착용하는 것이다. 혹자는 서인(庶人)들의 경우 포(布)로 만든 심의(深衣)를 착용하니, 그 복장 또한 포(布)로 만든 심의(深衣)에 해당하고, 관(冠)의 경우에는 흰색의 위모(委貌)로 한다고 주장한다.

集解 程子曰: 師不立服, 不可立也, 當以情之厚薄, 事之大小處之. 如顏·閔於孔子, 其成己之功, 與君父並; 其次各有淺深, 稱其情而已. 下至曲藝, 莫不有師, 豈可一概制服?

번역 정자가 말하길, 스승에 대해 상복(喪服)을 제정하지 않은 것은 제정할 수가 없기 때문이니, 마땅히 자신의 정감의 차이와 사안의 중대성에 따라서 대처를 해야 한다. 예를 들어 안연(顏淵)과 민자건(閔子騫)의 경우, 그들은 공자(孔子)에 대해서, 자신들을 완성시켜준 공자의 공적이 군주 및 부친과 동일하지만, 그 나머지 제자들은 각각 차이가 있으므로, 자신의 정감에 맞춰서 시행했을 따름이다. 그 이하로 지극히 사소한 재예를 가르쳐준 자에 있어서도, 스승의 도리가 포함되지 않을 수가 없는데, 어떻게 일괄적으로 스승에 대한 상복을 제정할 수 있겠는가?

集解 愚謂: 喪服記云, "朋友麻." 蓋弔服以葛爲絰, 朋友則用麻爲之也. 服問"公爲卿大夫錫衰以居", "大夫相爲亦然." 錫衰, 大夫相弔之服也. 大夫相爲, 亦朋友之義, 而用其弔服以居, 則謂爲朋友弔服加麻者信矣. 士之弔服, 素冠而疑衰·素裳. 弔服之絰, 在五服之外, 當又小於緦麻之絰, 其亦以五分去一爲之差與? 舊說謂朋友相爲服緦之絰帶, 無所據也.

번역 내가 생각하기에, 『의례』「상복(喪服)」편의 기문(記文)에서는 "벗을 위해서는 마(麻)를 한다."라고 했으니, 무릇 조복(弔服)에는 칡[葛]으로 질(絰)을 만들게 되므로, 벗을 위한 경우에는 마(麻)를 이용해서 질(絰)을 만들었을 것이다. 『예기』「복문(服問)」편에서는 "공(公)은 경(卿)과 대부

(大夫)를 위해서 석최(錫衰)를 착용하고서 머문다."라고 했고, "대부(大夫)들끼리는 서로를 위해서도 또한 이처럼 한다."라고 했다.[20] '석최(錫衰)'라는 것은 대부(大夫)들끼리 조문을 할 때 착용하는 복장이다. 대부들이 서로를 위해 도울 때에는 또한 벗에 대한 도의가 포함되니, 조문할 때의 복장을 이용해서 머물게 되므로, 벗을 위해 조복(弔服)을 착용하고 마(麻)로 만든 질(絰)을 두른다고 한 말은 신빙성이 있다. 사(士)의 조복(弔服)은 흰색의 관(冠)에 의최(疑衰)를 착용하고, 흰색의 치마를 착용하게 된다. 조복(弔服)에 두르는 질(絰)은 오복(五服)의 규정 밖에 있으므로, 마땅히 시마복(緦麻服)에 두르는 질(絰)보다도 수위를 낮춰야 하니, 또한 5분의 1로 차등을 두었을 것이다. 옛 학설에서는 벗을 위해 서로 돕는 자는 시마복에 두르는 질대(絰帶)를 착용한다고 했는데, 이 말은 근거가 없는 주장이다.

---

20) 『예기』「복문(服問)」【664b】: 公爲卿大夫錫衰以居, 出亦如之, 當事則弁絰. 大夫相爲亦然. 爲其妻, 往則服之, 出則否.

• 제47절 •

장례(葬禮)에서의 치장품

【85d】

孔子之喪, 公西赤爲志焉. 飾棺牆, 置翣設披, 周也. 設崇, 殷也. 綢練設旐, 夏也.

직역 孔子의 喪에, 公西赤이 志를 爲했다. 棺을 飾하여 牆하고, 翣을 置하고 披를 設하니, 周이다. 崇을 設하니, 殷이다. 綢練하여 旐를 設하니, 夏이다.

의역 공자(孔子)의 상(喪)에 대해, 공서적(公西赤)은 융성하게 치르고자 하였다. 그래서 삼대(三代) 때의 장례(葬禮) 제도를 두루 적용하였으니, 관(棺)에 홑이불을 덮어서 치장을 하고, 그 곁에 담장처럼 천을 둘렀으며, 영구(靈柩)를 실은 수레 주변에는 삽(翣)을 설치하고, 양쪽에 새끼줄을 두어, 그것을 당겨서 수레가 균형을 유지하도록 하였으니, 이것은 주(周)나라 때의 제도에 해당한다. 또한 타고 가는 수레에는 깃발을 세우고 숭아(崇牙)의 장식을 하였으니, 이것은 은(殷)나라 때의 제도에 해당한다. 깃발의 장대에 흰색의 비단을 묶어두고, 그 위에 거북이와 뱀을 그린 깃발을 묶어두었으니, 이것은 하(夏)나라 때의 제도에 해당한다.

集說 公西, 氏, 赤, 名, 字子華, 孔子弟子也.

번역 '공서(公西)'는 씨(氏)이고, '적(赤)'은 이름이며, 자(字)는 자화(子華)이니, 공자(孔子)의 제자이다.

集說 疏曰: 孔子之喪, 公西赤以飾棺榮夫子, 故爲盛禮, 備三王之制, 以章明志識焉. 於是以素爲褚, 褚外加牆, 車邊置翣, 恐柩車傾虧, 而以繩左右維持之, 此皆周之制也. 其送葬乘車所建旌旗, 刻繒爲崇牙之飾, 此則殷制. 及綢承旌旗之竿以素錦, 於杠首設長尋之旐, 此則夏禮也.

번역 공영달(孔穎達)의 소(疏)에서 말하길, 공자(孔子)의 상(喪)에서, 공서적(公西赤)은 관(棺)을 장식하여, 공자를 영예롭게 하고자 했다. 그렇기 때문에 융성한 예(禮)를 시행하여, 삼왕(三王)의 제도를 갖춰서, 뜻한 바와 지식을 드러낸 것이다. 이때 흰색으로 '관을 덮는 홑이불[褚]'을 만들고, 저(褚) 겉에 '담장처럼 천을 두르는 것[牆]'을 더했으며, 영구(靈柩)를 실은 수레 주변에는 삽(翣)을 설치하였고, 영구를 실은 수레가 기울어질 것을 염려하여, 새끼줄[繩]을 좌우에 두어, 그것을 당겨 균형을 유지하였는데, 이러한 조치들은 모두 주(周)나라 때의 제도에 해당한다. 장례(葬禮)를 전송하며 타는 승거(乘車)[1]에 정기(旌旗)[2]를 세워두고, 비단으로 새겨서 숭아(崇牙)의 장식을 하는데, 이러한 조치들은 은(殷)나라 때의 제도에 해당한다. 깃발의 장대에 흰색의 비단을 묶어두고, 깃대 위에 그 길이가 1심(尋)[3]에 해당하는 조(旐)[4]를 묶어두었으니, 이러한 조치들은 하(夏)나라 때의 제도에 해당한다.

集說 詩, "虡業維樅", 疏云, "懸鐘磬之處, 以采色爲犬牙, 其狀隆然, 謂之

---

1) 승거(乘車)는 고대의 장례(葬禮) 때 사용되었던 수레이다. 혼거(魂車)라고도 부른다. 죽은 자의 옷과 관(冠)을 실어서 마치 죽은 자가 생전에 수레를 타던 것처럼 형상화하는 것이다. 그래서 '혼거'라고 부른다.

2) 정기(旌旗)는 깃발들을 범칭하는 말이다.

3) 심(尋)은 자리의 크기가 반상(半常)인 것으로, 8척(尺)이 되는 것을 뜻한다. 『의례』「공사대부례(公食大夫禮)」편에는 "司宮具几與蒲筵常, 緇布純. 加萑席尋, 玄帛純. 皆卷自末."이라는 기록이 있는데, 이에 대한 정현의 주에서는 "半常曰尋."이라고 풀이했다.

4) 조(旐)는 거북이와 뱀의 무늬를 그린 깃발이다. 『주례』「춘관(春官)·사상(司常)」편에는 "鳥隼爲旟, 龜蛇爲旐."라는 기록이 있다.

崇牙. 練, 素錦也. 緇布廣終幅, 長八尺, 旐之制也."

번역 『시』에서는 "종과 경을 매다는 틀이여."[5]라고 했는데, 이 문장에 대한 공영달(孔穎達)의 소(疏)에서는 "종과 경을 매다는 곳으로, 채색을 하여 견아(犬牙)의 무늬를 만드는데, 그 모양이 큰 것을 '숭아(崇牙)'라고 부른다. '연(練)'은 흰색의 비단을 뜻한다. 검은색의 포(布)는 그 너비가 1폭(幅)에 이르고, 길이는 8척(尺)이니, 조(旐)를 만드는 방법과 같다."라고 했다.

大全 長樂陳氏曰: 顏淵之死, 門人欲厚葬之, 孔子以爲不可. 子疾病, 子路使門人爲臣, 孔子以爲欺天. 門人之葬孔子, 則飾牆置翣, 以至周披殷崇夏旐, 而二代之禮, 莫不兼用, 豈孔子之心乎? 蓋門人以孔子有所不可及之道, 故報之以人所不可行之禮, 是雖禮兼於三代, 蓋亦稱情以爲文而已, 故子貢六年於其墓, 孟子不以爲非, 門人三代之厚葬, 君子不以爲過.

번역 장락진씨가 말하길, 안연(顏淵)이 죽었을 때, 문인들은 후한 예(禮)에 따라 장례(葬禮)를 치르고자 하였는데, 공자(孔子)는 안 된다고 하였다.[6] 공자의 병이 위독했을 때, 자로(子路)는 문인을 가신으로 삼았는데, 공자는 이것이 하늘을 속이는 짓이라고 여겼다.[7] 문인들이 공자에 대한 장례를 치를 때, 관(棺)에 천을 둘러 치장을 하고 삽(翣)을 둘렀으며, 주(周)나라의 예제에 따른 좌우의 새끼줄을 설치했고, 은(殷)나라의 예제에 따른 숭아(崇牙)를 설치했으며, 하(夏)나라의 예제에 따른 조(旐)를 매달았다. 그런데 주나라 이전 두 왕조의 예(禮)까지도 함께 사용했으니, 이것이 어찌 공자의 본래 마음이었겠는가? 무릇 문인들은 공자에게 누구도 범접할 수 없는 도(道)가 있다고 여겼다. 그렇기 때문에 사람들이 따를 수 없는 예(禮)

---

5) 『시』「대아(大雅)·영대(靈臺)」: 虡業維樅, 賁鼓維鏞. 於論鼓鍾, 於樂辟廱.

6) 『논어』「선진(先進)」: 顏淵死, 門人欲厚葬之. 子曰, "不可." 門人厚葬之. 子曰, "回也視予猶父也, 予不得視猶子也. 非我也, 夫二三子也."

7) 『논어』「자한(子罕)」: 子疾病, 子路使門人爲臣. 病間, 曰, "久矣哉, 由之行詐也! 無臣而爲有臣. 吾誰欺? 欺天乎! 且予與其死於臣之手也, 無寧死於二三子之手乎! 且予縱不得大葬, 予死於道路乎?"

로써 보답을 한 것이니, 이것은 예(禮)에 있어서는 삼대(三代)의 예제를 겸용한 것이 되지만, 또한 그 정감에 맞춰서 문식을 꾸민 것일 뿐이다. 그렇기 때문에 자공(子貢)은 공자의 묘(墓) 근처에서 6년 동안 심상(心喪)을 치렀는데도, 맹자(孟子)는 잘못되었다고 여기지 않았으며,[8] 문인들이 삼대의 예법으로 융성하게 장례를 치렀음에도, 군자(君子)는 지나치다고 여기지 않았던 것이다.

鄭注 公西赤, 孔子弟子, 字子華. 志謂章識. 牆之障柩, 猶垣牆障家. 牆, 柳衣. 翣, 以布衣木, 如攝與. 夫子雖殷人, 兼用三王之禮尊之. 披, 柩行夾引棺者. 崇牙, 旌旗飾也. 綢練, 以練綢旌之杠, 此旌葬乘車所建也. 旌之旒, 緇布廣充幅, 長尋曰旐. 爾雅說旌旗曰: "素錦綢杠."

번역 '공서적(公西赤)'은 공자(孔子)의 제자이며, 자(字)는 자화(子華)이다. '지(志)'자는 나타내고 드러낸다는 뜻이다. 장(牆)으로는 영구(靈柩)를 가리니, 마치 담장이 집을 둘러싸는 것과 같은 것이다. '장(牆)'은 유의(柳衣)를 뜻한다. '삽(翣)'은 나무에 포(布)로 옷을 입힌 것인데, 아마도 섭(攝)과 같은 것일 것이다. 공자는 비록 은(殷)나라의 후예지만, 삼왕(三王)의 예(禮)를 함께 사용하여, 공자를 존귀하게 높인 것이다. '피(披)'는 영구가 이동할 때, 양쪽에서 관(棺)을 당겨주는 것이다. '숭아(崇牙)'는 깃발에 하는 장식이다. '주련(綢練)'은 '누인 명주[練]'로 깃발의 장대를 감싸는 것이니, 이러한 깃발은 장례(葬禮) 때 타는 수레에 세우게 된다. 깃발의 술은 검은색의 포(布)로 하며 그 너비는 1폭(幅)이 되게 하고, 그 길이를 1심(尋)으로 한 것을 '조(旐)'라고 부른다. 『이아』에서는 깃발을 설명하면서, "흰색의 비단으로 장대를 감쌌다."[9]라고 했다.

---

8) 『맹자』「등문공상(滕文公上)」: 昔者孔子沒, 三年之外, 門人治任將歸, 入揖於子貢, 相嚮而哭, 皆失聲, 然後歸. 子貢反, 築室於場, 獨居三年, 然後歸. 他日, 子夏・子張・子游以有若似聖人, 欲以所事孔子事之, 强曾子.

9) 『이아』「석천(釋天)」: 素錦綢杠, 纁帛縿, 素陞龍于縿, 練旒九, 飾以組, 維以縷.

釋文 置, 知吏反. 翣, 所甲反. 衣, 於旣反. 攝, 所甲反, 又所治反. 與音餘. 披, 彼義反. 綢, 吐刀反, 韜也, 徐直留反, 注同. 旐, 直小反. 杠音江, 竿也. 乘, 繩證反. 廣, 光浪反, 凡度廣狹曰廣, 他皆放此. 幅, 方木反.

번역 '置'자는 '知(지)'자와 '吏(리)'자의 반절음이다. '翣'자는 '所(소)'자와 '甲(갑)'자의 반절음이다. '衣'자는 '於(어)'자와 '旣(기)'자의 반절음이다. '攝'자는 '所(소)'자와 '甲(갑)'자의 반절음이며, 또한 '所(소)'자와 '治(치)'자의 반절음도 된다. '與'자의 음은 '餘(여)'이다. '披'자는 '彼(피)'자와 '義(의)'자의 반절음이다. '綢'자는 '吐(토)'자와 '刀(도)'자의 반절음이며, 감싼다는 뜻으로, 서음(徐音)은 '直(직)'자와 '留(류)'자의 반절음이 되고, 정현의 주에 나온 글자도 그 음이 이와 같다. '旐'자는 '直(직)'자와 '小(소)'자의 반절음이다. '杠'자의 음은 '江(강)'이며, 장대를 뜻한다. '乘'자는 '繩(승)'자와 '證(증)'자의 반절음이다. '廣'자는 '光(광)'자와 '浪(랑)'자의 반절음이며, 무릇 너비를 재는 것을 '廣'이라고 부르고, 이후의 나오는 이 글자는 모두 그 음이 이와 같다. '幅'자는 '方(방)'자와 '木(목)'자의 반절음이다.

孔疏 ●"孔子"至"夏也". ○正義曰: 此一節論孔子之喪, 送葬用三王之禮, 各依文解之.

번역 ●經文: "孔子"~"夏也". ○이곳 문단은 공자(孔子)의 상(喪)에서, 장례(葬禮)를 전송하며 삼왕(三王)의 예(禮)를 사용했던 것을 논의하고 있으니, 각각의 문장에 따라서 풀이하겠다.

孔疏 ◎注"公西"至"子華". ○正義曰: 按仲尼弟子傳云: "公西赤, 字子華, 少孔子四十二歲." 鄭云: "魯人也."

번역 ◎鄭注: "公西"~"子華". ○『사기(史記)』「중니제자전(仲尼弟子傳)」편을 살펴보면, "공서적(公西赤)은 자(字)는 자화(子華)이며, 공자(孔子)보다 42세 어리다."[10]라고 했고, 정현은 "노(魯)나라 사람이다."라고 했다.[11]

孔疏 ●"飾棺"至"夏也". ○孔子之喪, 公西赤以飾棺榮夫子, 故爲盛禮, 備三王之法, 以章明志識焉. 於是以素爲褚, 褚外加牆, 車邊置翣, 恐柩車傾虧, 而以繩左右維持之, 此皆周之法也. 其送葬乘車所建旌旗, 刻繒爲崇牙之飾, 此則殷法. 又韜盛旌旗之竿以素錦, 於杠首設長尋之旐, 此則夏禮也. 既尊崇夫子, 故兼用三代之飾也.

번역 ●經文: "飾棺"~"夏也". ○공자(孔子)의 상(喪)에서, 공서적(公西赤)은 관(棺)을 장식하여 공자를 영예롭게 하려고 했다. 그렇기 때문에 융성한 예(禮)를 시행하여, 삼왕(三王)의 예법을 갖추고, 그 뜻을 드러냈던 것이다. 이때 흰색의 천으로 관(棺)을 감싸는 홑이불을 만들고, 그 겉에는 담장처럼 주위를 둘렀으며, 영구(靈柩)를 실은 수레 주변에는 삽(翣)을 설치했고, 영구를 실은 수레가 기울어질 것을 염려하여, 새끼줄을 좌우로 두어서 균형을 맞추도록 당겼으니, 이러한 조치들은 모두 주(周)나라 때의 예법에 해당한다. 장례(葬禮)를 전송할 때 타는 수레에는 깃발을 꼽게 되는데, 명주로 새겨서 숭아(崇牙)의 장식을 하였으니, 이것은 은(殷)나라 때의 예법에 해당한다. 또 깃발의 장대를 흰색의 비단으로 감싸고, 장대 위에는 그 길이가 1심(尋)이 되는 조(旐)를 묶었으니, 이것은 하(夏)나라 때의 예법에 해당한다. 공자를 존숭하고 있었기 때문에, 삼대(三代)의 예법에 따른 치장을 모두 사용했던 것이다.

孔疏 ◎注"牆柳"至"攝與". ○正義曰: "牆之障柩, 猶垣牆障家", 故謂障柩之物爲牆. 障柩之物, 卽柳也. 外旁帷荒, 中央材木, 總而言之, 皆謂之爲柳也. 縫人注云: "柳, 聚也. 諸飾所聚." 前文注云"牆, 柳"者, 以經直云"周人牆置翣", 文無所對, 故注直云"牆, 柳也". 此文爲下對"設披"·"設崇"·"設旐"之事, 皆委曲備言, 故亦委曲解之, 故注云"牆, 柳衣"也, 其實牆則柳也. 雜記喪從外來, 雖非葬節, 以裳帷障棺, 亦與垣牆相似, 故鄭注"不毁牆"之下云: "牆, 裳帷也."

---

10) 『사기(史記)』「중니제자열전(仲尼弟子列傳)」: 公西赤字子華. 少孔子四十二歲.
11) 『사기집해(史記集解)』「중니제자열전(仲尼弟子列傳)」: 鄭玄曰魯人.

皆望經爲義, 故三注不同. 云“翣, 以布衣木”者, 鄭注喪大記云: “漢禮, 翣以木爲筐, 廣三尺, 高二尺四寸, 方兩角高, 衣以白布, 畫雲氣, 柄長五尺.” 云“如攝與”者, 攝與, 漢時之扇. 與, 疑辭. 鄭恐人不識翣體, 故云如今攝與.

번역 ◎鄭注: “牆柳”~“攝與”. ○정현이 “장(牆)으로는 영구(靈柩)를 가리니, 마치 담장이 집을 둘러싸는 것과 같은 것이다.”라고 했다. 그렇기 때문에 영구를 가리는 물건을 장(牆)이라고 부르는 것이다. 영구를 가리는 물건은 곧 ‘유(柳)’에 해당한다. 외부 측면에는 오직 황(荒)만 있게 되고, 중앙에는 목재가 있게 되는데, 총괄적으로 말한다면, 이 모두를 ‘유(柳)’라고 부를 수 있다. 『주례』「봉인(縫人)」편에 대한 정현의 주에서는 “‘유(柳)’자는 모은다는 뜻이다. 여러 장식물들이 모여진 것이라는 뜻이다.”[12]라고 했다. 그리고 앞 문장에 대한 정현의 주에서도 “‘장(牆)’은 유(柳)이다.”라고 했는데, 경문에서는 단지 “주(周)나라 때에는 영구를 가릴 때 삽(翣)을 두었다.”[13]라고만 말하여, 문장 속에 대비가 되는 것이 없었다. 그래서 정현의 주에서도 단지 “‘장(牆)’은 유(柳)이다.”라고만 말한 것이다. 그런데 이곳 문장에 나오는 장(牆)은 그 아래 구문에서 “피(披)를 설치한다.”라고 한 구문, “숭(崇)을 설치한다.”라고 한 구문, “조(旐)를 설치한다.”라고 한 구문에서 언급하는 사안과 대비가 되어, 이 모두에 대해서 자세하게 기록하고 있다. 그렇기 때문에 또한 자세하게 설명해야만 했다. 그래서 정현의 주에서는 “‘장(牆)’은 유의(柳衣)이다.”라고 말한 것이니, 실제로 장(牆)이라는 것은 곧 유(柳)에 해당한다. 『예기』「잡기(雜記)」편에서는 상(喪)에 있어서, 영구(靈柩)가 외지에서 본가로 들어오는 경우, 비록 장례(葬禮)에 대한 장식이 없지만, 상유(裳帷)로 관(棺)을 가리는데, 또한 담장과 유사하게 가리게 된다. 그렇기 때문에 “장(牆)을 허물지 않는다.”[14]라는 구문 뒤에 달린

---

12) 이 문장은 『주례』「천관(天官)·봉인(縫人)」편의 “衣翣柳之材.”라는 기록에 대한 정현의 주이다.

13) 『예기』「단궁상」【72d】: 有虞氏瓦棺, 夏后氏堲周, 殷人棺椁, 周人牆置翣.

14) 『예기』「잡기상(雜記上)」【491c】: 至於廟門, 不毁牆, 遂入適所殯, 唯輤爲說於廟門外.

정현의 주에서는 "'장(牆)'은 상유(裳帷)이다."라고 말한 것이니, 이 모두는 경문을 통해서 그 의미를 찾은 것이다. 그렇기 때문에 세 기록에 대한 정현의 주 기록이 일치하지 않는 것이다. 정현이 "'삽(翣)'은 나무에 포(布)로 옷을 입힌 것이다."라고 했는데, 『예기』「상대기(喪大記)」편에 대한 정현의 주에서는 "한(漢)나라 때의 예법에서는 삽(翣)은 나무로 널빤지를 만드는데, 그 너비는 3척(尺)이고, 높이는 2척(尺) 4촌(寸)으로 하며, 양쪽 귀퉁이의 모서리는 높게 하여, 백색의 포(布)를 입히고, 구름을 그리며, 자루의 길이는 5척(尺)으로 한다."[15]라고 했다. 정현이 "아마도 섭(攝)과 같은 것일 것이다."라고 했는데, '섭여(攝與)'라고 했을 때의 '섭(攝)'이라는 것은 한(漢)나라 때 사용했던 부채이다. 그리고 '여(與)'자는 확정을 하지 못했을 때 쓰는 말이다. 정현은 사람들이 삽(翣)의 모양에 대해서 알아듣지 못할 것을 염려했기 때문에, "아마도 오늘날의 섭(攝)과 같은 것일 것이다."라고 말한 것이다.

孔疏 ◎注"披柩"至"綢杠". ○正義曰: 按喪大記國君纁[16]披六, 鄭云: "設之於旁, 所以備傾虧也." 故此云"披, 柩行夾引棺者". 云"崇牙, 旌旗飾也"者, 對下"綢練設旐", 故爲旌旗飾也. 謂旌旗之旁, 刻繒爲崇牙. 殷必以崇牙爲飾者, 殷湯以武受命, 恒以牙爲飾. 云"此旌葬乘車所建也"者, 按旣夕禮陳車門內右北面, 乘車載旃, "道車載朝服, 稿車載蓑笠", 故知此旌乘車所建也. 凡送葬之旌, 經文不具. 按旣夕士禮而有二旌, 一是銘旌, 是初死書名於上, 則士喪禮"爲銘各以其物, 書名於末曰, 某氏某之柩, 置於西階上". 葬則在柩車之前,

---

15) 이 문장은 『예기』「상대기(喪大記)」편의 "士布帷, 布荒, 一池. 揄絞, 纁紐二, 緇紐二, 齊三采, 一貝, 畫翣二, 皆戴綏. 士戴前纁後緇, 二披, 用纁."이라는 기록에 대한 정현의 주이다.

16) '훈(纁)'자에 대하여. 『십삼경주소(十三經注疏)』 북경대 출판본에서는 "'훈(纁)'자는 본래 '훈(熏)'자로 기록되어 있었는데, 『민본(閩本)』·『감본(監本)』·『모본(毛本)』에서는 '훈(纁)'자로 기록하고 있으니, 이처럼 기록하는 것이 『예기』「상대기(喪大記)」편의 기록과 합치된다. 손이양(孫詒讓)도 '훈(纁)'자로 교정을 하였으니, 이러한 근거에 따라 글자를 수정하였다."라고 했다.

至壙, 與茵同入於壙也. 二是乘車之旌, 則旣夕禮乘車載旜, 亦在柩之前. 至壙, 柩旣入壙, 乃斂乘車所載之旌, 載於柩車而還, 故鄭注旣夕禮云: "柩車至壙, 祝脫載除飾, 乃斂乘車·道車·槀車之服, 載之而還, 不空以歸. 送形而往, 迎精而反." 此是士之二旌也, 其大夫諸侯則無文, 其天子亦有銘旌, 與士禮同. 故司常云: "大喪共銘旌." 鄭注云: "王則大常也." 士喪禮曰, 爲銘各以其物, 初死亦置於西階, 將葬移置於茵, 從遣車之後, 亦入於壙也, 是其一旌也. 司常又云: "建廞車之旌." 廞, 謂興作之, 則明器之車也, 其旌則明器之旌. 止則陳建於遣車之上, 行則執之以從. 遣車至壙, 從明器而納之壙中, 此二旌也. 按士禮旣有乘車載旜, 攝, 孤卿之旜, 則天子亦當有乘車載大常, 謂以金路載之至壙, 載之而歸, 但禮文不具耳, 此其三旌也. 然則天子三旌也, 士以禮無遣車, 故無廞車之旌, 但二旌耳. 諸侯及大夫無文. 熊氏以爲大夫以上有遣車, 卽有廞旌, 並有三旌也. 云"旌之旒, 緇布廣充幅, 長尋曰旐"者, 爾雅·釋天文. 引之者, 證經中"設旐, 夏也". 按鄭注明堂位云: "有虞氏當言緌, 夏后氏當言旂." 以此差之, 古代尙質, 有虞氏但注旄竿首, 未有繒帛, 故云緌也. 夏后漸文, 故有素錦綢杠, 又垂八尺之旐, 故夏云旂也. 旂是大古名, 非交龍之旂. 周則文物大備, 旂有九等, 垂之以縿, 繫之以斿, 又有交龍之旂, 龜蛇之旐, 與夏不同. 夏雖八尺之旐, 更無餘飾. 又引爾雅"素錦綢杠"者, 亦爾雅·釋天文引之者, 證經文"綢練", 練則素錦, 用以爲綢杠也.

번역 ◎鄭注: "牆柳"~"攝與". ○『예기』「상대기(喪大記)」편을 살펴보면, 제후국의 군주는 분홍색 비단으로 된 피(披)를 여섯 개 설치한다고 했고,17) 정현은 "옆면에 설치하여, 기울어지는 것을 막는 것이다."라고 했다. 그렇기 때문에 이곳 문장에 대한 주에서도 "영구가 이동할 때, 양쪽에서 관(棺)을 당겨주는 것이다."라고 말한 것이다. 정현이 "'숭아(崇牙)'는 깃발에 하는 장식이다."라고 했는데, 아래문장에 기록된 "명주로 장대를 감싸고 조(旐)를 매단다."라고 한 말과 대비가 되기 때문에, 깃발의 장식으로 여긴 것이다. 즉 깃발의 측면에 명주로 숭아(崇牙)의 장식을 한 것이다. 은(殷)나

17) 『예기』「상대기(喪大記)」【544b】: 君纁戴六, 纁披六.

라 때에는 반드시 숭아(崇牙)로 장식을 했는데, 은나라 탕(湯)임금은 무력을 사용하여 천명(天命)을 받았으므로, 항상 병기 모양으로 장식을 했다. 정현이 "이러한 깃발은 장례(葬禮) 때 타는 수레에 세우게 된다."라고 했는데, 『의례』「기석례(旣夕禮)」편을 살펴보면, 수레를 정차할 때에는 문의 안쪽에서도 오른쪽에 두며 북쪽을 향하도록 하고, 수레에 타서는 깃대를 싣고, "도거(道車)에는 조복(弔服)을 실으며, 고거(稿車)에는 사립(簑笠)을 싣는다."[18]라고 했다. 그러므로 이곳에서 말한 깃발은 승거(乘車)에 세우게 됨을 알 수 있었던 것이다. 무릇 장례(葬禮)를 전송할 때 사용하는 깃발에 대해서는 경문(經文)에 그 기록이 자세히 남아있지 않다. 「기석례」편의 기록을 살펴보면, 사(士) 계급에게 적용되는 예(禮)에서는 2개의 깃발이 있게 되니, 하나는 명정(銘旌)으로, 최초 죽은 자의 이름을 그 위에 쓰게 되니, 『의례』「사상례(士喪禮)」편에서는 "명(銘)을 만들 때에는 각각 해당하는 사물로써 하니, 그 말미에 이름을 기록하며, 아무개 씨(氏) 아무개의 영구라고 기록하여, 서쪽 계단 위에 둔다."고 했다.[19] 장례를 치르게 되면, 그것은 영구를 실은 수레 앞에 있게 되고, 무덤을 하관하기 위해 파둔 구덩이에 당도하게 되면, 인(茵)과 함께 무덤 속으로 들어가게 된다. 두 번째는 승거(乘車)에 꼽게 되는 깃발인데, 「기석례」편에서는 승거(乘車)에 깃발을 싣는다고 했으니, 이 또한 영구의 앞에 놓이게 된다. 그리고 구덩이에 이르게 되어, 영구가 구덩이 속으로 다 들어가게 되면, 곧 승거에 실어두었던 깃발을 거둬다가, 영구를 실었던 수레에 싣고서 되돌아간다. 그렇기 때문에 「기석례」편에 대한 정현의 주에서는 "영구를 실은 수레가 구덩이에 이르게 되면, 축관(祝官)은 싣고 왔던 것을 내리고 장식을 제거하며, 곧 승거(乘車)·도거(道車)·고거(槁車)에 실었던 의복을 거둬다가 그것들을 싣고서 되돌아가니, 공허하게 되돌아갈 수 없기 때문이다. 즉 죽은 자의 육신을 전송하며 가는 것이고, 그 정령을 맞이하여 되돌아가는 것이다."[20]라고 한 것이

---

18) 『의례』「기석례(旣夕禮)」 : 薦乘車, 鹿淺幦, 干·笮·革靾, 載旜, 載皮弁服. 纓·轡·貝勒縣于衡. 道車載朝服. 稿車載蓑笠.

19) 『의례』「사상례(士喪禮)」 : 爲銘, 各以其物. 亡則以緇長半幅, 經末長終幅, 廣三寸. 書銘于末曰, "某氏某之柩." 竹杠長三尺, 置于宇, 西階上.

니, 이 말은 곧 사(士) 계급에서는 2개의 깃발을 사용한다는 사실을 나타낸다. 대부(大夫) 및 제후(諸侯) 등에 대해서는 관련 기록이 남아있지 않지만, 천자(天子)의 경우에도 또한 명정(銘旌)을 사용하여, 사(士)의 예법과 동일한 면이 있다. 그렇기 때문에 『주례』「사상(司常)」편에서는 "대상(大喪)에는 명정(銘旌)을 공급한다."[21]라고 한 것이고, 이 문장에 대한 정현의 주에서는 "천자의 경우에는 대상(大常)[22]의 깃발을 공급한다."라고 한 것이다. 그리고 『의례』「사상례」편에서는 명(銘)을 만들 때에는 각각 해당하는 사물로 만들고, 최초 죽은 자에 대해서 만든 것은 또한 서쪽 계단에 둔다고 했으며, 장례(葬禮)를 치를 때, 이동을 시켜서 인(茵)에 설치하고, 견거(遣車)의 뒤를 뒤따르게 되며, 또한 무덤 속에 들어가게 되니, 이것은 모두 하나의 깃발을 뜻한다. 「사상」편에서는 또한 "흠거(廞車)의 깃발을 세운다."라고 했는데, '흠(廞)'자는 흥기시키고 진열한다는 뜻이므로, 곧 명기(明器)를 싣는 수레를 뜻하고, 그때의 깃발은 곧 명기에 해당하는 깃발이 된다. 행렬이 멈추게 되면, 견거(遣車)의 위에 진열하여 세우고, 행렬을 시작하게

---

20) 이 문장은 『의례』「기석례(旣夕禮)」편의 "柩至于壙, 斂服載之."라는 기록에 대한 정현의 주이다.

21) 『주례』「춘관(春官)·사상(司常)」: 大喪, 共銘旌. 建廞車之旌, 及葬亦如之.

22) 태상(太常)은 대상(大常)이라고도 부른다. 천자가 세우는 깃발 중 해와 달이 수 놓아진 것을 뜻한다. 『주례』「춘관(春官)·사상(司常)」편에 기록된 '태상'에 대해서, 정현의 주에서는 "王畫日月, 象天明也."라고 풀이했다. 즉 천자의 깃발에는 해[日], 달[月]을 수 놓아서, 하늘의 밝음을 형상화하는 것이다. 또 정현의 주에 대해서, 가공언(賈公彦)의 소(疏)에서는 "聖人與日月齊其明, 故旌旗畫日月象之. 按桓二年, 臧哀伯云 三辰旂旗, 昭其明也. 三辰, 日月星, 則此太常之畫日月者也. 此直言日月, 不言星者, 此擧日月, 其實兼有星也."라고 풀이했다. 즉 성인(聖人)과 일월(日月)은 그 밝기가 같기 때문에, 천자의 깃발에는 '일월'을 수 놓아서, 하늘의 밝음을 형상화하는 것이다. 그리고 『춘추좌씨전』「환공(桓公) 2년」편에는 "臧哀伯諫曰, …… 三辰旂旗, 昭其明也."라는 기록이 있다. 즉 군주의 깃발에 삼신(三辰)을 수 놓는 이유는 군주의 밝은 덕을 나타내는 것이라는 뜻이다. 여기에서 말하는 '삼신'은 곧 해[日], 달[月], 별[星]을 뜻하는데, 이것은 곧 『주례』에서 말하는 '태상'과 같은 것이다. 다만 『주례』에서는 해와 달에 대해서만 언급하고, 별에 대해서는 언급하지 않았는데, 그 이유는 해와 달 속에 실제로는 별까지도 포함되어 있기 때문이다.

되면, 그것을 잡고서 뒤따르게 된다. 견거가 무덤에 이르게 되면, 명기를 따라 그 깃발도 무덤 속에 들여놓게 되니, 이것이 두 번째 깃발이다. 사(士) 계층에게 적용되는 예(禮)를 살펴보면, 승거(乘車)에 전(旃)을 싣는다고 했으니, '섭(攝)'은 고(孤)와 경(卿)이 사용하는 전(旃)이 되므로, 천자(天子)의 경우에는 또한 승거에 대상(大常)을 싣게 된다. 이 말은 곧 금로(金路)에 그것을 싣고서, 무덤까지 가게 되고, 그곳에서 다시 이 깃발을 싣고서 되돌아온다는 뜻인데, 다만 예(禮)의 문장 중에는 이러한 절차에 대한 기록이 남아있지 않을 따름이다. 그러나 이 깃발이 바로 세 번째 깃발이 된다. 그렇다면 천자의 경우에는 3개의 깃발을 사용하는 것이고, 사(士)의 경우에는 예법상 견거(遣車)라는 것이 없다. 그렇기 때문에 흠거(廞車)에 싣게 되는 깃발이 없어서, 단지 2개의 깃발만 사용할 따름이다. 제후와 대부의 경우에는 관련 기록이 남아있지 않다. 웅안생은 대부 이상의 계급에게는 견거(遣車)가 포함되어 있으니, 곧 흠거(廞車)에 싣는 깃발도 있게 되어, 모두 3개의 깃발을 사용한다고 했다. 정현이 "깃발의 술은 검은색의 포(布)로 하며 그 너비는 1폭(幅)이 되게 하고, 그 길이를 1심(尋)으로 한 것을 '조(旐)'라고 부른다."라고 했는데, 이 말은 『이아』「석천(釋天)」편에 나오는 문장이다.[23] 정현이 이 문장을 인용한 이유는 경문에 나오는 "조(旐)를 설치하는 것은 하(夏)나라 때의 예법이다."라는 말을 증명하기 위해서이다. 『예기』「명당위(明堂位)」편에 대한 정현의 주를 살펴보면, "유우씨(有虞氏)에 대해서는 마땅히 '유(緌)'라고 말해야 하고, 하후씨(夏后氏)에 대해서는 마땅히 '기(旂)'라고 말해야 한다."[24]라고 했다. 이를 통해 차등적으로 나눠보면, 고대에는 질박함을 숭상하였기 때문에, 유우씨는 단지 깃대 끝에만 깃술을 달았고, 명주나 비단으로 치장하는 것들이 없었다. 그렇기 때문에 '유(緌)'라고 부른 것이다. 하후씨 때에는 보다 문식을 꾸몄다. 그렇기 때문에 흰색 비단으로 장대를 감쌌고, 또 8척(尺)의 조(旐)를 매달았다. 그렇기 때문에 하(夏)나라

23) 『이아』「석천(釋天)」 : 緇廣充幅長尋曰旐, 繼旐曰旆.

24) 이 문장은 『예기』「명당위(明堂位)」편의 "有虞氏之旂, 夏后氏之綏, 殷之大白, 周之大赤."이라는 기록에 대한 정현의 주이다.

에 대해서는 '기(旂)'라고 부른 것이다. '기(旂)'라는 것은 태고 때의 깃발에 대한 명칭으로, 교룡(交龍)을 수놓은 기(旂)를 뜻하는 것이 아니다. 주(周)나라의 경우에는 문물이 성대하게 갖춰졌으므로, 깃발에도 9등급이 있었고, 삼(縿)을 늘어트리고, 전(旃)을 매달았으며, 또한 교룡(交龍)이 새겨진 기(旂)도 있었고, 거북이와 뱀이 새겨진 조(旐)도 있었으니, 하(夏)나라 때의 예제와는 다른 것이다. 하나라 때 비록 8척(尺)이 되는 조(旐)가 있었다고 하지만, 여기에는 별다른 장식이 없었다. 또 정현은 『이아』의 "흰색의 비단으로 장대를 감쌌다."라는 문장을 인용했는데, 이것은 또한 『이아』「석천」편의 문장을 인용한 것으로, 경문의 '주련(綢練)'에 대해서 증명하기 위한 것이니, '연(練)'이라는 것은 흰색의 비단을 뜻하고, 그것을 사용해서 장대를 감싸게 된다.

訓纂 釋名: 其蓋曰柳. 柳, 聚也, 衆飾所聚, 亦其形僂也. 亦曰鼈甲, 似鼈甲然也. 其旁曰牆, 似屋牆也. 翣, 齊人謂扇爲翣, 此似之也. 象翣扇, 爲淸涼也. 翣有黼有畫, 各以其飾名之也.

번역 『석명』[25]에서 말하길, 영구(靈柩)의 위를 덮는 것을 '유(柳)'라고 부른다. '유(柳)'자는 모은다는 뜻이니, 여러 장식들이 모여져 있는 것이며, 또한 그 형태가 꾸부정하게 굽어있다. 이것을 또한 '별갑(鼈甲)'이라고도 부르니, 마치 자라의 등껍질처럼 생겼기 때문이다. 그 옆면을 가리는 것을 '장(牆)'이라고 부르니, 가옥에 설치된 담장과 유사하기 때문이다. '삽(翣)'의 경우, 제(齊)나라 사람들은 부채[扇]를 삽(翣)이라고 부르니, 그 형태가 흡사하기 때문이다. 삽(翣)과 선(扇)의 형태로 만든 것은 청량함을 불러일으키기 위해서이다. 삽(翣)에는 보(黼)의 무늬를 새기기도 하고, 그림을 그리기도 하는데, 각각 그 장식의 무늬에 따라서 부르기도 한다.

---

25) 『석명(釋名)』은 후한(後漢) 때의 학자인 유희(劉熙)가 지은 서적이다. 오래된 훈고학 서적의 하나로 꼽힌다.

訓纂 釋名: 兩旁引之曰披. 披, 捭也. 各於一旁引捭之, 備傾倚也.

번역 『석명』에서 말하길, 양쪽 측면에서 당기는 것을 '피(披)'라고 부른다. '피(披)'라는 것은 "나눈다[捭]."는 뜻이다. 각각 한 측면에서 당기는 것을 균등하게 나누어서, 기울어지는 것을 대비함이다.

集解 愚謂: 葬之有飾, 所以表識人之爵行, 故謂之志. 孔子之喪, 使公西赤爲志者, 以其習於禮樂之事也. 崇, 崇牙也. 樂虡有崇牙, 以縣鐘磬之紘, 此則刻於旗杠之首, 以注旄者與.

번역 내가 생각하기에, 장례(葬禮)를 치를 때 하는 장식들은 죽은 자의 작위와 품행을 드러내기 위한 수단이다. 그렇기 때문에 그것을 두고 '지(志)'라고 부른 것이다. 공자(孔子)의 상(喪)에서, 공서적(公西赤)으로 하여금 공자의 품행을 드러내게 한 것은 그가 예악(禮樂)의 일들에 대해서 익힌 것이 많았기 때문이다. '숭(崇)'은 숭아(崇牙)를 뜻한다. 악기를 거는 틀 중에는 숭아(崇牙)라는 것이 있어서, 이것을 통해서 종과 경 등에 매달린 끈을 걸게 되는데, 이곳 문장에서 말한 '숭아(崇牙)'라는 것은 깃발의 장대 끝에 조각을 하여, 깃술을 매다는 것일 것이다.

集解 愚謂: 士惟一旗, 故乘車載旜. 若天子有五路, 葬時皆用爲魂車, 則每路各建其旗, 又遣車九乘, 車各有旌, 幷銘旌當有十五旌也. 若諸侯, 則同姓自金路以下, 又遣車七乘, 幷銘旌爲十二旌; 異姓自象路以下, 幷遣車之旌及銘旌爲十一旌也.

번역 내가 생각하기에, 사(士) 계급은 오직 1개의 깃발만 사용한다. 그렇기 때문에 승거(乘車)에는 전(旜)을 싣게 되는 것이다. 만약 천자(天子)의 경우라면, 다섯 종류의 수레가 있게 되고, 장례(葬禮)를 치를 때에는 이것을 모두 사용하여 혼거(魂車)로 삼으니, 매 수레마다 각각 깃발을 걸게 되어 있고, 또 견거(遣車)는 9대가 있고, 그 수레에도 각각 깃발이 있게 되므로, 명정(銘旌)까지 합한다면 모두 15개의 깃발이 있게 된다. 제후(諸侯)의 경우라면, 천자와 동성(同姓)인 제후는 금로(金路)로부터 그 이하의 수레를 갖추게 되고, 또한 견거(遣車)는 7대가 있으므로, 명정(銘旌)까지 합한다면, 모두 12개의 깃발이 있게 된다. 그리고 천자와 이성(異姓)인 제후는 상로(象路)로부터 그 이하의 수레를 갖추게 되고, 견거(遣車)에 싣는 깃발과 명정(銘旌)까지 합한다면, 모두 11개의 깃발이 있게 된다.

【86b】

子張之喪, 公明儀爲志焉. 褚幕丹質, 蟻結于四隅, 殷士也.

직역 子張의 喪에, 公明儀가 志를 爲했다. 褚幕을 丹質하고, 四隅에 蟻結하니, 殷의 士이다.

의역 자장(子張)의 상(喪)에서, 그의 제자 공명의(公明儀)가 장례(葬禮)를 치르며 치장하는 것을 드러내고자 하였다. 저(褚)를 휘장처럼 설치하되 붉은색 바탕의 포(布)를 이용해서 만들었고, 네 귀퉁이에는 왕개미가 서로 왕래하는 모습을 그렸는데, 이것은 은(殷)나라 때 사(士) 계급에 대한 장례에서 하는 치장 형식이다.

集說 疏曰: 褚者, 覆棺之物, 若大夫以上, 其形似幄, 士則無褚. 公明儀尊其師, 故特爲褚, 不得爲幄, 但似幕形, 故云褚幕, 以丹質之布而爲之也. 又於褚之四角, 畫蚍蜉之形, 交結往來, 故云"蟻結于四隅." 此殷禮士葬飾也.

번역 공영달(孔穎達)의 소(疏)에서 말하길, '저(褚)'라는 것은 관(棺)을 덮는 물건이니, 대부(大夫) 이상의 계급이라면, 그 모습이 천막[幄]과 유사하고, 사(士)의 경우에는 저(褚)가 없다. 공명의(公明儀)는 자신의 스승을 존숭하였기 때문에, 특별히 저(褚)를 설치하였지만, 천막처럼 설치할 수가 없어서, 단지 휘장[幕]의 형태처럼만 설치하였다. 그렇기 때문에 '저막(褚幕)'이라고 말한 것이며, 붉은색 바탕의 포(布)로 그것을 만들었다. 또 저(褚)의 네 귀퉁이에는 왕개미의 모습을 그리며, 왕래하는 모습을 나타내었다. 그렇기 때문에 "네 모퉁이에 왕개미가 왕래하는 모습을 그리다."라고 말한 것이다. 이것은 은(殷)나라의 예(禮)에서 사(士) 계급을 장례치를 때 치장하는 형식이다.

大全 長樂陳氏曰: 子張之喪, 公明儀爲志, 不牆不翣, 畫者以蟻, 而葬之以殷士之禮, 何也? 殷禮質, 周禮文, 質則厚, 文則薄. 子張之時, 旣甚文矣, 故門人從質, 以救其弊. 此易小過用過乎儉, 孔子欲從先進之意也. 記曰, "掘中霤而浴, 毁竈以綴足, 及葬, 毁宗躐行, 殷道也. 學者行之", 則喪禮從殷, 孔門之所尙也. 公西華之喪孔子, 則異於此者, 蓋厚孔子, 所以尊道, 儉子張, 所以趣時也.

번역 장락진씨가 말하길, 자장(子張)의 상(喪)에서 공명의(公明儀)가 장례(葬禮) 때의 치장을 하였는데, 장(牆)을 두르지 않았고, 삽(翣)을 설치하지 않았으며, 그림을 그린 것도 왕개미를 그렸고, 장례를 치르면서도 은(殷)나라 때 사(士) 계급에게 적용하던 예(禮)로써 시행하였으니, 이것은 어떤 이유인가? 은나라의 예(禮)는 질박하였고, 주(周)나라의 예(禮)는 화려하였으니, 질박하게 치르면 융숭하게 치르는 것이고, 화려하게 치르면 가볍게 치르는 것이 된다. 자장이 생존했을 때에는 이미 화려함을 숭상함이 극에 달해 있었다. 그렇기 때문에 문인들은 질박함에 따라서, 그 폐단을 바로잡고자 하였다. 이것은 『역』 소과괘(小過卦: 艮下震上☳☶)에서 검소함에 지나치게 한다는 뜻에 해당하고,[26] 공자(孔子)가 선대 학자들이 시행했던 예악(禮樂)에 따르고자 했던 뜻에 해당한다.[27] 『예기』에서는 "사람이

---

26) 『역』「소과(小過)·상전(象傳)」: 象曰, 山上有雷, 小過, 君子以行過乎恭, 喪過乎哀, 用過乎儉.

27) 『논어』「선진(先進)」: 子曰, "先進於禮樂, 野人也, 後進於禮樂, 君子也. 如用之, 則吾從先進."

죽게 되면, 중류(中霤)에 구덩이를 파고 그곳에서 시신을 목욕시키고, 부엌[竈]을 헐어서 나온 벽돌로 시신의 발을 누르고, 장례(葬禮)를 치를 때에는 종묘(宗廟)의 담을 헐고서, 그곳을 밟고 길을 떠난다. 이것은 은(殷)나라 때의 도리에 해당한다. 공자의 문인들은 이러한 도리를 실천하였다."[28]라고 했으니, 상례(喪禮)에서 은나라의 예법을 따르는 것은 공자 문인들이 숭상하던 방법이었다. 공서화(公西華)가 공자(孔子)의 상(喪)을 치를 때에는 이와는 다르게 실시하였으니, 그 이유는 아마도 공자에 대해서는 더욱 융성하게 치러서, 그 도(道)를 존귀하게 높이고자 하였기 때문이고, 자장(子張)에 대해서는 검소하게 치러서, 시대상을 좇고자 하였기 때문이다.

鄭注 志亦謂章識. 以丹布幕爲褚, 葬覆棺, 不牆不翣. 畫褚之四角, 其文如蟻行往來相交錯, 蟻, 蚍蜉也. 殷之蟻結, 似今蛇文畫. 學於孔子, 傚殷禮.

번역 이 문장의 '지(志)'자 또한 나타내고 드러낸다는 뜻이다. 적색의 포(布)로 만든 휘장을 '저(褚)'라고 하니, 장례(葬禮)를 치를 때 관(棺)을 덮는 것이고, 장(牆)을 두르지 않고, 삽(翣)을 설치하지 않았다. 저(褚)의 네 귀퉁이에 그림을 그리는데, 그 무늬는 왕개미가 왕래하며 서로 교차하는 모습처럼 표현하니, '의(蟻)'자는 왕개미를 뜻한다. 은(殷)나라 때 왕개미가 교차하는 무늬를 그린 것은 오늘날 뱀의 무늬를 그린 것과 흡사하다. 공자(孔子)에게서 수학한 자들은 은(殷)나라의 예(禮)를 본받았다.

釋文 褚, 張呂反. 幕音莫, 褚幕, 覆棺者. 蟻, 魚綺反, 又作蛾. 蚍, 避尸反, 徐扶夷反. 蜉音浮.

번역 '褚'자는 '張(장)'자와 '呂(려)'자의 반절음이다. '幕'자의 음은 '莫(막)'이며, '褚幕'은 관(棺)을 덮는 물건이다. '蟻'자는 '魚(어)'자와 '綺(기)'자

28) 『예기』「단궁상」【91a】: 掘中霤而浴, 毁竈以綴足. 及葬, 毁宗躐行, 出于大門, 殷道也. 學者行之.

의 반절음이며, 또한 '蛾'자로도 기록한다. '妣'자는 '避(피)'자와 '戶(호)'자의 반절음이며, 서음(徐音)은 '扶(부)'자와 '夷(이)'자의 반절음이다. '蜉'자의 음은 '浮(부)'이다.

孔疏 ●"子張"至"士也". ○正義曰: 此一節論孔子弟子送葬車飾學孔子行殷禮之事, 各隨文解之.

번역 ●經文: "子張"~"士也". ○이곳 문단은 공자(孔子)의 제자가 장례(葬禮)를 전송하며 수레에 치장하는 장식을 공자에게서 배워서, 은(殷)나라의 예(禮)를 시행했던 사안에 대해서 논의하고 있으니, 각각의 문단에 따라서 풀이하겠다.

孔疏 ●"子張之喪, 公明儀爲志焉". 公明儀是其弟子, 亦如公西赤爲章識焉. 此公明儀又爲曾子弟子, 故祭義云"公明儀問於曾子曰: '夫子可以爲孝乎'", 是也.

번역 ●經文: "子張之喪, 公明儀爲志焉". ○공명의(公明儀)는 자장(子張)의 제자이며, 또한 공서적(公西赤)이 공자(孔子)에 대해 했던 것처럼, 장식을 통해 그 뜻을 나타내고자 하였다. 여기에 나오는 공명의(公明儀)는 또한 증자(曾子)의 제자가 되기도 한다. 그렇기 때문에 『예기』「제의(祭義)」편에서 "공명의가 증자에게 묻기를 '선생님께서는 효(孝)를 실천했다고 하실 수 있습니까?'"[29]라고 한 말이 바로 그 증거가 된다.

孔疏 ●"褚幕丹質"者, 褚謂覆棺之物, 若大夫以上, 其形似幄, 士則無褚. 今公明儀尊敬其師, 故特爲褚, 不得爲幄, 但似幕形, 故云"褚幕", 以丹質之布

29) 『예기』「제의(祭義)」【565c】: 曾子曰, "孝有三. 大孝尊親, 其次弗辱, 其下能養." 公明儀問於曾子曰, "夫子可以爲孝乎?" 曾子曰, "是何言與. 是何言與. 君子之所爲孝者, 先意承志, 諭父母於道. 參直養者也. 安能爲孝乎?"

而爲之也.

번역 ●經文: "褚幕丹質". ○'저(褚)'는 관(棺)을 덮는 사물인데, 대부(大夫) 이상의 계급이라면, 그 형태가 천막[幄]과 흡사하고, 사(士)의 경우라면 저(褚)가 없다. 그런데 공명의(公明儀)는 자신의 스승을 존경했기 때문에, 특별히 저(褚)를 설치했던 것이지만, 천막 형태로 만들 수가 없었고, 단지 휘장[幕]의 형태와 흡사하게만 할 수 있었다. 그렇기 때문에 '저막(褚幕)'이라고 말한 것이니, 붉은색 바탕의 포(布)를 이용해서 그것을 만들게 된다.

孔疏 ●"蟻結"者, 蟻, 蚍蜉也. 又於褚之四角畫蚍蜉之形, 交結往來, 故云"蟻結於四隅". 所以不牆不翣者, 用殷禮也. 所以畫蟻者, 殷禮士葬之飾也. 棺蓋亦或取蚍蜉. 夫子聖人, 雖行殷禮, 弟子尊之, 故葬兼三代之禮. 今公明儀雖尊其師, 秖用殷法, 不牆不翣, 唯特加褚幕而已. 上葬夫子用三代之飾, 按士喪禮旣非聖人, 亦用夏祝·商祝, 彼謂祝習夏禮·商禮, 總是周祝也. 故鄭注士喪禮云: 夏祝, 祝習夏禮者也. 夏人敎以忠, 其於養宜, 故主饋食. 商祝, 祝習商禮者, 商人敎之以敬, 於接神宜, 故主衣服襲斂. 周人之喪, 皆有夏·商二祝, 與夫子用三代之禮, 其義不同. 夫子用三代之禮, 不爲僭者, 用其大夫之禮耳. 必用三代者, 夫子聖人, 德備三代文物故也.

번역 ●經文: "蟻結". ○'의(蟻)'자는 왕개미를 뜻한다. 또한 저(褚)의 네 귀퉁이에 왕개미의 모습을 그리며, 서로 교차하여 왕래하는 형태로 표현하게 된다. 그렇기 때문에 "네 모퉁이에 왕개미가 교차하도록 그린다."라고 말한 것이다. 장(牆)을 두르지 못하고, 또 삽(翣)도 설치할 수 없었던 이유는 은(殷)나라 때의 예(禮)를 사용했기 때문이다. 왕개미를 그린 이유는 은나라의 예(禮)에서는 사(士)에 대한 장례(葬禮)를 치를 때 하는 치장이기 때문이다. 관(棺)의 뚜껑에도 또한 왕개미의 모습을 그렸을 수도 있었을 것이다. 공자(孔子)는 성인(聖人)이므로, 비록 공자에 대해서 은나라의 예(禮)에 따라 장례를 치른다고 해도, 제자들은 공자를 존숭하였기 때문에, 장례를 치를 때, 삼대(三代) 때의 예(禮)를 모두 사용했던 것이다. 그런데 현재 공명의(公明儀) 또한 비록 자신의 스승인 자장(子張)을 존경했지만, 단지 은나라의 예법만 따르게 되어, 장(牆)을 두르지 않고, 또 삽(翣)도 설치하지 않았으며, 오직 저막(褚幕)만을 특별히 더하게 되었을 따름이다. 앞서 공자의 장례를 치를 때에는 삼대 때 시행했던 장식들을 모두 사용하였다고 했는데, 『의례』「사상례(士喪禮)」편의 기록을 살펴보면, 그 기록 속에서 설명하는 사(士) 계급은 이미 성인(聖人)이 아닌데도, 또한 하(夏)나라 때의 축관(祝官)과 상(商)나라 때의 축관을 사용하고 있다.[30] 그러나 「사상례」편의 기록에서 말한 축관은 그들이 하나라의 예(禮)와 상나라의 예(禮)를 익힌 것을 뜻하니, 총괄적으로는 모두 주(周)나라 때의 축관이 된다. 그렇기 때문에 「사상례」편에 대한 정현의 주에서는 다음과 같이 말한다. '하축(夏祝)'은 축관 중 하나라의 예(禮)를 익힌 자를 뜻한다. 하나라 때에는 충(忠)을 중심으로 가르쳤고, 그들은 봉양[養]하는 분야에 합당하였기 때문에, 궤식(饋食)[31]의 일을 주관하였던 것이다. '상축(商祝)'은 축관 중 상나라의 예(禮)를 익힌 자를 뜻한다. 상나라 때에는 경(敬)을 중심으로 가르쳤고, 그들은 접신(接神)하는 분야에 합당하였기 때문에, 의복으로 습(襲)과 염(斂)을 하는 일들을 주관하였던 것이다. 이러한 까닭으로 주(周)나라 때의 상(喪)에서는 모두 하나라와 상나라의 두 축관을 사용하였던 것이니, 공자의 상(喪)에서 삼대 때의 예(禮)를 모두 사용한 것과는 그 의미가 서로 다르다. 공자의 상(喪)에서 삼대 때의 예(禮)를 모두 사용했는데, 그것을 참람됨이라고 여기지 않은 이유는 대부(大夫)의 예(禮)를 적용했기 때문이다. 그런데도 기어코 삼대 때의 예(禮)를 모두 사용한 것은 공자는 성인(聖人)이므로, 그 덕(德)에 맞추기 위해서는 삼대의 문물(文物)을 모두 갖춰야 했기 때문이다.

---

30) 『의례』「사상례(士喪禮)」: 商祝掩瑱, 設幎目, 乃屨, 綦結于跗, 連絇. …… 夏祝鬻餘飯, 用二鬲于西牆下.

31) 궤식(饋食)은 음식을 바친다는 뜻이다. 고대에는 천자 및 제후들이 매월 초하루마다 종묘(宗廟)에서 음식을 바치는 의식을 치렀는데, 이것을 '궤식'이라고도 부른다. 『주례』「춘관(春官)·대종백(大宗伯)」편에는 "以饋食享先王."이라는 기록이 있다. 한편 조사(朝事)를 시행할 때, 조천(朝踐)을 끝낸 뒤, 생고기를 삶아서 재차 바치는 의식을 가리키기도 한다.

集解 愚謂: 周禮, 人君大夫士之葬皆有牆·翣, 上章云"飾棺牆, 置翣, 周也", 是也. 其自大夫以上, 又有褚, 其形如幄, 上下四周, 以素錦爲之. 今公明儀於子張之葬, 不置牆·翣, 但用丹布爲褚, 覆於棺上而不四周, 而畫蚍蜉於褚之四角, 此乃殷之士禮, 故曰"殷士也". 然則殷自大夫以上, 其褚蓋亦四周而用錦帛之屬與. 孔子兼習三代之禮, 而七十子之徒亦學焉, 故公明儀用殷禮以葬其師, 蓋亦崇儉尚質之意與.

번역 내가 생각하기에, 주(周)나라 때의 예(禮)에 따르면, 군주·대부(大夫)·사(士)의 장례(葬禮)에서는 모두 장(牆)과 삽(翣)을 사용하게 된다. 앞 장에서 "관(棺)을 치장하며 장(牆)을 두르고, 삽(翣)을 설치하는 것은 주(周)나라 때의 예법에 해당한다."[32]라고 했던 말이 바로 이러한 사실을 나타낸다. 그리고 대부 이상의 계급에서는 또한 '저(褚)'라는 것도 설치하게 되는데, 그 형태는 천막[幄]과 유사하며, 위아래 및 사면을 흰색의 비단으로 만들게 된다. 그런데 현재 공명의(公明儀)는 자장(子張)의 장례를 치르며, 장(牆)과 삽(翣)을 설치하지 않았고, 단지 적색의 포(布)로 만든 저(褚)만을 사용하여, 관(棺)의 윗면만을 덮고, 사면은 가리지 않았으며, 저(褚)의 네 모퉁이에는 왕개미를 그렸으니, 이것은 곧 은(殷)나라에서 사(士)에게 적용했던 예(禮)에 해당한다. 그렇기 때문에 "은나라 때 사(士)에게 시행했던 방법이다."라고 말한 것이다. 그렇다고 한다면 은나라 때에는 대부 이상의 계급에서는 저(褚)에 있어서도 아마도 네 면을 가렸을 것이고, 비단 등의 천을 이용해서 만들었을 것이다. 공자(孔子)는 항상 삼대(三代) 때의 예(禮)를 함께 익혔으니, 그의 70여 명의 제자들 또한 그것을 배웠을 것이다. 그렇기 때문에 공명의는 은나라 때의 예(禮)를 이용해서 자신의 스승에 대해 장례를 치렀던 것이니, 아마도 검소함을 숭상하고 질박함을 숭상한다는 뜻을 나타내기 위해서였을 것이다.

---

32) 『예기』「단궁상」【85d】: 孔子之喪, 公西赤爲志焉. 飾棺牆, 置翣設披, 周也. 設崇, 殷也. 綢練設旐, 夏也.

禮記 檀弓上篇 人名 및 用語 辭典

ㄱ

◎ **가공언(賈公彥, ? ~ ?)** : 당(唐)나라 때의 유학자이다. 정현(鄭玄)을 존숭하였다. 예학(禮學)에 조예가 깊었다. 『주례소(周禮疏)』, 『의례소(儀禮疏)』 등의 저서를 남겼으며, 이 저서들은 『십삼경주소(十三經注疏)』에 포함되었다.

◎ **가정본(嘉靖本)** : 『가정본(嘉靖本)』에는 간행한 자의 정보가 기록되어 있지 않다. 『십삼경주소(十三經注疏)』의 판본이다. 20권으로 구성되어 있으며, 각 권의 뒤편에는 경문(經文)과 그에 따른 주(注)를 간략히 기록하고 있다. 단옥재(段玉裁)는 이 판본이 가정(嘉靖) 연간에 송본(宋本)을 모방하여 간행된 것이라고 여겼다.

◎ **감본(監本)** : 『감본(監本)』은 명(明)나라 국자감(國子監)에서 간행한 『십삼경주소(十三經注疏)』의 판본이다.

◎ **강복(降服)** : '강복'은 상(喪)의 수위를 본래의 등급보다 한 등급 낮추는 일에 해당한다. 예를 들어 자식은 부모에 대해 삼년상을 치러야 하지만, 다른 집의 양자로 간 경우라면 자신의 친부모에 대해 삼년상을 치르지 않고, 한 등급 낮춰서 1년만 치르게 된다. 이것은 상(喪)의 기간에만 해당하는 것이 아니라, 상복(喪服) 및 상(喪)을 치르며 부수적으로 갖추게 되는 기물(器物)들에도 적용된다.

◎ **강영(江永, A.D.1681 ~ A.D.1762)** : 청(淸)나라 때의 경학자이다. 자

(字)는 신수(愼修)이다. 『십삼경주소(十三經注疏)』에 대한 연구를 했으며, 특히 삼례(三禮)에 대해 해박했다.

◎ 개(介) : '개'는 부관을 뜻한다. 빈객(賓客)이 방문했을 때 주인(主人)과 빈객 사이에서 진행되는 절차들을 보좌했던 자들이다. 계급에 따라서 '개'를 두는 숫자에도 차이가 났다. 가령 상공(上公)은 7명의 '개'를 두었고, 후작이나 백작은 5명을 두었으며, 자작과 남작은 3명의 개를 두었다. 『예기』「빙의(聘義)」편에는 "上公七介, 侯伯五介, 子男三介."라는 기록이 있다.

◎ 개성석경(開成石經) : 『개성석경(開成石經)』은 당(唐)나라 만들어진 석경(石經)을 뜻한다. 돌에 경문(經文)을 새겼기 때문에, '석경'이라고 부른다. 당나라 때 만들어진 '석경'은 대화(大和) 7년(A.D.833)에 만들기 시작하여, 개성(開成) 2년(A.D.837)에 완성되었기 때문에, '개성석경'이라고도 부르는 것이다.

◎ 거우(車右) : '거우'는 수레에 함께 타는 호위무사를 뜻한다. 수레의 우측에 위치하였기 때문에 '거우'라고 부르는 것이다.

◎ 경원보씨(慶源輔氏, ? ~ ?) : =보광(輔廣). 남송(南宋) 때의 학자이다. 자(字)는 한경(漢卿)이고, 호(號)는 잠암(潛庵)·전이(傳貽)이다. 여조겸(呂祖謙)과 주자(朱子)에게서 학문을 배웠다. 저서로는 『사서찬소(四書纂疏)』, 『육경집해(六經集解)』 등이 있다.

◎ 경전석문(經典釋文) : 『경전석문(經典釋文)』은 석문(釋文)이라고도 부른다. 당(唐)나라 때의 학자인 육덕명(陸德明)이 지은 책이다. 문자(文字)의 동이(同異) 및 음과 뜻에 대해서 풀이한 서적이다. 전체 30권으로 구성되어 있으며, 『역(易)』, 『서(書)』, 『시(詩)』, 『주례(周禮)』, 『의례(儀禮)』, 『예기(禮記)』 등 주요 유가경전(儒家經典)들에 대해 풀이하고 있다. 한편 노장사상(老莊思想)이 유행했던 당시의 영향으로, 『노자(老子)』와 『장자(莊子)』에 대한 내용 또한 수록되어 있다.

◎ 계빈(啓殯) : '계빈'은 장례(葬禮) 절차 중 하나이다. 장례를 치르기 위하여, 빈소에 임시로 가매장했던 영구를 꺼내는 절차를 뜻한다.

◎ 고문(皐門) : '고문'은 천자의 궁(宮)에 설치된 문들 중에서 가장 바깥쪽에 설치하는 문이다. 높다는 의미의 '고(高)'자가 '고(皐)'자와 통용되므로, 붙여진 명칭이다. 『시』「대아(大雅)·면(緜)」편에는 "迺立皐門, 皐門有伉."이라는 용례가 있고, 『예기』「명당위(明堂位)」편의 "大

廟, 天子明堂. 庫門, 天子皐門. 雉門, 天子應門."이라는 기록에 대해, 정현의 주에서는 "皐之言高也."라고 풀이했다.

◎ **고문송판(考文宋板)** : 『고문송판(考文宋板)』은 일본 학자 산정정(山井鼎) 등이 출간한 『칠경맹자고문보유(七經孟子考文補遺)』에 수록된 『예기정의(禮記正義)』를 뜻한다. 산정정은 『예기정의』를 수록할 때, 송(宋)나라 때의 판본을 저본으로 삼았다.

◎ **고신씨(高辛氏)** : '고신씨'는 곧 제곡(帝嚳)을 가리킨다. 제곡은 최초 신(辛)이라는 땅을 분봉 받았다가, 이후에 제(帝)가 되었으므로, 제곡을 '고신씨'라고도 부르는 것이다.

◎ **고양씨(高陽氏)** : =전욱(顓頊)

◎ **고염무(顧炎武, A.D.1613 ~ A.D.1682)** : 명말(明末) 때의 학자이다. 자(字)는 영인(寧人)이고, 호(號)는 정림(亭林)이다. 경학과 사학(史學) 분야에 뛰어났다. 『일지록(日知錄)』 등의 저서가 있다.

◎ **곤학기문(困學紀聞)** : 『곤학기문(困學紀聞)』은 남송(南宋) 때 왕응린(王應麟)이 지은 책이다. 경(經)을 비롯해, 천문(天文)·지리(地理) 등 다양한 분야에 대해서 짤막한 고증과 평론 등을 수록하고 있다.

◎ **공시선생(公是先生)** : =유창(劉敞)

◎ **공안국(孔安國, ? ~ ?)** : 전한(前漢) 때의 학자이다. 자(字)는 자국(子國)이다. 고문상서학(古文尙書學)의 개조(開祖)로 알려져 있다. 『십삼경주소(十三經注疏)』의 『상서정의(尙書正義)』에는 공안국의 전(傳)이 수록되어 있는데, 통상적으로 이 주석은 후대인들이 공안국의 이름에 가탁하여 붙인 문장으로 인식되고 있다.

◎ **공영달(孔穎達, A.D.574 ~ A.D.648)** : =공씨(孔氏). 당대(唐代)의 경학자이다. 자(字)는 중달(仲達)이고, 시호(謚號)는 헌공(憲公)이다. 『오경정의(五經正義)』를 찬정(撰定)하는데 중심적인 역할을 했다.

◎ **공유사(公有司)** : '공유사'는 사(士)가 맡았던 직책으로, 군주에게 특명을 받은 유사(有司)이다. '유사'는 실무 담당자를 뜻한다.

◎ **공자가어(孔子家語)** : 『공자가어(孔子家語)』는 공자(孔子)의 언행 및 제자들과의 일화를 기록한 문헌이다. 전한(前漢) 초기에 공안국(孔安國)이 이 책을 편집했다는 학설도 있지만, 현존하는 『공자가어』는 일반적으로 왕숙(王肅)의 위작으로 인식된다.

◎ **곽경순(郭景純)** : =곽박(郭璞)

◎ **곽박(郭璞, A.D.276 ~ A.D.324)** : =곽경순(郭景純). 진(晉)나라 때의 학자이다. 자(字)는 경순(景純)이다. 저서로는『이아주(爾雅注)』,『방언주(方言注)』,『산해경주(山海經注)』 등이 있다.

◎ **광아(廣雅)** :『광아(廣雅)』는 위(魏)나라 때 장읍(張揖)이 지은 자전(字典)이다.『박아(博雅)』라고도 부른다.『이아』의 체제를 계승하고, 새로운 내용을 보충하여, 경전(經典)에 기록된 글자들을 해석한 서적이다. 본래 상·중·하 3권으로 구성되어 있었지만, 수(隋)나라 조헌(曺憲)이 재차 10권으로 편집하였다. 한편 '광(廣)'자가 수나라 양제(煬帝)의 시호였기 때문에, 피휘를 하여,『박아』라고 부르게 되었다.

◎ **광안유씨(廣安游氏, ? ~ ?)** : =유계(游桂)·유원발(游元發). 남송(南宋) 때의 학자이다. 이름은 계(桂)이고, 자(字)는 원발(元發)이며, 호(號)는 사재(思齋)이다. 자세한 행적은 남아 있지 않다.

◎ **광운(廣韻)** :『광운(廣韻)』은 수(隋)나라 때의 학자인 육법언(陸法言, ? ~ ?)이 찬(撰)한 음운학 서적이다. 여러 학자들과 논의하여『절운(切韻)』을 만들었는데, 당(唐)나라 때 그의 후손인 육눌언(陸訥言) 등이 주를 달았고, 손면(孫愐)이 증보(增補)를 하여『광운(廣韻)』으로 제목을 고쳤다. 송(宋)나라 때에는 칙명으로 다시 증보를 하여,『대송중수광운(大宋重修廣韻)』으로 제목을 고쳤다.『대송중수광운』으로 개명되면서, 최초 육법언 및 손면이 편찬한 원본의 체제가 없어지게 되었다.

◎ **교감기(校勘記)** :『교감기(校勘記)』는 완원(阮元)이 학자들을 모아서 편차했던『십삼경주소교감기(十三經註疏校勘記)』를 뜻한다.

◎ **교기(校記)** :『교기(校記)』는 손이양(孫詒讓)이 지은『십삼경주소교기(十三經注疏校記)』를 뜻한다.

◎ **구배(九拜)** : '구배'는 제사를 지낼 때 사용하게 되는 아홉 종류의 절하는 형식을 뜻한다. 계수(稽首), 돈수(頓首), 공수(空首), 진동(振動), 길배(吉拜), 흉배(凶拜), 기배(奇拜), 포배(褒拜), 숙배(肅拜)에 해당한다. '계수'는 절을 하며 머리가 지면에 닿도록 하는 것이며, '돈수'는 절을 하며 머리가 땅을 두드리듯이 찧는 것이고, '공수'는 절을 하며 머리가 손을 포갠 곳에 닿도록 하는 것이니, '배수(拜手)'라고 부르는 것에 해당한다. '길배'는 절을 한 이후에 이마를 땅에 닿게 하는 것이며, '흉배'는 이마를 땅에 닿게 한 이후에 절을 하는 것이다. '진

동'의 경우 애통하게 울면서 절을 하는 것을 뜻하기도 하고, 양손을 서로 부딪치는 것을 뜻하기도 하며, 위엄을 갖추고 절을 하는 것을 뜻하기도 한다. '기배'는 절하는 횟수를 홀수로 하는 것을 뜻하기도 하며, 한쪽 무릎만 굽히고 하는 절이나 손에 쥐고 있는 물건 등에 의지해서 절하는 것을 뜻하기도 하고, 한 번 절하는 것을 뜻하기도 한다. '포배'는 답배를 뜻하기도 하니, 재배(再拜)에 해당하고, 또 손에 물건을 쥐고 절하는 것을 뜻하기도 한다. '숙배'는 단지 손을 아래로 내려서 몸에 붙이는 것에 해당한다. 『주례』「춘관(春官)·대축(大祝)」편에는 "辨九拜, 一曰稽首, 二曰頓首, 三曰空首, 四曰振動, 五曰吉拜, 六曰凶拜, 七曰奇拜, 八曰褒拜, 九曰肅拜, 以享右祭祀."라는 기록이 있고, 이에 대한 정현의 주에서는 "稽首, 拜頭至地也. 頓首, 拜頭叩地也. 空首, 拜頭至手, 所謂拜手也. 吉拜, 拜而后稽顙, 謂齊衰不杖以下者. 言吉者, 此殷之凶拜, 周以其拜與頓首相通, 故謂之吉拜云. 凶拜, 稽顙而后拜, 謂三年服者. 杜子春云, '振讀爲振鐸之振, 動讀爲哀慟之慟, 奇讀爲奇偶之奇, 謂先屈一膝, 今雅拜是也. 或云, 奇讀曰倚, 倚拜謂持節·持戟拜, 身倚之以拜.' 鄭大夫云, '動讀爲董, 書亦或爲董. 振董, 以兩手相擊也. 奇拜, 謂一拜也. 褒讀爲報, 報拜, 再拜是也.' 鄭司農云, '褒拜, 今時持節拜是也. 肅拜, 但俯下手, 今時撎是也. 介者不拜, 故曰爲事故, 敢肅使者.' 玄謂振動戰栗變動之拜. 書曰王動色變. 一拜, 答臣下拜. 再拜, 拜神與尸. 享, 獻也, 謂朝獻饋獻也. 右讀爲侑. 侑勸尸食而拜."라고 풀이했다.

◎ **궤식(饋食)** : '궤식'은 음식을 바친다는 뜻이다. 고대에는 천자 및 제후들이 매월 초하루마다 종묘(宗廟)에서 음식을 바치는 의식을 치렀는데, 이것을 '궤식'이라고도 부른다. 『주례』「춘관(春官)·대종백(大宗伯)」편에는 "以饋食享先王."이라는 기록이 있다. 한편 조사(朝事)를 시행할 때, 조천(朝踐)을 끝낸 뒤, 생고기를 삶아서 재차 바치는 의식을 가리키기도 한다.

◎ **궤전(饋奠)** : '궤전'은 상중(喪中)에 시행하는 전제사[奠祭]를 가리킨다.

◎ **금릉왕씨(金陵王氏)** : =왕안석(王安石)

◎ **금화응씨(金華應氏, ? ~ ?)** : =응용(應鏞)·응씨(應氏)·응자화(應子和). 이름은 용(鏞)이다. 자(字)는 자화(子和)이다. 『예기찬의(禮記纂義)』를 지었다.

◎ **기공(寄公)** : '기공'은 자신의 나라를 잃고, 다른 나라에 위탁해서 지내는 제후를 뜻한다. 후대에는 지위를 잃고 떠돌아다니게 된 사람들을 지칭하는 용어로도 사용했다.

◎ **기년복(期年服)** : '기년복'은 1년 동안 상복(喪服)을 입는다는 뜻이다. 또는 그 기간 동안 입게 되는 상복을 뜻하기도 하는데, 일반적으로 자최복(齊衰服)을 가리키는 용어로 사용된다. '기년복'이라고 할 때의 '기년(期年)'은 1년을 뜻하는데, '자최복'은 일반적으로 1년 동안 입게 되는 상복이 되기 때문이다.

◎ **남송석경(南宋石經)** : 『남송석경(南宋石經)』은 송(宋)나라 고종(高宗) 때 돌에 새긴 『십삼경주소(十三經注疏)』의 판본이다. 그러나 『예기(禮記)』에 대해서는 「중용(中庸)」 1편만을 기록하고 있다.

◎ **납징(納徵)** : '납징'은 납폐(納幣)라고도 부른다. 혼인과 관련된 육례(六禮) 중 하나이다. 혼인 약속을 증명하기 위해, 여자 집안에 폐백을 보내는 일을 뜻한다.

◎ **납폐(納幣)** : =납징(納徵)

◎ **내상(內喪)** : '내상'은 대문(大門) 안에서 발생한 상(喪)을 뜻한다. 즉 집안에서 발생한 상(喪)을 뜻하며, 외상(外喪)과 반대가 된다.

◎ **내침(內寢)** : '내침'은 연침(燕寢)을 뜻한다. 천자의 경우 6개의 침(寢)을 두는데, 1개의 정침(正寢)을 제외하고, 나머지 5개의 침은 연침이 된다. 정침은 가장 바깥쪽에 있기 때문에, 외침(外寢)이라고 부르며, 연침은 상대적인 의미에서 '내침'이라고 부른다.

◎ **노식(盧植, A.D.159? ~ A.D.192)** : =노씨(盧氏). 후한(後漢) 때의 유학자이다. 자(字)는 자간(子幹)이다. 어려서 마융(馬融)을 스승으로 섬겼다. 영제(靈帝)의 건녕(建寧) 연간(A.D.168 ~ A.D.172)에 박사(博士)가 되었다. 채옹(蔡邕) 등과 함께 동관(東觀)에서 오경(五經)을 교정했다. 후에 동탁(董卓)이 소제(少帝)를 폐위시키자, 은거하며 『상서장구(尙書章句)』, 『삼례해고(三禮解詁)』를 저술했지만, 남아 있지 않다.

◎ **노씨(盧氏)** : =노식(盧植)

◎ **노침(路寢)** : '노침'은 천자나 제후가 정무를 처리하던 정전(正殿)이다. 『시』「노송(魯頌)・민궁(閟宮)」편에는 "松桷有舃, 路寢孔碩."이라는 기록이 있는데, 이에 대한 모전(毛傳)에서는 "路寢, 正寢也."라고 풀이했고, 『문선(文選)』에 수록된 장형(張衡)의 '서경부(西京賦)'에는 "正殿路寢, 用朝群辟."이라는 기록이 있는데, 이에 대한 설종(薛綜)의 주에서는"周曰路寢, 漢曰正殿."이라고 하여, 주(周)나라에서는 '정전'을 '노침'으로 불렀다고 풀이했다.

◎ **뇌(誄)** : '뇌'는 죽은 자의 행적들을 열거하여, 그 기록들을 읽으며, 시호(諡號)를 짓는 것을 뜻한다. '뇌'자는 "묶는다[累]."는 뜻이다. 즉 죽은 자의 행적을 하나로 엮는다는 의미이다.

ㄷ

◎ **단(袒)** : '단'은 상중(喪中)에 남자들이 취하는 복장 방식이다. 상의 중 좌측 어깨 쪽을 드러내는 방법이다. 한편 일반적인 의례절차에서도 단(袒)의 복장 방식을 취하는 경우가 있다.

◎ **단면(袒免)** : '단면'은 상의의 한쪽을 벗어 좌측 어깨를 드러내고, 관(冠)을 벗고 머리끈으로 머리를 묶는다는 뜻이다. 먼 친척이 죽었을 때, 해당하는 상복(喪服)이 없다면, 이처럼 '단면'을 해서 애도하는 마음을 표현하게 된다.

◎ **단옥재(段玉裁, A.D.1735 ~ A.D.1815)** : 청(淸)나라 때의 학자이다. 자(字)는 약응(若膺)이고, 호(號)는 무당(懋堂)이다. 저서로는 『설문해자주(說文解字注)』, 『육서음균표(六書音均表)』, 『고문상서찬이(古文尙書撰異)』 등이 있다.

◎ **단의(褖衣)** : '단의'는 흑색의 천으로 상의와 하의를 만들고, 붉은색으로 가장자리에 단을 댄 옷이다. 『의례』「사상례(士喪禮)」편에는 '단의'가 기록되어 있는데, 이에 대한 정현의 주에서는 "黑衣裳赤緣謂之褖."이라고 풀이했다.

◎ **담제(禫祭)** : '담제'는 상복(喪服)을 벗을 때 지내는 제사이다.

◎ **대덕(戴德, ? ~ ?)** : 전한(前漢) 때의 학자이다. 자(字)는 연군(延君)이

다. 금문예학(今文禮學)인 대대학(大戴學)의 창시자로 일컬어진다. 조카 대성(戴聖), 경보(慶普) 등과 후창(后蒼)에게서 수학하여, 예(禮)를 익혔다. 선제(宣帝) 때에는 박사(博士)에 임명되기도 하였다. 그의 학문은 서량(徐良)과 유경(斿卿) 등에게 전수되었다. 『대대례기(大戴禮記)』를 편찬하였지만, 『소대례기(小戴禮記)』에 비해 성행되지 못하였으며, 현재는 많은 부분이 없어지고, 단지 삼십여 편만이 남아 있다.

◎ **대상(大喪)** : 천자(天子)·왕후(王后)·세자(世子) 등의 상(喪)을 가리킨다. 이들은 가장 존귀한 자들에 해당하기 때문에, 그들에 대한 상(喪) 또한 '대(大)'자를 붙여서, '대상'이라고 부르는 것이다. 『주례』「천관(天官)·재부(宰夫)」편에는 "大喪小喪, 掌小官之戒令, 帥執事而治之."라는 기록이 있는데, 이에 대한 정현의 주에서는 "大喪, 王·后·世子之喪也."라고 풀이했다. 한편 '대상'은 부모의 상(喪)을 가리키기도 한다. 부모는 자식의 입장에서 가장 중대한 대상에 해당하기 때문에, 부모의 상(喪)을 '대상'이라고 부르는 것이다. 『춘추공양전』「선공(宣公) 1년」편에는 "古者臣有大喪, 則君三年不呼其門."이라는 용례가 있다.

◎ **대상(大祥)** : '대상'은 부모의 상(喪)에서, 부모가 죽은 지 만 2년 만에 탈상을 하며 지내는 제사이다.

◎ **대소(大韶)** : '대소'는 순(舜)임금 때의 악무(樂舞)이다. 주(周)나라에 와서 육무(六舞) 중 하나로 정착하였다. 『장자(莊子)』「천하(天下)」편에는 "舜有大韶."라는 기록이 있다.

◎ **대하(大夏)** : '대하'는 주(周)나라 때의 악무(樂舞) 중 하나이다. 하(夏)나라 우(禹)임금 때의 악무를 근간으로 삼아서 만든 악무이다.

◎ **동래여씨(東萊呂氏)** : =여조겸(呂祖謙)

◎ **두예(杜預, A.D.222 ~ A.D.284)** : 서진(西晉) 때의 유학자이다. 경조(京兆) 두릉(杜陵) 출신이다. 자(字)는 원개(元凱)이다. 『춘추경전집해(春秋經典集解)』를 저술하였는데, 이 책은 현존하는 『춘추(春秋)』의 주석서 중 가장 오래된 것이며, 『십삼경주소(十三經注疏)』의 『춘추좌씨전정의(春秋左氏傳正義)』에도 채택되어 수록되었다.

ㅁ

◎ **마최(麻衰)** : '마최'는 가는 삼[麻]으로 짠 포(布)를 사용하여 만든 상복(喪服)이다. '마최'의 '마(麻)'자는 재질을 뜻하는 글자이며, '최(衰)'자는 상복을 뜻하는 글자이다. 『예기』「단궁상(檀弓上)」편에는 "司寇惠子之喪, 子游爲之麻衰, 牡麻絰."이라는 기록이 있는데, 이에 대한 정현의 주에서는 "麻衰, 以吉服之布爲衰."라고 풀이했다. 즉 가는 삼으로 짠 포는 길복(吉服)에 사용하는 것이다. 따라서 '마최'의 복장을 조복(弔服)으로 착용할 경우, 정상적인 조복과는 거리가 먼 것이다.

◎ **면(免)** : '면'은 면포(免布)나 면복(免服)과 같은 뜻이다.

◎ **면복(免服)** : '면복'은 상복(喪服)의 한 종류이다. 면(免)과 최질(衰絰)을 하는 것이며, 친상(親喪)을 처음 당했을 때 착용하는 복장이다.

◎ **면포(免布)** : '면포'는 상(喪)을 당한 사람이 관(冠)을 벗고 흰 천 등으로 '머리를 묶는 것[括髮]'을 뜻한다.

◎ **명기(明器)** : '명기'는 명기(冥器)라고도 부른다. 장례(葬禮) 때 시신과 함께 매장하는 순장품을 뜻한다.

◎ **명기(冥器)** : =명기(明器)

◎ **모본(毛本)** : 『모본(毛本)』은 명(明)나라 말기 급고각(汲古閣)에서 간행된 『십삼경주소(十三經注疏)』의 판본이다. 급고각은 모진(毛晋)이 지은 장서각이었으므로, 이러한 명칭이 생겼다.

◎ **목록(目錄)** : 『목록(目錄)』은 정현이 찬술했다고 전해지는 『삼례목록(三禮目錄)』을 가리킨다. 『십삼경주소(十三經注疏)』에서 인용되고 있지만, 이 책은 『수서(隋書)』가 편찬될 당시에 이미 일실되어 존재하지 않았다. 『수서』「경적지(經籍志)」편에는 "三禮目錄一卷, 鄭玄撰, 梁有陶弘景注一卷, 亡."이라는 기록이 있다.

◎ **무산작(無筭爵)** : '무산작'은 술잔의 수를 헤아리지 않는다는 뜻이다. 여수(旅酬)를 한 이후에, 빈객들의 제자들과 형제들의 자제들은 각각 그들의 수장에게 술을 따르고, 잔을 들어 올리는 것도 각각 그들의 수장에게 한다. 그리고 빈객들이 잔을 가져다가, 형제들 집단에 술을 권하고, 장형제(長兄弟)들은 잔을 가져다가 빈객의 무리들에게 술을 권하게 된다. 이처럼 여러 차례 술을 따르고 권하기 때문에, 이러한 절차를 '무산작'이라고 부르는 것이다.

◎ **민본(閩本)** : 『민본(閩本)』은 명(明)나라 가정(嘉靖) 연간 때 이원양(李元陽)이 간행한 『십삼경주소(十三經注疏)』 판본이다. 한편 『칠경맹자고문보유(七經孟子考文補遺)』에서는 이 판본을 『가정본(嘉靖本)』으로 지칭하고 있다.

ㅂ

◎ **반곡(反哭)** : '반곡'은 장례(葬禮) 절차 중 하나이다. 장지(葬地)에 시신을 안치한 이후, 상주(喪主)는 신주(神主)를 받들고 되돌아와서 곡(哭)을 하는데, 이것을 '반곡'이라고 부른다.

◎ **방각(方慤)** : =엄릉방씨(嚴陵方氏)

◎ **방성부(方性夫)** : =엄릉방씨(嚴陵方氏)

◎ **방씨(方氏)** : =엄릉방씨(嚴陵方氏)

◎ **방언(方言)** : 『방언(方言)』은 『유헌사자절대어석별국방언(輶軒使者絶代語釋別國方言)』·『별국방언(別國方言)』이라고도 부른다. 한(漢)나라 때의 학자인 양웅(揚雄)이 편찬했다고 전해지는 서적이다. 총 13권으로 구성되어 있었으며, 각 지방에서 온 사신들의 방언을 모았다는 뜻에서, 『유헌사자절대어석별국방언』이라는 제목으로 출간되었고, 또 이 말을 줄여서 『별국방언』·『방언』이라고 부르게 되었다. 현존하는 『방언』은 곽박(郭璞)의 주(注)가 붙어 있는 판본이다. 그러나 『한서(漢書)』 등의 기록에는 양웅의 저술 목록에 『방언』이 포함되어 있지 않으므로, 편찬자에 대한 의혹이 끊임없이 제기되었다.

◎ **백호통(白虎通)** : 『백호통(白虎通)』은 후한(後漢) 때 편찬된 서적이다. 『백호통의(白虎通義)』라고도 부른다. 후한의 장제(章帝)가 학자들을 불러 모아서, 백호관(白虎觀)에서 토론을 시키고, 각 경전 해석의 차이점을 기록한 서적이다.

◎ **별록(別錄)** : 『별록(別錄)』은 후한(後漢) 때 유향(劉向)이 찬(撰)했다고 전해지는 책이다. 현재는 일실되어 존재하지 않으며, 『한서(漢書)』「예문지(藝文志)」편을 통해서 대략적인 내용만을 추측해볼 수 있다.

◎ **병(秉)** : '병'은 수량을 재는 단위이다. 16두(斗)는 1수(籔)가 되고, 10수(籔)는 1병(秉)이 된다. 『의례』「빙례(聘禮)」편에는 "十斗曰斛, 十六

斗曰籔, 十籔曰秉."이라는 기록이 있다.

◎ **보광(輔廣)** : =경원보씨(慶源輔氏)

◎ **복희(伏羲)** : '복희'는 곧 복희씨(宓戲氏)·복희씨(伏羲氏)를 가리킨다. 전설시대에 존재했다고 전해지는 고대 제왕 중 한 명이다. 복(伏)자와 복(宓)자, 그리고 희(羲)자와 희(戲)자는 음이 같아서 통용되었다. 『한서(漢書)』「고금인표(古今人表)」편에는 "太昊帝宓羲氏."라는 기록이 있는데, 이에 대한 안사고(顔師古)의 주에서는 "宓, 音伏, 字本作戲, 其音同."이라고 풀이했다.

◎ **부제(祔祭)** : '부제'는 '부(祔)'라고도 한다. 새로이 죽은 자가 있으면, 선조(先祖)에게 '부제'를 올리면서, 신주(神主)를 합사(合祀)하는 것을 말한다. 『주례』「춘관(春官)·대축(大祝)」편에는 "付練祥, 掌國事."라는 기록이 있고, 이에 대한 정현의 주에서는 "付當爲祔. 祭於先王以祔後死者."라고 풀이하였다.

◎ **비률(碑繂)** : '비률'에서의 비(碑)자는 하관(下棺)할 때, 매장하는 구덩이 주변에 설치하는 풍비(豊碑)를 뜻한다. 률(繂)자는 풍비에 뚫린 구멍에 끼우는 끈을 말한다. 즉 '비률'은 도르래의 원리와 비슷한 것으로 하관할 때 사용한다. 『예기』「단궁하(檀弓下)」편에는 "公室視豊碑, 三家視桓楹."이라는 기록이 있는데, 이에 대한 정현의 주에서는 "豊碑, 斲大木爲之, 形如石碑. 於槨前後四角樹之, 穿中於間, 爲鹿盧, 下棺以繂繞. 天子六繂四碑, 前後各重鹿盧也."라고 풀이했다.

ㅅ

◎ **사구(司寇)** : '사구'는 주(周)나라 때 설치되었던 관직이다. 하(夏)나라와 은(殷)나라 때에도 이미 존재했었다고 주장하기도 한다. 주나라 때에는 육경(六卿) 중 하나였으며, 대사구(大司寇)라고도 불렀다. 형벌이나 옥사에 관련된 일을 담당하였고, 감찰 임무를 맡기도 하였다. 춘추시대(春秋時代)에는 여러 제후국들에 이 관직이 설치되었으며, 공자(孔子) 또한 노(魯)나라에서 '사구'를 지냈다고 전해지기도 한다. 청(淸)나라 때에는 형부상서(刑部尙書)를 '대사구'로 불렀으며, 시랑(侍郎)을 소사구(少司寇)로 불렀다.

◎ 사마천(司馬遷, B.C.145? ~ B.C.86) : 전한(前漢) 때의 사학자이다. 자(字)는 자장(子長)이다. 부친은 사마담(司馬談)이다. 저서로는 『사기(史記)』가 있다.

◎ 사방득(謝枋得, A.D.1226 ~ A.D.1289) : 남송(南宋) 때의 문장가이다. 자(字)는 군직(君直)이고, 호(號)는 첩산(疊山)이다. 저서로는 『첩산집(疊山集)』, 『문장궤범(文章軌範)』 등이 있다.

◎ 산음육씨(山陰陸氏, A.D.1042 ~ A.D.1102) : =육농사(陸農師)·육전(陸佃). 북송(北宋) 때의 유학자이다. 자(字)는 농사(農師)이며, 호(號)는 도산(陶山)이다. 어려서 집안이 매우 가난했다고 전해지며, 왕안석(王安石)에게 수학하였으나 왕안석의 신법에 대해서는 반대하였다. 저서로는 『비아(埤雅)』, 『춘추후전(春秋後傳)』, 『도산집(陶山集)』 등이 있다.

◎ 상서중후(尙書中候) : 『상서중후(尙書中候)』는 위서(緯書) 중 하나이다. '위서'는 경서(經書)의 부족한 내용을 보충하기 위해 위작된 것으로, 서한(西漢) 말기에 유행하기 시작하여, 동한(東漢) 시기에 크게 성행하였으며, 남조(南朝) 송나라 때가 되어서야 비로소 금지되기 시작하였다.

◎ 상전(喪奠) : '상전'은 상례(喪禮)를 시행하는 도중 아직 장례(葬禮)를 치르지 않은 상태에서, 음식물들을 진설하며 지내는 전(奠)제사를 뜻한다.

◎ 상제(祥祭) : '상제'는 대상(大祥)과 소상(小祥) 때의 제사를 뜻한다. '소상'에서의 제사는 부모가 죽은 지 만 1년 만에 지내는 제사이고, 대상(大祥)에서의 제사는 만 2년 만에 지내는 제사이다.

◎ 석(裼) : '석'은 고대에 의례를 시행할 때 하는 복장 방식 중 하나이다. 좌측 소매를 걷어 올려서, 안에 입고 있는 석의(裼衣)를 드러내는 것이다. 한편 '석'은 비교적 성대하지 않은 의식 때 시행하는 복장 방식으로도 사용되어, 좌측 소매를 걷어 올려서 공경의 뜻을 표하기도 했다.

◎ 석의(裼衣) : '석의'는 고대에 의례를 시행할 때 입는 옷이다. 가죽옷이나 갈옷 위에 걸쳤던 외투 중 하나이다. '석의' 위에는 습의(襲衣)를 걸쳤기 때문에, 중간에 입는 옷이라는 뜻에서 '중의(中衣)'라고도 부른다.

◎ **석경(石經)** : 『석경(石經)』은 당(唐)나라 개성(開成) 2년(A.D.714)에 돌에 새긴 『십삼경주소(十三經注疏)』의 판본이다. 당나라 국자학(國子學)의 비석에 새겨졌다는 판본이 바로 이것을 가리킨다.

◎ **석량왕씨(石梁王氏, ? ~ ?)** : 자세한 이력이 남아 있지 않다.

◎ **석림섭씨(石林葉氏, ? ~ A.D.1148)** : =섭몽득(葉夢得)·섭소온(葉少蘊). 남송(南宋) 때의 유학자이다. 자(字)는 소온(少蘊)이고, 호(號)는 몽득(夢得)이다. 박학다식했다고 전해지며, 『춘추(春秋)』에 대한 조예가 깊었다.

◎ **석명(釋名)** : 『석명(釋名)』은 후한(後漢) 때의 학자인 유희(劉熙)가 지은 서적이다. 오래된 훈고학 서적의 하나로 꼽힌다.

◎ **석최(錫衰)** : '석최'는 가는 베로 만든 옷으로, 일종의 상복(喪服)에 해당한다. 천자의 경우, 삼공(三公)이나 육경(六卿)의 상(喪)에 착용했던 복장이다.

◎ **석폐(釋幣)** : '석폐'는 비단 등의 폐백을 차려서 종묘(宗廟) 및 신령에게 아뢰는 의식이다. 중요한 임무를 맡게 되어, 국경 밖으로 나갈 경우에 이러한 의식을 시행하였다.

◎ **설문(說文)** : =설문해자(說文解字)

◎ **설문해자(說文解字)** : 『설문해자(說文解字)』는 후한(後漢) 때의 학자인 허신(許愼, ? ~ ?)이 찬(撰)했다고 전해지는 자서(字書)이다. 『설문(說文)』이라고도 칭해진다. A.D.100년경에 완성되었다고 전해진다. 글자의 형태, 뜻, 음운(音韻)을 수록하고 있다.

◎ **섭도(葉濤)** : =용천섭씨(龍泉葉氏)

◎ **섭몽득(葉夢得)** : =석림섭씨(石林葉氏)

◎ **섭소온(葉少蘊)** : =석림섭씨(石林葉氏)

◎ **성복(成服)** : '성복'은 상례(喪禮)에서 대렴(大斂) 이후, 죽은 자와의 관계에 따라, 각각 규정에 맞는 상복(喪服)을 갖춰 입는다는 뜻이다.

◎ **성증론(聖證論)** : 『성증론(聖證論)』은 후한(後漢) 때 학자인 왕숙(王肅)의 저작으로, 정현의 학설을 반박하는 내용으로 구성되어 있다. 저서는 이미 산일되어 없어졌으나, 남아 있던 일부 기록들은 수합되어 『옥함산방집일서(玉函山房輯佚書)』에 수록되어 있으며, 청(淸)나라 때 학자인 피석서(皮錫瑞)는 『성증론보평(聖證論補評)』을 저술하였다.

◎ 세본(世本) : 『세본(世本)』은 『세(世)』·『세계(世系)』 등으로 일컬어지기도 한다. 선진시대(先秦時代) 때의 사관(史官)이 기록한 문헌이라고 전해지지만, 진위여부를 확인할 수 없다. 『세본』은 고대의 제왕(帝王), 제후(諸侯) 및 경대부(卿大夫)들의 세계도(世系圖)를 기록한 서적이다. 일실되어 현존하지 않지만, 후대 학자들이 다른 문헌 속에 남아 있는 기록들을 수집하여, 일집본(佚輯本)을 남겼다. 이러한 일집본에는 여덟 종류의 주요 판본이 있는데, 각 판본마다 내용상의 차이를 보이고 있다. 1959년에는 상무인서관(商務印書館)에서 이러한 여덟 종류의 판본을 모아서 『세본팔종(世本八種)』을 출판하였다.

◎ 세실(世室) : '세실'은 명당(明堂) 또는 종묘(宗廟)를 가리킨다. 『예기』「명당위(明堂位)」편에 대한 공영달(孔穎達)의 제해(題解)에서는 "蔡邕明堂月令章句, 明堂者, 天子大廟, 所以祭祀. 夏后氏世室, 殷人重屋, 周人明堂."이라고 설명했다. 즉 채옹(蔡邕)의 『명당월령장구(明堂月令章句)』에서는 '명당'을 하후씨(夏后氏) 때에는 '세실'로 부르고, 은(殷)나라 때에는 중옥(重屋)으로 불렀으며, 주(周)나라 때에는 '명당'으로 불렀다. 또 『주례』「동관고공기(冬官考工記)·장인(匠人)」편에는 "夏后氏世室, 堂脩二七, 廣四脩一."이라는 기록이 있는데, 이에 대한 정현의 주에서는 "世室者, 宗廟也."라고 풀이했다. 즉 '세실'은 '종묘'를 뜻하는 용어이다.

◎ 소군(小君) : '소군'은 주대(周代)에 제후의 부인을 지칭하던 용어이다. 『춘추』「희공(僖公) 2년」편에는 "夏五月辛巳, 葬我小君哀姜."이라는 용례가 있다.

◎ 소렴(小斂) : '소렴'은 상례(喪禮) 절차 중 하나이다. 죽은 자의 시신을 목욕시키고, 의복을 착용시키며, 그 위에 이불 등으로 감싸는 절차를 뜻한다.

◎ 소뢰(少牢) : '소뢰'는 제사에서 양(羊)과 돼지[豕] 두 가지 희생물을 사용하는 것을 뜻한다. 『춘추좌씨전』「양공(襄公) 22年」편에는 "祭以特羊, 殷以少牢."라는 기록이 있는데, 이에 대한 두예(杜預)의 주에서는 "四時祀以一羊, 三年盛祭以羊豕. 殷, 盛也."라고 풀이하였다.

◎ 소상(小祥) : '소상'은 부모의 상(喪)에서, 부모가 죽은 지 만 1년 만에 지내는 제사이다. 이 제사가 끝나면, 자식은 3년상을 지낼 때의 복장과 생활방식을 조금씩 덜어내게 된다.

◎ 소식괘(消息卦) : '소식괘'는 복(復)・임(臨)・태(泰)・대장(大壯)・쾌(夬)・건(乾)・구(姤)・돈(遯)・부(否)・관(觀)・박(剝)・곤(坤) 등의 12괘(卦)를 통해 음양(陰陽)의 순환을 열두 달로 나타낸 것을 뜻한다.

◎ 소침(小寢) : '소침'은 '연침(燕寢)'을 뜻한다. '연침'은 천자 및 제후들이 휴식을 취하던 장소를 가리킨다. 천자에게는 6개의 침(寢)이 있었는데, 앞쪽에 있는 1개의 침은 정전(正寢)으로 노침(路寢)이라고 부르며, 뒤쪽에 있는 다섯 개의 침을 통칭하여 '연침'이라고 부른다.

◎ 소호씨(少皞氏) : '소호씨'는 전설상의 인물이다. 고대 동이족의 제왕으로, 황제(黃帝)의 아들이었다고도 전해진다. 이름은 지(摯)인데, 질(質)이었다고도 한다. 호(號)는 금천씨(金天氏)이다. 소호(少皞)는 새의 이름으로 관직명을 지었다고 전해지며, 사후에는 서방(西方)의 신(神)이 되었다고 전해진다. 『춘추좌씨전』「소공(昭公) 17년」편에는 "郯子曰 我高祖少皞摯之立也, 鳳鳥適至, 故紀於鳥, 爲鳥師而鳥名."이라는 기록이 있는데, 이에 대한 두예(杜預)의 주에서는 "少皞, 金天氏, 黃帝之子, 己姓之祖也."라고 풀이했다.

◎ 손염(孫炎, ? ~ ?) : 삼국시대(三國時代) 때의 학자이다. 자(字)는 숙연(叔然)이다. 정현의 문도였으며, 『이아음의(爾雅音義)』를 저술하여 반절음을 유행시켰다.

◎ 습(襲) : '습'은 고대에 의례를 시행할 때 하는 복장 방식 중 하나이다. 겉옷으로 안에 입고 있던 옷들을 완전히 가리는 방식이다. 한편 '습'은 비교적 성대한 의식 때 시행하는 복장 방식으로도 사용되어, 안에 있고 있는 옷을 드러내지 않음으로써, 공경의 뜻을 표하기도 했다.

◎ 승(升) : '승'은 옷감과 관련된 단위이다. 고대에는 포(布) 80가닥[縷]을 1승(升)으로 여겼다. 『의례』「상복(喪服)」편에서는 "冠六升, 外畢."이라는 기록이 있는데, 이에 대한 정현의 주에서는 "布八十縷爲升."이라고 풀이했다.

◎ 승거(乘車) : '승거'는 고대의 장례(葬禮) 때 사용되었던 수레이다. 혼거(魂車)라고도 부른다. 죽은 자의 옷과 관(冠)을 실어서 마치 죽은 자가 생전에 수레를 타던 것처럼 형상화하는 것이다. 그래서 '혼거'라고 부른다.

◎ 시마복(緦麻服) : '시마복'은 상복(喪服) 중 하나로, 오복(五服)에 속한

다. 가장 조밀한 삼베를 사용해서 만든다. 이 복장을 입게 되는 기간은 상황에 따라서 차이가 있지만, 일반적으로 3개월이 된다. 친족의 백숙부모(伯叔父母)나 친족의 형제(兄弟)들 및 혼인하지 않은 친족의 자매(姊妹) 등을 위해서 입는다.

◎ **신거(蜃車)** : '신거'는 관(棺)을 싣는 상거(喪車)를 뜻한다. 관을 싣는 수레에는 유(柳)를 싣고, 네 바퀴가 지면과 가까이 닿은 상태에서 이동하게 되는데, 그 모습이 이무기[蜃]와 닮았기 때문에, 이 수레를 '신거'라고 부르는 것이다. 『주례』「지관(地官)·수사(遂師)」편에는 "大喪, 使帥其屬以幄帟先, 道野役及窆, 抱磨, 共丘籠及蜃車之役."이라는 기록이 있는데, 이에 대한 정현의 주에서는 "蜃車, 柩路也, 柩路載柳, 四輪迫地而行, 有似於蜃, 因取名焉."이라고 풀이했다.

◎ **신농씨(神農氏)** : '신농씨'는 신농(神農)이라고도 부른다. 전설시대에 존재했다고 전해지는 고대 제왕(帝王)의 이름이다. 처음으로 백성들에게 농사짓는 방법을 가르쳤다는 뜻에서, '신농'이라고 부르게 되었다. 또한 약초를 발견하고 재배하여 사람들의 병을 치료했었다고 전해진다. 또한 '신농'은 염제(炎帝)라고도 부르는데, 그 이유는 오행(五行) 중 하나인 화(火)의 덕(德)을 통해서 제왕이 되었다고 믿었기 때문이다. 『회남자(淮南子)』「주술훈(主述訓)」편에는 "昔者, 神農之治天下也, 神不馳於胸中, 智不出於四域, 懷其仁誠之心, 甘雨時降, 五穀蕃植."이라는 기록이 있다. 한편 '신농'은 토신(土神)을 뜻하는 용어로도 사용되었다. 이것은 농사와 땅과의 관계가 밀접하기 때문이며, 이러한 뜻에서 농사를 주관했던 관리를 또한 '신농'으로 칭하기도 하였다.

◎ **심(尋)** : '심'은 자리의 크기가 반상(半常)인 것으로, 8척(尺)이 되는 것을 뜻한다. 『의례』「공사대부례(公食大夫禮)」편에는 "司宮具几與蒲筵常, 緇布純. 加萑席尋, 玄帛純. 皆卷自末."이라는 기록이 있는데, 이에 대한 정현의 주에서는 "半常曰尋."이라고 풀이했다.

◎ **쌍봉요씨(雙峰饒氏)** : =요로(饒魯)

ㅇ

◎ **악본(岳本)** : 『악본(岳本)』은 송(頌)나라 악가(岳珂)가 간행한 『십삼경주소(十三經注疏)』의 판본이다.

◎ **악실(堊室)** : '악실'은 상중(喪中)에 임시로 거처하던 가옥으로, 네 벽면에 흰색의 회칠을 하였다.

◎ **안사고(顏師古, A.D.581 ~ A.D.645)** : 당(唐)나라 때의 학자이다. 자(字)는 주(籒)이다. 안지추(顏之推)의 손자이다. 훈고학(訓詁學)에 뛰어났다. 오경(五經)의 문자를 교정하여, 『오경정본(五經定本)』을 찬술하기도 하였다.

◎ **엄릉방씨(嚴陵方氏, ? ~ ?)** : =방각(方慤)·방씨(方氏)·방성부(方性夫). 송대(宋代)의 유학자이다. 이름은 각(殼)이다. 자(字)는 성부(性夫)이다. 『예기집해(禮記集解)』를 지었고, 『예기집설대전(禮記集說大全)』에는 그의 주장이 많이 인용되고 있다.

◎ **여동래(呂東萊)** : =여조겸(呂祖謙)

◎ **여릉호씨(盧陵胡氏)** : =호전(胡銓)

◎ **여왜씨(女媧氏)** : '여왜씨'는 전설시대에 존재했다고 전해지는 고대 제왕(帝王)의 이름이다. 인류의 시조(始祖)라고도 전해진다. 복희(伏犧)와 혼인하여 인류를 낳았다고 하며, 또한 흙으로 인간을 빚어서 인류를 만들었다고도 전해진다. 또한 '여왜씨'는 하(夏)나라 우(禹)임금의 부인이자, 도산씨(塗山氏)의 딸을 가리킨다. '여왜씨'를 우임금의 부인을 뜻하는 용어로 사용할 때에는 '여왜'를 또한 여교(女嬌), 여교(女趫)라고도 지칭한다.

◎ **여조겸(呂祖謙, A.D.1137 ~ A.D.1181)** : =동래여씨(東萊呂氏)·여동래(呂東萊). 남송(南宋) 때의 학자이다. 자(字)는 백공(伯恭)이고, 호(號)는 동래(東萊)이다. 주자(朱子)와 함께 『근사록(近思錄)』을 편찬하였다.

◎ **연관(練冠)** : '연관'은 상(喪) 중에 착용하는 관(冠)이다. 부모의 상 중에서 1주기에 지내는 제사 때 착용을 하였다.

◎ **연상(練祥)** : '연상'은 소상(小祥)과 대상(大祥)을 뜻한다. '연상'에서의 '연(練)'자는 연제(練祭)를 뜻하며, '연제'는 곧 '소상'을 가리킨다. '연상'에서의 '상(祥)'자는 '대상'을 뜻한다. 소상은 죽은 지 13개월만에

지내는 제사이며, 대상은 25개월만에 지내는 제사이고, 대상을 지내게 되면 상복과 지팡이를 제거하게 된다. 『주례』「춘관(春官)·대축(大祝)」편에는 "言甸人讀禱, 付練祥, 掌國事."라는 기록이 있고, 이에 대해 가공언(賈公彦)의 소(疏)에서는 "練, 謂十三月小祥, 練祭. 祥, 謂二十五月大祥, 除衰杖."이라고 풀이했다.

◎ **연제(練祭)** : '연제'는 소상(小祥)과 같은 뜻이다.

◎ **연침(燕寢)** : '연침'은 천자 및 제후들이 휴식을 취하던 장소를 가리킨다. 천자에게는 6개의 침(寢)이 있었는데, 앞쪽에 있는 1개의 침은 정전(正寢)으로, 이것을 노침(路寢)이라고 부르며, 뒤쪽에 있는 다섯 개의 침을 통칭하여, '연침'이라고 부른다. 『예기』「곡례하(曲禮下)」편에는 "天子有后, 有夫人"이라는 기록이 있는데, 이에 대한 공영달(孔穎達)의 소(疏)에서는 "周禮王有六寢, 一是正寢, 餘五寢在後, 通名燕寢."이라고 풀이하였다.

◎ **염강(厭降)** : '염강'은 상례(喪禮)에 있어서, 돌아가신 모친을 위해 자식은 본래 삼년상(三年喪)을 치러야 하지만, 부친이 생존해 계신 경우라면, 수위를 낮춰서 기년상(期年喪)으로 치르는데, 이처럼 낮춰서 치르는 것을 '염강'이라고 부른다.

◎ **오경이의(五經異義)** : 『오경이의(五經異義)』는 후한(後漢) 때의 학자인 허신(許愼)이 지은 책이다. 유실되었는데, 송대(宋代) 때 학자들이 다시 모아서 엮었다. 오경(五經)에 관한 고금(古今)의 유설(遺說)과 이의(異義)를 싣고, 그에 대한 시비(是非)를 판별한 내용들이다.

◎ **오복(五服)** : '오복'은 죽은 자와 친하고 소원한 관계에 따라 입게 되는 다섯 가지 상복(喪服)을 뜻한다. 참최복(斬衰服), 자최복(齊衰服), 대공복(大功服), 소공복(小功服), 시마복(緦麻服)을 가리킨다. 『예기』「학기(學記)」편에는 "師無當於五服, 五服弗得不親."이라는 기록이 있는데, 이에 대한 공영달(孔穎達)의 소(疏)에서는 "五服, 斬衰也, 齊衰也, 大功也, 小功也, 緦麻也."라고 풀이했다. 또한 '오복'에 있어서는 죽은 자와 가까운 관계일수록 중대한 상복을 입고, 복상(服喪) 기간도 늘어난다. 위의 '오복' 중 참최복이 가장 중대한 상복에 속하며, 그 다음은 자최복이고, 대공복, 소공복, 시마복 순으로 내려간다.

◎ **오유청(吳幼淸)** : =오징(吳澄)

◎ **오정(五情)** : '오정'은 인간이 가지고 있는 기본적인 다섯 종류의 감정

을 뜻하는 말로, 기쁨[喜]·성남[怒]·슬픔[哀]·즐거움[樂]·원망[怨] 등을 뜻한다.

◎ 오제(五帝) : '오제'는 전설시대에 존재했다고 전해지는 다섯 명의 제왕(帝王)을 뜻한다. 그러나 다섯 명이 누구였는지에 대해서는 이설(異說)이 많다. 첫 번째 주장은 황제(黃帝: =軒轅), 전욱(顓頊: =高陽), 제곡(帝嚳: =高辛), 당요(唐堯), 우순(虞舜)으로 보는 견해이다. 『사기정의(史記正義)』「오제본기(五帝本紀)」편에는 "太史公依世本·大戴禮, 以黃帝·顓頊·帝嚳·唐堯·虞舜爲五帝. 譙周·應劭·宋均皆同."이라는 기록이 있고, 『백호통(白虎通)』「호(號)」편에도 "五帝者, 何謂也? 禮曰, 黃帝·顓頊·帝嚳·帝堯·帝舜也."라는 기록이 있다. 두 번째 주장은 태호(太昊: =伏羲), 염제(炎帝: =神農), 황제(黃帝), 소호(少昊: =摯), 전욱(顓頊)으로 보는 견해이다. 이 주장은 『예기』「월령(月令)」편에 나타난 각 계절별 수호신들의 내용을 종합한 것이다. 세 번째 주장은 소호(少昊), 전욱(顓頊), 고신(高辛), 당요(唐堯), 우순(虞舜)으로 보는 견해이다. 『서서(書序)』에는 "少昊·顓頊·高辛·唐·虞之書, 謂之五典, 言常道也."라는 기록이 있다. 또 『제왕세기(帝王世紀)』에는 "伏羲·神農·黃帝爲三皇, 少昊·高陽·高辛·唐·虞爲五帝."라는 기록이 있다. 네 번째 주장은 복희(伏羲), 신농(神農), 황제(黃帝), 당요(唐堯), 우순(虞舜)으로 보는 견해이다. 이 주장은 『역』「계사하(繫辭下)」편의 내용에 근거한 주장이다.

◎ 오징(吳澄, A.D.1249 ~ A.D.1333) : =임천오씨(臨川吳氏)·오유청(吳幼淸). 송원대(宋元代)의 유학자이다. 이름은 징(澄)이다. 자(字)는 유청(幼淸)이다. 저서로 『예기해(禮記解)』가 있다.

◎ 옹희(饔餼) : '옹희'는 빈객(賓客)과 상견례(相見禮)를 하고 나서 성대하게 음식을 마련해 접대하는 것을 뜻한다. 『주례』「추관(秋官)·사의(司儀)」편에는 "致飧如致積之禮."라는 기록이 있는데, 이에 대한 정현의 주에서는 "小禮曰飧, 大禮曰饔餼."라고 풀이하였다. 즉 '옹희'와 '손'은 모두 빈객 등을 접대하는 예법들인데, '옹희'는 성대한 예법에 해당하여, '손'보다도 융숭하게 대접하는 것이다.

◎ 왕개보(王介甫) : =왕안석(王安石)

◎ 왕념손(王念孫, A.D.1744 ~ A.D.1832) : 청(淸)나라 때의 학자이다. 자(字)는 회조(懷祖)이고, 호(號)는 석구(石臞)이다. 부친은 왕안국(王安

國)이고, 아들은 왕인지(王引之)이다. 대진(戴震)에게 학문을 배웠다. 저서로는『독서잡지(讀書雜志)』등이 있다.

◎ 왕무횡(王懋竑, A.D.1668 ~ A.D.1741) : 청(淸) 나라 때의 경학자이다. 자(字)는 여중(予中)·여중(與中)이며, 호(號)는 백전(白田)이다.

◎ 왕문공(王文公) : =왕안석(王安石)

◎ 왕숙(王肅, A.D.195 ~ A.D.256) : 위진남북조(魏晉南北朝) 때의 위(魏) 나라 경학자이다. 자(字)는 자옹(子雍)이다. 출신지는 동해(東海)이다. 부친 왕랑(王朗)으로부터 금문학(今文學)을 공부했으나, 고문학(古文學)의 고증적인 해석을 따랐다.『상서(尙書)』,『시경(詩經)』,『좌전(左傳)』,『논어(論語)』및 삼례(三禮)에 대한 주석을 남겼다.

◎ 왕안석(王安石, A.D.1021 ~ A.D.1086) : =금릉왕씨(金陵王氏)·왕개보(王介甫)·왕문공(王文公)·임천왕씨(臨川王氏). 북송(北宋) 때의 정치가이자 학자이다. 자(字)는 개보(介甫)이고, 호는 반산(半山)이다. 저서로는『주관신의(周官新義)』등이 있다.

◎ 왕응린(王應麟, A.D.1223 ~ A.D.1296) : 남송(南宋) 때의 학자이다. 자(字)는 백후(伯厚)이고, 호(號)는 심녕거사(深寧居士)이다. 저서로는『한제고(漢制考)』,『곤학기문(困學紀聞)』,『옥해(玉海)』등이 있다.

◎ 왕인지(王引之, A.D.1766 ~ A.D.1834) : 청(淸)나라 때의 훈고학자이다. 자(字)는 백신(伯申)이고, 호(號)는 만경(曼卿)이며, 시호(諡號)는 문간(文簡)이다. 왕념손(王念孫)의 아들이다. 대진(戴震), 단옥재(段玉裁), 부친과 함께 대단이왕(戴段二王)이라고 일컬어졌다.『경전석사(經傳釋詞)』,『경의술문(經義述聞)』등의 저술이 있다.

◎ 왕일(王逸, A.D.89 ~ A.D.158) : =후한(後漢) 때의 문학가이다. 자(字)는 숙사(叔師)이다. 저서로는『초사장구(楚辭章句)』등이 있다.

◎ 외상(外喪) : '외상'은 대문(大門) 밖에서 발생한 상(喪)을 뜻한다. 즉 자신과 같은 집에서 살고 있지 않은 친인척에 대한 상(喪)을 뜻한다.

◎ 외제(外除) : '외제'는 내제(內除)와 상반되는 말이다. 부모의 상(喪)을 치를 때, 상복(喪服)을 점진적으로 제거하게 되더라도, 마음에는 여전히 슬퍼하는 마음이 있다는 것을 뜻한다.『예기』「잡기하(雜記下)」편에서는 "親喪外除, 兄弟之喪內除."라는 기록이 있는데, 이에 대한 공영달(孔穎達)의 소(疏)에서는 "親喪外除者, 謂父母之喪. 外, 謂服也. 服猶外隨日月漸除而深心哀未忘."이라고 풀이했다.

◎ **요로(饒魯, A.D.1194 ~ A.D.1264)** : =쌍봉요씨(雙峰饒氏)・요쌍봉(饒雙峰)・요씨(饒氏). 송(宋)나라 때의 학자이다. 호(號)는 쌍봉(雙峰)이고, 자(字)는 백여(伯輿)・중원(仲元)이다. 저서로는 『오경강의(五經講義)』・『논맹기문(論孟紀聞)』・『춘추절전(春秋節傳)』・『학용찬술(學庸纂述)』・『근사록주(近思錄注)』 등이 있다.

◎ **요쌍봉(饒雙峰)** : =요로(饒魯)

◎ **요씨(饒氏)** : =요로(饒魯)

◎ **용(踊)** : '용'은 상중(喪中)에 취하는 행동으로, 곡(哭)에 맞춰서 발을 구르는 행위이다.

◎ **용천섭씨(龍泉葉氏, A.D.1050 ~ A.D.1110)** : =섭도(葉濤). 송대(宋代) 때의 학자이다. 자(字)는 치원(致遠)이다. 왕안석(王安石)의 사위이다.

◎ **우제(虞祭)** : '우제'는 장례(葬禮)를 치르고 난 뒤에 지내는 제사를 뜻한다.

◎ **웅씨(熊氏)** : =웅안생(熊安生)

◎ **웅안생(熊安生, ? ~ A.D.578)** : =웅씨(熊氏). 북조(北朝) 때의 경학자이다. 자(字)는 식지(植之)이다. 『주례(周禮)』, 『예기(禮記)』, 『효경(孝經)』 등 많은 전적에 의소(義疏)를 남겼지만, 모두 산일되어 남아 있지 않다. 현재 마국한(馬國翰)의 『옥함산방집일서(玉函山房輯佚書)』에 『예기웅씨의소(禮記熊氏義疏)』 4권이 남아 있다.

◎ **유거(柳車)** : '유거'는 상거(喪車)를 뜻한다. 상(喪)을 치를 때 사용하는 수레를 의미한다.

◎ **유계(游桂)** : =광안유씨(廣安游氏)

◎ **유맹야(劉孟冶)** : =유씨(劉氏)

◎ **유씨(劉氏, ? ~ ?)** : =유맹야(劉孟冶). 자세한 이력이 남아 있지 않다.

◎ **유씨(庾氏)** : =유울(庾蔚)

◎ **유울(庾蔚, ? ~ ?)** : =유씨(庾氏). 남조(南朝) 때 송(宋)나라 학자이다. 저서로는 『예기약해(禮記略解)』, 『예론초(禮論鈔)』, 『상복(喪服)』, 『상복세요(喪服世要)』, 『상복요기주(喪服要記注)』 등을 남겼다.

◎ **유원발(游元發)** : =광안유씨(廣安游氏)

◎ **유원보(劉原父)** : =유창(劉敞)

◎ **유창(劉敞, A.D.1019 ~ A.D.1068)** : =공시선생(公是先生)・유원보(劉原父)・청강유씨(清江劉氏). 북송(北宋) 때의 경학자이다. 자(字)는 원

보(原父)이다. 유학 뿐만 아니라 불교와 도교에 대해서도 연구하였고, 천문(天文), 지리(地理) 등의 방면에도 조예가 깊었다.

◎ **유창종(劉昌宗, ? ~ ?)** : 자세한 이력은 남아 있지 않다. 동진(東晋) 때의 학자이다. 삼례(三禮)에 대한 주를 달아서 이름을 떨쳤다.

◎ **유태공(劉台拱, A.D.1751 ~ A.D.1805)** : 청(淸)나라 때의 경학자이다. 천문학(天文學), 율려학(律呂學), 문자학(文字學) 등에 조예가 깊었다.

◎ **유향(劉向, B.C77 ~ A.D.6)** : 전한(前漢) 때의 학자이다. 자(字)는 자정(子政)이다. 유흠(劉歆)의 부친이다. 비서성(秘書省)에서 고서들을 정리하였다. 저서로는 『설원(說苑)』·『신서(新序)』·『열녀전(列女傳)』·『별록(別錄)』 등이 있다.

◎ **육국(六國)** : '육국'은 전국시대 때 함곡관(函谷關) 동쪽에 있었던 여섯 개의 나라를 뜻한다. 여섯 나라는 한(韓), 위(魏), 제(齊), 초(楚), 연(燕), 조(趙)나라를 가리킨다. 『전국책(戰國策)』「조책이(趙策二)」편에는 "故竊爲大王計, 莫如一韓·魏·齊·楚·燕·趙, 六國從親以儐畔秦."이라는 기록이 있다.

◎ **육농사(陸農師)** : =산음육씨(山陰陸氏)

◎ **육덕명(陸德明, A.D.550 ~ A.D.630)** : =육원랑(陸元朗). 당대(唐代)의 경학자이다. 이름은 원랑(元朗)이고, 자(字)는 덕명(德明)이다. 훈고학에 뛰어났으며, 『경전석문(經典釋文)』 등을 남겼다.

◎ **육원랑(陸元朗)** : =육덕명(陸德明)

◎ **육전(陸佃)** : =산음육씨(山陰陸氏)

◎ **은전(殷奠)** : '은전'은 성대하게 지내는 전제사[奠祭]를 뜻한다. 『의례』「사상례(士喪禮)」편에는 "月半不殷奠."이라는 기록이 있다. 즉 사(士)의 경우에는 매월 보름에는 은전을 지내지 않는다는 뜻인데, 이 기록에 대한 정현의 주에서는 "殷, 盛也. 士月半不復如朔盛奠, 下尊者."라고 풀이했다. 즉 '은(殷)'은 성대하다는 뜻이고, 사의 경우에는 보름마다 초하루처럼 융성한 전제사를 지내지 못한다. 그 이유는 자신보다 신분이 높은 대부(大夫)에 대한 禮法보다 낮추기 때문이다.

◎ **은제(殷祭)** : '은제'는 성대한 제사를 뜻한다. 3년마다 지내는 협(祫)제사와 5년마다 지내는 체(禘)제사 등을 '은제'라고 부른다. 『예기』「증자문(曾子問)」편에는 "孔子曰, 有君喪服於身, 不敢私服, 又何除焉. 於是乎有過時, 而弗除也. 君之喪服除, 而后殷祭, 禮也."라는 용례가 있다.

◎ 응씨(應氏) : =금화응씨(金華應氏)
◎ 응용(應鏞) : =금화응씨(金華應氏)
◎ 응자화(應子和) : =금화응씨(金華應氏)
◎ 의려(倚廬) : '의려'는 상중(喪中)에 머물게 되는 임시 거처지이다. '의려'는 '의(倚)', '려(廬)', '堊室(악실)' 등으로 부르기도 한다.
◎ 의복(義服) : '의복'은 본래 친속관계가 성립되지 않아서, 상복(喪服)을 착용해야만 하는 관계가 아닌데도, 도리에 따라 상복을 착용하는 것을 말한다.
◎ 의최(疑衰) : '의최'는 길복(吉服)에 가까운 복장으로, 일종의 상복(喪服)에 해당한다. 천자의 경우, 대부(大夫)나 사(士)의 상(喪)에 착용했던 복장이다.
◎ 이강(李康, A.D.196? ~ A.D.265?) : =이소원(李蕭遠). 삼국시대(三國時代) 위(魏)나라의 문학가이다. 자(字)는 소원(蕭遠)이다. 저서로는 『운명론(運命論)』 등이 있다.
◎ 이돈(李惇, ? ~ ?) : 청(淸)나라 때의 유학자이다. 자(字)는 성유(成裕)·효신(孝臣)이다. 박학하였으며, 『시(詩)』, 『춘추(春秋)』의 삼전(三傳)에 대해서 깊게 연구하였다고 전해진다. 왕념손(王念孫), 왕중(汪中) 등과 교우를 맺었으며, 고학(古學)을 주창하였다. 『복서론(卜筮論)』, 『상서고문설(尙書古文說)』, 『고공거제고(考工車制考)』, 『역대거제고(歷代車制考)』, 『좌전통석(左傳通釋)』 등 여러 저술을 남겼지만, 현재 대부분 남아 있지 않다.
◎ 이씨(李氏, ? ~ ?) : 자세한 이력이 남아 있지 않다.
◎ 일(溢) : '일'은 한 손에 담을 수 있는 양을 뜻한다. 『소이아(小爾雅)』 「광량(廣量)」편에는 "一手之盛謂之溢."이라는 기록이 있다.
◎ 임천오씨(臨川吳氏) : =오징(吳澄)
◎ 임천왕씨(臨川王氏) : =왕안석(王安石)

ㅈ

◎ 장락진씨(長樂陳氏) : =진상도(陳祥道)
◎ 장림(臧琳, ? ~ ?) : 청(淸)나라 때의 학자이다. 자(字)는 옥림(玉林)이

다. 경학(經學)에 뛰어났으며, 한당대(漢唐代)의 학문을 존숭하였다. 『상서집해(尙書集解)』, 『경의잡기(經義雜記)』 등을 지었다.

◎ **장일(張逸, ? ~ ?)** : 정현(鄭玄)의 문도로 알려져 있지만, 자세한 이력은 전해지지 않는다.

◎ **장자(張子)** : =장재(張載)

◎ **장재(張載, A.D.1020 ~ A.D.1077)** : =장자(張子)·장횡거(張橫渠). 북송(北宋) 때의 유학자이다. 북송오자(北宋五子) 중 한 사람으로 칭해진다. 자(字)는 자후(子厚)이다. 횡거진(橫渠鎭) 출신으로, 이곳에서 장기간 강학을 했기 때문에 횡거선생(橫渠先生)으로 일컬어지기도 한다.

◎ **저최(苴衰)** : '저최'는 대마(大麻)의 포(布)로 제작한 상복(喪服)을 뜻한다.

◎ **적실(適室)** : '적실'은 정침(正寢)에 있는 방[室]을 뜻한다. 정침(正寢)은 천자(天子)의 제후(諸侯)의 경우에는 노침(路寢)이라고 부르고, 경(卿)·대부(大夫)·사(士)의 경우에는 '적실' 또는 적침(適寢)이라고 부른다. 『의례』「사상례(士喪禮)」편에는 "士喪禮, 死于適室, 幠用斂衾."이라는 기록이 있는데, 이데 대한 정현의 주에서는 "適室, 正寢之室也."라고 풀이했고, 가공언(賈公彦)의 소(疏)에서는 "若對天子諸侯謂之路寢, 卿大夫士謂之適室, 亦謂之適寢, 故下記云'士處適寢', 揚而言之, 皆謂之正寢."이라고 풀이했다. 또 『예기』「단궁하(檀弓下)」편에는 "妻之昆弟爲父後者死, 哭之適室."이라는 기록이 있는데, 이에 대한 공영달(孔穎達)의 소(疏)에서는 "適室, 正寢也."라고 풀이했다.

◎ **전관(縓冠)** : '전관'은 옅은 홍색으로 된 관(冠)을 뜻한다.

◎ **전욱(顓頊)** : '전욱'은 고양씨(高陽氏)라고도 부른다. '전욱'은 고대 오제(五帝) 중 하나이다. 『산해경(山海經)』「해내경(海內經)」편에는 "黃帝妻雷祖, 生昌意, 昌意降處若水, 生韓流. 韓流, …… 取淖子曰阿女, 生帝顓頊."이라는 기록이 있다. 즉 황제(黃帝)의 처인 뇌조(雷祖)가 창의(昌意)를 낳았는데, 창의가 약수(若水)에 강림하여 거처하다가, 한류(韓流)를 낳았다. 다시 한류는 아녀(阿女)를 부인으로 맞이하여 '전욱'을 낳았다. 또한 『회남자(淮南子)』「천문훈(天文訓)」편에는 "北方, 水也, 其帝顓頊, 其佐玄冥, 執權而治冬."이라는 기록이 있다. 즉 북방(北方)은 오행(五行)으로 배열하면 수(水)에 속하는데, 이곳의 상제(上帝)는 '전욱'이고, 상제를 보좌하는 신(神)은 현명(玄冥)이다. 이

들은 겨울을 다스린다. 또한 '전욱'과 관련하여 『수경주(水經注)』「호자하(瓠子河)」편에는 "河水舊東決, 逕濮陽城東北, 故衛也, 帝顓頊之墟. 昔顓頊自窮桑徙此, 號曰商丘, 或謂之帝丘."라는 기록이 있다. 즉 황하의 물길은 옛날에 동쪽으로 흘러서, 복양성(濮陽城)의 동북쪽을 경유하였는데, 이곳은 옛 위(衛) 지역으로, '전욱'이 거처하던 터이며, 예전에 '전욱'이 궁상(窮桑) 땅으로부터 이곳으로 옮겨왔기 때문에, 이곳을 상구(商丘) 또는 제구(帝丘)라고도 부른다.

◎ 정(脡) : '정'은 기다란 육포(肉脯)를 세는 단위이다. 접혀 있는 것을 셀 때에는 구(朐)자를 사용하였다. 『춘추공양전』「소공(昭公) 25년」편에는 "高子執簞食與四脡脯."라는 기록이 있는데, 이에 대한 하휴(何休)의 주에서는 "屈曰朐, 申曰脡."이라고 풀이했다.

◎ 정강성(鄭康成) : =정현(鄭玄)

◎ 정기(旌旗) : '정기'는 깃발들을 범칭하는 말이다.

◎ 정복(正服) : '정복'은 본래의 상례(喪禮) 규정에 따른 정식 복장을 뜻한다. 친족 관계에서는 각 등급에 따른 상례 절차가 규정되어 있으므로, '정복'이라는 것은 규정에 따른 상복(喪服)을 착용하는 것뿐만 아니라, 상(喪)을 치르는 기간과 각종 부수적 기물(器物)들에 대해서도 규정대로 따르는 것을 뜻한다.

◎ 정씨(鄭氏) : =정현(鄭玄)

◎ 정지(鄭志) : 『정지(鄭志)』는 정현(鄭玄)과 그의 제자들이 오경(五經)에 대해서 문답을 주고받은 내용을 기록한 문헌이다. 『논어』의 형식에 의거하여, 정현의 제자들이 편찬하였다. 『후한서(後漢書)』「장조정열전(張曹鄭列傳)」편에는 "門人相與撰玄荅諸弟子問五經, 依論語作鄭志八篇."라는 기록이 있다.

◎ 정침(正寢) : '정침'은 노침(路寢)과 같은 말이다. 또한 정전(正殿)이라고도 불렀다. 군주가 정무를 처리하던 장소이다. 천자에게는 6개의 침(寢)이 있었는데, 가장 앞쪽에 있는 1개의 침이 바로 정침(正寢)이 되고, 나머지는 5개의 침은 연침(燕寢)이 된다.

◎ 정현(鄭玄, A.D.127 ~ A.D.200) : =정강성(鄭康成)·정씨(鄭氏). 한대(漢代)의 유학자이다. 자(字)는 강성(康成)이다. 『주역(周易)』, 『상서(尙書)』, 『모시(毛詩)』, 『주례(周禮)』, 『의례(儀禮)』, 『예기(禮記)』, 『논어(論語)』, 『효경(孝經)』 등에 주석을 하였다.

◎ 제곡(帝嚳) : '제곡'은 고신씨(高辛氏)라고도 부른다. '제곡'은 고대 오제(五帝) 중 하나이다. 황제(黃帝)의 아들 중에는 현효(玄囂)가 있었는데, '제곡'은 현효의 손자가 된다. 은(殷)나라의 복사(卜辭) 기록 속에서는 은나라 사람들이 '제곡'을 고조(高祖)로 여겼다는 기록도 나온다. 한편 '제곡'은 최초 신(辛)이라는 땅을 분봉 받았다가, 이후에 제(帝)가 되었으므로, '제곡'을 고신씨(高辛氏)라고도 부르는 것이다.

◎ 제왕세기(帝王世紀) : 『제왕세기(帝王世紀)』는 서진(西晉) 때의 학자인 황보밀(皇甫謐)이 지은 서적이다. 이 서적은 역대 제왕(帝王)들의 가계도와 연대에 따른 사적들을 기록하고 있다. 삼황(三皇)들이 통치했다고 전해지는 시대로부터 한(漢)나라 및 위(魏)나라의 역사를 기록하고 있는데, 현재 남아있는 『제왕세기』는 10권으로 구성되어 있다.

◎ 제주(題湊) : '제주'는 고대에 천자(天子)의 빈소를 만들 때 사용하던 방법이다. 나무를 포개서 곽(槨)을 두르게 되는데, 나무의 머리 쪽이 모두 내부를 향하도록 설치하여, 곽(槨)의 덮개처럼 씌운다. 나무를 쌓은 전체적인 모습은 위는 뾰족하게 되고 밑은 사각형으로 퍼지게 되니, 마치 지붕을 네 방면으로 빗물이 흐르도록 만들었던 것과 유사하다. 그래서 '제주'라고 부르는 것이다.

◎ 조(旐) : '조'는 거북이와 뱀의 무늬를 그린 깃발이다. 『주례』「춘관(春官)·사상(司常)」편에는 "鳥隼爲旟, 龜蛇爲旐."라는 기록이 있다.

◎ 조묘(朝廟) : '조묘'는 종묘(宗廟)에 전제(奠祭)를 지낸다는 뜻이다. 『춘추』「문공(文公) 6년」 경문(經文)에는 "閏月不告月, 猶朝于廟."라는 기록이 있고, 이에 대한 두예(杜預)의 주에서는 "諸侯每月必告朔聽政, 因朝宗廟."라고 풀이했다. 즉 제후들은 매월 반드시 고삭(告朔)을 하며 정사(政事)를 돌보게 되는데, 이것에 연유하여 종묘에서 전제사를 지낸다.

◎ 조상(趙商, ? ~ ?) : 정현(鄭玄)의 제자이다. 자(字)는 자성(子聲)이다. 하내(河內) 지역 출신이다.

◎ 조전(祖奠) : '조전'은 발인 하루 전에 올리는 전제(奠祭)를 가리킨다.

◎ 주식(朱軾, A.D.1665 ~ A.D.1735) : 청(淸)나라 때의 명신(名臣)이다. 자(字)는 약섬(若瞻)·백소(伯蘇)이고, 호(號)는 가정(可亭)이다.

◎ 주씨(朱氏, ? ~ ?) : 『예기』의 주석에 표시된 '주씨'는 자세히 알려진 사실이 없지만, 주주한(朱周翰)을 가리키는 것 같으며, 그의 저서인

『주주한절해(朱周翰節解)』의 기록인 듯하다.

◎ **죽서기년(竹書紀年)** : 『죽서기년(竹書紀年)』은 중국 하(夏)·은(殷)·주(周) 삼대(三代)와 위(魏)나라 양왕(襄王) 때까지의 역사를 기록한 책이다. 양왕의 무덤에서 『목천자전(穆天子傳)』 등과 함께 진(晉)나라 때 발굴되었다. 모두 죽간에 기록되어 있었고, 편년체로 기록된 역사서였기 때문에 '죽서기년'이라고 불렀으며, 발굴된 지명에 따라서 『급총기년(汲塚紀年)』이라고도 불렀다. 그러나 이후 이 서적은 산일되었고, 후대에 다시 유포된 것은 일반적으로 위서(僞書)로 판명되었다. 진나라 때 발굴된 것을 『고본죽서기년(古本竹書紀年)』이라고 부르며, 후대에 위작으로 만들어진 것을 『금본죽서기년(今本竹書紀年)』이라고도 부른다.

◎ **중(重)** : '중'은 나무에 구멍을 뚫어서 만든 것으로, 신주(神主)를 만들기 전에, 구멍이 뚫린 나무를 세워서 이것을 신주 대신으로 삼아 제사를 지냈다. 『예기』「단궁하(檀弓下)」편에는 "重, 主道也."라는 기록이 있고, 이에 대한 정현의 주에서는 "始死未作主, 以重主其神也."라고 풀이했다.

◎ **중복(重服)** : '중복'은 상복(喪服)의 단계를 뜻하는 용어 중 하나이다. 대공복(大功服) 이상이 되는 상복을 '중복'이라고 부른다.

◎ **중문(中門)** : '중문'은 내(內)와 외(外) 사이에 있는 문을 뜻한다. 궁(宮)에 있어서는 혼문(閽門)을 뜻하기도 한다. 또 천자(天子)의 궁성(宮城)에는 다섯 개의 문이 있었다고 전해지는데, 가장 밖에 있는 문부터 순차적으로 나열해보면, 고문(皐門), 치문(雉門), 고문(庫門), 응문(應門), 노문(路門)이다. 이러한 다섯 개의 문들 중 노문(路門)은 가장 안쪽에 있으므로, 내문(內門)로 여기고, 고문(皐門)은 가장 밖에 있으므로, 외문(外門)으로 여긴다. 따라서 나머지 치문(雉門), 고문(庫門), 응문(應門)은 내외(內外)의 사이에 있으므로, 이 세 개의 문을 '중문'으로 여기기도 한다. 『주례』「천관(天官)·혼인(閽人)」편에는 "掌守王宮之<u>中門</u>之禁."이라는 기록이 있는데, 이에 대한 손이양(孫詒讓)의 『정의(正義)』에서는 "此中門實不專屬雉門. 當兼庫·雉·應三門言之. 蓋五門以路門爲內門, 皐門爲外門, 餘三門處內外之間, 故通謂之中門."이라고 풀이했다. 한편 정중앙에 있는 문을 '중문'이라고도 부른다.

◎ **중옥(重屋)** : '중옥'은 처마가 겹으로 된 옥(屋)을 말하며, 명당(明堂)에 해당한다.『주례』「동관고공기(冬官考工記)·장인(匠人)」편에는 "殷人重屋, 堂脩七尋, 堂崇三尺, 四阿重屋."이라는 기록이 있는데, 이에 대한 정현의 주에서는 "重屋者, 王宮正堂, 若大寢也."라고 하여, 은(殷)나라 때의 '중옥'은 대침(大寢)과 같은 건물로 설명하였고, 대진(戴震)의 『고공기보주(考工記圖補注)』에서는 "世室, 重屋, 制皆如明堂."라고 하고, 손이양(孫詒讓)의 『정의(正義)』에서도 "殷人重屋者, 亦殷之明堂也."라고 하여, '중옥'은 명당과 같은 것으로 설명하였다.

◎ **중의(中衣)** : '중의'는 조복(朝服)이나 제복(祭服) 등의 예복(禮服) 안에 착용하는 옷이다. '중의' 안에는 속옷 등을 착용하고, '중의' 겉에는 예복 등을 착용하므로, 중간이라는 뜻에서 '중의'라고 부르는 것이다.『예기』「교특생(郊特牲)」편에는 "繡黼丹朱中衣."라는 기록이 있고, 이에 대한 공영달(孔穎達)의 소(疏)에서는 "中衣, 謂以素爲冕服之裏衣."라고 풀이하였다.

◎ **진상도(陳祥道, A.D.1159 ~ A.D.1223)** : =장락진씨(長樂陳氏)·진씨(陳氏)·진용지(陳用之). 북송대(北宋代)의 유학자이다. 자(字)는 용지(用之)이다. 장락(長樂) 지역 출신으로, 1067년에 과거에 급제하여 태상박사(太常博士) 등을 지냈다. 왕안석(王安石)의 제자로, 그의 학문을 전파하는데 공헌하였다. 저서에는 『예서(禮書)』, 『논어전해(論語全解)』 등이 있다.

◎ **진용지(陳用之)** : =진상도(陳祥道)

ㅊ

◎ **참최복(斬衰服)** : '참최복'은 상복(喪服) 중 하나로, 오복(五服)에 속한다. 상복 중에서도 가장 수위가 높은 상복이다. 거친 삼베를 사용해서 만들며, 자른 부위를 꿰매지 않기 때문에 참최(斬衰)라고 부른다. 이 복장을 입게 되는 기간은 일반적으로 3년에 해당하며, 죽은 부모를 위해 입거나, 처 또는 첩이 죽은 남편을 위해 입는다.

◎ **채침(蔡沈, A.D.1167 ~ A.D.1230)** : =채구봉(蔡九峯). 남송(南宋) 때의 학자이다. 자(字)는 중묵(仲默)이고, 호(號)는 구봉(九峯)이다. 주자의

문인이자 사위이다. 주자가 완성하지 못했던 『서집전(書集傳)』을 완성하였다.

◎ 천신(薦新) : '천신'은 각 계절별로 생산된 신선한 음식물들을 바치는 제사를 가리킨다. 초하루와 보름마다 성대하게 지내는 전제사[奠祭]를 가리키기도 한다. 『의례』「기석례(旣夕禮)」편에는 "朔月, 若薦新, 則不饋于下室."이란 기록이 있고, 『예기』「단궁하(檀弓上)」편에는 "有薦新, 如朔奠."이란 기록이 있다.

◎ 청강유씨(淸江劉氏) : =유창(劉敞)

◎ 총자(冢子) : '총자'는 적장자를 뜻한다. 『예기』「내칙(內則)」편에는 "父沒母存, 冢子御食."이라는 기록이 있는데, 이에 대한 정현의 주에서는 "御, 侍也, 謂長子侍母食也."라고 풀이했다.

◎ 추최(麤衰) : '추최'는 상복(喪服) 중에서 가장 수위가 높은 상복을 뜻한다. 가장 거친 마(麻)로 제단을 하여 만든다.

◎ 출모(出母) : '출모'는 부친에게 버림을 받은 자신의 생모(生母)를 뜻한다. 또한 부친이 죽은 이후 다른 집으로 재차 시집을 간 자신의 생모를 뜻하기도 한다.

◎ 출처(出妻) : '출처'는 남편이 버린 아내를 뜻한다. 즉 남편의 집에서 쫓겨난 여자를 가리킨다.

◎ 치재(致齋) : =치제(致齊)

◎ 치제(致齊) : '치제'는 치재(致齋)라고도 부른다. '치제'는 제사를 지내기 이전 3일 동안 몸과 마음을 정숙하게 재계하는 의식이다. '치제' 이전에는 '산제(散齊)'를 하여 7일 동안 정숙하게 한다. '치제'는 그 이후 3일 동안 몸과 마음을 더욱 정숙하게 재계하여, 신과 소통할 수 있도록 준비하는 것이다. 『예기』「제통(祭統)」편에는 "故散齊七日以定之, 致齊三日以齊之. 定之之謂齊, 齊者精明之至也, 然後可以交于神明也."라는 기록이 있다.

◎ 치조(治朝) : '치조'는 천자 및 제후에게 있었던 내조(內朝) 중 하나를 뜻한다. 천자 및 제후는 3개의 조(朝)를 두는데, 1개는 외조(外朝)이며, 나머지 2개는 내조가 된다. 내조 중에서도 노문(路門) 밖에 있던 것을 '치조'라고 부르며, 천자 및 제후가 정사를 처리하던 장소이다.

◎ 칭(稱) : '칭'은 수량을 나타내는 양사(量詞)이다. 즉 짝을 지어 갖추는 일련의 의복을 헤아리는 단위이다. 예를 들어 포(袍)라는 옷에는

반드시 겉에 걸치는 옷이 있어야 하며, 홑옷으로 입어서는 안 되고, 상의에는 반드시 그에 맞는 하의가 있어야 하는데, 이처럼 포(袍)에 겉옷을 갖추고, 상의에 맞게 하의까지 갖추는 것을 1칭(稱)이라고 부른다. 『예기』「상대기(喪大記)」편에는 "袍必有表不禪, 衣必有裳, 謂之一稱."이라는 기록이 있다.

◎ **태뢰(太牢)** : '태뢰'는 제사에서 소[牛], 양(羊), 돼지[豕] 3가지 희생물을 갖춘 것을 뜻한다. 『장자』「지악(至樂)」편에는 "具太牢以爲膳."이라는 기록이 있는데, 이에 대한 성현영(成玄英)의 소(疏)에서는 "太牢, 牛羊豕也."라고 풀이하였다.

◎ **태상(太常)** : '태상'은 대상(大常)이라고도 부른다. 천자가 세우는 깃발 중 해와 달이 수 놓아진 것을 뜻한다. 『주례』「춘관(春官)·사상(司常)」편에 기록된 '태상'에 대해서, 정현의 주에서는 "王畫日月, 象天明也."라고 풀이했다. 즉 천자의 깃발에는 해[日], 달[月]을 수 놓아서, 하늘의 밝음을 형상화하는 것이다. 또 정현의 주에 대해서, 가공언(賈公彦)의 소(疏)에서는 "聖人與日月齊其明, 故旌旗畫日月象之. 按桓二年, 臧哀伯云 三辰旂旗, 昭其明也. 三辰, 日月星, 則此太常之畫日月者也. 此直言日月, 不言星者, 此擧日月, 其實兼有星也."라고 풀이했다. 즉 성인(聖人)과 일월(日月)은 그 밝기가 같기 때문에, 천자의 깃발에는 '일월'을 수 놓아서, 하늘의 밝음을 형상화하는 것이다. 그리고 『춘추좌씨전』「환공(桓公) 2년」편에는 "臧哀伯諫曰, …… 三辰旂旗, 昭其明也."라는 기록이 있다. 즉 군주의 깃발에 삼신(三辰)을 수 놓는 이유는 군주의 밝은 덕을 나타내는 것이라는 뜻이다. 여기에서 말하는 '삼신'은 곧 해[日], 달[月], 별[星]을 뜻하는데, 이것은 곧 『주례』에서 말하는 '태상'과 같은 것이다. 다만 『주례』에서는 해와 달에 대해서만 언급하고, 별에 대해서는 언급하지 않았는데, 그 이유는 해와 달 속에 실제로는 별까지도 포함되어 있기 때문이다.

ㅍ

◎ **팔음(八音)** : '팔음'은 여덟 가지의 악기들을 뜻한다. 여덟 종류의 악기에는 8종류의 서로 다른 재질이 사용되기 때문에, 붙여진 이름이다. 여기에서 여덟 가지 재질이란 통상적으로 쇠[金], 돌[石], 실[絲], 대나무[竹], 박[匏], 흙[土], 가죽[革], 나무[木]를 가리킨다. 『서』「우서(虞書)·순전(舜典)」편에는 "三載, 四海遏密八音."이란 기록이 있는데, 이에 대한 공안국(孔安國)의 전(傳)에서는 "八音, 金石絲竹匏土革木."이라고 풀이하였다. 또한 여덟 가지 재질에 따른 악기에 대해서 설명하자면, 금(金)에는 종(鐘)과 박(鎛)이 있고, 석(石)에는 경(磬)이 있으며, 토(土)에는 훈(塤)이 있고, 혁(革)에는 고(鼓)와 도(鼗)가 있으며, 사(絲)에는 금(琴)과 슬(瑟)이 있고, 목(木)에는 축(柷)과 어(敔)가 있으며, 포(匏)에는 생(笙)이 있고, 죽(竹)에는 관(管과 소(簫)가 있다. 『주례』「춘관(春官)·대사(大師)」편에는 "皆播之以八音, 金石土革絲木匏竹."이라는 기록이 있는데, 이에 대한 정현의 주에서는 "金, 鐘鎛也. 石, 磬也. 土, 塤也. 革, 鼓鼗也. 絲, 琴瑟也. 木, 柷敔也. 匏, 笙也. 竹, 管簫也."라고 풀이하였다.

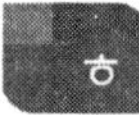

◎ **하순(賀循, A.D.260 ~ A.D.319)** : 위진시대(魏晉時代) 때의 학자이다. 자(字)는 언선(彦先)이다.

◎ **하씨(何氏)** : =하윤(何胤)

◎ **하윤(何胤, A.D.446 ~ A.D.531)** : =하평숙(何平叔)·하씨(何氏). 양(梁)나라 때의 학자이다. 자(字)는 자계(子季)이다. 유환(劉瓛)에게 수학하였다. 저서에는 『예기은의(禮記隱義)』, 『예문답(禮問答)』 등이 있다.

◎ **하평숙(何平叔)** : =하윤(何胤)

◎ **한시외전(韓詩外傳)** : 『한시외전(韓詩外傳)』은 한(漢)나라 때 한영(韓嬰)이 지은 책이다. 이 책은 본래 내전(內傳) 4권과 외전(外傳) 6권으로 구성되어 있었는데, 내전은 산일되어 없어졌고, 외전만이 남아있다. 남아 있는 부분을 『한시외전(韓詩外傳)』이라고 부른다.

◎ **현주(玄酒)** : '현주'는 고대의 제례(祭禮)에서 술 대신 사용한 물[水]을 뜻한다. '현주'의 '현(玄)'자는 물은 흑색을 상징하므로, 붙여진 글자이다. '현주'의 '주(酒)'자의 경우, 태고시대 때에는 아직 술이 없었기 때문에, 물을 술 대신 사용했다. 따라서 후대에는 이 물을 가리키며 '주'자를 붙이게 된 것이다. '현주'를 사용하는 것은 가장 오래된 예법 중 하나이므로, 후대에도 이러한 예법을 존숭하여, 제사 때 '현주' 또한 사용했던 것이며, '현주'를 술 중에서도 가장 귀한 것으로 여겼다. 『예기』「예운(禮運)」편에는 "故玄酒在室, 醴醆在戶."라는 기록이 있는데, 이에 대한 공영달(孔穎達)의 소(疏)에서는 "玄酒, 謂水也. 以其色黑, 謂之玄. 而太古無酒, 此水當酒所用, 故謂之玄酒."라고 풀이했다.

◎ **협배(俠拜)** : '협배'는 고대에 절을 하는 방법 중의 하나이다. 여자가 먼저 남자에게 절을 하면, 남자는 답배를 하게 되고, 여자는 재차 절을 하는데, 이것을 '협배'라고 부른다.

◎ **호방형(胡邦衡)** : =호전(胡銓)

◎ **호전(胡銓, A.D.1102 ~ A.D.1180)** : =여릉호씨(廬陵胡氏)·호방형(胡邦衡). 남송(南宋) 때의 정치가이자 문학가이다. 자(字)는 방형(邦衡)이고, 호(號)는 담암(澹庵)이다. 충신으로 명성이 높았다.

◎ **황제(黃帝)** : '황제'는 헌원씨(軒轅氏), 유웅씨(有熊氏)이라고도 부른다. 전설시대에 존재했다고 전해지는 고대 제왕(帝王)이다. 소전(少典)의 아들이고, 성(姓)은 공손(公孫)이다. 헌원(軒轅)이라는 땅의 구릉 지역에 거주하였기 때문에, 그를 '헌원씨'라고도 부르는 것이다. 또한 '황제'는 희수(姬水) 지역에도 거주를 하였기 때문에, 이 지역의 이름을 따서 성(姓)을 희(姬)로 고치기도 하였다. 그리고 수도를 유웅(有熊) 땅에 마련하였기 때문에, 그를 '유웅씨'라고도 부르는 것이다. 한편 오행(五行) 관념에 따라서, 그는 토덕(土德)을 바탕으로 제왕이 되었다고 여겼는데, 흙[土]이 상징하는 색깔은 황(黃)이므로, 그를 '황제'라고 부르는 것이다. 『역』「계사하(繫辭下)」편에는 "神農氏沒, 黃帝·堯·舜氏作, 通其變, 使民不倦."이라는 기록이 있는데, 이에 대한 공영달(孔穎達)의 소(疏)에서는 "黃帝, 有熊氏少典之子, 姬姓也."라고 풀이했다. 한편 '황제'는 오제(五帝) 중 하나를 뜻한다. 오행(五行)으로 구분했을 때 토(土)를 주관하며, 계절로 따지면 중앙 계절을 주관하고, 방위로 따지면 중앙을 주관하는 신(神)이다. 『여씨춘추(呂

氏春秋)』「계하기(季夏紀)」편에는 "其帝黃帝, 其神后土."라는 기록이 있고, 이에 대한 고유(高誘)의 주에서는 "黃帝, 少典之子, 以土德王天下, 號軒轅氏, 死託祀爲中央之帝."라고 풀이했다.

◎ **황천(黃泉)** : '황천'은 지하에 흐르고 있는 물을 뜻한다. 『맹자』「등문공하(滕文公下)」편에는 "夫蚓, 上食槁壤, 下飮黃泉."이라는 용례가 나온다.

◎ **효증(殽烝)** : '효증'은 효증(殽脀)이라고도 부른다. 효(殽)자는 뼈에 살점이 붙어 있는 고기를 뜻하고, 증(烝)자는 도마에 올려서 바친다는 뜻이다. 즉 '효증'은 희생물을 삶은 후, 몸체를 가르게 되는데, 뼈에 살점이 붙은 것을 도마[俎]에 올려서, 빈객(賓客)들에게 베푸는 것을 뜻한다. 『의례』「특생궤식례(特牲饋食禮)」편에는 "衆賓及衆兄弟・內賓宗婦・若有公有司私臣, 皆殽脀."이라는 기록이 있다. 또한 『춘추(春秋)』「선공(宣公) 16년」편에는 "晉侯使士會平王室, 定王享之, 原襄公相禮, 殽烝."이라는 기록이 있는데, 이에 대한 두예(杜預)의 주에서는 "烝, 升也, 升殽於俎."라고 풀이했다.

번역 참고문헌

- 『禮記』, 서울 : 保景文化社, 초판 1984 (5판 1995) / 저본으로 삼은 책이다.
- 『禮記正義』 1~4(전4권, 『十三經注疏 整理本』 12~15), 北京 : 北京大學出版社, 초판 2000 / 저본으로 삼은 책이다.
- 朱彬 撰, 『禮記訓纂』 上·下(전2권), 北京 : 中華書局, 초판 1996 (2쇄 1998) / 저본으로 삼은 책이다.
- 孫希旦 撰, 『禮記集解』 上·中·下(전3권), 北京 : 中華書局, 초판 1989 (4쇄 2007) / 저본으로 삼은 책이다.
- 服部宇之吉 評點, 『禮記』, 東京 : 富山房, 초판 1913 (증보판 1984) / 鄭玄 注 번역에 대해 참고했던 서적이다.
- 竹內照夫 著, 『禮記』 上·中·下(전3권), 東京 : 明治書院, 초판 1975 (3판 1979) / 經文에 대한 이해에 참고했던 서적이다.
- 市原亨吉 외 2명 著, 『禮記』 上·中·下(전3권), 東京 : 集英社, 초판 1976 (3쇄 1982) / 經文에 대한 이해에 참고했던 서적이다.
- 陳澔 注, 『禮記集說』, 北京 : 中國書店, 초판 1994 / 『集說』에 대한 번역에 참고했던 서적이다.
- 王文錦 譯解, 『禮記譯解』 上·下(전2권), 北京 : 中華書局, 초판 2001 (4쇄 2007) / 經文 및 주석 번역에 참고했던 서적이다.
- 錢玄·錢興奇 編著, 『三禮辭典』, 南京 : 江蘇古籍出版社, 초판 1998 / 용어 및 器物 등에 대해 참고했던 서적이다.
- 張撝之 外 主編, 『中國歷代人名大辭典』 上·下권(전2권), 上海 : 上海古籍出版社, 초판 1999 / 인명에 대해 참고했던 서적이다.
- 呂宗力 主編, 『中國歷代官制大辭典』, 北京 : 北京出版社, 초판 1994 (2쇄 1995) / 관직명에 대해 참고했던 서적이다.
- 中國歷史大辭典編纂委員會 編纂, 『中國歷史大辭典』 上·下(전2권), 上海 : 上海辭書出版社, 초판 2000 / 용어 및 인명에 대해 참고했던 서적이다.
- 羅竹風 主編, 『漢語大詞典』 1~12(전12권), 上海 : 漢語大詞典出版社,

초판 1988 (4쇄 1995) / 용어에 대해 참고했던 서적이다.

- 王思義 編集,『三才圖會』上・中・下(전3권), 上海 : 上海古籍出版社, 초판 1988 (4쇄 2005) / 器物 등에 대해 참고했던 서적이다.
- 聶崇義 撰,『三禮圖集注』(四庫全書 129책) / 器物 등에 대해 참고했던 서적이다.
- 劉續 撰,『三禮圖』(四庫全書 129책) / 器物 등에 대해 참고했던 서적이다.

역자 **정병섭(鄭秉燮)**

- 1979년 출생
- 2002년 성균관대학교 유교철학과 졸업
- 2004년 성균관대학교 대학원 유학과 석사 졸업
- 2010년 성균관대학교 대학원 유학과 박사 수료
- 역서 『譯註 禮記集說大全 - 王制, 附 鄭玄注』 (학고방, 2009)
  『譯註 禮記集說大全 - 月令, 附 鄭玄注』 (학고방, 2010)
  『譯註 禮記集說大全 - 曾子問, 附 正義 · 訓纂 · 集解』 (학고방, 2011)
  『譯註 禮記集說大全 - 文王世子, 附 正義 · 訓纂 · 集解』 (학고방, 2012)
  『譯註 禮記集說大全 - 曲禮上, 附 正義 · 訓纂 · 集解』 1~2(전2권, 학고방, 2012)
  『譯註 禮記集說大全 - 曲禮下, 附 正義 · 訓纂 · 集解』 (학고방, 2012)
  『譯註 禮記集說大全 - 禮運, 附 正義 · 訓纂 · 集解』 (학고방, 2012)
  『譯註 禮記集說大全 - 禮器, 附 正義 · 訓纂 · 集解』 (학고방, 2012)
  『譯註 禮記集說大全 - 檀弓上, 附 正義 · 訓纂 · 集解』 1 ~ 2 (전2권, 학고방, 2013)
  (공역) 『효경주소』 (문사철, 2011)

譯註

禮記集說大全 檀弓 上 ❶

編 陳澔(元)

附 正義·訓纂·集解

초판 인쇄 2013년 04월 20일
초판 발행 2013년 04월 30일

역　　자 | 정병섭
펴 낸 이 | 하운근
펴 낸 곳 | 學古房

주　　소 | 서울시 은평구 대조동 213-5 우편번호 122-843
전　　화 | (02)353-9907 편집부(02)353-9908
팩　　스 | (02)386-8308
홈페이지 | http://hakgobang@co.kr/
전자우편 | hakgobang@naver.com, hakgobang@chol.com

등록번호 | 제311-1994-000001호

ISBN　978-89-6071-305-5　94150
　　　978-89-6071-267-6　(세트)

값 : 34,000원

이 도서의 국립중앙도서관 출판시도서목록(CIP)은 e-CIP홈페이지(http://www.nl.go.kr/ecip)와 국가자료공동목록시스템(http://www.nl.go.kr/kolisnet)에서 이용하실 수 있습니다.
(CIP제어번호 : CIP2013004114)